Sous la direction de
Renaud ÉVRARD, Claude BERGHMANS et Paul-Louis RABEYRON

GRAND MANUEL DE PARAPSYCHOLOGIE SCIENTIFIQUE

DUNOD

Mise en Page : Belle Page

NOUS NOUS ENGAGEONS EN FAVEUR DE L'ENVIRONNEMENT :

Nos livres sont imprimés sur des papiers certifiés pour réduire notre impact sur l'environnement.

Le format de nos ouvrages est pensé afin d'optimiser l'utilisation du papier.

Depuis plus de 30 ans, nous imprimons 70 % de nos livres en France et 25 % en Europe et nous mettons tout en œuvre pour augmenter cet engagement auprès des imprimeurs français.

Nous limitons l'utilisation du plastique sur nos ouvrages (film sur les couvertures et les livres).

11 rue Paul Bert - 92240 Malakoff
www.dunod.com
ISBN : 978-2-10-087468-2

Liste des auteurs

Sous la direction de :

Renaud ÉVRARD — Psychologue clinicien, docteur en psychologie, maître de conférences habilité à diriger des recherches en psychologie clinique, Laboratoire Interpsy, université de Lorraine ; membre du Comité Para.

Claude BERGHMANS — Psychologue, docteur en psychologie, membre associé du Laboratoire Interpsy, université de Lorraine.

Paul-Louis RABEYRON — Docteur en médecine, ancien pédopsychiatre des hôpitaux, maître en biologie humaine, chargé de cours à l'Université Catholique de Lyon et à l'Université Lyon 1, vice-président du comité directeur de l'Institut Métapsychique International.

Avec la collaboration de :

David ACUNZO — Ingénieur de formation (ENST Bretagne), docteur en neuro-informatique et neurosciences computationnelles, professeur adjoint de psychiatrie et de sciences neurocomportementales et directeur du Ray Westphal Neuroimaging Laboratory au sein de la Division of Perceptual Studies, School of Medicine, University of Virginia.

Peter BANCEL — Ph D en physique, ancien chercheur au Centre d'Etudes de Chimie Métallurgique de Paris et à l'Institut des Matériaux de Jean Rouxel à Nantes, membre du comité directeur de l'Institut Métapsychique International et fellow à l'Institute of Noetic Sciences (Californie).

Pascale CATALA — De formation universitaire en informatique scientifique et en psychologie, ancienne ingénieure en informatique chargée d'assister les chercheurs des laboratoires de l'Ecole Polytechnique, secrétaire générale du comité directeur de l'Institut Métapsychique International.

Éric DULLIN	Ingénieur ECAM, docteur en automation et process de l'information, directeur de recherche au Laboratoire des anomalies psychophysiques et de la dissonance cognitive, fondateur de la plateforme collaborative macropk.org.
Jeffrey J. KRIPAL	Professeur d'histoire des religions, Rice University, Houston.
Bertrand MÉHEUST	Docteur en sociologie, ancien professeur de philosophie, membre du comité directeur de l'Institut Métapsychique International.
Julia MOSSBRIDGE	Docteur en sciences et troubles de la communication, Mossbridge Institute ; professeure invitée au département de psychologie de l'université Northwestern.
Maryne MUTIS	Psychologue clinicienne, docteur en psychologie, membre associé au Laboratoire Interpsy, université de Lorraine.
Jérémie PHILIPPE	Professeur agrégé de physique en classes préparatoires scientifiques, intervenant en philosophie à l'ECAM Louis de Broglie, membre du comité directeur de l'Institut Métapsychique International.
Thomas RABEYRON	Psychologue clinicien, professeur de psychologie clinique et pathologique, université Lyon 2 (CRPPC), membre junior de l'Institut Universitaire de France, *Honorary research fellow* de l'université d'Edimbourg, cofondateur du Centre d'Information, de Recherche et de Consultation sur les Expériences Exceptionnelles (CIRCEE).
Jean-Pierre ROSPARS	Docteur en neurobiologie, ancien directeur de recherche à l'Institut National de la Recherche pour l'Agriculture, l'Alimentation et l'Environnement (INRAE), membre du comité directeur de l'Institut Métapsychique International.
Jérémy ROYAUX	Psychologue, membre du Comité Para.
Mario VARVOGLIS	Ph D en psychologie expérimentale, ancien président de la Parapsychological Association, président du comité directeur de l'Institut Métapsychique International.

Table des matières

Deuxième partie
Expérimentations

Troisième partie
Vivre l'exceptionnel

Quatrième partie
Théoriser le psi

Introduction

(Renaud Évrard, Claude Berghmans
et Paul-Louis Rabeyron)

Sommaire

La réalité est-elle si certaine qu'on ne le pense ?

Notre perception du réel est liée à nos expériences de vie, notre histoire, notre condition sociale et nos apprentissages. Elle est donc façonnée au quotidien et par notre quotidien. L'idée que nous nous faisons du réel tire moins ses sources des éventuels points de convergence de nos savoirs que de notre mode d'appréhension du monde : ce que nous percevons, ce que nous ressentons, ce que nous partageons avec autrui. Mais nos sens ne nous trompent-ils pas ? Ne sont-ils pas intrinsèquement limités ? Certaines espèces animales ont des capacités sensorielles bien plus aiguisées que les nôtres quand d'autres commencent à percevoir des sons lorsque nous ne les entendons plus. Les sonars des dauphins permettent des formes de communication qui nous dépassent totalement, les capacités des oiseaux de se repérer sur des milliers de kilomètres sans la moindre signalétique nous interpellent. La nature fournit aux espèces qui peuplent cette planète différents vecteurs de perception dont l'homme n'a pas le monopole. Chacun construit une réalité propre et les neuroscientifiques nous expliquent que notre cerveau reconstruit régulièrement la réalité que nous pensons pourtant percevoir directement. Nous savons aussi que la perception des choses qui nous entourent, tout comme les modalités des relations qui nous lient les uns aux autres, peuvent être excessivement différentes d'un individu à un autre. L'exemple des synesthètes, des autistes ou des personnes atteintes de daltonisme, pour des raisons certes fort diverses, sont parmi les plus connus de ces différences parfois majeures touchant au rapport intime que nous entretenons avec le monde et les autres.

1. L'inconnu et le connaissable

Pour peu que nos sens débordent leurs frontières habituelles et c'est tout notre univers qui s'effondre. C'est ainsi que réagissent de nombreuses personnes qui témoignent de perceptions particulières, qualifiées de « paranormales » ou « d'extra-sensorielles », par lesquelles ce qui est perçu possède la substance du réel tout en introduisant un décalage avec nos modèles de la réalité. Deviner les pensées d'autrui, appréhender le futur ou le passé, communiquer avec des défunts… chacune de ces expériences met en « relation » avec d'autres aspects d'une réalité – ou plutôt encore d'une perception de la réalité – à l'évidence complexe et susceptible de prendre des formes multiples.

Le physicien William Thomson (1824-1907), également connu sous le nom de Lord Kelvin, a brillé pour ses travaux en thermodynamique à la fin du XIXe siècle. Dans sa contemplation du travail accompli par ses pairs, il est parvenu à la conclusion que la science avait déjà tout découvert, qu'il n'existait plus de secrets cachés à l'homme en dehors de quelques anomalies de moindre envergure au niveau de la physique des particules. Cette confiance dans la suprématie du connu sur l'inconnu se fit rapidement tordre le cou. Ces quelques anomalies donnèrent naissance, quelques années plus tard, à la physique quantique, qui a ébranlé notre perception de la réalité en nous offrant des visions différentes de l'étoffe dont le monde matériel serait fait. Un exemple parmi d'autres pour nous rappeler que l'humilité doit aussi être une vertu scientifique.

C'est avec la même modestie que nous appelons à examiner ces autres formes de perception de la réalité. Dans toutes les cultures, on trouve des femmes et des hommes qui déclarent pouvoir communiquer avec des personnes disparues, des entités non humaines (djinn, guides, esprits animaux, etc.) ou avec d'autres forces qui nous surpassent. Face à la difficulté que nous éprouvons à prendre ces vécus pour argent comptant, compte tenu de notre formation occidentale rationnelle, notre réflexe premier peut consister à les refuser, niant totalement leur existence avant même de procéder à leur étude. Une telle attitude nous paraîtrait risible dans une situation inverse. Certains phénomènes que nos ancêtres n'imaginaient même pas font aujourd'hui partie de notre quotidien : il suffit de songer à ce que peut faire notre smartphone connecté à des intelligences artificielles. Si nous disposons à l'heure actuelle de moyens considérables pour faire progresser nos connaissances, encore faut-il mettre en œuvre l'état d'esprit susceptible d'en tirer le meilleur parti.

Tous les jours, des scientifiques travaillent d'arrache-pied pour décoller des petits bouts de réel de la vaste montagne de l'inconnu, en espérant déchiffrer de nouveaux secrets de la nature. Mais la science est encore jeune : elle arrive tard à l'échelle de l'humanité et la tâche est ardue. Ce n'est que vers le milieu du XVIIe siècle que les premiers savants se mettent à observer la nature en tentant de la comprendre par l'intermédiaire de leur sens et d'un début d'approche expérimentale, d'analyse et de reproduction des phénomènes. Des choix ont été opérés très tôt sur ce qui était susceptible ou non de devenir un bon objet de science. L'étude de la conscience a été progressivement écartée, voire reléguée au rang de superstitions ou de croyances tant elle s'est trouvée assimilée au concept immatériel qu'est l'âme. Il a fallu attendre encore plusieurs siècles avant que la subjectivité ne soit également appréhendée scientifiquement, et encore l'affaire est-elle loin d'être résolue.

2. Les dérapages du réel

À l'heure actuelle, la réalité semble hors de contrôle : les médias et les réseaux sociaux tentent de lutter contre des flux d'intox qui empêchent les humains de partager une seule et unique perspective la concernant, comme si cela était possible ! Lorsque nous croyons néanmoins que la réalité n'a plus de secret pour nous, que notre éducation nous a préparé à tout, il reste encore certaines expériences particulières ou étranges, des moments où la vie nous surprend.

Juliette se fait renverser par une voiture. Elle voit les secours accourir vers son corps alors qu'elle flotte tel un drone quelques mètres au-dessus de la scène ; puis elle suit l'ambulance jusqu'à l'hôpital, en ayant l'impression de pouvoir ne faire qu'un avec l'esprit des soignants.

Gérard s'occupe du moteur de son bateau quand il a une vision : un bout d'horizon se détache et entre à une vitesse folle dans son plexus. Il sait instantanément que l'un de ses fils est en danger. À vive allure, il regagne l'hôtel situé à 20 kilomètres de là où sa famille passe ses vacances pour constater, au milieu d'un attroupement, que son plus jeune fils vient d'être sorti de l'eau et est en train d'être réanimé. Pourtant, il a ressenti cet appel au secours bien avant que l'accident ne survienne et, pour peu, il aurait même pu l'empêcher.

Laura voit régulièrement des défunts depuis son plus jeune âge. Elle communique avec eux, ressent leur mal-être sans savoir qu'en faire. Devenue adulte, elle se qualifie de médium, à l'instar de nombreux autres praticiens du monde entier qui se posent en médiateur avec des formes de vie différentes. Elle pense accéder à des mémoires de vies antérieures. Trouvant alors un nouveau sens à l'existence, elle tente d'aider et de guider des personnes comme elle, celles dont un don supposé ouvre la porte vers ce que d'aucuns qualifient d'« autre réalité ».

Quelle place donner à ces expériences ? Faut-il élargir l'idée que nous nous faisons de la réalité pour les y faire entrer ? Ou est-on capable d'expliquer de tels vécus avec des théories scientifiques déjà validées ?

Tout le projet de ce livre est de montrer que les sciences procèdent à l'examen de telles expériences depuis plus de cent cinquante ans avec des progrès remarquables. Nous pouvons nommer certains phénomènes et expériences et tenter de les classer. Nous savons provoquer certaines de ces expériences en laboratoire. Nous disposons de modèles théoriques pour tenter de les comprendre. Nous nous interrogeons, dès lors, sur la place que celles-ci ont prise dans la société occidentale, en comparaison avec celle qui est la leur dans d'autres contextes culturels et historiques. En somme, nous sommes en contact avec le réel.

3. Anomalies et paradigmes

Des témoignages tels que ceux évoqués par Juliette, Gérard et Laura sont plus fréquents qu'on ne le pense. Différentes études montrent qu'une personne sur trois vivra au moins une fois dans sa vie une expérience qu'elle interprétera comme « paranormale », « surnaturelle », « magique », etc. (Greeley, 1991 ; Castro *et al.*, 2014). Les différents adjectifs venant qualifier ce vécu reflètent des appréciations différentes, influencées par nos apprentissages et nos cultures. Chacun à sa façon vient signifier qu'une part d'inconnu se mêle à un ressenti pourtant très tangible.

Les scientifiques aussi ont leurs propres méthodes pour désigner ce qu'ils ne comprennent pas. Souvent, ils emploient le terme d'« anomalie », qui donne l'adjectif « anomal ». Mais ce terme est marqué par une certaine ambivalence, un soupçon qui pourrait nous faire repousser l'anomalie plutôt que de l'accueillir avec toutes ses qualités (Fallen, 2012). L'adjectif « anomal » n'est même pas employé en français et il est fréquent qu'il soit confondu avec « anormal », qui se situe lui dans le registre du pathologique, de l'écart à une norme (Canguilhem, 1974).

C'est pourtant dans la démarche même de la science que de se porter au-devant des « anomalies », car ce que nous ne comprenons pas peut parfois être la source de nouvelles connaissances, voire de découvertes révolutionnaires. Les météorites furent ainsi des anomalies par rapport à la règle voulant que les pierres ne tombent pas du ciel. Les témoignages étaient considérés comme des superstitions, même quand ils provenaient d'amateurs de science. Ce simple exemple – auquel s'ajoutent bien d'autres (Walach & Schmidt, 2005) – indique simplement que l'inconnu est l'un des moteurs de la science (Firestein, 2012), car il permet sa progression et son évolution par une remise en question constante de ce que l'on croit savoir ou connaître. D'ailleurs, il suffit de s'imaginer l'ensemble des connaissances scientifiques comme un vaste réservoir en forme d'immense ballon pour comprendre aisément que plus celui-ci grandit, plus la surface qu'il entretient avec l'inconnu qui l'entoure grandit avec lui, faisant naître ainsi de nouvelles questions. Celles-ci, à leur tour, permettront par les réponses que l'on pourra leur apporter, de nouvelles connaissances. Et ainsi de suite…

Cette vision dynamique de la découverte scientifique doit beaucoup au philosophe et historien des sciences Thomas Kuhn. Son ouvrage sur « la structure des révolutions scientifiques » (Kuhn, 1962) nous donne à considérer les « paradigmes scientifiques » comme des lentilles à travers lesquelles nous appréhendons la réalité dans son ensemble. Si de tels paradigmes sont indispensables, nous avons tendance, à une époque donnée, à être inconscients de leur effet inévitablement déformant. La lentille définit non seulement ce que nous accepterons, mais également, ce que nous pouvons voir. Tout ce qui n'est pas adapté à notre lentille est soit invisible, soit, si notre attention y est attirée, volontiers écarté. C'est pour cela que lorsque des anomalies apparaissent de manière insistante, on peut assister à une forme d'évolution ou de révolution scientifiques qui aboutit à recadrer des connaissances antérieures d'une façon nouvelle.

Toute actualisation des paradigmes ne va pas de soi. Les continuateurs de Kuhn ont pointé les formes de dogmatisme inhérent à la structure des paradigmes, composé d'un noyau rigide et d'une périphérie flexible (Worrall, 2003). Il y aura toujours une résistance considérable à la révision totale d'un paradigme, surtout s'il s'est avéré efficace à bien des égards. Et c'est bien sûr très souvent le cas, ne serait-ce que par les retombées pratiques que permet l'avancée des connaissances. Mais ses succès à un endroit peuvent nous aveugler sur son échec dans d'autres. La science court toujours le risque de devenir son pire ennemi. Par conséquent, il est plus que nécessaire de garder un esprit d'ouverture et de curiosité face à tout ce que nous ne pouvons encore expliquer, en combinant prudence et audace, bienveillance et rigueur. Toute forme de changement nécessite à un certain moment un positionnement face à un point de tension, qui vient nous chercher dans ce que nous sommes, dans la réalité à laquelle nous souhaitons nous accrocher. Cette tension peut nous faire basculer dans des schémas de perceptions différentes de notre réalité, aussi nouveaux qu'inquiétants, au cours du lent dévoilement de celle-ci.

4. Expériences et événements

Le modèle de Kuhn est globalement satisfaisant et bien étayé sur l'histoire de la physique. Pourtant, certaines anomalies ont moins bonne réputation que d'autres, devenant des grains de sable dans des rouages pouvant concerner différents niveaux des connaissances. Elles sont présumées partiellement connues puisque circule la rumeur que la science les a déjà jugées irrecevables. Ainsi en va-t-il de la télépathie, de la prémonition, de l'influence de l'esprit sur la matière, des sorties hors du corps, des ectoplasmes, des fantômes, etc. Le champ du « paranormal », selon un terme proposé en 1903 par l'avocat et médecin français Joseph Maxwell, terme qui a connu un grand succès populaire, ressemble à une nébuleuse d'anomalies habituellement considérées comme peu dignes d'intérêt. Il y a pourtant une discipline qui s'y intéresse, regroupant une poignée de chercheurs du monde entier qui puisent dans tous les savoirs existants pour étudier le paranormal, afin de faire la part des choses entre le connu et le véritable inconnu. Cette discipline a reçu plusieurs noms selon les contextes, dont le plus connu est celui de « parapsychologie ». Son quasi-synonyme français est la métapsychique.

Les chercheurs dans ce champ emploient également différents termes pour désigner leur objet d'étude. L'emploi de l'adjectif « anomal » est courant en anglais : *anomalous experiences, anomalous cognition, anomalous force*, etc. Il existe même une épistémologie « anomalistique » qui depuis quelques années se déploie dans plusieurs branches (Évrard & Ouellet, 2019). Cependant, aucun terme n'est pleinement satisfaisant pour qualifier une chose dont l'essence même nous échappe. En quête d'une appellation encore plus neutre, les parapsychologues ont opté pour un symbole, la 23e lettre de l'alphabet grec, *psi*. Parler de phénomènes « psi » devrait en théorie ne rien signifier du tout, même si sa prononciation en français engendre fréquemment sa confusion avec l'abréviation « psy » ! Il s'agit simplement de présumer qu'un tel phénomène n'est pas censé survenir, si du moins l'on s'en tient aux lois scientifiques aujourd'hui connues. Il vient donc ouvrir une brèche dans notre savoir : notre connaissance de la réalité serait-elle incomplète ?

Les « parapsychologues » – un titre qui n'a rien d'officiel et renvoie à des formations, pratiques et statuts très divers –, se voulant scientifiques, distinguent également les « expériences » des « événements » relatifs au psi (Cardeña, Lynn & Krippner, 2014). Les expériences représentent des données importantes, riches et complexes, mais en aucun cas les scientifiques ne peuvent se satisfaire uniquement de témoignages individuels pour établir une nouvelle vision de la réalité. Ils exigent davantage. Des *événements* seraient des formes plus objectives des mêmes *expériences* : lorsqu'il est possible de provoquer une observation, dans des conditions contrôlables, alors cela devient une expérimentation. Certains des phénomènes psi sont susceptibles de passer ce cap, toutefois avec des limitations que nos différents contributeurs exposeront. D'autres doivent être étudiés dans le cadre naturel où ils surviennent. L'essentiel est que ces expériences et ces événements, souvent dénommés « phénomènes », se prêtent à un examen scientifique. La question devient donc : quels fruits donne cet arbre ?

5. Les labyrinthes de la science

Les parapsychologues ont collecté de nombreux témoignages d'expériences vécues comme paranormales et ils continuent d'ailleurs à le faire pour mieux comprendre pourquoi tant de personnes en vivent. Ils s'intéressent également aux croyances associées à ces phénomènes qui ne concernent rien de moins qu'une personne sur deux (Irwin, 2009). Mais au-delà de ces vécus spontanés, il existe tout un monde de recherches sur le terrain et en laboratoire qui s'accumulent depuis plus d'un siècle et demi. À notre grand regret, ces recherches ne sont connues que par une poignée de personnes.

Les problèmes que nous avons nous-mêmes rencontrés, d'abord comme simples curieux, puis comme étudiants et chercheurs, sont nombreux. Ces recherches sont rarement produites en France, même si ce fut davantage le cas à certaines périodes de l'histoire. Contrairement à de nombreux pays au monde et notamment en Europe, les pays francophones ne disposent pas d'unités académiques de recherche sur ces sujets. Les meilleurs travaux sont publiés en anglais et, à la barrière de la langue, s'ajoute une barrière culturelle. Les ouvrages de référence ne sont pratiquement jamais traduits[1] ; les meilleurs documentaires ne sont pas diffusés ; les journalistes scientifiques sont souvent incompétents ou brimés lorsqu'il s'agit d'aborder ces questions. Depuis le *Traité de parapsychologie* du journaliste scientifique René Sudre publié en 1956, il n'y a que peu d'ouvrages en français qui ont sérieusement abordé ces questions et aucun qui ne l'a fait d'une manière aussi large que nous avons souhaité le faire dans cet ouvrage.

Éditeurs et producteurs ont le plus souvent des priorités d'ordre commercial et n'envisagent pas vraiment qu'il puisse y avoir un public réceptif à l'étude scientifique du paranormal. Ce n'est pas que le thème ne soit pas porteur, mais, pour qu'il soit considéré sur un plan éditorial comme étant légitime et vendeur, il est préférentiellement abordé soit en alimentant l'attrait pour le sensationnel, soit en poursuivant un but d'assainissement intellectuel par la dénonciation de tous ceux qui profitent de la crédulité publique autour de ces sujets. L'approche bienveillante et rigoureuse qu'entreprend la parapsychologie – sous son meilleur jour – ne peut alors occuper qu'une place marginale dans notre pays. Or, ce relatif vide scientifique alimente un vide sociétal, car le public n'est pas encouragé à montrer de l'intérêt pour un domaine qui ne lui est le plus souvent pas présenté adéquatement.

Aux difficultés éprouvées pour accéder aux informations de qualité se surajoutent la technicité des recherches et des controverses en parapsychologie. Comme vous pourrez le constater dans cet ouvrage, ce domaine est transversal, tous les corps de savoir s'y conjuguent pour construire une vision plus juste de la réalité. Or la spécialisation propre à chaque formation disciplinaire nous empêche de nous glisser facilement dans cette vue d'ensemble. La maîtrise de la science expérimentale, des méthodes statistiques les plus sophistiquées, des instruments de la psychophysiologie, n'est qu'un hors-d'œuvre. Les modèles théoriques les plus prometteurs font appel à la psychologie, la philosophie et la physique. Aucune réflexion dans ce domaine ne peut se passer de notions d'épistémologie, de sociologie, d'histoire, de sciences des religions et de psychopathologie clinique. Le savoir à convoquer face au labyrinthe parapsychologique est immense.

1. Les livres essentiels de la parapsychologie scientifique, tels que *Parapsychology : A Handbook for the 21st Century* (Cardeña, Palmer & Marcusson-Clavertz, 2015), *An Introduction to parapsychology 5th edition* (Irwin & Watt, 2007), *Varieties of Anomalous Experiences* (Cardeña, Lynn & Krippner, 2014), *Altering Consciousness* (Cardeña, & Winkelman, 2011), *Experimentelle Parapsychologie : Eine Einfuhrung* (Schmidt, 2014), *Handbuch der wissenschaftlichen Anomalistik* (Mayer, Schetsche, Schmied-Knittel & Vatil, 2015), etc., n'ont aucun équivalent chez nous.

Ce livre se veut un remède à ces difficultés. Nous l'avons écrit en pensant à quel point nous aurions été heureux de le trouver à nos débuts. Nous avons rassemblé ces différentes expertises en sachant qu'elles seront des ressources pour les lecteurs francophones, pour nos étudiants, nos collègues. Nous l'avons conçu comme un pied de nez à ces perspectives commerciales qui empêchent le savoir de circuler librement.

6. De l'importance du réel

Notre société est confrontée à des problèmes majeurs : écologie, politique, santé, économie, etc. Pourquoi s'arrêter un instant et ouvrir un ouvrage massif explorant ainsi les frontières du savoir ? N'est-ce pas au mieux une perte de temps, au pire un comportement douteux ?

Une règle nous guide : ne pas abandonner le réel. Si jamais ces phénomènes « psi » en font bien partie, leur importance est colossale. Non pas qu'ils puissent servir de flèches pour tirer à tout va sur la science en général, ou sur le « matérialisme » en particulier, mais parce que toute nouvelle connaissance en appelle d'autres, et qu'ainsi nous progressons dans notre humanité. Cette vision renouvelée de nous-mêmes peut nous guider dans nos relations mutuelles, en reconsidérant certaines croyances jugées sans fondements ; elle nous permet aussi d'envisager une autre manière de nous projeter sur cette planète.

Il existe des centaines de raison d'espérer ou de redouter ce que la parapsychologie fera émerger de ses études, mais la simple curiosité est déjà suffisamment légitime, par respect pour un esprit scientifique qui ne doit pas être borné par des préjugés. Aussi, nous affirmons ne pas avoir d'ambitions idéologiques, de parti pris pour l'une ou l'autre interprétation de ces phénomènes. Notre rôle consiste à mettre à disposition les informations, à renvoyer aux sources permettant de les vérifier, à présenter ce qui se fait de mieux pour qu'un jour un de nos lecteurs fasse un petit pas de plus. Le progrès de la connaissance est notre horizon. Ce qui ne nous empêche pas de nous interroger, avec le recul, sur la façon dont ces savoirs sont produits, les critiques possibles des méthodes et des interprétations, et leurs réceptions par divers groupes sociaux et culturels.

Ce livre rassemble seize contributions, que l'on doit très majoritairement à des spécialistes français (douze coauteurs), auxquels se sont joints trois Américains (dont un partage son temps entre la France et les États-Unis) et un Belge. Il présente donc l'état des lieux le plus contemporain des recherches sur le paranormal, une masse d'informations qu'on ne trouve dans aucun autre ouvrage francophone. Toutefois, nous l'avons conçu en usant de pédagogie, pour que chacun puisse y pénétrer à partir de sa propre discipline et de son propre niveau scientifique. Aucun savoir n'est présumé. Les non-spécialistes sont accueillis comme des rois. Les termes nouveaux et les aspects complexes font l'objet de définition, de notes, d'encadrés, de renvois vers la littérature. Si une personne qui n'est pas du tout familière du domaine trouve peut-être laborieux le cheminement dans ce labyrinthe, il saura au moins que tout – ou presque tout – est à portée de main. Face à la grande difficulté à rassembler ce savoir éparpillé, à trier le bon grain de l'ivraie, ce livre constitue un gain de temps considérable.

7. Notre plan

L'ouvrage se découpe en six parties et seize chapitres, chacun de ces chapitres se présentant à la manière d'un article scientifique et complété par sa propre liste de références bibliographiques. Notre plan se veut construit d'une manière progressive, avec des indications sur les définitions et les aspects techniques livrées au fur et à mesure, même si chaque chapitre peut se lire isolément en profitant des renvois ponctuels vers ses voisins.

La **première partie** porte sur les fondations, nécessaires aussi bien pour poser d'emblée certaines des principales thématiques qui parcourront l'ouvrage que pour commencer à comprendre les problématiques complexes qui ont pu conduire à la situation scientifique actuelle réservée au champ du paranormal.

L'ouvrage débute ainsi par une approche historique replaçant la parapsychologie dans l'histoire de la culture occidentale, en partant de la Grèce antique pour arriver aux premières sociétés de recherche psychique apparues en Europe à la fin du XIXe siècle. Les deux auteurs[1] en sont Bertrand Méheust (1999), qui a rédigé une thèse de sociologie historique sur la réception du magnétisme animal et des sciences psychiques en Occident, mais aussi de nombreux ouvrages traitant de sujets abordant des questions métapsychiques et Renaud Évrard, auteur quant à lui d'un livre et de plusieurs articles sur l'histoire de la psychologie hétérodoxe en France (Évrard, 2016).

Le chapitre 2 est une réflexion plus générale sur le réel, la rationalité et les « anomalies » psi. Paul-Louis Rabeyron, s'appuyant sur des considérations épistémologiques, anthropologiques et méthodologiques, développe la même pédagogie que celle dont il use dans son cours « Sciences, société et phénomènes dits paranormaux », qu'il donne depuis 1995 à l'université catholique de Lyon. Cela lui permet de terminer sur un premier bilan des acquis scientifiques issus de cent cinquante années de recherche en ce domaine.

Nous passerons ensuite à une **deuxième partie** qui propose un état des lieux des recherches expérimentales sur les phénomènes psi.

Le chapitre 3, rédigé par Mario Varvoglis, retrace les études traitant de la « perception extra-sensorielle » (PES) ou « cognition anomale », de loin les plus nombreuses, aboutissant aujourd'hui à des débats très intéressants sur la manière d'interpréter les anomalies accumulées par plusieurs générations de chercheurs.

Nous avons ensuite traduit un article récent de Julia Mossbridge portant plus spécifiquement sur les phénomènes de prévision de l'avenir, une forme essentielle de « PES », non seulement parce qu'elle est l'expérience spontanée la plus fréquente, mais parce qu'elle pose des questions fondamentales sur la nature du temps et du réel.

Peter Bancel et Mario Varvoglis résument dans le chapitre suivant les recherches sur « l'influence de l'esprit sur la matière », un des phénomènes les plus controversés de la parapsychologie, qui a néanmoins fait l'objet de nombreux travaux expérimentaux.

1. Pour une présentation détaillée des contributeurs, voir la liste des auteurs au début du livre.

Ensuite, Claude Berghmans traitera d'une variante de ces recherches qui portent sur des systèmes vivants plutôt que des systèmes inertes. Ces études nous renseignent particulièrement sur des effets de guérison discutés dans le champ médical.

Certains phénomènes ne se laissent pas facilement appréhender dans le cadre du laboratoire, ce qui n'empêche pas le développement de toute connaissance à leur sujet. Cela sera l'objet de la **troisième partie** de l'ouvrage. Il en est ainsi des phénomènes d'apparitions, de hantises et de poltergeists, analysés par Pascale Catala et Eric Dullin. Ainsi que des expériences aux frontières de la mort, telles que la lucidité terminale, la médiumnité ou les expériences de mort imminente, discutées par Maryne Mutis et Claude Berghmans.

Renaud Évrard et Thomas Rabeyron synthétiseront ensuite les questions et les travaux de ceux qui, comme eux, accueillent des expériences dites « exceptionnelles » dans un cadre clinique. Quels rapports ces vécus ont-ils avec la psychopathologie et la personnalité ? Comment les accompagner au mieux en cas de difficultés ?

Enfin, la **quatrième partie** abordera les différentes théorisations du psi. Mais au préalable, Renaud Évrard et Jérémy Royaux se seront centrés sur certaines critiques classiques adressées aux chercheurs abordant le paranormal et l'analyse des résistances rencontrées devant sa possible étude.

Renaud Évrard proposera ensuite un tour d'horizon d'une vingtaine de modèles théoriques de compréhension du psi. Dans le chapitre suivant, associé à Jérémie Philippe, ils décriront ensemble plus précisément les modèles qui se réfèrent à la physique quantique, discipline qui entretient depuis longtemps une relation féconde avec la parapsychologie. Il s'agira néanmoins de se méfier de certains raccourcis intellectuels trop rapides, chers notamment à une certaine pensée *new age*, qui utilise la référence quantique afin d'expliquer systématiquement les phénomènes les plus mystérieux.

La **cinquième partie** se centrera sur les liens entre le psi et l'étude de la conscience abordée sous l'angle neuroscientifique. Jean-Pierre Rospars s'interrogera sur la capacité que les neurosciences ont d'expliquer certains phénomènes relevant de la conscience. À quel point les données issues de la parapsychologie contribuent-elles à éclairer ce sujet ?

David Acunzo, restant sur ce même terrain neuroscientifique, analysera de manière critique les études mêlant phénomènes psi et outils d'imagerie cérébrale, ouvrant plusieurs pistes pour progresser dans notre compréhension des rapports entre cerveau et conscience.

La **sixième et dernière partie** de notre ouvrage dégagera plusieurs perspectives reliant les problématiques psi à des questions de nature spirituelle et culturelle.

Claude Berghmans nous amènera sur le terrain de la spiritualité. Des courants religieux établis ou marginaux se sont nourris de certains phénomènes, sources de fascinations et de rejets. Mais les expériences exceptionnelles elles-mêmes ont un impact important sur les croyances, notamment sur le développement d'une spiritualité en dehors des religions institutionnalisées. Enfin, Jeffrey Kripal, proposant un texte au style atypique, dans un article introduit au préalable par Renaud Évrard et Bertrand Méheust, nous plongera dans une vaste réflexion à partir de l'angle de la science-fiction : le paranormal n'est-il pas déjà omniprésent dans notre culture ? N'aurait-il pas remplacé certaines formes du sacré, délaissées au profit d'une certaine conception de la rationalité ?

Cet ouvrage n'a pas prétention à traiter de manière exhaustive toutes les questions que posent le paranormal et plus particulièrement le psi. Cependant, soit directement, soit indirectement, il aborde un champ de recherche très large, faisant le point sur les connaissances essentielles en ce domaine. Il nous semble ainsi permettre d'acquérir les connaissances les plus utiles pour se repérer dans les dédales conduisant le lecteur aux portes d'une science flirtant avec l'inconnu.

8. Bibliographie

Canguilhem, G. (1974). *Le normal et le pathologique*. PUF.

Cardeña E., & Winkelman, M. (Eds.) (2011). *Altering consciousness* (2 vol.). Praeger Publishers.

Cardeña, E., Lynn, S.J., & Krippner, S. (Eds.). (2014). *Varieties of anomalous experience : Examining the scientific evidence* (2nd ed.). American Psychological Association. *https://doi.org/10.1037/14258-000.*

Cardeña, E., Palmer, J., Marcusson-Clavertz, D. (Eds.) (2015). *Parapsychology. A handbook for the 21st century*. McFarland & Company.

Castro, M., Burrows, R., & Wooffitt, R. (2014). The paranormal is (still) normal : The sociological implications of a survey of paranormal experiences in Great Britain. *Sociological research online, 19* (3), 30-44.

Évrard, R. (2016). *Enquête sur 150 ans de parapsychologie : la légende de l'esprit*. Trajectoire.

Évrard, R., & Ouellet, E. (dir.) (2019). *Vers une sociologie anomalistique : le paranormal au regard des sciences sociales*. Presses universitaires de Nancy ; Éditions universitaires de Lorraine.

Fallen, C. (2012). *L'anomalie créatrice*. Kimé.

Firestein, S. (2012). *Ignorance : How it drives science*. OUP USA.

Greeley, A. (1991). The paranormal is normal : A sociologist looks at parapsychology. *Journal of the American Society for Psychical Research, 85*, 367-374.

Irwin, H.J. (2009). *The psychology of paranormal belief : A researcher's handbook*. University of Hertfordshire Press.

Irwin, H.J., Watt, C. (2007). *An introduction to parapsychology, 5th edition*. McFarland.

Kuhn, T. (1999). *La structure des révolutions scientifiques*. Champs Flammarion.

Mayer, G., Schetsche, M., Schmied-Knittel, I., Vaitl, D. (Eds.) (2015). *An den Grenzen der Erkenntnis : Handbuch der wissenschaftlichen Anomalistik*. Schattauer.

Maxwell, J. (1903). *Les phénomènes psychiques : recherches, observations, méthodes*. Alcan.

Méheust, B. (1999). *Somnambulisme et médiumnité* (2 tomes). Institut Synthélabo.

Schmidt, S. (2014). *Experimentelle parapsychologie : Eine Einfuhrung*. Ergon Verlag.

Sudre, R. (1956). *Traité de parapsychologie*. Payot.

Walach, H., & Schmidt, S. (2005). Repairing Plato's life boat with Ockham's razor : The important function of research in anomalies for consciousness studies. *Journal of Consciousness Studies, 12* (2), 52-70.

Worrall, J. (2003). Normal science and dogmatism, paradigms and progress : Kuhn *versus* Popper and Lakatos. *Thomas Kuhn*, 65-100.

Première partie

Fondements

Chapitre 1

Histoire de la métapsychique : des cultures traditionnelles aux approches rationnelles

(Renaud Évrard et Bertrand Méheust)

Sommaire

> « La réalité des phénomènes paranormaux/surnaturels a été débattue depuis des milliers d'années, sans qu'aucun consensus ne soit atteint. Ce fait seul en dit déjà long. Peut-être que le "psi", selon la terminologie adoptée par les parapsychologues, opère à un niveau si fondamental qu'il affecte non seulement la conscience humaine mais aussi la fabrique même de la société » (Hansen, 2019, p. 63).

Ce chapitre vise moins à faire l'histoire de la discipline connue désormais sous le nom de « métapsychique » ou « parapsychologie » – laquelle demeure relativement jeune après cent cinquante ans d'existence – que de réinscrire cette volonté d'observation et de compréhension du monde dans l'histoire culturelle occidentale. Ne pouvant couvrir l'ensemble des courants, des acteurs et des cultures interagissant avec ce qui est localement appelé « magie », « merveilleux », « préternaturel » ou encore « paranormal », nous avons dû faire des choix. Une première partie se concentrera sur la culture grecque antique, souvent la référence pour notre culture occidentale, moins pour en explorer toutes les subtilités que pour tendre un miroir : comment nous réapproprions-nous ce passé lointain ? Qu'on put en dire différents spécialistes ? Notre analyse se focalisera sur l'articulation entre divination et mémoire.

Nous poursuivrons ensuite en résumant rapidement des siècles de délimitation du domaine de la magie, de la religion et de la science, avant d'aboutir à ce curieux alliage du courant du « magnétisme animal » au temps des Lumières. En se bornant souvent à renvoyer vers les meilleures sources disponibles, nous détaillons davantage les grandes étapes de constitution de la parapsychologie scientifique aux XIXe et XXe siècles. Des phénomènes épars, étudiés par de petits collectifs de chercheurs, vont progressivement devenir des objets d'études plus systématiques par des sociétés savantes dédiées à ces questions. La naissance de la psychologie est fortement liée à cette émergence d'un champ en rupture avec l'orthodoxie médicale, explorant ce que les états non ordinaires de conscience nous révèlent de l'humain. L'institutionnalisation progressive et controversée de la parapsychologie est très variable en fonction des pays, et nous brosserons enfin à grands traits quelques éléments de cette « géopolitique du psychisme » (Méheust, 1999) et de ses conséquences pratiques.

Ce chapitre fournit donc, au-delà des grands noms et des repères que les historiens se donnent, une idée de l'historicité de ce désir d'explorer les confins de la science.

1. Les Grecs et la divination

Dans les années 1950 et 1960, deux livres ont marqué l'histoire de la Grèce antique : *Les Grecs et l'Irrationnel*, de Eric Robertson Dodds, paru pour première fois en 1951, et *Mythes et pensée chez les Grecs*, du philosophe et helléniste Jean-Pierre Vernant, dont la première édition remonte à 1965. Deux livres remarquables et pourtant complémentaires qui peuvent être mis en rapport.

1.1 Mythe et pensée chez les Grecs

Dans *Mythe et pensée chez les Grecs*, l'enquête de Vernant prend pour fil conducteur le thème de la mémoire, en l'opposant trait pour trait à l'idée que s'en fait l'homme occidental contemporain. Pour ce dernier, la mémoire est une puissance individuelle, qui ne saisit que des réalités situées dans le temps, et dont le fonctionnement est encadré par des bornes d'airain : nous ne pouvons nous souvenir que de ce dont nous avons eu connaissance *via* les sens. Une puissance donc, liée à l'écoulement du flux temporel, à l'usage des sens, totalement dépendante des fonctions cérébrales, et enfermée sur l'individu.

Si la Grèce archaïque a divinisé les fonctions mentales, elle a placé la mémoire au-dessus de toutes les autres. Mnémosyne, Mémoire, règne sur notre pensée, qu'elle surplombe et rend possible. Déesse titane, sœur de Cronos et d'Okéanos, elle est la mère des Muses et préside à la fonction poétique. Elle est la source de tout savoir. Comme le dit Homère, elle sait « tout ce qui est, tout ce qui fut, tout ce qui sera[1] ». Dans son omniscience sont archivés l'origine des choses, les actes fondateurs des dieux, les généalogies des rois et des héros, les événements futurs, le destin des êtres humains, le temps primordial. La connaissance qu'elle dispense est de nature divinatoire ; le poète qu'elle inspire jouit d'un accès direct aux réalités passées. Son savoir s'étend bien au-delà de nos individualités limitées, car il n'est pas confiné dans le moi : l'être humain éprouve en lui ses puissances, mais il sait qu'elles le débordent, qu'elles transcendent sa personne limitée[2].

Si elle n'est pas liée à la catégorie fermée du moi, la mémoire antique n'est pas non plus liée à notre conception linéaire et orientée du temps. Il est très difficile sur ce point de se défaire de nos habitudes mentales, pour retrouver la pensée des Grecs de l'époque archaïque. Ces derniers avaient évidemment conscience du temps qui s'écoule, mais ils le percevaient comme destructeur et ils plaçaient « au-dessus » de lui une autre dimension, l'Aiôn, le temps primordial. Accéder à cette dimension, c'était sortir du temps profane, s'évader de la condition humaine. Le devin qui prophétisait se plongeait lui aussi dans la Mémoire, qui était pour lui la Source primordiale.

C'est de ce constat et des paradoxes vertigineux qu'il soulève que vont naître les catégories fondatrices de la pensée philosophique. En effet, si nous sommes surplombés par la Grande Mémoire, et si cette dernière nous est en théorie accessible, alors se pose le problème incontournable des limites de fait sur lesquelles nous butons, le problème de l'ignorance. Comment se fait-il que, virtuellement omniscients, nous ne sachions rien ou presque ?

Pour répondre et résoudre ce paradoxe, la mythologie grecque a inventé un être mythique qui possède lui aussi le nom d'une fonction mentale : Léthé, l'Oubli. Il y a là une articulation

1. Homère, *L'Iliade*, I, 70.
2. Cette conception va survivre dans la doctrine platonicienne des Vérités éternelles, puis dans la théologie chrétienne, puisqu'on verra Saint Augustin, dans un passage célèbre des *Confessions*, célébrer l'insondable et effrayant mystère de la mémoire, qui nous porte vers l'abîme divin. On la retrouvera dans l'art notoire du Moyen Âge et de la Renaissance, dans la théosophie occidentale, et jusque chez Jung.

fondamentale de la pensée, qui va traverser l'histoire de la philosophie, jusqu'à sa reprise contemporaine par Bergson. C'est pour répondre à cette question que les théoriciens des « sciences psychiques[1] » naissantes ont créé le « modèle du filtre » qui gouverne leur pensée (voir chap. 13). Vernant a su restituer avec précision les articulations de cette pensée grecque de la Mémoire. Pour lutter contre l'Oubli et tenter de récupérer la Grande Mémoire, l'homme antique a développé des pratiques méthodiques, de véritables « technologies de l'esprit » qui impliquent à la fois le contrôle de l'esprit et du corps.

La Grèce a conservé, à travers le *pythagorisme*, le souvenir d'une ancienne tradition de mages qui cultivaient des techniques de remémoration en s'entraînant à maîtriser leur respiration, afin de libérer l'âme du corps et de voyager dans l'Au-delà. Selon la légende, ces mages pouvaient quitter leur corps à volonté, le laissant étendu, dans une sorte de sommeil cataleptique, et le réintégrer quand ils le désiraient (Vernant, 1965, p. 96). De ces périples dans l'Autre monde, l'âme revenait chargée d'un savoir prophétique. Les disciples de Pythagore s'entraînaient chaque soir à reconstituer le souvenir détaillé de leur journée afin d'acquérir la capacité de retrouver leurs vies antérieures. Empédocle (fragment 129) affirme que cet exercice réclame « une tension de toutes les forces de l'esprit ». Chez Épiménide, il s'agit d'un exercice *divinatoire* essentiellement rétrospectif visant à découvrir les fautes commises dans les vies antérieures. L'anamnèse devient une technique de salut.

La mémoire ainsi comprise n'est pas, ou pas seulement, une capacité d'enregistrer des souvenirs concernant la vie passée de l'individu ; elle transcende la conscience quotidienne et couvre tous les aspects et toutes les orientations de la vie humaine[2].

1.2 La place de la Grande Mémoire

Dans la Grèce archaïque, cette quête de la mémoire entraîne un buissonnement de conceptions et de pratiques. Elle débouche sur différents types de remémoration, pratiqués à l'intérieur de certains groupes : dans les confréries d'aèdes[3], l'apprentissage de l'inspiration poétique, tournée vers l'évocation du passé primordial ; dans les milieux de mages, l'entraînement à l'extase divinatoire ; dans les sectes religieuses, enfin, les exercices de purification et de salut. Ces découpages sont culturels. On devine une matrice commune, où ces démarches n'étaient pas encore différenciées. On trouve encore un écho de cette plurivalence dans l'art médiumnique contemporain.

1. « Sciences psychiques » et « recherche psychique » sont parmi les premiers noms de la discipline que nous appelons aujourd'hui « métapsychique » ou « parapsychologie », et dérivent de l'usage par William Crookes de l'adjectif « psychique » pour désigner la force autrement inconnue qui serait à l'œuvre dans ces phénomènes (voir plus loin). Le terme « parapsychologie » ne fera officiellement son apparition qu'en 1889 sous la plume du philosophe allemand Max Dessoir et, dans ce chapitre, nous l'emploierons parfois de manière anachronique.
2. Comme l'a montré Jacqueline de Romilly (2009), la tragédie grecque constitue un marqueur privilégié de cette conception du temps et de la mémoire.
3. Dans l'Antiquité, l'aède est un poète qui chante ou récite en s'accompagnant d'un instrument des poèmes célébrant les dieux et les héros.

Mais pour Vernant (1965, p. 106), il va sans dire que cette conception grandiose est à jamais révolue et qu'elle ne peut plus être acceptée par les historiens contemporains. Elle éclaire l'aube de la pensée et de la science, mais elle ne peut plus s'accorder avec la vision du monde de l'homme moderne.

Toutefois, il n'est pas évident que la conception archaïque de la Grande Mémoire soit à jamais révolue (Méheust, 2011) et que ses pratiques divinatoires soient devenues pour nous « sans objet ». Si l'on examine cette conception à la lumière des sciences psychiques, en considérant les faits de « métagnomie » (terme forgé par le philosophe Émile Boirac pour désigner la « connaissance paranormale ») comme acquis ou même seulement comme probables, elle semble au contraire cacher sous sa formulation mythologique un noyau de vérité dont on peut essayer de dégager les éléments essentiels :

1. La Grèce archaïque avait ses mages et ses devins, nous avons nos clairvoyants et nos médiums. Les mages et les devins de la Grèce n'étaient donc pas des personnages purement légendaires et les récits qui les concernent décrivent sans doute assez fidèlement des expériences réelles, au sens au moins de « subjectivement vécues », mais aussi « d'objectivement efficaces », car on peut difficilement imaginer le maintien dans la longue durée de pratiques divinatoires qui ne feraient pas parfois leurs preuves.
2. Lorsque l'on étudie les processus mentaux qui se déploient dans la clairvoyance ou la médiumnité, on s'aperçoit qu'ils possèdent bien la structure des actes mémoriels, mais qu'ils n'ont pas les limites que nous leur assignons aujourd'hui, puisqu'ils peuvent déborder l'individu et accrocher indifféremment des « cibles » éloignées dans le temps ou dans l'espace et porter aussi bien sur le futur et sur l'ailleurs que sur le passé. L'idée archaïque d'une Grande Mémoire surplombant nos fonctions mentales habituelles et portant vers toutes les dimensions de la réalité n'était donc pas une représentation purement mythologique, elle pourrait bien avoir un fondement dans l'expérience humaine (voir la « théorie de la métamémoire », chap. 11).

Les Grecs de l'époque archaïque savaient produire ces états. Ils ont donné à la divination une extension sans précédent, puisqu'elle a débouché sur la philosophie. Mais on doit rappeler que ces « technologies de la transe » s'enracinaient en Grèce (et ailleurs) dans de très anciennes traditions et qu'elles étaient soutenues par des dispositifs magico-rituels institutionnalisés ; tandis qu'en Occident elles ont été réinventées, bricolées, après l'effacement des Lumières, et subsistent surtout dans des « poches de résistance » comme le magnétisme, le spiritisme ou la métapsychique. Ce qui rend d'autant plus étonnante la persistance des faits que l'on attribue aux voyants.

Ces considérations peuvent paraître déroutantes ou scandaleuses. Mais c'est oublier que Marcel Proust, célébré aujourd'hui comme le plus grand auteur du XXe siècle, et même inscrit désormais dans le Panthéon universel, fit de la redécouverte et de l'exploration de la Grande Mémoire, sous le couvert évidemment de la fiction, le projet central de son œuvre.[1]

1. Ce point est resté inaperçu et non commenté parce qu'il se situe dans l'angle mort de la critique (Méheust, 2023).

1.3 Les Grecs et l'irrationnel

Le livre de Dodds *Les Grecs et l'Irrationnel* (1951), un ouvrage désormais classique dont la première publication remonte à 1951, a marqué l'hellénisme comme le fit au milieu des années 1960 celui de Vernant. Et pourtant, sur le point qui nous concerne, son orientation est radicalement différente. Vernant ferme la possibilité que les anciennes pratiques divinatoires puissent nous apprendre quelque chose de nouveau sur la mémoire et sur l'être humain et avoir de ce fait une portée prophétique. Inféodé au rationalisme français, il ne peut prendre au sérieux le courant des sciences psychiques, et même se risquer à les évoquer. Helléniste irlandais, Dodds, au contraire, est proche de la Society for Psychical Research (voir plus loin). Il fait partie de cette lignée d'anthropologues pragmatiques qui, comme, comme Andrew Lang, le père du « psychofolkore », ont voulu donner aux sciences psychiques une place importante dans leurs travaux.

En s'appuyant sur les données modernes, Dodds discute et modifie la thèse sceptique accréditée selon laquelle le dispositif de Delphes aurait essentiellement fonctionné en fabriquant des attestations *post eventum* des oracles de la Pythie. Quand il examine les phénomènes divinatoires mis en scène par Homère, il n'hésite pas, pour éclairer un célèbre passage de l'*Odyssée*, à se référer à la « seconde vue » des Écossais (Dodds, 1951, p. 77).

Ce va-et-vient entre le passé et le présent vise à mettre en œuvre une démarche rebaptisée par l'un d'entre nous la « spirale herméneutique » (Méheust, 2011). Cette démarche vise à situer les pratiques divinatoires de la Grèce à la fois dans leur singularité culturelle et dans leur généralité anthropologique. Elle consiste à éclairer le présent par le passé et à vérifier le passé par le présent. Éclairer le présent par le passé, cela veut dire mettre en relation un fait contemporain avec l'horizon des possibles sur lequel il se découpe. Vérifier le passé par le présent, cela signifie s'assurer ici et maintenant, de manière directe et méthodique, d'événements que l'on ne connaissait que par le biais indirect de récits, et dont il était difficile ou impossible d'évaluer la teneur factuelle.

Dans *The Ancient Concept of Progress*[1], Dodds (1973) résume son principe directeur : c'est la profondeur de l'attestation historique qui va fournir un argument fondamental en faveur de la réalité d'un phénomène paranormal. Plus le phénomène en question sera attesté dans le temps et dans l'espace, et plus on pourra prendre au sérieux son inscription contemporaine. Or il se trouve que, de tous les phénomènes dits paranormaux, la voyance est le plus massivement attestée. Le même raisonnement peut être fait à propos des « esprits frappeurs » troublant un lieu précis (voir chap. 7), bien attestés dans les chroniques antiques, comme le montre le livre *Paranormale Antiquité* (Schneider, 2011), où les faits sont extraits de textes issus du monde gréco-romain.

1. Et notamment l'article « Supernormal Phenomena in Classical Antiquity », publié initialement en 1936 dans un livre de mélanges adressé à Gilbert Murray, un autre grand helléniste spécialiste de sciences psychiques (Évrard & Rabeyron, 2017).

1.4 L'obscurité des oracles

Examinons sur un point précis et essentiel – « l'obscurité des oracles » – le regard que Dodds porte sur la divination.

Le scepticisme moderne, depuis Fontenelle (1686), voit dans cette obscurité la marque fondamentale de l'illusion oraculaire. La plupart des historiens et des anthropologues tiennent encore ce fait pour acquis. Mais Dodds, en compagnon de route des sciences psychiques, mène une enquête exigeante et conclut que ce n'est pas toujours vrai. Il cite et commente deux exemples extraordinaires, relatés par Hérodote.

Ce dernier rapporte l'enquête à laquelle se livra au VIe siècle Crésus, roi de Lydie. Crésus fut l'un des premiers à entreprendre de sonder la vérité des oracles. À ces fins, il envoya des messagers à sept des meilleurs devins, porteurs d'un message auquel ils devaient répondre sur-le-champ : « Que fait en ce moment le roi de Lydie ? ». Les émissaires du roi eux-mêmes ignoraient la réponse. Parmi les devins consultés, cinq manquèrent le test ; un sixième ne passa pas très loin de la solution ; seul l'oracle de Delphes trouva la réponse correcte, à savoir que le roi était en train de cuire, dans un chaudron d'airain, une tortue et un agneau. Dodds (1973), qui commente ce récit, rapporte encore la tentative beaucoup plus tardive de l'empereur Trajan, qui mit sous enveloppe scellée une tablette vierge, et la fit envoyer, avec mission d'en déchiffrer le texte, à l'oracle de Jupiter à Baalbek, spécialisé dans la lecture de lettres non ouvertes. L'oracle lui fit retourner la lettre avec le cachet intact, en même temps qu'une autre lettre contenant la réponse du dieu. Lorsqu'on l'ouvrit, on constata qu'elle contenait… un papyrus vierge. Ces tentatives de vérification furent perçues en leur temps comme des démarches impies, voire blasphématoires, et il est significatif qu'elles concernaient des consultations conduites par un roi et un empereur, c'est-à-dire par des humains capables de défier les dieux. En fait, l'enquête de Crésus, avec une réussite nette et un demi-succès pour sept essais, donne des résultats comparables, bien qu'un peu inférieurs, à ceux que l'on a pu obtenir depuis le milieu du XIXe siècle avec des sujets doués.

Si l'on met en relation l'enquête de Dodds et les données des sciences psychiques contemporaines, on voit se déployer la spirale herméneutique. On constate d'abord que le roi de Lydie se garde de poser une question portant sur un futur important mais incertain, sur le destin, par exemple, d'une opération militaire, et qu'il questionne l'oracle sur un fait précis, singulier et improbable de sa vie quotidienne ; bref, il simplifie la question pour exiger une réponse immédiate et univoque ; enfin il se garde de donner la réponse aux messagers. Nous avons donc en germe la démarche qui sera appliquée et affinée à partir du XIXe siècle.

Si, d'autre part, on se porte à notre époque et que l'on observe les données disponibles, on constate que les réussites des voyants contemporains se situent dans une proportion comparable au résultat de l'enquête de Crésus. La conclusion la plus probable de cette stabilité dans le temps, c'est que le processus divinatoire, tout en charriant des erreurs, des obscurités et des approximations, peut aboutir parfois en sa pointe à une décantation factuelle tellement précise qu'on ne peut l'expliquer par le hasard, le trucage ou le compérage.

Les Grecs ne disposaient pas d'une science nommée la psychologie, mais ils avaient déposé dans leurs mythes un savoir immense bien qu'encore implicite de l'esprit humain. Ce constat peut se dire de l'extension de ce savoir entreprise depuis le XIXe siècle par les sciences psychiques. Les Grecs avaient également déposé et exprimé dans leurs mythes le savoir qu'ils avaient de ce que nous nommons de nos jours le « psi », et nous découvrons aujourd'hui que ce savoir était d'une immense complexité.

1.5 Paranormale Antiquité

Le constat qui s'impose, c'est que la plupart des phénomènes que l'on classe aujourd'hui dans le registre du paranormal étaient déjà connus dans le monde gréco-romain (Schneider, 2011). Ils n'étaient pas compris et reliés de la même manière mais la persistance de structures et d'associations bien connues est évidente, révélatrice de contraintes, de constantes dont on ne comprend pas forcément la nature, mais que leur répétition à travers les âges nous oblige à accepter comme elles sont. Les poltergeists sont déjà là, avec leur vacarme, leurs chutes de pierre, provocants et élusifs. Les stigmates présentent dans l'Antiquité le même caractère thématique que dans les grandes religions monothéistes (Méheust, 2015). Une modification profonde de la conscience est requise pour que se produisent les phénomènes de bilocation et, de façon générale, que se déroulent les processus divinatoires. Les phénomènes prémonitoires, particulièrement auto-prémonitoires, sont déjà connus dans l'Antiquité romaine. C'est dans le rêve parfois, que l'on apprend la mort subite ou l'assassinat d'un proche. La métagnomie se déploie de la même manière chez Cassandre. Et les catégories des parapsychologues contemporains retrouvent dans les faits exhumés par l'autrice de *Paranormale Antiquité* (Schneider, 2011) les deux faces du psi, le psi physique et le psi intellectuel. Mais la façon dont ces deux faces communiquent entre elles s'est sensiblement modifiée, et c'est le point central qui doit retenir notre attention.

De nos jours, le centre de gravité de ces manifestations s'est déplacé vers le sujet humain. Il manque à ces récits des phénomènes psychophysiques clairement imputables à un sujet, sans références à l'intervention d'une entité surnaturelle. Ce n'est pas tant la structure de ces manifestations qui s'est modifiée, que leur mode d'attribution. Et encore, pour maintenir cette affirmation, il faut être prudent et précis : il vaudrait mieux écrire que l'on a observé à partir de la fin du XIXe presque toute la gamme de phénomènes antiques, mais aussi des manifestations nouvelles, visiblement liées à l'évolution de l'idée que l'être humain se fait désormais de lui-même. Tout se passe comme si la mémoire conservait dans ses ressources cachées à peu près tout, tout en continuant d'inventer sur la pointe du cône des formes nouvelles. Aujourd'hui la mode chez les anthropologues est de décrire comme une invention culturelle ce que l'on aurait pensé autrefois comme une découverte, et faisant ainsi basculer presque complètement la nature du côté de la culture. Pour pouvoir paraître dans une revue d'anthropologie, un article sur les ovnis devra s'appeler « l'invention des soucoupes volantes », et un papier sur les ectoplasmes, « la fabrication des ectoplasmes ». Par ses subtilités sémantiques, on pourra ainsi gommer l'idée même que ces réalités puissent, après analyse, laisser subsister un résidu factuel.

Il faut être réservé avec cette tendance, comme avec tout ce qui est à la mode. Lorsque l'on observe froidement les manifestations spontanées du psi recueillies dans l'Antiquité et qu'on les compare avec les données spontanées modernes et contemporaines, *on est surtout frappé par leur stabilité.* Si l'on considère les pratiques divinatoires antiques comme l'esquisse de démarches expérimentales, ce jugement pourra s'étendre aux processus métagnomiques. Cette stabilité ne veut pas dire que la culture n'intervient pas dans ces manifestations, elle n'implique pas que nous ayons affaire à des phénomènes naturels. Mais, à tout le moins, elle signifie que nous faisons face à des strates très profondes de l'humanité.

2. Magie et religions monothéistes

Le polythéisme antique et son lot de divinités en tout genre, tout aussi bien que les différentes formes de totémisme et d'animisme développées dans le monde entier[1], vont bientôt céder la place à des religions monothéistes aux velléités hégémoniques. Toutes vont avoir vis-à-vis de la « magie » et du « merveilleux » une attitude similaire :

- une condamnation ou « diabolisation » de certaines pratiques et de certains phénomènes ;
- une validation d'autres phénomènes associés à des personnages, des rites et des lieux sacrés ;
- et le développement en interne d'un sous-courant secondaire sommé de canaliser une magie conforme au dogme.

1. L'anthropologue Philippe Descola (2005) a repéré quatre façons de se représenter le monde qui se sont présentées dans des sociétés qui n'interagissaient pas ensemble. Ainsi, le « chamanisme » s'inscrit souvent dans une vision du monde animiste dans laquelle les non-humains forment des sociétés sur le même modèle que celle des humains, ayant par exemple leur propre chamane, leurs rituels, leurs états d'âme, etc. Les autres schèmes identifiés sont le totémisme (principalement des aborigènes d'Australie), l'analogisme (par exemple, des Aztèques et Incas) et le naturalisme qui domine désormais en Occident. L'existence de phénomènes « surnaturels » présuppose un « ordre de la nature » qui n'est délimité de la même manière selon ces syntaxes de l'existence.

Jésus thaumaturge

Par exemple, l'un de nous a étudié de manière approfondie le cas de Jésus qui, à n'en pas douter, joue un rôle déterminant pour la culture judéo-chrétienne (Méheust, 2015). En s'appuyant sur les *Évangiles* dont on peut contester la datation officielle, puisque certains éléments permettraient de les attribuer à des témoins contemporains des phénomènes observés, et en adoptant la méthode de « métagnomie comparée » (Méheust, 2011) - consistant à mettre en regard les trajectoires et les performances des « sujets psi » de toutes les époques -, il est montré dans cet ouvrage en quoi Jésus est très semblable à d'autres « sujets psi[1] », y compris au niveau de ses traits de caractère de type « Trickster » (Hansen, 2001), l'archétype du « fripon divin » subversif et truqueur (voir chap. 11), tout en se révélant différent sur d'autres points (par exemple, le rare recours aux états non ordinaires de conscience). En somme, Jésus est alors vu en tant que *kratophanie* (manifestation d'un pouvoir) plutôt que *hiérophanie* (manifestation du sacré) (van der Leeuw, 1948) dans un récit qui lie l'éclosion du mouvement chrétien à un thaumaturge, à rebours des discours habituels condamnant la magie.

1. L'une des appellations privilégiées par les parapsychologues pour désigner les sujets « doués » pour présenter spontanément ou dans des conditions contrôlées des phénomènes psi (voir chap. 2).

Les religions monothéistes restent sensibles à la question des miracles, ne serait-ce parce que les fidèles sont en attente de telles grâces. Elles ont dû mettre en place des procédures pour contrôler ces phénomènes afin d'éviter qu'ils n'entrent en contradiction avec les dogmes et, subséquemment, qu'ils génèrent des divisions dans l'Église (Louis, 2008). Prosper Lambertini, futur pape Benoît XIV, a instauré les règles de la critique des miracles dans son livre paru en 1734, l'amenant dès lors à être considéré comme le précurseur de la parapsychologie (Haynes, 1970).

Les phénomènes extraordinaires de la vie ascétique et mystique ont été étudiés du point de vue historique et critique par des auteurs comme l'anthropologue Olivier Leroy (1936, 1951). Les observateurs ont constaté chez les mystiques des manifestations somatopsychiques extraordinaires qui échappent à la physiologie normale comme à la pathologie classique, ouvrant à un nouveau champ disciplinaire : l'*hagiologie* (Guitton, 1978). Le docteur Hubert Larcher a montré que ces phénomènes tendent à affranchir la nature humaine des contraintes terrestres, comme par le jeu multistatique d'un complément d'homéostasie, pour une conquête probabiliste de l'autonomie. L'inédie (capacité à survivre sans boire ni manger), la lévitation, la bioluminescence affranchissent ainsi de la faim, de la pesanteur, de l'obscurité (Larcher, 2013 ; voir chap. 15). Ils ont été qualifiés de *charismes* dans la chrétienté, de *siddhis* dans le monde oriental (Radin, 2014).

Le problème demeure du parallèle entre ces phénomènes survenant chez les saints et des phénomènes absolument identiques chez d'autres individus qui sont, au point de vue culturel et parfois moral, aux antipodes. Le révérend père Herbert Thurston (1961), jésuite et médecin, les a ainsi étudiés aussi bien chez des « sujets psi » ou qualifiés de médiums que chez des mystiques, considérant que ces phénomènes exceptionnels font partie de la nature.

De fait, rien qu'au XIXe siècle, le protestantisme d'un Agénor de Gasparin, le spiritisme mi-religieux mi-scientifique d'un Allan Kardec ou plusieurs nouveaux mouvements religieux, tout aussi bien que les milieux athéistes et naturalistes de la recherche psychique, se sont montrés des terreaux fertiles pour la manifestation et l'étude des mêmes phénomènes (Évrard, 2016). Les anthropologues observent ainsi du « sacré sauvage » (Bastide, 1975) ou de la « mystique sauvage » (Hulin, 1993) par lequel le paranormal reste à l'écart du sacré contrôlé, institutionnalisé et domestiqué. Le philosophe des religions Jeffrey Kripal (2019, p. 26) décrit bien comment ces vécus vont même souvent alimenter une critique des croyances, en particulier des religions organisées, comme s'il était plus important de s'approprier son expérience personnelle que de la partager selon les conventions du groupe d'appartenance.

Sans épuiser le moins du monde ce sujet, nous concluons cette partie en indiquant que l'interface entre parapsychologie et religion est un espace particulièrement dynamique et porteur de controverses soulevant d'importants enjeux sociétaux (Maraldi, 2021).

3. Magnétisme animal et Lumières (1784-1842)

L'un de nous a retracé l'histoire des phénomènes métapsychiques en Occident en prenant pour fil conducteur la notion du « décrire-construire » (Méheust, 1999) : les acteurs – individus ou institutions – qui s'attellent à donner une représentation objective de l'être humain participent en réalité à la construction du profil même qu'ils prétendaient simplement décrire. Il analyse une séquence qui, se détachant des pratiques magiques et religieuses, tente de puiser dans la science une nouvelle intelligibilité de ces phénomènes. Mais cette tentative sera stoppée net à la suite des débats faisant s'opposer des conceptions contradictoires de l'être humain. Une série de cycles d'enthousiasme, de rejet et de réappropriation va alimenter des siècles de controverses.

Au cours du XVIIIe siècle, l'exorciste autrichien Johann Caspar Gassner exerçait son « don » à guérir des maux divers par une forme pragmatique du discernement des esprits. Il se refusait à soigner ce qu'il appelait « les maladies naturelles », celles relevant de la médecine, pour ne traiter que les « maladies surnaturelles » causées, selon lui, par la sorcellerie ou la possession démoniaque.

Puisque Gassner divisait la communauté scientifique, le médecin allemand Franz Anton Mesmer fut appelé à juger de sa pratique. Il l'interpréta comme une preuve de sa propre théorie du « magnétisme animal », défendant donc l'idée, à ce moment-là, qu'il s'agissait de troubles naturels et non surnaturels qui étaient détectés par Gassner, notamment au travers des crises de possession. Postulant l'existence d'un fluide universel influencé par les aimants, Mesmer déploiera une thérapeutique à base de manipulations dudit fluide pour soigner tous les maux, du corps comme de l'esprit, par l'intermédiaire d'une transe : la « crise magnétique ». Cette revendication fut examinée par des scientifiques et les controverses qui s'ensuivirent donnèrent tort à Mesmer, en ramenant les effets constatés aux produits de « l'imagination » (Peter, 2009).

Une ferveur populaire s'empara rapidement du sujet, à quelques années de la Révolution française. Confronté aux résistances et aux portes qui se fermaient, Mesmer emploiera une stratégie promotionnelle afin d'obtenir une reconnaissance officielle de l'efficacité de sa méthode, tout en conservant, dans un premier temps, sa précieuse doctrine comme étant sa propriété. Par la suite, ce savoir fut commercialisé pour une poignée d'élus, en désavouant les imitateurs non accrédités ; puis la créature échappa à son créateur et vint se mélanger avec toutes les idées de l'époque, y compris les croyances dans la communication avec les anges et les défunts (Belhoste & Edelman, 2017).

En dépit de ses ambitions brisées, Mesmer et ses disciples poursuivirent leurs activités. À partir de 1784, le marquis de Puységur va « mesmériser » dans son domaine de Buzancy, découvrant une nouvelle forme de transe. Au lieu des convulsions, des pleurs et des cris sous les passes magnétiques de son maître, le domestique Victor Race entre dans un état d'apaisement, semblable à l'endormissement. Il est pourtant bien éveillé et même présent d'une manière étonnante. Son langage se fait soutenu ; il décrit sa maladie et son remède, prédit les étapes vers sa guérison et parvient à faire de même pour les maladies des autres ; et, surtout, il sifflote l'air que le marquis avait dans la tête pour l'avoir travaillé à la harpe toute la matinée. Ces phénomènes associés à ces états étranges de la conscience vont être regroupés sous les expressions de « somnambulisme artificiel » et de « lucidité magnétique ».

Après s'être distinguée de la pratique traditionnelle de l'exorcisme, la doctrine du magnétisme animal se renforça en abandonnant certains aspects dogmatiques (notamment en proposant une pluralité théorique après le retrait du maître et de son « secret »), en se plaçant sur le plan de l'expérimentation et des faits, et en entamant un dialogue direct avec la médecine classique. Au début du XIXe siècle, l'Académie de médecine est ainsi divisée, et des commissions contradictoires vont valider puis invalider les faits du mesmérisme (Rausky, 1977 ; Méheust, 1999). La culture occidentale manque de basculer dans l'acceptation d'une transe comme instrument à la fois thérapeutique et scientifique.

De 1837 à 1842, une polémique féroce met aux prises des savants renommés et tient, par presse interposée, le public parisien en haleine : « L'enjeu est perçu comme capital. Il s'agit de vérifier la réalité de la fameuse *lucidité magnétique*, grâce à l'une de ses manifestations supposées, la lecture à travers les corps opaques » (Méheust, 1996, p. 15). Le 15 juin 1842, à la suite d'un débat houleux, et malgré les protestations véhémentes de certains de ses membres, qui estiment que l'Académie de médecine a failli à sa tâche, l'Institut décide de se fermer officiellement « à toute espèce de fait magnétique ». Plus aucun mémoire sur ce thème ne sera analysé. L'anathème de l'Académie de médecine prend exemple sur celui fait par l'Académie des sciences face aux prétendues démonstrations de la quadrature du cercle. La communauté scientifique étouffe ainsi une controverse de plus de soixante ans et évite ainsi d'entériner un phénomène merveilleux en apparente contradiction avec de nombreux savoirs établis. Ce rejet explicite dans un forum officiel est une spécificité française : on ne trouve pas trace d'une semblable condamnation dans le monde anglo-saxon et germanique.

Ce bannissement officiel n'empêcha pas la poursuite des études sur le magnétisme et le somnambulisme, mais celles-ci furent vouées à rester en marge de la science officielle.

4. Rationalités clandestines (1842-1882)

L'interdit officiel d'étude du magnétisme plonge le domaine dans une forme de clandestinité. Si l'on peut présenter cette période de latence comme une « glaciation qui durera quarante ans » (Méheust, 1999, t. 1, p. 453), la censure académique ne conduit pas à un rejet total par la communauté médicale. De nombreux médecins en France et en Europe continuent d'étudier les possibilités thérapeutiques et parapsychologiques du somnambulisme artificiel (Belhoste & Edelman, 2015 ; Edelman, 2009). Les mêmes observations vont progressivement être réinsérées dans une nouvelle partition : le volet merveilleux ira à la recherche psychique ; le volet psychosomatique, édulcoré de certains phénomènes étranges, reviendra à l'hypnotisme dans ses versions expérimentales et thérapeutiques.

Nous pouvons repérer différentes tendances dans ce moment charnière, correspondant à la période de latence de la recherche psychique. Certains phénomènes psychosomatiques du magnétisme animal seront récupérés dans le cadre du phréno-hypnotisme (Lantéri-Laura, 2000) et de la métallothérapie (Plas, 2000). Les états modifiés de conscience vont également intéresser des cliniciens, notamment au sein de la Société médico-psychologique qui mit au débat les « névroses extraordinaires » (Évrard, 2013 ; Le Maléfan, 2014), dans une reconsidération du continuum entre sommeil naturel et somnambulisme artificiel. Si les démonstrations de prouesses par des somnambules lucides se poursuivent, elles ne seront plus confiées à des scientifiques investis dans une démarche officielle (Méheust, 2003). Un élément viendra rapidement changer la donne : la vogue des tables tournantes puis parlantes, diffusant progressivement le spiritualisme et sa recodification française dans la doctrine du spiritisme (Edelman, 2002). Une conjugaison de ces différentes tendances, dans une tentative de reconstituer une démarche scientifique autour de ces sujets sulfureux, conduira au semi-échec de la Société dialectique de Londres, impulsant le travail de certains pionniers de la parapsychologie de laboratoire au Royaume-Uni (Noakes, 2019). Ces percées trouveront un écho en France dans la *Revue de psychologie expérimentale* développée par Timothée Puel (Évrard & Pratte, 2017) avant que ne soit fondée en 1882 la première Société de recherche psychique, qui fournira le canevas institutionnel pour le déploiement de ces recherches.

4.1 Le phréno-hypnotisme

En Angleterre, le chirurgien James Braid est témoin, en 1841, d'une démonstration des phénomènes du magnétisme animal par le magnétiseur franco-suisse Charles Lafontaine. Contre l'avis de nombre de ses confrères, il affirme que tout n'est pas à jeter dans le cortège du merveilleux du magnétisme (notamment l'insensibilisation et son contraire, l'accroissement des sens), même s'il se démarque largement des théories de ses prédécesseurs (Lamont, 2012). La technique appliquée par Mesmer ne put véritablement faire son retour que vers le milieu du XIXe siècle, sous une forme épurée, le braidisme puis l'hypnotisme, débarrassée des notions de « fluide », de « magnétisme animal » ou d'influence des planètes (Méheust, 1999).

Braid travaille donc à délimiter un nouveau cadre pour statuer sur ce qui est acceptable pour la science, ce qui implique, principalement, de tronquer la lucidité magnétique. Il définit l'hypnose comme un « état de sommeil nerveux » dans lequel il est facile de plonger une personne en utilisant l'induction par la fixation d'un objet brillant. Il l'emploie notamment pour obtenir l'anesthésie lors d'interventions chirurgicales, à une époque où la douleur des patients n'était pas prise en charge lors de telles opérations. Cependant, l'anesthésie hypnotique est rapidement supplantée par l'émergence des premiers anesthésiants.

En France, l'approche de Braid amène un réexamen de ces états étranges de la conscience, dans un contexte marqué par la *phrénologie*, soit l'étude des liens entre les protubérances du crâne et les facultés mentales (Lantéri-Laura, 2000). L'association avec le cerveau vient donner une aura encore plus médico-scientifique à cet objet, auquel Braid accole le nom de « phréno-hypnotisme ».

L'hypnose est actuellement reconnue comme une pratique thérapeutique normale traitant des maux normaux, même si son caractère la rapproche toujours d'une « pensée magique » et d'une thaumaturgie la poussant à la frontière d'une thérapeutique paranormale (Collot, 2008). Se pose donc la question de tenir compte ou non d'un « surplus » de phénomènes non élaboré dans l'hypnose actuelle. L'historien de l'ésotérisme Antoine Faivre (1986) a montré que la faculté de l'imagination « d'agir sur la nature » recouvre historiquement deux catégories d'actions : l'action dite « intransitive » qui « s'exerce sur le seul corps du sujet imaginant » et l'action dite « transitive » qui « s'exerce sur des objets extérieurs à lui ». L'acceptation d'une action transitive signe la frontière entre l'hypnotisme et ce qui va alors prendre le nom de « recherche psychique », séquelle du débordement du somnambulisme de Puységur par rapport au magnétisme de Mesmer. L'imagination intransitive qui caractérise l'hypnose a mis deux siècles à être totalement reconnue. Se pourrait-il que la doctrine de Puységur, auquel serait soustraite l'hypnose, possède encore un reste non assimilé ?

4.2 La métallothérapie

Une autre tentative pour fournir une nouvelle crédibilité aux phénomènes du magnétisme animal revient à les associer avec la matérialité concrète des métaux et des substances chimiques. Mesmer lui-même, à ses débuts, employait de véritables aimants pour déplacer le supposé fluide. Certains médecins restèrent persuadés que la puissance de l'hypnotisme reposait sur des processus physiques, permettant un rapprochement avec les sciences naturelles.

En 1847, le docteur Victor Burq invente donc la métallothérapie, soit l'utilisation de métaux par voie interne ou externe à des fins thérapeutiques. Aucune académie ne consent à examiner ses résultats, jusqu'à ce qu'il parvienne, après des décennies, à décider le fameux Claude Bernard, alors président de la Société de biologie. Ce dernier fit nommer, en 1876, par ladite société, une « Commission du burquisme » comportant trois médecins reconnus, dont le neurologue Jean-Martin Charcot (Edelman, 2002, p. 97-101 ; Plas, 2000, p. 57-85). La surprise fut grande lorsque la commission conclut à l'existence de la *métalloscopie externe* : certains métaux avaient des effets sur le corps. Les membres de la commission exhumèrent certains travaux relatifs à l'action des aimants sur certains états pathologiques, puis les expériences se multiplièrent dans les services médicaux, établissant implicitement un lien entre l'hystérie et le magnétisme animal (Harrington, 1988).

On peine à imaginer que de si grands savants, refusant d'une main le merveilleux de la lucidité somnambulique, se firent de l'autre les chantres infatigables d'un merveilleux matérialiste fait de « bioélectricité ». Ce n'est qu'un peu plus tard que ces résultats furent attribués aux effets de la suggestion et de l'auto-suggestion.

4.3 Les névroses extraordinaires

Une autre voie de contournement passera par la poursuite de discussions sur certains phénomènes étranges de la vie psychique : les rêves classiques et lucides, le sommeil, le somnambulisme naturel, la catalepsie, les personnalités alternantes et la lucidité magnétique. En 1851, par exemple, un concours sur « le sommeil envisagé au point de vue psychologique » est organisé par l'Académie des sciences morales et politiques (Carroy, 2015). Alors qu'il interrogeait directement la réalité du somnambulisme artificiel, la part d'extraordinaire du magnétisme animal est alors sciemment déconsidérée par les juges de ce concours.

Entre 1857 et 1860, un débat plus nourri oppose les membres de la Société médico-psychologique (Le Maléfan, 2014), née en 1852, dans le sillage des *Annales médico-psychologiques*, du rapprochement de médecins et philosophes, au carrefour de la médecine, de l'aliénisme et de la future psychologie. On voit apparaître sous le vocable de « névroses extraordinaires », un ensemble, proche d'un fourre-tout, réunissant les questions encore marginales de l'hystérie, l'extase, les crises convulsives, l'hyperesthésie, la lucidité, le dédoublement de personnalité, le magnétisme, le somnambulisme, la suggestion mentale, la catalepsie et l'anesthésie cutanée (Évrard, 2013). Souvent les cas présentés sont ceux de jeunes femmes qui hallucinent et délirent au cours de crises intermittentes.

L'observation initiale est rapportée par Laurent Cerise, cofondateur de la société, qui commente le 150e cas du docteur Timothée Puel, sur lequel il a pu lui-même effectuer certaines observations directes. Ce cas est extrait d'un mémoire sur la catalepsie ayant reçu un prix de l'Académie impériale de médecine (Puel, 1856). Il est présenté d'une manière énigmatique comme un cas de « catalepsie compliqué de somnambulisme ». La patiente, frictionnée activement, était entrée dans un état où son intelligence était vive tandis que son corps restait paralysé. En réalité, un aspect masqué dans cet écrit officiel est qu'en guise de frictions, le Dr Puel exerçait des passes magnétiques sans entrer en contact avec sa peau. Lors de la discussion de cas, Cerise a révélé qu'il continuait lui-même à pratiquer des cures magnétiques dans de tels cas de névroses, obtenant des phénomènes de sensibilité étranges, notamment les sens de la vue et de l'ouïe déplacés au niveau de l'épigastre. Il aurait même provoqué des phénomènes à distance en agitant un bâton.

D'autres participants profitent de cette occasion pour avouer des observations similaires lors des séances suivantes. Face à ces prophéties et clairvoyances de patientes « en crise », la discussion montre une assemblée divisée entre enthousiasme et défiance. La publication des échanges menace d'ouvrir une brèche dans l'autorité scientifique de la société, en laissant croire possible tous les faits étranges du magnétisme.

Les débats qui s'ensuivent anticipent sur les recherches psychiques de la fin du XIXe siècle : légitimité de l'expérimentation mais difficulté dans l'obtention de la preuve, trucages, croyances et réputations des sujets, place de la psychopathologie... Après un débat concluant que le célèbre médium D. D. Home (Lamont, 2005)[1] aurait été pris en flagrant délit de supercherie, cette discussion s'arrête brutalement et d'une manière autoritaire.

4.4 L'étude des somnambules lucides

La controverse aboutissant à l'anathème académique se centrait sur les phénomènes de lucidité magnétique. Ceux-ci ont continué à être revendiqués par des individus qui, généralement, travaillaient en binôme avec un magnétiseur qui les aidait à entrer dans l'état favorable à leurs prouesses.

Le changement qui s'opère concerne l'accessibilité de ces phénomènes, qui ne sont plus débattus dans les forums officiels. Des démonstrations se font dans des cercles privés et des salons, touchant même les élites, avec généralement un coût d'entrée. La présence de médecins et de scientifiques donne parfois lieu à des expérimentations improvisées, avec l'introduction de contrôles et de comptes rendus. Nous restons pourtant éloignés de l'étude systématique et collective que ces phénomènes appelaient.

1. Daniel Dunglas Home (1833-1886) est un médium et voyant écossais qui a réalisé de nombreuses séances publiques (notamment auprès de figures aristocratiques) et en laboratoire dans lesquelles il manifestait presque toute la gamme des phénomènes correspondant à la médiumnité : divination, déplacements d'objets à distance, lévitation, modifications corporelles, ectoplasmes, sons à distance, etc. (voir chap. 7).

Un voyant prodigieux : Alexis Didier (1826-1866)

L'exemple le plus illustre est celui du somnambule Alexis Didier (Méheust, 2003). Dès 1842, le jeune homme fait démonstration de ses dons de lucidité devant des centaines de témoins, en France et en Angleterre.

Dans une séance type, le magnétiseur entre dans la pièce après que les yeux du somnambule ont été bandés. Il effectue ses passes, presse les mains d'Alexis ou bien le fixe intensément du regard. En quelques minutes, le sommeil magnétique arrive. Une fois Alexis mis dans l'état approprié, il passe par une phase de spasmes musculaires qui est parfois impressionnante ou désagréable pour les témoins : son visage est parcouru de tics et de grimaces, comme s'il souffrait, comme s'il était envahi par quelque chose. Puis il retrouve son calme et alors, au dire des témoins, il apparaît comme un homme éveillé, capable de discuter, de plaisanter. Sauf que sa personnalité a changé. À la place du jeune homme timide et effacé, se trouve un oracle impressionnant d'audace et de présence. Sa parole tombe avec précision, coupante, sans réplique. Il y a aussi chez lui un côté « trickster » ; du haut de sa jeunesse, il s'amuse de la sidération que ses dons produisent sur ses semblables, il joue.

Son cas passionne des gens cultivés, parmi lesquels Balzac et le magicien Robert-Houdin. Ce célèbre illusionniste, qui a déjà démasqué plusieurs faussaires, se dit convaincu que c'est le cas de tous les somnambules. Une fois en présence d'Alexis, il demande à poser lui-même le bandeau. Puis il soumet le somnambule à une série de tests : il le prie de jouer aux cartes avec lui yeux bandés, l'invite à lire dans un livre fermé et lui demande à qui appartient une mèche de cheveux qu'il a amenée avec lui. Devant le succès du somnambule, Robert-Houdin perd pied et avoue même un moment de panique. Mais il tient parole. Le lendemain, il lui donne cette attestation : « Je ne puis m'empêcher de déclarer que les faits rapportés ci-dessus sont de la plus haute exactitude, et que, plus j'y réfléchis, plus il m'est impossible de les ranger parmi ceux qui font l'objet de mon art et de mes travaux. Ce 4 mai 1847. »

Une quinzaine de jours plus tard, Robert-Houdin se rend chez Alexis avec un collègue pour le soumettre à de nouveaux tests. Cette deuxième séance lui retire ses derniers doutes et il délivre un deuxième certificat, dans lequel il confirme que les phénomènes produits par Alexis ne relèvent pas de son art.

Toutefois, en dépit de ces démonstrations privées et de nombreuses sollicitations, plus aucune commission officielle n'est nommée et ses exploits resteront donc officieux.

4.5 La diffusion du spiritualisme

En 1851, l'Europe est touchée par la mode de la « danse des tables » venue d'Amérique qui relance la question des démons et des esprits capables d'intervenir sur Terre – question qui agite l'humanité depuis toujours et qui venait notamment d'être relancé par les doctrines du savant suédois Swedenborg[1]. Rares sont les correspondances ou les journaux de l'époque qui

1. Le Suédois Emanuel Swedberg (1688-1772) – plus connu sous le nom de Swedenborg qu'il portera après son ennoblissement – fut un génie universel qui porta sa marque dans plusieurs domaines du savoir. Ce physicien polyglotte préfigure l'atomisme et la théorie ondulatoire de la lumière. En astronomie, il imagine un modèle de

n'en font pas leurs gros titres. Le mouvement est né cinq ans plus tôt, en 1848, aux États-Unis, dans l'ouest de l'État de New York, autour des sœurs Fox. Celles-ci ont entamé un dialogue avec une entité hantant leur maison à l'aide d'un code par coups frappés, inspiré du morse récemment inventé. Les sœurs Fox ont voyagé et répandu la révélation nouvelle des *spiritual rappings* (« coups de l'au-delà »). Personne n'imaginait alors que le phénomène pourrait débarquer un jour en Europe et encore moins y prospérer. Un événement a facilité le transfert : la diffusion, à partir de 1851, de la pratique du *table moving* (« tables tournantes ») qui passionne plus largement que le folklore des maisons hantées (Cuchet, 2012).

L'engouement pour cette mode tient en grande partie au cortège de phénomènes surprenants qui accompagnent ces séances domestiques. À partir d'un protocole sommaire consistant à ce que plusieurs personnes, posant leurs doigts écartés sur une table, les petits doigts en contact avec ceux du voisin, afin de former une chaîne, des mouvements soient observés dont personne ne se sente responsable. Cette mobilité est attribuée, par projection, à l'âme de la table ou à la supposition qu'un esprit pouvait en prendre possession. En frappant avec leurs pieds, à l'aide d'un alphabet rudimentaire, certaines tables se mettent même à « parler » !

Sous l'apparence innocente d'un exercice de physique récréative, le *spiritualism* était donc entré dans les foyers français. Dès 1853, des scientifiques sonnaient l'alarme et mettaient le public en garde contre toute interprétation naïve. L'Académie des sciences fut sommée d'examiner plusieurs rapports concernant ces phénomènes, dont certains en provenance de leurs membres correspondants. Une commission fut donc créée avec un rapport confié au chimiste Michel Eugène Chevreul, lequel s'était distingué vingt ans auparavant par son explication de la divination au moyen du pendule – pratique qui remonte à l'Antiquité – par une classe particulière de mouvements musculaires que nous exécutons sans en avoir conscience. Le rapport de la commission ne fut jamais rendu, mais Chevreul (1854) publiera l'année suivante un livre où il appliquera son hypothèse des petits mouvements inconscients à l'explication des trois catégories de phénomènes : le pendule explorateur, la baguette divinatoire et les tables tournantes. Le monde scientifique adoptera la généralisation théorique de Chevreul qui ouvrira la porte aux travaux sur l'inconscient.

D'autres scientifiques vont prolonger et affiner cette théorie. Le physiologiste anglais William Carpenter (1853) vulgarisa le terme de « cérébration inconsciente » qui inscrivit cette théorie dans une vision matérialiste du fonctionnement de l'esprit. Dans le *Times* anglais du 28 juin 1853, le physicien anglais Michael Faraday présenta des dispositifs ingénieux pour mesurer la pression exercée involontairement par les doigts des participants sur la table et sa démonstration fut reprise par un grand nombre de journaux européens.

la formation du système solaire. En ingénierie, il dessine une machine propulsée par la vapeur, un engin volant propulsé par hélice, un sous-marin, un nouveau type d'écluse, un fusil à air comprimé… Mais cette activité débordante cohabite chez lui avec une sensibilité mystique qui va s'amplifier au cours des années. Vers 1736, il est saisi par des états de ravissement spontanés dans lesquels des anges lui apparaissent. En 1743, il développe la capacité de communiquer avec le monde des esprits, et conjointement, des dons de voyance. Kant (2002) étudiera notamment sa vision en temps réel d'un incendie survenant à des centaines de kilomètres de lui.

Cette réponse ne fut pas considérée comme satisfaisante par tous. Certains chercheurs ayant constaté des phénomènes de déplacement et de lévitation avaient élaboré des procédures de contrôle qui permettaient d'éliminer cette hypothèse d'automatisme psychomoteur (De Gasparin, 1854 ; Thury, 1855). Selon eux, ces phénomènes étaient des anomalies sérieuses que les scientifiques se devaient d'examiner, sous peine de les voir être réinterprétés comme des phénomènes surnaturels par d'autres.

En effet, dès 1857, le pédagogue lyonnais Hyppolite Léon Denizard Rivail (1804-1869)[1], sous le pseudonyme d'Allan Kardec, se fit l'apôtre des paroles transmises par les tables, fondant une philosophie morale extrêmement populaire, y compris dans les milieux artistiques et auprès de certains scientifiques : le spiritisme (Cuchet, 2012 ; Aubrée & Laplantine, 1990). Il profita de l'engouement pour ces pratiques et des déceptions engendrées par les explications réductionnistes propagées par les élites savantes.

4.6 Les travaux de la Société dialectique de Londres

L'équivalent anglo-saxon du spiritisme est le spiritualisme, dont la doctrine est très voisine (Moreman, 2013). L'explication donnée aux phénomènes est celle de l'interaction avec des entités invisibles qui, principalement, sont des rémanences d'humains défunts. On observe très vite que les phénomènes semblent se concentrer autour de certains lieux (hantise) ou de certaines personnes : les médiums. Ceux-ci sont amenés à faire des démonstrations publiques et privées de leurs talents, contre rémunération et reconnaissance, dans le monde entier.

Face à cet intérêt populaire, la société occidentale adopte plusieurs attitudes. Dans le milieu psychiatrique, c'est d'abord un discours critique qui ramène le tout à différentes formes de psychopathologie (Le Maléfan, 1999). Toutefois, certains savants se montrent également intéressés par l'authentification de ces phénomènes et leur explication.

Fondée en 1867, la Société dialectique de Londres était composée d'hommes indépendants et aisés convaincus par la visée principale de cette organisation : « La recherche de la vérité en toute chose, par l'examen des questions litigieuses qui divisent le plus l'humanité, particulièrement de celles qui sont négligées ou dédaignées par les corps savants, sans exclure du champ de ses investigations les sujets politiques ou religieux, et sans craindre d'attaquer de front les préjugés populaires. » Particulièrement appropriée pour appréhender des questions complexes, elle se saisit du dossier du spiritualisme dès 1869, par le biais d'une commission de trente-trois membres lancée dans l'examen des phénomènes présentés comme des manifestations des esprits.

1. Professeur des lycées, Rivail recueille les discours édifiants des esprits, obtenus lors des séances de tables parlantes. Son ouvrage *Le Livre des Esprits* (Kardec, 1857) popularise le spiritisme, doctrine qu'il définit comme une « religion scientifique ». Il en codifie les rituels et la philosophie, appelés à se diffuser dans le monde entier (Mancini & Faivre, 2012).

Après dix-huit mois d'investigation, soit le 20 juillet 1870, le Comité présente, contrairement à toute prévision, un rapport favorable dans lequel se trouve affirmée, de la manière la moins équivoque possible, la réalité des phénomènes soumis à son appréciation. La commission était pourtant composée initialement d'une majorité de sceptiques. L'hostilité déclenchée par ces conclusions conduit à la non-publication du rapport et à l'implosion de cette Société. Des extraits sont néanmoins diffusés et renforcent les rumeurs.

Le raffinement attendu pour de telles expérimentations n'était pas encore au rendez-vous. Ces procès-verbaux restaient incomplets, imprécis et pouvaient difficilement éliminer tout doute. Toutefois, leur mérite est d'avoir montré qu'une recherche organisée et systématique de ces phénomènes était possible, sans passer nécessairement par des médiums professionnels, et cela dans le cadre d'une société savante affichant une ouverture d'esprit suffisante mais sans prendre une position partisane. Dans la foulée, de nombreux groupes vont apparaître pour se saisir de ce dossier.

Ce qui s'est opéré au niveau d'un collectif s'est reproduit à l'échelle d'un individu. Le physicien et chimiste anglais Sir William Crookes (1832-1919) annonce, dans la foulée du scandale de la Société dialectique, qu'il va entreprendre à son tour une enquête impartiale sur les phénomènes spirites. Défendant le même idéal du savant au service de la cause publique, il mène des investigations en transposant les phénomènes depuis les cercles spiritualistes dans le cadre du laboratoire, en pleine lumière, inventant de nombreux dispositifs ingénieux pour contrôler les productions de médiums réputés. Dès son premier article en juillet 1870, il affirme à son tour avoir constaté des phénomènes étranges, qu'il explique par la suite par une « force nouvelle », rapidement rebaptisée « force psychique », à la suite de la suggestion du jurisconsulte anglais Edward William Cox, l'un des participants au comité de la Société dialectique. En effet, Cox assimile cette « force » à une énergie nerveuse qui dépendrait directement de l'organisation humaine. Par ce glissement de vocabulaire, un physicien se retrouve à modeler un domaine chevauchant celui de l'étude du psychisme (Noakes, 2019), excursion qui lui sera vivement reprochée durant toute sa vie.

En France, ces éclats anglais sont traduits et diffusés par l'intermédiaire de la *Revue de psychologie expérimentale* (1874-1876), une revue à la durée de vie brève qui se trouve être la première du genre au niveau mondial (Évrard & Pratte, 2017). Son fondateur n'est autre que Timothée Puel, le médecin auteur des travaux énigmatiques sur la catalepsie, qui a poursuivi une carrière l'ayant amené à conduire de nombreuses investigations sur les phénomènes spirites. Si cette revue aborde des questions de psychologie classique, les deux tiers de ses pages orientent l'attention vers la recherche psychique naissante. Puel appelle de ses vœux la création d'initiatives similaires, sans pouvoir alors obtenir gain de cause, faute d'une position institutionnelle et d'un réseau suffisants.

5. Les sociétés de recherche psychique (1882-1919)

5.1 La fondation de la SPR

Le point de repère traditionnel des parapsychologues est la fondation en 1882 de la Society for Psychical Research (SPR), société savante encore en activité qui compte aujourd'hui environ un millier de membres. Les buts qu'elle se définit d'emblée, par l'intermédiaire du philosophe morale Henry Sidgwick, sont ceux d'une science ouverte mais scrupuleuse, sans parti pris, se défiant des préjugés qui deviennent des obstacles aux études. Tout entière dédiée à l'étude des phénomènes dits « psychiques », elle se dévoue expressément à satisfaire la curiosité de tous. Enfin, ses fondateurs proviennent de l'élite scientifique et intellectuelle de l'Angleterre (Gauld, 1968), lui apportant une certaine crédibilité.

Très rapidement, des sociétés sœurs émergent dans tous les pays : États-Unis, Japon, Norvège, etc. En France, son pendant est la Société de psychologie physiologique (Plas, 2000). Ce sont, dans une définition ouverte, les premières sociétés de psychologie au monde (Piéron, 1954, p. 399), avant que la psychologie ne connaisse d'autres formes d'institutionnalisation. Cette psychologie est transdisciplinaire ; elle s'intéresse aux états modifiés de conscience, spontanés ou provoqués ; aux investigations de terrain autant qu'aux expérimentations provoquées. Des nouveaux modèles des rapports corps-esprit y naissent et influenceront massivement ce qu'Ellenberger (1994) désignera comme la première psychiatrie dynamique.

Des canaux de diffusion spécifiques sont également créés. La SPR se dote du *Journal of the SPR*, ainsi que de *Proceedings* diffusant plus largement certains travaux. Un système de correspondants internationaux est également mis en place, listant des personnalités de premier plan. Cette activité féconde a déjà été analysée par de nombreux historiens (Oppenheim, 1984 ; Sommer, 2013). Parmi les premiers travaux particulièrement remarqués, les travaux sur l'hypnose d'Edmund Gurney et Frederic Myers (1885), qui montrent la fatuité d'opposer les paradigmes de l'hypnose et du magnétisme animal, puisque l'induction hypnotique se présente comme un catalyseur des phénomènes paranormaux dans la lignée des passes magnétiques. D'autres travaux de collecte de témoignages spontanés d'expériences paranormales (Gurney, Myers, Podmore, 1886) illustrent la prévalence élevée de tels vécus dans la population générale, qui ne peuvent être simplement réduits à des explications triviales puisque des investigations poussées viennent corroborer les récits des témoins.

Cette discipline naissante va susciter l'intérêt de grandes figures qui seront partie prenante de ce qui deviendra plus tard la psychologie.

5.2 La psychologie de William James et Charles Richet

Deux personnalités majeures dessinent cette psychologie enrichie de parapsychologie. Le philosophe américain William James est particulièrement reconnu dans ce rôle (Trochu, 2020). Considéré comme l'un des pères de la psychologie, notamment à travers ses *Principes de psychologie* (James, 1890), il a activement participé à la fondation de la branche américaine de la SPR et à l'animation de ce champ qui le passionna toute sa vie.

En Franche, le physiologiste Charles Richet a souvent été réduit à sa contribution à ce qu'il a finalement choisi d'appeler la « métapsychique » (Évrard, Gumpper, Beauvais, Alvarado, 2021). Or il a joué un rôle essentiel dans la redécouverte du somnambulisme provoqué en 1875 et la restauration de l'intérêt pour l'hypnose, notamment au titre d'outil expérimental pour explorer les facultés mentales. Il a écrit plusieurs ouvrages généraux de psychologie qui ont été très appréciés à son époque, tout en se rendant indispensable dans les différentes formes d'institutionnalisation de la psychologie à la fin du XIXe siècle. Il fait toutefois figure de pionnier dans de nombreux autres domaines tels que l'aviation et la physiologie, obtenant en 1913 le prix Nobel de médecine pour la co-découverte avec Paul Portier de l'anaphylaxie (van Wijland, 2015). Toutefois, il demeure controversé du fait de ses prises de position en faveur de thèses eugénistes.

Comme James, Richet a consacré une place importante à l'étude des phénomènes paranormaux au sein même de sa psychologie, s'engageant activement dans l'élaboration de recherches empiriques l'amenant à se déplacer dans le monde entier. Leur psychologie place en son centre la variabilité des états de conscience et la manière dont certains de ces états, au lieu de conduire à des régressions, favorisent au contraire des progressions dans tous les domaines. L'esprit pourrait alors se montrer capable de prouesses qui dépassent les limites définies par la science de leur époque, sans permettre immédiatement d'en comprendre les mécanismes. Ancré dans une approche positiviste, Richet refusera de céder à la facilité des explications surnaturelles et préférera faire des emprunts à la physiologie, parlant par exemple de « sixième sens » ou d'« ectoplasmie ».

Cependant, s'estimant trop peu suivis par leurs collègues, James et Richet parviendront à une déception similaire vis-à-vis d'une psychologie intégrant de moins en moins la recherche psychique. En 1905, Richet, alors élu président de la SPR, forgera le terme de « métapsychique » qui conduira à l'émancipation de ce domaine (Évrard, 2020). Quoi qu'il en soit, négliger son œuvre de fondateur en matière de psychologie pour la simple raison qu'il l'a lui-même critiquée et délaissée revient à ne plus faire de William James le fondateur de la psychologie américaine parce qu'il lui déniera le statut de science et la qualifiera finalement, dans une lettre à son frère le romancier Henry James, de « petit sujet désagréable » qui laisse de côté tout ce qu'il y a d'intéressant (Hunt, 1993).

5.3 Les premiers congrès internationaux de psychologie

Les membres des premières sociétés de recherche psychique et Charles Richet ont joué un rôle essentiel dans l'institutionnalisation de la psychologie. Ils sont les chevilles ouvrières de l'organisation des premiers congrès internationaux de psychologie, dont l'idée avait été lancée par le scientifique et psychiste polonais Julian Ochorowicz (1881 ; sur Ochorowicz, voir Domanski,

2003) dans un article dans lequel il établissait un état des lieux de la psychologie mondiale et appelait les psychologues à unifier leur science. À la fin de l'année 1888, Richet reprit à son compte ce projet pour le faire coïncider avec la fameuse Exposition universelle de 1889.

Le congrès international de psychologie physiologique était principalement organisé sous l'égide de la Société éponyme, dont Richet était le secrétaire. Le succès fut au rendez-vous. Sidgwick en profita pour inviter les congressistes à Londres où il organisa le deuxième congrès international en 1892. C'est également un médecin féru de sciences psychiques, le baron von Schrenck-Notzing, qui invita les convives au troisième congrès à Munich en 1896. Si bien que, sous leur autorité, les sciences psychiques trouvèrent toujours une place dans le programme.

En 1900, le congrès revient à Paris sous la direction de Pierre Janet, un philosophe devenu médecin, qui s'était d'abord fait connaître internationalement pour des expériences d'hypnose à distance, avant d'opter pour une stratégie plus compatible avec ses projets de carrière académique (Évrard, Pratte & Cardeña, 2018). Lors du congrès, la section dévolue aux sciences psychiques fait l'objet d'un curieux mélange des genres : les psychistes y côtoyèrent des occultistes, des théosophes et des spirites. Les confrontations de référentiels firent des étincelles et une partie de l'assemblée chercha à restreindre l'accès à la tribune pour ces intervenants (Parot, 1994). Les congrès suivants furent davantage fermés, tout en permettant le développement d'une psychologie des religions plus distanciée (Taves, 2014).

À y regarder de plus près, si certaines communications furent marquées par leur enthousiasme, elles eurent pour fonds commun de vouloir soumettre à l'attention critique des psychologues des faits obtenus au moyen de divers dispositifs expérimentaux (Évrard, 2016). C'est d'ailleurs paradoxalement lors de ce même IVe congrès international que fut annoncée la création d'un Institut psychique international consacré au contrôle scientifique des phénomènes psychiques, ce qui suscita l'engouement d'un grand nombre de congressistes.

5.4 L'Institut général psychologique

La Société de psychologie physiologique s'étant effondrée en 1893, avec la mort de son président, le célèbre neurologue Jean-Martin Charcot, une autre société prend le relais en 1900. Se donnant pour objet spécifique l'étude des phénomènes psychiques, elle va réunir de nombreux amateurs de psychologie et plusieurs des grands noms de l'élite intellectuelle française.

Pierre Janet y joue un rôle clef dans l'animation scientifique. Mais très vite, une division s'opère entre psychique (hétérodoxe) et psychologique (orthodoxe), et l'Institut est rebaptisé Institut général psychologique. En son sein, Janet fonde une société où les membres sont cooptés parmi ceux qui se défient des sciences psychiques, la Société de psychologie. En effet, il considère que l'institut laissait trop de place aux attentes populaires en matière de paranormal empirique et spéculatif, ce qui excédait largement son orientation de psychologie pathologique. Il emploie donc les ressources de cette organisation pour développer son approche et, finalement, en extraire celle qui deviendra la Société française de psychologie en 1904 (Brower, 2010).

Du côté des soutiens de la recherche psychique, les opérations de Janet au sein de l'IGP sont vécues comme une ultime trahison et un immense gâchis. Son impact sera important puisque, dès 1905, des voix s'élèvent pour qu'un autre institut, s'occupant convenablement de sciences psychiques, soit fondé.

Toutefois, l'organisation de cet institut s'est développée et, désormais, un sous-groupe accomplit activement la mission initiale : le Groupe d'étude des phénomènes psychiques. Son fait d'armes le plus connu est l'étude de la médium Eusapia Palladino de 1905 à 1908, qui va mobiliser toutes les compétences de ses membres en physique, physiologie et psychologie (Courtier, 1908). Cette étude aboutira à une conclusion ambiguë, avec constat direct de phénomènes inexpliqués, mais également détection de fraudes, si bien que l'ensemble ne permettra pas de convaincre au-delà de la majorité des chercheurs impliqués.

Cet institut continuera ses travaux pendant encore deux décennies, avec une poignée de chercheurs bénévoles, en abordant la psychologie de manière très large.

5.5 Controverses sur les sujets doués

Une des spécificités de la recherche de cette époque est de se concentrer sur des sujets apparemment doués, capable de produire régulièrement des phénomènes observables et mesurables, même dans des situations contraignantes. Certains de ces sujets furent extraits de leur milieu pour développer de véritables carrières internationales, dont ils tiraient parfois une rémunération, soit lors de séances privées, soit lors de collaborations avec des savants.

Certains de ces sujets sont devenus si célèbres que plusieurs monographies et biographies leur sont consacrées (Lamont, 2005 ; Alvarado, 1993, 2011). Cette situation a conditionné l'organisation de la recherche. Ainsi, ces sujets devaient être performants non seulement dans un laboratoire, mais également dans les autres laboratoires dans lesquels ils étaient conviés, en plus des cercles privés. Lorsqu'ils échouaient à un endroit, ou lorsqu'ils étaient suspectés d'avoir triché, les chercheurs se disqualifiaient mutuellement en remettant en cause les compétences de leurs confrères.

De plus, les comités d'études pouvaient inclure un certain nombre de visiteurs, sans compétences spécifiques autres que celles de leur profession d'origine, qui venaient confronter leur scepticisme à la « démonstration » du sujet. À la réputation du sujet s'ajoutaient celles des observateurs, choisis parmi l'élite savante, artistique et intellectuelle. Parmi ces spectateurs, certains étaient des prestidigitateurs ou des sceptiques militants qui pouvaient eux-mêmes jouer des tours aux observateurs afin de mettre à mal les conditions de contrôle. L'histoire de ces expérimentations « élitistes » regorge donc de controverses en série qui donnent peu de prise à une accumulation sereine du savoir (Évrard, 2016).

5.6 L'émancipation et l'évacuation de la métapsychique

En 1905, Richet propose le nom de « métapsychique » pour cette science spéciale, signant ainsi son émancipation du champ de la psychologie (Richet, 1905 ; Évrard, Gumpper, Beauvais, Alvarado, 2021). Depuis 1891, il codirigeait les *Annales des sciences psychiques* (Alvarado & Évrard, 2012), un journal consacré à ces sujets, mais dont les articles étaient moins lus par ses collègues savants que les travaux parus dans des revues plus générales, telles que la *Revue philosophique de la France et de l'étranger* (Alvarado & Évrard, 2013). Petit à petit, la recherche psychique devient une sous-partie de plus en plus marginale de la psychologie.

Quelques épisodes vont accroître la distance entre les métapsychistes et les autres savants. Le plus clivant est resté dans l'histoire sous le nom de « scandale de la villa Carmen » (Le Maléfan, 2002 ; Évrard, 2016). Richet a participé à une étude de phénomènes de type ectoplasmique à Alger en 1905 et a publié des photographies obtenues simultanément de plusieurs points de vue. Lorsqu'il diffuse les comptes rendus, Richet (1906) reçoit une volée de bois vert en provenance tant de néophytes que de ses plus proches collègues, tel que Janet. De fausses interviews de lui sont même diffusées dans la presse ! Des médecins profitent alors d'un congrès auquel il n'assiste pas pour disqualifier totalement son étude, en partant du fait que les conditions d'observation étaient loin d'être idéales. Ils énoncent des hypothèses qu'ils ne prennent pas la peine de prouver, telle que l'existence dissimulée d'une trappe, tandis que Richet s'acharne à réfuter un par un les points litigieux. Les photographies parues ne suffisent pas à convaincre seules, car, de l'avis même de Richet, elles font paraître trop d'ambiguïtés pour ne pas faire penser à un mannequin. Le physiologiste se plaindra longtemps de cette « légende indéracinable » (Richet, 1922, note 1, p. 153) selon laquelle il aurait été dupé, une affirmation qui a largement entaché sa carrière et, par ricochets, la métapsychique tout entière.

6. Les Années folles de la métapsychique (1919-1935)

La Première Guerre mondiale freine les recherches dans le monde entier, avec des tensions politiques qui se répercutent dans les relations entre les chercheurs. Le nombre important de morts va renforcer les croyances spirites et l'intérêt pour ces questions, se mêlant à plusieurs nouveaux courants tels que le surréalisme (Duplessis, 2002 ; Évrard & Méheust, 2012).

6.1 La fondation de l'Institut métapsychique international

L'échec de l'Institut général psychologique, dont certains considèrent qu'il s'est détourné de sa mission initiale, va inciter certains chercheurs à se réunir dans un autre collectif. L'Institut métapsychique international (IMI) peut certes compter sur le soutien de Charles Richet, son premier président d'honneur, mais aussi sur le mécénat du spirite Jean Meyer et les collaborations du politicien et médecin Rocco Santoliquido (premier président) et du médecin psychiste Gustave Geley (premier directeur). L'Institut est d'emblée reconnu comme fondation reconnue d'utilité publique lors de sa fondation en 1919 (Lachapelle, 2005).

Sous la houlette de Geley et, après sa mort accidentelle en 1924, du médecin Eugène Osty, l'Institut va connaître des années fastes en termes de productions scientifiques et de diffusion. Les phénomènes physiques et intellectuels produits par des médiums du monde entier sont examinés dans des conditions de laboratoire, avec les moyens mis généreusement à disposition par Meyer. Ces travaux sont principalement publiés dans la *Revue métapsychique* et dans des ouvrages. Le public est invité à participer aux expériences ou à des démonstrations réalisées par des « métagnomes ».

Ces travaux vont rayonner au niveau national et international, mais la sécurité financière de l'Institut est très fragile. Elle dépend en réalité entièrement du mécénat de Meyer et, avec sa mort en 1931, l'Institut entre dans un mode de « survie » (Évrard, 2016). La création d'une association-sœur, la Société des amis de l'IMI, permet de subsister en bénéficiant du soutien du grand public.

6.2 Les études de Gustave Geley

Lorsqu'il devient directeur de l'IMI, Geley a déjà derrière lui deux décennies d'implication dans la recherche psychique et le développement d'une théorie spirite sophistiquée. Il vient de présenter, lors d'une conférence au Collège de France, les photographies de ses expériences avec la médium, productrice d'ectoplasmes, Marthe Béraud, la même qui était impliquée dans le scandale de la villa Carmen. Avec les moyens mis à sa disposition, Geley va tester des dizaines de médiums.

Parmi ses travaux emblématiques, les moulages réalisés à partir des membres ectoplasmiques produits par le médium polonais Franek Kluski correspondent à une forme de preuve qui s'ajoute aux documents photographiques (Varvoglis, 2002). Il testera également les capacités de clairvoyance du polonais Stefan Ossowiecki (Geley, 1924).

Geley considère l'ectoplasme comme un fait « élevé » : s'il était expliqué, alors tous les phénomènes plus élémentaires deviendraient intelligibles. Il établit un parallèle entre ce qui se passe lors de l'embryogenèse ectoplasmique et lors de la métamorphose dans la chrysalide close de l'insecte. Les formations organiques dériveraient d'une substance primordiale unique dont elles ne sont que les simples représentations (Geley, 1919). Proche des théories de Myers, il assigne au *moi subliminal* le rôle d'organisateur du psychique et de l'organique. Il fait de l'individu le centre commun du corps et de l'esprit, mais il ajoute que, de même qu'il peut y avoir plusieurs flux de personnalités cohabitant chez un même être, il peut exister plusieurs corps pour un seul individu, avec d'autres représentations qui s'objectivent en dehors de l'organisme habituel supposé unique. Le médecin n'élimine pas totalement l'intervention d'entités extérieures à l'individu, mais son modèle la rend superflue.

6.3 Controverses sur l'ectoplasme en Sorbonne

Les productions de l'IMI ajoutées à la parution des huit cents pages du *Traité de métapsychique* de Richet (1922) déclenchent une riposte du côté d'autres savants, de tendance sceptique. Les médias relaient et même animent cette controverse. Ainsi, le journaliste de *L'Opinion* Paul Heuzé s'entend avec le psychologue et physiologiste Henri Piéron pour organiser des vérifications expérimentales des capacités paranormales des médiums Marthe Béraud et Jan Guzik (Parot, 1994).

Ces expériences sont conduites dans des conditions particulières : elles ne réunissent qu'une poignée de chercheurs qui n'ont jamais participé à des recherches métapsychiques. Ceux-ci tentent de mettre en place certaines conditions de contrôle pour attraper le sujet en flagrant délit de fraude, mais n'emploient pas des moyens d'objectiver d'éventuels phénomènes avec la photographie ou les moulages (Alexandre-Bisson, 1923).

Les conclusions de leurs rapports expliquent les rares phénomènes observés comme de *possibles* trucages de la part des médiums. Diffusés partiellement dans la presse et plus complètement dans la revue *L'Année psychologique*, dirigée par Piéron, ces comptes rendus glissent du constat nul à l'affirmation qu'une fraude a été démontrée. Du fait de l'autorité des rapporteurs, ces expériences génèrent un grand bruit médiatique à l'époque et viennent discréditer les métapsychistes. Ces derniers sont donc obligés de rectifier leur programme de recherche pour faire « œuvre de démonstration » en essayant de faire alliance avec d'autres chercheurs pour faire contrepoids. Ainsi, l'étude du médium Jan Guzik à l'IMI fait l'objet de quatre-vingts séances sur deux ans, auxquelles assistent presque autant de personnalités. Seulement trente-cinq personnes signent finalement un manifeste publié dans la presse (*Le Matin*, 7 juin 1923), qui vient surtout démontrer que la métapsychique est prise dans une guerre de l'information dans laquelle, ne représentant qu'une minorité, elle conserve un statut marginal.

6.4 Le programme d'Eugène Osty

Après sa prise de fonction, le médecin Osty présente son programme d'action dans le premier numéro de la *Revue métapsychique* de 1926. Convaincu que plusieurs années ont déjà été consacrées à prouver la réalité des phénomènes métapsychiques, il lui semble que la mission de l'IMI doit être réorientée. Après la démonstration, le temps est venu de se livrer à l'expérimentation et à la recherche sur les déterminants psychologiques, physiologiques et physiques associés à ces phénomènes d'où devraient découler les plus importantes découvertes pour l'humanité. Il s'agit désormais de comprendre, d'expliquer et de « clore l'ère de l'accumulation stérile des faits incessamment reproduits en mêmes conditions » (Osty, 1926, p. 5).

Pour ce faire, Osty souhaite se consacrer aux sujets doués de connaissance supra-normale, bien moins rares que les producteurs de l'action paranormale sur la matière. C'est là une manœuvre stratégique destinée à contourner l'adversité engendrée par les expériences de la Sorbonne. La métapsychique intellectuelle lui paraît être « la partie saine » de la discipline, propre à *l'étude expérimentale* plutôt qu'à *l'enquête*. Plus précisément, le nouveau directeur propose de se limiter à une seule forme de connaissance supra-normale : celle dont l'objet d'hyperconnaissance – la cible du métagnome – est un humain.

Avec cette orientation, il est amené à se rapprocher de la psychologie en tant qu'étude des capacités cognitives et de la nature de la pensée, en supprimant la pression engendrée par l'étude des phénomènes psychophysiques qui restaient inassimilables pour la plupart des psychologues. Le nouveau directeur entreprend de travailler au rapprochement entre psychologie et métapsychique – et il parvient parfois avec bonheur dans ses travaux pionniers sur le dermographisme, les sorties du corps, les transes, les substances psychédéliques, les calculateurs prodiges, la psychologie artistique, etc. (Évrard, 2016).

Le programme d'Osty s'appuie beaucoup sur l'idée de réplication. Le médecin se montre soucieux d'exposer ses méthodes de façon pédagogique afin que chacun puisse parvenir à reproduire ses résultats. Un argument récurrent sous sa plume consistera à affirmer que ses sujets sont à la disposition de tout scientifique incrédule qui acceptera d'appliquer les méthodes qu'il juge adaptées. Visionnaire, Osty ambitionne également que l'IMI puisse coordonner des travaux internationaux où différents groupes se donneront pour tâche de reproduire le même programme expérimental.

6.5 La télépathie selon René Warcollier

L'IMI aura pour rôle de fédérer les chercheurs français, autrefois isolés. L'ingénieur chimiste René Warcollier avait commencé différents travaux parapsychologiques au début du XXe siècle avant de se consacrer presque exclusivement à la télépathie. Il mit en place un groupe d'études qui se réunissait chaque semaine pour explorer les diverses facettes de ce phénomène. Ses premiers résultats furent publiés en 1921 dans un livre préfacé par Richet.

Par la suite, il prolongera ses travaux et entamera des études internationales de la télépathie à grande distance. En se coordonnant avec d'autres groupes de recherche du monde entier, il parviendra à tester des « émissions » et « réceptions » de messages télépathiques sur des milliers de kilomètres. Ses conceptions en la matière évolueront beaucoup.

Au sortir de la Seconde Guerre mondiale, il devient à son tour président de l'IMI et accroît son aura internationale. Ses travaux, traduits en anglais, font partie des sources d'inspiration des programmes de parapsychologie militaire visant à appliquer certaines méthodes pour faciliter la « vision à distance » (*remote viewing*) (voir chap. 3 et 4).

6.6 Le modèle de prosopopèse-métagnomie de René Sudre

C'est à l'approche de ses quarante ans que le journaliste scientifique René Sudre débuta l'étude de la métapsychique en devenant un proche collaborateur de Geley (Évrard, 2009). Il jouera un rôle majeur dans la production de la *Revue métapsychique* et développera un vaste réseau de relations internationales. Dès 1925, il publie un ouvrage qui fait un état des lieux international sur le développement des recherches métapsychiques, dont il devient l'un des meilleurs porte-parole dans l'ensemble des polémiques qui font rage dans la presse.

Fin lecteur des psychologues de son temps, il emprunte à Janet son modèle du subconscient pour rendre compte des changements brusques dans la personnalité et l'état de conscience (processus rebaptisé « prosopopèse »). Cependant, il montre que ces mécanismes, loin d'être inférieurs et pathologiques, sont de véritables tremplins pour l'exercice des facultés métagnomiques de connaissance paranormale. Si l'un et l'autre peuvent fonctionner indépendamment, ils se retrouvent le plus souvent combinés dans les cas collectés depuis un demi-siècle par la recherche psychique. Sudre développe une élégante théorie psychologique de la métapsychique « humaine », qui se veut très critique des interprétations surnaturelles faisant intervenir autre chose que les capacités des vivants.

Par la suite, sa critique du spiritisme lui vaudra d'être écarté de l'IMI, l'amenant à poursuivre sa carrière de journaliste et à revenir à la métapsychique, sur la fin de sa vie, pour livrer, d'une part, un traité de parapsychologie (Sudre, 1956) dont la traduction anglaise aura un certain impact et, d'autre part, un ouvrage montrant que des énigmes persistent dans de nombreux domaines scientifiques pour lesquelles la parapsychologie pourrait être la clef (Sudre, 1951).

6.7 De la difficulté d'institutionnaliser la métapsychique

La France n'a jamais accueilli d'unité universitaire dévolue à la recherche parapsychologique, contrairement à plusieurs autres pays européens. C'était d'ailleurs le vœu de Richet de voir le mécénat de Meyer converti non pas dans la fondation d'un institut privé, marqué à tout jamais de cette générosité spirite, mais dans une chaire spéciale (Lachapelle, 2011).

Les tentatives pour intéresser plus largement les savants français n'ont connu que des réussites partielles et ponctuelles. En 1927, lorsque le 3e congrès international de sciences psychiques se déroule à Paris, en Sorbonne, l'auditoire n'est garni que par les habitués de la métapsychique.

Osty et Sudre sont très critiques de l'organisation de ces congrès internationaux qui ont tendance à laisser communiquer des chercheurs de qualité variable, dont certains qui défendent ouvertement les thèses de la religion spirite. Santoliquido tente alors de développer un comité permanent d'organisation de ces congrès, impliquant des chercheurs universitaires de premier plan. Toutefois, la communauté parapsychologique ne semble pas encore mûre pour effectuer cette division entre une parapsychologie naturaliste et un spiritisme cherchant à concilier foi et science. Ce projet avorté de comité permanent refera surface vingt ans plus tard avec le congrès de 1953 organisé à l'université d'Utrecht par la Parapsychology Foundation, premier d'une longue série (Évrard, 2016).

L'IMI aura tenté de fédérer au niveau francophone et international. Mais des divisions vont se creuser : la frontière avec le spiritisme va se rigidifier, celle avec les autres savants également.

La fondation en 1930 de l'Union rationaliste assure la pérennisation d'une approche hostile à la métapsychique, assimilée à un ensemble de dérives de la science (astrologie, ésotérisme, occultisme, etc.) (Lagrange, 2002). Des personnalités indépendantes, à l'instar du prix Nobel de médecine Alexis Carrel (1935) et d'Émile Tizané (Baudouin, 2016), ne partageant pas nécessairement la même approche rigoureuse du domaine, vont avoir voix au chapitre, diluant davantage la crédibilité acquise par les métapsychistes.

7. Parapsychologie académique aux États-Unis (1927-1985)

7.1 La parapsychologie à l'université de Duke

Le centre de gravité de la parapsychologie va alors se déplacer aux États-Unis. Des tentatives de création d'une approche académique font d'abord chou blanc, avant que le professeur de psychologie William McDougall parvienne à faire accepter à l'université de Duke les travaux du botaniste Joseph Banks Rhine et de sa femme Louisa Rhine (Mauskopf & McVaugh, 1980). À partir de 1927, ces chercheurs vont développer un programme systématique d'étude de la « perception extra-sensorielle » selon une approche universaliste, c'est-à-dire avec des sujets tout-venant ne prétendant pas nécessairement être doués (voir chap. 3). C'est la multiplication des essais identiques, dans des conditions contrôlées, qui doit permettre d'obtenir une accumulation de données pouvant être soumises à une analyse statistique. Ainsi, si les effets ne sont pas visibles en temps réel, ils peuvent être interprétés à partir d'un certain nombre d'écarts par rapport aux résultats qui pourraient être attendus si le hasard seul opérait. L'exemple le plus connu est celui des expériences avec des cartes Zener représentant cinq symboles, dont le sujet doit deviner lequel est sélectionné alors qu'un obstacle l'empêche d'y accéder par ses sens ordinaires.

L'approche de Rhine s'inscrit volontairement en rupture avec les études des médiums. Il a assisté à des séances de la médium à ectoplasmes Mina Crandon dans lesquelles il lui a semblé constater des fraudes grossières (Granger, 2021). Toutefois, Rhine continua de tester des sujets réputés doués lorsque ceux-ci acceptaient de se conformer aux protocoles qu'il avait conçus.

Le laboratoire de parapsychologie de l'université de Duke fera très vite parler de lui au niveau mondial, avec ses premières publications qui entraîneront des controverses scientifiques, amenant à rectifier certains problèmes observés dans les protocoles ou dans l'analyse statistique. Mais ces critiques seront accompagnées d'un grand intérêt de la part de la population, qui enverra de nombreux témoignages compilés et analysés par Louisa Rhine (1961) ainsi que des sollicitations de chercheurs du monde entier souhaitant se former à ce domaine.

En 1937, le *Journal of Parapsychology* diffusera les travaux du laboratoire, sans discontinuité jusqu'à ce jour. Après plusieurs années d'études en toute discrétion, Rhine et son équipe publieront également leurs travaux centrés sur une autre faculté : la psychocinèse[1] (*psychokinesis*), ou influence supposée de l'esprit sur la matière (Rhine, 1953) (voir chap. 5). En 1940, l'équipe publiera une compilation des travaux parapsychologiques du laboratoire (Pratt *et al.*, 1940), qui sera considérée rétrospectivement comme la première méta-analyse (Bösch, 2004). Lorsque les époux Rhine prendront leur retraite universitaire, les activités de recherche seront relocalisées dans la Foundation for the Research on the Nature of Man, qui deviendra plus tard le Rhine Research Center.

7.2 L'émergence de la parapsychologie académique

Plusieurs chercheurs se joindront à l'initiative de Rhine en implantant diverses formes de recherche parapsychologique en milieu académique : Gardner Murphy à Columbia University puis dans plusieurs autres établissements (Leeds & Murphy, 1980) ; Gertrude Schmeidler (1988) au City College de New York ; Ian Stevenson (Kelly, 2012) à l'université de Virginie ; William G. Roll (1975) à l'université de West Georgia et à la Psychical Research Foundation ; Robert Jahn (Jahn & Dunne, 2011) à l'université de Princeton, etc. Ces centres académiques vont se combiner avec des laboratoires de recherche privés comme celui d'Helmut Schmidt (financé par Boeing) et de Charles Honorton (Psychophysical Research Laboratoires).

Les chercheurs se réunissent principalement grâce à deux organisations : la Parapsychology Foundation, qui finance des projets de recherche et des publications et organise des conférences régulières dans le monde entier, et la Parapsychological Association, initiée par Rhine en 1957, et qui obtiendra d'être intégrée en 1969 dans la prestigieuse American Association for the Advancement of Science, après plusieurs tentatives infructueuses (Gutierez & Maillard, 2005).

Cette émulation des nombreux chercheurs va permettre à la parapsychologie de connaître plusieurs métamorphoses. Sur le plan théorique, de nombreuses idées vont être proposées pour comprendre ce que l'on va alors appeler les « phénomènes psi ». C'est ainsi qu'une hypothèse issue de la physique quantique permettra de vérifier la possibilité d'une rétropsychocinèse sur des cibles préenregistrées (voir chap. 4). D'autres modèles s'élaboreront à la croisée de la psychologie et de la physique.

Afin d'améliorer la puissance des effets et leurs reproductibilités, de nombreuses recherches porteront sur les conditions favorables au psi. Schmeidler (1943) met en évidence l'effet « brebis-bouc » (aussi traduit « effet mouton-chèvre[2] »), l'un des mieux établis à ce jour :

- Le terme « brebis » désigne les sujets qui déclarent accepter la possibilité d'un succès parapsychologique dans la situation expérimentale donnée (même s'ils pensent que cette possibilité est très improbable et même s'ils pensent qu'ils ne peuvent pas eux-mêmes réussir).

1. Le terme usuel « psychokinèse » est un anglicisme incorrect, puisque le *kappa* grec s'orthographie « c » en français, comme dans « cinéma ». Le terme vient signifier une « cinétique » d'ordre psychologique.
2. Schmeidler fait explicitement référence à la parabole biblique des brebis et des boucs, que Jésus promettait de séparer à son retour, référence passée inaperçue par les traducteurs pendant quatre-vingts ans.

- Le terme « bouc » désigne les sujets qui déclarent croire qu'il n'y a pas de possibilité de succès parapsychologique dans la situation expérimentale donnée (même s'ils pensent que, dans d'autres conditions, un tel succès pourrait être obtenu).

Ces deux traits de personnalité semblent conditionner significativement la réussite et l'échec d'une expérience, même s'il est intéressant de mesurer que les boucs peuvent obtenir des résultats significativement inférieurs à ceux attendus par le hasard (ou *psi missing*).

D'autres innovations viendront de la variation des protocoles qui dépasseront la monotonie des expériences de Rhine, basées sur des choix forcés, en acceptant des « réponses libres » : le sujet n'est plus contraint de choisir un symbole parmi un nombre limité, mais peut exprimer ses différents ressentis. Une procédure de jugement en aveugle, impliquant de discerner la cible parmi des leurres équivalents, permet de maintenir la rigueur de l'évaluation. Cette approche est par exemple intégrée dans l'étude de la perception extra-sensorielle en rêve (Ullman, Krippner & Vaughan, 1977).

Pour renforcer les effets, certains chercheurs vont tenter d'induire des états modifiés de conscience chez les sujets (voir chap. 3). Si le rêve en est naturellement un, les chercheurs vont se tourner vers des dispositifs plus contrôlables et artificiels tels que le Ganzfeld, un dispositif de déprivation sensorielle qui encourage le sujet à faire davantage attention à ses ressentis internes. Ce paradigme expérimental émergeant durant les années 1970 va rayonner pendant deux décennies (Bem & Honorton, 1994).

Ces travaux de recherche seront régulièrement compilés dans des monographies, des actes de colloque et la série de livres *Research in Parapsychology*. Ont également beaucoup compté le « manuel » de Wolman (1977) et plus récemment celui de Cardeña, Palmer et Marcusson-Clavertz (2015).

Les travaux parapsychologiques attirent grandement l'attention du public et du monde du spectacle. Ils feront également l'objet d'une attention ambivalente de la part des services de renseignement et de l'armée, dans le contexte de la Guerre froide. Divers projets d'organisations gouvernementales ou militaires vont se succéder durant vingt ans, dans le plus grand secret, avant d'être dévoilés partiellement au public à partir de 1994 sous son dernier nom de code, à savoir le « projet Stargate » (Schnabel, 1997).

Toutefois, la portée de cette parapsychologie académique sera restreinte par l'éclosion d'organisations sceptiques virulentes. La plus importante d'entre elles, le Committee for the Scientific Investigation of Claims of the Paranormal (CSICOP) lancera plusieurs campagnes de discrédit à l'encontre des parapsychologues (voir chap. 10). L'une d'entre elles, connue sous le nom de « projet Alpha », consistait à faire recruter comme sujets d'études parapsychologiques deux magiciens, encouragés à frauder les résultats. Quand bien même les chercheurs ont été à même de dévoiler le pot aux roses, le magicien sceptique James Randi prétendit avoir démontré l'incompétence des parapsychologues. Ce scandale monté de toutes pièces entraîna la fermeture d'une unité de recherche universitaire (Philipps, 2016) et jeta l'opprobre sur l'ensemble de la parapsychologie académique.

8. Parapsychologie académique en Europe (1985-2022)

À sa mort, l'écrivain éclectique Arthur Koestler légua sa fortune à une université du Royaume-Uni qui accepterait de dédier cet argent à la recherche parapsychologique. John Beloff, professeur de psychologie à l'université d'Édimbourg, parvint à convaincre ses collègues d'accepter cette offre. Le chercheur recruté en 1985 sur le poste de professeur de la chaire Koestler de parapsychologie fut le psychologue américain Robert L. Morris, dont la carrière parapsychologique avait été jusqu'alors riche et féconde. Ayant bien analysé la situation, Morris développa une stratégie visant à essaimer la parapsychologie académique en Europe, en se consacrant à l'encadrement d'étudiants et à la diffusion d'informations de qualité sur ce domaine auprès de tous les publics, même les plus hostiles.

L'arrivée de Morris à Édimbourg est un repère de la migration du centre de gravité de la parapsychologie mondiale qui faisait alors son retour en Europe, tandis que les centres de recherche américains durent fermer ou diminuer leurs activités les uns après les autres. Morris parvint à former de nombreux docteurs, qui s'implantèrent eux-mêmes dans des universités du Royaume-Uni et d'Europe, formant à leurs tours d'autres chercheurs. Alors que la recherche parapsychologique au Royaume-Uni était auparavant disséminée dans deux ou trois universités, une génération allait assister au « miracle Morris » : la première génération de docteurs représente quarante-huit personnes dont les recherches académiques ont porté sur une thématique parapsychologique ; trente-neuf chercheurs appartiennent à la deuxième génération. Ces derniers ont commencé à essaimer douze nouveaux docteurs de la troisième génération (et de nombreuses autres thèses en cours). En l'espace de trente-cinq ans, ce sont ainsi quatre-vingt-dix-neuf psychologues universitaires dont la carrière a été nouée autour des problématiques parapsychologiques.

Certains changements furent visibles dans l'appréhension du domaine :

- Les approches qualitatives, nourries par les sciences humaines, ont été davantage mises en avant.
- Les questions théoriques ont été davantage discutées, en sortant du modèle implicite issu du paradigme rhinien (voir chap. 11).
- Les exigences méthodologiques ont été rehaussées : par exemple, l'*European Journal of Parapsychology* a adopté dès 1976 une politique de préenregistrement des études permettant d'éviter la non-publication de celles ayant échoué ou la réalisation d'analyses post-hoc dissimulées.
- Les collaborations avec des chercheurs plus sceptiques ont été renforcées.

Si tous les pays d'Europe n'ont pas bénéficié de recherches parapsychologiques dans un cadre académique, des organisations privées ont parfois pris le relais. En Allemagne, l'Institut pour les zones frontières de la psychologie et l'hygiène mentale (IGPP), fondé en 1950 par le médecin Hans Bender, a longtemps été associé à une chaire de zones frontières de la psychologie à l'université de Freiburg (Bauer, 1998). Dans les années 1990, la fondation a obtenu un legs important qui lui a permis de se restructurer et de devenir un des centres de pointe dans plusieurs domaines de la parapsychologie : psychophysiologie, théorie, histoire, approches et approches cliniques.

Les chercheurs européens se réunissent régulièrement dans le cadre des congrès de la Parapsychological Association (qui alternent entre l'Amérique et l'Europe d'une année à l'autre) et les congrès dits de « l'Euro-PA », plus irréguliers, réalisés dans un format plus propice aux échanges approfondis entre les chercheurs.

Rien qu'au Royaume-Uni, dix-sept départements universitaires de psychologie et de sociologie comptent dans leurs rangs un chercheur dévouant une partie ou la totalité de son temps à la recherche parapsychologique. Des cours ont même été donnés au niveau des écoles préparant à l'université. Des manuels de cours sont actualisés régulièrement (Irwin & Watt, 2007 ; Holt *et al.*, 2012) et certaines formations universitaires sont même accessibles en ligne.

Dans ce milieu universitaire, la parapsychologie a quelque peu « muté ». Elle se présente davantage comme une spécialité de la psychologie connue sous le nom de « psychologie anomalistique ». Elle examine les croyances et expériences dites « paranormales » afin de les expliquer par des hypothèses psychologiques connues ou à découvrir. C'est un regard plus mono-disciplinaire que celui de la parapsychologie, avec un ouvrage de référence, le *Varieties of Anomalous Experience* (Cardeña, Lynn & Krippner, 2014), publié par l'American Psychological Association, qui en est à sa deuxième édition.

9. Conclusion

Même si cette histoire est loin d'être achevée, ayant d'ailleurs été seulement brossée dans les grandes lignes, elle permet de donner quelques repères sur l'évolution de cette discipline « proto-scientifique » (Beloff, 1993). L'intérêt pour l'étude des phénomènes paranormaux est présent depuis des siècles, accompagnant le mouvement des Lumières dans son souhait de tirer au clair l'héritage du religieux dans sa confrontation avec les productions de la nature (Gauld, 1962). Ce positionnement est paru subversif par rapport au projet de société occidentale. Toutefois, dans certains contextes, la parapsychologie a pu réunir des chercheurs de qualité qui ont essayé, avec les moyens à leur disposition, de faire progresser les connaissances sur ces sujets.

Globalement, cette histoire reste émaillée par une conflictualité entre différentes approches se revendiquant de la science (voir chap. 2 et 9). Elle connaît des cycles d'apogées et de déclins, de détours internationaux (Méheust, 1999). Même à l'heure de la globalisation, cette histoire reste marquée par des particularismes locaux qui filtrent et façonnent les représentations de ce domaine. Nous nous sommes concentrés ici sur le rapport entre la parapsychologie et les élites intellectuelles, notamment représentées par le monde universitaire. Mais il est évident que des approches historiques complémentaires étaient possibles, en s'appliquant plus largement sur les liens entre le paranormal et la culture occidentale (voir chap. 16).

10. Bibliographie

Alexandre-Bisson, J. (1923). *Le médiumnisme et la Sorbonne*. Alcan.

Alvarado, C.S. (2011). Eusapia Palladino : An autobiographical essay. *Journal of Scientific Exploration, 25* (1), 77-101.

Alvarado, C.S. (1993). Gifted subjects' contributions to psychical research : The case of Eusapia Palladino. *Journal of the Society for Psychical Research, 59*, 269-292.

Alvarado, C.S., & Évrard, R. (2012). The psychic sciences in France : Historical notes on the *Annales des Sciences Psychiques*. *Journal of Scientific Exploration, 26* (1), 117-140.

Alvarado, C.S., & Évrard, R. (2013). Nineteenth century psychical research in mainstream journals : *The Revue philosophique de la France et de l'Étranger*. *Journal of Scientific Exploration, 27* (4), 655-689.

Aubrée, M., & Laplantine, F. (1990). *La table, le livre et les esprits : naissance, évolution et actualité du mouvement social spirite entre France et Brésil*. J.-C. Lattès.

Bastide, R. (1975). *Le sacré sauvage et autres essais*. Payot.

Baudouin, P. (2016). *Les forces de l'ordre invisible, Émile Tizané (1901-1982), un gendarme sur les territoires de la hantise*. Le murmure.

Bauer, E. (1998). Hans Bender und die Gründung des « Instituts für Grenzgebiete der Psychologie und Psychohygiene ». In J. Jahnke, J. Fahrenberg, R. Stegie & E. Bauer (dir.), *Geschichte der Psychologie - Beziehungen zu Philosophie und Grenzgebieten* (p. 461-476). Profil Verlag.

Beloff, J. (1993). *Parapsychology. A concise history*. Athlone Press.

Bem, D.J., & Honorton, C. (1994). Does psi exist ? Replicable evidence for an anomalous process of information transfer. *Psychological Bulletin, 115* (1), 4-18.

Bösch, H. (2004). *Extra-Sensory Perception After Sixty Years' (1940) - A reanalysis of the first meta-analysis in the history of science*. Conférence donnée au congrès annuel de la WGFP, p. 6. *http://www.parapsychologische-beratungsstelle.de/downloads/workshop20_WGFP.pdf*.

Brower, M.B. (2010). Unruly spirits : The science of psychic phenomena in modern France. University of Illinois Press.

Cardeña, E., Lynn, S.J., & Krippner, S. (2014) (dir.). *Varieties of anomalous experiences : Examining the Scientific Evidence*, 2nd Edition. American Psychological Association.

Cardeña, E., Palmer, J., Marcusson-Clavertz, D. (Eds.) (2015). *Parapsycology. A Handbook for the 21st Century*. McFarland & Company.

Carpenter, W.B. (1853). *Principles of human physiology*. Philadelphia : Blanchard and Lea.

Carrel, A. (1935). *L'homme, cet inconnu*. Plon.

Carroy, J. (2015). Un concours sur le sommeil, les rêves et le somnambulisme (1851-1854). In B. Belhoste & N. Edelman (Eds.), *Mesmer et mesmérismes. Le magnétisme animal en contexte* (p. 225-246). Omniscience.

Chevreul, M.E. (1854). *De la baguette divinatoire, du pendule explorateur et des tables tournantes, au point de vue de l'histoire, de la critique et de la méthode expérimentale*. Mallet-Bachelier.

Collot, E. (dir.) (2008). *Hypnose et pensée magique*. Imago.

Courtier, J. (1908). *Rapport sur les séances d'Eusapia Palladino à l'Institut général psychologique en 1905, 1906, 1907 et 1908*. Impr. de C. Colinnovembre.

Cuchet, G. (2012). *Les voix d'outre-tombe : Tables tournantes, spiritisme et société au XIXe siècle*. Seuil.

De Romilly, J. (2009). *Le Temps dans la tragédie grecque*. Vrin.

Descola, P. (2005). *Par-delà nature et culture*. Gallimard.

Dodds (1951). *Les Grecs et l'irrationnel* (1977). Flammarion.

Dodds, E.R. (1973). Supernormal phenomena in Classical Antiquity. In *The Ancient Concept of Progress on Greek Literature and Belief* (p. 156-210). Clarendon Press.

Domanski, C.W. (2003). Julian Ochorowicz (1850-1917) et son apport dans le développement de la psychologie du XIXe siècle. *Psychologie et Histoire, 4*, 101-114.

Duplessis, Y. (2002). *Surréalisme et paranormal. L'aspect expérimental du surréalisme*. JMG.

Edelman, N. (2002). Spirites et neurologues face à l'occulte (1870-1890) : une particularité française ? In. B. Bensaude-Vincent & C. Blondel (dir.), *Des savants face à l'occulte, 1870-1940* (p. 85-104). La Découverte.

Edelman, N. (2009). Un savoir occulté ou pourquoi le magnétisme animal ne fut-il pas pensé « comme une branche très curieuse de psychologie et d'histoire naturelle ». *Revue d'Histoire du XIXe siècle, 38*, 115-132.

Ellenberger, H. (1994). *Histoire de la découverte de l'inconscient* [1970]. Fayard.

Évrard, R. (2009). René Sudre (1880-1968) : The metapsychist's quill. *Journal of the Society for Psychical Research, 73* (4), 207-222.

Évrard, R. (2013). Pour introduire la névrose extraordinaire. *Recherches en psychanalyse, 15*, 71-79.

Évrard, R. (2016). *La légende de l'esprit. Enquête sur 150 ans de parapsychologie*. Trajectoire.

Évrard, R. (2020). Charles Richet and the emancipation of metapsychics. *Journal of the Society for Psychical Research, 84* (2), 93-109.

Évrard, R., & Méheust, B. (2012). La métapsychique, une science surréaliste ? Éléments d'histoire. *Catalogue de l'exposition « Entrée des médiums. Spiritisme et Art de Hugo à Breton »* (p. 93-102). Maison Victor Hugo - Paris-Musées.

Évrard, R., Gumpper, S., Beauvais, B., Alvarado, C.S. (2021). « Never sacrifice anything to laboratory work » : The « physiological psychology » of Charles Richet (1875-1905). *Journal of the History of the Behavioral Sciences, 57* (2), 172-193.

Évrard, R., Pratte, E.A. (2017). From catalepsy to psychical research : The itinerary of Timothée Puel (1812-1890). *History of Psychology, 20* (1), 50-71.

Évrard, R., Pratte, E.A., Cardeña, E. (2018). Pierre Janet and the enchanted boundary of psychical research. *History of Psychology, 21* (2), 100-125.

Évrard, R., Rabeyron, T. (2017). La signification occulte des rêves : Freud pourfendeur ou pourvoyeur de mythes ? *Bulletin de psychologie, 70* (6), 463-476. *https://doi.org/10.3917/bupsy.552.0463*

Faivre, A. (1986). « *Vis imaginativa* » (Étude sur l'imagination magique et ses fondements mythiques). In *Accès de l'ésotérisme occidental, t. II* (p. 171-219). Gallimard.

Fontenelle, B. Le Bouyer (1686). *Histoire des oracles*. G. de Luyne.

Gasparin, A. de. (1854). *Des tables tournantes, du surnaturel en général et des esprits*. Dentu.

Gauld, A. (1968). *The founders of psychical research*. Routledge & Kegan Paul.

Geley, G. (1919). *De l'inconscient au conscient*. Alcan.

Geley, G. (1924). *Ectoplasmie et clairvoyance.* Alcan.

Granger, M. (2021). *La Saga de l'ectoplasme,* t. I. *Enquête critique et objective sur le phénomène des matérialisations médiumniques d'hier et d'aujourd'hui.* Le Mouvement Spirite Francophone.

Guitton, J. (1978). Épistémologie de la résurrection : concepts préalables et programme de recherche (chap. V). *Monadologie* (chap. VI). *Court traité de phénoménologie* (chap. VII) (p. 777-903). In *Œuvres complètes.* Desclée de Brouwer.

Gurney, E, Myers, F.W.H., (1885). Some higher aspects of mesmerism. *Proceedings of the Society for Psychical Research, 3,* 401-423.

Gurney, E, Myers, F.W.H., Podmore, F. (1886/1891). *Les hallucinations télépathiques.* Alcan.

Gutierez, G., & Maillard, N. (2005). *Les aventuriers de l'esprit : une histoire de la parapsychologie.* Presses du Châtelet.

Hansen, G.P. (2001). *The trickster and the paranormal.* Xlibris.

Hansen, G. (2019). Les forces sociales à l'œuvre en parapsychologie. In R. Évrard & E. Ouellet (dir.), *Vers une sociologie anomalistique : le paranormal au regard des sciences sociales* (p. 63-85). PUN - Éditions universitaires de Lorraine.

Harrington A. (1988). Metals and magnets in medicine : hysteria, hypnosis and medical culture in fin-de-siècle Paris. *Psychological medicine, 18* (1), 21-38.

Haynes, R. (1970). *Philosopher king. The humanist pope Benedict XIV.* Weidenfeld and Nicolson.

Holt, N., Simmonds-Moore, C., Luke, D., & French, C. (2012). *Anomalistic psychology.* Palgrave Macmillan.

Hulin, M. (1993). *La mystique sauvage.* PUF.

Hunt, M. (1993). The psychologist malgré lui : William James. In *The Story of Psychology.* Doubleday.

Irwin, H.J., Watt, C. (2007). *An introduction to parapsychology,* 5e éd. McFarland.

Jahn, R.G., Dunne, B.J. (2011). *Consciousness and the source of reality : The PEAR odyssey.* ICRL Press.

James, W. (1890). *The principles of psychology,* Vol. 1. Henry Holt and Co.

Kardec, A. (1857). *Le livre des esprits.* Dentu.

Kant, I. (2002). *Rêves d'un visionnaire.* Vrin.

Kelly, E.W. (2012). *Science, the self, and survival after death. Selected writings of Ian Stevenson.* Rowman & Littlefield Publishers.

Kripal, J.J. (2019). *The flip. Epiphanies of mind and the future of knowledge.* Bellevue Literary Press.

Lachapelle, S. (2005). Attempting science : The creation and early development of the Institut métapsychique international in Paris, 1919-1931. *Journal of the history of behavioral sciences, 41* (1), 1-24.

Lachapelle, S. (2011). *Investigating the supernatural : From spiritism and occultism to psychical research and metapsychics in France, 1853-1931.* The Johns Hopkins University Press.

Lagrange, P. (2002). Union rationaliste. In P. Sbalchiero (dir.), *Dictionnaire des miracles et de l'extraordinaire chrétien* (p. 828-830). Fayard.

Lambertini, P. de (1734). *De servorum dei beatificatione et beatorum canonizatione.* Bologne.

Lamont, P. (2005). *The First psychic : The peculiar mystery of a notorious victorian wizard.* Little Brown.

Lamont, P. (2012). The making of extraordinary psychological phenomena. *Journal of the History of the Behavioral Sciences, 48* (1), 1-15.

Lantéri-Laura, G. (2000). *Histoire de la phrénologie, l'homme et son cerveau selon F.J. Gall*. PUF.

Larcher, H. (2013). *L'Odyssée de la conscience : anthologie d'études sur la mort, la mystique et le paranormal par le Dr Hubert Larcher*. [Anthologie de textes réunis et commentés par R. Évrard]. Éditions de l'Institut Métapsychique International.

Le Maléfan, P. (1999). *Folie et spiritisme Histoire du discours psychopathologique sur la pratique du spiritisme, ses abords et ses avatars. 1850-1950*. L'Harmattan.

Le Maléfan, P. (2002). Richet chasseur de fantômes : l'épisode de la villa Carmen. In B. Bensaude-Vincent & C. Blondel, *Des savants face à l'occulte (1870-1940)* (p. 173-200). La Découverte.

Le Maléfan, P. (2014). La Société Médico-Psychologique face aux névroses extraordinaires (1857-1860). *Annales Médico-Psychologiques, 172* (10), 807-812.

Leeds, M., Murphy, G. (1980). *The paranormal and the normal*. Scarecrow Press, Inc.

Leroy, O. (1936). *La splendeur corporelle des saints*. Le Cerf.

Leroy, O. (1951). *Miracles*. Desclée de Brouwer.

Louis, J. (2008*). L'Église catholique face à l'extraordinaire chrétien depuis Vatican II. Thèse de doctorat d'histoire contemporaine*. Université Jean-Moulin Lyon 3.

Mancini, S., & Faivre, A. (dir.) (2012). *Des médiums. Techniques du corps et de l'esprit dans les deux Amériques*. Editions Imago.

Maraldi, E. de O. (2021). *Parapsychology and religion*. Brill.

Mauskopf, S.H., McVaugh, M.R. (1980). *The elusive science : Origins of experimental psychical research*. Johns Hopkins University Press.

Méheust, B. (1996). Épistémologiquement incorrect. Réflexions inactuelles sur la mise à l'index de la métapsychique. *Alliage, 28*, 15-24.

Méheust, B. (1999). *Somnambulisme et médiumnité* (2 tomes). Institut Synthélabo.

Méheust, B. (2003). *Un voyant prodigieux : Alexis Didier (1826-1886)*. Les Empêcheurs de Penser en Rond.

Méheust, B. (2011). *Les miracles de l'esprit. Qu'est-ce que les voyants peuvent nous apprendre ?* La Découverte.

Méheust, B. (2015). *Jésus thaumaturge. Enquête sur l'homme et ses miracles*. InterEditions.

Méheust, B. (2023). *Proust voyant*. Éditions Vues de l'esprit.

Moreman, C.M. (Ed.). (2013). *The Spiritualist movement : Speaking with the dead in America and around the world [3 volumes] : Speaking with the dead in America and around the world*. ABC-CLIO.

Noakes, R. (2019). *Physics and psychics. The occult and the sciences in modern Britain*. Cambridge University Press.

Ochorowicz, J. (1881). Projet d'un congrès international de psychologie. *Revue Philosophique, 12*, 1-17.

Oppenheim, J. (1984). *The other world. Spiritualism and psychical research in England, 1850-1914*. Cambridge University Press.

Osty, E. (1926). Projets et buts de recherches de l'Institut Métapsychique International de Paris. *Revue métapsychique*, 1-23.

Parot, F. (1994). Le bannissement des esprits : naissance d'une frontière institutionnelle entre spiritisme et psychologie. *Revue de synthèse, 3-4*, 417-443.

Philipps, P.R. (2016). *Companion to the Project Alpha Papers*. Pari Publishing.

Piéron, H. (1954). Histoire succincte des congrès internationaux de psychologie. *Année psychologique, 54,* 397-405.

Plas, R. (2000). *Naissance d'une science humaine, la psychologie : les psychologues et le « merveilleux psychique »*. PUR.

Pratt, J.G., Smith, B.M., Rhine, J.B., Stuart, C.E., & Greenwood, J.A. (1940). *Extra-sensory perception after sixty years : A critical appraisal of the research in extra-sensory perception.* Henry Holt and Company.

Puel, T. (1856). *De la catalepsie.* J.-B. Baillière.

Radin, D. (2014). *Superpouvoirs. Science et yoga : les facultés extraordinaires de l'homme.* InterEditions.

Rausky, F. (1977). *Mesmer ou la révolution thérapeutique*. Payot.

Rhine, J.B. (1953). *La double puissance de l'esprit.* Payot.

Rhine, L. (1961). *Les voies secrètes de l'esprit.* Fayard.

Richet, C. (1905). De quelques phénomènes de matérialisation. *Annales des sciences psychiques*, 649-672.

Richet, C. (1905). La métapsychique. *Proceedings of the Society for Psychical Research, 19,* 2-49.

Richet, C. (1906). *Les phénomènes dits de Matérialisation de la villa Carmen (avec documents nouveaux et discussions. Annales des sciences psychiques.* Alcan.

Richet, C. (1922). *Traité de métapsychique*. Alcan.

Roll, W.G. (1975). *Theory and experiment in psychical research.* Ayer.

Schmeidler, G.R. (1943). Predicting good and bad scores in a clairvoyance experiment : A preliminary report. *Journal of the American Society for Psychical Research, 37,* 103-110.

Schmeidler, G.R. (1988). *Parapsychology and psychology : Matches and mismatches.* McFarland & Company.

Schnabel, J. (1997). *Remote viewers : The secret history of America's psychic spies.* Dell.

Schneider, C. (2011). *Paranormale antiquité. La mort et ses démons en Grèce et à Rome*. Les Belles lettres.

Sommer, A. (2013). *Crossing the boundaries of mind and body. Psychical research and the origins of modern psychology*. Thèse d'histoire non publiée, University College London, London.

Sudre, R. (1926). *Introduction à la métapsychique humaine*. Payot.

Sudre, R. (1951). *Les nouvelles énigmes de l'univers,* 2e éd. revue et augmentée. Payot.

Sudre, R. (1956). *Traité de parapsychologie*. Payot.

Taves, A. (2014). A tale of two congresses : The psychological study of psychical, occult, and religious phenomena, 1900-1909. *Journal of the History of the Behavioral* Sciences, *50* (4), 376-399.

Thurston, H. (1961). *Les phénomènes physiques du mysticisme*. Gallimard.

Thury, M. (1855). *Les tables tournantes, considérées au point de vue de la question de physique générale qui s'y rattache*. Kessmann.

Ullman, M., Krippner, S., & Vaughan, A. (1977). *La télépathie par le rêve*. Tchou.

Van der Leeuw, G. (1948). *La religion dans son essence et ses manifestations* [1935]. Payot.

Van Wijland, J. (2015) (dir.). *Charles Richet (1850-1935). L'exercice de la curiosité*. Presses Universitaires de Rennes.

Varvoglis, M. (2002). The Kluski hand moulds. *Proceedings of the 45th Annual Convention of the Parapsychological Association*, 370-380.

Vernant, J.-P. (1965). *Mythe et pensée chez les Grecs. Études de psychologie historique*, Tome I. François Maspéro.

Warcollier, R. (1921). *La télépathie. Recherches expérimentales*. Félix Alcan.

Wolman, B.B. (1977). *Handbook of parapsychology*. Van Nostrand Reinhold.

Chapitre 2

Réel, rationalité et anomalies psi

(Paul-Louis Rabeyron)

Quel aveu capital et quelle perspective de conséquences étonnantes,
si l'on pouvait présupposer qu'un seul de ces faits soit garanti.
Emmanuel Kant (*Rêves d'un visionnaire,* 1766)

Il y a en nous un moi inconnu qui peut exercer une action directe sur la matière [...],
percer du regard l'opacité d'un obstacle et recueillir à distance
à travers l'espace la pensée inexprimée d'un autre moi.
Jean Jaurès (*De la réalité du monde sensible,* 1902)

Sommaire

Dans ce chapitre, l'accent sera mis avant tout sur des réflexions épistémologiques et méthodologiques auxquelles la fréquentation de ce qu'il est convenu de dénommer sous le vocable « psi » conduit assez naturellement. En guise de prolégomènes à l'ensemble de ce qui suivra dans cet ouvrage, il va s'agir de resituer la possible étude du psi au sein du contexte culturel et scientifique qui est le nôtre. L'auteur, médecin et clinicien avant tout, conscient de n'être ni philosophe, ni anthropologue, s'autorisera néanmoins quelques réflexions et abordera certaines questions le conduisant à sortir de son domaine initial de compétence, sans forcément apporter des réponses se voulant tranchées et définitives. C'est cet état d'esprit qui sera à l'origine d'ailleurs d'un certain nombre de points d'interrogations émaillant les titres de plusieurs parties de ce chapitre. Mais c'est bien en tant que médecin, considérant que « rien de ce qui est humain ne doit lui être étranger[1] », que sa réflexion s'est initiée. Et cela est passé par la fréquentation des fondements des connaissances cherchant à s'approcher au plus près du réel dans lequel nous évoluons mais qui aussi nous constitue.

1. Avant tout : des expériences

Dans cet ouvrage, il va être question de phénomènes et d'expériences et, cela, dans les différents sens du terme « expériences ». Expériences humaines, expériences vécues avant toute autre chose. Sans cette base expérientielle, tant d'autres expériences, en laboratoire, n'auraient pas pu voir le jour, car l'idée ne serait jamais venue à un scientifique de tenter de les mettre en évidence en conditions contrôlées. Le récit et l'analyse de ces deux grands types d'expériences, intimement intriquées et assez particulières, alimenteront largement ce qui sera proposé au lecteur tout au long de ce livre.

C'est avant tout parce que des humains ont fait part de bien étranges ou troublants vécus que, secondairement, l'idée est venue à d'autres de les colliger tout d'abord, puis d'essayer de les comprendre, voire de les provoquer dans un cadre expérimental.

En 1884, Walter Teale sert dans le 3ᵉ régiment (Kings Royal Rifles) au Soudan. Ses parents s'attendent à ce qu'il revienne prochainement en Angleterre pour Noël. Or, le 24 octobre 1884, son père, revenant chez lui en fin de journée, est frappé par la grande pâleur de sa femme. Il l'interroge sur les raisons de son trouble et elle lui explique alors qu'elle a eu la vision de leur fils Walter, en uniforme. Il s'est baissé vers elle pour l'embrasser, mais après qu'elle a manifesté un mouvement d'effroi, celui-ci est parti.

Après cet incident, Mr et Mrs Teale reçoivent un courrier leur annonçant le décès de leur fils, emporté par une troisième attaque d'entérite. Lorsqu'ils ont reçu cette lettre de la garde-malade de l'hôpital de Ramleh, il était mort depuis une semaine, mais la date à laquelle la lettre avait été écrite correspondait à la date du jour où Walter était apparu, à des milliers de kilomètres

1. C'est au poète latin antique Terence qu'est attribuée cette phrase : « Je suis un homme et rien de ce qui est humain ne m'est étranger. »

de là, à une époque où, bien sûr, les moyens de communication n'étaient pas ceux qu'ils sont devenus de nos jours.

Mrs Teale mourut deux ans plus tard, sans s'être jamais vraiment remise de la mort de son fils. D'après son mari, qui lui survécut, sa femme n'avait jamais eu d'autres hallucinations visuelles. Elle n'était pas inquiète pour son fils lorsqu'elle avait eu cette apparition. À noter que lorsqu'elle le vit, elle crut d'abord qu'il était en congé et avait voulu la surprendre en passant par l'entrée à l'arrière de leur habitation[1].

Le 14 avril 1912, à 11 heures du soir, à Kirkendbright, en Écosse, Rex Sowden, un capitaine de l'Armée du salut, assiste à l'agonie d'une jeune orpheline nommée Jessie. Tout à coup, la mourante s'assoit sur son lit et déclare : « Prenez ma main, capitaine, j'ai peur ; voyez-vous ce grand navire en train de couler ? » Il essaie de la rassurer, mais rien n'y fait : « Le bateau coule. Regardez tous ces gens qui se noient. Quelqu'un nommé Wally joue du violon et s'approche de vous. » À ce moment-là, Sowden entend bouger le loquet de la porte. Il se lève et va voir. Il n'y a personne dans la pièce et, pourtant, il a la sensation d'une présence. Jessie tombe dans le coma et décède peu après. C'est le lendemain, comme tout le monde, que Sowden apprendra le naufrage du *Titanic*. Parmi les disparus, se trouvera le violoniste Wally Hartley, le chef d'orchestre du *Titanic*, qu'il avait connu dans son enfance, mais perdu de vue depuis (Méheust, 2006, p. 117).

Dans la nuit du 28 au 29 mai 1982, Nicole fait un rêve. Dans ce rêve, elle arrive dans la cour de sa ferme et y trouve un attroupement de journalistes, comme si une personnalité allait sortir de chez elle.

Étonnée, elle demande au premier d'entre eux ce qu'il se passe. L'homme, se retournant à peine, lui répond en haussant les épaules comme si cela était une évidence : « Romy Schneider est morte ! »

À son réveil, l'esprit de Nicole n'est occupé que par le nom de la star. Allumant alors la radio, une seule nouvelle occupe la quasi-totalité du journal et concerne l'annonce de la mort de Romy Schneider, dont le corps a été retrouvé dans son appartement parisien.

Ce rêve a déstabilisé Nicole qui a avoué ne pas du tout avoir envie d'en revivre de similaire (Benhedi et Macias, 2008).

Remontons le temps. Nous sommes le 4 octobre 1630 et Joseph de Cupertino, qui sera dénommé le « moine volant », lévite pour la première fois (Eire, 2023). Ordonné prêtre non sans mal deux ans plus tôt, il sera canonisé par le pape Clément VIII en 1767 (Guitton et Antier, 1994 ; Sbalchiero, 2002, 2013). À partir de cette première lévitation inaugurale, des centaines d'autres seront répertoriées, non sans avoir fait l'objet d'une méfiance certaine de la part des autorités catholiques de son temps. Ce qui est intéressant dans son cas – loin d'être isolé car plusieurs autres mystiques chrétiens sont connus pour ce type de phénomènes (*cf.* par exemple Bouflet, 1991 ; Michel, 1986) – c'est qu'il a pu être observé en train

1. Ce cas est tiré de l'ouvrage *Phantasms of the Living*, en français *Les Hallucinations télépathiques* (Gurney *et al.*, 1886, p. 286-287). Dans ce livre, les auteurs rapportent de très nombreux exemples de ce genre, fruits à chaque fois d'enquêtes bien documentés, à une époque où bien sûr aucun des moyens de communication modernes n'existait.

de léviter par de très nombreux témoins de son temps, certains pouvant être qualifiés à l'époque de sceptiques.

Ce fut le cas du pape Urbain VIII, aristocrate cultivé qui était *a priori* méfiant devant les prodiges et la religiosité populaire. Joseph, après s'être agenouillé devant lui pour lui baiser le pied, entre en extase, pousse un cri puis s'élève dans les airs, sous le regard interloqué du pape qui dira : « Si cet homme meurt avant moi, je viendrai moi-même attester l'authenticité du prodige. »

Nous n'allons pas dresser ici la liste des autres personnalités, catholiques ou non, hommes de foi ou de science, qui témoignèrent avoir assisté à ce type d'exploit dont le prêtre est devenu coutumier. Parmi eux, on compte aussi bien des membres de l'Inquisition, qui se penchèrent sur son cas paraissant sulfureux, que Juan de Cabrera, duc de Medina, grand amiral de Castille et ambassadeur d'Espagne auprès d'Innocent X ou encore Jean-Frédéric de Brunswick, un luthérien peu porté sur le merveilleux, qui vit Joseph, lors d'une messe, s'élever en l'air en position agenouillée et demeurer en extase face à l'autel.

Dans les années 1970, plusieurs agences du gouvernement américain, dont la CIA et la DIA, ont entamé une collaboration avec le centre de recherche du SRI (Stanford Research Institute), centrée sur la vision à distance (le *remote viewing*) (voir chap. 3 pour une description plus détaillée de ce programme de recherche connu sous le terme général de « projet Stargate »). En septembre 1981, Joe McMoneagle, ancien adjudant dans l'armée américaine et combattant au Vietnam, a été recruté depuis plusieurs années dans l'équipe de *remote* viewers qui seront dénommés « espions médiums ». À la demande du Conseil national de sécurité (NCS), il lui est demandé de tenter d'identifier à distance l'activité se tenant au sein d'un grand bâtiment de type industriel, situé quelque part en Russie. Il s'imagine alors « dérivant dans le bâtiment, passant par son toit ».

Voici le témoignage qu'il en rapportera après coup :

> « Ce que j'ai découvert était époustouflant. Le bâtiment avait facilement la taille de deux ou trois immenses centres commerciaux, le tout sous un même toit. En fait, c'était si énorme que je n'ai pu voir qu'un ou deux murs qui s'étendaient dans le sens de la longueur au centre comme murs de soutènement. Même ceux-ci étaient ouverts en segments sur toute leur longueur. J'avais l'impression d'être à l'intérieur du bâtiment et de voir clairement ce qui se passait. Cela se produit rarement en visualisation à distance, mais pour une raison quelconque, cela se produisait sur cette cible.
>
> Dans des baies géantes entre les murs se trouvait ce qui ressemblait à des cigares de différentes tailles, posés sur de gigantesques étagères. L'un semblait plus vieux et j'avais l'impression qu'il était en réparation, mais l'autre était absolument énorme, au-delà de tout ce que j'aurais pu imaginer. D'épais labyrinthes d'échafaudages et de tuyaux d'acier imbriqués étaient partout. À l'intérieur de ceux-ci se trouvait ce qui semblait être deux énormes cylindres soudés côte à côte, et j'avais l'impression irrésistible qu'il s'agissait d'un sous-marin, très gros, avec des coques doubles » (Wehrstein, 2018).

Au cours de sessions ultérieures, il fera un dessin détaillé du sous-marin et devinera qu'il serait prêt à être lancé quatre mois plus tard. Ces informations, accueillies avec scepticisme au sein du NSC, s'avéreront finalement exactes et la description faite par Joe McMoneagle correspondra au premier modèle d'une nouvelle classe de sous-marins à double coque appelée Typhoon, le plus grand jamais construit alors.

Les quelques exemples qui viennent d'être donnés n'ont aucune prétention à l'exhaustivité, très loin de là. Ils renvoient pour les quatre premiers à la catégorie du « paranormal spontané ». Le dernier, celui du *remote viewing*, s'il se déroulait sous la responsabilité de scientifiques, était porté par une finalité un peu particulière, centrée sur la recherche d'une efficacité concrète. Or ce sont par milliers que des témoignages ou récits de ce type, avec d'innombrables variantes, ont été colligés, particulièrement depuis cent cinquante ans, ce qui correspond à la création des premières sociétés de recherche psychique. Tout au long de cet ouvrage, le lecteur en retrouvera un certain nombre, ainsi que des données issues d'approches plus expérimentales. Dans ce chapitre, nous allons amorcer une première réflexion sur la place que, dans notre culture, ces expériences, qualifiables d'anomales[1] viennent prendre – ou ne pas prendre.

2. Représentations, minimum culturel commun et science

2.1 Des représentations partagées ?

Essayer de comprendre, de donner du sens à tout vécu, est inhérent aussi bien au développement psychique de chaque être humain qu'à la place que ce vécu peut venir prendre dans la vie sociale et les représentations culturelles d'une époque donnée. L'étroite intrication des développements affectifs et cognitifs n'est plus à démontrer (Damasio, 2010), pas plus que l'impact de la sociogenèse sur la constitution du sujet (, 2022, 2023). Ce mouvement, allant de l'expérience à l'organisation sociale et réciproquement, renvoyant par exemple au concept de « décrire-construire », tel que Bertrand Méheust l'a particulièrement développé et appliqué aux thèmes qui nous occupent ici (Méheust, 1999), imprègne tout fonctionnement collectif. Il participe à l'élaboration de représentations communes qui cimentent avec plus ou moins de réussites les relations sociales. Les racines de ces représentations ne sont que partiellement conscientes, et encore cette conscience est-elle certainement très variable d'un individu à l'autre, tant dans son intensité que dans ses modalités, renvoyant notamment à l'écart qui peut exister entre théorie et idéologie (P.-L. Rabeyron, 1983, 1985). Aux forces d'unification sociale des représentations s'opposent toujours, d'une manière plus ou moins visible, des forces

1. Les Anglo-Saxons utilisent volontiers l'expression *anomalous expériences*. Mais en français, l'adjectif « anomal » est sans doute trop proche d'« anormal ». C'est donc l'expression « expériences exceptionnelles » qui l'a emporté.

tendant à la complexification, voire à l'attaque des représentations dominantes et partagées, pouvant conduire parfois à des périodes de crises lorsque les tensions entre ces mouvements contradictoires se font trop prégnantes. La complexité inhérente à notre société actuelle encourage certainement les mouvements de diffraction des représentations et favorise leur aspect « individuel et portatif ». Cela est potentiellement source de conflits et d'éclatements dont il est difficile de prédire où ceux-ci seront susceptibles de nous conduire et cela d'autant plus qu'ils se trouvent renforcés par l'angoisse liée aux crises qui traversent notre temps (Castel, 2018). Ces représentations éclatées sont potentiellement sources de quiproquos, d'ambiguïtés et de conflits.

Nous proposerons cependant de considérer que ce qu'en sociologie il est classique de dénommer le « sens commun » inclut, pour chaque domaine de l'existence, un possible « minimum culturel commun », propre à une culture donnée, s'adossant sur – mais contribuant aussi à générer – un certain nombre de représentations restant malgré tout relativement partagées. Celles-ci concernent par exemple des idées générales que l'on se fait du monde, du réel, de la place de l'homme dans l'univers et des possibilités d'action dont on dispose sur ce dernier. Cela inclut également des conduites à tenir favorisées, des façons particulières d'envisager la vie et les rapports sociaux, des manières d'acquérir des connaissances, mais aussi des angoisses partagées et des moyens de réassurances privilégiées. Ce minimum culturel commun est sans doute d'autant plus prégnant et homogène que la culture dans laquelle il se déploie est proche des peuples premiers qui ont sensiblement été moins traversés par la complexité caractérisant notre monde dit « développé ». À ce propos et concernant plus particulièrement le thème du paranormal, on pourra lire Ernesto de Martino et son *Monde magique* (de Martino, 1948).

Bien sûr, la place prise par l'expérience, dans sa constitution, y est majeure. Le terme « expérience » est ici à entendre dans son sens le plus large, incluant aussi bien des vécus très personnels et intimes que l'ensemble de nos interactions et informations parvenant jusqu'à chacun d'entre nous, le tout contribuant bien à notre « expérience acquise ».

Or la complexité, inhérente à notre culture qualifiée de post-moderne (Lyotard, 1979), touche également les développements scientifiques des sciences dites « dures » et les niveaux d'analyses multiples et intriquées des organisations socio-économiques et géopolitiques. Ainsi, pour ne prendre que quelques exemples, aux questionnements éthiques sans cesse renouvelés auxquels nous conduisent les progrès réels autant qu'imaginés de l'intelligence artificielle, des neurosciences ou de la génétique, s'associent les plus angoissantes prévisions des collapsologues ou bien encore les utopies volontiers dénégatives des transhumanistes et de tous ceux qui croient que les technosciences nous tireront du mauvais pas dans lequel elles ont au moins en partie contribué à nous conduire.

Les informations qui nous parviennent par le biais de médias devenus excessivement diversifiés par leurs supports, leurs éthiques et leurs positionnements idéologiques nous renvoient journellement cette indiscutable complexité du monde et des analyses qui en sont faites. Les choix que nous faisons pour être informés en tentant d'effectuer un tri, là aussi d'une façon plus ou moins consciente et organisée, dans la masse d'informations susceptibles d'arriver jusqu'à nous, dépendent de très nombreux facteurs. De nouveaux intervenants participent dorénavant à ce qui n'est pas sans rappeler les vieux projets d'éducation populaire. Ils souhaitent nous aider à trier le vrai du faux : les *fact checkers* se sont multipliés (Bigot, 2019) et la crise de la Covid-19 les a grandement aidés à s'implanter durablement dans le paysage médiatique. Nous noterons qu'ils prétendent s'appuyer plus particulièrement sur des données « factuelles » adossées à la science et à la raison, sans d'ailleurs que la formation initiale des journalistes traitant de ces questions soit toujours scientifique[1].

Même celui qui ne voudrait rien savoir du monde ne peut échapper à ce flux médiatique devenu éminemment complexe lui aussi, dans ses sources comme dans ses modalités techniques de traitement, et imprégnant tous les rapports sociaux. Les médias généralistes dominants tentent de cultiver l'hégémonie du vrai[2] mais ils doivent dorénavant cohabiter avec des niches se voulant tout aussi informatives, même si souvent davantage centrées sur certains thèmes ou problématiques de prédilection (politiques, religieuses, scientifiques, culturelles, etc.), ensemble hétérogène composé aussi bien de journalistes professionnels, que d'associations classiques, de youtubeurs isolés (dénommés dorénavant « producteurs de contenus ») et autres intervenants sur les réseaux sociaux. Si la complexité du monde a certainement toujours plus ou moins confusément été perçue dans les siècles passés, il nous semble qu'à l'heure actuelle, l'éclatement des représentations, étroitement lié à celui des moyens d'information, en fait partie intégrante. On pourrait sans doute l'articuler à une montée de l'individualisme et au développement de la multiplicité des façons individuelles de croire, permettant bon gré mal gré d'expliquer la réalité vécue par chacun. La pensée *new age*, par exemple, de par sa dimension syncrétique, ne représente-t-elle pas une des modalités de résolution de cet éclatement des représentations en réinjectant du sens là où la modernité l'a fait disparaître (Laplantine et P.-L. Rabeyron, 1987) ? Les promesses de développement personnel et la recherche de bien être qui leur est souvent liée ne sont-elles pas révélatrices également de cet air d'un temps qui cherche à remédier à ce débordement permanent d'informations complexes et déstabilisantes ?

1. Cela ne signifie certainement pas qu'un journaliste sans formation scientifique initiale ne soit pas capable de traiter de sujets scientifiques, mais le développement des sciences a atteint une telle complexité qu'il peut s'avérer bien difficile pour qui n'a pas un minimum de connaissances en adéquation avec le sujet abordé de s'en faire une idée juste et rapide. Surtout à l'ère d'une information médiatique privilégiant la nécessité d'une grande réactivité temporelle. L'affaire dite du « *Lancet* Gate » en représenterait une certaine caricature par la capacité qu'une petite société américaine a eue de tromper l'une des revues médicales les plus prestigieuses au monde. Cela a contribué à infléchir la politique de santé d'un pays comme la France, entraînant avec elle les médias dans une sorte de folie pseudo-scientifique dont on n'est loin d'avoir mesuré les conséquences désastreuses pour le rapport des Français aussi bien à l'égard des médias qu'à l'égard de la science. D'après un sondage Ipsos, si en 2013, 62 % des gens pensaient que la science allait nous aider à vivre mieux, ils n'étaient plus que 50 % fin 2020 (Mercier et Tetaz, 2020).

2. Face à l'angoisse collective générée par la pandémie liée à la Covid-19, ce mouvement s'est sans doute amplifié. Les *fact checkers* ont régulièrement attaqué des sources d'information délivrées par des médias déclarés alternatifs, n'hésitant pas à l'occasion à assimiler des discours scientifiques minoritaires à certains positionnements politiques ou complotistes et en évitant ainsi d'aborder sereinement les controverses qui ne manquaient pas entre scientifiques, au détriment malheureusement de l'analyse détaillée et distanciée des faits.

Ce qui pouvait encore au milieu du XXe siècle permettre des regroupements s'appuyant sur des modalités de pensées partageant un grand nombre de représentations communes, ne s'est-il pas grandement effrité ? Il existe bien toujours des croyants et des athées, des gens se pensant de gauche, du centre ou de droite, des savants ou des métaphysiciens prêts à dire le réel et cherchant à faire école, des personnes refusant au contraire tout esprit de système, des anarchistes ou des originaux, etc. Mais que partagent justement ces groupes et plus généralement, ces individus au sein de ces différents sous-groupes ?

2.2 La place prédominante prise par la science dans notre culture

L'expérience scientifique, en particulier dans sa version la plus médiatisée, nous semble dorénavant participer largement à la constitution de ce minimum culturel commun, en partie d'ailleurs en réponse à la complexité que la science et les techniques véhiculent et génèrent elles-mêmes.

En effet, progressivement, depuis qu'une certaine idée de la science – admettons pour l'instant que l'on puisse employer ce terme au singulier – a envahi le champ de ces représentations partagées, celle-ci nous semble avoir largement contribué à l'élaboration d'un ciment commun, en participant d'ailleurs à ce qui peut s'apparenter à une nouvelle mythologie, décrivant en particulier les origines et le fonctionnement du monde. Ce « ciment » évolue régulièrement, constituant ce qu'il est communément admis de dénommer l'« état actuel de nos connaissances », mais d'une façon suffisamment subtile et feutrée pour que régulièrement la doxa dominante (Bourdieu et Boltanski, 2008) lui attribue une solidité assurée. Car s'il existe peut-être encore un endroit où les représentations partagées circulent avec le plus de constance, n'est-ce pas au sein de l'élite ? Et n'est-ce pas l'élite qui organise majoritairement le monde dans lequel nous évoluons ? Or l'idéologie dominante est fortement marquée par son rapport privilégié à la science et il y a de grandes chances qu'il en soit dorénavant toujours ainsi[1].

Insensiblement, rationalité et scientificité sont devenues superposables jusqu'à désigner deux termes quasiment interchangeables dans l'imaginaire de l'homme réputé civilisé. Ce triomphe d'un certain scientisme – terme employé ici sans volonté péjorative – s'est vu favorisé par les succès indéniables des technosciences. Le sens commun, largement imprégné des « données actuelles de la science », suivant l'expression consacrée, certes à des degrés divers suivant les individus, s'est en quelque sorte incliné devant le savoir académique et universitaire. Cela ne signifie pas pour autant qu'une certaine forme de consensus, ici scientifique – comme on en

1. Nombreux furent ceux qui, au nom d'arguments éthiques, philosophiques, spirituels ou scientifiques divers, firent part de leur crainte face aux menaces et risques que ce développement envahissant des sciences et techniques nous faisait courir et pas seulement pour des raisons matérielles. De René Guénon à Ivan Illich, en passent par Michel Henry, pour n'en citer que quelques parmi les plus connus. On pourrait rajouter à cette liste Jacques Ellul, François Lurçat, Olivier Rey, etc. (*cf.* bibliographie).

trouve d'autres bien différents dans des sociétés généralement considérées comme plus « primitives » – ne cohabite pas avec des niches ne s'appuyant pas que sur la science, voire pouvant s'y opposer, au sein de représentations autrement plus complexes et ambiguës. La persistance des créationnistes et autres défenseurs de la théorie de la terre plate fournit assez aisément la preuve de l'existence de ces minorités marginales de pensée.

Des oppositions manichéennes pouvaient se cristalliser autrefois jusqu'à la caricature. On se souviendra par exemple de celles portées à l'écran d'une manière comique dans l'Italie de l'immédiat après-guerre et décrivant l'opposition entre le prêtre Don Camillo et le communiste Peppone. Ces oppositions tranchées et présentes dans la société européenne du milieu du XXe siècle en train de se penser comme devenant moderne ont été remplacées par des multitudes d'oppositions croisées, reposant sur des manières d'envisager le monde excessivement variées et disparates (Fourquet, 2019 ; Todd, 2020). Il n'en reste pas moins vrai que, dans ce qui va constituer ce trait d'union entre les élites, la part d'une approche du réel se définissant comme rationnelle et scientifique s'avère prédominante, conduisant classiquement lors des débats contradictoires à des batailles d'études et de chiffres se voulant scientifiques. Cela ne signifie aucunement que la part idéologique ait disparu des discours, comme des engagements pragmatiques. Mais on imaginerait mal un homme politique qui ne prétendrait pas s'appuyer sur des données se présentant comme rationnelles et, chaque fois qu'il le pourra, scientifiques, pas plus qu'un candidat souhaitant postuler à l'université ou à un quelconque poste de chercheur ne pourrait s'en passer. L'envahissement de pratiques managériales reposant sur l'élaboration de « process » se voulant eux aussi rationnels et logiques ne participe-t-il pas du même mouvement de scientifisation – ou pseudo-scientifisation – de l'ensemble du socius ?

C'est donc bien l'expérience, dorénavant prioritairement scientifique, qui insensiblement mais durablement, tend à organiser les représentations communes. Peu de gens doutent encore que la Terre ne tourne pas autour du Soleil, qu'une voiture avance grâce à l'essence mise dans son réservoir ou à l'alimentation de sa batterie électrique, ou que la connaissance intime du vivant ait été améliorée par les progrès de la biologie moléculaire. Cela ne signifie pas, loin de là, que nous soyons tous capables de l'expliquer scientifiquement. Mais nous faisons suffisamment confiance à la connaissance scientifique et à ses déclinaisons techniques, relevant de la science appliquée, pour ne plus trop avoir à s'affronter sur un certain nombre de possibles. Nous savons bien que des controverses scientifiques existent sans pouvoir toujours bien mesurer les versants scientifiques ou politico-idéologiques de celles-ci, mais – et c'est sur ce point que nous voudrions insister – la science a très majoritairement emporté la bataille des représentations, puisque c'est sur elle que s'appuie dorénavant ce qui va grandement contribuer, au-delà de l'éclatement évoqué précédemment, à la part de vision du monde relativement commune et partagée qui est celle de l'homme occidental.

3. Le savoir et le doute

3.1 Science, doute, mystère et société

Le discours religieux, quant à lui, ouvre sur le mystère, l'indicible, l'au-delà, le tout autre. Bien sûr, il s'est trouvé tout au long de l'histoire – et il se trouve hélas encore – utilisé à des fins de pouvoir confié à des clercs parfois redoutables. Mais, par essence même et lorsqu'il ne devient pas idéologique, il n'a pas vocation à clore complètement le regard que l'on porte sur le réel. Il ouvre alors sur l'inconnu, l'invisible et le difficilement dicible, telle que par exemple la théologie apophatique d'un Maître Eckhart (Ancelet-Hustache, 1956) a pu le théoriser. Ainsi peut-il en être aussi des discours philosophiques ou poétiques qui, chacun à leur manière, vont chercher à interpeller l'autre plus qu'à le convaincre, entretenant un rapport au mystère, à l'invisible et au difficilement rationalisable bien différent des discours politique et scientifique.

En 1885, vingt ans avant qu'en France ne soit déclarée la séparation de l'Église et de l'État, le chimiste Berthelot avançait déjà : « Le monde est aujourd'hui sans mystère. En tout cas, l'univers matériel est revendiqué par la science, et personne n'ose plus résister en face à cette revendication. La notion du miracle et du surnaturel s'est évanouie comme un vrai mirage, un préjugé suranné » (cité par G. Gusdorf).

Ce type d'assertion, que l'on pourrait repérer comme étant l'une des modalités de traitement de l'angoisse existentielle par les données scientifiques[1], ne représente-t-elle pas, certes de manière un peu caricaturale, une façon d'envisager les choses qui a progressivement infiltré les représentations dominantes dans la façon d'envisager la science et plus particulièrement son rapport au difficilement explicable. Ne pourrait-on pas qualifier ce discours, en reprenant Althusser, de « philosophie spontanée des savants » ? Dans un petit opuscule intitulé *Philosophie et philosophie spontanée des savants*, cet auteur pointait ce mélange de naïveté et de suffisance qui peut parfois caractériser la tournure prise par les élaborations de certains scientifiques lorsque ceux-ci, sortant de leur propre champ de recherche, pensent dire le tout d'un réel dont ils imaginent comprendre, voire contrôler les mécanismes essentiels. Cette volonté peut conduire le scientifique se pensant philosophe à limiter, dans son discours, jusqu'à parfois les masquer, les nombreuses zones d'incertitude et de flottements expérimentaux comme conceptuels auxquels sa propre pratique le confronte.

Le constat de ce qui semble parfois relever du tour de passe-passe a pu contribuer à encourager une pensée anti-scientifique, à mesure que la prégnance techno-scientifique s'étendait sur le monde. Face à ce positionnement, un autre, susceptible de devenir tout aussi extrême lui aussi, arc-bouté sur la défense systématique d'une science normative s'est trouvé représenté par certains courants sceptiques ou zététiques, comme le lecteur pourra s'en faire une assez bonne idée lors de la lecture du chapitre 10 de ce livre.

1. Que l'on pourrait rapprocher de l'analyse qu'a faite Freud de la religion, dans *L'Avenir d'une illusion.*

Considérant pour notre part la rationalité et la démarche scientifique qui en est issue comme une avancée majeure dans l'histoire de l'humanité, ce que nous visons ici pour en pointer les limites est une science qui enferme, qui tourne le dos à l'inconnu, au mystère, à certaines anomalies, aux données expérimentales marginales et parfois incompréhensibles, tout cela au nom de pseudo-certitudes s'appuyant sur ce que l'on serait persuadé de savoir plus que sur les doutes pourtant consubstantiels à l'avancée de nos connaissances. En fait, ce que nous pourrions critiquer, c'est d'une certaine manière l'exact opposé d'une réelle approche scientifique, celle qui se fait *in fine* passer pour elle, alors qu'elle n'en utilise que les apparats de surface. Comme dans un bal masqué où il est si aisément possible de se faire passer pour celui ou celle que l'on n'est aucunement. C'est le risque encouru lorsque le discours du maître et celui de l'universitaire (Lacan, 1991) fusionnent et que, dans le même mouvement, l'espace qui sépare le scientifique et le dominant tend vers zéro, interrogeant particulièrement les rapports complexes entre science et hommes politiques. Certes, l'État peut parfois avoir au contraire tendance à s'en prendre à une recherche fondamentale dont les retombées ne seraient pas immédiatement utilisables dans le circuit néolibéral ou à privilégier certaines approches supposées plus rapidement efficaces. Pour mesurer l'impact négatif, mais très concret, auquel ce type de dérive pseudo-rationaliste peut conduire, on pourra lire, par exemple dans le champ de l'évaluation des psychothérapies, un article que Thomas Rabeyron a consacré à ce sujet (T. Rabeyron, 2019).

Encore une fois, il ne s'agit pour nous pas tant de dénoncer – même si bien sûr cela peut être tentant, mais relève d'un autre travail – mais plutôt d'analyser le contexte dans lequel ce dont nous allons tenter de parler dans cet ouvrage est à resituer.

3.2 La recherche, la science et l'étrange

La recherche serait le lieu où l'on doute, mais la science comme état des connaissances se voudrait celui des certitudes. C'est ce qu'Étienne Klein (2021), parmi d'autres, nous encourage à penser. Mais ce distinguo, valide idéalement, l'est-il pratiquement, dans la « vraie vie » ? Notamment, dans la vraie vie des laboratoires de recherche, celle où sont en permanence en intrication les scientifiques, les objets sur lesquels ils travaillent, les relations interpersonnelles, la recherche des budgets, les rapports avec différentes institutions et autorités ? Bref, la science en train de se faire correspond-elle à l'idée dominante qu'elle véhicule d'elle. Si l'on suit Bruno Latour (1989), les choses semblent plus compliquées que ce que les scientifiques eux-mêmes, en toute bonne foi d'ailleurs, transmettent majoritairement comme image de leur fonctionnement et de leur pratique.

Ne doit-on pas s'interroger sur la part que notre culture a laissée à des objets scientifiques particulièrement étranges au sein d'un système tendant de plus en plus à être organisé par la recherche immédiate d'une efficacité concrète ? Volontiers associée à la recherche immédiate du profit, comme elle peut être soumise à d'autres totalitarismes, la recherche appliquée se trouve privilégiée, ce qui conduit à s'interroger sur la façon dont la science s'organise et se pense.

La plurifactorialité est souvent mise en avant pour tenter de rendre compte de l'apparente complexité de certains phénomènes, en particulier ceux qui concernent le vivant. Se trouve alors souvent convoqué – en théorie du moins et d'une manière quasi incantatoire – le possible recours à la pluri ou la transdisciplinarité pour s'en approcher au mieux. Pourtant, une démarche réductrice et univoque ne domine-t-elle pas encore largement le champ de la recherche[1] ?

Or, si l'on suit l'épistémologie d'un Paul Feyerabend, la science n'a-t-elle pas tout à gagner en hauteur de vue, en ambitions diverses, mais surtout en connaissance nouvelle, à se confronter avant tout aux zones les plus denses en mystère et en étrangeté et à ne pas rejeter trop vite des théories marginales (Feyerabend, 1975, 1996). Or son organisation actuelle même ne favorise-t-elle pas la répétition légèrement modifiée d'expériences déjà moult fois conduites, sous couvert de la primauté de la reproductibilité, mais aussi certainement pour éviter au chercheur d'être perçu comme marginal en ne publiant pas dans la ligne majoritairement reconnue, favorisant la fabrique du même et évitant la prise de risque ? Tout ceci a déjà été analysé jusque dans ses effets les plus délétères (voir par exemple Ioannidis, 2005).

4. La science et ses objets d'étude

4.1 La science existe-t-elle ?

Si nous avons employé jusqu'à présent le terme « science » au singulier, par commodité de langage, il nous semble temps d'interpeller ce concept dans l'usage pourtant si courant qui en est fait. Attention, nous n'avons aucunement la prétention de reprendre ici des débats épistémologiques fondamentaux sur ce que serait ou ne serait pas la science et nous ne pouvons que renvoyer les lecteurs intéressés aux grands classiques, du falsificationnisme de Karl Popper aux programmes de recherche d'Imre Lakatos (Chalmers, 1992).

Ce que nous voulons simplement rappeler, qui relève en fait de l'évidence mais qui n'en est pas moins très souvent occulté, c'est qu'il existe avant tout des objets d'étude ou des « quasi-objets » (Latour, 2022) et des méthodes privilégiées pour s'approcher de ces objets, en parler, dialoguer éventuellement avec eux et les comprendre un peu mieux, dans le meilleur des cas du moins. Mais la réflexion sur leur mode même d'existence, si elle est susceptible de nous conduire à un certain relativisme pratique (par exemple : sommes-nous certains de « tenir » le bon objet, celui qui répondra bien à la question que l'on se pose ? Des objets essentiels nous

1. La démarche scientifique est par essence réductrice et c'est en grande partie ce qui fonde son efficacité. Ce que nous évoquons ici renvoie aux excès d'une démarche qui simplifie tout autant l'objet sur lequel elle travaille que les méthodes devant être utilisées pour mieux le comprendre. En médecine, par exemple, on a pu voir les dégâts produits par une certaine déshumanisation des hôpitaux où le patient était « réduit » à ses organes. Edgar Morin (par exemple, 2017) a dénoncé à de nombreuses reprises et d'une manière générale en science le risque de passer à côté de la complexité et du mystère.

échapperaient-ils ? Etc.) ne doit pas pour autant nous conduire à faire le deuil d'un peu mieux comprendre le réel. À moins qu'être moderne, depuis Kant, puisse se caractériser avant tout par l'acceptation de ce deuil. Dès lors, plus que la critique du grand partage entre nature et culture chère aux anthropologies d'un Latour (1997) ou d'un Descola (2005), ce serait vers la déconstruction de ce qui est au fondement même du mythe scientifique moderne que nous pourrions être conduit, à savoir le mythe de l'assurance de la délimitation des possibles. Mais laissons ce point pour l'instant, sur lequel nous reviendrons plus loin, de manière à nous recentrer sur la question de savoir ce qui peut relever ou non de la science ou plutôt des sciences.

Plus qu'une science « au singulier », c'est ce que nous pourrions qualifier de « démarche scientifique » qui nous semble pouvoir être davantage définie et assurée, démarche que nous aurions pour notre part bien des difficultés à distinguer d'une démarche qualifiable de rationnelle.

Les méthodes les plus adéquates pour s'approcher et dialoguer avec des objets d'études aussi différents qu'un atome, une cellule, le cerveau, le psychisme, la société, la gravitation, la galaxie, l'énergie vont s'avérer de fait assez différentes. Leur point commun sera de ne pas s'en tenir à un certain intuitionnisme et de s'appuyer sur une approche méthodologiquement éprouvée. Le microscope ne sera guère d'une grande utilité pour aborder les mouvements de foule, pas plus que le sondage ne pourra s'adresser à la description de la membrane cellulaire. Et pourtant il y aura un usage rationnel du microscope qui passera par des aspects aussi bien pragmatiques (disposition du matériel biologique, choix optique, etc.) que théoriques (pourquoi étudier la membrane de la cellule ? Que cherche-t-on à mettre en évidence qui soit nouveau ? etc.). Cette même démarche rationnelle pourra être menée dans le cas d'un sondage aidant à mieux comprendre les motivations d'une foule. Bien sûr, pour un même objet d'étude, différentes méthodes pourront être convoquées. Ainsi, le champ de la psychologie se décompose en plusieurs branches qui se centrent toutes sur des approches différentes de ce qui, pour le profane, peut sembler être au premier abord le même objet. C'est bien une démarche rationnelle qui en distinguera les différentes sous-catégories (psychologie du développement, clinique, sociale, expérimentale, cognitive, différentielle, neuropsychologie, etc.).

Dès lors, il nous semble plus judicieux de parler de sciences au pluriel ou mieux encore de méthodes scientifiques. Parmi les critères discriminants de ce qui pourrait caractériser une « démarche scientifique » efficace, c'est-à-dire celle qui permettrait d'en savoir un peu plus (parfois juste un petit peu plus…) sur le réel, l'adéquation de la méthode avec l'objet qu'elle a décidé d'étudier nous semble primordiale. Si nous n'avons pas prétention à réduire la définition de la bonne pratique scientifique à ce seul critère – ne remettant aucunement en cause d'autres critères que des générations de savants et philosophes des sciences ont tenté de dégager –, il nous semble néanmoins essentiel. Et au-delà de ce qui pourrait sembler relever de l'évidence, si l'on va au bout de cette logique, on introduit un véritable décalage, une forme de décentrement par rapport aux représentations traditionnelles de la science au singulier. En effet, cela devient non pas l'objet qui caractérise l'approche scientifique mais le couple « méthode-objet ». Il est donc temps de nous interroger plus avant sur cette notion d'objet de la science et plus exactement sur celle d'objet digne d'être approché scientifiquement.

4.2 Qu'est-ce qu'un objet « digne de science(s) » ?

Les épistémologues et les historiens des sciences ont beaucoup réfléchi à la manière dans la science s'est construite, dont elle s'organise et surtout à ce qui permet de la différencier des autres activités humaines.

Nous voudrions insister sur un point qui nous semble fondamental. À savoir, celui qui consiste à arriver à délimiter un objet d'étude. Car pour un objet, quel qu'il soit, il ne s'agit pas seulement d'exister (Latour, 2012), il faut qu'il soit repéré comme digne d'être étudié. Il peut être qualifié d'intéressant sans pour autant être digne de faire science. Vu comme curiosité, comme élément poétique, mais ne relevant pas d'une approche scientifique[1].

Il existe un rapport étroit entre la délimitation de l'« objet digne » et l'existence même des différentes sciences. C'est bien sûr cette possible délimitation que l'on trouvera au fondement de la pensée positiviste d'Auguste Comte (1830), jusqu'à en faire une religion. C'est donc l'existence de l'objet qui va contribuer à la fois à la délimitation des sciences et à ce qui donnera lieu à un autre grand partage, entre objets étudiables et objets non étudiables. Progressivement, issus de certaines croyances, de savoirs ou bien encore de certaines pratiques (religions, sorcellerie, magnétisme, spiritisme, voyance et autres praticiens du paranormal, ésotérico-occultisme, *new age* et certains aspects du développement personnel, etc.) – certes, loin d'être toujours référés à la rationalité –, des phénomènes ont été tenus à l'écart, dans un « hors-champ scientifique », du moins académique et majoritaire. L'histoire récente de cette relative mise à distance est beaucoup plus complexe que ce que nous ne pouvons qu'évoquer trop brièvement ici (Méheust, 1999). Car depuis Mesmer et l'arrivée un siècle plus tard de la psychanalyse, un certain nombre de phénomènes et d'expériences marginalisés ont tenté d'y être progressivement insérés (voir chap. 1). L'exemple de l'hypnose et plus généralement de certains autres états dits non ordinaires de la conscience sont assez remarquables à ce sujet (Bioy, 2023), avec la reconnaissance actuelle de l'hypnose thérapeutique et de la méditation de pleine conscience.

Mais si l'on s'en tient à la découpe et aux définitions majoritaires des sciences, les objets d'études qui vont nous occuper dans cet ouvrage se sont trouvés pour le moins marginalisés, quand ce n'est pas ridiculisés, occultés ou ignorés. Cela ne signifie pas pour autant qu'ils n'ont pas continué d'exister. Ils ont alors pu faire l'objet de récupérations diverses, notamment ésotériques ou spiritualistes dont il n'est pas question de faire l'histoire ou la critique dans cet article, ou bien encore ils ont été rendus étudiables académiquement, mais en étant suffisamment

1. Claude Bernard, considéré traditionnellement comme le père de la médecine expérimentale, marqué par sa foi en un profond déterminisme biologique, développera avec fermeté l'idée déterministe qu'un fait brut, ne trouvant pas sa place dans la chaîne causale était à rejeter, exprimant ainsi clairement préférer la raison aux faits, écrivant par exemple : « un fait brut n'est point scientifique et un fait dont le déterminisme n'est point rationnel, doit de même être repoussé » ou bien encore : « Le but de la recherche scientifique est donc identique pour les corps vivants et les corps bruts : il consiste à trouver des relations qui rattachent un phénomène quelconque à sa cause prochaine, ou autrement dit, à déterminer les conditions nécessaires à la manifestation de ce phénomène » (Bernard, 1865).

édulcorés, déformés ou aseptisés pour devenir fréquentables, même si ce n'étaient alors plus tout à fait eux. Cette entreprise d'asepsie et de cloisonnement est certainement particulièrement marquée dans le milieu anthropologique, capable d'analyser parfois de façon excessivement détaillée et pertinente des pratiques relevant du champ du paranormal, tout en évitant soigneusement – et même, à l'occasion en théorisant ce positionnement, invoquant la nécessaire réduction anthropologique – de discuter de quelle nature relèvent exactement leurs actions[1].

Nous ne referons pas non plus l'histoire de ceux qui, intellectuels issus de différents champs, ont en revanche compris qu'une approche rationnelle de ce qui ne s'appelait pas encore le psi était possible, nous contentant de rappeler qu'ils sont beaucoup plus nombreux qu'on ne l'imagine habituellement. Puis la métapsychique et la parapsychologie se sont dégagées, jusqu'à ce que cette dernière rejoigne la très sérieuse American Association for the Advancement of Science (AAAS) (voir chap. 1).

5. Pour une approche rationnelle du réel

5.1 Peut-on connaître le réel ?

Suivant le psychanalyste Jacques Lacan (Lacan, 1967), on peut considérer que le réel, c'est l'impossible, l'inconnaissable et l'entourer ainsi d'un halo définitionnel suffisamment diffluent pour se dégager à tout jamais de toute prétention à pouvoir vraiment s'en approcher (pour une étude critique du concept de réel chez Lacan, on pourra lire François Roustang, 1986). Il rejoindrait sur ce point ce qui a conduit Emmanuel Kant à sa critique de tout projet métaphysique, s'appuyant sur l'impossibilité de connaître la chose en soi (Kant, 1783). On peut alors insensiblement en arriver à jeter un regard hautain et marqué d'un certain mépris pour ceux qui tentent de s'approcher de la meilleure compréhension de celui-ci, allant jusqu'à considérer que la volonté même de comprendre n'est qu'une activité triviale, relevant d'une sorte de faiblesse, voire d'une forme de névrose contemporaine. D'une certaine manière, on pourrait se demander si un certain intellectualisme, particulièrement à la française, n'a pas grandement contribué à faire s'éloigner la philosophie d'un réel intérêt pour les sciences[2],

1. Cela signifie par exemple parler des guérisseurs traditionnels en évacuant la question de leur efficacité autre que symbolique, des voyants sans se préoccuper de savoir s'ils font parfois des prémonitions troublantes ou bien encore des chamanes sans se demander comment ils reviennent parfois de leurs voyages avec des données étonnantes et utiles. Sans parler des révélations ou compétences diverses des médiums en transe. À ce propos, je suis toujours étonné dans le cadre du cours que je donne à l'Université catholique de Lyon depuis 1995 (« Sciences, société et phénomènes dits paranormaux »), de constater que des générations successives d'étudiants se sont succédé, en ignorant très majoritairement, avant que je n'évoque son cas devant eux, l'existence du peintre spirite que fut Luiz Gasparetto. À son sujet, on pourra lire : François Laplantine et Marion Aubrée (1990), mais aussi Bernard Martino (1990), ou consulter cette vidéo en ligne, extrait d'une série de documentaires réalisés par Bernard Martino (*Les Chants de l'invisible*) : *https://www.youtube.com/watch?v=wP6OGsf7fF4).*

2. Bien sûr, parallèlement, toute une tradition de philosophes en dialogue avec les sciences a coexisté également à une approche philosophique plus spéculative. Pour n'en citer que quelques-uns : Bachelard, Canguilhem,

ce qui a pu participer au développement, à certains égards réactionnels, d'une philosophie cognitive et analytique (Ladyman & Ross, 2007 ; Pouivet, 2008 ; Quine, 1993 ; Fisette et Poirier, 2003).

Si l'on considère que la démarche scientifique, marquée avant tout par l'humilité et le doute (évidemment, en théorie du moins, tout scientifique se reconnaîtrait dans ce positionnement idéal de base), n'est qu'une quête sans fin et en permanence renouvelée d'une meilleure compréhension du réel, alors avons-nous le choix, si du moins l'on veut être sérieux ? C'est l'ensemble du réel, dans toute sa complexité et son opacité, que la démarche scientifique doit chercher à appréhender pour des raisons intrinsèquement inhérentes à son éthique même.

Cela dit, on peut aussi aller trop vite. En effet, à défaut d'être considéré comme ontologiquement et définitivement inconnaissable, le réel n'en est pas moins indéfinissable. De nombreux ouvrages lui ont été consacrés et il représente l'un des concepts majeurs de la discipline philosophique, en particulier de la métaphysique (Ferry, 2019, 2021). Pratiquement synonyme de « réalité », il est régulièrement mis en avant, adossé volontiers au bon sens commun, pour discriminer tout autant ce qui relèverait de la folie (« il est déconnecté de la réalité ») que de la douce et moins pathologique rêverie (« il est juste un peu à côté de la réalité »). Parfois, ce sera pour mettre en avant un raisonnement ou une théorie qui auront prétention de « tenir compte de la réalité » ou évoquer en bon psy « le principe de réalité ». Mais on perçoit aisément les limites de ce qui, à l'évidence, dépendra toujours plus ou moins *in fine* de l'« idée que l'on se fait de la réalité ». Les hommes politiques, comme les scientifiques, pourront entre eux, lorsqu'ils sont à bout d'arguments, considérer que leurs interlocuteurs devenus opposants refusent de « regarder la réalité en face ». Nous pourrions considérer que le réel est plus abstrait, plus général et que la réalité en représente en quelque sorte sa forme visible, les métaphores mettant celle-ci en avant utilisant souvent le regard et le visible.

Pour le philosophe allemand Markus Gabriel, l'important n'est pas de savoir si une chose existe, mais où elle existe. Dès lors, dans cette optique, si tout existe – sauf le monde[1] –, tout ne relève pas pour autant *a priori* du champ des sciences. Tout en suivant volontiers cet auteur dans son implacable démonstration, nous défendrons cependant l'idée que tout est susceptible d'en relever, si l'on décide d'approcher la chose étudiée, quelle qu'elle soit, avec la méthode scientifique et pour peu, bien sûr, que la méthode soit véritablement adaptée à la chose en question. Ce qui ne signifie pas pour autant qu'on en épuise la connaissance ni même ce que l'on peut en dire. La question finalement qui se pose est celle de la définition des « bouts de

Dagognet, Lecourt, Foucault, Serres, Latour, etc.

1. Avec cette « maxime » provocante, qui renvoie au titre du livre qui l'a rendu célèbre, *Pourquoi le monde n'existe pas ?,* Markus Gabriel exprime sa critique de l'idée qu'il existerait une possibilité d'appréhender la totalité du monde, vu comme un super-objet qui contiendrait tous les autres. Dans cette optique, l'étude de l'univers matériel, celui qu'étudient les physiciens, a ses limites en termes de connaissance de tout ce qui existe et elle n'est en tout cas pas à penser comme étant le lieu d'élaboration d'un savoir total, susceptible de dire le vrai sur tout. C'est ce qui fera dire à Markus Gabriel que « tout existe, sauf le monde » ! Car ce super-objet fantasmé, finalement, n'existe pas.

réel » sur lesquels la science va s'autoriser à travailler et surtout ceux qui, à une époque donnée, vont s'avérer légitimes comme objets possibles de science(s)[1].

Cette légitimité est étroitement liée à la méthode autant qu'à l'objet et au couple qu'ils forment. En effet, on peut réfuter la possibilité de s'attaquer à telle ou telle problématique scientifique encore irrésolue car on considérera que la tâche est impossible, de la même manière qu'on pensera qu'un alpiniste ne pourra affronter une paroi excessivement abrupte car ne disposant pas d'un matériel assez adapté. On peut aussi tout simplement considérer que la problématique envisagée n'existe pas, car le « bout de réel » considéré n'existerait lui-même tout simplement pas au départ. On peut aussi ne pas se fixer ce genre de limites. Cela relève toujours d'un certain pari, mais on pourrait certainement revisiter toute l'histoire des sciences comme l'histoire sans cesse renouvelée d'une succession de paris de ce type (Feyerabend, 1975, 1996).

Ce que nous allons tenter de faire vivre est l'idée qu'une approche authentiquement rationnelle du réel, sans oublier pour autant les difficultés inhérentes à l'impossibilité de définir celui-ci, ne devrait pas faire l'impasse sur l'étude d'un certain nombre de phénomènes objectivables et d'expériences subjectives qui vont être abordées tout au long de cet ouvrage. Si les projets scientifiques et philosophiques sont toujours associés à une meilleure compréhension du réel, alors ils ne peuvent éviter de croiser les problématiques abordées par la parapsychologie scientifique (Méheust, 1999, 2011 ; Varvoglis, 2006 ; Ferry, 2019 ; Évrard, 2023 ; T. Rabeyron, 2023).

Pour résumer, nous dirions volontiers qu'une approche rationnelle et scientifique du réel, dans toute sa complexité, passe inévitablement par la prise en compte de l'ensemble de ce qui le constitue ou, du moins, de ce qui de lui se répète suffisamment souvent. Et cela, même si cette reproductibilité pose problème. Faudrait-il aller jusqu'à préciser « surtout » si cette reproductibilité pose problème, sans jamais perdre de vue que l'être humain est particulièrement peu reproductible ? Il semble qu'à l'heure actuelle, un certain nombre d'intellectuels aient compris cette nécessité et nous ne pouvons que nous en réjouir. Il y eut d'autres temps durant lesquels l'*intelligentsia* avait su prendre très au sérieux les questions abordées dans cet ouvrage (voir chap. 1 et à nouveau Méheust, 1999 et Évrard, 2016).

5.2 Des résistances au réel

Des enquêtes montrent le grand intérêt de la population pour les questions touchant à ce qu'il est convenu d'appeler la paranormalité[2]. Certains l'analysent ou s'en émeuvent et sont inquiets de voir se développer parallèlement une forme de doute ou de méconnaissance

1. Cette question n'est pas sans évoquer de nombreux épisodes de l'histoire des sciences. L'un des plus récents est certainement celui qui concerne la manière dont la physique quantique a fini par s'imposer comme un programme de recherche à part entière, suite à l'élaboration par John Bell de son théorème devenu célèbre en 1964 et aux expériences déterminantes d'Alain Aspect en 1982, plus de 60 ans après les premières élaborations des pionniers de la théorie quantique (Bancel, 2019).
2. Le terme de paranormal, s'il renvoie, dans le cadre d'un vocabulaire parapsychologique classique, à l'ensemble des phénomènes dits paranormaux, devient en revanche, employé par les médias, un terme le plus

concernant la science, que ce soit en France comme dans l'ensemble des pays occidentaux (Bronner, 2013 ; Klein, 2021). Des croyances en nombre de théories ou de phénomènes réputés marginaux ou inexistants cohabitent donc avec le développement des technosciences (Boy et Michelat, 1993 ; Boy, 2002 ; Castro *et al.*, 2014). Les médias dits « dominants » ou mainstream[1], les revues de vulgarisation scientifique et le monde académique gardent majoritairement un regard méfiant et un discours bien souvent peu ou mal informé sur ces questions. Nous avons déjà eu l'occasion d'analyser les raisons et la forme prise par ce que l'on peut qualifier de résistances – ou la tendance à l'amalgame l'emporte très souvent – devant un aspect du réel qui insiste (P.-L. Rabeyron, 1985, 2004).

L'éclatement des représentations et là aussi l'absence de « minimum culturel commun » autour de ces questions atteignent leur apogée dans des discours extrêmes qui vont de la *fascination*, propre par exemple à la dynamique du *new age*, passant alors souvent par l'assimilation du psi à un certain spiritualisme, jusqu'à un *scepticisme total* et tellement assuré qu'il n'imagine même pas qu'une réalité complexe puisse ainsi être approchée et mise en évidence. L'existence même de ces positionnements fait intrinsèquement partie des problématiques abordées dans cet ouvrage car révélant des éléments inhérents à la phénoménologie paranormale elle-même, ce qui sera plus particulièrement développé dans le chapitre 10.

Néanmoins, les choses bougent et des îlots universitaires et académiques existent, conférant davantage de légitimité aux questionnements tenant compte des données métapsychiques. Des congrès se tiennent, des universitaires travaillent ; des instituts indépendants, des chercheurs isolés forment un réseau mondial travaillant sous l'égide de la Parapsychological Association. Ces productions de qualité restent malheureusement méconnues du grand public. La complexité de ces travaux nécessite de bonnes connaissances scientifiques de base, une réelle volonté transdisciplinaire – ainsi que pour nombre d'entre eux la possibilité de lire l'anglais – et s'accommode mal d'un air du temps où la promotion de solutions simples et si possible rapides a tendance à l'emporter sur la réelle prise en compte de problématiques particulièrement complexes.

souvent assez indéfinissable et polysémique, servant souvent de fourre-tout pour ce qui semble inexplicable ou merveilleux, et volontiers assimilé au surnaturel ou à l'irrationnel.

1. On pourrait discuter cette extrapolation du terme « mainstream », couramment utilisé dans les milieux scientifiques, pour désigner les revues réputées sérieuses avec relecteurs, à une presse généraliste qui se fait le plus entendre ou qui est la plus lue. Cela nous semble pourtant bien renvoyer à une indiscutable réalité médiatique, n'excluant pas le développement de niches plus marginales et favorisées par le considérable développement d'Internet. Si l'on ne peut pas pour autant considérer que cette presse dominante tienne un discours univoque sur les sujets traités dans cet ouvrage, il n'en demeure pas moins qu'assez souvent, des articles critiques, se caractérisant par une grande méconnaissance des thèmes traités et utilisant largement l'effet d'amalgame (P.-L. Rabeyron, 1985 ; Mousseau, 2003) l'emportent.
Récemment, deux hebdomadaires français ont tenté d'aborder certains thèmes recoupant ceux qui sont abordés dans cet ouvrage, lors de sorties du mois d'août, lorsque l'actualité culturelle et politique se fait moins dense. Il s'agit de *Télérama* (en 2022) et de *L'Express* (en 2023). Si le premier (*Télérama*), sur le thème « Voir l'invisible » s'en est plutôt bien sorti, le second (*L'Express* traitant de « l'Ésotérisme : un essor inquiétant ») s'est illustré par de multiples amalgames et simplifications à outrance.

5.3 Anomalies, sciences et psi

C'est à Thomas S. Kuhn (1970) que l'on doit le succès de la notion d'*anomalies* en lien avec les sciences. Nous n'allons pas reprendre ici les élaborations fondamentales de cet auteur, mais rappeler simplement que, pour lui, un changement de paradigme survient lorsqu'une nouvelle vision du monde, un nouveau modèle épistémique admis par la communauté scientifique ou au moins par les spécialistes du domaine scientifique concerné, permettent d'intégrer, grâce à une possible théorisation nouvelle, des anomalies qui se situaient jusqu'alors en lisière des connaissances, se présentant comme une ou des énigmes à résoudre. Pour s'en tenir à des exemples classiques et relativement récents dans l'histoire des sciences, on pourrait bien sûr citer en physique aussi bien la théorie de la relativité que la physique quantique qui ont toutes les deux contribué à dessiner les contours de nouvelles visions théoriques du monde. À un moment donné de l'état du savoir, les anomalies sont toujours nombreuses et, d'ailleurs, plus les connaissances s'accroissent, plus la surface que ces dernières entretiennent avec l'inconnu augmente, et du même coup, le nombre d'anomalies potentielles avec elles. Celles-ci attendent dans des coins scientifiques plus ou moins reculés ou marginaux d'être en quelque sorte délivrées, tels les prisonniers dans le jeu des gendarmes et des voleurs. Cette délivrance leur permet alors de venir trouver leur place au sein d'une nouvelle famille théorique.

Les parapsychologues ont beaucoup considéré le psi comme une ou des anomalie(s) géante(s) – et gênante(s) ! –, espérant qu'un jour l'ensemble de la communauté scientifique considérerait une bonne fois pour toutes avec bienveillance leurs étranges objets d'étude. Mais l'histoire des sciences montre que l'intégration d'anomalies nouvelles se fait rarement facilement, et cela d'autant plus que les théorisations qui tentent d'en rendre compte remettent en cause, parfois radicalement, la doxa scientifique bien installée.

Une manière de comprendre les résistances évoquées précédemment consiste donc à envisager la prise en compte du psi comme excessivement dérangeante, par les questions épistémologiques et métaphysiques assez abyssales que celui-ci soulève. En effet, le psi n'est pas tout à fait une anomalie comme les autres, car sa prise en compte conduit à réinterroger l'ensemble du champ scientifique, et en particulier la conception que nous nous faisons du temps et de l'espace (voir chap. 11 et 12, ainsi que T. Rabeyron, 2023). En effet, les différentes disciplines scientifiques se trouvent à des degrés divers profondément interpellées si l'on prend au sérieux les anomalies psi, que ce soient les sciences dites dures ou humaines, mais aussi les rapports qu'elles entretiennent entre elles. C'est ce que, du moins nous l'espérons, un lecteur attentif de l'ensemble de cet ouvrage comprendra au fil de sa lecture.

À noter qu'historiquement, là aussi, un certain nombre de chercheurs et philosophes ne s'y sont pas trompés et ont parfaitement perçu les enjeux liés à la prise en compte de certains aspects du réel qui nous occupent dans cet ouvrage (voir chap. 1).

6. Objets et méthodes en métapsychique et parapsychologie

6.1 Les sciences humaines, premières au rendez-vous

La parapsychologie scientifique (et son quasi-synonyme français la métapsychique) renvoie à la tentative d'approche rationnelle d'un certain nombre d'expériences et de phénomènes dont il va être question tout au long de ce livre.

Les *expériences exceptionnelles* – incluant ce qu'il est également convenu d'appeler le paranormal spontané – étant premières, l'ensemble des sciences humaines doivent donc se trouver au rendez-vous, de la psychologie à l'anthropologie, c'est-à-dire tous les lieux privilégiés du recueil de témoignage et d'expériences relevant d'un vécu subjectif (P.-L. Rabeyron, 1989, 2002 ; Bousenna, 2022). Cela signifie tout d'abord savoir écouter l'autre et noter avec la plus grande des neutralités discours et récits sans fixer de limites *a priori* au champ des possibles. C'est ce que Georges Devereux a théorisé avec son concept d'indécidabilité (Devereux, 1953 ; T. Rabeyron, 2020, 2023) concernant en l'occurrence l'approche espérée du psychothérapeute ou du psychanalyste recueillant la confidence de celui qui a vécu l'une de ces expériences.

L'historien pourra quant à lui retrouver la trace dans l'histoire d'une phénoménologie qui traverse le temps (Baudouin, 2016 ; Bouflet, 1991 ; Delaplace, 2021 ; Dodds, 1951 ; Edelman, 2014 ; Hulin, 2008 ; Lecouteux, 2007 ; Méheust, 1999 ; Sbalchiero, 2002, 2013) et le sociologue pourra se centrer dans l'actualité sur la manière dont le corps social s'empare de ces problématiques (Boy et Michelat, 1993 ; Boy, 2002 ; Hansen, 2001 ; Evans, 2022 ; Ironside et Wooffitt, 2021). Le médecin, au travers de certains témoignages, pourra tenter de relier ces vécus parfois étonnants à l'état du corps et de la psyché de celui qui les vit. En France, on trouverait d'ailleurs plusieurs médecins s'étant intéressées aux questions paranormales. Parmi les principaux d'entre eux, on pourrait citer : Charles Richet, Eugène Osty, Hubert Larcher, Jean Barry, Christian Moreau, Philippe Wallon, etc. (voir chap. 1).

Comment entendre quelqu'un racontant des choses souvent bien étranges ? Nous aurons l'occasion à plusieurs reprises de croiser cette question. Les méthodes employées sont finalement assez classiques (P.-L. Rabeyron, 1989). Elles nécessitent cependant de savoir écouter l'autre avec ouverture et sans idées trop préconçues sur ce qui constitue la réalité – et plus particulièrement *sa* réalité – sans non plus rabattre trop vite un vécu anomal et énigmatique sur d'autres qui relèveraient par exemple de l'illusion (voir chap. 10) ou de la seule psychopathologie, tout en connaissant l'existence de ces deux « pièges » possibles. Nous ne développerons pas davantage ce point qui sera lui aussi repris dans le chapitre 9, consacré à la parapsychologie clinique. La même suspension du jugement quant à la possible réalité – quelle autre expression employer ? – du vécu anomal se pose également pour l'ethnologue sur le terrain, pour l'anthropologue ou pour le sociologue tentant de comprendre au mieux les représentations attachées à ce type d'expériences. Cela implique cependant qu'il dépasse le risque d'une certaine réduction lui empêchant d'envisager une réalité complexe incluant le champ du psi comme possible.

En fonction du lieu de sa pratique ou de sa recherche, différents abords méthodologiques se justifieront, enrichissant chacun à leur manière connaissances et théorisations de ces expériences. Ainsi, de la *psychoparanormalité de la vie quotidienne*[1] aux pratiques rituelles susceptibles de croiser le paranormal, le champ est vaste des intrications entre certains vécus et les sciences humaines. Cela passera par l'écoute neutre et bienveillante du psy jusqu'à des questionnaires sociologiques, sans oublier la position de décentrement de l'ethnologue sur le terrain. Celle-ci prend ici particulièrement tout son sens car elle implique non seulement un décentrement culturel classique, mais aussi une certaine forme de décentrement épistémologique (Martino, 1948 ; Laplantine, 1985).

La finalité des recherches en ce domaine est la même que celle que l'on peut se fixer comme objectif dans le cadre de toute recherche en sciences humaines, c'est-à-dire tenter de mieux comprendre ce qui constitue notre humanité commune. Bien évidemment, les conclusions que l'on sera conduit à en tirer s'avéreront bien différentes suivant le rapport que l'on entretient avec ce que nous pourrions appeler la « réalité du psi ». Giordana Charuty (2001) l'avait d'une certaine manière bien compris et s'en est montrée agacée dans la critique qu'elle avait adressée à Bertrand Méheust et Silvia Mancini, craignant de son point de vue ce retour sur la scène intellectuelle de ceux qui s'en sont si longtemps trouvés exclus, à savoir les métapsychistes[2].

Les principaux axes de recherche concerneront les liens entre vécus paranormaux et histoire du sujet, les dimensions transhistoriques et transculturelles de ces mêmes expériences viseront la recherche d'invariants ou bien encore la place prise – assez différente suivant les contextes socio-culturels – par les représentations qui s'y trouvent rattachées et en quoi celles-ci sont susceptibles d'organiser, d'interpeller ou d'affronter les fondements culturels dominants (voir chap. 16). Suivant la place occupée culturellement par les phénomènes et les expériences abordées dans cet ouvrage, on en apprend alors beaucoup sur les liens qui se nouent entre certaines expériences exceptionnelles et rationalité au sein d'une culture donnée. Une certaine radicalité pourrait nous conduire à penser que seuls ceux qui prennent sérieusement en compte les problématiques propres au psi ont une chance d'approcher au plus près ce qu'il en est profondément de l'homme, tant dans son inscription culturelle que dans son rapport à la nature (T. Rabeyron, 2019).

Bien évidemment, ces questions fondamentales ne devraient pas non plus laisser les philosophes indifférents, ce que plusieurs parmi eux et non des moindres ont parfaitement saisi sans toujours oser s'en emparer complètement (Méheust, 2005). Quoi qu'il en soit, anthropologiquement, la prise en compte ou non de la possibilité même du psi modifie, au moins partiellement,

1. Par cette expression, nous voulons désigner la multitude d'expériences survenant dans la vie de tous les jours et faites de synchronicités troublantes, d'impressions télépathiques, de rêves prémonitoires, de pressentiments, etc. susceptibles de concerner chacun d'entre nous. Celles-ci renvoient bien souvent à de l'indécidable en termes de preuve du psi, étant excessivement difficiles à discriminer de ce qu'il est convenu d'appeler le hasard.
2. Pour des raisons un peu différentes, on pourrait citer aussi l'ouvrage de Granoff et Rey (1983), *L'Occulte, objet de la pensée freudienne*, dans lequel ces deux auteurs se livrent à un certain nombre de contorsions intellectuelles assez étonnantes pour tenter de décortiquer la position freudienne sur la télépathie, à l'opposé au contraire d'un Christian Moreau (1976), beaucoup plus convaincant et factuel dans son *Freud et l'occultisme*.

le regard que l'on peut porter sur certaines pratiques sociales, celles en particulier de ceux que l'on peut qualifier de « praticiens du paranormal » : voyants, magnétiseurs, médiums, guérisseurs, barreurs de feu, sourciers, désorceleurs, etc., pour s'en tenir à quelques-uns des praticiens opérant dans notre pays (voir notamment Kessler-Bilthauer & Évrard, 2018 ; Laplantine et Aubrée, 1990 ; Bergé, 1990 ; Camus, 2002), mais bien plus largement à l'ensemble des chamanes, sorciers et autres tradipraticiens des peuples premiers (Hardy, 1991).

Les voyants – au moins parfois et certains d'entre eux – entrevoient-ils l'avenir ? Le chamane entretient-il réellement un lien subtil avec la nature ? Certains mystiques ont-ils été vraiment vus en deux endroits à la fois, dans un état qualifié de bilocation ? Les « espions médiums » du « projet Stargate » ont-ils été capables de voir à distance des informations utiles aux services secrets américains ? Certaines personnes lors d'une EMI[1] ont-elles pu voir durant leur EHC[2] ce qui se passait et se disait dans une autre pièce que celle où leur corps se trouvait ? Jean-Pierre Girard a-t-il pu produire des effets psychocinétiques contrôlés dans le laboratoire des usines Péchiney sur une barre de métal et sous le contrôle d'un illusionniste (Crussard et Bouvais, 1979) ? Pascal Forthuny a-t-il pu donner des indications précises sur plusieurs personnes qui allaient s'asseoir ensuite sur des chaises d'une salle de conférences (Osty, 1926) ? Les méta-analyses réalisées sur les expériences de perception extra-sensorielle en Ganzfeld sont-elles fiables (voir chap. 3) ? Lors d'un poltergeist (voir chap. 7), des objets se déplacent-ils ou se matérialisent-ils réellement ? Et que penser de la multitude d'expériences spontanées, celles que nous proposons donc de dénommer « psychoparanormalité de la vie quotidienne » et susceptibles de concerner chacun d'entre nous ? Sont-elles le fruit du simple hasard, de phénomènes entièrement reproductibles par les mentalistes, comme le pensent les sceptiques, ou révèlent-elles de possibles effets psi et, si ce n'est toujours, au moins parfois ? À moins que ces phénomènes ou ces expériences à l'occasion très spectaculaires, souvent d'apparence plus banale, ne soient que la face visible de liens subtils qui relieraient les êtres entre eux et avec la nature, semblant souvent transgresser les représentations que nous nous faisons habituellement de l'espace et du temps ?

Il est certain que suivant les réponses que l'on donne à ces questions, une possible *anthropologie fondamentale*, pour reprendre un projet cher à Edgar Morin (Morin et Piatelli-Palmarani, 1974), vient alors prendre appui sur des bases bien différentes.

6.2 Expérimenter en laboratoire : le psi et les statistiques

Au commencement se trouvent donc des expériences vécues – étonnantes, surprenantes, déstabilisantes, fascinantes, angoissantes, parfois plus banales – auxquelles toutes les cultures ont fait une place.

1. Une EMI désigne une expérience de mort imminente (voir chap. 8 et 13), correspondant au vocable anglais NDE (*near death experience*).
2. Une expérience hors du corps (EHC) correspond à un vécu de sortie hors du corps, durant laquelle la conscience du sujet éprouve cette perception, renvoyant au terme anglais *out-of-body experience* (OBE) (voir chap. 13). Les EHC peuvent être vécues lors de certaines EMI, mais également d'une manière indépendante et volontaire, en dehors de toute problématique de proximité avec la mort.

Dans le contexte occidental et depuis que la « volonté de faire science » (Stengers, 2006) s'est mise à devenir la seule voie reconnue comme accès à la « vraie » connaissance, la compréhension de ces expériences intimes et, plus généralement, le sens qui pouvait leur être donné ont connu des destins variés. Elles ont ainsi continué à cheminer au sein de pratiques ou de croyances religieuses instaurées ou parfois revisitées à l'aune de leur propre confrontation à la modernité, des grandes religions monothéistes au néochamanisme, en passant par le spiritisme sans oublier le développement des courants ésotérico-occultistes ou la nébuleuse du *new age*, avec lesquels les médias entretiennent très régulièrement la confusion avec la parapsychologie, dont ils persistent bien souvent à ignorer le positionnement scientifique. Le terme de « parapsychologue » va ainsi régulièrement être utilisé pour parler des chercheurs en parapsychologie comme des « praticiens du paranormal » (voyants, médiums, magnétiseurs, etc.). Le vocable « paranormal », mis à toutes les sauces, va quant à lui désigner aussi bien les phénomènes paranormaux qu'être assimilé au surnaturel ou à l'irrationnel. Ces confusions sémantiques vont grandement contribuer à entretenir un flou préjudiciable aux recherches les plus sérieuses.

Pourtant, s'affirmant tout au long du XIXe siècle, avec ensuite une régulière montée en puissance au XXe siècle, des intellectuels et des scientifiques de formation ont tenté de développer une approche rationnelle de ce qui progressivement se trouvera désigné sous le vocable général de « phénomènes paranormaux » ou « phénomènes psi ». Si la tentative de colliger ces expériences et de mieux les comprendre à l'aune d'une approche « grand angle » propre aux sciences humaines est présente de très longue date, on pourrait retrouver la volonté de leur appliquer une approche expérimentale classique chez certains savants du XIXe siècle ou du début du XXe siècle. C'est cependant traditionnellement aux années 1930 et à Joseph Banks Rhine que l'on fait remonter la naissance de la parapsychologie expérimentale (voir chap. 1).

Régulièrement suspectés d'être soit de mauvais expérimentateurs, soit des naïfs ou des fraudeurs, les parapsychologues ont été conduits à développer une rigueur rare en matière expérimentale. Ils se sont d'ailleurs très souvent montrés précurseurs dans de nombreux domaines scientifiques, comme la découverte de l'EEG par Hans Berger, mais aussi avec certains modèles de l'inconscient ou bien encore dans l'usage de certaines analyses statistiques, comme le double aveugle ou les méta-analyses (Évrard, 2023). L'originalité de leurs travaux tient finalement à la grande ingéniosité nécessaire pour essayer d'« attraper » cet étrange objet de recherche qu'est effectivement le psi.

Tout au long de cet ouvrage, certaines expériences seront présentées d'une manière détaillée, et plus particulièrement dans les chapitres consacrés à l'ESP ou à la micropsychocinèse. Cela aidera le lecteur intéressé à se familiariser avec la dimension concrète des méthodologies expérimentales en parapsychologie (voir en particulier les chapitres 3, 4 et 5). Celles-ci ne vont être abordées dans ce chapitre que d'une manière très générale, accompagnées des principales données qu'elles ont permis d'obtenir.

Très vite, les parapsychologues vont se heurter à un problème majeur, à savoir une reproductibilité difficile à obtenir. La formule « télépathe un jour n'est pas télépathe toujours » pourrait condenser la problématique rencontrée. C'est un peu comme ce qui peut se passer en sport, où la performance attendue n'est pas toujours au rendez-vous[1]. Cela conduira à des travaux expérimentaux s'appuyant très majoritairement sur la preuve statistique. Que ce soit pour tester les compétences en ESP ou en PK de sujets doués ou du commun des mortels, les résultats seront exprimés en termes de probabilité p que les données obtenues ne soient pas dues au simple hasard. Le raisonnement et la base méthodologique seront donc les mêmes pour tester l'ensemble des supposées « facultés psi ». Ce n'est pas une chose très étonnante, puisque ces expériences mettent en jeu l'humain dans toute sa complexité. Cette nécessité de passer par l'outil statistique rejoint donc celle que l'on rencontre dans l'ensemble du champ bio-médical, comme en psychologie ou en sociologie.

L'entrée du psi dans le laboratoire s'est par ailleurs effectuée au prix d'une importante réduction phénoménologique. En effet, autant le « paranormal spontané » tel qu'il apparaît dans les témoignages et autres récits peut parfois s'avérer flamboyant, autant une relative sécheresse est de mise en laboratoire car, face à la lévitation décrite chez certains mystiques ou la précision de certaines précognitions *in vivo*, les jets de dés à influencer à distance ou les tirages répétés des cartes de Zener, comme d'autres expérimentations en laboratoire présentées dans le chapitre précédent ou qui le seront plus loin dans cet ouvrage, sont bien moins spectaculaires et peuvent même générer un certain ennui, tant pour ceux qui y participent que pour ceux qui en liront ensuite les comptes rendus.

Convaincre de l'existence des phénomènes paranormaux est donc la première tâche à laquelle se sont attelés les parapsychologues. Lorsque la Parapsychological Association fut finalement admise au sein de l'AAAS en 1969 (voir chap. 1) avec en particulier le soutien appuyé de l'anthropologue Margaret Mead, le président de l'Association américaine de statistiques avança que, si les travaux de Rhine devaient être critiqués, cela ne devait pas l'être au nom du mauvais usage que celui-ci aurait fait des statistiques (Gutierez et Maillard, 2005).

On aurait pu penser que ce type de déclaration allait suffire à convaincre l'ensemble de la communauté scientifique de la validité des résultats obtenus et surtout de la pertinence de ce champ de recherche. Mais c'était sans tenir compte des formidables résistances qu'a soulevées et que soulève encore cette possible reconnaissance. Dès lors, tout sera bon pour les sceptiques pour pointer les failles possibles dans les expériences menées en laboratoire (voir chap. 10).

Cela conduira au fil du temps les chercheurs en parapsychologie à développer des trésors d'ingéniosité pour contourner les critiques qui leur seront régulièrement adressées. Ainsi des enveloppes cachetées et manipulées manuellement – toujours suspectes d'être porteuses de traces digitales ou de manipulations subtiles – ou des dés susceptibles de pouvoir être pipés, on passera à un matériel électronique et informatique de plus en plus élaboré, impossible à trafiquer et excluant toutes fuites sensorielles (Varvoglis, 1992 ; Radin, 2000).

1. On notera à ce propos que ce n'est pas parce qu'un sauteur à la perche du meilleur niveau international ne saute pas à chaque concours une barre à plus de six mètres de haut que l'on remettra en cause les quelques fois où il réussira à le faire.

Devant la difficulté de plus en plus grande à s'en prendre aux aspects les plus concrets des montages expérimentaux, c'est au traitement statistique des données que les critiques vont s'attaquer. Néanmoins, un évènement important se produira lorsque l'un des parapsychologues les plus en vue et l'un des sceptiques les plus reconnus de la fin du XXe siècle publieront ensemble un article reconnaissant que les méta-analyses sur la perception extra-sensorielle en Ganzfeld étaient bien significatives et que le hasard seul ne suffisait pas à en rendre compte. Ils différaient simplement sur l'interprétation susceptible d'expliquer les résultats obtenus : un phénomène psi pour l'un (le parapsychologue Charles Honorton) et un possible biais méthodologique pour l'autre (le psychologue sceptique Ray Hyman). Pour plus de précisions à ce propos, nous renvoyons le lecteur au chapitre 3, où cet épisode sera décrit plus en détail.

Cependant, considérant que « pour des phénomènes extraordinaires, il faut des preuves extraordinaires », certains critiques pointeront que si les probabilités sont bien significatives dans de nombreuses méta-analyses réalisées en parapsychologie, la taille d'effet reste très, voire trop faible à leurs yeux ils mettront en cause les résultats probabilistes pourtant acceptés dans d'autres sciences, elles-mêmes pas toujours aussi rigoureuses[1].

Le lecteur intéressé pourra trouver dans un certain nombre d'articles ou d'ouvrages les détails de ces controverses entre sceptiques et parapsychologues (par exemple, Bauer, 1984), repris plus précisément dans le cadre de cet ouvrage dans le chapitre 10.

Ces questions méthodologiques complexes ont conduit à créer un certain nombre de lignes de partage au sein même du milieu parapsychologique. En effet, les exigences statistiques auxquelles se sont trouvés soumis les chercheurs dans ce domaine étant de plus en plus grandes (davantage que celles qui sont demandées aux autres scientifiques), un certain nombre d'entre eux vont en arriver à remettre en question le fait même d'expérimenter, du moins avec le « tout-venant », ambition qui était portée au contraire par une approche dite « universaliste » (Varvoglis, 1992). Cette approche, cherchant à montrer que la mise en évidence des effets psi pouvait l'être avec le commun des mortels, et donc avec des sujets non sélectionnés, semblait à leurs yeux montrer ses limites. Ils considérèrent que la bataille d'experts en statistiques, sans être perdue d'avance, était consommatrice de trop de temps et d'énergie passés à essayer de convaincre ceux qui ne le seraient sans doute jamais, mais qui malheureusement avaient l'oreille des médias et revues scientifiques mainstream[2]. On peut comprendre cette alliance des médias et des sceptiques car les données issues des études sur le psi remettent en cause trop de notions classiquement admises et conduisent à réouvrir de vieilles interrogations d'allure métaphysique.

En revanche, l'intérêt de travailler avec des sujets dits « doués », dénommés « sujets psi » permettant d'obtenir des résultats plus régulièrement significatifs et parfois spectaculaires, mais aussi de se centrer sur des témoignages et des expériences excluant tout doute quant

1. Pour plus de précisions concernant les débats pourtant sur l'usage des statistiques en matière de parapsychologie expérimentale, voir en particulier les trois chapitres suivants).
2. Il existe d'autres raisons, propres à la façon dont on peut comprendre le psi et à son élusivité, particulièrement repérable dans un cadre expérimental, qui apportent des arguments à ceux qui doutent de l'intérêt en parapsychologie d'une expérimentation classique. On en trouvera une bonne et actuelle synthèse en lisant l'ouvrage récent de Thomas Rabeyron (2023), *Codex Anomalia*.

à leur véracité, est donc une voie d'approche alternative, dite « élitiste », majoritairement considérée comme porteuse de nombreux espoirs. On lira à ce propos l'analyse faite par Peter Bancel et Mario Varvoglis de l'ensemble des travaux réalisés en micro-pk, révélant le fait que la significativité de ses études semblait tenir aux résultats obtenus avec certains sujets en particulier (voir chap. 4 et Varvoglis, 2017). Mais les sujets très doués ne sont pas faciles à trouver[1] et travailler avec eux est susceptible de poser différents types de problèmes pouvant tenir à leur personnalité, voire à leur probité. À l'heure actuelle, cohabitent encore ces deux types d'approche qui seront en particulier développés dans le chapitre suivant. Une troisième voie consiste à favoriser chez les sujets testés l'utilisation d'états non ordinaires de la conscience. Toujours dans le chapitre suivant de cet ouvrage, on verra comment cela a notamment conduit au développement de la technique du Ganzfeld.

Pour terminer, nous allons brièvement envisager les données relativement robustes que près d'un siècle de parapsychologie permet de dégager. Celles-ci seront reprises sous différentes formes tout au long de cet ouvrage, mais il nous a semblé qu'un premier tour d'horizon à visée introductive n'était pas inutile. Celui-ci s'appuie sur les connaissances acquises sur le psi par le biais du laboratoire, mais aussi par l'apport de l'étude du paranormal spontané.

6.3 Les principales données acquises

Ces principales données, tirées de plus de cent cinquante ans de recherches parapsychologiques vont être présentées ici d'une manière très condensée et schématique. Celles-ci seront reprises et développées plus précisément dans les chapitres qui suivront.

6.3.1. L'effet de déclin

Il a été repéré par Rhine lui-même. Lorsqu'un sujet est soumis à une tâche expérimentale répétitive, devenant vite monotone, voire source d'un certain ennui et d'un bien compréhensible désinvestissement de la tâche demandée (par exemple, deviner une carte de Zener ou chercher à influencer un tirage de dés), des résultats significatifs en début d'expérimentation ont tendance à se rapprocher du hasard avec le temps (T. Rabeyron, 2023). Mais au-delà de cette première interprétation psychologisante, qui pourrait renvoyer à d'autres domaines de l'expérimentation humaine, une autre interprétation envisage l'effet de déclin comme étant inhérent au psi lui-même, lui étant intimement et ontologiquement lié. Dans le cadre du chapitre 12, on retrouvera les conséquences aussi bien théoriques que pratiques auxquelles cette dernière façon d'envisager le psi conduit, en particulier avec les modèles de l'école allemande initiés par Walter Von Lucadou du MPI et de la théorie quantique généralisée, et plus récemment le *modèle Orphée* (voir chap. 12) de Thomas Rabeyron (2023).

1. Dans le « projet Stargate », déjà évoqué précédemment et qui sera également repris dans le chapitre suivant, consacré aux études sur la perception extra-sensorielle, ce sont des milliers de militaires qui ont été testés aux États-Unis pour n'en sélectionner finalement que quelques-uns.

6.3.2. L'importance de l'intentionnalité et de la croyance

Ce constat semble pouvoir être invoqué comme étant à l'origine aussi bien de certains vécus survenant spontanément, notamment dans le cadre de groupes organisés, en particulier dans des contextes de ferveur religieuse ou de rituels de guérisons par exemple (voir chap. 6 et 15) que pour expliquer, au moins en partie, l'effet expérimentateur décrit plus haut ou l'effet mouton/chèvre (voir chap. 1). Concernant l'intentionnalité, on peut considérer que celle-ci n'est pas réductible à la volonté consciente mais implique également des facteurs inconscients (Si Ahmed, 2014 ; T. Rabeyron, 2021).

6.3.3. L'effet expérimentateur

À l'évidence, est également apparu le fait que certains expérimentateurs obtenaient de meilleurs résultats que d'autres. Cet effet peut signifier tout simplement que, comme dans d'autres domaines scientifiques, certains chercheurs sont de meilleurs expérimentateurs, pour des raisons techniques complexes et pas toujours faciles à dégager. Celles-ci peuvent en effet relever aussi bien d'éléments psychologiques et relationnels (par exemple : la capacité à mettre les sujets testés dans de bonnes dispositions, la motivation du chercheur lui-même, etc.), que d'éléments plus physiques (meilleure compétence dans l'usage de dispositifs expérimentaux complexes et nécessitant d'excellentes connaissances en physique, électronique, informatique, etc.). Mais cet effet peut aussi dépendre d'un facteur psi émanant en quelque sorte de l'expérimentateur lui-même. Celui-ci pourrait être un agent psi particulièrement actif à son insu (la question s'est posée et se pose encore pour certains chercheurs réputés pour leurs résultats fréquemment très significatifs), ou bien il agirait comme un catalyseur potentialisant les effets psi produits initialement par d'autres. Certains sceptiques ont considéré que les résultats les plus significatifs avaient été obtenus lorsque les expérimentateurs avaient manqué de rigueur. Or des études ont montré que les résultats n'étaient pas moins significatifs lorsque la qualité des conditions expérimentales avait fait l'objet de contrôles particulièrement serrés par rapport à d'autres expériences, évaluées comme étant moins rigoureuses (Varvoglis, 1992). Une vision systémique de cet effet, telle que là aussi l'école allemande de parapsychologie l'a développée, introduit encore un autre degré de complexité dans la compréhension théorique de celui-ci (voir chap. 12).

6.3.4. La notion de sujet psi

C'est une autre notion essentielle qui s'est progressivement dégagée au fil du temps. Si, dans le cadre de l'étude du paranormal spontané, il apparaissait comme assez évident que des témoignages abondaient concernant des phénomènes tout à fait étonnants survenus dans la vie de certaines personnes (mystiques ou praticiens du paranormal, tels des voyants, médiums ou guérisseurs célèbres), le même constat a pu être fait en laboratoire, testant parfois certains de ses sujets réputés « doués ». Cela a conduit à dégager la notion de sujet psi pour désigner des personnes semblant avoir la capacité d'obtenir régulièrement de très bons résultats. Celles-ci pourraient représenter environ 1 % de la population générale (Radin, 2000, p. 115). Mais cela ne signifie pas pour autant que des sujets repérés comme tels par la rumeur populaire soient tous capables en laboratoire d'obtenir des résultats exceptionnels et, surtout, cela n'implique pas que le sujet supposé le plus doué soit tous les jours capable de performances exceptionnelles, de la même manière qu'un créateur dans le domaine artistique ne sera pas capable de systématiquement produire une œuvre géniale à la commande ou qu'un champion sportif ne réussira pas à chaque nouvelle épreuve à améliorer ses propres performances.

6.3.5. La place des états non ordinaires de la conscience

S'appuyant également sur les observations de terrain, particulièrement issues de travaux anthropologiques, l'idée d'essayer d'obtenir des résultats plus significatifs en utilisant des états qualifiés de non ordinaires de la conscience s'est progressivement imposée en parapsychologie expérimentale. Dans le chapitre suivant de cet ouvrage traitant des perceptions extra-sensorielles (ESP), sera notamment développé l'intérêt pour la technique du Ganzfeld, déjà évoquée brièvement plus haut, qui consiste à tester les ESP dans un état de conscience légèrement modifiée.

6.3.6. La reproductibilité difficile et l'élusivité du psi

L'ensemble des résultats ainsi obtenus, que ce soit par le biais d'expériences qualifiables d'élitistes (avec des sujets psi) ou démocratiques (avec le tout-venant), depuis l'origine de la parapsychologie expérimentale, ont régulièrement confronté les chercheurs à une reproductibilité n'étant pas toujours au rendez-vous. Nous l'avons déjà entrevu avec l'effet de déclin et l'effet expérimentateur, mais cette variabilité dans les résultats obtenus, si elle est évidente dans le cas du paranormal spontané (aucun voyant ou magnétiseur ne peut garantir une efficacité systématique et les phénomènes spontanés de type poltergeists ou autres sont totalement imprévisibles) a rendu indispensable de recourir, du moins dans le champ de l'expérimentation, comme nous l'avons déjà évoqué, au traitement statistique des données. Les parapsychologues expérimentalistes sont ainsi devenus des spécialistes de l'usage des méta-analyses, avec toutes les problématiques complexes qui y sont associées, dans leur discipline comme dans d'autres. Là encore, le lecteur pourra s'en faire une idée et construire sa propre opinion en lisant les chapitres 3, 4 et 5, plus directement consacrés aux résultats expérimentaux dans le domaine de l'ESP comme de la PK. Mais faisant ainsi d'une forme de reproductibilité partielle l'un des traits majeurs de cet étrange objet d'étude qu'est le psi, on peut légitimement se demander si son élusivité n'est pas l'une de ces caractéristiques ontologiques essentielles. L'élusivité peut se définir comme une capacité des phénomènes observés à esquiver une forme d'objectivation telle que les critères scientifiques traditionnels de la recherche, basés avant tout sur la reproductibilité et la prédictibilité, les recommandent (voir chap. 12, ainsi que le *Bulletin métapsychique*, n° 13).

6.3.7. Les applications possibles du psi

Partant des connaissances acquises sur le psi, le champ des applications est en fait est assez vaste et il concerne différentes pratiques ou disciplines scientifiques susceptibles de bénéficier des connaissances issues de la parapsychologie. Nous ne ferons qu'évoquer ce qu'il est convenu d'appeler la parapsychologie clinique qui fera l'objet d'un chapitre entier de cet ouvrage (voir chap. 9), ainsi que les travaux réalisés en *remote viewing* (vision à distance) déjà évoqués et qui seront développés dans le prochain chapitre. Ils ont concerné aussi bien le « projet Stargate » que ce qu'il est convenu d'appeler l'archéologie intuitive. La question de l'efficacité des magnétiseurs et autres guérisseurs et la possibilité de diagnostics paranormaux interpellent la médecine et la psychologie, thèmes sur lesquels le chapitre 6 s'arrêtera plus particulièrement. La détection des sources, comme la recherche de disparus à distance sont susceptibles d'avoir des retombées pratiques évidentes si leur efficacité s'avérait reconnue, au-delà de l'usage que certains peuvent en faire sans trop s'en vanter, comme le monde de la police ou de la gendarmerie (voir par exemple Weaver & Janoszka, 2023).

Les données parapsychologiques sont également susceptibles d'interpeller l'ensemble des sciences humaines, comme nous l'avons déjà évoqué précédemment, mais il nous a semblé important d'y revenir au moment de terminer ce petit inventaire des données acquises. En effet, considérer que le psi renvoie bien à une certaine réalité conduit à revisiter l'idée que l'on se fait de l'homme, pouvant amener à une autre façon d'envisager certaines expériences rapportées dans toutes les cultures. C'est alors plus particulièrement l'anthropologie et l'histoire qui peuvent se trouver concernées, ce que certains auteurs, comme nous l'avons déjà entrevu, ont bien compris. En philosophie, les questions ontologiques et épistémologiques en particulier se posent d'une manière bien différente suivant que l'on considère qu'il y a ou pas du psi. Sans parler des questions tout aussi fondamentales concernant les concepts de temps et de causalité.

6.3.8. Lutter contre un possible « effet tiroir »

Cet effet définit le risque que ne soient publiées que les études ayant produit des résultats positifs, celles qui se seraient soldées par des résultats non significatifs ne l'étant jamais. Ce n'est pas une critique guettant spécifiquement les parapsychologues, mais des sceptiques la leur ont néanmoins adressée régulièrement. Or, même s'il existait depuis longtemps de bons arguments montrant que cet effet ne pouvait pas suffire pour rendre compte des résultats positifs obtenus en parapsychologie (Varvoglis, 1992), pour lutter contre ce biais de publication possible, le milieu parapsychologique encourage dorénavant ce que l'on appelle le préenregistrement de toute nouvelle étude (Watt & Kennedy, 2017). Cela permet de lutter au mieux contre de possibles biais de publication. Cela signifie aussi que ne pourront être prises sérieusement en compte que les études ayant fait l'objet au préalable d'une annonce de leur existence, quels que soient les résultats obtenus, de manière à éviter que pour diverses raisons – notamment des résultats non significatifs –, elles ne soient jamais publiées. On aimerait que cette exigence puisse s'appliquer à l'ensemble de la recherche scientifique ! Si ce recours au préenregistrement ne caractérise pas la parapsychologie, étant encouragé pour toute pratique de recherche, il nous a semblé intéressant de le mettre en exergue pour insister sur le fait que les parapsychologues se réfèrent aux mêmes critères d'exigence que l'ensemble des autres scientifiques.

7. Conclusion : est-il possible de théoriser le psi ?

Souvent, le reproche est fait aux parapsychologues de ne pas arriver à faire la preuve d'une façon suffisamment convaincante de l'existence des anomalies psi. Cette critique ne tient pas, à notre avis, si l'on connaît le dossier scientifique de la parapsychologie.

On leur reprochera également de ne pas en comprendre les processus intimes, certains allant jusqu'à penser que ce genre de phénomènes se situent à jamais dans un champ inatteignable par une approche rationnelle[1]. Cette critique ne nous semble pas pertinente non plus pour au moins deux raisons. La première de ces raisons est que depuis cent cinquante ans nous avons tout de même appris un certain nombre de choses concernant leur phénoménologie, leurs modalités d'apparition et leur articulation avec des données scientifiques plus classiques, ce que cet ouvrage – qui sinon, n'existerait pas – va tenter de montrer. La deuxième de ces raisons est que s'il est vrai que le psi semble encore bien loin d'avoir livré tous ses secrets, quelle science peut sans prétention considérer qu'elle a fait le tour de ses objets d'étude jusqu'à en comprendre l'ensemble du fonctionnement ?

Pour d'autres enfin, le doute subsiste et la controverse touchant à l'existence même du psi ne serait pas close. Plutôt que de s'épuiser à apporter sans arrêt au regard d'une nouvelle génération de sceptiques la preuve que s'intéresser au psi relève d'une activité scientifique digne, certains parapsychologues ont donc œuvré au développement des applications telles que nous venons de les envisager brièvement, quand d'autres ont tenté de développer des élaborations plus théoriques.

Or, ce qui semble manquer avant tout à une parapsychologie se voulant scientifique, n'est-ce pas justement une théorie qui permettrait de rendre compte, au moins partiellement, de l'ensemble des phénomènes et expériences auxquelles elle s'attaque ? Or quelle science pourrait se vanter de rendre compte de l'ensemble des phénomènes sur lesquels elle travaille avec une seule théorie[2] ? La physique, considérée souvent comme la reine des sciences exactes, n'est-elle

1. Se regrouperaient dans cette catégorie des visions assez différentes, voire opposées, de René Guénon ou d'autres spiritualistes ou ésotéristes aux surréalistes (André Breton en tête) ou bien encore des scientifiques tenant d'une épistémologie normative, laissant peu de place à ce qui ne peut clairement trouver sa place dans le champ scientifique traditionnel.

2. Nous serions tentés d'adhérer à la vision anarchiste de la façon dont la connaissance a le plus de chance d'avancer lorsque Paul Feyerabend (1975) écrit : « Il n'existe pas une théorie intéressante qui soit en accord avec tous les faits connus dans son domaine » ou : « La condition de compatibilité qui exige que les nouvelles hypothèses s'accordent avec les théories admises est déraisonnable en ce qu'elle protège la théorie ancienne,

pas elle-même depuis un siècle dans l'attente d'une théorie unifiée qui réconcilierait les observations et théorisations propres au domaine de l'infiniment petit (la physique quantique), celui du macroscopique relevant d'une physique plus classique issue du XIXe siècle et de la relativité einsteinienne ?

En fait, en parapsychologie, comme on le verra lorsqu'il sera question des théories du psi, lors des chapitres 11 et 12 de cet ouvrage, celles-ci ne manquent pas, à défaut elles aussi d'être unifiées. Pour ce qu'il en est par exemple des liens entre parapsychologie et psychologie clinique, de nombreuses élaborations, même si elles sont partielles, existent et permettent d'articuler certaines expériences exceptionnelles avec la vie psychique des sujets qui les vivent, conférant ainsi à celles-ci une plus grande intelligibilité (voir chap. 9 et aussi Si Ahmed, 2014 ; T. Rabeyron, 2020).

Par ailleurs, une grande partie de la communauté parapsychologique semble avoir fait le deuil d'une théorie dite « du signal » qui aurait permis de trouver un support physique (de type « ondes », électromagnétiques par exemple) pour tenter d'expliquer une possible influence ou connexion à distance. Il s'agit là non pas d'une théorie qualifiable de positive mais d'une définition en quelque sorte négative de ce que ne serait pas le support du psi.

Si nous avons néanmoins tenu à évoquer dans le cadre de ce chapitre et plus particulièrement dans cette conclusion, sans la développer plus avant, la problématique théorique soulevée par l'existence du psi, c'est certes tout d'abord pour rappeler que des théories existent et qu'elles font partie intégrante du bilan que l'on peut faire de l'étude des anomalies majeures abordées dans cet ouvrage. Mais c'est surtout car il nous semble qu'un point essentiel est ici à dégager : toute tentative de théorisation du psi est inévitablement très complexe car devant intégrer des éléments prenant en compte l'ensemble du réel. Il ne faut donc pas s'étonner qu'il soit à l'heure actuelle difficile d'envisager une théorie qui rendrait compte d'une manière univoque des manifestations recueillies dans ce champ de recherche. Cette difficulté ne doit en aucun cas conduire à considérer l'étude de certains phénomènes comme devant être frappée d'inanité. Bien au contraire, on pourrait considérer que, dans notre culture d'hyperspécialisation, les seuls qui s'intéressent vraiment au réel dans toute sa complexité et pas simplement à des « bouts » de celui-ci sont peut-être les parapsychologues !

Pour clore ce chapitre, nous attirerons enfin l'attention sur une question fondamentale. Les données acquises en parapsychologie sont susceptibles d'interpeller l'ensemble de la communauté scientifique, surtout à l'ère des processus standardisés et autre *evidence-based medicine*[1].

---

et non la meilleure ; des hypothèses qui contredisent des théories bien confirmées nous fournissent des indications qu'on ne peut obtenir d'aucune autre façon. La prolifération des théories est bénéfique à la science, tandis que l'uniformité met également en danger le libre développement de l'individu. »

1. L'Evidence-Based Medicine (née dans les années 1980-1990), traduit généralement en français par l'expression « médecine reposant sur des faits », s'appuie avant tout sur l'utilisation des meilleures données actuelles de la recherche clinique. Il s'agit de mettre en œuvre des standards de qualité de plus haut niveau par l'application d'un tri actif de toutes les études cliniques valides et disponibles. Basée sur la compilation d'études reposant sur de très grand nombre de patients, elle privilégie les données statistiques méta-analytiques d'essais comparatifs randomisés. Cette démarche, susceptible d'apporter de précieux éléments de connaissances médicales a néanmoins tendance à exclure les données non systématiques, reposant sur les études de cas et l'expérience clinique des praticiens.

La connaissance intime du réel n'est-elle à chercher que dans le systématiquement reproductible ? La quête de la reproductibilité a bien sûr permis des découvertes et une connaissance intime de nombreux mécanismes de la matière comme du vivant qu'il n'est bien évidemment pas question de remettre en cause. Mais est-ce la seule voie – surtout lorsqu'elle est portée par un désir effréné de réductionnisme – qui peut permettre de cerner d'un peu plus près les nombreux mystères auxquels le psi conduit à s'interroger ? Parmi ceux-ci, se trouvent en premier lieu les liens parfois étranges qui semblent se nouer entre matière et conscience, à titre individuel ou interindividuel, mais aussi les rapports complexes que chacun d'entre nous entretient avec les autres et avec le monde dans lequel nous évoluons, et plus particulièrement notre rapport à l'espace, au temps et à la causalité.

8. Bibliographie

Ancelet-Hustache, J. (1956). *Maître Eckhart et la mystique rhénane* (éd. 2000). Points.

Bancel, P. (2019). La parapsychologie a besoin d'un programme théorique. *Métapsychique*, *2*, 132-146.

Baudouin, Ph. (2016). *Les Forces de l'ordre invisible*. Le murmure.

Bauer, E. (1984). Criticism and controversy in parapsychology. An overview. *European Journal of Parapsychology*, *5*, 141-166. Traduction française : *https://www.metapsychique.org/critiques-et-controverses-en-parapsychologie/*

Benhedi, L., & Macias, P. (2008). *Les rêves prémonitoires*. Dervy.

Bergé, Ch. (1990). *La voix des esprits, Ethnologie du spiritisme*. Métailié.

Bernard, C. (1865). *Introduction à l'étude de la médecine expérimentale* (éd. 1966). Garnier Flammarion.

Bigot, L. (2019). Le fact checking à l'épreuve des fake news. *La revue des médias* (INA). *https://larevuedesmedias.ina.fr/le-fact-checking-lepreuve-des-fake-news*

Bioy, A. (dir.) (2023). *Le grand livre des transes et des états non ordinaires de conscience*. Dunod.

Bouflet, J. (1991). *Encyclopédie des phénomènes extraordinaires dans la vie mystique*, t. I : *Phénomènes objectifs*. F.-X. de Guibert (ŒIL).

Bourdieu, P., & Boltanski, L. (2008). *La production de l'idéologie dominante*. Éditions Raisons d'agir.

Bousenna, Y. (2022). Les éditions Vues de l'esprit, pour une anthropologie de l'invisible. *Le Monde*, 2 avril 2022. *https://www.lemonde.fr/idees/article/2022/04/01/les-editions-vues-de-l-esprit-pour-une-anthropologie-de-l-invisible_6120135_3232.html*

Boy, D. (2002). Les Français et les para-sciences : vingt ans de mesure. *Revue française de sociologie*, *43* (1), 35-45.

Boy, D., & Michelat G. (1993). Premiers résultats de l'enquête sur les croyances aux parasciences. In *La pensée scientifique et les parasciences* (p. 209-215). Albin Michel.

Bronner, G. (2013). *La démocratie des crédules*. PUF.

Bulletin métapsychique n° *13*. (2012). *L'élusivité du psi, quand la preuve se dérobe* (contributions de R. Évrard, B. Méheust, D. Bierman et W. von Lucadou), décembre 2012.

Camus, D. (2002). *Voyage au pays du magique*. Dervy.

Castel, P.H. (2022). Informalisation et vie psychique : un programme de recherche éliasien : La « crise du moi » chez les psychanalystes et les moralistes critiques de la modernité récente, et l'invention de la catégorie d'états-limites. *Raisons pratiques*, 299-316.

Castel, P.H. (2018). *Le mal qui vient : Essai hâtif sur la fin des temps*. Éditions du Cerf.

Castel, P.H. (2023). *Séminaire de philosophie et de sciences sociales*, EHESS, année universitaire 2023-2024, audio disponible en ligne.

Castro, M., Burrows, R., & Wooffitt, R. (2014). The paranormal is (still) normal : The sociological implications of a survey of paranormal experiences in Great Britain. *Sociological research online*, *19* (3), 30-44.

Chalmers, A.F. (1987). *Qu'est-ce que la science ?* La Découverte.

Charuty, G. (2001). Le retour des métapsychistes. *L'Homme. Revue française d'anthropologie*, *158-159*, 353-364.

Clottes, J., & Lewis-Williams, D. (1996). *Les chamanes de la préhistoire*. Le Seuil.

Comte, A. (1830). *Cours de philosophie positive*. Vol. 1 (2016 éd.). CreateSpace Independent Publishing Platform.

Crussard, Ch., & Bouvaist, J. (1979). Expériences psychocinétiques sur éprouvettes métalliques. *La Jaune et la Rouge (la revue de l'École polytechnique)*, *342*, 13-23.

Damasio, A.R. (2010). *L'erreur de Descartes. La raison des émotions*. Odile Jacob.

De Martino, E. (1948). *Le monde magique* (1999 éd.). Les empêcheurs de penser en rond.

Delaplace, G. (2021). *Les intelligences particulières*. Vues de l'esprit.

Descola, Ph. (2005). *Par-delà nature et culture*. Gallimard.

Devereux, G. (1953). *Psychoanalysis and the occult*. International University Press.

Dodds, E.R. (1951). *Les Grecs et l'irrationnel* (1977). Flammarion.

Edelman, N. (2014). *Voyantes, guérisseuses et visionnaires en France. 1785-1914*. Albin Michel.

Eire, C. (2023). *They flew : A history of the impossible*. Yale University Press.

Ellul, J. (1954). *La technique ou l'enjeu du siècle* (éd. 2008). Economica.

Evans, H. (2022). *Intrusions. Society and the paranormal*. Routledge.

Évrard, R. (2011). No future : la parapsychologie et la malédiction du Trickster. *Bulletin métapsychique*, *8*, 14-18.

Évrard, R. (2016). *Enquête sur 150 ans de parapsychologie. La légende de l'esprit*. Trajectoire.

Évrard, R. (2023). *Phénomènes inexpliqués*. HumenSciences.

Évrard, R. et Ouellet, E. (dir.) (2019). *Vers une sociologie anomalistique : le paranormal au regard des sciences sociales*. Presses universitaires de Nancy/Éditions universitaires de Lorraine.

Ferry, J.-M. (2019). *Qu'est-ce que le réel ?* Le bord de l'eau.

Ferry, J.-M. (2021). *Métaphysiques. Le sens commun au défi du réel*. Éditions du Cerf.

Feyerabend, P. (1975). *Contre la méthode*. Le Seuil.

Feyerabend, P. (1996). *Adieu la raison*. Le Seuil.

Fiset, D., & Poirier, P. (dir.) (2003). *Philosophie de l'esprit, problèmes et perspectives*. Vrin.

Fourquet, J. (2019). *L'archipel français*. Le Seuil.

Freud, S. (1927). *L'avenir d'une illusion* (2013e éd.). PUF.

Gabriel, M. (2014). *Pourquoi le monde n'existe pas*. J.-C. Lattès.

Granoff, W., & Rey, J.-M. (1983). *L'occulte, objet de la pensée freudienne*. PUF.

Guénon, R. (1945). *Le règne de la quantité et les signes des temps*. Gallimard.

Guitton, J., & Antier, J.-J. (1994). *Les Pouvoirs mystérieux de la foi*. Pock.

Gurney, E, Myers, F.W.H., & Podmore, F. (1886/1891). *Les hallucinations télépathiques*. Alcan.

Gusdorf, G. (1974). *Introduction aux sciences humaines. Essai critique sur leurs origines et leur développement*. Éditions Ophrys.

Gutierez, G., et Maillard, N. (2005). *Les aventuriers de l'esprit. Une histoire de la parapsychologie*. Presses du Châtelet.

Hansen, G.P. (2001). *The trickster and the paranormal*. Xlibris.

Hansen, G.P. (2011). Sociologie française : son importance pour la parapsychologie. *Bulletin métapsychique*, *8*, 8-13.

Hardy, Ch. (1991). *La connaissance de l'invisible. Une approche ethnologique et psychologique de l'autre réalité*. Philippe Lebaud.

Hegel, G.W.F. (2005). *Le magnétisme animal*. PUF.

Henry, M. (1987). *La barbarie*. PUF.

Hulin, M. (2008). *La mystique sauvage*. PUF.

Ioannidis, J. P. (2005). Why most published research findings are false. *PLoS medicine*, *2* (8), e124.

Ironside, R., Wooffitt, R. (2021). *Making sense of the paranormal. The interactional construction of unexplained experiences*. Springer Link.

Jaurès, J. (1902). *De la réalité du monde sensible* (2e édition), Thèse de philosophie. Félix Alcan.

Kant, E. (1766). *Rêves d'un visionnaire* (1989 éd). Vrin.

Kant, E. (1783). *Prolégomènes à toute métaphysique future qui pourra se présenter comme science* (1997 éd). Vrin.

Kessler-Bilthauer, D., et Évrard, R. (dir.) (2018). *Sur le divan des guérisseurs et des autres. À quels soins se vouer ?* Archives contemporaines.

Klein E. (2021). *Les échecs de la vulgarisation scientifique*, Intervention à l'Institut Diderot, 20 décembre 2021. *https://www.youtube.com/watch?v=JKavWKyblKU.*

Kuhn, T.S. (1970). *La structure des révolutions scientifiques* (1983). Flammarion.

L'Express (août 2023). *Ésotérisme : un essor inquiétant*. Numéro double.

Lacan, J. (1967). *Séminaire XIV, La logique du fantasme*, séance du 10 mai 1967, inédit.

Lacan, J. (1991). *Le Séminaire (Livre XVII). L'envers de la psychanalyse : 1969-1970*. Le Seuil.

Ladyman, J., & Ross, D. (2007). *Every thing must go : Metaphysics naturalized*. Oxford University Press.

Lagrange, P. (1993). La sociologie à l'épreuve des parasciences, *Ethnologie française*, nouvelle série, t. 23, n° 3, « Science/Parascience : preuves et épreuves », 311-315.

Laplantine, F. (dir.) (1985). *Un voyant dans la ville*. Payot.

Laplantine, F., & Aubrée, M. (1990). *La table, le livre et les esprits*. J.-C. Lattès.

Laplantine, F., & Rabeyron, P.-L. (1987). *Les médecines parallèles*. PUF.

Latour, B. (1989). *La science en action. Introduction à la sociologie des sciences.* La Découverte.

Latour, B. (1997). *Nous n'avons jamais été modernes. Essai d'anthropologie symétrique* (2022, éd). La Découverte.

Latour, B. (2012). *Enquête sur les modes d'existence. Une anthropologie des modernes.* La Découverte.

Lecouteux, C. (2007). *La maison hantée, Histoire des poltergeists.* Imago.

Lurçat, F. (2003). *De la science à l'ignorance.* Éditions du Rocher.

Lyotard, J.-F. (1979). *La condition post-moderne. Rapport sur le savoir.* Éditions de minuit.

Mancini, S. (1999). Postface. In E. Martino, *Le Monde magique* (p. 285-575). Les Empêcheurs de penser en rond.

Martino, B. (1990). *Les chants de l'invisible.* Balland.

Méheust, B. (1999). *Somnambulisme et médiumnité* (2 vol.). Les Empêcheurs de penser en rond.

Méheust, B. (2005). *100 mots pour comprendre la voyance.* Les Empêcheurs de penser en rond.

Méheust, B. (2006). *Histoires paranormales du Titanic.* J'ai lu.

Méheust, B. (2011). *Les miracles de l'esprit.* La Découverte.

Mercier, M. et Tetaz, A. (2020). *Baromètre Science et société : les scientifiques de moins en moins épargnés par la défiance des Français. https://www.ipsos.com/fr-fr/barometre-science-et-societe-les-scientifiques-de-moins-en-moins-epargnes-par-la-defiance-des*

Michel, A. (1986). *Métanoïa. Phénomènes physiques du mysticisme.* Albin Michel.

Moreau, Ch. (1976). *Freud et l'occultisme.* Privat.

Morin, E. (2017). *Connaissance, ignorance, mystère.* Fayard.

Morin, E., & Piatelli-Palmarani, M. (1974). *L'unité de l'homme. 3. Pour une anthropologie fondamentale.* Le Seuil.

Mousseau, M.-C. (2003). Parapsychology : Science or pseudo-science ? *Journal of Scientific Exploration, 17* (2), 271-282.

Osty, E. (1926). *Pascal Forthuny.* Alcan.

Piron, S. (2021). *Christine l'admirable.* Vues de l'esprit.

Pouivet, R. (2008). *Philosophie contemporaine.* PUF.

Quine, W.V. (1990). *La poursuite de la vérité* (1993 éd.). Le Seuil.

Rabeyron, P.-L. (1983). *Idéologies médicales,* Thèse de médecine, Université Lyon 1.

Rabeyron, P.-L. (1985). Idéologies médicales. *Entrevues, 9,* 3-18.

Rabeyron, P.-L. (1985). Le voyant et la science. In F. Laplantine (dir.), *Un voyant dans la ville.* Payot.

Rabeyron, P.-L. (1989). *Sciences humaines, trop humaines ?* session de travail de l'ORP à Lyon. *https://www.metapsychique.org/sciences-humaines-trop-humaines/*

Rabeyron, P.-L. (1993). Les médecines dites parallèles : entre sciences et traditions. In Collectif, *La Pensée scientifique et les parasciences* (p. 89-102). Albin Michel.

Rabeyron, P.-L. (2002). Anthropologie du paranormal. In P. Sbalchiero (dir.), *Encyclopédie de l'extraordinaire chrétien.* Fayard.

Rabeyron, P.-L. (2002). Intervention lors de la table ronde V sur le thème « Le paranormal peut-il sérieusement révolutionner la connaissance ? Pour des outils rigoureux de contrôle ». In E. Raulet & E.-J. Duits (dir.),

Paranormal entre mythes et réalités (p. 248-253). Dervy.

Rabeyron, P.-L. (2004). Croire ou ne pas croire en la voyance : enjeux de savoir, enjeux de pouvoir. In B. Méheust, P.-L. Rabeyron, M. Zafiropoulos (dir.), *Le mythe : pratiques, récits, théories* (Vol. 3 : « Voyance et divination »). Economica et Anthropos.

Rabeyron, P.-L., & Varvoglis, M. (2019). La renaissance de l'IMI, de la métapsychique à la parapsychologie. *Métapsychique, 2*, 72-82.

Rabeyron, T. (2019). Du néolibéralisme au tsunami cognitivo-comportemental en Grande-Bretagne : est-il encore temps pour la France d'éviter la catastrophe britannique ? *Research in psychoanalysis, 2*, 112-136.

Rabeyron, T. (2019). Un siècle plus tard, la métapsychique comme transformateur social. *Métapsychique, 2*, 111-123.

Rabeyron, T. (2020). *Clinique des expériences exceptionnelles*. Dunod.

Rabeyron, T. (2020). Why most research findings about psi are false : The replicability crisis, the psi paradox and the myth of Sisyphus. *Frontiers in Psychology, 11*, 562992.

Rabeyron, T. (2023). *Codex Anomalia*. InterÉditions.

Radin, D. (2000). *La Conscience invisible*. Presses du Châtelet.

Rey, O. (2003). *Itinéraire d'un égarement*. Le Seuil

Roustang, F. (1986). *Lacan de l'équivoque à l'impasse*. Les Éditions de Minuit.

Sbalchiero, P. (2013). *Douze énigmes qui défient la science*. Salvator.

Sbalchiero, P. (dir) (2002). *Encyclopédie de l'extraordinaire chrétien*. Fayard.

Si Ahmed, D. (2014). *Pour une psychanalyse des expériences exceptionnelles*. L'Harmattan.

Stengers, I. (1995). *L'invention des sciences modernes*. Flammarion.

Stengers, I. (2006). *La volonté de faire science. À propos de la psychanalyse*. Les Empêcheurs de penser en rond.

Télérama (2022). *Voir l'invisible*. Numéro hors série, août 2022.

Todd, E. (2020). *Les luttes des classes en France au XXIe siècle*. Le Seuil.

Varvoglis, M. (1992). *La rationalité de l'irrationnel*. InterÉditions.

Varvoglis, M. (2006). Être et connaître : La parapsychologie comme transformateur épistémologique. In S. Mancini (dir.) *La fabrication du psychisme. Pratiques rituelles au carrefour des sciences humaines et des sciences de la vie* (p. 189-206). La Découverte.

Varvoglis, M. (2017). Histoire de la micro-pk : la psychokinèse à petites doses. *Métapsychique*, n° 1, 88-97.

Wallon, Ph. (1999). *Le paranormal* (éd. 2002). PUF.

Watt, C.A., & Kennedy, J.E. (2017). Options for prospective meta-analysis and introduction of registration-based prospective meta-analysis. *Frontiers in Psychology, 7*, 232188.

Weaver, S., Janoszka, K., (2023). *The Mind at Large : Clairvoyance, Psychics, Police and Life after death : A Polish Perspective*. White Crow Productions.

Wehrstein, K.M. (2018). Joe McMoneagle. *Psi Encyclopedia*. London : The Society for Psychical Research. *https://psi-encyclopedia.spr.ac.uk/articles/joe-mcmoneagle*

Deuxième partie

Expérimentations

Chapitre 3

Perceptions extrasensorielles : un siècle de preuves

(Mario Varvoglis)

Sommaire

1. Introduction : une question de paradigmes

La parapsychologie scientifique n'est pas pour les faibles. Ceux qui, comme moi, évoluent dans ce champ depuis plusieurs décennies ont tendance à décourager les jeunes scientifiques et les étudiants qui aspirent à s'y consacrer, en mentionnant toute une série de défis : le manque de programmes universitaires de formation, la rareté des programmes de recherche ou des postes académiques, le manque de financement, l'ignorance, voire l'hostilité, d'une grande partie de la communauté scientifique, les déformations constantes sur les plateformes d'information publiques, les difficultés à publier ces recherches dans des revues multidisciplinaires et, bien sûr, l'extrême complexité du sujet en lui-même.

On peut donc légitimement se demander comment un nombre restreint mais significatif d'individus continue à rejoindre les rangs de la parapsychologie.

Sur la base de ma propre expérience, je pense pouvoir apporter une réponse partielle. Je connais assez précisément l'événement déclencheur qui m'a mis sur la piste, il y a environ un demi-siècle, alors que j'étais étudiant en psychologie : une amie m'a incité à visiter un hôpital où des scientifiques étaient censés mener des recherches sur la télépathie. Bien sûr, je savais déjà que la perception extrasensorielle n'existait pas. Je n'étais donc pas très enthousiaste à l'idée de perdre mon temps en me rendant dans un hôpital de Brooklyn, à New York, mais je ne pouvais pas me permettre de paraître trop étroit d'esprit aux yeux de mon amie. Je me suis donc retrouvé à la division de psychiatrie de l'hôpital Maimonides. Et voilà que des scientifiques vêtus de blouses blanches et entourés d'équipements de surveillance physiologique menaient des expériences en double aveugle pour évaluer un phénomène impossible : une personne enfermée toute la nuit dans une pièce insonorisée « capterait » en rêve des éléments visuels d'une image distante et serait capable de l'identifier, le lendemain matin, parmi plusieurs options. Qui plus est, cela ne serait pas le fruit du hasard, mais se produirait tous les jours, encore et encore.

Bien que je ne l'aie pas réalisé à l'époque, je conçois clairement, avec le recul, que cette visite a marqué un tournant pour moi. Cela a débuté par une sorte de conflit interne de paradigmes : si elle était vraie, la télépathie onirique remettait directement en question ce que je considérais comme des contraintes fondamentales et évidentes s'appliquant à la perception, aux « frontières » individuelles et à la causalité elle-même.

Je ne connais pas d'enquête officielle menée auprès de mes collègues, qu'ils soient anciens ou nouveaux, pour déterminer ce qui les a poussés à rejoindre ce domaine et à persévérer, en dépit de tous les inconvénients que cela implique en termes de carrière et de statut[1]. Je soupçonne que, comme moi, la plupart d'entre eux sont séduits par une tension profonde entre l'intuition que le psi a des implications véritablement révolutionnaires sur la nature humaine et la conviction absolue qu'il doit être étudié avec les outils et l'état d'esprit de la science, plutôt qu'avec la foi.

1. On pourra néanmoins se référer aux enquêtes d'Irwin (2014) et Mayer (2017) qui donnent certains indices sur les profils des chercheurs dans les communautés parapsychologiques et anomalistiques.

Mais si la distinction entre science et foi semble évidente, elle n'est pas aussi tranchée que nous le pensons souvent. Nous aimons affirmer qu'en science, les faits précèdent et bâtissent la théorie. Tout comme Charles Darwin a minutieusement rassemblé des preuves provenant d'espèces vivantes et fossiles avant d'élaborer sa théorie de l'évolution, les manuels scientifiques nous disent que la collecte de données « athéoriques » – les observations sur le terrain et l'expérimentation – précède les modèles et les théories. Pourtant, l'universalité de ce parcours épistémologique a été maintes fois remise en question : dans la pratique, comme le soulignent des historiens des sciences tels que Kuhn (1962), les champs d'investigation scientifiques fonctionnent selon de vastes paradigmes conceptuels qui circonscrivent tacitement les questions et les énigmes qui semblent « légitimes », c'est-à-dire dignes d'être abordées par la recherche, tout en excluant d'autres questions jugées non pertinentes ou inexistantes (voir chap. 2).

Nos efforts pour comprendre les expériences psi ne font pas exception à cette « approche de la connaissance » organisée par les paradigmes. Les croyances sur ce qui est réel et ce qui ne peut pas l'être auront un impact évident sur la manière dont nous traiterons les « anomalies profondes » qui semblent remettre directement en question ces croyances. Nous pouvons distinguer trois grands cadres pour chacun d'entre eux, qui conduisent à des questions et des méthodes de recherche tout à fait distinctes.

1.1 Le psi est illusoire

Formellement adopté par les « sceptiques véhéments » et tacitement ou explicitement transmis par notre éducation occidentale dès l'enfance, ce cadre part du principe que, compte tenu de nos connaissances modernes en physique et en biologie, les phénomènes psi sont impossibles. Par conséquent, toute preuve supposée en faveur de ces phénomènes – qu'elle soit basée sur des études de cas, des enquêtes de terrain ou des recherches en laboratoire – peut être attribuée en toute sécurité à d'autres causes « normales » et donc rejetée. Ainsi, se référant à un rapport de la Society for Psychical Research sur la télépathie, Hermann von Helmholtz, célèbre physicien et physiologiste, déclarait fièrement : « Ni le témoignage de tous les membres de la Royal Society, ni l'évidence de mes propres sens, ne me conduiraient à croire à la transmission de la pensée entre une personne et une autre, indépendamment des canaux sensoriels connus » (cité dans Bowles, Hynds & Maxwell, 1978, p. 26). Le psychologue Donald Hebb (1951) a formulé son avis avec plus de transparence :

> « Pourquoi n'acceptons-nous pas la PES comme un fait psychologique ? Rhine a donné des preuves qui nous convaincraient largement s'il s'agissait de n'importe quel domaine nous permettant de deviner la mécanique du processus dont il est question. Personnellement, je n'accepte pas un instant la PES parce que cela n'a aucun sens. Je ne sais pas sur quelles bases s'appuient mes collègues pour rejeter la PES, mais mon propre refus de l'optique de Rhine est, au sens littéral, basé sur des préjugés. »

On voit bien que ces positions sont au bout du compte infalsifiables – et donc non scientifiques. Celles-ci n'en restent pas moins profondément ancrées dans l'esprit de beaucoup d'autres – scientifiques ou non – qui, sans s'exprimer aussi explicitement que Hebb ou Helmholtz, chercheront à tout prix des arguments pour rejeter les données parapsychologiques.

Cependant, il est clair qu'un véritable scepticisme – qui trouve son origine non pas dans une conviction métaphysique mais plutôt dans une posture scientifique prudente (voir chap. 10) – est essentiel en parapsychologie. Il s'agit d'aborder les affirmations empiriques sur le paranormal avec un esprit critique, en recherchant des preuves et des arguments rationnels, mais aussi en s'appuyant en permanence sur une certaine humilité intellectuelle, c'est-à-dire une ouverture d'esprit face à ce que nous ne comprenons pas immédiatement. Cet esprit de scepticisme raisonné occupe une place privilégiée dans la quasi-totalité des recherches psi, qu'elles proviennent de l'extérieur ou de l'intérieur du champ de la parapsychologie. En effet, compte tenu de la nature controversée du sujet, le scepticisme est bien plus profondément ancré dans les pratiques des parapsychologues que dans la plupart des domaines de recherche en sciences humaines, et a clairement conduit à des protocoles de mieux en mieux protégés contre les failles souvent invoquées à l'encontre de l'hypothèse psi : indices sensoriels, coïncidences, biais cognitifs, rapports sélectifs, erreurs statistiques et ainsi de suite. Cette exigence de rigueur s'est traduite par différentes pratiques adoptées très tôt par les parapsychologues : par exemple, l'insistance sur la réplication avant l'acceptation des résultats ; des politiques de publication encourageant explicitement la publication d'expériences qui ont échoué ; le double aveugle, les méta-analyses prospectives préenregistrées, etc. (Watt, 2005 ; Watt & Kennedy, 2017).

1.2 Le psi n'est pas de ce monde

La recherche psychique a historiquement émergé de formes exceptionnelles d'expériences humaines, perçues comme provenant d'un autre domaine de l'existence. Qu'elles aient été vécues par des chamanes, des sorciers, des prophètes, des oracles, des mystiques ou des médiums, la source de ces expériences étaient typiquement attribuées à des êtres désincarnés, aux esprits, aux anges, à Dieu, au Diable, généralement à un plan d'existence ni humain, ni physique. Ce cadre conceptuel est toujours présent dans la culture populaire, au point que les phénomènes psi sont souvent qualifiés de « surnaturels » et qu'ils se trouvent ainsi un large éventail de traditions religieuses et philosophiques admettant l'existence d'un monde spirituel plus vaste et invisible, derrière ou au-delà de notre existence familière.

La création de sociétés de recherche psychique, en Europe et aux États-Unis (voir chap. 1), répond au besoin des scientifiques d'évaluer rationnellement cette vision et, plus spécifiquement, les prétentions du spiritisme. Cette démarche s'appuie soit sur des recherches de terrain (enquêtes ou analyses approfondies sur les hantises et apparitions, sur les messages prémonitoires liés à la mort d'un proche, etc.), soit sur des recherches quasi expérimentales, centrées sur les médiums qui se disent capables de transmettre des informations viables de la part des défunts. Des programmes de recherche plus récents explorent la possibilité d'une vie post-mortem à travers des cas de réincarnation apparente (enfants qui revendiquent des souvenirs de vies antérieures) et des recherches cliniques sur les expériences de mort imminente. Les investigations menées sur ces différents thèmes de recherche sont traitées dans d'autres parties de cet ouvrage (voir chap. 7 et 8).

Bien que de nombreux parapsychologues contemporains ne souscrivent pas nécessairement à un cadre supposant un « autre monde » tel que le « spiritisme » (Irwin, 2014 ; Mayer, 2017), ils reconnaissent qu'il y a bien quelque chose dans les phénomènes psi qui semble les distinguer de la majeure partie des autres expériences humaines : leur caractère insaisissable, leur émergence inattendue, leur lien fréquent aux circonstances extrêmes et émotionnellement fortes (par exemple, un rêve prémonitoire d'un accident imminent ou les expériences de mort imminente), leur association avec des états d'esprit exceptionnels (comme la transe ou les rêves) ou leur plus grande fréquence survenant chez certains individus, dits « doués ».

Dans la suite de ce chapitre, nous examinerons les différentes stratégies de recherche utilisées par les parapsychologues pour traiter de l' « exceptionnalité » supposée des phénomènes psi – au sein d'un cadre « naturaliste ».

1.3 Le psi est naturel

Dans ce paradigme, le psi n'est ni considéré comme « impossible », ni comme une visitation d'un plan d'existence surnaturel, mais plutôt comme une expression de la nature humaine. À ce titre, il entre en principe dans le rayon d'expertise de la science : il peut être étudié à l'aide de méthodes scientifiques et sera finalement intégré dans une vision d'un monde scientifique élargie.

Je n'entends pas suggérer ici que les phénomènes psi s'intégreront facilement à toutes les prémisses actuellement considérées comme acquises par les scientifiques d'aujourd'hui. La précognition, par exemple, peut difficilement être réconciliée avec une vision conventionnelle de la causalité. Cependant, la science est un processus en constante évolution et elle a connu de nombreux changements touchant à ses hypothèses fondamentales, avec par exemple l'émergence de la mécanique quantique (voir chap. 12). Ainsi, une remise en question de la nature unidirectionnelle du temps pourra naturellement conduire au concept de précognition. Sinon, le « problème difficile » des neurosciences peut conduire à penser que la conscience est fondamentale et peut-être non réductible au fait de n'être qu'un sous-produit de la neurochimie cérébrale voir chap. 13. Dans ce cas, le psi peut être scientifiquement compris comme une fonction des paramètres de la « conscience », plutôt que comme relevant uniquement de contraintes spatio-temporelles et énergétiques.

Ce cadre est clairement favorable à de multiples approches pour étudier le psi, qu'elles soient historiques, anthropologiques, cliniques ou philosophiques (voir chap. 2). Cependant, pour ceux qui souhaitent intégrer la recherche psi dans le cadre d'une démarche scientifique plus générale, le défi consiste à étudier les phénomènes avec les outils et les méthodes reconnus de la science expérimentale, c'est-à-dire en testant activement les hypothèses et en observant les phénomènes en temps réel dans des conditions contrôlées. Et c'est là que réside le principal défi : comment étudier systématiquement des phénomènes qui semblent intrinsèquement spontanés et qui échappent à tout contrôle volontaire ? L'histoire de la parapsychologie pourrait se définir comme une exploration centenaire des approches qui ont tenté de relever ce défi de différentes manières.

2. Cinq approches de recherche

Malgré le petit nombre de chercheurs actifs dans ce domaine[1], la littérature expérimentale et théorique accumulée concernant la « cognition anomale[2] est tout à fait écrasante et nécessiterait plusieurs livres comme celui-ci pour être examinée. J'énumère ci-dessous cinq axes de recherche qui ont dominé la recherche psi, sous une forme ou une autre, au cours du siècle dernier :

1. À la recherche de l'élite psi : l'approche classique.
2. Contourner le conscient : l'approche universaliste.
3. Parier sur les grands nombres : expériences à choix forcé.
4. Réduction du bruit et réponse libre : états non ordinaires de conscience.
5. Mettre le psi au travail : la vision à distance.

Je décrirai brièvement les trois premiers, puis je me concentrerai sur les quatrième et cinquième, pour lesquels nous disposons d'une bonne « vue d'hélicoptère » grâce à des analyses approfondies de la littérature ou à des méta-analyses, et dont les tailles d'effet (voir encadré « Concepts de base en statistiques »), petites à moyennes, sont les plus prometteuses pour comprendre et peut-être même contrôler le phénomène psi.

1. La Parapsychological Association, l'organisme international qui représente le domaine et qui est membre de l'AAAS, compte environ quatre cents membres, dont seul un petit pourcentage est actif dans des laboratoires privés ou universitaires (voir *www.parapsych.org*).
2. La « cognition anomale » est le terme employé par certains chercheurs, mais il reste dans l'ombre de son synonyme, plus ancien et populaire, qui est « perception extrasensorielle » ou PES. Ces notions renvoient en fait à plusieurs formes d'expérience : la télépathie ou « acquisition paranormale d'informations concernant les pensées, les sentiments ou l'activité d'un autre être conscient » (Thalbourne, 2003, p. 125) ; la clairvoyance ou « acquisition paranormale d'informations concernant un objet ou un événement physique contemporain ; contrairement à la télépathie, l'information est supposée provenir directement d'une source physique externe » (Thalbourne, 2003, p. 18) ; et la précognition, définie comme « une forme de perception extrasensorielle dans laquelle la cible est un événement futur qui ne peut être déduit de données normalement connues dans le présent » (Thalbourne, 2003, p. 90).

Concepts de base en statistiques

La **méta-analyse** est une méthode statistique utilisée dans la recherche pour combiner et analyser les données de plusieurs études indépendantes sur le même sujet. Elle fournit une approche systématique et quantitative pour synthétiser les résultats de ces études, ce qui permet aux chercheurs de tirer des conclusions plus solides et d'obtenir une estimation plus précise de l'ampleur de l'effet global ou du résultat. La méta-analyse est particulièrement utile lorsque les études individuelles peuvent avoir des échantillons de petite taille ou produire des résultats incohérents, car elle peut aider à identifier des modèles et des tendances dans l'ensemble de la recherche. Outre les résultats obtenus pour chaque étude, elle prend en compte plusieurs autres facteurs, tels que le nombre d'essais de l'étude, sa rigueur méthodologique selon des critères prédéfinis, la question de la représentativité de l'étude (évaluation de l'effet-tiroir)…

La **taille d'effet**, particulièrement utile dans les méta-analyses, est une mesure statistique qui quantifie l'ampleur ou la force d'une relation ou d'une différence entre les variables d'une étude. Elle constitue un moyen normalisé d'exprimer l'importance pratique des résultats, quelle que soit la taille de l'échantillon, ce qui permet aux chercheurs de comparer les résultats de différentes études. Une taille d'effet plus importante indique une relation plus forte ou une différence plus substantielle entre les variables étudiées.

2.1 À la recherche de l'élite psi : l'approche classique

L'essentiel des recherches psychiques menées à partir du XXe siècle et jusqu'aux années 1930 était basé sur des séances avec des « médiums », des individus qui semblaient faire preuve de prouesses psychiques exceptionnelles – mentales, physiques ou les deux – dans des conditions bien contrôlées. Pour les observateurs extérieurs, cette approche de la recherche était trop souvent entachée par les croyances et les pratiques « spirites » des médiums, et pire encore, par de multiples cas de fraude ; de nombreux enquêteurs passaient le plus clair de leur temps à démasquer les stratagèmes élaborés des faux médiums. Néanmoins, pendant une cinquantaine d'années, un petit nombre d'individus ont été étudiés pendant de longues périodes et par de nombreux enquêteurs ; qu'ils aient ou non triché à l'occasion, toute étude attentive de l'historique complet des enquêtes les concernant ne laisse guère de doute sur le fait qu'ils ont, au moins ponctuellement, manifesté des capacités exceptionnelles[1].

Si, comme nous le verrons, l'approche élitiste a semblé être abandonnée dans les années 1930 au profit des expériences purement quantitatives de « choix forcé », elle est en fait réapparue lorsqu'il a été reconnu qu'un petit nombre de sujets hautement « sélectionnés » obtenaient de bien meilleurs résultats que le commun des mortels. L'approche élitiste s'est donc poursuivie

1. Notre « top 10 » : Alexis Didier, Daniel Douglas Home, Indridi Indridason, Franek Kluski, Eusapia Palladino, Rudi Schneider, Leonora Piper, Stefan Ossowiecki, Stella Cranshaw et Ted Serios.

bien au-delà de l'ère spirite, notamment avec des individus qui ne sont en aucun cas des « médiums professionnels » et qui ont néanmoins produit des résultats expérimentaux significatifs avec les types de protocoles que nous allons bientôt passer en revue[1].

L'avantage incontestable de l'approche élitiste est la possibilité d'observer des phénomènes psi de grande envergure sous des conditions bien contrôlées. Comme le souligne Braude (1986), il peut être beaucoup plus convaincant pour un sceptique raisonnable d'être témoin d'effets psi évidents que de parcourir des dizaines d'études faisant état d'effets extrêmement faibles. Plus important encore, cette approche offre la meilleure possibilité de maîtrise volontaire du psi (Braude, 1986), et donc à la fois pour une compréhension approfondie de ses limites (par exemple, si la distance ou d'autres facteurs physiques la contraignent) et, comme nous le verrons, pour ses applications pragmatiques. Toutefois, cette démarche – comme toute étude avec un cas unique dans d'autres domaines – est limitative car qu'elle tend à centrer la recherche sur un seul et unique sujet. Que celui-ci tombe malade, triche ou déménage et toute recherche est stoppée. De plus le chercheur doit concevoir les expérimentations en fonction des capacités particulières de la personne testée et il est difficile d'évaluer jusqu'à quel point on peut généraliser les résultats obtenus et comprendre les lois ou les processus sous-jacents. En fait, l'approche élitiste dépend fortement de ressources rares : d'une part, une poignée de sujets exceptionnels prêts à collaborer avec des scientifiques ; d'autre part, le rare chercheur prêt à s'engager dans un processus long, risqué et exigeant sur le plan interpersonnel[2].

Ces contraintes, auxquelles s'ajoute la stigmatisation potentielle liée à la conduite de recherches immanquablement controversées, auront tendance à décourager la plupart des scientifiques de s'engager dans ce domaine. Personnaliser la recherche pour des « super-sujets » ne semble pas une approche « durable ». Toutefois, comme nous le verrons plus loin dans ce chapitre, une forme plus modeste de recherche élitiste – travailler avec un petit nombre de sujets répondant à certains critères – est tout à fait réalisable et même hautement recommandable.

2.2 Contourner le conscient : l'approche universaliste

Dans un sens très concret, cette stratégie se situe à l'opposé de l'approche élitiste. Elle se fonde sur l'idée que le psi existerait, de façon latente, chez tous les individus et que nous pouvons donc étudier les « signes faibles » indiquant son existence chez toute personne.

1. On notera ici les résultats obtenus par Hubert Pearce, Sean Michael Harribance et Pavel Stepanek dans des protocoles de choix forcé ; Robert van de Castle, William Erwin et Malcolm Bessent dans des investigations sur la télépathie par le rêve ou la précognition ; et Joseph McMoneagle, Pat Price, Hella Hammid ou Ingo Swann dans des protocoles de « vision à distance ».

2. Voici une liste partielle des tâches du chercheur : trouver le sujet exceptionnel, s'assurer de son honnêteté, le convaincre d'accepter des tests répétitifs sur de longues périodes et souvent avec des contraintes peu gratifiantes ; adapter les protocoles à ses compétences, ses habitudes et ses goûts ; s'adapter à sa personnalité, à ses humeurs changeantes et à ses motivations ; et accepter la possibilité que tout le projet prenne fin prématurément, si le sujet perd son intérêt ou se retire en raison de circonstances indépendantes de sa volonté.

Cette approche a commencé à prendre forme il y a plus de deux siècles, avec l'émergence du concept de « magnétisme animal » et les débats qu'il a suscités (voir chap. 1). Dans un ouvrage passionnant, Bertrand Méheust (1999) parle de « ce conflit d'idées aujourd'hui oublié, mais qui joua cependant un rôle décisif dans la constitution de l'image actuelle que l'on se fait de l'homme. À savoir, la polémique qui opposa, tout au long du siècle dernier, le "magnétisme animal" à la "médecine institutionnelle" ». Il ajoute :

> « L'enjeu de cette guerre était de savoir si, et jusqu'à quel point, les phénomènes produits pendant la transe magnétique obligeaient à reconsidérer la limite des facultés humaines. Cette découverte conduisit à un conflit d'idées dont l'histoire offre peu d'exemples ; elle eut pour résultat l'émergence de théories hybrides, de solutions de compromis, parmi lesquelles il faut compter la psychanalyse » (Méheust, 1997, résumé).

La « médecine institutionnelle » a clairement gagné cette polémique et a pu exorciser le « magnétisme animal » de tout espace académique. Mais comme le montre Méheust, les phénomènes associés au magnétisme n'ont pas totalement disparu du paysage intellectuel : Freud, Jung, Ferenczi, et d'autres « psys » qui ont jeté les bases d'une compréhension de la complexité de la vie psychique, plutôt que s'en tenir à la perspective dualiste cartésienne avec un moi réduit à une conscience unitaire, ont reconnu les expériences télépathiques comme des émergences de l'inconscient. De même, plusieurs pionniers des sciences psychiques du début du XXe siècle – dont Frederic Myers, cocréateur de la SPR en Angleterre, William James, père de la psychologie américaine, et Eugène Osty, futur directeur de l'Institut métapsychique à Paris – ont compris qu'il fallait étudier le psi comme une expression de l'inconscient – et donc du psychisme humain – plutôt que comme un « miracle ».

Mais c'est vraiment le philosophe Henri Bergson – dont l'intérêt pour la métapsychique reste assez méconnu en France (Évrard, 2021) – qui a suggéré que la télépathie pouvait opérer partout et à chaque instant, mais à un niveau trop faible pour être remarqué. Résumant le point de vue de Bergson, le philosophe anglais C. D. Broad déclare :

> « J'ai l'impression que nous ferions bien de considérer beaucoup plus sérieusement le type de théorie que Bergson a avancé à propos de la mémoire *normale* et de la perception sensorielle. La suggestion est que la fonction du cerveau, du système nerveux et des organes sensoriels est essentiellement *éliminatoire* et non productive. Chaque personne est à chaque instant potentiellement capable de se souvenir de tout ce qui lui est arrivé et de percevoir tout ce qui se passe n'importe où dans l'univers. La fonction du cerveau et du système nerveux est de nous protéger contre la submersion par cette masse de connaissances largement inutiles et non pertinentes, en éliminant la plus grande partie de ce que nous devrions percevoir ou mémoriser et en ne laissant que la très petite sélection spéciale qui est susceptible d'être utile dans la pratique. Une extension ou une modification de ce type de théorie semble offrir de meilleurs espoirs de synthèse cohérente de la cognition normale et paranormale que les tentatives de modification de la notion orthodoxe

d'événements dans le cerveau et le système nerveux *générant des données sensorielles* » (Broad, 1949, p. 306, ses italiques).

Comme Broad en était bien conscient, l'apparition spontanée d'expériences psi puissantes, telles que révélées dans de multiples collections de cas, suggère clairement que parfois, toutes ces informations ne constituent pas des *connaissances inutiles et non pertinentes* ; lorsqu'elles révèlent des événements lointains ou futurs, qui peuvent avoir un impact sur notre propre survie ou celle des personnes avec lesquelles nous sommes en relation, elles peuvent « traverser » nos systèmes de filtrage habituels et devenir conscientes sous forme d'images, de pensées, de sentiments ou de rêves. Peut-être que les « télépathies de crise » dramatiques que nous rencontrons dans les recueils de cas biaisent notre compréhension du « psi réel », simplement parce que ces expériences sont beaucoup plus susceptibles d'être notées, mémorisées et rapportées par la suite que les cas psi plus ordinaires. La grande majorité des informations psi resteraient simplement inconscientes, noyées sous les sensations et les priorités concurrentes, c'est-à-dire le système sensorimoteur, le « dialogue intérieur », les souvenirs et la planification, les priorités de l'ici et du maintenant.

Il est donc raisonnable de supposer qu'il existe de nombreuses nuances dans la « visibilité » potentielle de l'information psi. C.D. Broad a pris soin d'établir une distinction entre une *expérience* psi, suffisamment frappante pour faire irruption dans la conscience, et une *interaction* psi, qui peut rester en deçà de la conscience ou attirer peu d'attention et être rejetée (par exemple, comme une « simple coïncidence »).

Dans les années 1960 et 1970, ces prémisses ont conduit un certain nombre de chercheurs à réfléchir aux signes potentiels d'interactions psi, indépendantes des efforts intentionnels de la personne et même de sa conscience. Le psychologue cognitiviste Rex Stanford a été l'un des premiers chercheurs à s'intéresser de près au psi « implicite » et à proposer de nouvelles méthodes d'investigation expérimentale. Son principal intérêt était de comprendre la dynamique des interactions psi inconscientes, la manière dont elles pouvaient subtilement influencer les priorités, les décisions ou le comportement, conduisant à un « pressentiment », une intuition, une étrange coïncidence ou une « synchronicité[1]. Son modèle PMIR (*psi mediated instrumental response* ou « réaction instrumentale médiatisée par le psi », voir chap. 11) était basé sur l'hypothèse que les événements qui semblent « juste se produire » ne sont parfois pas de « simples coïncidences », mais sont alimentés par le psi et motivés par la vigilance instinctive des organismes face aux menaces et opportunités potentielles. Palmer (2015, p. 215) résume ainsi ce modèle :

1. Parmi les « coïncidences significatives » que le psychiatre Carl Gustav Jung a rebaptisées « synchronicités », on pourrait donner l'exemple d'une rencontre, d'un appel téléphonique ou d'un courriel d'une personne que vous n'avez pas vue depuis des années, quelques instants après avoir pensé à elle.

> « Les gens scrutent continuellement et inconsciemment l'environnement à la recherche d'informations pertinentes pour leurs besoins, et ces informations les amènent à prendre des mesures pour satisfaire ces besoins, sans savoir ce qui les a poussés à prendre ces mesures et leurs véritables raisons de le faire. »

Au fil des décennies, un nombre considérable d'études, menées par Stanford et par d'autres, se sont en effet inspirées de ces prémisses, tentant de se rapprocher du psi dans la vie réelle et de son rôle potentiel de répondre aux besoins de l'individu. Dans l'une de ces expériences (Luke, Sherwood & Delanoy, 2008), menée à l'université de Northampton, chacun des cent volontaires a rempli une échelle mesurant à quel point ils se sentaient chanceux dans la vie et a ensuite effectué dix essais au cours desquels il lui a simplement été demandé de choisir, parmi quatre images fractales émotionnellement neutres, celle qu'il préférait. De son point de vue, cette dernière tâche ne comportait aucune composante psi ; on lui a simplement dit qu'il s'agissait d'un échauffement en vue d'une tâche ultérieure, qui impliquerait éventuellement des images érotiques. En réalité, à l'insu des participants, pour chaque essai, l'une des quatre images était associée de manière aléatoire au résultat souhaitable (voir potentiellement les images érotiques). Une fois les dix essais terminés, ceux qui (à leur insu) avaient obtenu au moins trois « succès » au cours de leurs dix essais pouvaient visionner des images érotiques (l'« incitation psi »), tandis que ceux qui avaient obtenu moins de trois succès se voyaient confier une tâche plutôt ennuyeuse. Résultat ? En fait, le nombre de volontaires qui ont obtenu la « contingence agréable » était significativement plus élevé que prévu par le hasard ($p = 0{,}01$) et la performance s'est avérée être en corrélation avec le degré de chance que ressentait le sujet sur l'échelle précédemment administrée. Dans l'ensemble, donc, en l'absence de toute connaissance qu'ils étaient impliqués dans une tâche psi, les sujets ont eu tendance à faire des choix menant à un avenir plus agréable et ceux qui se considéraient comme « chanceux » avaient une plus grande probabilité que les autres de voir les images érotiques.

Les expériences de ce type, qui suggèrent que les informations psi peuvent subtilement influencer les sentiments ou les décisions des individus, ont généralement donné des résultats positifs au cours des dernières décennies[1].

La conception générale du psi en tant que processus inconscient de satisfaction des besoins a inspiré un certain nombre de directions de recherche supplémentaires, notamment en ce qui concerne les réactions physiologiques possibles à l'information psi, indépendamment de toute conscience. Il s'agit notamment des études de pressentiment, examinées dans le chapitre de Julia Mossbridge dans ce volume (voir chap. 4), ainsi que de l'expérience du « regard à distance » et d'autres expériences similaires, qui suggèrent que le comportement ou l'état physiologique des « récepteurs » (surveillés par des mesures du système autonome) change lorsqu'une personne éloignée se concentre sur eux, par exemple par le biais d'une vidéo en circuit fermé (voir chap. 6).

1. Pour une évaluation récente des études directement inspirées du modèle de Stanford, voir Palmer (2015).

Les approches explorant le psi inconscient ou involontaire sont d'un grand intérêt, tant sur le plan théorique que pragmatique ; l'existence d'un « radar psi » silencieux, une sensibilité de bas niveau des organismes aux informations lointaines ou futures, nous éloignerait de l'ontologie classique, fondée sur les interactions mécaniques et « locales » et nous rapprocherait du concept populaire de « l'inconscient collectif » ou d'une ontologie panpsychiste ou même idéaliste. D'un point de vue plus pratique, il ne serait alors pas trop difficile d'imaginer un futur proche dans lequel un grand nombre de citoyens porteraient des « capteurs » qui transmettraient en permanence des données physiologiques à un serveur central ; associés aux progrès de l'intelligence artificielle, nous pouvons penser que de tels systèmes collectifs nous alerteraient d'un danger imminent.

Mais avant de s'enthousiasmer (ou de s'inquiéter) de telles possibilités, il convient de souligner que nous sommes encore loin de savoir si les résultats expérimentaux autour du « psi implicite » observés sont vraiment ce qu'ils semblent être. Si par exemple il est tentant de conclure que les protocoles de pressentiment (voir chap. 4) révèlent un fonctionnement psi purement physiologique et inconscient – il faudra encore s'assurer que les résultats ne seraient pas en fait dus aux capacités psi de l'expérimentateur, plutôt qu'aux sujets « officiels » de l'expérience[1]. Nous devons, en d'autres termes, être prudents quant aux preuves du « psi implicite » car elles peuvent être particulièrement sensibles à des choix et des subtiles interventions « médiatisées par le psi » de la part de l'expérimentateur.

1. Il est généralement accepté que pour valider une hypothèse à partir des résultats d'une expérience, il est essentiel de mettre en place des contrôles qui isolent la collecte et l'analyse des données des attentes du chercheur. Par exemple, dans la recherche médicale, le protocole en double aveugle garantit que ni le patient ni le médecin qui interagit avec le patient ne sachent différencier le placebo de la molécule active qui intéresse le chercheur. De même, l'attribution des sujets dans un groupe expérimental ou contrôle de manière aléatoire, minimise la probabilité qu'un résultat significatif soit dû aux différences préexistantes entre les groupes, plutôt qu'au traitement testé.
Du point de vue de la parapsychologie, l'efficacité de ces types de contrôle est moins évidente, car les « barrières informationnelles » sont, en principe, poreuses : si la précognition existe, rien ne garantit que, dans les dizaines de choix qu'il doit faire en montant le protocole, l'expérimentateur ne l'utilise involontairement pour « biaiser » les résultats dans la direction de ses hypothèses ; de même, si la télépathie est réelle, rien ne garantit que l'expérimentateur ne transmette de manière involontaire ses attentes ou d'autres informations critiques au sujet, influençant ainsi involontairement les actions de ce dernier.
La possibilité de ces « effets expérimentateurs médiatisés par le psi » (*psi-mediated experimenter effects)* est particulièrement prononcée dans les expériences de psi implicite, dans lesquelles c'est l'expérimentateur, plutôt que le sujet, qui est le plus directement lié à la tâche psi (envie d'un résultat positif, connaissance des vrais objectifs de la session, etc.).
Un exemple concret de cela est donné au chapitre 5, consacré à la micro-psychokinèse. Il concerne le Global Consciousness Project (GCP), une expérience extraordinaire qui visait à déterminer si des événements marquants pour un très grand nombre d'individus – par exemple, l'attaque terroriste du 11 septembre 2001 – donnaient naissance à un « champ mental collectif » produisant des effets subtils mais mesurables sur le monde physique. Utilisant un réseau des générateurs numériques aléatoires (GNA) qui agissaient comme « détecteurs » de ce champ hypothétique, le projet, impliquant plus de cinq cents événements sur une période de dix-sept ans montra des résultats très significatifs et relativement constants. Toutefois, il est très probable que ces résultats reflètent plutôt la précognition du chercheur principal, sa capacité intuitive de choisir, dans la séquence aléatoire associée à l'événement, un point de départ qui serait plus « payant » en segments déviants que les autres. Pour une analyse détaillée, voir (Bancel, 2017 ; chap. 5).

2.3 Parier sur les grands nombres : les expériences à choix forcé

Lorsque le biologiste J. B. Rhine arrive à l'université de Duke à la fin des années 1920, il se trouve au carrefour de plusieurs questions scientifiques majeures, tant dans son domaine que dans les sciences humaines en général. D'une part, le béhaviorisme, avec son accent sur les comportements externes et son hostilité à des concepts tels que la conscience, le libre arbitre ou même les processus mentaux internes, était en plein essor, ayant un impact de plus en plus important sur la recherche psychologique aux États-Unis. Durant cette même période, les sciences humaines cherchaient un recours croissant aux analyses statistiques et d'autres approches quantitatives pour mettre en évidence des effets difficilement mesurables, que ce soit dans la recherche biomédicale ou dans les sciences du comportement. Au sein de la recherche psychique, l'approche « qualitative », associée à l'étude des médiums et du spiritisme, semblait être dans une impasse.

Ainsi, lorsque Rhine rejoint le département de psychologie nouvellement créé à Duke, il est déterminé à faire changer le discours sur les phénomènes psi en permettant que la recherche psychique devienne une discipline académique légitime, basée sur des méthodes « béhavioristes » conventionnelles, un grand nombre d'essais et des évaluations statistiques mettant en évidence la présence éventuelle d'effets psi (Mauskopf & McVaugh, 1980).

Il est important de comprendre que la révolution de Rhine allait bien au-delà d'une simple stratégie visant à « assainir » le domaine, à le rendre plus acceptable pour les scientifiques. Elle a représenté un changement substantiel dans les méthodes utilisées pour étudier le psi ainsi que dans les hypothèses qui sous-tendent la recherche. Convaincu que le psi est une capacité humaine naturelle qui existe de façon latente chez tous les individus, Rhine a compris qu'il pourrait l'étudier à partir d'« effets » subtils sur nos pensées et nos comportements, déduits statistiquement. Si, comme nous l'avons vu, il n'a pas été le premier à émettre l'hypothèse d'un niveau inconscient d'information psi, il a été le premier à créer un programme de recherche cohérent avec une méthodologie et des analyses conventionnelles permettant de mesurer ces formes subtiles du psi. Dans le même temps, contrairement à la stratégie misant sur le « psi implicite », employée plus tard par Stanford, Rhine n'a pas cherché à contourner complètement le conscient, mais plutôt à atténuer son rôle, avec des tâches psi laissant peu de place à l'analyse et la réflexion et encourageant plutôt des réponses rapides et intuitives[1].

La méthodologie choisie par Rhine a pris la forme de tests très simples avec un jeu de vingt-cinq cartes (dites « cartes de Zener ») ayant cinq symboles distincts (un carré, une croix, un cercle, des vagues et une étoile), chacun représenté cinq fois dans un paquet (voir figure 3.1). Au cours du test, une fois le jeu des cartes soigneusement battu pour assurer l'ordre aléatoire des symboles, l'expérimentateur demandait au sujet de deviner dans l'ordre le symbole sur chaque carte. Ce protocole de « choix forcé » oblige donc le sujet à choisir une cible parmi *n* possibilités connues, ce qui fixe ici à une chance sur cinq le fait de trouver la cible correcte, par le hasard seul et, pour

1. Aujourd'hui on décrirait ces tâches comme sollicitant le *fast thinking*, plutôt que le *slow thinking* ; voir Kahneman (2012).

une série de vingt-cinq cartes de Zener, une moyenne par le hasard seul de cinq bons résultats[1]. Ainsi, c'était assez simple, avec des approches statistiques bien connues et établies déjà à l'époque, d'évaluer si, au cours de centaines, voire de milliers d'essais, la moyenne obtenue s'écartait de façon statistiquement significative du nombre attendu en théorie. Évidemment, plus le nombre de succès dépasse la moyenne de cinq par série de vingt-cinq essais, plus les résultats peuvent être alors attribués avec confiance aux facultés psi du sujet et non au hasard[2].

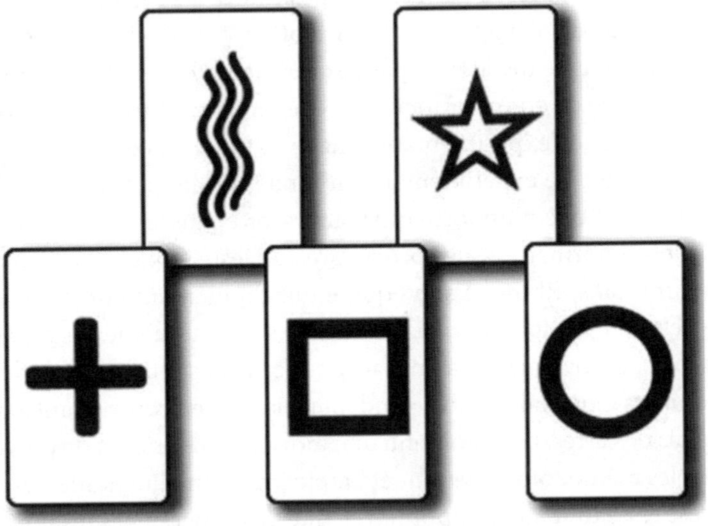

Figure 3.1 – Les symboles classiques des cartes Zener

1. À noter que Rhine n'était pas, *stricto sensu*, l'inventeur de cette approche. Au milieu du XVIIe siècle, Sir Francis Bacon, l'un des pères de la démarche scientifique, suggéra que l'on pourrait étudier systématiquement les phénomènes psi – évidemment, à l'époque, ce vocabulaire n'était pas utilisé – en faisant deviner à un sujet des cartes ou des mots cachés et en comparant ensuite les pourcentages de succès et d'erreurs (Bell, 1964). Bacon déclara qu'il n'était pas nécessaire d'obtenir des succès continuels pour démontrer l'existence du psi, mais qu'il suffisait que le nombre de succès soit significativement supérieur au nombre qui aurait été obtenu par le simple hasard. Plus tard, en 1884, le prix Nobel Charles Richet codifia l'approche statistique et mena plusieurs expériences avec un sujet doué mis sous hypnose, en lui demandant de deviner des cartes qui se trouvaient dans des enveloppes scellées. Malgré la variabilité des effets psi de son sujet, le traitement statistique des données globales révélait avec évidence que les résultats étaient significatifs.
2. En parapsychologie, comme dans la plupart des domaines scientifiques, les résultats d'une expérimentation sont acceptés comme « statistiquement significatifs » lorsqu'il n'y a pas plus de 5 chances sur 100 (ce qui correspond à une probabilité p de 5 % ou $p = 0,05$) que ces mêmes résultats aient été trouvés du fait des fluctuations du hasard. Par exemple, pour 100 essais avec un système aléatoire à deux résultats possibles – par exemple, une pièce de monnaie – un résultat de 60 piles/40 faces correspond approximativement à $p = 0,05$ (2 écarts-types) ; avec un résultat de 65/35, on se trouve à 3 écarts-types, représentant une probabilité de 99.7 % donc $p = 0,003$ (soit 3 chances sur 1 000 que les résultats soient dus au hasard). En revanche, pour atteindre cette même probabilité avec 1 000 essais, il suffit d'un résultat correspondant approximativement à 55 piles et 45 faces : plus le nombre d'essais augmente, plus les fluctuations normales du hasard ont tendance à se neutraliser et à se rapprocher de la ligne de base du hasard. Ainsi, par exemple sur 100 essais, pour atteindre 3 écarts-types, nous avons vu qu'il faudra un taux de réussite de 65 %, mais sur 1 000 essais il suffit de 547 piles, soit 54,7 %. Lorsque le p devient très faible, par exemple, $p = 0,000001$, il est exprimé de façon rapide par l'expression algébrique d'une puissance : $p = 10\text{-}6$.

Le protocole à choix forcé a été adapté pour tester les trois phénomènes de perception extra-sensorielle (PES)[1]. Pour les séances de télépathie, un sujet dit « émetteur » retourne une carte après l'autre, l'observe, cherche à « transmettre » son symbole au « récepteur » et note le symbole sur un document préparé à cet effet. Il repose ensuite cette carte à l'envers sur une autre pile et recommence l'opération pour les vingt-cinq cartes. Pendant ce temps, le « récepteur », situé derrière un écran, ou dans une autre pièce ou même un autre bâtiment, essaie de « deviner » le symbole observé par l'émetteur et note les résultats. Dans les expériences de clairvoyance, il n'y a pas d'émetteur et le récepteur doit deviner directement l'ordre des cartes une fois qu'elles ont été mélangées par l'expérimentateur. Enfin, dans les expériences de précognition, c'est-à-dire de connaissance d'un événement futur, le sujet doit deviner l'ordre des cartes avant même que l'expérimentateur ne les ait mélangées.

Il est clair que ce protocole expérimental était fondé sur des prémisses universalistes, plutôt qu'élitistes, l'espoir étant que n'importe quel laboratoire puisse facilement le suivre, en s'appuyant sur des sujets « normaux », des procédures de test simples et des analyses et mesures bien connues. Néanmoins, Rhine et son équipe ont rapidement constaté que la plupart des participants aux tests ne produisaient pas de résultats statistiquement significatifs, que ce soit individuellement ou collectivement. Il a fini par se concentrer sur un petit nombre d'étudiants qui ont donné des résultats tout à fait positifs pendant trois ans ; en contribuant à un total de plus de soixante mille essais de cartes, ils ont obtenu une moyenne supérieure de plus de 50 % à celle du hasard. Les contrôles méthodologiques ont été rapidement améliorés au cours de ces premières années et l'effet est resté tout aussi important. L'une des expériences les mieux contrôlées, qui a comporté 1 850 essais avec le sujet « récepteur » séparé de plusieurs centaines de mètres de la personne qui était l'émetteur, a donné des résultats particulièrement spectaculaires[2].

Contrairement à une idée très répandue dans les milieux sceptiques, des expérimentations de choix forcé ont été réalisées avec réussite dans plusieurs laboratoires indépendants de celui de Duke. Elles continuent aujourd'hui, même si, bien sûr, les cartes Zener, de faible technicité,

1. Le sigle anglais ESP (pour *extra-sensory perception*) est également employé en français.
2. Il s'agit de la série de tests de clairvoyance Pearce-Pratt de 1933-1934 (Rhine & Pratt, 1954), souvent citée comme la plus contrôlée des premières expériences de perception extrasensorielle. La procédure impliquait qu'Hubert Pearce, étudiant de Duke ayant fait ses preuves, serve de sujet et que J.G. Pratt, assistant de recherche de Rhine, serve d'expérimentateur, le sujet et les cartes étant situés dans deux bâtiments différents sur le campus ouest de Duke. Pour trois séries, Pratt se trouvait avec les cartes dans ce qui était alors le bâtiment de physique, à une centaine de mètres de l'endroit où se trouvait Pearce, dans une cabine de la bibliothèque de Duke ; dans une quatrième série, Pratt a changé d'endroit pour se trouver à 250 mètres de distance, dans l'école de médecine de Duke. Une fois par minute, Pratt prenait une carte dans un paquet prédécoupé et mélangé, et, sans la retourner ni la regarder, la plaçait face cachée sur un livre. À la même minute, Pearce, qui disposait d'une montre synchronisée dans la bibliothèque, devinait la face de la carte éloignée sur le livre. Après le test, les deux hommes ont pris les enregistrements scellés de leurs cartes et devinettes respectives et les ont remis directement à Rhine pour qu'il les vérifie au laboratoire, tout en conservant des copies de leurs propres enregistrements pour les revérifier ultérieurement. Le score total de Pearce pour les quatre séries a été de 558 succès sur 1 850 essais (alors que le hasard en aurait donné 370). Sa précision globale pour deviner l'ordre des cartes invisibles était de 30 %, contre 20 % attendus par le hasard, soit une probabilité de 22 milliards contre un (Honorton, 1975).

ont été remplacées depuis longtemps par d'autres systèmes d'aléatoirisation (par exemple, des générateurs numériques aléatoires ou GNA) et par d'autres types de cibles.

Je mentionnerai les deux principales études méta-analytiques qui ont examiné un grand nombre d'études à choix forcé, provenant de nombreux laboratoires et remontant à plus de sept décennies maintenant ; elles montrent toutes deux de bonnes preuves de l'existence de la perception extrasensorielle.

La méta-analyse de Honorton et Ferrari (1989), que nous abrégerons désormais HF, est basée sur 309 études de précognition à choix forcé réalisées par soixante-deux chercheurs entre 1935 et 1987, totalisant environ deux millions d'essais individuels réalisés par plus de cinquante mille personnes. Les auteurs ont signalé un effet hautement significatif pour cette vaste base de données d'études, mais nous nous concentrerons ici sur les analyses qu'ils ont effectuées après avoir supprimé les études « atypiques », afin d'obtenir une base de données homogène[1]. Sur la base de ces 248 études comparables, ils ont obtenu un écart global par rapport au hasard de six écarts-types de la moyenne, ce qui correspond à une probabilité de $p = 1,1 \times 10\text{-}9$. Chaque étude a été codée en fonction de huit critères différents de qualité méthodologique. Aucune corrélation significative n'a été mise en évidence lorsque ces critères de qualité ont été comparés à l'effet obtenu dans les études, ce qui montre que les résultats obtenus ne peuvent pas être attribués à des études de moindre qualité méthodologique. En outre, les calculs de « l'effet tiroir » (voir plus loin) montrent qu'il faudrait quarante-six études cachées et non déclarées pour chaque étude déclarée afin d'annuler l'effet global.

Les résultats les plus frappants de la base de données homogène concernent les facteurs prédictifs de réussite des études. HF ont constaté que les vingt-cinq études utilisant des « sujets sélectinnés » sur la base de leurs performances antérieures lors d'expériences ou de tests pilotes ont produit un score Z de Stouffer de 6,89, 60 % de ces études étant significatives[2]. En comparaison, sur les 223 études utilisant des volontaires non sélectionnés, seules 21 % étaient significatives. La différence de taille d'effet entre les participants sélectionnés et non sélectionnés était très significative, $t(246) = 3,16$, $p = 0,001$.

Allant plus loin dans la recherche de prédicteurs de succès, HF ont comparé les études qui remplissaient deux conditions : d'une part, l'utilisation de personnes sélectionnées et, d'autre part, le retour d'information (feedback) essai par essai au sujet. Les auteurs ont ainsi obtenu huit études « optimales » (les deux conditions remplies) et neuf « sous-optimales » (aucune des deux conditions remplies). Sur les huit études optimales, 7 (87,5 %) étaient significatives avec un Z combiné de 6,14. En comparaison, sur les neuf études sous-optimales (individus non sélectionnés et pas de feedback), le Z combiné était de 1,29, et aucune d'entre elles n'était significative. De plus – et contrairement aux attentes des sceptiques –, les études

1. Cette élimination de certaines études est une précaution classiquement prise dans les méta-analyses, pour éviter que les conclusions dépendent de quelques études avec des effets extrêmes.
2. Le score Z de Stouffer est une mesure statistique utilisée dans la méta-analyse ; elle combine les scores-Z de plusieurs études sur le même sujet afin de tirer des conclusions plus solides sur l'ensemble.

optimales ont obtenu des notes moyennes de qualité significativement plus élevées que les études sous-optimales[1].

Une nouvelle méta-analyse (Storm, Tressoldi & DiRisio, 2012) portant sur des études réalisées après la publication de l'article de HF s'est concentrée sur 91 études à choix forcé menées par 96 chercheurs entre 1987 et 2010. Après élimination des études « atypiques », on a obtenu une base de données homogène de 72 études portant sur un total d'environ 800 000 essais. Ici, les auteurs se sont concentrés sur tous les phénomènes de PES, plutôt que sur la seule précognition : 35 % des études ont testé la précognition, 53 % la clairvoyance et 12 % la télépathie. Comme dans la méta-analyse HF, des notes de qualité ont été attribuées en aveugle à chaque étude en utilisant les critères méthodologiques. Aucune relation globale entre la qualité de l'étude et les résultats n'a été trouvée, mais il est intéressant de noter qu'une qualité positive a été trouvée entre l'année de publication et la qualité : la qualité méthodologique des études a augmenté avec le temps.

Comme dans le cas de la méta-analyse HF, les auteurs ont constaté une augmentation des tailles d'effet au fil du temps. Les études sur la télépathie ont produit l'effet le plus fort, tandis que les études sur la précognition et la clairvoyance ont produit des effets comparables. La base de données homogène de 72 études a produit un Z de Stouffer = 4,86, $p = 5{,}90 \times 10\text{-}7$. Comme pour les résultats de la base de données HF, les études avec des personnes sélectionnées ont obtenu de bien meilleurs résultats : 8 des 11 études (73 %) qui s'appuyaient sur des personnes sélectionnées sont significatives au niveau de 5 %, alors que sur les 80 études utilisant des personnes non sélectionnées, seules 21 (26,3 %) ont produit des résultats significatifs.

Enfin, en ce qui concerne la question de « l'effet tiroir », il a été démontré qu'il faudrait 557 études non publiées, c'est-à-dire un ratio de huit études non publiées pour chaque étude connue, avec des résultats négatifs pour ramener leur score Z global à zéro.

Quoi qu'en pensent les tenants de la métathéorie « le psi est illusoire », ces méta-analyses, qui couvrent soixante-quinze ans de recherche utilisant des méthodes scientifiques traditionnelles, établissent la réalité d'une faible « anomalie de transfert d'information ». L'approche du choix forcé a démontré expérimentalement que la simple intention des individus de « percevoir » une cible cachée pouvait créer un léger avantage – statistiquement détectable – pour l'identification de cette cible. En même temps, les deux méta-analyses ont montré un niveau plus élevé de reproductibilité et des tailles d'effet beaucoup plus importantes dans des expériences avec des sujets sélectionnés, c'est-à-dire avec des personnes qui, sur la base de prétests, devraient obtenir de meilleurs résultats. Cela confirme l'intuition selon laquelle nous avons affaire à des phénomènes psychologiquement licites, présentant des régularités semblables à celles que l'on trouve dans d'autres compétences humaines « extrêmes », mais inégalement réparties dans la population[2].

1. Moyenne optimale = 6,63, écart-type = 0,92 ; moyenne sous-optimale = 3,44, écart-type = 0,53 ; $t\,(10) = 8{,}63$, $p = 3{,}3 \times 10\text{-}6$.
2. Par comparaison, tout le monde peut faire de la musique. La majorité chante à peu près juste et cela, sans entraînement. Toutefois, très peu d'entre nous possèdent une oreille absolue (1 personne sur 10 000).

2.4 Réduction du bruit et réponse libre : états non ordinaires de conscience

Dans les années 1960 et 1970, alors que le domaine se diversifiait et se développait, un certain nombre de chercheurs ont commencé à s'écarter nettement du paradigme de recherche de Rhine. L'aspect mécanique et monotone de l'approche du choix forcé semblait très éloigné de l'expérience psi dans la vie réelle et ne produisait généralement que des effets très faibles. Et si Rhine avait sans aucun doute contribué à « normaliser » la recherche psi, en introduisant des méthodes scientifiques simples pour l'étudier, le domaine ne s'était pas beaucoup rapproché de l'objectif d'une acceptation académique généralisée, avec des expériences facilement reproductibles[1]. Plusieurs chercheurs ont donc commencé à regarder au-delà du paradigme rhinien et à adopter des approches qui démontraient que le psi n'était pas une simple « anomalie » statistique sans grande importance pour la science ou la société ; ils ont cherché à aborder plus directement ses fondements théoriques, sa pertinence pragmatique et les facteurs qui le renforcent ou le suppriment.

Nous avons déjà vu comment la recherche s'est écartée de Rhine, avec des expériences visant à évaluer directement le « psi implicite », soit par des comportements apparemment sans rapport (*cf.* le modèle de Stanford), soit par des détecteurs physiologiques (comme dans les études sur le pressentiment, qui seront abordées plus loin dans cet ouvrage ; voir chap. 4). Dans la recherche que nous allons explorer maintenant, les participants restent conscients de la tâche psi et ont l'intention d'obtenir des informations sur la cible cachée, mais il y a des différences importantes par rapport à l'approche rhinienne de divination de cartes.

La première concerne la nature des « cibles » que les sujets tentent de deviner grâce à la PES et la manière dont ils s'y prennent. Au lieu d'une tâche répétitive et purement quantitative de divination à choix forcé, impliquant un ensemble connu de possibilités (les cartes Zener), les participants s'engagent ici dans une tâche de « réponse libre » : sur la base de ses impressions, images, sentiments ou pensées, la personne cherche librement à imaginer et à décrire la cible, qui peut représenter n'importe quoi et qui est sélectionnée au hasard parmi un grand nombre de possibilités. Ce n'est qu'après cette période d'exploration ouverte que commence la phase de choix forcé, au cours de laquelle on présente à la personne un nombre prédéterminé (N) de possibilités (la cible réelle et les leurres) et on lui demande de choisir l'image qui correspond le mieux à ses impressions (avec une probabilité de succès = $1/N$).

La deuxième différence essentielle est que les protocoles que nous examinerons dans cette section associent la tâche psi à des états de conscience non ordinaires. Cette décision ne nous paraît pas particulièrement surprenante aujourd'hui, étant donné la longue histoire de l'association entre ces états et le « paranormal », dans pratiquement toutes les cultures que

1. Les arguments en faveur de l'intérêt des expériences à choix forcé – en particulier pour les sujets sélectionnés – étaient en fait beaucoup plus nombreux que ne le soupçonnaient les parapsychologues eux-mêmes. Les méta-analyses mentionnées plus haut ne seront toutefois publiées que plusieurs décennies plus tard.

nous connaissons[1]. L'état de rêve, en particulier, est l'état le plus souvent associé à des expériences psi spontanées, comme le montrent de nombreuses enquêtes. Plusieurs « psys » et cliniciens avaient d'ailleurs remarqué que leurs patients rapportaient assez souvent des rêves qui semblaient contenir des informations justes concernant leur thérapeute, des informations qu'ils ne pouvaient absolument pas connaître par des moyens normaux (voir chap. 9).

2.4.1. La perception extra-sensorielle en rêve

Le psychiatre et psychanalyste Montague Ullman décida ainsi, au début des années 1960, de lancer une recherche sur la télépathie en rêve. Celui-ci étant directeur du département de psychiatrie de l'hôpital Maimonides, à New York, il avait accès à des appareillages de mesures physiologiques qui permettaient à un observateur extérieur de savoir si la personne endormie était en sommeil paradoxal et donc en mesure de raconter le rêve qu'elle était en train de faire[2].

Pour une expérience de télépathie, l'émetteur devait regarder plusieurs fois au cours de la nuit l'image-cible, à savoir un dessin ou une photographie choisie aléatoirement à partir de la banque d'images utilisée pour ces expérimentations. Le récepteur qui dormait dans une autre pièce, acoustiquement isolée, se donnait simplement pour objectif d'incorporer dans ses rêves des éléments de l'image-cible observée par l'agent. Le chercheur, dans une troisième pièce, attendait l'apparition des signaux REM sur l'appareil de mesure, laissait quelques minutes passées dans l'état de rêve, puis réveillait le sujet et lui demandait de raconter son rêve. Puis le sujet s'endormait à nouveau. Ce cycle se répétait plusieurs fois dans la nuit, pour chaque phase REM, soit approximativement toutes les 90 minutes.

Le matin, après avoir relu tous ses récits de rêve, on présentait au récepteur huit images qu'il devait classer en fonction de leur degré de correspondance avec les éléments et les thèmes de ses rêves. Enfin, une fois les choix enregistrés, l'expérimentateur demandait à l'émetteur de sortir de la pièce dans laquelle il était enfermé et de révéler l'image-cible sur laquelle il s'était concentré – et qu'il était seul à connaître. Un succès pour la session était compté si la cible choisie par le récepteur était parmi les quatre premières options (probabilité de réussite par le hasard seul = 50 %). L'évaluation était faite également par des juges « aveugles », ayant accès seulement au lot des huit images et aux récits écrits des rêves.

Depuis le lancement de ces études en 1962 jusqu'à la fermeture du laboratoire de rêves en 1978, l'équipe de l'hôpital Maimonides a complété au total treize études formelles dont onze axées sur la télépathie et deux sur la précognition (dans ce dernier cas, la cible étant générée après le réveil de

1. De manière significative, la recherche combinant la réponse libre et les états non ordinaires de conscience est assez analogue aux recherches menées à la fin du XIXe et au début du XXe siècle avec les médiums, qui entraient généralement dans une transe auto-induite ou un état dissociatif et à qui l'on demandait de donner des descriptions ouvertes de la « cible », qu'il s'agisse d'un objet, d'une personne, ou de supposés esprits de défunts.
2. Les systèmes de mesure utilisés étaient l'électroencéphalogramme et l'électro-occulogramme, qui permet l'identification des périodes de *rapid eye movement* ou REM. Les phases de sommeil paradoxal, associées à ces mouvements oculaires rapides, donnent lieu à un meilleur rappel de rêve, mais les rêves peuvent survenir à d'autres moments de la nuit (voir chap. 13).

l'individu). Globalement les résultats furent très impressionnants. Dans une méta-analyse parue en 1985, Irvin Child (1985), se basant strictement sur les évaluations de juges aveugles a estimé, sur quatre cent cinquante sessions, un taux de réussite de 63 %, ce qui, comparé au taux de 50 % attendu du hasard, correspondait à $p = 1.46 \times 10\text{-}8$ (soit une probabilité d'environ 75 millions contre 1). Mise à part cette évaluation quantitative, il faut ajouter que les correspondances entre cibles et rêves étaient souvent frappantes, comme le montre cet exemple :

Quelque chose au sujet de Madison Square Garden...
Un combat de boxe.
Une forme angulaire, comme si tout ce que je voyais se trouvait dans un cadre rectangulaire.
Ce coin droit anguleux de la figure est lié au combat de boxe.

Dans les méta-analyses de Child et les suivantes (Roe & Sherwood, 2003 ; Krippner & Friedman, 2010 ; Baptista, Derakhshani & Tressoldi, 2014 ; Storm *et al.*, 2017), il est démontré que les critiques de cette série d'expérimentations réalisées à l'hôpital Maimonides étaient généralement peu fondées : ce long et innovant programme de recherche méritait et mérite toujours d'être poursuivi par d'autres laboratoires. Toutefois, il faut reconnaître que l'approche était clairement coûteuse en termes de ressources humaines et matérielles[1] et que la seule réelle tentative de réplication complète (Foulkes *et al.*, 1972) a été un échec, ce qui n'a certainement pas encouragé la poursuite de ce type de recherche[2]. Depuis, d'autres chercheurs ont

1. Dans les expériences de Rhine chaque essai ne prenait que quelques secondes – tandis qu'un seul essai sur le rêve télépathique requérait une nuit entière dans un laboratoire équipé en matériel et en experts, et une expérimentation avec une cinquantaine de sessions pouvait s'étaler sur plusieurs mois.
2. On peut discuter la revendication de « réplication » ici, car, comme l'a remarqué le chercheur principal David Foulkes, les procédures adoptées et l'atmosphère psychologique et interpersonnelle étaient très éloignées de ce qui était la norme pendant les expériences à l'hôpital Maimonides.

repris l'étude du psi dans les rêves, avec une approche bien plus simple que celle de Ullman et Krippner, et des résultats prometteurs[1].

Toutefois, dans la suite de ce chapitre, nous allons rester au sein du laboratoire de l'hôpital Maimonides, où les travaux sur les rêves se sont progressivement transformés pour aboutir à l'un des protocoles le plus réussi de l'histoire de la parapsychologie : le Ganzfeld.

2.4.2. La perception extra-sensorielle et le dispositif Ganzfeld

Charles Honorton, un des membres de l'équipe du Maimonides, était convaincu que la voie associant la télépathie aux états non ordinaires de conscience avait un grand potentiel mais qu'il fallait trouver une approche moins « lourde » et qui serait *in fine* plus facile à répliquer par d'autres chercheurs. S'inspirant peut-être des idées de Bergson et de Broad, Honorton (1977) a suggéré que nos fonctions sensorimotrices et cognitives « normales » tendent à ancrer notre attention sur le monde extérieur et les nécessités biologiques et sociales de la vie quotidienne ; en fait, elles agissent comme du « bruit » étouffant des formes d'information beaucoup plus subtiles et bloquent toute possibilité de psi. Dans un article qui a fait date, Honorton (1977) résume de nombreuses études qui ont démontré expérimentalement un lien entre les résultats psi et l'hypnose, la visualisation, la relaxation, la méditation et la privation sensorielle[2]. Le point commun entre ces différentes procédures, suggère-t-il, est qu'elles réduisent toutes les distractions mentales et sensorielles – le bruit – et, en tournant l'attention de la personne vers son intérieur, augmentent la probabilité de détecter de faibles « signaux » psi[3].

Parmi ces différentes procédures de « réduction du bruit », Honorton a choisi de se concentrer sur le Ganzfeld[4]. Il s'agit d'une procédure de privation sensorielle destinée à mettre la personne dans un état similaire à celui qui précède le sommeil, l'état « hypnagogique » dans lequel des images étranges, des pensées non logiques ou même de brefs rêves commencent à surgir dans l'esprit.

Pour induire et prolonger cet état, la procédure Ganzfeld (qui signifie « champ global ») comporte plusieurs éléments. Le récepteur est confortablement installé dans un fauteuil incliné, dans une pièce insonorisée. Des demi-boules de ping-pong translucides sont placées sur ses yeux et un faisceau de lumière rouge illumine le champ de vision, créant une perception visuelle

1. L'approche dans ces études était très différente de celles de l'hôpital Maimonides : par exemple, le récepteur dormait chez lui, il n'y avait pas de systèmes de mesure physiologique pour signaler spécifiquement la période de rêve et seulement une faible proportion d'études a introduit des protocoles de télépathie. Voir la méta-analyse de Baptista *et al.* (2015) sur ces recherches et sur leur descriptif plus détaillé de l'étude la plus récente, initié par le département de psychologie de l'université d'Édimbourg, et donnant des résultats très probants.
2. Pour des revues récentes portant sur d'autres états de conscience ; notamment la méditation, voir Roney-Dougal (2015).
3. Comme l'a souligné Honorton, le lien entre le psi et les « états d'attention interne » a déjà été exploré en profondeur plusieurs milliers d'années auparavant, dans les sutras de Patanjali, le texte fondateur de la philosophie et de la pratique yogiques (Radin, 2014), avec évidemment un autre vocabulaire, pour des raisons historiques et culturelles bien compréhensibles.
4. Ce même protocole a été introduit pratiquement au même temps dans deux autres laboratoires, par William Braud et Adrian Parker (Braud, Wood & Braud, 1975 ; Honorton & Harper, 1974 ; Parker, 1975).

uniforme. Des écouteurs placés sur les oreilles diffusent un bruit blanc, créant un champ auditif uniforme qui masque partiellement la voix de la personne lorsqu'elle parle (voir figure 3.2).

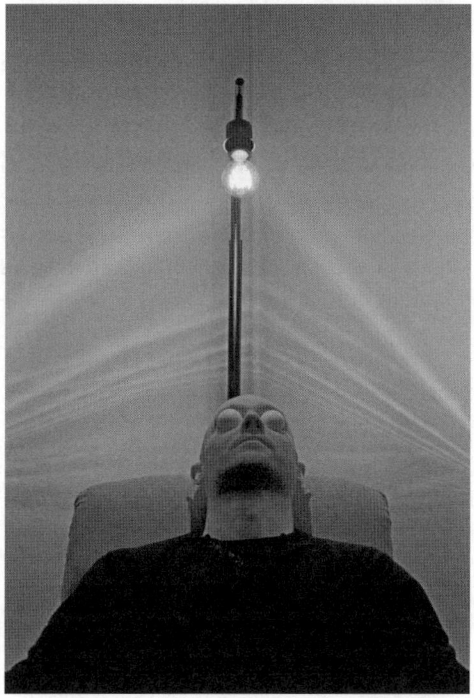

Figure 3.2 – Le dispositif Ganzfeld

La session commence par une séquence audio préenregistrée de relaxation, suivi par l'augmentation du volume du bruit blanc : à partir de ce moment-là, le sujet se lance dans une sorte de « libre association » et doit partager toutes les pensées et les images qui lui viennent spontanément à l'esprit. La constance et la neutralité du champ audiovisuel ainsi que l'occultation partielle de la voix par le bruit blanc, ont tendance à produire un état légèrement dissocié chez le sujet et à accélérer le défilement spontané d'images, de souvenirs ou même de micro-rêves.

Dans une autre salle, un magnétophone enregistre la séance et l'expérimentateur note tout ce que raconte le sujet. Dans une troisième pièce, l'émetteur fixe son attention sur la « cible » choisie aléatoirement (selon l'expérience, une photo ou un extrait de film). Entre 30 et 40 minutes plus tard (selon le protocole), la phase « transmission » de la session se termine et on passe à la phase d'évaluation. Le récepteur sort du Ganzfeld et on lui présente quatre images dont une était la cible observée par l'émetteur. Sans savoir au préalable laquelle a servi de cible, il doit évaluer dans quelle mesure chaque image correspond à l'imagerie mentale et aux pensées qu'il a eues pendant la phase de transmission. Si le récepteur attribue la note la plus élevée au stimulus cible, l'essai est considéré comme un « succès ». Ainsi, les chances de trouver l'image-cible correcte sont ici de 1 sur 4 et les chercheurs peuvent évaluer statistiquement, après de nombreuses sessions, si l'expérience a mis la PES en évidence ou non.

Les premières expérimentations de ce type réalisées à l'hôpital Maimonides ont été statistiquement très significatives (Honorton & Harper, 1974 ; Terry & Honorton, 1976) ; et, comme avec les sessions sur les rêves télépathiques, on a observé des correspondances impressionnantes entre récit du sujet et cible, dont voici deux exemples.

Imagerie mentale : « Un chimpanzé (du film *2001, L'Odyssée de l'espace*) qui saute çà et là… des modes de vie de singes et de préhumains. Des images de chiens préhistoriques, des hommes simiesques préhumains… Quelle rude existence ils ont dû avoir ! L'image d'un ami de la famille, un policier, avec un uniforme bleu et un badge. »
Cible : Lancelot, chimpanzé détective.

Imagerie mentale : « Maintenant je vois des cercles, un énorme amas de cercles. Leurs tailles ne sont pas les mêmes… Certains sont vraiment larges et d'autres sont très petits – pas plus larges qu'un penny [monnaie britannique]. Ils n'arrêtent pas d'apparaître devant mes yeux, tous ces cercles de différentes tailles. Maintenant je vois des couleurs, une gamme complète de couleurs. Deux d'entre elles, l'or et l'argent, semblent se détacher mieux que toutes les autres. Je pressens quelque chose d'important, je ne peux dire quoi, mais j'éprouve un sentiment d'importance, de respect, de valeur. »
Cible : Pièces de monnaies rares.

Peu après ces premières études, d'autres chercheurs ont commencé à publier leurs propres recherches Ganzfeld. En 1981, on comptait quarante-deux études rapportées dans des revues spécialisées conduites par dix laboratoires différents, avec plus de la moitié d'entre elles montrant des résultats significatifs – alors que seulement deux (5 %) auraient dû être positives par le seul fait du hasard. Ce succès attira l'attention des critiques, notamment le psychologue Ray Hyman, qui publia une méta-analyse sur les recherches Ganzfeld (Hyman, 1985). Son verdict : les recherches cumulées n'étaient pas d'une qualité suffisante pour persuader un chercheur sceptique. Parmi ses arguments, il évoqua la possibilité qu'il existe de nombreuses études non publiées ayant eu des résultats non significatifs – ce que nous appelons en méta-analyse le problème de « l'effet tiroir ». C'est un vrai problème dans tout champ de recherche bien que, dans celui de la parapsychologie, il y ait, depuis des décennies, une politique assez explicite de publication des résultats négatifs[1]. Mais, comme l'a expliqué Robert Rosenthal (1986), on peut évaluer, sur la base de la taille d'effet, combien de telles études non significatives et non rapportées seraient nécessaires pour annuler l'effet cumulatif de celles connues. En se basant sur une moyenne de trente sessions pour chaque étude, Honorton démontra qu'il faudrait environ douze mille sessions d'une heure chacune pour annuler le résultat cumulé, soit environ cinq années de recherche, six jours par semaine et huit heures par jour, sans tirer profit de ce travail de l'ombre.

Deux autres arguments de Hyman méritaient une réponse bien plus concrète.

- **Rigueur méthodologique :** les expérimentations comportaient de possibles failles méthodologiques comme, par exemple, la possibilité que l'émetteur ait laissé des indices sensoriels sur l'image cible, ce qui aurait pu avoir tendance à favoriser sa sélection par rapport aux leurres, lors de la phase du choix par le récepteur. Pour appuyer cet argument, Hyman a calculé une corrélation entre le score de rigueur méthodologique qu'il a attribué à chaque étude et son niveau de signification statistique ; il a prétendu montrer que plus une expérimentation possédait de failles et plus cette étude avait tendance à donner justement des résultats significatifs. Honorton a reconnu que des failles méthodologiques existaient, spécialement dans les premières expérimentations, mais il a également montré que les études les plus rigoureuses et possédant le moins de failles montraient des résultats aussi positifs que les moins rigoureuses. Il a aussi noté que Hyman n'attribuait pas les défauts de manière objective ; il avait une tendance à les attribuer plus aisément aux études ayant des résultats positifs qu'aux études ayant échoué, bien que les mêmes défauts puissent aussi être présents. En d'autres termes, la preuve à charge centrale de Hyman – cette corrélation entre la présence de failles et les résultats significatifs – avait été créée artificiellement.
- **Multiples analyses :** la question la plus légitime soulevée par Ray Hyman concernait la diversité des analyses statistiques utilisées pour évaluer les résultats des études. Lorsque

1. Blackmore (1980), parapsychologue à tendance largement sceptique et critique, avait déjà étudié la question et avait découvert dix-neuf expérimentations non publiées, sept d'entre elles (37 %), ayant des résultats significatifs. Sa conclusion était que « le défaut introduit par une publication sélective des rapports ne contribue pas de façon fondamentale à la proportion générale de résultats significatifs et au succès apparent de cette procédure ».

l'on obtient un résultat déjà positif, bien que peu élevé, certaines méthodes de traitement statistique le rendront significatif, d'autres non. Il suffirait ainsi au chercheur de sélectionner celle qui lui fournira les meilleurs résultats. Ce choix de l'interprétation mathématique des résultats étant susceptible d'augmenter le taux d'expériences significatives, Honorton réexamina les quarante-deux expérimentations de Ganzfeld et sélectionna seulement celles qui pouvaient être analysées en fonction d'un critère unique, celui du « succès direct » (les essais dans lesquels les sujets avaient, ou non, défini la cible comme leur premier choix). De cette manière, il était en mesure de vérifier si la signification statistique était valide ou seulement due à un artefact généré par la méthode statistique adoptée.

Parmi les quarante-deux études, vingt-huit permettaient l'analyse des succès directs. Elles provenaient de dix laboratoires différents et regroupaient un total de 835 sessions de Ganzfeld. En utilisant cette base de données et en choisissant l'estimation statistique la plus conservatrice, il s'avéra que vingt-trois études sur vingt-huit (soit 82 %) donnaient des résultats positifs, alors que l'on ne se serait attendu qu'à la moitié par le seul fait du hasard. De plus, douze (43 %) parmi elles avaient des résultats positifs dépassant le seuil de signification statistique, fait estimé à une chance sur 300 millions (Honorton, 1985).

2.4.3. Débats sur le Ganzfeld et communiqué conjoint Hyman-Honorton

Les débats en étaient arrivés à la troisième version de la critique d'Hyman et la troisième réponse d'Honorton lorsqu'un événement proprement stupéfiant eut lieu : les deux opposants décidèrent de co-écrire un article final déclarant que, bien qu'ils continuassent d'avoir des vues divergentes sur l'évaluation des failles méthodologiques et sur l'importance des études non rapportées, ils reconnaissaient d'un commun accord que les résultats du Ganzfeld « ne pouvaient pas être expliqués par de simples biais méthodologiques » :

> « Nous sommes d'accord sur le fait qu'il existe un effet global significatif dans cette base de données qui ne peut raisonnablement pas être expliqué par des rapports sélectifs ou des analyses multiples. Nous continuons à diverger dans notre évaluation de considérer cet effet comme preuve du psi, mais nous convenons que le verdict final nécessite le résultat d'expériences futures menées par un plus grand nombre d'investigateurs et selon des normes plus strictes » (Hyman & Honorton, 1986, p. 351).

Dans ce communiqué conjoint, ils déclarèrent également : « Au-delà d'une sélection dans les rapports ou des niveaux de signification gonflés, quelque chose semble produire des résultats qui ne peuvent être dus au hasard » (Honorton & Hyman, 1986). En d'autres termes, bien qu'Hyman n'acceptât pas l'hypothèse du psi, il concéda que lui-même n'était pas en mesure de vraiment expliquer les résultats des tests de la PES obtenus avec le dispositif Ganzfeld.

Le communiqué conjoint se terminait par un ensemble de propositions décrivant un protocole « idéal » qui, théoriquement, devrait convaincre les sceptiques les plus durs.

2.4.4. L'auto-Ganzfeld des Psychophysical Research Labs et ses prolongements

Une telle série de dix expérimentations a été réalisée peu après aux Psychophysical Research Labs (PRL) à Princeton. Conduites par huit expérimentateurs différents, et impliquant plus de deux cents sujets qui ont contribué à un total de 329 sessions, entièrement contrôlées par ordinateur (phase de jugement comprise), les expériences d'« auto-Ganzfeld » ont donné des résultats très significatifs dans des conditions très bien contrôlées (Honorton, Berger, Varvoglis, Quant, Derr, Schechter & Ferrari, 1990). Bem et Honorton (1994) ont publié dans le *Psychological Bulletin* une méta-analyse de ces 10 études de Ganzfeld automatisées, rapportent un taux de réussite de 32,2 % ($Z = 2{,}89$, $p = 0{,}002$), là où le hasard aurait dû conduire à un taux de réussite de seulement 25 % : au lieu de deviner la bonne cible une fois sur quatre, les sujets y parvenaient en moyenne près d'une fois sur trois.

2.4.5. Quelques exemples

« Il y a un autre homme avec une barbe...
Et il est dans les buissons et il est un peu colonial et il ressemble à Robin des Bois.
Et il porte un chapeau.
Et je peux le voir de derrière et voir son chapeau, et il a un sac sur l'épaule...
Un pigeon assis sur un rebord de fenêtre. Il regarde un panneau d'affichage. Il y a écrit "Coca Cola" dessus. »

« Je pense à des guides, comme des guides spirituels, qui me conduisent.
Et j'entre, comme dans une cour, avec un roi. Et le roi est quelque chose comme Jésus.
Femme
Prière
Funérailles
C'est sombre, la mort. »

« Un merle noir... Il y a une ombre sombre d'un merle noir avec un bec très pointu avec les ailes vers le bas. Le bec ressemble presque à une aiguille.
Quelque chose qui volerait, ou qui vole. On aurait dit un gros perroquet avec de longs pieds sur un perchoir.
Un grand, énorme, énorme aigle, avec les ailes d'un aigle déployées.
La tête d'aigle, une tête blanche et des plumes foncées dans le dos. »

« Je retrouve à nouveau des flammes...
Et maintenant, dans ces nouvelles images, le feu prend un sens très menaçant.
J'ai eu une image d'un volcan avec de la lave en fusion à l'intérieur du cratère. Mais je n'ai pas eu un sens de chaleur en rapport avec les flammes.
Maintenant, je pense à l'eau comme un moyen d'éteindre les flammes. »

Cette série d'expériences de PRL a motivé d'autres laboratoires, les conduisant à utiliser le Ganzfeld comme technique de recherche sur le psi. Une nouvelle méta-analyse réalisée par Milton et Wiseman (1999), comprenant trente études postérieures à la série PRL (de 1987 à la date butoir de 1997) a donné un résultat nul, avec un taux moyen de réussite de 27,55 %. Les auteurs ont conclu que les résultats du Ganzfeld n'ont pas été reproduits par un « éventail plus large de chercheurs » (Milton & Wiseman, 1999, p. 391), conclusion fréquemment citée dans les cercles sceptiques comme preuve de la non-reproductibilité du psi.

Deux ans plus tard, Bem, Palmer et Broughton (2001) ont publié une nouvelle méta-analyse incluant les trente de Milton et Wiseman (1999) plus dix nouvelles études Ganzfeld conduites depuis 1997. Le taux moyen de réussite pour ces quarante études post-PRL était de 30,1 %, ce qui redevenait significatif (p = .0048). De plus, les auteurs ont montré que la chute du taux de réussite rapportée par Milton et Wiseman (1999) était due à une importante hétérogénéité dans les études incluses dans leur méta-analyse. En effet, un certain nombre de chercheurs, intéressés par de nouvelles hypothèses, avaient dévié considérablement du protocole « classique » du Ganzfeld, tel qu'il avait été conçu et pratiqué depuis des décennies, en utilisant de multiples cibles au cours d'une session, ou des cibles auditives plutôt que visuelles, ou en introduisant des drogues psychédéliques, ou bien encore en supprimant l'émetteur et en explorant ainsi la clairvoyance plutôt que la télépathie. Bem et ses collègues (2001) ont mesuré formellement l'impact de ces divergences sur les résultats, en demandant à des « juges » externes d'évaluer la conformité de chaque étude au Ganzfeld « standard », sur une échelle de 1 (très peu conforme) à 7 (parfaitement conforme). Pour chaque étude, les juges « aveugles » n'avaient à leur disposition que le descriptif de la procédure utilisée ainsi que celui de la procédure du Ganzfeld standard, telle qu'elle était décrite dans l'article de Bem et Honorton (1994) et toute information liée aux résultats avait été supprimée. Le bilan était clair : les études avec des notes de conformité de 1 à 3 avaient un taux de réussite de 24 %, c'est-à-dire au niveau du hasard ; celles de 5 à 7 (1 278 essais, 29 études), montraient un taux moyen de réussite de 31,2 % (p = 0,0002). Celles ayant une note de 6 ou 7 (974 essais, 21 études) avaient un taux de réussite de 33 % – ce qui était pratiquement identique à la réussite des PRL.

La question de la « conformité » a été revue plus tard par Baptista et Derakhshani (2014), mais cette fois-ci en se centrant plus spécifiquement sur le profil des participants aux différentes études. Dans leur rapport sur les études des PRL, Honorton et ses collègues (1990) avaient en effet souligné l'importance de plusieurs facteurs personnels liés aux résultats positifs[1] :

- la pratique d'une discipline mentale (méditation, yoga, visualisation ou rêve éveillé, etc.) ;
- une forte conviction quant à la réalité des phénomènes psi[2] ;
- un profil « Sentiment-Perception » sur le Myers-Briggs Type Inventory[3].

La très grande majorité des 240 participants aux expériences des PRL avaient au moins un de ces traits « favorables au psi ». Le taux de réussite dans les sessions Ganzfeld ayant un seul de ces traits était de 31 %, tandis qu'il montait à 42 % pour ceux qui avaient les trois traits[4].

Dans leur conclusion, Bem et Honorton (1994) ont explicitement souligné l'importance de ces facteurs, ainsi que celle d'une ambiance chaleureuse au laboratoire, notamment entre les expérimentateurs et les sujets testés, pour la meilleure réussite possible des futurs Ganzfeld, tout en affirmant que « les étudiants en milieu universitaire choisis aléatoirement dans un cours d'introduction à la psychologie ne constituent pas une cohorte optimale de participants » (Bem & Honorton, 1994, p. 13).

Malgré cet avertissement, les études « post-PRL » n'ont pas toujours fait très attention à cette sélection de traits « favorables au psi », comme le montrent Baptista et Derakshani (2014). Sur les trente études analysées par Milton et Wiseman (1999), on n'en retrouve que trois, c'est-à-dire 10 %, qui incluent des sujets avec au moins un de ces « traits favorables » (Morris, Cunningham, McAlpine & Taylor, 1993 ; McDonough *et al.*, 1994 ; Morris *et al.*, 1995) Or, pour ces trois études, le taux de réussite était de 34,2 %, c'est-à-dire, une fois encore, comparable à celui des PRL. De même, dans une méta-analyse couvrant les études Ganzfeld jusqu'en 2008 (Storm *et al.*, 2010), on retrouve à nouveau un écart très significatif entre les études s'appuyant sur des participants sélectionnés (14 études, 748 essais, taux de réussite 40,1 %) et celles effectuées avec des sujets non sélectionnés (15 études, 886 essais, taux de réussite 27,3 %)[5].

Terminons avec une dernière méta-analyse, qui actualise celle de Storm et ses collègues (2010), avec neuf nouvelles études parues entre 2009 et 2018 (Tressoldi & Storm, 2023). Le taux moyen de réussite pour ces nouvelles études, impliquant au total 471 essais, était de

1. Honorton (1997) ajoutera un quatrième facteur prédictif, probablement redondant : des performances du sujet novice à d'autres tests psi.
2. La pertinence de ce facteur comme prédicteur des résultats expérimentaux a été proposée par le professeur Gertrude Schmeidler (1943), quand elle a montré que les personnes qui croient en la possibilité d'obtenir des phénomènes psi lors d'une expérimentation (les « brebis ») ont de meilleurs scores sur de tests psi que ceux qui croient le contraire (« les boucs », voir chap. 1) ; au cours des années, cette relation entre croyance et performance a été démontrée de manière répétée, comme l'attestent les méta-analyses de Lawrence (1993) et celle de Storm et Tressoldi (2017).
3. Les personnes désignées « Sentiment-Perception » ont une préférence pour un mode de vie souple et spontané, basé sur des valeurs personnelles plutôt que sur des évaluations objectives et logiques.
4. Cette relation entre les traits du sujet et la performance psi Ganzfeld a été confirmée indépendamment dans les études de Broughton, Kanthamani, & Khilji (1990) et Kanthamani et Broughton (1994).
5. Il y a certainement d'autres traits qui favorisent la réceptivité psi. À noter, par exemple, les six études Ganzfeld (367 essais) utilisant des sujets créatifs et/ou de formation artistique qui ont produit un taux de réussite moyen de 41 % (Derakhshani, 2014).

31 %, et la taille d'effet moyenne de 0,119, ce qui était très proche de l'effet constaté pour les études précédentes. En fusionnant ces données avec celles de la méta-analyse antérieure, les auteurs arrivent à un ensemble de trente-huit études, publiées entre 1997 et 2018, avec une taille d'effet moyenne de 0,133.

Le Ganzfeld demeure ainsi l'approche expérimentale de « réduction de bruit » la plus utilisée en parapsychologie, avec cent dix-sept études conduites dans une quarantaine de laboratoires depuis presque cinquante ans et une rigueur méthodologique indéniable à partir des études PRL dans les années 1980. Comme l'indiquent Tressoldi et Storm (2023), 75 % des études ont produit des résultats positifs, dont 33 (28 %) à un niveau statistiquement significatif, alors que le hasard seul n'en prédit que 5 %. Le taux moyen de réussite, sur une totalité de presque quatre mille sessions, tourne autour de 31 % (au lieu de 25 %) et la taille d'effet est de 0,15, un effet modeste mais extrêmement significatif et pratiquement dix fois supérieur à celui obtenu dans les études de « choix forcé » (sur les méta-analyses prospectives de la PES en Ganzfeld, voir chap. 10).

2.5 Mettre le psi au travail : le *remote viewing*

À première vue, le *remote viewing* (ou « vision à distance ») semble n'être qu'un autre terme pour désigner la PES et une autre méthode qui explore la possibilité d'obtenir des informations sur des sites ou des événements distants grâce à des capacités psychiques. Dans les séances de télépathie, un site cible est choisi au hasard dans une base de données et l'expérimentateur itinérant s'y rend pendant 20 ou 30 minutes. Entretemps au laboratoire, le *viewer* tente de décrire ou de dessiner les environs de l'expérimentateur itinérant. Dans les séances axées sur la clairvoyance, il n'y a pas d'« émetteur » : on peut donner aux personnes testées uniquement la longitude et la latitude d'un lieu et leur demander de rapporter ce qu'elles « voient » à cet endroit. Enfin, dans les séances axées sur la précognition, le moniteur peut donner au sujet la consigne suivante :

> « Je vais vous montrer une image cible demain à 16 heures. Il s'agit d'un endroit situé quelque part sur la planète Terre. Pouvez-vous me le décrire avec le plus possible de détails ? Je n'ai aucune idée de ce qu'est la cible, et personne d'autre non plus. Elle sera choisie au hasard par un ordinateur à 15 h 59 demain[1]. »

Pourtant, bien que ressemblant superficiellement à d'autres méthodes d'étude de la PES, le *remote viewing* (RV) se distingue en fait de toutes les autres approches et a légitimement gagné une place distincte dans le panthéon de la recherche sur le psi.

Tout d'abord, l'une de ses caractéristiques distinctives est sa méthode de « collecte de données ». Contrairement au Ganzfeld, par exemple, où le récepteur est placé en isolation

1. Cité dans (Schwartz, 2017).

sensorielle et laissé seul pour « associer librement » sur l'image cible, les remote viewers sont activement « coachés » par une personne assise à côté d'eux, le moniteur, qui peut encourager le fait qu'ils restent dans un état d'esprit non analytique ou les inciter à explorer mentalement le site cible sous différentes perspectives[1]. Stephan Schwartz (2017), figure emblématique du RV appliqué, résume la philosophie de collaboration de cette approche :

> « Une séance de *remote viewing* consiste essentiellement en un accord entre deux personnes, un contrat d'intention, en vue d'une conversation très ciblée dans un but précis, une personne posant des questions et l'autre y répondant. C'est une expérience très naturelle et intime… Au lieu de considérer la session de collecte de données comme la performance du "sujet" évaluée par un "expérimentateur" détaché, […] la personne qui fournit les informations sur la perception non locale et la personne qui réalise l'étude sont liées par un contrat d'intention partagé par tous. »

En second lieu, lorsque nous examinons des paradigmes de laboratoire tels que le Ganzfeld, la télépathie par le rêve, le choix forcé d'une carte ou le psi inconscient, nous avons du mal à percevoir leur pertinence pragmatique immédiate, c'est-à-dire la façon dont leurs résultats peuvent se traduire par des applications utiles au quotidien. En revanche, la plupart des programmes de RV ont spécifiquement cherché à évaluer la faisabilité d'une « technologie psi » qui pourrait être utilisée dans divers domaines où l'accès « normal » à l'information est inadéquat ou insuffisant. Par exemple, la Mobius Society de Stephan Schwartz était presque exclusivement consacrée à l'exploration du passé – c'est-à-dire aux applications archéologiques du RV[2] – et d'autres ont exploré l'utilisation du RV pour sonder l'avenir, en particulier pour guider les investissements financiers sur le marché boursier[3].

Mais le programme le plus notoire et le plus durable, connu sous le nom de « Stargate », est un programme militaire américain qui visait à déterminer si le RV pouvait être utilisé de manière fiable pour recueillir des renseignements sur l'Union soviétique (nous sommes à l'époque de la Guerre froide), des groupes terroristes ou d'autres « ennemis potentiels de l'État » (Schnabel, 1997).

Cela nous amène à la troisième caractéristique du RV : il a été de loin la forme de recherche psi la plus « médiatisée » de ces dernières années. Les programmes de recherche sur le RV

1. Il va sans dire que le moniteur du viewer (« voyant » à distance) est totalement « aveugle » quant à la nature du site cible.
2. Bien que s'arrêter plus précisément sur le travail de Stephan Schwartz dépasse le cadre du présent article, le lecteur intéressé pourra consulter son excellent résumé du *remote viewing* et de ses applications (Schwartz, 2015) ou les comptes rendus de son travail dans The Alexandria Project (Schwartz, 2001). Voir également son article dans la *Psi Encyclopedia* en ligne (Schwartz, 2017).
3. Bierman et Rabeyron (2013) ont analysé les résultats de tous les essais de *remote viewing* visant explicitement les décisions d'investissement financier. Ils ont localisé dix-sept études de ce type et, à des fins d'analyse, ont converti tous les résultats en une mesure commune de réussite (« succès » ou « échec »). Leur rapport montre un taux de réussite moyen de 63 %, avec une taille d'effet significative de 0,2. Pour un aperçu des applications financières du *remote viewing*, voir Jenkins (2015).

ont été menés dans des centres de recherche prestigieux, tels que le département d'ingénierie de l'université de Princeton et le SRI International – un important « think tank » et centre de recherche, participant notamment à un large éventail de projets de défense et de renseignement – et ont été publiés dans des revues prestigieuses telles que *Nature* et les *Proceedings of Institute of Electrical and Electronics Engineers*. D'un point de vue purement médiatique, les programmes du RV, tels que le célèbre projet « Stargate », ont connu un grand succès populaire après la déclassification, dans les années 1990, des dossiers du gouvernement américain révélant l'existence d'un programme secret de parapsychologie, financé pendant vingt-quatre ans par diverses agences de renseignement, telle que la DIA[1]. L'idée que des agences étasuniennes de renseignement aient poursuivi des programmes avec des personnes hautement qualifiées qui pouvaient potentiellement recueillir des informations sur des lieux éloignés ou des événements cachés a fait l'effet d'une bombe à la fois scientifique et médiatique. Cela s'est traduit par une vague sans précédent d'articles de magazines, de livres, de documentaires et d'émissions de télévision évoquant les succès et les controverses de ces programmes qualifiés d'« espionnage psychique ». Même lorsque la couverture médiatique s'est calmée, la fascination pour le RV s'est maintenue et des communautés en ligne ont commencé à apparaître, encourageant les chercheurs, les personnes simplement enthousiasmées par ces questions et les praticiens du RV à partager leurs expériences, à discuter des théories et à proposer des ressources de formation liées au RV et à l'exploration parapsychologique[2].

Bien que les programmes de *remote viewing* aient été poursuivis par un certain nombre de chercheurs et de centres de recherche, nous nous concentrerons ici sur le programme parrainé par le gouvernement américain, connu sous le nom de « projet Stargate ».

2.5.1. Deux décennies de recherche financée par le gouvernement

Ce programme gouvernemental a certainement constitué l'effort de recherche le plus soutenu et le plus important de l'histoire de la parapsychologie. Malgré l'excellence méthodologique – surtout après les premières années plutôt exploratoires – et malgré les comités de surveillance scientifique de haut niveau qui approuvaient chaque décision clé des chercheurs, le programme a connu de nombreux hauts et bas. En effet, au sein de la communauté des professionnels du renseignement, deux positions opposées s'exprimaient. Il y avait ceux qui souhaitaient fondamentalement fermer ce programme, craignant l'embarras qui pourrait survenir s'il était publiquement révélé qu'ils finançaient des projets aussi « marginaux » et ceux qui voyaient une grande promesse dans la possibilité d'obtenir des informations autrement inaccessibles, sans aucun risque pour les personnes sur le terrain.

1. Au total, une dizaine d'agences militaires et civiles ont financé à différents moments le « projet Stargate », la Defense Intelligence Agency ou DIA étant le contributeur le plus important suivi par la US Army Medical Research and Development Command (USAMRDC). Contrairement à une idée souvent diffusée par les médias, la CIA n'a pas joué un rôle important ayant contribué 1 % de fonds pour le programme.
2. Voir par exemple *https://www.irva.org/website* de l'International Remote Viewing Association.

En fin de compte, au-delà des méta-analyses, des résultats statistiquement significatifs et des tailles d'effet, il y a un fait évident qui atteste de la valeur du programme : les « clients » – c'est-à-dire les agences de renseignement – sont revenus encore et encore, avec de nouvelles tâches et de nouvelles missions pour les viewers experts. Examinons ce point : quelles auraient dû être les chances de survie d'un programme aussi controversé que celui-ci, s'il n'avait pas produit des preuves convaincantes, non seulement de l'existence d'un effet, mais aussi de son utilité ? À mon avis, les sceptiques – la position conservatrice – auraient facilement gagné du terrain sur les défenseurs du programme et celui-ci aurait été enterré au bout de deux, voire trois ans[1].

Créé par les physiciens Hal Puthoff et Russell Targ en 1973, le programme RV du SRI a pris son essor à la suite de quelques démonstrations stupéfiantes de *remote viewing* à l'intention de sponsors potentiels de la communauté du renseignement. Dans l'une de ces démonstrations, le commissaire de police Pat Price et l'artiste Ingo Swann, tous deux « experts » en RV, ont reçu chacun uniquement un ensemble de coordonnées géographiques et ont été invités à décrire ce qu'ils « voyaient » à cet endroit. Ils ont ensuite donné un compte rendu assez détaillé d'une installation souterraine secrète américaine en Virginie occidentale, allant même jusqu'à nommer certains membres du personnel qui s'y trouvaient et arrivant à identifier certains codes secrets. C'était un peu trop pour les commanditaires du renseignement et cela a donc déclenché une enquête de sécurité pour fuite d'informations !

En 1974, Puthoff et Targ ont publié un premier article dans la prestigieuse revue interdisciplinaire *Nature*, faisant état de trois expériences, dont l'une portait sur la « vision à distance de sites éloignés » (dans un protocole où la télépathie pourrait également être évoquée) ; elle comportait neuf sessions, avec Price en tant que viewer, Targ en tant que « moniteur » et Puthoff en tant qu'« expérimentateur itinérant ». Le protocole comportait trois étapes :

- un scientifique sans lien avec le programme sélectionnait au hasard un site parmi un ensemble prédéfini de possibilités (toutes à moins de 30 minutes du SRI) ;
- une enveloppe scellée contenant le nom du site était remise à Puthoff, qui s'y rendait en voiture et y restait, pendant 20 à 30 minutes ;
- à l'heure convenue, Targ lançait la session, demandant à Price de décrire librement ou de dessiner le site sur lequel se trouvait Puthoff.

À l'issue des neuf sessions, un « juge aveugle » a visité tous les sites avec les descriptions de Price et a tenté de les faire correspondre. En fait, il a obtenu sept correspondances correctes sur neuf, un résultat statistiquement significatif qui confirmait les fortes correspondances qualitatives dans les transcriptions.

L'article de *Nature* décrivant cette expérience a suscité un tollé et a été accueilli par des arguments sceptiques, les plus élaborés étant ceux proposés par les psychologues Marks et

1. Il convient de souligner qu'il aurait été naïf de s'attendre à ce que le *remote viewing* soit un remède miracle capable de produire, en soi, des informations totalement fiables et sûres : les chercheurs et les clients ont semblé reconnaître, dès le départ, qu'il devait être considéré comme un complément aux autres sources de renseignements, et non comme un substitut.

Kamman (1978). Leur principale objection : il se peut qu'il y ait des indications indirectes, qui auraient aidé le juge consciemment ou inconsciemment a associé le descriptif de Price avec les sites-cibles. Par exemple, une déclaration du sujet sur le temps orageux pouvait aider le juge à se concentrer sur les sites qui étaient « cibles » un jour où ils se souvenaient que le temps avait été orageux ou que des allusions à l'ordre des cibles avaient pu se glisser au milieu de la description du site. Il s'agissait de critiques fondées en principe mais les psychologues l'ont poussé à la limite du crédible en affirmant que, une fois ces indices indirects ôtés, il ne restait plus aucune preuve de transmission d'informations extrasensorielles. Et pourtant, les correspondances qualitatives entre les déclarations de Price et les sites choisis étaient souvent si frappantes qu'elles rendaient tout indice indirect accessoire.

Par exemple, lorsque la cible était un port de plaisance dans la baie de San Francisco, le récit de Price commençait ainsi : « Ce que je regarde, c'est une petite jetée pour bateaux ou un quai pour bateaux le long de la baie… Je vois des petits bateaux, des vedettes à moteur (*sic*), des petits voiliers… » Lorsque la cible était la tour Hoover, un point de repère sur le campus de l'université de Stanford, il a décrit des tours et a terminé en disant : « …il semble que ce soit la tour Hoover ». Lorsque la cible était un complexe de piscines avec deux bassins, l'un rectangulaire de 75 × 100 pieds et l'autre circulaire de 110 pieds de diamètre, il a dessiné la zone cible comme étant centrée autour de deux piscines, l'une rectangulaire qu'il a dimensionnée à 60 × 89 pieds, l'autre circulaire qu'il a dimensionnée à 120 pieds de diamètre.

Quoi qu'il en soit, ce n'était que le début du *remote viewing* au SRI et, au fil des ans, les procédures ont évolué et se sont étendues à l'étude d'autres formes de PES, au-delà de l'approche « télépathique » mentionnée ci-dessus. En effet, à partir de 1985, lorsque le physicien Edwin May a pris la direction du programme, les études du SRI se sont progressivement orientées vers une recherche plus « fondamentale », tandis que les enquêtes sur l'« espionnage psychique » étaient menées dans une autre installation secrète du gouvernement[1].

May et ses collègues (1989, 1990) ont publié une méta-analyse de toutes les recherches psi du SRI entre 1973 et 1988, couvrant 154 expériences et impliquant 227 personnes qui ont contribué à un total de 1 000 sessions de RV ainsi qu'à environ 20 000 essais de type choix forcé. Les tailles d'effet pour les essais de type RV étaient significativement plus élevées que celles des essais à choix forcé (0,21 contre 0,05) ; en particulier pour les résultats RV, 6 *viewers* « experts » – qui ont contribué à environ 20 % des mille essais – ont eu des effets significativement plus importants que les « novices » (taille d'effet 0,38 *versus* 0,16)[2]. Il est à noter que

1. Basé à Fort Meade, dans le Maryland, ce deuxième programme de *remote viewing* était dirigé par le Commandement des renseignements et de la sécurité de l'armée américaine (INSCOM) et impliquait une petite équipe de viewers experts formés aux techniques développées précédemment au SRI.
2. Ces tailles d'effet étaient pratiquement identiques à celles obtenues dans le programme Ganzfeld des PRL : 0,35 pour les participants expérimentés et 0,17 pour les novices en Ganzfeld ; comme le souligne la statisticienne Jessica Utts (1995), la similitude des résultats entre deux laboratoires différents employant des protocoles de réponse libre tout à fait différents plaide fortement contre l'explication des résultats comme étant des erreurs méthodologiques, des fraudes ou d'autres erreurs d'interprétation.

les performances de ces *viewers* sont restées constantes tout au long du programme, ce qui suggère qu'il s'agit ici de compétences humaines – comme celles des athlètes ou des musiciens de haut niveau – et non de simples fluctuations « aléatoires » des scores au sein de la population. Par ailleurs, malgré diverses tentatives de formation, les résultats des novices en matière de RV ne se sont pas améliorés de manière cohérente et quantifiable. Les auteurs du rapport recommandent aux futurs chercheurs intéressés par le RV de favoriser une stratégie de sélection de sujets prometteurs, par exemple sur la base de prétests appropriés, plutôt que d'espérer former des viewers performants à partir de la population générale. Le SRI a en effet engagé différentes démarches de sélection, notamment à partir des militaires en activité, et a constaté qu'environ 1 % des personnes qui se sont portées volontaires s'avéraient être des viewers fiables.

Enfin, au cours de cette période de 15 ans, les chercheurs du SRI ont également exploré les paramètres physiques susceptibles d'influer sur la performance. Très tôt, Puthoff et Targ (1976) ont signalé l'absence d'effet lié à la distance sur le RV, les sujets ayant des réussites avec des sites situés entre 0,5 kilomètre et 16 kilomètre ; ils n'ont pas non plus constaté d'impact du blindage électromagnétique lorsque les sujets étaient enfermés dans une cage de Faraday[1]. Dans leur rapport de 1988, axé sur des sessions avec des viewers experts, May et ses collègues ont comparé les résultats impliquant un plus grand éventail de distances allant de 1 kilomètre à plus de 5 000 kilomètres ; là encore, ils n'ont trouvé aucun effet sur la qualité du *remote viewing*, confirmant que la distance n'est tout simplement pas une variable pertinente pour la PES.

Il est tout aussi intéressant de constater que la qualité du *remote viewing* peut être aussi bonne dans les essais de précognition (dans lesquels la cible est sélectionnée après que le sujet a donné ses impressions verbales ou ses croquis) que dans les essais en temps réel. Targ et Puthoff (1976) ont ainsi obtenu des résultats significatifs avec seulement quatre essais de précognition impliquant la vieweuse experte Hella Hammid ; ses descriptions très précises de la cible ont permis à des juges aveugles de les faire correspondre avec succès aux sites sélectionnés dans les quatre essais[2].

À partir de 1990 et jusqu'en 1995, sous la direction d'Edwin May, le programme de *remote viewing* parrainé par le gouvernement s'est poursuivi dans un autre centre de recherche appliquée, tout aussi prestigieux, la Science Applications International Corporation (SAIC) Tandis que les travaux opérationnels se poursuivaient au programme déjà mentionné de Fort Meade,

1. Dans ce contexte, il est intéressant de noter une courte expérience qui a impliqué non seulement des distances considérables entre l'émetteur et le récepteur, mais aussi l'énorme barrière physique des profondeurs de l'océan, connue pour bloquer la quasi-totalité des rayonnements électromagnétiques. Deux observateurs experts (Hella Hammid et Ingo Swann) se trouvaient dans un submersible, dans les profondeurs du Pacifique ; l'émetteur était situé sur un site choisi au hasard dans la région de la baie de San Francisco. Malgré la distance et l'action filtrante de l'océan, les deux sessions ont été couronnées de succès, chaque sujet décrivant sa cible avec une grande précision et les résultats quantitatifs étant statistiquement significatifs (May & Marwaha, 2018).
2. Bien que cela ne soit pas abordé ici, il convient de noter que l'indépendance du RV aux paramètres spatiaux et temporels a été constatée dans les travaux d'autres chercheurs, en particulier ceux menés par l'équipe du PEAR de l'université de Princeton (Dunne & Jahn, 2003).

l'équipe de SAIC et ses nombreux scientifiques sous-traitants externes se sont concentrés sur la recherche théorique et technique, dans le but de modéliser le *remote viewing* et d'en évaluer les différents paramètres cognitifs, informationnels et physiques[1].

2.5.2. La fin du « projet Stargate »

Contrairement aux expériences de Ganzfeld et de choix forcé, nous ne disposons pas, pour l'instant, d'une méta-analyse complète de toutes les études portant sur le RV à réponse libre, depuis ses débuts jusqu'à aujourd'hui. Cependant, Baptista et ses collègues (2015) ont publié un résumé des méta-analyses portant sur les travaux de différents centres de recherche (tableau 3.1). Ce qui est intéressant, dans ce résumé, c'est le fait que toutes les méta-analyses indiquent des tailles d'effet très comparables, de l'ordre de 0,2 à 0,3.

***Tableau 3.1 – Résumé de toutes les études disponibles relatives au* remote viewing *(adapté de Baptista* et al.*, 2015)*[2]**

Sources	Essais	Succès	Taille d'effet ($z/\sqrt{N}$)	Intervalle de confiance (95 %)
Base de données du SRI (Utts, 1995)	770	262	0,20	0,17-0.23
Base de données du SAIC (Utts, 1995)	445	160	0,23	0,19-0,27
Dunne & Jahn (2003)	653	223	0,21	0,18-0,24
Bierman & Rabeyron (2013)	550	349	0,27	0,23-0,31
Baptista *et al.* (2014), 1994-2014	314	118	0,39	0,14-0,6

En 1995, sous la pression du Congrès américain, le « projet Stargate » a été déclassifié et une agence externe, l'American Institute for Research (AIR), a été chargée d'évaluer les résultats de ce programme de vingt-quatre ans, pour répondre aux questions de la réalité des capacités psi et de leurs potentielles applications. L'AIR, à son tour, a chargé le professeur de statistiques Jessica Utts (université de Californie, Irvine), un expert de premier plan en matière d'évaluations statistiques de la recherche psi, et le professeur de psychologie Ray Hyman (université de l'Oregon), que nous avons déjà évoqué plus haut concernant le débat sur le Ganzfeld. Hyman

1. Nous recommandons de consulter le volumineux travail de May & Marwaha (2018) détaillant toutes les recherches ISR/SAIC 1985-1995, et incluant des publications sur les travaux traitant des nouvelles approches d'analyse et de quantification des données, des variables de personnalité, des caractéristiques des « bonnes » cibles de RV, des corrélats du système nerveux central du psi et des aperçus méta-analytiques des domaines de recherche.
2. Un commentaire sur ce tableau : contrairement à Baptista *et al.* (2015), je n'inclus pas ici une méta-analyse de Milton (1997), qui montre une taille d'effet de 0,16, plus petite (mais toujours très significative). Comme ces auteurs l'ont également souligné, cette méta-analyse est assez hétérogène et comprend de nombreuses études à réponse libre qui ne relèvent manifestement pas du protocole de *remote viewing*.

n'a pas rédigé de rapport indépendant, comme cela lui avait été demandé, mais a proposé un commentaire sur le rapport de Utts. Utts (1995) déclare :

> « En utilisant les critères appliqués à tout autre domaine scientifique, on peut conclure que le fonctionnement psychique a été bien établi. Les résultats statistiques des études examinées vont bien au-delà de ce qui est prévu par le hasard. Les arguments selon lesquels ces résultats pourraient être dus à des défauts méthodologiques sont fermement réfutés. Des effets de la même ampleur ont été reproduits dans plusieurs laboratoires à travers le monde. Une telle cohérence ne peut pas être aisément expliquée par des allégations d'erreurs ou de fraude.
> L'ampleur du fonctionnement psychique observé semble se situer entre ce que les sociologues appellent un effet faible et un effet moyen. Cela signifie qu'il est suffisamment fiable pour être reproduit dans des expériences correctement menées, c'est-à-dire avec un nombre suffisant d'essais pour obtenir les résultats statistiques reproductibles. »

Dans un commentaire clé de cet article, Hyman (1995) conclut :

> « Je tiens à préciser que nous sommes d'accord sur de nombreux points. Nous sommes tous les deux d'accord pour dire que les expériences (évaluées) étaient exemptes des faiblesses méthodologiques qui ont affecté les premières recherches [...]. Nous sommes également d'accord sur le fait que les expériences ne semblent pas présenter les défauts les plus évidents et les plus connus qui pourraient invalider les résultats des recherches parapsychologiques. Nous sommes d'accord sur le fait que les effets rapportés [...] sont trop importants et cohérents pour être considérés comme des erreurs statistiques. »

Et pour donner le dernier mot à Utts (1995) :

> « Je crois que ce serait un gaspillage de ressources précieuses de continuer à chercher des preuves. [...] Les ressources devront servir à répondre aux questions pertinentes sur le fonctionnement de cette capacité. Je suis convaincu que ces questions ne sont pas plus insaisissables que n'importe quelle autre question scientifique portant sur des effets de petite ou moyenne taille et que si les ressources appropriées sont affectées aux questions appropriées, nous pourrons obtenir des réponses au cours de la prochaine décennie. »

3. Conclusion

La PES est au cœur de l'étude expérimentale proposée par la parapsychologie. Sans nécessairement « croire » que les notions devenues populaires et connotées de « télépathie », « clairvoyance » ou « précognition » renvoient effectivement à des phénomènes mécaniques, par exemple des échanges de signaux entre êtres vivants sur le modèle d'une « radio mentale »

(Sinclair, 1930), les parapsychologues ont fait preuve d'ingéniosité pour concevoir des protocoles afin de vérifier des versions « opérationnelles » de ces notions. Ces étapes successives et ces différents paradigmes expérimentaux sont rarement présentés en français sous leur meilleur jour et avec ce degré de détails et j'espère donc que cette contribution pourra combler cette lacune.

Deviner une cible, là où un ou plusieurs obstacles nous en empêchent, selon les règles établies par les autres disciplines scientifiques, cela revient donc à générer des anomalies. Comme je l'ai mentionné dans mon introduction, il y a essentiellement trois façons de traiter ces anomalies. J'espère avoir pu montrer que l'une de ces options – les rejeter purement et simplement, sur la base de croyances préalables quant à ce qui est « possible » ou « impossible » – n'est pas justifiable, du moins pas pour ceux qui prétendent reconnaître le rôle des données dans la construction des faits scientifiques. Ce chapitre avait ainsi vocation à présenter comment ces anomalies étaient produites et authentifiées, comment les doutes à leur encontre étaient levés après des débats qui, lorsqu'ils s'établissaient sur un mode constructif, aboutissaient à des progrès dans les méthodes expérimentales et d'analyse. Les autres chapitres de ce livre décriront d'autres lignes empiriques empruntant ou non à la science expérimentale, analyseront les hypothèses sur les processus en jeu et la façon dont notre société intègre tous ces éléments. Mais cette base empirique, toujours vivante, toujours prise dans la dynamique des évolutions des exigences en matière de preuves, est nécessaire à intégrer dans toute réflexion portant sur le champ parapsychologique. On ne peut bien comprendre pourquoi une poignée de « parapsychologues » s'accrochent à l'intérêt scientifique de leur champ sans prendre en compte cette démarche – qui fut aussi la mienne – consistant à mettre à l'épreuve leur scepticisme *a priori* pour en faire un scepticisme « effectif ». Par exemple, une position consistant à reléguer l'héritage de la parapsychologie expérimentale rhinienne aux oubliettes de l'histoire ne serait tenable qu'en ignorant la qualité des travaux réalisés, leurs succès accumulés et leurs prolongements dans des recherches de plus en plus sophistiquées et de plus en plus appliquées à des problèmes concrets.

C'est pourquoi j'ai insisté dans ce chapitre sur les rares occasions où des collaborations entre certains sceptiques « officiels » et parapsychologues (injustement catalogués du mauvais côté du scepticisme) avaient abouti non seulement à des progrès scientifiques, mais à des conclusions convergentes, tant sur l'intérêt de ce champ que sur la valeur des anomalies déjà mises en évidence. L'opposition à la parapsychologie ne se situe pas sur un front fantasmatique entre sceptiques et parapsychologues, mais à l'endroit même où vous êtes, peu importe d'ailleurs la raison qui vous motive à vous trouver là : allez-vous reposer ce livre en le déconsidérant ou accepterez-vous de le laisser vous apprendre quelque chose ? La curiosité scientifique est la clef.

4. Bibliographie

Bancel, P.A. (2017). Searching for global consciousness : A 17-year exploration. *Explore, 13* (2), 94-101. *https://doi.org/10.1016/j.explore.2016.12.003*

Baptista, J., & Derakhshani, M. (2014). Beyond the coin toss : Examining Wiseman's criticisms of parapsychology. *Journal of Parapsychology, 78*, 56-79.

Baptista, J., Derakhshani, M., & Tressoldi, P.E. (2015). Explicit anomalous cognition : A review of the best evidence in ganzfeld, forced choice, remote viewing and dream studies. In E. Cardeña, J.Palmer, & D. Marcusson-Clavertz (Eds.), *Parapsychology : A handbook for the 21st century* (p. 192-214). McFarland.

Bell, M. (1964). Francis Bacon : pioneer in parapsychology. *International Journal of Parapsychology, 6* (2), 199-208.

Bem, D.J., & Honorton, C. (1994). Does psi exist ? Replicable evidence for an anomalous process of information transfer. *Psychological Bulletin, 115* (1), 4-18. *https://doi.org/10.1037/0033-2909.115.1.4*

Bem, D.J., Palmer, J., & Broughton, R.S. (2001). Updating the ganzfeld database : A victim of its own success ? *Journal of Parapsychology, 65* (3), 207-218.

Bierman, D., & Rabeyron, T. (2013). Can psi research sponsor itself ? Simulations and results of an automated ARV-casino experiment. In *56th Annual Convention of the Parapsychological Association in Viterbo,* Italy, August (p. 15).

Bowles, N., Hynds, F., & Maxwell, J. (1978). *Psi search*. HarperCollins Publishers.

Braud, W.G., Wood, R., & Braud, L.W. (1975). Free-response GESP performance during an experimental hypnagogic state induced by visual and acoustic ganzfeld techniques : A replication and extension. *Journal of the American Society for Psychical Research, 69* (2), 105-113.

Braude, S.E. (1986). *The Limits of Influence : Psychokinesis and the philosophy of science*. Routledge & Kegan Paul.

Broad, C.D. (1949). The relevance of psychical research to philosophy. *Philosophy, 24* (91), 291-309.

Broughton, R.S., Kanthamani, H., & Khilji, A. (1990). Assessing the PRL success model on an independent ganzfeld database. In L. Henkel, & J. Palmer (dir.), *Research in parapsychology 1989* (p. 32-35). Scarecrow Press.

Child, I.L. (1985). Psychology and anomalous observations : The question of ESP in dreams. *American psychologist, 40*, 1219-1230.

Derakhshani, M. (2014). *On the statistical replicability of ganzfeld studies*. Article non publié.

Dunne, B.J. & Jahn, R.G. (2003). Information and uncertainty in remote perception research. *Journal of Scientific Exploration, 17*, 207-241.

Escolà-Gascón, Á., Houran, J., Dagnall, N., Drinkwater, K., & Denovan, A. (2023). Follow-up on the U.S. Central Intelligence Agency's (CIA) remote viewing experiments. *Brain and behavior, 13* (6), e3026. *https://doi.org/10.1002/brb3.3026*

Foulkes, D., Belvedere, E., Masters, R.E.L., Houston, J., Krippner, S., Honorton, C., & Ullman, M. (1972). Long-distance, « sensory-bombardment » ESP in dreams : A failure to replicate. *Perceptual and Motor Skills, 35* (3), 731-734.

Hebb, D.O. (1951). The role of neurological ideas in psychology. *Journal of Personality, 20*, 39-55.

Honorton, C. (1975). Error some place. *Journal of Communication, 25*, 103-116.

Honorton, C. (1985). Meta-analysis of psi ganzfeld research : A response to Hyman. *Journal of Parapsychology, 49*, 51-91.

Honorton, C. (1997). The Ganzfeld novice : Four predictors of initial ESP performance. *The Journal of Parapsychology, 61* (2), 143.

Honorton, C., & Ferrari, D. C. (1989). « Future telling » : A meta-analysis of forced-choice precognition experiments, 1935-1987. *Journal of Parapsychology, 53*, 281-308.

Honorton, C., & Harper, S. (1974). Psi-mediated imagery and ideation in an experimental procedure for regulating perceptual input. *Journal of the American Society for Psychical Research, 68*, 156-168.

Honorton, C., Berger, R.E., Varvoglis, M.P., Quant, M., Derr, P., Schechter, E.I., & Ferrari, D.C. (1990). Psi communication in the ganzfeld : Experiments with an automated testing system and a comparison with a meta-analysis of earlier studies. *Journal of Parapsychology, 54*, 99-139.

Hyman, R. (1985). The Ganzfeld psi experiments : A critical appraisal. *Journal of Parapsychology, 49* (1), 3-49.

Hyman, R. (1995). Evaluation of the program on anomalous mental phenomena. *Journal of Parapsychology, 59*, 321-352.

Hyman, R., & Honorton, C. (1986). A joint communiqué : The psi Ganzfeld controversy. *The Journal of Parapsychology, 50* (4), 351.

Irwin, H.J. (2014). The views of parapsychologists : A survey of members of the Parapsychological Association. *Journal of the Society for Psychical Research, 78* (915), 85-101.

Jenkins, H. (2015). 'Psi for Financial Gain'. *Psi Encyclopedia*. London : The Society for Psychical Research. *https://psi-encyclopedia.spr.ac.uk/articles/psi-financial-gain*

Kahneman, D.P. (2012). *Système 1/Système 2 : les deux vitesses de la pensée*. Flammarion.

Kanthamani, H., & Broughton, R.S. (1994). Institute for Parapsychology Ganzfeld-ESP experiments : The manual series. In D.J. Bierman (Ed.), *The Parapsychological Association 37th Annual Convention : Proceedings of Presented Papers* (p. 182-189). Parapsychological Association.

Krippner, S., & Friedman, H.L. (Eds.) (2010). *Debating psychic experience : Human potential or human illusion ?* Praeger/ABC-CLIO.

Kuhn, T.S. (1962). *The structure of scientific revolutions*. University of Chicago Press.

Lawrence, T. (1993). Gathering in the sheep and goats : A meta-analysis of forced-choice sheep/goat ESP studies, 1947-1993. *Proceedings of the Parapsychological Association 36th Annual Convention*, Toronto, Canada, 75-86.

Luke, D.P., Delanoy, D. & Sherwood, S.J. (2008). Psi may look like luck : Perceived luckiness and beliefs about luck in relation to precognition. *Journal of Society for Psychical Research, 72*, 193-207.

Marks, D., & Kammann, R. (1978). Information transmission in remote viewing experiments. *Nature, 274* (5672), 680-681.

Mauskopf, S.H., McVaugh, M.R. (1980). *The Elusive Science : Origins of Experimental Psychical Research*. Johns Hopkins University Press.

May, E.C., & Marwaha, S.B. (Eds.) (2018). *The Star Gate Archives : Reports of the United States Government Sponsored Psi Program, 1972-1995*. Vol. 2 : *Remote Viewing, 1985-1995*. McFarland.

May, E.C., Utts, J.M., Humphrey, B.S., Luke, W.L., Frivold, T.J., & Trask, V.V. (1990). Advances in remote-viewing analysis. *Journal of Parapsychology, 54* (3), 193-228.

May, E.C., Utts, J.M., Trask, V.V., Luke, W.W., Frivold, T.J., Humphrey, B.S. (1988). *Review of the psychoenergetic research conducted at SRI International (1973-1988)*. SRI International Technical Report, March 1989.

Mayer, G. (2017). What about parapsychology and anomalistics ? Results of a WGFP and GFA member survey. *Journal of the Society for Psychical Research, 81* (4), 209-227.

McDonough, B.E., Don, N.S., & Warren, C.A. (1994). EEG in a Ganzfeld psi task. In D.J. Bierman (Ed.), *Proceedings of Presented Papers : The Parapsychological Association 37th Annual Convention*, Durham, North Carolina, 273-283.

Méheust, B. (1997). *La guerre du somnambulisme et de la médiumnité : la science du XIXe siècle au défi du magnétisme animal : chronique et analyse d'un choc dans la culture*. Thèse de sociologie, Paris 1. *http://www.theses.fr/1997PA010646*

Méheust, B. (1999). *Somnambulisme et médiumnité* (2 vol.). Les Empêcheurs de Penser en Rond.

Milton, J. (1997). Meta-analysis of free-response ESP studies without altered states of consciousness. *Journal of Parapsychology, 61* (4), 279-319.

Milton, J., & Wiseman, R. (1999). Does psi exist ? Lack of replication of an anomalous process of information transfer. *Psychological Bulletin, 125*, 387-391.

Morris, R.L., Cunningham, S., McAlpine, S., & Taylor, R. (1993, September). Toward replication and extension of autoganzfeld results. In *Proceedings of the 36th Annual Convention of the Parapsychological Association* (p. 191).

Morris, R., Dalton, K., Delanoy, D. & Watt, C. (1995). Comparison of the sender/no sender condition in the ganzfeld. *Proceedings of presented papers : The Parapsychological Association 38th Annual Convention*, Durham, North Carolina (p. 244-259).

Palmer, J. (2015). Implicit anomalous cognition. In E. Cardeña, J. Palmer, & D. Marcusson-Clavertz (Eds.), *Parapsychology : A handbook for the 21st century* (p. 215-229). McFarland & Co.

Palmer, J. (2017). 'Experimenter Effects'. *Psi Encyclopedia*. London : The Society for Psychical Research. *https://psi-encyclopedia.spr.ac.uk/articles/experimenter-effects*

Parker, A. (1975). Some findings relevant to the change in state hypothesis. In J.D. Morris, W.G. Roll, R.L. Morris (Eds.), *Research in Parapsychology 1974* (p. 435-472), Scarecrow Press.

Puthoff, H.E., & Targ, R. (1976). A perceptual channel for information transfer over kilometer distances : Historical perspective and recent research. *Proceedings of the IEEE, 64* (3), 329-354.

Radin, D. (2014). *Superpouvoirs. Science et yoga : les facultés extraordinaires de l'homme*. InterEditions.

Rhine, J.G., & Pratt, J.G. (1954). A review of the Pearce-Pratt distance series of ESP tests. *Journal of Parapsychology, 18*, 165-177.

Richet, C. (1884). La suggestion mentale et le calcul des probabilités. *Revue Philosophique de la France et de l'Étranger, 18*, 609-674.

Roney-Dougal, S.M. (2015). Ariadne's thread : Meditation and psi. In E. Cardeña, J. Palmer, & D. Marcusson-Clavertz (Eds.), *Parapsychology : A handbook for the 21st century* (p. 125-138). McFarland & Co.

Rosenthal, R. (1986). Meta-analytic procedures for social science research. *Educational Researcher, 15*, 18. doi : 10.2307/1175262.

Schmeidler, G.R. (1943). Predicting good and bad scores in a clairvoyance experiment : A preliminary report. *Journal of the American Society for Psychical Research, 37*, 103-110.

Schnabel, J. (1997). *Remote viewers : The secret history of America's psychic spies*. Random House Publishing Group.

Schwartz, S.A. (2001). *The Alexandria Project*. iUniverse.

Schwartz, S.A. (2015). Through time and space : The evidence for remote viewing. In B. Goertzel & D. Broderick (dir.), *The Evidence for Psi. Thirteen Empirical Research Reports* (p. 168-212). McFarland.

Schwartz, S.A. (2017). "Remote Viewing". *Psi Encyclopedia*. London : The Society for Psychical Research. *https://psi-encyclopedia.spr.ac.uk/articles/remote-viewing*

Sherwood, S., & Roe, C.A. (2003). A review of dream ESP studies conducted since the Maimonides dream ESP programme. *Journal of Consciousness Studies, 10* (6-7), 85-109.

Sinclair, U. (1930). *Mental radio : Does it work, and how ?* T. Werner Laurie.

Storm, L., & Tressoldi, P.E. (2017). Gathering in more sheep and goats : A meta-analysis of forcedchoice sheep-goat ESP studies, 1994-2015. *Journal of the Society for Psychical Research, 81* (2), 79-107.

Storm, L., Sherwood, S.J., Roe, C.A., Tressoldi, P.E., Rock, A.J., & Di Risio, L. (2017). On the correspondence between dream content and target material under laboratory conditions : A meta-analysis of dream-ESP studies, 1966-2016. *International Journal of Dream Research, 10* (2), 120-140.

Storm, L., Tressoldi, P.E., & Di Risio, L. (2010). Meta-analysis of free-response studies, 1992-2008 : Assessing the noise reduction model in parapsychology. *Psychological Bulletin, 136* (4), 471-485.

Targ, R., & Puthoff, H. (1974). Information transmission under conditions of sensory shielding. *Nature, 251* (5476), 602-607.

Terry, J.C., & Honorton, C. (1976). Psi information retrieval in the ganzfeld : Two confirmatory studies. *Journal of the American Society for Psychical Research, 70* (2), 207-217.

Tressoldi, P.E., & Storm, L. (2023). Stage 2 Registered Report : Anomalous perception in a Ganzfeld condition-A meta-analysis of more than 40 years investigation. *F1000Research, 10*, 234.

Ullman, M., Krippner, S., Vaughan, S. (1977). *La télépathie par le rêve*. Tchou.

Utts, J. (1995). An assessment of the evidence for psychic functioning. *Journal of Parapsychology, 59*, 289-320.

Watt, C.A. (2005). 2005 Presidential Address : Parapsychology's contribution to psychology : A view from the front line. *Journal of Parapsychology, 69* (2), 215-231.

Watt, C.A., Kennedy, J.E. (2017). Options for prospective meta-analysis and introduction of registration-based prospective meta-analysis. *Frontiers in psychology, 7*, 2030.

Chapitre 4

Aux frontières de la précognition[1]

(Julia Mossbridge)

1. Traduction de Renaud Évrard. Publication originale ici abrégée, avec l'aimable autorisation de l'autrice et d'Etzel Cardeña : Mossbridge, J. (2023). Precognition at the Boundaries : An Empirical Review and Theoretical Discussion. *Journal of Anomalous Experience and Cognition*, *3* (1), 5-41. *https://doi.org/10.31156/jaex.24216.*

Sommaire

1. Avant-propos de Renaud Évrard

Pour rédiger ce chapitre sur ce phénomène essentiel et complexe de la précognition, nous nous sommes tournés vers une spécialiste américaine, la neuroscientifique Julia Mossbridge. Celle-ci venait de faire paraître une synthèse de la question pour le *Journal of Anomalous Experience and Cognition.* Tout en présentant les recherches relatives au pressentiment et à la vision à distance précognitive, Mossbridge introduit dans son article ses propres recherches et réflexions. Comme certaines de ses spéculations, bien que passionnantes, ne pouvaient être considérées comme représentatives de l'état des connaissances, nous avons fait le choix de tronquer l'article original en lui ôtant ses prolongements théoriques. Nous invitons donc les lecteurs désireux d'en savoir plus sur les propositions faites par cette spécialiste à consulter l'article original. Par ailleurs, la théorisation de la précognition est également développée par plusieurs autres auteurs et donc abordée dans notre panorama des théories du psi (voir chap. 11).

2. Définitions et examens empiriques de la précognition

Depuis des siècles, l'idée ancienne selon laquelle nous pourrions être capables de naviguer dans la vie en obtenant des informations du futur intrigue les mystiques et les psychologues occidentaux. Par exemple, le rabbin Moïse Luzzatto, un mystique italien du XVIIIe siècle, a clairement expliqué sa conception du lien entre l'intellect et l'intuition (en particulier l'intuition prophétique). Il a déclaré :

> « [...] on devrait naturellement être capable de s'enseigner soi-même, de comprendre et de raisonner avec son intellect… Cependant, il existe un autre moyen d'acquérir la connaissance qui est beaucoup plus élevé. C'est ce que nous appelons le *ruach ha-kadosh* [l'esprit du saint]... De cette manière, on peut acquérir des connaissances qui ne pourraient pas être obtenues par la seule logique. Il s'agit notamment d'informations sur des événements futurs et des secrets cachés » (Hoffman, 2010, p. 54).

Plus récemment, C.G. Jung, un psychologue de premier plan du XXe siècle, a parlé de la précognition d'une manière qui rappelle le comportement classiquement non intuitif des particules quantiques :

> « Comme la relativité du temps et de l'espace inclut la relativité de la causalité, et comme la psyché participe à l'espace-temps relatif, elle relativise également la causalité et jouit donc, dans la mesure où elle est microphysique, d'une indépendance au moins relative par rapport à la causalité absolue. (La philosophie chinoise dit que tant que les choses sont au nord-est, c'est-à-dire avant qu'elles ne s'élèvent, elles peuvent être modifiées. Lorsqu'elles sont entrées dans l'Est, elles prennent leur cours inaltérable.) » (Jung, 1973, p. 364).

C'est dans les années 1930, avec J.B. Rhine, qu'a débuté l'étude expérimentale de la précognition, d'abord d'une manière relativement modeste (pour une synthèse, voir Mossbridge & Radin, 2018). Celle-ci a continué à monter en puissance à un rythme non continu (figure 4.1), avec des discontinuités ponctuées par la classification (1972) et la déclassification (1995) par la communauté du renseignement des États-Unis de ce qui est devenu leur « projet Stargate », axé sur l'accès à des informations distantes dans le temps et l'espace (pour une synthèse : Marwaha & May, 2018). Le rythme de la recherche sur la précognition s'est quelque peu accéléré au cours des dernières décennies, mais c'est aussi à ce moment-là qu'une confusion est apparue : l'expression « traitement précognitif » a commencé à être utilisée par certains chercheurs en intelligence artificielle, sciences cognitives et neurosciences pour désigner le traitement inconscient. Le terme « traitement préconscient » reste néanmoins la formulation la plus couramment utilisée. Au cours du siècle dernier (de 1900 à 2000), il n'y a eu que huit références au « traitement précognitif » dans le texte de documents indexés par Google Scholar, la plus ancienne datant de 1978 (Michon). De 2000 à 2020, il y en a eu trente et un. Ainsi, dans la figure 4.1, tous les articles dont le titre contient l'expression « traitement précognitif » ont été exclus du décompte. En raison de la nécessité de cette désambiguïsation, il convient de rappeler que la **définition classique de la précognition** fait référence *à la cognition, à la perception, au comportement ou à la physiologie qui prédit de manière fiable des événements futurs qui ne sont pas prévisibles autrement, ni par des causes directes, ni par le biais d'une entrée sensorielle provenant des cinq sens connus, ni en déduisant l'événement sur la base d'informations antérieures.*

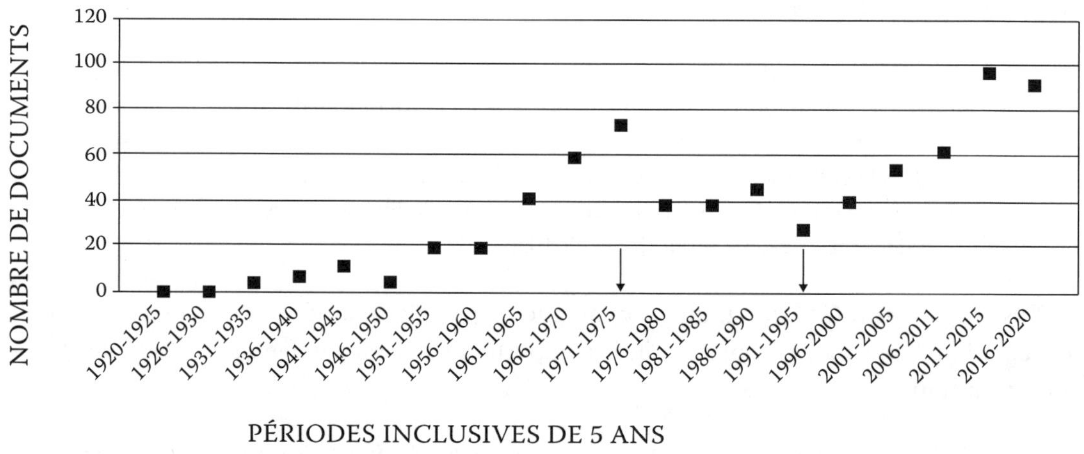

Les flèches indiquent les dates du début (1972) et de la fin (1995) du programme de recherche de la communauté américaine du renseignement sur l'utilité de la précognition et d'autres phénomènes connexes.

Figure 4.1 – Documents scientifiques dont les titres contiennent « Precognition » ou « Precognitive », mais pas « Precognitive Processing » (traitement précognitif)

Bien que l'intérêt pour la précognition soit dû au fait qu'il est courant de vivre des expériences dans lesquelles nous avons l'impression d'avoir prédit des événements futurs, tous les types d'expériences qui semblent précognitives ne le sont pas réellement ou ne peuvent pas être facilement examinés en laboratoire. Les expériences précognitives (figure 4.2) vont de celles où l'on est totalement conscient du contenu de la précognition, comme la vision à distance précognitive, à celles où il n'y a généralement pas de conscience de la précognition, comme le pressentiment physiologique (également appelé « activité anticipative prédictive » ou AAP). Le délai entre le changement physiologique, la perception ou l'action marquant la précognition et l'événement « préconnu » (c'est-à-dire le « délai d'anticipation ») permet également de distinguer les différents types de précognition. La précognition comportementale, telle que celle étudiée dans les célèbres expériences « Feeling the Future » (Bem, 2011), est également essentiellement inconsciente et opère sur une échelle de temps similaire à celle du pressentiment, mais l'ampleur de l'effet est moins importante que pour le pressentiment (voir Bem *et al.*, 2015 *vs* Mossbridge *et al.*, 2012). La précognition compulsive décrit le moment où une personne sait qu'elle doit faire une action mais ne sait pas pourquoi, l'un des nombreux types de réaction instrumentale médiatisée par le psi (PMIR) décrits par Stanford (2015) (voir chap. 11). La précognition compulsive est spontanée et très impressionnante pour ceux qui en font l'expérience (par exemple, les soldats qui échappent au danger en prenant un détour apparemment inutile), mais elle n'a pas souvent été étudiée expérimentalement. Cela peut s'expliquer par le fait que le contexte du besoin peut être essentiel à la manifestation de la PMIR en général (Stanford, 2015) et il semble que peu de chercheurs considèrent le besoin comme un facteur de motivation dans leurs expériences de laboratoire.

Les tâches de précognition consciente à choix forcé, dans lesquelles un participant doit prédire consciemment une cible à partir d'un ensemble fini de stimuli futurs possibles, ont souvent des délais d'exécution du même ordre que la précognition compulsive (de quelques secondes à quelques minutes), mais elles sont beaucoup plus faciles à étudier en laboratoire. La précognition à choix forcé peut être reproduite, mais les résultats de ces expériences ont tendance à avoir des tailles d'effet très faibles (Honorton & Ferrari, 1989 ; Storm *et al.*, 2012). La faible ampleur de l'effet peut s'expliquer en partie par le fait que les participants se lassent des essais répétés et en partie par le fait que la délibération consciente (également appelée « système 2 ») éclipse l'activité continue de la prise de décision intuitive inconsciente (également appelée « système 1 » ; Kahneman, 2011 ; Tressoldi, 2013). Enfin, bien que le rêve précognitif soit l'expérience précognitive la plus couramment rapportée (Rosenberg, 2016), les tests contrôlés de rêve précognitif ont été peu nombreux (Mossbridge & Radin, 2018). Dans les premières études produisant des résultats significatifs et reproductibles, un participant qualifié présélectionné était utilisé comme rêveur (Krippner *et al.*, 1971, 1972). Depuis lors, les résultats combinés des expériences de rêve précognitif contrôlé ont été moins impressionnants que ceux de l'étude fondatrice (bien que toujours significatifs) et essentiellement équivoques au cours des vingt dernières années (Storm *et al.*, 2017). Le décalage entre le caractère commun de l'expérience du rêve précognitif et la capacité à étudier le rêve précognitif avec une méthode bien contrôlée peut résulter de la capacité de la plupart des gens à relier le contenu de leurs rêves à des événements futurs même lorsqu'il n'y a qu'une très faible relation entre eux, ce qui leur donne la conviction qu'ils sont compétents en matière de rêve précognitif et les motive à s'inscrire à des expériences de rêve précognitif.

En raison de ces réserves concernant d'autres formes de précognition, il semble que les expériences précognitives extrêmes – le pressentiment (ou AAP) d'une part et la vision à distance précognitive d'autre part – soient les plus faciles à étudier dans le cadre d'expériences contrôlées. En examinant les facteurs qui influencent ces « phénomènes de précognition à la frontière », nous pourrons peut-être faire la lumière sur les mécanismes qui sous-tendent la précognition en général. C'est dans cet espoir que le reste de cette synthèse est rédigé.

Les examens empiriques de la précognition dans le cadre d'expériences contrôlées ne nécessitent que trois étapes fondamentales. Les clés d'un test rigoureux de la précognition sont les suivantes : le bon ordre des trois étapes de l'expérience, une bonne sélection des stimuli expérimentaux et une bonne analyse des données. L'ordre approprié des trois étapes de l'expérience est le suivant :

1. enregistrer la ou les variables dépendantes (physiologie, comportements, cognitions, perceptions) pendant une période de temps prédéterminée ;
2. sélectionner au hasard un stimulus ou une cible parmi un ensemble de stimuli ou de cibles et le ou la présenter ;
3. déterminer si les valeurs de la ou des variables dépendantes sont corrélées à différents types de stimuli/cibles d'une manière prévisible. Il convient de noter que la détermination finale de la relation entre la variable dépendante et le stimulus ou la cible peut également être effectuée avant la sélection du stimulus, afin de découvrir si le stimulus peut être prédit essai par essai. Pour ce faire, il faut réaliser la même expérience plusieurs fois afin de pouvoir déduire une relation entre la variable dépendante et le type de stimulus (par exemple, Tressoldi *et al.*, 2009).

Les meilleures pratiques pour les trois étapes d'une expérience de précognition dépendent des systèmes étudiés (humain ou non humain ; physiologie, comportement, cognition ou perception) et de ce que l'on sait déjà sur la façon dont ces systèmes réagissent aux stimuli sélectionnés. Je traiterai ici le pressentiment et la vision à distance précognitive comme des études de cas dans la recherche sur la précognition et j'examinerai ce que les résultats des expériences de pressentiment et de vision à distance précognitive nous apprennent sur le(s) mécanisme(s) sous-jacent(s) à la précognition.

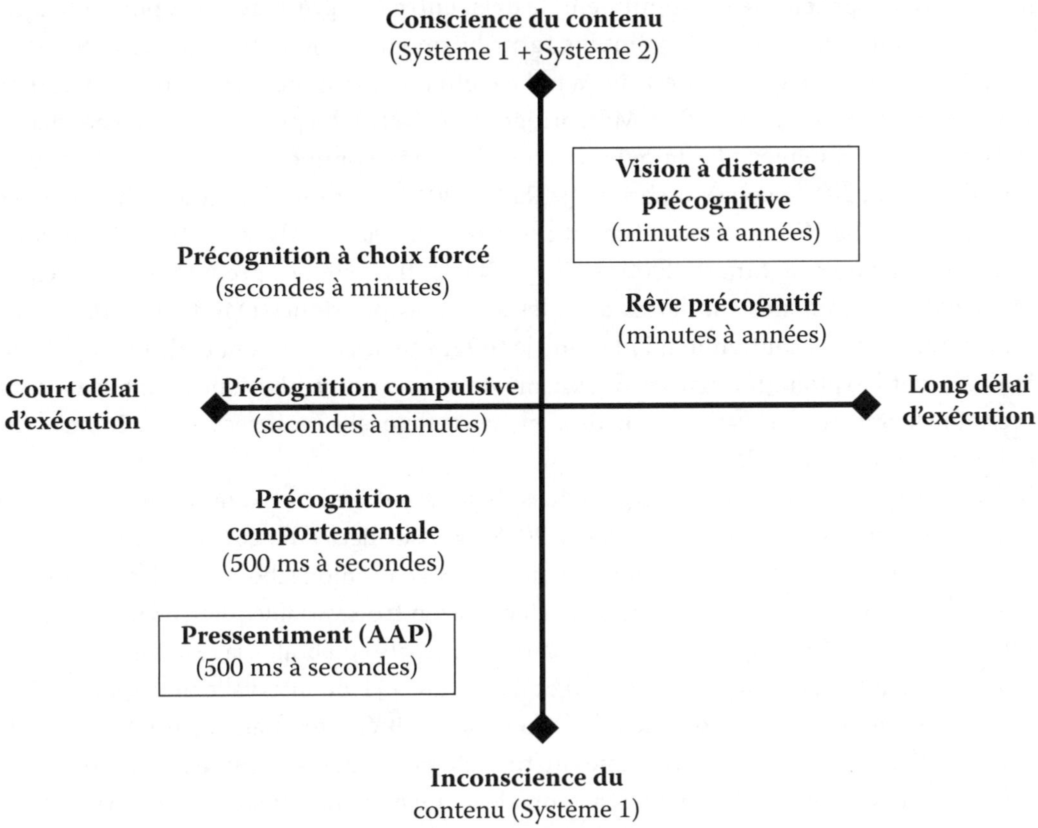

Les types de précognition sont organisés en fonction du délai entre l'expérience précognitive et l'événement futur associé (« délai », axe des x) par rapport au niveau de conscience du contenu de l'expérience précognitive (axe des y). Les encadrés indiquent les deux cas extrêmes examinés plus en détail dans cet article. AAP = activité d'anticipation prédictive.

Figure 4.2 – Six types courants de précognition chez l'homme

3. Le pressentiment

Le pressentiment est une forme physiologique de précognition. Dans les expériences de pressentiment, le système physiologique étudié est testé pour déterminer si (et parfois comment) il peut prédire des événements futurs choisis au hasard et importants pour l'organisme. Comme il s'agit d'un phénomène physiologique, le contenu réel de ce qui est prédit – les pressentiments eux-mêmes – est généralement totalement inconscient. En laboratoire, le pressentiment est souvent étudié en utilisant des tâches comportementales conscientes au cours desquelles les chercheurs enregistrent le système physiologique inconscient qui les intéresse. Dans une tâche de pressentiment, le délai entre la « pré-réaction » physiologique corrélée à un stimulus futur et le stimulus futur lui-même varie entre 0,5 et 15 secondes environ. Deux méta-analyses ont estimé la taille d'effet du pressentiment entre 0,21 et 0,28 environ (Duggan & Tressoldi, 2018 ; Mossbridge *et al.*, 2012). Le pressentiment a été décrit dans de multiples systèmes physiologiques chez l'homme comme chez l'animal (humain : Mossbridge *et al.*, 2012 ; voir Mossbridge & Radin, 2018 pour une synthèse ; phénomènes non humains semblables au pressentiment : Alvarez, 2010a, b ; Alvarez, 2016 ; Mothersill *et al.*, 2018 ; Sheldrake & Smart, 2000 ; Wildey, 2001). Il existe des preuves provisoires de l'existence de phénomènes similaires dans les systèmes physiques (Moddel *et al.*, 2011 ; Mossbridge, 2021), qui soutiennent l'idée que les effets de pressentiment et de précognition rapide reflètent l'exploitation par un organisme de mécanismes physiques qui permettent une certaine forme de rétrocausalité ou de symétrie temporelle (voir section 4 « Indices sur les mécanismes à l'œuvre »).

Bien qu'il existe de nombreuses expériences de pressentiment à examiner plus en détail (pour des synthèses, voir Duggan & Tressoldi, 2018 ; Mossbridge *et al.*, 2012), nous présentons brièvement ici trois expériences de pressentiment menées dans mon laboratoire dans lesquelles j'ai examiné le pressentiment tel qu'il peut être mesuré par trois variables dépendantes physiologiques : l'électroencéphalographie (EEG, mesure de l'activité cérébrale), la réaction galvanique de la peau ou conductance de la peau (GSR) et l'intervalle QT ou intervalle inter-piques (IPI, lié à l'inverse de la fréquence cardiaque). Ces expériences différentes mais apparentées servent également à illustrer certains des problèmes méthodologiques qui peuvent se poser lorsque les expérimentateurs tentent d'éliminer les facteurs de confusion potentiels. Les lecteurs doivent noter que les résultats du GSR et de l'IPI n'ont pas encore été examinés par des pairs, mais qu'ils peuvent néanmoins être instructifs. Certaines analyses statistiques sont présentées mais, le cas échéant, le lecteur est également averti qu'il s'agit d'analyses non publiées et qu'elles doivent donc être considérées comme préliminaires.

3.1 Électroencéphalographie (EEG)

Des stimuli auditifs et visuels non émotionnels ont été utilisés dans une série de cent essais de réponse simple effectués par quarante participants. À chaque essai, les participants voyaient un 1 ou un 2 sur un écran d'ordinateur ou bien entendaient un son grave ou un son aigu dans un casque ; l'ordre des stimuli était aléatoire. Les participants devaient appuyer sur le bouton gauche d'une souris s'ils voyaient le chiffre 1 ou entendaient le son grave, et sur le bouton droit s'ils voyaient le chiffre 2 ou entendaient le son aigu (tous les participants étaient droitiers) (Mossbridge, 2017). La précision étant facile à obtenir avec cette tâche simple, il a été demandé aux participants d'être aussi rapides et précis que possible, afin de motiver le pressentiment de la réaction, s'il existe. Un algorithme d'apprentissage automatique a déterminé si l'activité EEG transformée par la densité de la source actuelle dans l'un des cinq intervalles de 25 ms précédant le moment où le logiciel a présenté le stimulus pouvait prédire si la réponse future devait être une pression sur le bouton gauche ou droit. La même méthode a été utilisée pour déterminer si la modalité du stimulus (auditif ou visuel) pouvait être prédite. L'effet de pressentiment était que la réponse gauche ou droite était prévisible sur la base de l'activité frontale gauche et temporo-pariétale droite à environ 550 ms avant la présentation du stimulus, $p < 1 \times 10\text{-}6$; curieusement, cet effet se produisait à la même période où un potentiel de préparation de type 1 serait attendu dans ce type de tâche (Libet, 1999)[1]. Par ailleurs, la même méthode n'a pas permis de prédire le type de stimulus (auditif ou visuel), mais seulement les réactions des participants. Si ces résultats étaient reproduits avec un véritable générateur de nombres aléatoires sélectionnant les stimuli, cela constituerait une preuve plus solide que le potentiel de préparation de type 1 est en fait prédictif des réactions futures dans un sens général, même dans des situations où ces réactions futures dépendent de stimuli qui n'ont pas encore été déterminés.

3.2 Réaction galvanique de la peau (GSR)

Les réactions de conductance cutanée[2] et les pré-réactions connexes au feedback ont été étudiées dans une tâche de devinette précognitive à choix forcé à quatre options, le contraste futur étant les essais corrects par rapport aux essais incorrects. Le principal résultat a été une différence entre les sexes, les hommes montrant un effet significatif de pressentiment de l'excitation qui correspondait à leurs réactions de conductance cutanée après avoir appris qu'elles étaient correctes (par rapport à incorrectes ; données dans Mossbridge *et al.*, 2012). En raison de la crainte d'un biais d'attente dû aux effets physiologiques possibles des essais précédents (Dalkvist *et al.*, 2014), seul l'essai initial de l'ensemble de données de quarante essais de chaque participant a été examiné. L'effet s'est renforcé dans cette analyse à essai unique, montrant une interaction significative entre le sexe et la justesse ($p < 0{,}004$, $\eta 2 = 0{,}016$; analyse non publiée) ainsi qu'un effet de pressentiment significatif pour les hommes au cours des dix secondes précédant l'apprentissage de la justesse du premier essai ($p < 0{,}005$, $d = 0{,}359$; analyse non publiée). Plus précisément, les hommes ont montré

1. NdT : les expériences de Benjamin Libet et ses collaborateurs ont montré, dès les années 1980, que lorsqu'un sujet veut réaliser une action, le moment où il prend conscience de cette volonté est précédé par un « potentiel prémoteur », environ 350 ms plus tôt. Cette chronologie contre-intuitive, qui donne la primauté aux processus cérébraux inconscients par rapport à la volonté consciente, a fait couler beaucoup d'encre quant à la question du libre arbitre.
2. NdT : la conductance cutanée est la capacité de la peau à permettre la circulation de l'électricité. Puisque l'eau est un excellent conducteur, la transpiration améliore cette conductance. Or, principalement au repos, la transpiration est un indicateur des fluctuations émotionnelles (conscientes ou inconscientes) d'un individu, puisqu'elle reflète l'activité des glandes sudoripares, qui sont elles-mêmes sous le contrôle du système nerveux sympathique et sont activées par les décharges nerveuses d'origine centrale. On accède donc aux variations émotionnelles d'un sujet par la mesure de son activité électrodermique, autre nom de la réaction galvanique de la peau et de la conductance cutanée.

une augmentation significative de l'excitation avant d'apprendre que leur supposition était correcte, alors que les femmes ont montré une diminution de l'excitation avant d'apprendre que leur supposition était correcte. Il est intrigant de constater qu'avec un seul essai, l'effet original de la différence entre les sexes est devenu encore plus clair, ce qui suggère que des essais supplémentaires ont brouillé l'effet. En outre, il est apparu que la physiologie de la période précédant le feedback chez les deux sexes faisait écho à la période suivant le feedback. Ce n'est pas le stimulus (exactitude ou inexactitude) qui a influencé le pressentiment – c'est la nature de la réaction qui a été corrélée à la pré-réaction.

3.3 Mesure de la fréquence cardiaque (IPI)

Dans cette expérience, j'ai testé l'idée que le résultat de la conductance cutanée décrit ci-dessus se reproduirait avec une mesure de l'intervalle QT[1] (IPI ; inverse de la fréquence cardiaque) au lieu de la conductance cutanée, et avec une application téléchargeable plutôt qu'en laboratoire (registre Koestler 1005). L'application « Heart Tracker » a mesuré les intervalles QT à l'aide de l'appareil photo d'un smartphone pendant les 10 secondes avant et 15 secondes après que les participants ont appris s'ils avaient correctement identifié une « porte » derrière laquelle se trouvait un prix de 2 dollars. L'analyse, qui a été préenregistrée, a montré un effet similaire à l'effet de conductance cutanée décrit ci-dessus (figure 4.3a, b), avec une interaction équivalente entre les sexes et un effet significatif pour les hommes dans les 10 secondes précédant le feedback (hommes : $N = 147$, $p < -0{,}04$, $d = 0{,}36$; interaction entre les sexes : $N = 292$, $p < 0{,}04$, $\eta 2 = 0{,}016$; analyse non publiée). Cependant, une étude complémentaire (Koestler registry 1018) utilisant une récompense de 4 dollars n'a pas reproduit ces effets, peut-être parce que les durées avant et après le feedback étaient trop brèves pour saisir ce qui est probablement une post-réaction beaucoup plus importante et retardée au feedback (déjà apparente pour les hommes dans la version à 2 dollars de l'expérience ; figure 4.3a ; analyse non publiée). L'idée qu'une certaine forme de symétrie temporelle peut expliquer le pressentiment (par exemple, Bierman, 2008) pourrait être considérée comme faiblement étayée par ce manque de réplication – mais cette interprétation nécessiterait une expérience montrant que l'effet se consolide avec des périodes de collecte de données plus longues avant et après le feedback.

1. NdT : l'intervalle QT désigne le laps de temps qui sépare les ondes Q et T sur le tracé d'un électrocardiogramme. Il quantifie le temps entre le début de dépolarisation des cellules myocardiques et leur repolarisation. L'intervalle QT est inversement lié à la fréquence cardiaque.

a)

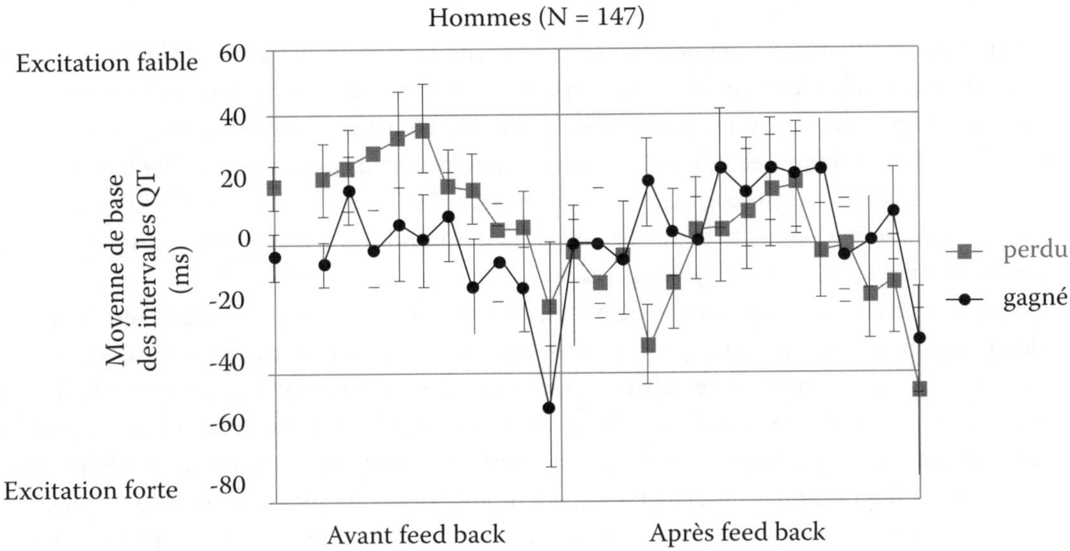

b)

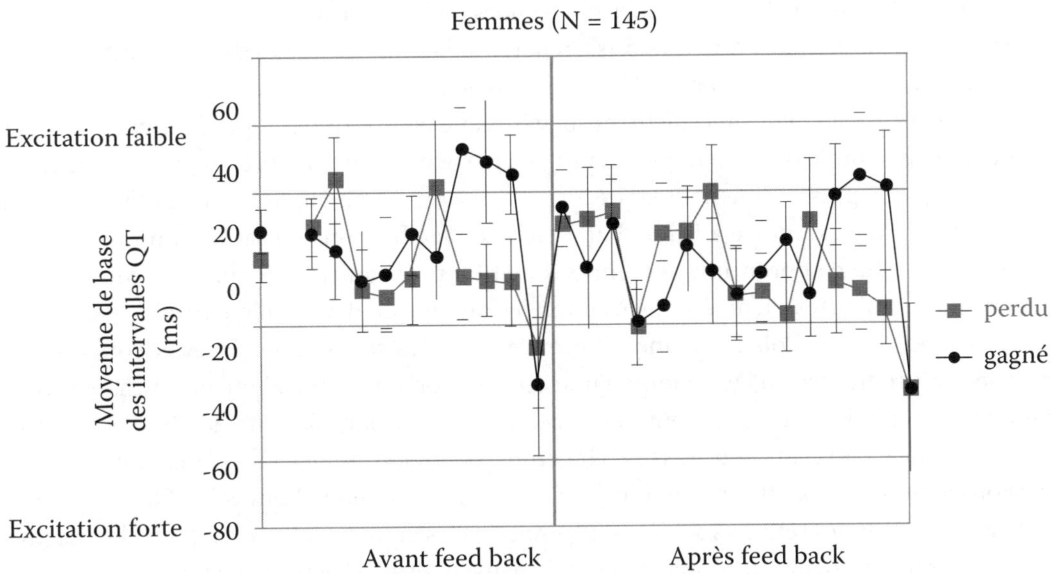

Les données sont basées sur la première valeur de l'IPI (non indiquée). Les valeurs à gauche de chaque graphique sont les moyennes générales des valeurs IPI de base dans les 10 secondes précédant la réception du feedback pour les succès (symboles noirs) et les échecs (symboles rouges) révélés au moment indiqué par la ligne verticale. Les barres d'erreur représentent +/– 1 erreur standard de la moyenne.

Figure 4.3 – Données sur le rythme cardiaque recueillies à l'aide d'une application pour smartphone

3.4 Pressentiment et précognition comportementale

Le pressentiment et la précognition comportementale opèrent à un rythme similaire et sont pour la plupart inconscients, bien que la plupart des tâches de précognition comportementale requièrent un peu plus d'attention consciente que la plupart des tâches de pressentiment. Il est donc naturel de supposer que les mécanismes de pressentiment sous-tendent les performances dans les tâches de précognition comportementale. Si cette hypothèse était vraie, quelles conclusions pourrions-nous tirer sur les mécanismes communs qui régissent les deux types de performances en matière de précognition ?

En particulier, à partir des études de pressentiment du GSR et de l'IPI mises en évidence ci-dessus, on pourrait conclure que si le sexe est effectivement lié aux performances différentielles de pressentiment, il devrait également être lié aux performances différentielles de précognition comportementale. Cette idée a été testée à l'aide de deux tâches de précognition comportementale exigeant deux degrés différents de conscience du contenu de la précognition (Mossbridge & Radin, 2021). Les deux tâches ont montré des effets globaux significatifs, mais les différences entre les sexes n'ont été trouvées que pour la tâche de précognition comportementale largement inconsciente plutôt que pour la tâche qui exigeait une plus grande conscience, ce qui suggère qu'il pourrait y avoir quelque chose dans le traitement largement inconscient qui est influencé plus facilement par les différences entre les sexes.

Bien que ces différences entre les sexes, en particulier dans les tâches de précognition essentiellement inconscientes, puissent refléter des associations apprises spécifiques au sexe avec le fait de « gagner », elles peuvent également suggérer que les hormones reproductives pourraient être impliquées dans le traitement précognitif, en particulier pour les brèves périodes de temps influencées par le pressentiment et la précognition comportementale. L'idée de l'hormone de reproduction a été examinée à l'aide d'une tâche de facilitation rétroactive du rappel (Bem, 2011) – une tâche d'apprentissage comportemental précognitif avec un délai relativement long (quelques minutes). Une étude des données de plus de deux mille participants en ligne n'a révélé aucun effet global, aucune différence entre les sexes et aucun effet cohérent des hormones reproductives, à l'exception d'une observation peu fiable d'une performance systématiquement meilleure chez les femmes enceintes (Mossbridge & Bem, 2018). Il est possible que le long délai d'exécution de cette tâche en particulier conduise les participants à un état plus conscient ou délibératif, ce qui rend l'effet difficile à obtenir (Bem *et al.*, 2015).

Dans l'ensemble, les résultats actuels suggèrent que les performances dans les tâches de pressentiment et de précognition comportementale peuvent être influencées par le genre, peut-être par le biais d'un mécanisme impliquant les hormones de reproduction, parmi d'autres possibilités. En outre, il semble que les pré-réactions avant un stimulus tendent à correspondre ou à prédire les post-réactions, plutôt que de correspondre ou de prédire la nature des stimuli eux-mêmes[1].

1. NdT : ce point important est plus aisé à saisir avec une petite histoire : un individu rêve qu'il ressort ravi d'un casino avec un gain important. À son réveil, il décide de tenter sa chance dans un casino, mais ignore s'il doit

Ce phénomène particulier, appliqué au pressentiment, ressemble presque à une « boucle temporelle » en ce sens qu'il apparaît souvent que c'est la réaction plutôt que le stimulus qui entraîne la pré-réaction (Wargo, 2018 ; voir les indices concernant le mécanisme, ci-dessous). Enfin, il convient de noter que pour les tâches de pressentiment et de précognition comportementale dans lesquelles un essai suit le suivant, des intervalles inter-essais plus courts peuvent brouiller l'effet parce que les réactions passées (et probablement futures) influenceront probablement les réactions à un essai donné. Ainsi, pour ces phénomènes, il est possible que la meilleure approche pour comprendre les mécanismes qui les sous-tendent soit d'examiner des ensembles de données d'essais uniques pour déterminer les relations, s'il y en a, entre le pressentiment et les facteurs modérateurs potentiels (Dalkvist *et al.*, 2014).

4. La vision à distance précognitive

La vision à distance précognitive est une forme de précognition exécutée en tant que tâche prolongée, consciente et à un essai, avec l'intention de décrire une cible ou la réponse à une question inconnue au moment de la tâche et révélée dans le futur. En tant que telles, les tâches de vision à distance précognitive sont un sous-ensemble des tâches générales de vision à distance, dans lesquelles les praticiens tentent de décrire des informations qui sont éloignées dans le temps et/ou l'espace (par exemple, May & Marwaha, 2018 ; McMoneagle, 2015 ; Utts, 1995). Une séance de vision à distance précognitive peut durer entre deux minutes et deux heures, à la discrétion du *viewer*, qui est le *percipient* (celui qui effectue la perception extra-sensorielle ou percipience) ou le participant à la tâche. Le délai entre la séance et le feedback sur la cible peut aller de quelques minutes à plusieurs années, voire, dans certains cas opérationnels, aucun feedback sur la cible n'est communiqué au viewer. Par exemple, si un service de renseignement ou d'application de la loi estime que la révélation d'une cible compromettrait un projet, il peut choisir de ne pas la divulguer.

Les tâches de vision à distance précognitives sont excellentes pour les scientifiques désireux de comprendre comment divers facteurs sont liés à la capacité précognitive, car la capacité de précision d'un viewer est souvent révélée dès la première session effectuée par un viewer novice (Targ, 2019), ce qui rend les travaux à essai unique généralement plus cohérents (moins bruyants) que ceux des expériences physiologiques ou comportementales. Cela permet également de recueillir des données en ligne pour des expériences de vision à distance précognitives auprès de centaines de personnes, une taille d'échantillon nécessaire pour examiner rigoureusement les relations entre les facteurs pertinents et les performances de précognition (Mossbridge & Radin, 2018 ; Mossbridge *et al.*, 2024).

jouer aux machines à sous, *au Black Jack*, à la roulette ou à d'autres jeux. Peu importe, il conserve ce ressenti d'un avenir couronné de succès et s'assoit sur la première chaise qu'il voit. Il mise et gagne. Sa joie fait écho à la joie émanant de son rêve, sans qu'il ait prophétisé exactement le moyen employé pour boucler cette boucle.

Depuis que la communauté du renseignement américain a déclassifié ses travaux sur la vision à distance et la précognition en 1995, les praticiens de la vision à distance ont expérimenté de multiples méthodes pour améliorer leur précision. À partir des expériences relativement bien contrôlées incluses dans les recherches parrainées par la communauté du renseignement et des rapports anecdotiques, quelques affirmations particulières sont régulièrement répétées. Je passe ici en revue quatre de ces affirmations et je décris brièvement les preuves expérimentales récentes et bien contrôlées qui s'y rapportent.

4.1 Différence de genre

La première affirmation est que, contrairement à ce qui semble être le cas pour les tâches de pressentiment et de précognition comportementale (Bierman & Scholte, 2002 ; Lobach, 2009 ; Mossbridge *et al.*, 2012 ; Mossbridge & Radin, 2021 ; Radin & Lobach, 2007 ; Wittmann *et al.*, 2021), il n'y a pas de différence claire entre les genres lorsqu'il s'agit de la précision de la vision à distance précognitive.

Dans des travaux récents sur la vision à distance précognitive examinant des essais recueillis en ligne, un effet de genre a été observé uniquement dans une expérience où la tâche de vision à distance précognitive comprenait une composante de choix forcé (Mossbridge *et al.*, en cours d'examen). Plus précisément, lorsqu'il a été demandé aux participants de choisir l'une des deux cibles en fonction de leur séance de vision à distance, les hommes ont obtenu de meilleurs résultats que les femmes, même si la précision n'était pas supérieure au hasard pour l'un ou l'autre genre. Cependant, lorsqu'une tâche plus traditionnelle de vision à distance précognitive à réponses libres a été utilisée, il y a eu un effet global significatif mais pas d'effet significatif du genre dans la performance ; seulement une très légère tendance des femmes à être plus performantes que les hommes.

4.2 Le rôle du feedback

Les viewers qui travaillent avec les forces de l'ordre ou avec des cibles classées au-delà de leur niveau d'habilitation affirment que le feedback n'est pas nécessaire pour qu'ils perçoivent des informations précises sur la cible (McMoneagle, 2015) – alors que les *viewers* qui travaillent à la prédiction de cibles associées aux marchés financiers affirment que le feedback est crucial (Katz *et al.*, 2021). Le rôle du feedback est essentiel pour comprendre les mécanismes qui sous-tendent la précognition, car si le feedback n'est pas nécessaire pour obtenir des performances précises, l'idée qu'une personne réagit à sa propre expérience future ne peut pas décrire correctement la situation. Pour les expériences de précognition à choix forcé, les résultats de la méta-analyse indiquent que le feedback essai par essai favorise la précision (Honorton & Ferrari, 1989), il n'est donc pas déraisonnable de supposer qu'il en va de même pour la vision à distance précognitive. Néanmoins, le rôle du feedback n'a été exploré que dans quelques expériences de vision à distance précognitive.

Dans l'une de ces expériences, la disponibilité consciente du feedback a été manipulée et il a été démontré qu'elle n'avait aucun effet sur la précision de la vision à distance précognitive pour les participants produisant des performances significatives (May *et al.*, 2014). Et une étude récente connexe a montré que les viewers qualifiés et présélectionnés étaient capables de décrire les changements dans un indice boursier allemand (DAX) avant la réalisation de ces changements, mais leur performance ne différait pas significativement lorsqu'ils bénéficiaient d'un feedback par rapport à des essais sans feedback (Müller *et al.*, 2019). Sur la base de ces études bien contrôlées, il semble que la rétroaction ne soit pas nécessaire pour la précision de la vision à distance précognitive, bien qu'il soit possible que la rétroaction soutienne la motivation du viewer lorsqu'il effectue des essais répétitifs de vision à distance précognitive.

4.3 Cibles intéressantes

Une autre affirmation souvent répétée par les professionnels de la vision à distance est que les cibles ayant une « numinosité » élevée – c'est-à-dire plus d'affect, plus d'informations ou plus de sens – engendrent une plus grande précision (May *et al.*, 1994a, b ; Schwartz, 2007 ; Watt, 1988). Cette affirmation a été testée dans de nombreuses expériences de vision à distance précognitive et a été confirmée (Delanoy & Solfvin, 1996, Krippner *et al.*, 2019, Mossbridge *et al.*, en cours de révision).

Dans une étude (Delanoy & Solfvin, 1996), les cibles vidéo contenant plus d'informations (et donc potentiellement plus intéressantes) étaient fréquentes parmi les cibles susceptibles d'être bien décrites, même si elles n'étaient pas la cible sélectionnée lors d'un essai particulier et qu'elles étaient plutôt utilisées comme cibles de comparaison et donc uniquement vues par des juges indépendants.

Dans une étude plus récente, Krippner *et al.* (2019) ont constaté que les cibles d'images statiques évaluées comme plus numineuses par des juges indépendants produisaient des performances de vision à distance précognitives significatives, alors que les cibles d'images moins bien évaluées ne le faisaient pas.

En outre, la relation entre l'intérêt de la cible et la précision a été analysée indépendamment dans trois ensembles de données (une analyse confirmatoire a été préenregistrée, Mossbridge *et al.*, en cours d'examen). Les trois analyses ont révélé que les cibles photographiques jugées plus intéressantes étaient plus susceptibles d'être décrites correctement, même lorsque ces cibles étaient utilisées comme cibles de comparaison pour les juges et n'étaient pas vues par les participants.

Dans l'ensemble, il semble que les tâches de vision à distance précognitive soient similaires aux tâches de mémoire en ce sens qu'une caractéristique liée à la saillance de la cible influe sur la précision. Cette même règle a été proposée pour les tâches de précognition à choix forcé et comportementales, mais jusqu'à présent, il semble que l'affect de la cible n'ait pas d'impact profond sur la précision dans ce type de tâches (Storm *et al.*, 2012).

4.4 Transcendance de soi

La dernière affirmation concernant la performance de la vision à distance précognitive est que la performance est meilleure lorsque les viewers sont d'humeur positive ou expansive[1] (McMoneagle, 2000 ; Swann, 2018). Certains scientifiques pensent que cet effet est motivationnel, car la croyance en la possibilité de la précognition et d'autres formes de phénomènes paranormaux a un impact sur les performances dans les tâches de précognition à choix forcé et comportementales (par exemple, Mossbridge & Radin, 2018, 2021) et on pense donc qu'elle a un impact sur la performance de la vision à distance en général (Subbotsky *et al.*, 2019). Mais dans la seule étude directe de la vision à distance précognitive dans laquelle la croyance a été mesurée, il n'a pas été démontré qu'elle avait un impact sur la précision (Roe *et al.*, 2020), fournissant un autre exemple de la non-équivalence de la vision à distance précognitive avec les tâches de précognition à choix forcé et comportementales.

Par ailleurs, il a été démontré que le fait d'être d'humeur positive ou expansive était corrélé à une meilleure précision dans des expériences de perception extra-sensorielle (cognition anomale) largement précognitives menées dans un contexte de Ganzfeld (Carpenter, 2005), un contexte dans lequel les participants sont recentrés sur des stimuli internes (voir chap. 3). Le Ganzfeld peut également favoriser une expérience de transcendance de soi[2] et semble conduire à un score significativement plus élevé lors d'une tâche de vision à distance précognitive à réponse libre (Roe *et al.*, 2020). Dans le même ordre d'idées que l'autotranscendance, l'expérience de l'amour inconditionnel pourrait favoriser une meilleure précision dans une tâche de vision à distance précognitive à réponse libre. Cette idée provient d'une analyse *post-hoc* de données de laboratoire montrant que les participants ayant déclaré un niveau élevé d'amour inconditionnel avant d'être hypnotisés pour en faire l'expérience ont obtenu des résultats significativement supérieurs au hasard et meilleurs que les participants ayant déclaré un faible niveau d'amour inconditionnel dans le même laps de temps (Mossbridge *et al.*, 2021). Une expérience de suivi modifiée pour être réalisée en ligne a examiné la relation entre une mesure de l'amour inconditionnel et la précision de la vision à distance précognitive à réponse libre et a obtenu le même résultat (Mossbridge *et al.*, en cours de révision). L'ensemble de ces expériences suggère que l'amour inconditionnel – ou peut-être les états modifiés expansifs et autotranscendants en général – favorise la vision à distance précognitive. En fait, l'autotranscendance imposée par l'environnement, ou ce que Cameron (2022) appelle l' « alter association », pourrait permettre de comprendre pourquoi les personnes ayant subi de nombreux traumatismes dans leur enfance, en particulier la négligence, obtiennent de bien meilleurs résultats que les

1. NdT : on oppose « humeur expansive » à « humeur dépressive » pour désigner un défaut de réserve dans l'expression des sentiments, qui exprime tous les degrés de la satisfaction, du plaisir, de la joie, de l'euphorie.
2. NdT : la transcendance de soi ou autotranscendance correspond à un trait de personnalité inverse du narcissisme, par lequel un individu considère le monde au-delà du prisme de sa propre individualité ou culture, en comprenant qu'il n'est qu'une petite partie d'un tout plus vaste, et en tentant d'agir en conséquence.

personnes ayant subi moins de traumatismes dans une tâche de vision à distance précognitive (Cameron, 2022).

Dans l'ensemble, il semble que les quatre affirmations relatives à la vision à distance précognitive décrites ici soient étayées par des tests indépendants et bien contrôlés. Bien que ces résultats puissent être infirmés par la reconnaissance de failles méthodologiques ou la production de plusieurs études bien contrôlées contredisant les résultats existants, les données actuelles permettent de tirer les conclusions suivantes au sujet de la vision à distance précognitive :

1. il n'y a pas de différence significative entre les genres en matière de précision ;
2. il n'y a pas de diminution significative de la précision lorsqu'il n'y a pas de feedback sur la cible ;
3. les viewers sont nettement plus aptes à décrire des cibles plus intéressantes ou plus riches en informations (qu'ils les voient ou non) ;
4. un niveau élevé de transcendance de soi, y compris un plus grand sentiment d'amour inconditionnel, produit une précision nettement plus élevée.

5. Différences entre pressentiment et vision à distance précognitive

Le pressentiment et la vision à distance précognitive présentent des différences essentielles, décrites brièvement ci-dessus et développées ci-dessous, qui indiquent qu'il s'agit de phénomènes distincts (tableau 4.1). Quelques-unes des entrées du tableau 4.1 nécessitent des explications supplémentaires, que je fournirai brièvement ici. La question de savoir si un feedback sur le stimulus est nécessaire pour que le pressentiment se produise est une question sémantique. Une expérience de pressentiment consiste à faire vivre au participant l'expérience consciente d'un stimulus, à déterminer quelle a été la réaction physiologique avant ce stimulus et à déterminer comment cette réaction est liée au type de stimulus et à la réaction post-stimulus. Bien qu'une expérience ne puisse pas vraiment être considérée comme une expérience de pressentiment si le stimulus n'est pas révélé au participant, certains scientifiques ont examiné les réactions de type pressentiment à des stimuli sélectionnés mais non présentés et ont pu différencier les réactions à des stimuli « bloqués » de celles à des stimuli présentés (par exemple, Tressoldi *et al.*, 2009). Toutefois, étant donné que la non-présentation d'un stimulus et sa présentation peuvent être interprétées comme deux types de stimulus différents, ce type d'expérience ne démontre pas entièrement que des réactions de type présentation peuvent se produire sans présentation du stimulus.

Tableau 4.1 – Comparaison entre le pressentiment et la vision à distance précognitive

Caractéristiques	Pressentiment	Vision à distance précognitive
Surtout conscient ?	Non	Oui
Les prédictions vont jusqu'à plusieurs années dans le futur ?	Non	Oui
Le genre influence-t-il la précision ?	Probablement[a]	Non
Le feedback est nécessaire ?	Oui	Non
Des cibles intéressantes sont utiles ?	Non	Oui
L'autotranscendance aide ?	Pas clair	Oui

[a] Indique que cette conclusion serait plus forte si toutes les données non publiées décrites ci-dessus étaient examinées par des pairs.

Deux autres entrées du tableau 4.1 nécessitent une explication dans la mesure où elles sont liées au pressentiment : les cibles intéressantes et les états d'autotranscendance. Bien que les classes de comparaison dans les expériences de pressentiment soient souvent entre des cibles émotionnellement engageantes et des cibles neutres, il n'est pas nécessaire que ce soit le cas pour obtenir un résultat de pressentiment. Ce qu'il faut, semble-t-il, c'est créer une situation dans laquelle la réaction physiologique post-stimulus est différente entre deux stimuli (Mossbridge *et al.*, 2015). Cela peut se faire avec des stimuli qui diffèrent dans l'excitation provoquée et donc dans leur niveau d'intérêt pour le système physiologique en question, ou avec des stimuli neutres qui ne diffèrent pas en termes d'intérêt, mais qui diffèrent dans leur signification dans le contexte de la tâche (comme dans les études 2.1. à 2.3. ci-dessus pages 156 à 159). Ainsi, ce n'est pas l'intérêt en soi, mais plutôt l'interprétation contextuelle et la réaction au stimulus qui déterminent l'effet de pressentiment. L'exemple 2.1. (ci-dessus) en est la meilleure illustration : les réactions préalables mesurées par l'EEG ont permis de prédire les réactions des participants, mais pas les types de stimuli eux-mêmes.

En ce qui concerne l'auto-transcendance et le pressentiment, à ma connaissance, il n'existe aucune expérience dans laquelle le pressentiment ou les tâches de précognition comportementale en particulier (c'est-à-dire à l'exclusion d'autres tâches psi, voir Carpenter, 2005 ; Roe *et al.*, 2020) ont été examinés dans un environnement comme le Ganzfeld afin de déterminer si les états d'autotranscendance facilitent ces effets. Certains expérimentateurs notent que la pratique de la méditation, associée à l'auto-transcendance, peut augmenter la précision dans certaines tâches conscientes de précognition à choix forcé (Roney-Dougal *et al.*, 2008 ; Roney-Dougal & Solfvin, 2011 ; Varvoglis, 2019), mais pour les tâches de pressentiment, les résultats peuvent dépendre de la nature des stimuli. Par exemple, lorsque les stimuli appartiennent à deux classes neutres, comme dans une étude des pré-réactions EEG aux stimuli auditifs et visuels (Radin *et al.*, 2011), les méditants peuvent obtenir de meilleurs résultats dans les tâches de pressentiment que les non-méditants, car ils peuvent différencier les événements dans le temps de manière moins rigide. Toutefois, comme l'a noté Bierman (2002), les méditants sont capables de supprimer la réaction d'excitation face à des stimuli confrontants ou érotiques, ce qui peut expliquer les performances inférieures des méditants dans les tâches de présentation où certains stimuli sont censés produire une excitation émotionnelle. Par conséquent, on ignore toujours si les effets de pressentiment sont améliorés lorsque les participants sont dans un état d'auto-transcendance.

Si l'on part du principe que les capacités humaines présentant des caractéristiques très différentes sont susceptibles d'être servies par des mécanismes au moins partiellement distincts, il apparaît que le pressentiment est probablement servi par un mécanisme au moins partiellement distinct du mécanisme qui sous-tend la vision à distance précognitive.

6. Conclusion

Bien que des hypothèses sur les mécanismes physiques régissant la précognition aient été proposées dans le passé, elles ont généralement traité la précognition comme étant en apparence un seul et unique phénomène (voir chap. 11). En d'autres termes, elles ont soit adapté leurs modèles pour expliquer les résultats d'un type particulier de précognition et aucun autre, soit combiné le pressentiment, la vision à distance précognitive et d'autres formes de précognition en un seul bloc conceptuel (par exemple, le modèle multiphasique : Marwaha, 2018 ; Marwaha & May, 2015 ; modèle CIRTS : Bierman, 2008, 2018 ; modèle thermodynamique rétrocausal : Sheehan & Cyrus, 2018).

En revanche, un modèle psychologique important de la précognition fait un bon travail de séparation des formes de précognition (Carpenter, 2004, 2005), mais il se concentre principalement sur la relation entre la précognition et d'autres aspects du traitement inconscient, plutôt que d'essayer de décrire physiquement comment les informations révélées dans les expériences de précognition « arrivent de l'avenir ». Des éléments de toutes ces théories influentes reflètent presque assurément certains aspects de chacun des mécanismes sous-jacents au pressentiment et à la vision à distance précognitive.

Il est utile pour ceux qui s'intéressent aux applications pratiques des phénomènes précognitifs de garder à l'esprit que chaque type de précognition pourrait être expliqué par des mécanismes légèrement différents, de sorte que la compréhension et la caractérisation des caractéristiques de la précognition qui fonctionnent le mieux pour une application donnée sont des clés pour réaliser des progrès pratiques (Barušs & Mossbridge, 2017).

7. Bibliographie

Alvarez, F. (2010). Anticipatory alarm behavior in Bengalese finches. *Journal of Scientific Exploration, 24* (4), 599-610.

Alvarez, F. (2010). Higher anticipatory response at 13.5±1 h local sidereal time in zebra finches. *Journal of Parapsychology, 74* (2), 323-333.

Alvarez, F. (2016). An experiment on precognition with planarian worms. *Journal of Scientific Exploration, 30* (2), 217-226.

Barušs, I., & Mossbridge, J. (2017). *Transcendent mind : Rethinking the science of consciousness.* American Psychological Association Books. *https://doi.org/10.1037/15957-000*

Bem, D.J. (2011). Feeling the future : experimental evidence for anomalous retroactive influences on cognition and affect. *Journal of Personality and Social Psychology, 100* (3), 407-425. *https://doi.org/10.1037/a0021524*

Bem, D.J., Tressoldi, P., Rabeyron, T., & Duggan, M. (2015). Feeling the future : A meta-analysis of 90 experiments on the anomalous anticipation of random future events. *F1000Research, 4. https://doi.org/10.12688/f1000research.7177.1*

Bierman, D.J. (2002). New developments in presentiment research or the nature of time. In *Cons-Ciências. Edições Universidade Fernando Pessoa. CTEC, 1*, 89-124.

Bierman, D.J. (2008). Consciousness induced restoration of time symmetry (CIRTS) : A psychophysical theoretical perspective. In *Proceedings of the 51st Parapsychological Association Annual Meeting* (p. 33-49). Parapsychological Association.

Bierman, D.J. (2018). Consciousness-induced restoration of time-symmetry (CIRTS). *Mindfield 10* (3), 91-97.

Bierman, D., & Scholte, H. (2002). A fMRI brain imaging study of presentiment. *Journal of the International Society of Life Information Sciences 20* (2), 380-388.

Cameron, K. (2022). *Precognition as an adaptation to child abuse and neglect : A correlational study.* Ph. D. Dissertation, California Institute of Integral Studies, Integral Transpersonal Psychology program.

Cardeña, E., & Marcusson-Clavertz, D. (2020). Changes in state of consciousness and psi in ganzfeld and hypnosis conditions. *Journal of Parapsychology, 84*, 66-84. doi : 10.30891/jopar2020.01.07

Carpenter, J.C. (2004). First sight : Part one, a model of psi and the mind. *Journal of Parapsychology, 68* (2), 217-254.

Carpenter, J.C. (2005). First sight : Part two, elaboration of a model of psi and the mind. *Journal of Parapsychology, 69* (1), 63-112.

Carpenter, J.C. (2005). Implicit measures of participants' experiences in the Ganzfeld : Confirmation of previous relationships in a new sample. In *Proceedings of Presented Papers : The Parapsychological Association 48th Annual Convention* (p. 36-45). Parapsychological Association.

Dalkvist, J., Mossbridge, J., & Westerlund, J. (2014). How to remove the influence of expectation bias in presentiment and similar experiments : A recommended strategy. *Journal of Parapsychology, 78* (1), 80-97.

Delanoy, D.L., & Solfvin, J.F. (1996). Exploring psychological variables of free-response ESP targets and their relationships to psi-scoring. In *Proceedings of the 39th Annual Convention of the Parapsychological Association, San Diego, CA* (p. 1-17). Parapsychological Association.

Duggan, M., & Tressoldi, P. (2018). Predictive physiological anticipatory activity preceding seemingly unpredictable stimuli : An update of Mossbridge *et al.*'s meta-analysis. *F1000Research, 7. https://doi.org/10.12688/f1000research.14330.2*

Hoffman, E. (2010). *The kabbalah deck : Pathway to the soul.* Chronicle.

Honorton, C., & Ferrari, D.C. (1989). « Future telling » : A meta-analysis of forced-choice precognition experiments, 1935-1987. *Journal of Parapsychology, 53* (4), 281-308.

Jung, C.G. (1973). *C.G. Jung letters,* vol. 1. G. Adler, A. Jaffé (Eds.). Translated by RFC Hull. Princeton University Press.

Kahneman, D. (2011). *Thinking, fast and slow.* Macmillan.

Katz, D.L., Grgic, I., Tressoldi, P., & Fendley, T. (2021). Associative remote viewing projects : Assessing rater reliability and factors affecting successful predictions. *Journal of the Society for Psychical Research, 85* (2), 65-90.

Krippner, S., Honorton, C., & Ullman, M. (1972). A second precognitive dream study with Malcolm Bessent. *Journal of the American Society for Psychical Research, 66* (3), 269-279. *https://doi.org/10.1016/j.explore.2018.07.001*

Krippner, S., Saunders, D.T., Morgan, A., & Quan, A. (2019). Remote viewing of concealed target pictures under light and dark conditions. *Explore, 15* (1), 27-37. *https://doi.org/10.1016/j.explore.2018.07.001*

Krippner, S., Ullman, M., & Honorton, C. (1971). A precognitive dream study with a single subject. *Journal of the American Society for Psychical Research, 65* (2), 192-203.

Libet, B. (1999). Do we have free will ? *Journal of Consciousness Studies 6,* 47-57.

Lobach, E. (2009). Presentiment research : Past, present and future. In C.A. Roe, L. Coly, & W. Kramer (Eds.), *Utrecht II : Charting the future of Parapsychology* (p. 22-45). Parapsychology Foundation.

Marcusson-Clavertz, D., & Cardeña, E., (2011). Hypnotizability, alterations in consciousness, and other variables as predictors of performance in a Ganzfeld psi task. *Journal of Parapsychology, 75,* 235-259.

Marwaha S.B. & May E.C. (2018). *The Star Gate archives : Reports of the United States government sponsored psi program, 1972-1995.* Vol. 1 : *Remote Viewing : 1972-1984.* McFarland.

Marwaha, S.B., & May, E.C. (2015). The multiphasic model of precognition : The rationale. *Journal of Parapsychology, 79* (1), 5-19. *https://doi.org/10.1177/2158244015576056*

Marwaha, S.B. (2018). Multiphasic model of informational psi : A signal-based process-oriented model. *Mindfield 10* (3), 91-97.

May, E.C., Lantz, N.D., & Piantineda, T. (2014). Feedback considerations in anomalous cognition experiments. In E.C. May and S.B. Marwaha (Eds.), *Anomalous cognition : Remote viewing research and theory* (p. 104-116). McFarland.

May, E.C., Spottiswoode, S.J.P., & James, C.L. (1994a). Managing the target-pool bandwidth : Possible noise reduction for anomalous cognition experiments. *Journal of Parapsychology, 58* (4), 303-313.

May, E.C., Spottiswoode, S.J.P., & James, C.L. (1994b). Shannon entropy : A possible intrinsic target property. *Journal of Parapsychology, 58* (4), 384-401.

McMoneagle, J. (2000). *Remote viewing secrets : The handbook for developing and extending your psychic abilities.* Hampton Roads.

McMoneagle, J.W. (2015). Evidence for precognition from applied remote viewing. In E.C. May, S.B. Marwaha (Eds.), *Extrasensory perception : Support, skepticism, and science*, vol. 1 (p. 285-316). Praeger.

Michon, J.A. (1978). The making of the present —A tutorial review. In J. Requin (ed.), *Attention and performance VII* (p. 89-111). Erlbaum. *https://doi.org/10.4324/9781003310228-7*

Moddel, G., Zhu, Z., & Curry, A.M. (2011). Laboratory demonstration of retroactive influence in a digital system. *AIP Conference Proceedings, 1408* (1), 218-231. *https://doi.org/10.1063/1.3663726*

Mossbridge, J.A. (2017, July). Characteristic alpha reflects Predictive Anticipatory Activity (PAA) in an auditory-visual task. In *International Conference on Augmented Cognition* (p. 79-89). Springer, Cham. *https://doi.org/10.1007/978-3-319-58628-1_7*

Mossbridge, J. (2021). Long time-frame causally ambiguous behavior demonstrated in an optical system. *ResearchGate*. Preprint available at : *https://tinyurl.com/PhotonPrecog*

Mossbridge, J., Cameron, K., & Boccuzzi, M. (2024). State, trait, and target parameters associated with accuracy in two online tests of Precognitive Remote Viewingl. *Journal of Anomalous Experience and Cognition, 4*(1), 88-121.

Mossbridge, J., & Bem, D. (2018, April). Mossbridge_97_16_final_report : Reproductive hormonal status as a predictor of precognition [Conference presentation]. 12th Bial Symposium of Behind and Beyond the Brain, Porto, Portugal. Figure available at : *https://figshare.com/articles/figure/Mossbridge_Slide_97_16_Bial_2018/20616093*

Mossbridge, J.A., & Radin, D.I. (2018). Precognition as a form of prospection : A review of the evidence. *Psychology of Consciousness : Theory, Research, and Practice, 5* (1), 78-93. *https://doi.org/10.1037/cns0000121*

Mossbridge, J.A., Nisam, M., & Crabtree, A. (2021). Can hypnotic suggestion induce feelings of unconditional love and supernormal performance ? *Spirituality in Clinical Practice, 8* (1), 30-50. *https://doi.org/10.1037/scp0000239*

Mossbridge, J., & Radin, D.I. (2021). Psi performance as a function of demographic and personality factors in smartphone-based tests : Using a « SEARCH » approach. *Journal of Anomalous Experience and Cognition, 1* (1-2), 78-113. *https://doi.org/10.31156/jaex.23419*

Mossbridge, J., Cameron, K., & Boccuzzi, M. (Under review). State, trait and target parameters associated with accuracy in two online tests of precognitive remote viewing. Preprint available at : *https://tinyurl.com/PRVStateTraitTarget*

Mossbridge, J., Tressoldi, P.E., & Utts, J. (2012). Predictive physiological anticipation preceding seemingly unpredictable stimuli : A meta-analysis. *Frontiers in Psychology, 3*, 390. *https://doi.org/10.3389/fpsyg.2012.00390*

Mossbridge, J., Tressoldi, P., Utts, J., Ives, J.A., Radin, D.I., & Jonas, W.B. (2015). We did see this coming : Response to “We should have seen this coming” by D. Sam Schwarzkopf. *arXiv preprint arXiv : 1501.03179.*

Mothersill, C., Smith, R., Wang, J., Rusin, A., Fernandez-Palomo, C., Fazzari, J., & Seymour, C. (2018). Biological entanglement-like effect after communication of fish prior to X-ray exposure. *Dose-Response, 16* (1), 1559325817750067. *https://doi.org/10.1177/1559325817750067*

Müller, M., Mülller, L., & Wittmann, M. (2019). Predicting the stock market : An associative remote viewing study. *Zeitschrift für Anomalistik, 19*, 326-346.

Radin, D.I., and Lobach, E. (2007). Toward understanding the placebo effect : Investigating a possible retrocausal factor. *Journal of Alternative and Complementary Medicine, 13*, 733-739. *https://doi.org/10.1089/acm.2006.6243*

Radin, D.I., Vieten, C., Michel, L., & Delorme, A. (2011). Electrocortical activity prior to unpredictable stimuli in meditators and nonmeditators. *Explore, 7* (5), 286-299. *https://doi.org/10.1016/j.explore.2011.06.004*

Roe, C., Cooper, C., Hickinbotham, L., Hodrien, A., Kirkwood, L., & Martin, H. (2020). Performance at a precognitive remote viewing task, with and without Ganzfeld stimulation : Three experiments. *Journal of Parapsychology, 84* (1), 38-65. *https://doi.org/10.30891/jopar.2020.01.06*

Roney-Dougal, S.M., & Solfvin, J. (2011). Exploring the relationship between Tibetan meditation attainment and precognition. *Journal of Scientific Exploration, 25* (1), 29-46.

Roney-Dougal, S.M., Solfvin, J., & Fox, J. (2008). An exploration of degree of meditation attainment in relation to psychic awareness with Tibetan Buddhists. *Journal of Scientific Exploration, 22* (2), 161-178.

Rosenberg, R. (2016). 'Precognition'. *Psi Encyclopedia*. London : The Society for Psychical Research. *https://psi-encyclopedia.spr.ac.uk/articles/precognition*. Consulté le 25 août 2022.

Schwartz, S.A. (2007). *Opening to the infinite : The art and science of nonlocal awareness*. Buda, TX : Nemoseen Media.

Sheehan, D.P. & Cyrus, P.C. (2018). The thermodynamic retrocausal (TDRC) model of precognition. *Mindfield 10* (3), 98-102.

Sheldrake, R., & Smart, P. (2000). A dog that seems to know when his owner is coming home : Videotaped experiments and observations. *Journal of Scientific Exploration, 14* (2), 233-255.

Stanford, R.G. (2015). Psychological concepts of psi function. In E. Cardeña, J. Palmer, D. Marcusson-Clavertz (Eds.), *Parapsychology : A handbook for the 21st century* (p. 94-109). McFarland.

Storm, L., Sherwood, S.J., Roe, C.A., Tressoldi, P.E., Rock, A.J., & Di Risio, L. (2017). On the correspondence between dream content and target material under laboratory conditions : A meta-analysis of dream-ESP studies, 1966-2016. *International Journal of Dream Research, 10* (2), 120-140.

Storm, L., Tressoldi, P.E. & Di Risio, L. (2012). Meta-analysis of ESP studies, 1987-2010 : Assessing the success of the forced-choice design in parapsychology. *The Journal of Parapsychology, 76*, 243-273.

Subbotsky, E. & Ryan, A. (2009). Motivation, belief and geomagnetic activity in a remote viewing task. Presentation at *the 33rd International Conference of the Society for Psychical Research*, Nottingham ; United Kingdom (Aug. 31- Sept. 2).

Swann, I. (2018). *Psychic literacy & the coming psychic renaissance*. Swann-Ryder Productions, LLC.

Targ, R. (2019). What do we know about psi ? The first decade of remote-viewing research and operations at Stanford Research Institute. *Journal of Scientific Exploration, 33* (3), 569-592. *https://doi.org/10.31275/2019/1669*

Tressoldi, P. (2013). Does system 1 process both local and nonlocal information in intuitive judgment and decision making ? Available evidence and a research agenda proposal. *Psychology, 4* (11), 798-803. *https://doi.org/10.4236/psych.2013.411114*

Tressoldi, P.E., Martinelli, M., Zaccaria, E., & Massaccesi, S. (2009). Implicit intuition : How heart rate can contribute to prediction of future events. *Journal of the Society for Psychical Research, 73* (894), 1-16.

Utts, J. (1995). An assessment of the evidence for psychic functioning. *Journal of Parapsychology, 59*, 289-320.

Varvoglis, M., Bancel, P.A., Bailly, J.P., Boban, J., & Si Ahmed, D. (2019). The selfield : Optimizing precognition research 4. *The Journal of Parapsychology, 83* (1), 13-24. *https://doi.org/10.30891/jopar.2019.01.02*

Wargo, E. (2018). *Time loops : Precognition, retrocausation, and the unconscious*. Anomalist Books.

Watt, C. (1988). Characteristics of successful free-response targets : Theoretical considerations. *The Proceedings of the 31st Annual Convention of the Parapsychological Association* (p. 247-263). Parapsychological Association.

Wildey, C.R. (2001). *Biological response to stimulus*. M.S. Thesis, University of Texas, Arlington.

Wittmann, M., Scheck, F., Feldmann, J., Glaesmann, A., Mossbridge, J., & Bem, D. (2021). The German version of a retroactive priming task shows mixed effects. *Psychology of Consciousness : Theory, Research, and Practice*. Advance online publication. *https://doi.org/10.1037/cns0000296*.

Chapitre 5

La micro-psychocinèse[1]

(Peter Bancel et Mario Varvoglis)

1. Ce chapitre est une forme actualisée du chapitre original des deux auteurs : Varvoglis, M., & Bancel, P.A. (2015). Micro-psychokinesis. In E. Cardeña, J. Palmer, & D. Marcusson-Clavertz (Eds.), *Parapsychology : A Handbook for the 21st Century* © (p. 266-281). McFarland & Co ; avec la permission de McFarland & Company, Inc., Box 611, Jefferson NC 28640. *www.mcfarlandbooks.com.*

Sommaire

1. Introduction : Qu'est-ce que la micro-psychocinèse ?

Des études de cas, des travaux sur le terrain et des recherches en laboratoire ont associé la psychocinèse (PK selon l'acronyme anglo-saxon) à une très grande variété de phénomènes : pliage de métal, poltergeists, lévitations de tables, matérialisations, changements physiologiques induits dans des organismes vivants, et écarts statistiques par rapport au hasard dans des systèmes probabilistes.

1.1 Définition

Ainsi, bien qu'il soit courant de décrire la PK comme « la capacité apparente des humains à affecter des objets uniquement par le pouvoir de l'esprit » (Bösch *et al.*, 2006), cette définition ne couvre pas de manière adéquate tous les phénomènes psychocinétiques supposés – la PK n'implique pas seulement des objets inanimés, et ses sources peuvent ne pas être limitées aux intentions humaines. Une définition plus inclusive et plus neutre pourrait être formulée comme suit : *la PK est la capacité supposée des organismes à affecter d'autres systèmes – tant animés qu'inanimés – sans la médiation de forces ou d'énergies physiques connues.*

1.2 Catégories de psychocinèse

Dans ce vaste champ d'application, une classification pratique distingue trois types de PK :

- *Macro-PK* : incluant généralement des phénomènes qui peuvent être directement perçus par les sens (tels que le déplacement ou la distorsion d'objets) qui sera abordé dans le chapitre 7 de cet ouvrage.
- *Bio-PK* : ou, comme plus communément appelé DMILS : l'influence mentale directe sur les systèmes vivants, incluant des aspects de la physiologie et de la santé humaines, la croissance des plantes, etc. (voir chap. 8).
- *Micro-PK* : influences infimes sur des systèmes inanimés, probabilistes, produisant des effets qui ne peuvent être détectés qu'à l'aide de moyens statistiques. Les systèmes cibles peuvent être des dés à jouer, des systèmes de pile ou face ou des générateurs de nombres aléatoires (GNA).

Bien que largement utilisées en parapsychologie, ces distinctions heuristiques ne sont pas mutuellement exclusives. Par exemple, les DMILS pourraient être classées dans la catégorie des micro-PK, puisque ces effets sont généralement trop faibles pour être directement observés et doivent être déduits d'essais répétés et d'analyses statistiques. Par ailleurs, la distinction entre micro-PK et macro-PK est en soi discutable (Braude, 1986) et peut être considérée comme une distinction taxonomique utile, mais superficielle, basée sur les méthodes utilisées pour observer les phénomènes (observation directe ou inférence statistique). Dans ce cas, nous serions tentés de subsumer les effets de la macro-PK sous les effets de la micro-PK, même si les méthodes utilisées pour observer les effets diffèrent. Il se peut aussi qu'il n'existe aucune base commune à des phénomènes aussi différents qu'une table en lévitation et le minuscule écart statistique d'un GNA. En effet, il est possible que certains exemples de micro-PK ne renvoient pas du tout aux processus physiques sous-jacents, mais orientent vers d'autres phénomènes psi, tels que la précognition. Les difficultés rencontrées dans l'interprétation des données micro-PK est l'un des thèmes de ce chapitre.

1.3 Éléments clefs

Après avoir pris connaissance de ces questions importantes, nous adopterons dans ce chapitre le terme « micro-PK » comme raccourci pratique pour désigner *les preuves déduites statistiquement de l'influence apparente de l'homme ou d'autres systèmes vivants sur des systèmes probabilistes inanimés, sans la médiation de forces ou d'énergies physiques connues.* Le qualificatif d'« apparente » vise à laisser ouvertes les questions d'interprétation mentionnées plus haut, y compris la possibilité que les effets de la micro-PK ne soient pas des influences directes sur les systèmes physiques, mais qu'ils représentent simplement des corrélations entre des suppositions et des résultats dont les causes peuvent inclure des effets autres que la PK.

En général, les études que nous examinerons comportent trois éléments clés, à savoir :

- *Un système cible* probabiliste, avec un matériel GNA comme source de hasard et qui produit un ensemble fini de résultats possibles avec des probabilités théoriques connues (comme une sortie binaire du GNA de 0 ou de 1). Dans certains cas, des sources mécaniques de hasard sont prises en compte, telles que des pièces de monnaie ou des dés agités.
- *Un sujet ou un participant à une expérience* qui, pour un nombre donné d'essais, est invité à explicitement souhaiter un résultat particulier, ou autrement à s'engager implicitement dans le résultat du GNA. La distinction entre les effets psi explicites et implicites dans la recherche micro-PK est un autre thème que nous aborderons dans ce chapitre.
- *Un expérimentateur*, qui formule des hypothèses, définit des protocoles expérimentaux ; recrute les sujets, mène les sessions expérimentales et analyse les données à l'aide d'outils statistiques.

1.4 Originalités de ce chapitre

Ce chapitre complète les études précédentes sur la micro-PK, telles que l'excellent *Experimental Psychokinesis* de Rex Stanford (1977), qui passe en revue les « études évaluées statistiquement de la PK par des humains sur des systèmes non vivants », ou l'article récapitulatif récent de Williams (2021). Ces synthèses constituent des études bibliographiques assez complètes de trois périodes historiques de recherche, chacune étant définie par une cible ou un dispositif prédominant : le lancer de dés, les études de placement de dés roulants et les GNA.

En revanche, dans le présent chapitre, nous nous concentrons presque exclusivement sur les recherches portant sur les GNA. Ce choix reflète essentiellement le fait historique que, peu après leur introduction dans la parapsychologie à la fin des années 1960, les GNA sont devenus le centre d'intérêt de la recherche sur la micro-PK, alors que les systèmes cibles antérieurs ont été largement abandonnés. Même au sein de la littérature sur les micro-PK sur GNA, nous ne cherchons pas à passer en revue, même sommairement, le large éventail d'études réalisées. Nous nous contenterons d'une vision d'ensemble en soulignant certaines études représentatives d'une approche particulière.

Une différence plus importante concerne nos objectifs. Les études citées mettent l'accent sur l'aspect processuel de la recherche sur les micro-PK, qui vise à traquer les corrélats psychologiques et physiques des effets en vue de construire un modèle général du fonctionnement du psi. Notre objectif principal est davantage axé sur la preuve : à notre avis, on ignore toujours si la micro-PK est un effet qui modifie réellement le comportement des systèmes physiques. Comme nous le verrons, certaines études avec GNA indiquent *non pas* une influence sur le système cible, mais plutôt un processus de sélection médiatisé par le psi qui guide tacitement l'individu pour qu'il échantillonne le GNA d'une manière qui produise des résultats favorables.

Nous nous intéressons donc aux questions de preuves et d'interprétation dans la recherche sur la micro-PK.

Par exemple, la dernière méta-analyse de la recherche sur les micro-PK sur GNA (Bösch, Steinkamp et Boller, 2006) s'interroge sur l'existence d'un effet réel à discuter. Les auteurs de la méta-analyse affirment que le faible effet cumulatif constaté dans les études s'explique par un artefact dû au biais de publication. Ils concluent qu'après près de quarante ans de recherche la micro-PK n'a pas été démontrée de manière convaincante.

Nous ne sommes pas d'accord avec ces deux positions (compréhension des processus ou recherche de preuve), mais aucune ne peut être facilement rejetée : d'un point de vue méta-analytique, les arguments en faveur de la micro-PK ne sont pas aussi convaincants qu'ils ont pu le paraître voici près de quarante ans. Notre objectif est donc d'examiner les questions de base, y compris la perspective méta-analytique, tout en essayant d'élucider leur interprétation et de mettre en évidence les facteurs potentiellement pertinents.

Plus précisément, notre chapitre s'articulera autour de quatre axes de recherche fondamentaux :

1. Peut-on affirmer aujourd'hui que la littérature sur la PK avec GNA apporte la preuve d'un effet réel, qui ne peut être attribué à des faiblesses méthodologiques, à des techniques statistiques inappropriées, des biais inhérents au processus de publication d'articles scientifiques, etc.
2. Si nous pouvons établir la réalité probable d'un effet, comment l'interpréter ? Les preuves sont-elles en faveur d'un modèle d'influence ou indiquent-elles en fait une forme réceptive de psi, telle que la précognition ?

3. Certaines approches méthodologiques sont-elles plus efficaces que d'autres ? Existe-t-il des variables modératrices physiques ou psychologiques qui se rapportent systématiquement aux scores micro-PK et indiquent dans quelles directions doivent se diriger les recherches futures ?
4. Dans quelle mesure pouvons-nous considérer que l'effet est reproductible et qu'il peut donc être étudié à l'aide de méthodes expérimentales conventionnelles ? Cette question est intimement liée aux problématiques de l'effet expérimentateur et de la variabilité du sujet[1].

2. La naissance d'un champ

2.1 Une brève histoire de la recherche sur la micro-PK

L'étude de la micro-PK a été anticipée voici quatre siècles par Francis Bacon, l'un des pionniers de la méthode scientifique. Dans son opus posthume *Sylva Sylvarum*, Bacon déclare :

> « Il est bon d'examiner sur quelles choses l'imagination a le plus de force : et la règle est qu'elle a le plus de force sur les choses qui ont les mouvements les plus légers et les plus faciles. En ce qui concerne les choses inanimées, il est vrai que les mouvements de battre des cartes ou de lancer des dés sont des mouvements très légers » (Bell, 1964, p. 203).

Le fantôme de Bacon a dû bien rire lorsque J.B. Rhine a lancé des recherches sur la micro-PK avec des dés à la fin des années 1930, suite à l'affirmation d'un joueur selon laquelle il pouvait influencer le résultat des lancers. Les premières études étaient clairement exploratoires, mais les contrôles se sont progressivement améliorés : les lancements manuels ont été remplacés par des machines à lancer les dés, des enregistrements indépendants des résultats ont été mis en place, etc.

Néanmoins, la publication des résultats de Rhine a suscité des réactions très critiques (notamment de la part de Girden, 1962), affirmant que les études de PK sur les dés étaient entachées de problèmes méthodologiques, tels que des biais structurels dans les dés et l'absence d'enregistrement automatique des résultats. Bien qu'un certain nombre de ces critiques aient exagéré les arguments en défaveur des expériences avec les dés, en particulier au vu des améliorations des protocoles, la plupart des chercheurs ont été dissuadés de consacrer du temps à cette recherche. Il était clair qu'il fallait améliorer les méthodes de production, de contrôle et d'enregistrement des essais expérimentaux.

Le domaine a rapidement évolué lorsque les chercheurs se sont tournés vers une génération entièrement nouvelle de systèmes cibles pour la PK basés sur les processus intrinsèquement

1. La réplicabilité est également un problème dans d'autres champs (Begley & Ellis, 2012 ; Button *et al.*, 2013).

indéterminés associés aux phénomènes quantiques, tels que la désintégration des isotopes radioactifs.

Après plusieurs tentatives peu concluantes dans cette direction, le physicien Helmut Schmidt a créé un dispositif relativement compact et flexible utilisant une source de strontium-90. Comme l'indétermination quantique de la désintégration garantissait le caractère aléatoire et l'indépendance des résultats successifs, le dispositif pouvait être utilisé dans une expérience de PK en demandant au sujet de viser un résultat particulier, puis de lancer un essai en appuyant sur un bouton, avant de recevoir un feedback immédiat. Il s'agit là de la configuration la plus élémentaire de la recherche en micro-PK. Il convient toutefois de noter que la procédure pourrait également être considérée comme une tâche de précognition, dans laquelle le sujet est simplement invité à deviner le résultat de l'essai. Cette ambiguïté conceptuelle est au cœur des questions d'interprétation que nous aborderons plus loin dans ce chapitre.

L'introduction des GNA a constitué une avancée majeure pour le domaine. Elle a fait entrer la recherche PK dans l'ère de l'automatisation des laboratoires modernes et a résolu un certain nombre de problèmes méthodologiques, en garantissant des séquences de cibles véritablement aléatoires, en permettant la collecte automatisée des données et en simplifiant la collecte des données de contrôle pour vérifier le caractère aléatoire et la stabilité du GNA. Le GNA pouvait être modifié relativement facilement pour explorer différentes modalités de feedback, de taux de génération d'essais, etc., encourageant ainsi les expérimentateurs à explorer des protocoles qui auraient auparavant été impossibles ou trop coûteux à réaliser.

L'évolution des GNA, qui sont passés de systèmes autonomes fabriqués sur mesure à des circuits intégrés disponibles dans le commerce et basés sur le bruit électronique, a permis leur intégration dans des ordinateurs personnels, facilitant encore la collecte et l'analyse des données et ouvrant des possibilités pour la recherche axée sur les processus. Dans l'ensemble, les avantages méthodologiques, la simplicité d'utilisation et la flexibilité du GNA ont conduit à son adoption à grande échelle et ont rapidement transformé la recherche sur la micro-PK d'une activité presque moribonde à une tendance majeure dans le domaine – comme le documente amplement le chapitre de Stanford (1977) et des synthèses plus récentes (Gissuarson, 1997 ; Williams, 2021), ainsi que des méta-analyses (Radin & Nelson, 1989 ; Bösch *et al.*, 2006).

2.2 Les recherches d'Helmut Schmidt

Helmut Schmidt a joué un rôle clé dans la recherche sur la micro-PK pendant plusieurs décennies. Son travail est particulièrement intéressant, non seulement parce qu'il a été très performant et prolifique dans l'étude expérimentale de la PK, produisant de loin les résultats les plus solides et les plus cohérents dans ce domaine de recherche, mais aussi en raison du rôle qu'il a joué dans la conceptualisation et la modélisation des phénomènes. Il est donc instructif d'examiner de près ses travaux expérimentaux et théoriques.

D'une manière générale, les recherches de Schmidt s'articulent autour de deux axes principaux. Les premières expériences visaient à établir que la PK est indépendante des détails internes du dispositif GNA et dépend plutôt de l'expérience sensorielle et psychologique du sujet. Ses recherches ultérieures, qui s'appuient naturellement sur les formalismes dérivés de ses premières expériences, se sont concentrées sur la possibilité d'une PK rétroactive. Ce bref aperçu ne peut que donner une idée générale de l'évolution du travail expérimental et de la pensée de Schmidt.

2.2.1. Premières expériences

L'une des premières expériences publiées par Schmidt (1969a) utilisait un GNA qui générait quatre résultats également probables. L'appareil comportait un ensemble de quatre petites lampes avec des boutons adjacents correspondant aux résultats possibles du GNA. Les sujets choisissaient librement une alternative et appuyaient sur le bouton pour commencer chaque essai. L'appareil générait alors un résultat aléatoire et allumait la lampe correspondante en guise de feedback. La tâche du sujet consistait à deviner quelle lampe s'allumerait et à indiquer sa réponse en appuyant sur le bouton. Un essai réussi, ou « succès », se produisait si la lampe à côté du bouton sélectionné s'allumait. Le protocole a donc été initialement conçu comme un test de précognition puisque, à proprement parler, l'événement aléatoire n'était généré qu'après chaque pression sur le bouton.

Figure 5.1 – La participante appuie sur l'un des quatre boutons pour deviner quelle lampe va s'allumer

Dans deux études distinctes, des dizaines de milliers d'essais ont été recueillies et des résultats hautement significatifs ont été obtenus (scores *Z* de 4,6 et 6,5)[1]. Schmidt a toutefois immédiatement reconnu l'ambiguïté mentionnée ci-dessus : les résultats pouvaient être interprétés comme une intuition précognitive ou comme étant dus à un mécanisme PK actif exercé tacitement par les sujets et influençant le GNA de sorte que son résultat soit conforme à leurs suppositions.

Dans des expériences ultérieures, Schmidt a tenté d'aborder explicitement l'hypothèse PK et il s'est particulièrement intéressé à déterminer si la structure interne ou la complexité du GNA affectait la capacité de l'individu à l'influencer (comme on pourrait s'y attendre dans un modèle mécaniste ou cybernétique). Dans une étude, Schmidt (1974a) a étudié l'impact de deux GNA différents sur le score : l'un était un GNA binaire simple qui produisait un seul bit (0 ou 1), tandis que l'autre produisait rapidement 99 bits et renvoyait un 0 si la somme des bits était inférieure ou égale à 49 et un 1 dans le cas contraire.

Pour chaque essai, l'un des GNA était choisi au hasard comme dispositif de rétroaction et ni le sujet ni l'expérimentateur ne savaient lequel était utilisé au moment de l'essai. Du point de vue du sujet, tous les essais étaient identiques : le sujet commençait un essai en sélectionnant l'un des deux boutons et recevait immédiatement un feedback par l'allumage de l'une des deux lampes adjacentes aux boutons. Le résultat de l'expérience en « double GNA » fut très significatif (*Z* de 5,2) et il n'y avait pas de différence statistique entre les deux GNA. Cependant, ces résultats sont uniquement dus aux données (des deux GNA) qui ont été utilisées pour générer le feedback. Pour les données qui n'étaient pas la cible de l'intention du sujet (c'est-à-dire qui n'étaient pas utilisées de manière aléatoire pour le feedback), les résultats étaient dus au hasard. Ainsi, dans cette expérience, Schmidt a produit deux indices sur la nature des effets des micro-PK. Premièrement, les détails internes des appareils n'ont apparemment pas d'impact sur les résultats et, deuxièmement, l'engagement expérientiel du sujet avec l'appareil semble être un ingrédient nécessaire pour que le psi se produise.

Des expériences similaires (Schmidt, 1969b, 1970a, 1972, 1973) ont convaincu Schmidt que la structure interne du dispositif GNA n'avait que peu d'importance et que le facteur clé pour les résultats était l'état et l'expérience du sujet. Il a formulé ce constat sous le nom de « principe d'équivalence » pour les appareils GNA :

> « Si nous avons deux générateurs [structurellement différents, mais] véritablement aléatoires, fonctionnant de telle sorte que les générateurs sont physiquement indiscernables de l'extérieur, alors un effort PK affecte chaque système de telle sorte que les résultats sont également indiscernables » (Schmidt, 1987, p. 108).

1. Le score *Z* est le nombre d'écarts-types par rapport au hasard. Il s'agit d'une notation plus compacte que la valeur *p* bien connue. Des valeurs *p* de 0,05 et 0,01 correspondent à des *Z* de 1,65 et 2,32. Les *Z* supérieurs à 3 sont hautement significatifs. Dans la pratique, des *Z* aussi faibles que 1,65 sont considérés comme suffisants pour rejeter une hypothèse nulle, bien que cela soit de plus en plus considéré comme une preuve inadéquate à cette fin (pour une introduction accessible dans les débats sur la valeur *p*, voir Hubbard et Lindsay, 2008).

Il en conclut que les effets psi sont ainsi *orientés vers un but*, principalement basés sur les intentions et l'état mental du sujet. La notion de psi orienté vers un but avait déjà été évoquée auparavant, principalement pour souligner le rôle important que jouent les intentions et les motivations psychologiques, qu'elles soient conscientes ou inconscientes. À peu près à l'époque où Schmidt a proposé son principe d'équivalence, le parapsychologue Rex Stanford a publié un modèle détaillé du fonctionnement du psi allant dans la même direction (qu'il a appelé le modèle de réaction instrumentale médiatisée par le psi ou PMIR : Stanford, 1974 ; voir chap. 11). Le modèle PMIR tente d'expliquer d'un point de vue psychologique les effets psi orientés vers un but précis. La contribution unique de Schmidt a été de considérer les implications du psi orienté vers un but pour les dispositifs physiques utilisés dans les expériences, et de fournir des données expérimentales à l'appui de ses affirmations. Schmidt a conclu :

> « La PK n'est peut-être pas correctement comprise en termes de mécanisme par lequel l'esprit interfère avec la machine d'une manière savamment calculée… il est peut-être plus approprié de considérer la PK comme un principe orienté vers un but, un principe qui vise avec succès un événement final, quelle que soit la complexité des étapes intermédiaires » (Schmidt, 1974b).

2.2.2. La psychocinèse rétroactive

Le principe d'équivalence n'était pas tant un modèle théorique qu'un guide pour concevoir de nouvelles expériences (Schmidt, 1978). Il a conduit Schmidt à une expérience de pensée frappante. Imaginez des appareils dotés de GNA internes qui produisent des résultats statistiquement indiscernables. L'un des appareils fournit ses données en temps réel, dès qu'elles sont générées. L'autre enregistre les données en continu dans une mémoire tampon et ne fournit que les données enregistrées 24 heures plus tôt.

Schmidt a estimé qu'en vertu du principe d'équivalence et dans la mesure où les résultats de l'appareil sont indiscernables pour le sujet, la réaction à l'effort PK devrait être la même. Le principe exige qu'il en soit ainsi, même si l'un des appareils présente des données enregistrées 24 heures avant l'intervention psychocinétique du sujet. En d'autres termes, le principe d'équivalence a fourni un outil conceptuel pour imaginer des expériences avec des cibles préenregistrées et a encouragé Schmidt à étudier la PK rétroactive (ou rétro-PK).

Cette expérience de pensée montre comment les GNA ont permis d'explorer des pistes de recherche qui auraient été inimaginables à l'époque des sources aléatoires mécaniques, telles que les dés ou les pièces de monnaie.

Une des premières expériences suivantes (Schmidt, 1976) portait sur des données GNA préenregistrées et en temps réel. L'hypothèse d'équivalence a été confirmée pour les sessions en temps réel et préenregistrées, avec des Z statistiquement similaires de 3,3 et 2,9. Dans une autre expérience astucieuse (Schmidt, 1976), des sons de feedback en temps réel et d'autres préenregistrés ont été mélangés de manière aléatoire. Là encore, les essais en temps réel et préenregistrés ont été significatifs.

Les expériences avec des séquences GNA préenregistrées se sont poursuivies au cours des années suivantes (Schmidt, 1979a ; Terry & Schmidt, 1978 ; Schmidt & Dalton, 1999). Bien qu'elles n'aient pas toutes donné des résultats significatifs, le *Z* de Stouffer cumulé[1] de dix études était supérieur à quatre, et Schmidt a estimé que ces travaux constituaient un argument solide en faveur de son idée surprenante selon laquelle la PK pouvait affecter des données générées antérieurement.

L'une des innovations de ses dernières contributions expérimentales a été d'utiliser des protocoles avec des cibles GNA préenregistrées comme moyen d'inclure des chercheurs indépendants, y compris des sceptiques, dans des expériences psi. L'idée était de concevoir un protocole qui ne serait pas susceptible d'être accusé de fraude de la part des chercheurs, dans la mesure où les contrôles seraient partagés entre plusieurs chercheurs indépendants. La procédure de base comportait plusieurs étapes. La première consistait à utiliser un GNA pour générer un nombre prédéfini de séquences binaires, qui devaient rester inobservées jusqu'à ce qu'elles soient utilisées dans une série d'expérimentations PK. Une copie scellée de ces séquences a été envoyée à un collaborateur indépendant, dont le rôle était de garantir la validité de l'expérience. Le collaborateur a utilisé son propre GNA pour déterminer la cible pour chaque exécution PK et a envoyé ces assignations de cible à l'expérimentateur, qui a ensuite exécuté la session avec le sujet. Lorsque tous les essais étaient terminés, le collaborateur décachetait la copie des données et effectuait des tests statistiques prédéfinis pour obtenir le résultat de l'expérience. Enfin, les deux ensembles de données ont été comparés pour s'assurer de leur concordance.

Cinq expériences ont été réalisées selon ce protocole général (Schmidt, Morris et Rudolph, 1986 ; Schmidt et Schlitz, 1989 ; Schmidt, Morris et Hardin, 1991 ; Schmidt et Braud, 1993 ; Schmidt et Stapp, 1993). Les expériences ont utilisé une variété de méthodes de rétroaction et d'approches psychologiques, ainsi que des populations de sujets différentes, de sorte qu'elles ne peuvent pas être considérées comme des réplications exactes. Néanmoins, elles ont toutes examiné si les protocoles produiraient des preuves convaincantes de la PK lorsque des chercheurs indépendants collaborent pour assurer la validité des résultats. Le score cumulé des cinq études donne un *Z* de Stouffer de 3,7, ce qui est très favorable à l'existence d'un effet PK dans les conditions d'un protocole strict impliquant des collaborateurs indépendants.

2.2.3. Une évaluation de l'œuvre de Schmidt

Dans l'ensemble, les expériences de Schmidt constituent des preuves extrêmement solides de l'existence de la micro-PK. Nous avons examiné vingt-deux publications expérimentales contenant cinquante études indépendantes, dont les trois quarts ont fait état d'une signification au-dessus du seuil de 0,05 et près de la moitié avaient des *Z* supérieurs à 3. Même en excluant une douzaine d'études pilotes (conduites pour vérifier que tout fonctionne avant de démarrer les véritables tests), les probabilités de rejet de l'hypothèse nulle

1. Le score *Z* cumulatif (Stouffer) est la somme des scores divisée par la racine carrée du nombre d'études.

sont astronomiques. Bien que Schmidt ait pris soin de souvent étalonner ses appareils et qu'il ait des contrôles (des données enregistrées lorsque la machine n'est pas influencée) dans la plupart des publications, les normes actuelles exigent généralement des données de contrôle pour chaque expérience. Néanmoins, ne pas prendre en compte les études qui n'ont pas collecté de données de contrôle ne change pas l'image d'ensemble. Certains critiques n'étaient pas entièrement convaincus de la fiabilité des GNA (Hyman, 1981), mais les décennies de tests effectués par Schmidt et les nombreux chercheurs indépendants qui ont utilisé ses appareils ont apaisé ces inquiétudes.

La réplication est bien sûr une étape nécessaire pour établir fermement un effet quelconque. Comme nous le verrons dans les différentes méta-analyses que nous examinerons, les travaux de Schmidt ont inspiré des centaines d'études. Les résultats ont été très variables, certains étant presque à la hauteur de ceux de Schmidt, d'autres se révélant nuls. Dans ce contexte, la recherche sur la rétro-PK est particulièrement remarquable. Elle a suscité beaucoup d'enthousiasme dans la communauté parapsychologique pendant une quinzaine d'années, en partie à cause de l'émergence des théories observationnelles basées sur le collapse de l'état quantique dans les années 1970 et 1980 (voir Schmidt, 1982, 1984 ; Walker, 1984 ; Millar, 2012 ; Houtkooper, 1993 ; Stapp, 1994 ; chap. 12) qui ont donné une base conceptuelle au travail avec des cibles préenregistrées. De nombreuses réplications avec des cibles préenregistrées ont été tentées et certaines d'entre elles ont obtenu des preuves suggérant de la PK rétroactive (Davis & Morrison, 1978 ; Houtkooper, 1977 ; Talbert & Debes, 1982 ; Weiner & Zingrone 1986, 1989), tandis que d'autres études étaient nulles ou non concluantes (Bierman, 1985, 1988 ; Bierman & Weiner, 1980 ; Bierman & Houtkooper, 1981 ; Houtkooper *et al.*, 1980 ; Millar & Broughton, 1977 ; Morrison & Davis, 1979 ; Schouten, 1977).

Compte tenu de la cohérence et de la solidité de ses résultats, il est évident que Schmidt était un cas à part parmi les chercheurs en micro-PK et on ne peut donc s'empêcher de se demander comment il a pu connaître un succès aussi phénoménal avec ses propres études sur le GNA. Il était certainement un bon sujet PK et si nous acceptons sa suggestion selon laquelle le psi est orienté vers un but, indépendamment de la complexité et de la connaissance des conditions sous-jacentes, il est plausible qu'il ait eu tendance à obtenir les résultats qu'il recherchait en exerçant son propre psi. Cela expliquerait au moins en partie la difficulté qu'ont eue certains chercheurs à répéter ses résultats et limiterait leur généralisation.

Nous reviendrons plus tard sur la question du psi de l'expérimentateur. Mais une hypothèse alternative ou au moins complémentaire est que Schmidt était simplement un très bon chercheur. Son investissement personnel dans la recherche sur le GNA, sa créativité dans les tests d'hypothèses et sa persévérance pure et simple au cours de trois décennies ont pu favoriser sa capacité à mettre en évidence des effets subtils et difficiles à reproduire, mais bien réels. En outre, bien que l'aspect le plus marquant de son travail ait été la recherche de principes simples relevant de la physique, une lecture plus attentive révèle une approche très intuitive des aspects psychologiques de la recherche PK et un sens aigu de la meilleure façon de travailler avec les sujets.

La position de Schmidt en ce qui concerne l'obtention du psi auprès des sujets était simple et pratique : le psi n'est ni égalitaire, ni disponible sur demande et les expériences doivent être menées en gardant cela à l'esprit. Parmi les stratégies employées, la plus importante était le recours à des personnes ayant obtenu des résultats positifs lors de tests préliminaires de micro-PK. Il a recherché puis testé des médiums, des voyants et des personnes ayant rapporté des expériences exceptionnelles. Lorsqu'il travaillait avec des groupes de sujets plus importants, la sélection était souvent basée sur des tests préliminaires systématiques. Schmidt était capable d'investir des mois de son temps pour une seule expérience, en testant des dizaines de personnes avant de n'en retenir qu'une poignée pour l'expérience finale :

> « Pour mes propres expériences, j'ai trouvé inefficace de recueillir des données auprès d'un très grand nombre de personnes, car les mauvais résultats de la majorité tendent à diluer l'effet de ceux qui réussissent. J'ai donc présélectionné des sujets prometteurs, puis je les ai utilisés immédiatement dans le cadre d'une expérience formelle ultérieure comportant un nombre déterminé d'essais. Malheureusement, le processus de localisation et de présélection des sujets prometteurs prend du temps et est souvent frustrant » (Schmidt, 1987, p. 105).

Outre cette stratégie de sélection des sujets, Schmidt a veillé à créer un environnement accueillant et amical pour les participants. Dans certains cas, il s'arrangeait pour réaliser des expériences au domicile des participants et se rendait disponible rapidement si un sujet se trouvait dans de bonnes dispositions pour une session. Les participants pouvaient également reporter une session s'ils ne se sentaient pas prêts et décider du type de feedback qu'ils préféraient. Parfois, une session expérimentale n'était initiée qu'en cas de succès lors d'un test préliminaire et les sujets étaient généralement encouragés à adopter leur propre rythme, à faire des pauses ou à discuter avec un expérimentateur lorsqu'ils se sentaient fatigués ou s'ennuyaient.

> « Les sujets n'ont été testés que dans des conditions qui leur plaisaient. En particulier, afin d'éviter un vécu désagréable et frustrant en situation expérimentale, ils n'ont pas été obligés de travailler dans toutes les conditions de test étudiées. Pour obtenir des résultats statistiquement significatifs concernant l'existence de PK dans les données, le nombre total d'essais dans chaque condition de test a été spécifié à l'avance, mais il n'a pas été précisé dans quelle mesure chaque sujet devait contribuer à l'étude. Cette flexibilité correspondrait à ce qui pourrait sembler être la procédure la plus efficace dans les applications futures du psi : on sélectionnerait un certain nombre de sujets prometteurs lors des prétests, puis on utiliserait chaque sujet quand et aussi longtemps qu'il semble être dans un état particulièrement favorable pour obtenir un score élevé » (Schmidt, 1973, p. 107).

Schmidt a largement utilisé cette stratégie : il a autorisé des contributions variables de la part des sujets individuels, l'interruption des sessions et même l'exclusion de participants d'une expérience en cas de baisse de performance. Les arrêts de session et l'élimination des sujets ont probablement augmenté la part des données recueillies dans des conditions psychologiquement favorables et ont permis à Schmidt d'utiliser son intuition (ou son psi) pour décider du moment où il devait intervenir dans les sessions. Le fait que Schmidt ait personnellement réussi les tâches de PK a sans aucun doute contribué à ce sens intuitif de la conception et de l'exécution de ses expériences. Mais dans tous les cas – et c'est là un point essentiel pour juger des résultats expérimentaux – la validité statistique a été garantie en spécifiant à l'avance le nombre total d'essais pour chaque expérience et en indiquant à l'avance si une session devait être prise en compte dans le total.

Nous pouvons résumer la stratégie de Schmidt de manière assez simple : il voulait étudier les principes sous-jacents de la micro-PK et aborder les questions de la temporalité, de la causalité et de la nature orientée vers un but du psi ; pour ce faire, il avait besoin d'effets forts et a fait tout ce qu'il fallait pour les obtenir – y compris en s'utilisant lui-même comme sujet. Que ce soit tacitement ou explicitement, Schmidt comprenait la psychologie de l'obtention de résultats – par la sélection des sujets, la création habile de bonnes conditions psychologiques et la flexibilité dans les tests d'hypothèses (par exemple, en établissant à l'avance la mesure des déviations négatives significatives plutôt que des déviations positives significatives, lorsque les circonstances semblaient l'exiger). Ces considérations doivent nuancer notre évaluation des taux de reproduction ultérieurs par d'autres chercheurs : les actions et les jugements tacites qui sont manifestement des déterminants importants de la réussite des expérimentateurs et des performances des sujets sont difficiles à intégrer dans des protocoles fixes.

D'un autre côté, cette stratégie du « psi à tout prix » présente des inconvénients. Elle est mal adaptée à l'étude systématique de l'ensemble des facteurs psychologiques ou cognitifs susceptibles d'avoir un impact sur le psi et soulève la question de savoir si la micro-PK est universelle ou réservée à quelques surdoués. Elle soulève la possibilité que de nombreux effets découverts soient essentiellement l'expression du psi de l'expérimentateur. Enfin, elle complique les reproductions indépendantes dans la mesure où il est peu probable que l'on puisse identifier et reproduire tous les éléments qui sont intervenus dans ses expériences : motivation, compétences de l'expérimentateur, intuition et, peut-être, capacité psi tacite.

Comme nous allons le voir maintenant, le laboratoire PEAR de l'université de Princeton, à l'opposé de l'approche très personnelle de Schmidt, s'est engagé à utiliser des populations de sujets non sélectionnés, des protocoles stables et une philosophie plutôt patiente et cumulative pour l'exploration de la micro-PK.

3. La micro-PK en tant que capacité universelle

3.1 La recherche du PEAR

Le laboratoire PEAR (Princeton Engineering Anomalies Research) a été fondé par Robert Jahn, doyen de l'école d'ingénieurs de Princeton. Il a réuni une équipe de physiciens, de psychologues et de techniciens qui ont travaillé pendant près de trente ans dans un laboratoire situé au sous-sol du bâtiment d'ingénierie du. Ce laboratoire, qui a fermé ses portes en 2007, s'est principalement consacré à la recherche sur la micro-PK sur GNA, bien qu'il ait également travaillé sur des systèmes aléatoires macroscopiques (dont certains rappellent l'ère de Rhine) et sur des études de remote viewing.

Très tôt, le laboratoire a suivi un certain nombre d'orientations et de règles de base pour son fonctionnement. Une approche universaliste stricte a été adoptée, n'utilisant que des participants expérimentaux non sélectionnés dont la participation dépendait essentiellement de leur disponibilité et de leur volonté. Cette règle était assortie d'une mise en garde : afin de pouvoir apprécier pleinement les conditions expérimentales, le personnel du laboratoire devait contribuer aux expériences en tant que participant. Comme Schmidt, le PEAR a construit ses propres GNA en interne. (Le PEAR préférait parler de générateur d'événements aléatoires ou GEA, mais, par souci de consistance, nous continuerons à parler de GNA.) Des tests et des étalonnages approfondis ont été publiés et il ne fait guère de doute que les appareils étaient suffisamment fiables et stables pour détecter les effets de petite taille attendus dans le cadre de l'approche universaliste. En outre, le laboratoire PEAR avait pour politique de publier tous ses résultats expérimentaux dans des revues à comité de lecture ou dans des rapports internes accessibles au public. Cela confère une valeur ajoutée significative aux contributions de ce laboratoire, puisque l'énorme volume de recherche produit peut être considéré comme exempt de biais de publication et d'effet tiroir (voir chap. 2).

Le GNA utilisé était un dispositif binaire qui produisait un feedback sous la forme d'un compteur ou d'un affichage graphique. Les données étaient générées au rythme d'un essai par seconde et consistaient en la somme de 200 bits aléatoires consécutifs de 0 ou de 1 (le résultat moyen attendu de l'essai étant donc de 100)10. Tous les GNA du laboratoire PEAR utilisaient le traitement OU-exclusif (XOR) des bits bruts avant de les additionner pour former un essai, afin d'éliminer les biais potentiels de premier ordre dans les flux de bits[1].

Le PEAR utilisait un protocole « tripolaire » pour chaque session expérimentale, qui consistait en trois efforts PK distincts de durée égale. Ces efforts étaient appelés « intention élevée » (HI), intention basse (LO) et ligne de base (BL) et indiquaient la direction de l'intention du

1. L'opérateur logique XOR peut se définir par la phrase suivante : « Le résultat est VRAI si seul A ou seul B est VRAI. » Il se différencie de l'opérateur OU inclusif car il donne un résultat FAUX lorsque A et B ont simultanément la valeur VRAI. Le biais de premier ordre est un problème mathématique d'ajustement des estimations qui ne prend pas en compte la variation des variables au cours du temps.

participant : biaiser le résultat pour qu'il soit haut, bas ou égal. L'hypothèse expérimentale était donc que les séries HI donneraient un écart positif par rapport à la moyenne et les séries LO un écart négatif. Le test statistique a été basé sur la différence entre les deux passages bidirectionnels. La ligne BL devait servir de contrôle et les instructions étaient de ne rien faire pendant que les données de base s'accumulaient.

Une particularité du laboratoire était de mener des études à long terme à partir d'un même protocole sur plusieurs années. Plutôt que de concevoir des études courtes avec un nombre prédéfini d'essais, les principales expériences étaient cumulatives et des mises à jour occasionnelles des progrès réalisés étaient communiquées dans des rapports ou des publications. Bien que tous les travaux n'aient pas suivi ce modèle ouvert, l'expérience micro-PK la plus importante et la plus conséquente l'a fait (Jahn *et al.*, 1997). Il s'agit de l'expérience dite « de référence », une étude de douze ans qui a recueilli près de 840 000 essais expérimentaux dans chacune des conditions tripolaires auprès de 91 participants. À son terme, l'expérience a atteint un niveau de signification élevé, avec un score *Z* de 3,81 (une valeur *P* de 0,00007, unilatérale).

Outre l'étude de référence, le laboratoire PEAR a exploré de nombreuses autres questions concernant le fonctionnement psi, y compris le type de questions fondamentales qui intéressaient tant Schmidt. Par exemple, les chercheurs de ce laboratoire ont entrepris une étude approfondie pour déterminer si la micro-PK dépendait de la distance en réalisant des expériences avec des sujets vivant dans des endroits éloignés, situés entre 1 et 14 000 kilomètres du dispositif GNA du laboratoire de Princeton (Dunne & Jahn, 1992). L'expérience à distance différait de l'expérience locale en ce sens que les sujets ne recevaient pas de feedback en temps réel concernant le résultat du GNA. Trente participants ont contribué à un total de 391 000 essais dans chaque condition au cours de 265 sessions expérimentales et les résultats ont montré une différence HI-LO significative avec un score *Z* de 2,2. Aucune dépendance de la taille d'effet par rapport à la distance n'a été constatée, et les résultats étaient statistiquement similaires à ceux obtenus avec le protocole de référence habituel, dans lequel le participant était assis devant le GNA[1]. Un sous-ensemble de sessions (20 %) comprenait également des déplacements temporels – un thème familier des travaux de Schmidt – dans lequel le moment des efforts du sujet était décalé par rapport au moment de la collecte des données. Les sessions décalées dans le temps étaient également cohérentes avec l'expérience de référence et ont produit un *Z* de 2,3. Les données décalées dans le temps, comme l'analyse de la distance, ont montré que le moment de l'effort et l'importance de l'effet n'étaient pas corrélés : de longs intervalles de temps entre les efforts des sujets et l'échantillonnage GNA étaient aussi susceptibles de produire des effets que des intervalles plus courts.

Les recherches de PEAR sur la nature spatiale et temporelle du psi ont été motivées en partie par des études réussies de *remote viewing* précognitif, également réalisées en laboratoire. Au-delà de l'intérêt inhérent à l'étude du caractère temporel et de la distance des effets micro-PK, un

1. D'autres expériences ont exploré la micro-PK à distance (Dickstein & Davis, 1979 ; Radin *et al.*, 2013 ; Stevens, 2000 ; Tressoldi *et al.*, 2014) et ont généralement donné des résultats significatifs. Aucune n'a trouvé de relation entre la distance et la taille d'effet.

objectif plus large était d'identifier un facteur commun au psi réceptif et actif, tel que la précognition et les effets rétro-PK sur les GNA. Les résultats du PEAR ont donc largement confirmé les recherches de Schmidt, tout en s'inscrivant dans une approche distincte de la compréhension du psi. Les différences méritent d'être soulignées. L'approche universaliste de PEAR est née de l'intuition que le psi est une capacité humaine générale et que, par conséquent, des expériences avec des participants non sélectionnés et représentatifs de la population générale devraient pouvoir produire des effets significatifs. Cela contraste avec la conclusion de Schmidt selon laquelle, du moins d'un point de vue pratique, les expériences psi réussies sont mieux réalisées en testant et en sélectionnant des sujets très performants. Le point de vue du PEAR était qu'une démonstration claire en faveur du paradigme universaliste aurait un impact important sur l'interprétation, la théorie et l'expérimentation. Dans une perspective universaliste, le psi ne doit pas être interprété comme une capacité humaine anormale, mais plutôt comme un fait courant, quoique subtil, de la vie. D'un point de vue théorique, le soutien probant du point de vue universaliste donnerait de la consistance aux modèles psychologiques du psi tels que le PMIR (et plus tard, la théorie de la première impression ; Carpenter, 2012 ; voir chap. 11).

Les implications pour l'expérimentation sont peut-être les plus importantes. L'universalisme implique que les preuves en laboratoire du psi peuvent être produites de manière fiable. Il suffit de recueillir suffisamment de données auprès d'un nombre suffisant de personnes. Le fait que les résultats de PEAR aient produit des tailles d'effet plus petites et aient pris beaucoup plus de temps que les études typiques de Schmidt peut être considéré comme cohérent avec cette idée. Une autre différence par rapport aux travaux de Schmidt est que la recherche PEAR a bénéficié d'une plus grande visibilité, puisque le laboratoire était hébergé (sans pour autant être adopté) par une université américaine de renom. Ce facteur a probablement facilité la reproduction à grande échelle du résultat de référence du PEAR.

3.2 La réplication par le consortium

En 1996, le laboratoire PEAR a formé un consortium de recherche avec deux groupes allemands, l'Institut für Grenzgebiete der Psychologie und Psychohygiene à Fribourg-en-Breisgau et le Centre de psychobiologie et de médecine comportementale de l'université Justus-Liebig à Giessen. Le consortium a planifié un vaste programme de recherche collaborative sur les micro-PK et a commencé par reproduire à grande échelle l'expérience de référence du laboratoire PEAR sur des sujets locaux. L'expérience originale avait recueilli près d'un million d'essais de données dans chaque condition du protocole HI-LO-BL (viser haut, viser bas et contrôle de base). La réplication a utilisé le même protocole, des GNA uniformes entre les groupes et a stipulé une contribution égale d'essais de chaque laboratoire. L'hypothèse principale a été maintenue : les valeurs des essais dévieraient en fonction des intentions des sujets, la statistique de test étant la différence entre les scores HI et LO. L'objectif était d'accumuler une quantité prédéterminée de données d'une taille à peu près identique à celle de l'expérience PEAR. Selon l'hypothèse universaliste, la taille de l'effet de référence de l'expérience PEAR impliquait que la réplication avait environ 90 % de chances de réussir à un niveau de valeur p de 0,01 (ou 96 % si le niveau de signification est fixé à 0,05) et le consortium était donc convaincu que l'expérience confirmerait le résultat précédent. Toutefois, ces attentes découlaient d'une malheureuse erreur d'interprétation étroitement liée à l'adhésion du PEAR à une philosophie universaliste. En conséquence, la réplication à grande échelle ne s'est pas déroulée comme prévu.

Au cours de trois années de collecte intensive de données, 750 000 essais par condition ont été recueillis auprès de 227 participants non sélectionnés. Après une période d'analyse minutieuse, le consortium a publié son rapport très attendu (Jahn *et al.*, 2000), mais les résultats étaient décevants. La taille d'effet était inférieure de près d'un ordre de grandeur à ce qui était attendu et le score Z global était insignifiant (0,6). L'échec apparent de la reproduction d'une hypothèse solide et bien fondée semblait paradoxal. Pourquoi une réplication exacte et bien documentée ne parviendrait-elle pas à reproduire les résultats précédents ? Que penser alors de l'affirmation universaliste selon laquelle, avec suffisamment de données et un large échantillon de personnes, il devrait être facile d'obtenir des résultats positifs ?

La réponse peut être attribuée à une erreur de conception dans la réplication, qui provient d'une lecture attentive de la base de données originale du PEAR. L'expérience originale, qui a duré douze ans, a effectivement produit un résultat significatif. Mais un examen attentif de la base de données révèle que l'effet est presque entièrement dû à seulement deux des quatre-vingt-onze sujets. Ces deux participants ont contribué à près de 23 % de la base de données et à plus de 80 % de l'effet HI-LO. Ainsi, d'après leurs contributions aux données et leurs scores psi, les deux participants étaient des « exceptions douées » qui ont contribué de manière excessive aux données et n'étaient donc pas représentatifs de la population générale des sujets. Leurs bases de données personnelles sont toutes deux hautement significatives, avec des Z de 5,6 et 3,4. L'erreur a donc été de supposer que l'expérience de référence correspondait à l'hypothèse universaliste, alors qu'elle était en fait dominée par deux bons sujets psi. Les quatre-vingt-neuf participants restants ont produit 650 000 essais par intention, soit presque la taille de la réplication du consortium. Cette partie des données de référence, en excluant les valeurs aberrantes, a produit un Z de seulement 0,8, ce qui est en fait cohérent avec le résultat du consortium.

Une lecture correcte de l'expérience du consortium est donc que la réplication *a réussi* : conçue avec des hypothèses universalistes à l'esprit, elle a pu reproduire la majorité de la « partie universaliste » de l'étude de référence. L'erreur du consortium a été d'effectuer une réplication universaliste sur la base d'une estimation de la taille de l'effet qui incluait des valeurs aberrantes.

Malheureusement, le consortium n'a pas identifié son erreur lors de la publication des analyses (Jahn *et al.*, 2000). La conséquence est que la réplication est citée à ce jour comme une réplication « ratée », parfois à l'appui d'arguments contre l'hypothèse psi et, parfois, par des parapsychologues qui affirment que le psi a un caractère profondément et intrinsèquement élusif (concernant le concept d'élusivité du psi, voir chap. 12). Quelle que soit notre inclination, notre argument est que le résultat principal de la réplication du consortium n'apporte aucun soutien à l'une ou l'autre des positions.

Bien que l'hypothèse principale n'ait pas été confirmée, une combinaison statistique de six analyses secondaires a donné un résultat positif. L'analyse planifiée de la structure des données supplémentaires a donné une valeur p modeste de 0,02, suggérant que de petites déviations anomales *étaient* présentes dans les données. Deux des hypothèses prévues étaient principalement responsables de ce résultat. La première était un effet de « position dans la série » selon lequel plus les participants accumulent des séries d'expériences, plus les tailles d'effet diminuent. Cet effet de déclin, probablement dû au fait que l'enthousiasme initial des sujets cède la place à une perte d'intérêt, avait été observé dans les données antérieures de PEAR et est bien sûr bien connu dans la recherche psi. La deuxième analyse prévue, inspirée par les données du PEAR, portait sur la variabilité de la taille d'effet dans différentes conditions de feedback, de durée de l'expérience, de sexe et d'assignation de la cible. Elle a suggéré que les résultats variaient en fonction des paramètres expérimentaux d'une manière qui ne pouvait pas être expliquée par le hasard. Il y a donc une indication que le paradigme universaliste peut donner des résultats, mais une réplication encore plus importante serait nécessaire pour confirmer cette possibilité. Cela place la barre très haut en termes de ressources nécessaires pour faire aboutir des expérimentations en laboratoire selon cette approche.

La réplication du consortium était manifestement importante, car elle tentait ce qui est généralement considéré comme l'étalon-or de la recherche orientée vers la preuve : la réplication bien étayée. Son résultat a été décevant, mais il a provoqué une discussion saine sur les questions de reproductibilité. Rétrospectivement, notre analyse des sujets aberrants permet non seulement de comprendre pourquoi la réplication n'a pas atteint le seuil de significativité, mais aussi de comparer de manière sensée les approches « élitistes » de Schmidt et le paradigme universaliste privilégié par le laboratoire PEAR. Il convient de souligner que, si l'expérience du consortium a remis en question la fiabilité des réplications psi à l'époque, elle n'a pas remis en question les preuves originales observées dans les bases de données de référence de PEAR. Nous concluons que notre analyse résout le mystère de la réplication du consortium. Cependant, la compréhension des conditions nécessaires à la reproduction des effets psi reste un défi central pour la parapsychologie.

4. Une vue d'ensemble

4.1 Méta-analyses de la recherche sur la micro-PK

Trois grandes méta-analyses de micro-PK ont été publiées (May *et al.*, 1986 ; Radin & Nelson, 1989 ; Bösch *et al.*, 2006). Nous allons nous concentrer sur les deux dernières (auxquelles on se référera par les sigles RN et BSB) puisque les revues mainstream dans lesquelles elles sont apparues ont fait paraître des critiques par des pairs qui ont généré des débats intéressants.

D'une manière générale, une méta-analyse (MA) permet d'estimer l'ampleur des effets à partir d'un grand nombre d'études indépendantes ; lorsque ces études sont de petite taille ou de faible puissance, elle peut les combiner pour obtenir une approximation de la puissance d'une étude plus importante. La MA est largement utilisée dans les sciences psychologiques, sociales et de la santé pour évaluer les preuves statistiques des effets, et les MA des études parapsychologiques fournissent certaines des preuves les plus solides en faveur du psi. Toute MA suppose que les études ainsi regroupées mesurent le même effet, qu'elles sont de bonne qualité et comparables, et qu'elles sont représentatives de la recherche réellement effectuée. En pratique, il peut être difficile de s'assurer que les hypothèses sont satisfaites et il s'agit souvent d'un défi majeur pour une étude méta-analytique. Un exemple est le problème bien connu du biais de publication, selon lequel la littérature contient trop de rapports significatifs parce que les études insignifiantes ont du mal à passer le processus de publication. De tels biais de « sélection » artéfactuels peuvent gonfler les estimations de la taille de l'effet et conduire à des conclusions erronées sur les effets.

4.2 Méta-analyse de Radin et Nelson

La méta-analyse RN a porté sur 597 études de micro-PK publiées jusqu'en 1987. Une évaluation de la qualité des études a montré que les tailles d'effet étaient indépendantes de celles-ci, ce qui indique que les résultats de la MA ne seraient pas affectés par des problèmes de qualité. Leur estimation de la taille de l'effet avait un Z de plus de 6. RN conclut (de manière un peu trop optimiste) que l'effet est à la fois robuste et reproductible. L'article a reçu beaucoup d'attention et, en 2003, les auteurs ont publié une mise à jour présentant 176 études supplémentaires (Radin & Nelson, 2003). Ils ont confirmé leur conclusion antérieure concernant l'évaluation de la qualité et ont estimé à 5 le nombre de dossiers par publication. (Les estimations de l'effet tiroir évaluent la probabilité que le biais de publication explique à lui seul un effet. Elles évaluent le nombre d'études non significatives qui restent non publiées ou « cachées dans les tiroirs ». Les explications fondées sur le biais de publication sont généralement considérées comme non convaincantes lorsque l'effet tiroir par étude atteint ou dépasse 5.)

Schub (2006) a publié une longue critique des méta-analyses RN. L'une de ses principales critiques porte sur le manque de cohérence entre les différentes méthodes méta-analytiques. Il montre que trois méthodes différentes[1] pour calculer l'importance de l'effet donnent des Z très différents de 16, 6 et 1,3. Pour Schub, cette incohérence extrême entre les méthodes indique que les données présentent de sérieux problèmes qui violent les hypothèses des MA.

4.3 Méta-analyse de Bösch, Steinkamp et Boller

À peu près au même moment, une MA indépendante de grande ampleur a été publiée dans le *Psychological Bulletin* (Bösch, Steinkamp & Boller, 2006 ; appelée par la suite BSB). Deux des auteurs étaient membres du consortium de réplication et, à la lumière du résultat décevant, leur objectif était de déterminer si la MA pouvait fournir des preuves pour la PK. Suite à la réplication, ils se sont limités à des études locales, avec des sujets locaux. Malgré la cohérence des méthodes, la conclusion de BSB, similaire à celle de Schub, était que le biais de publication, indiqué par l'hétérogénéité extrême et asymétrique (c'est-à-dire la variabilité inégale des tailles d'effet) dans le graphique en entonnoir (figure 5.1), était responsable de l'effet. Ils ont

1. Le score Z de Stouffer à partir des scores-z, et les modèles des effets fixes et aléatoires.

modélisé le biais de publication à l'aide d'une simulation de Monte Carlo (employée pour estimer les résultats possibles d'un événement incertain) et ont conclu que 1 544 articles non publiés pouvaient expliquer à la fois la taille de l'effet (avec un effet tiroir de 4) et l'hétérogénéité asymétrique observée dans le diagramme en entonnoir. Selon leur estimation, 1 544 études complètes mais non publiées pourraient raisonnablement subsister dans les tiroirs. Pour citer leurs conclusions :

> « Le biais de publication semble être l'explication la plus simple et la plus complète des principaux résultats de la méta-analyse. Si le moment vient où l'entonnoir indique un effet systématique, un modèle pour expliquer l'effet sera plus crucial. [Pour l'instant,] un verdict de "non prouvé"… prévaut pour l'influence de l'intentionnalité humaine sur les GNA. »

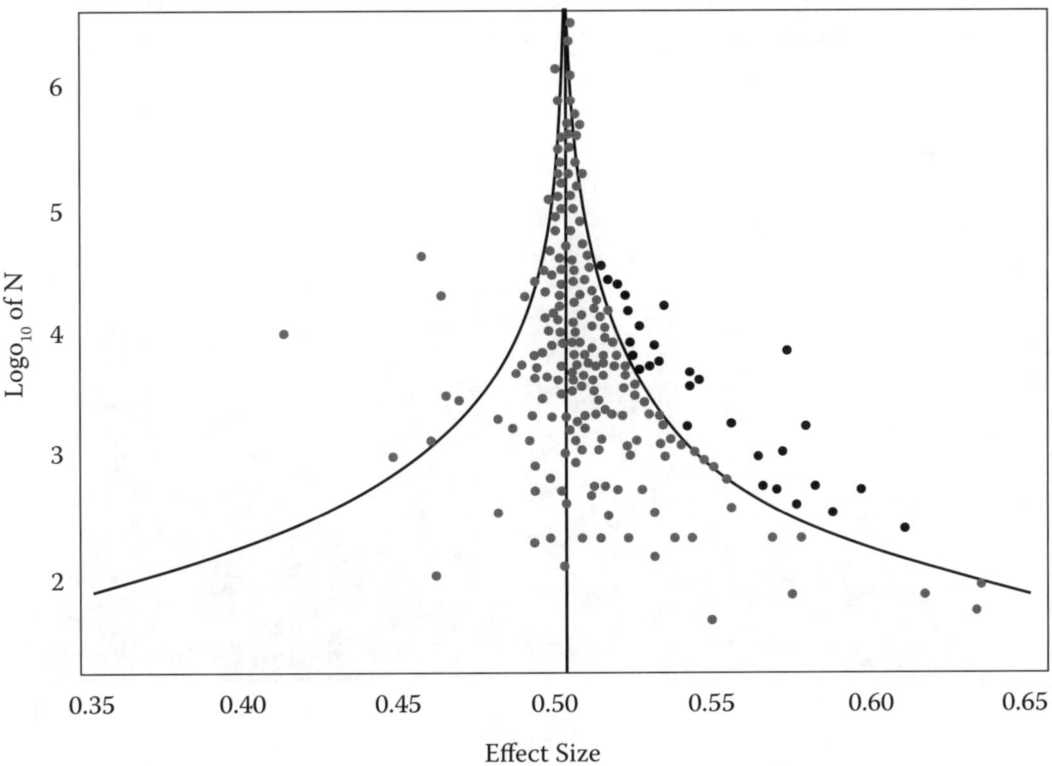

Les courbes solides sont des lignes de Z constant = 2,6 (valeur p = 0,005) et séparent les régions de Z élevé et de Z faible. On distingue ainsi que la plupart des points représentant les études entrent dans la zone de la moyenne attendue par le hasard. L'échelle verticale logarithmique s'adapte aux études qui varient de plusieurs ordres de grandeur, tout en montrant que celles qui comptent le plus de données dévient encore moins du hasard.

Figure 5.1 – Diagramme en entonnoir des tailles d'effet des études pour la base de données BSB

4.4 Discussion de ces méta-analyses

Dans leurs réfutations de Schub et BSB, Radin *et al.* (2006a, 2006b) soutiennent que l'asymétrie de l'entonnoir peut avoir d'autres origines que le biais de publication et expliquent que certaines théories de PK peuvent en réalité rendre compte de cet effet (telles que certaines versions des modèles orientés vers un but mentionnés ci-dessus). Au cœur de la réfutation se trouve l'affirmation selon laquelle le simple calcul des écarts dans la production des bits, supposé par BSB et Schub comme étant à l'origine de l'effet hypothétique, pourrait ne pas rendre vraiment compte de la façon dont la PK se comporte. Cette possibilité soulève des questions sur la façon de définir la taille de l'effet (l'objectif principal de la MA) et modifie l'interprétation de l'hétérogénéité. Pour donner plus de poids à leur point de vue, Radin *et al.* (2006a) font remarquer que le modèle de biais de publication de BSB n'est pas satisfaisant car il ne prend pas en compte près de la moitié de l'hétérogénéité. Après leurs échanges, les deux parties n'ont pas été convaincues par les arguments opposés.

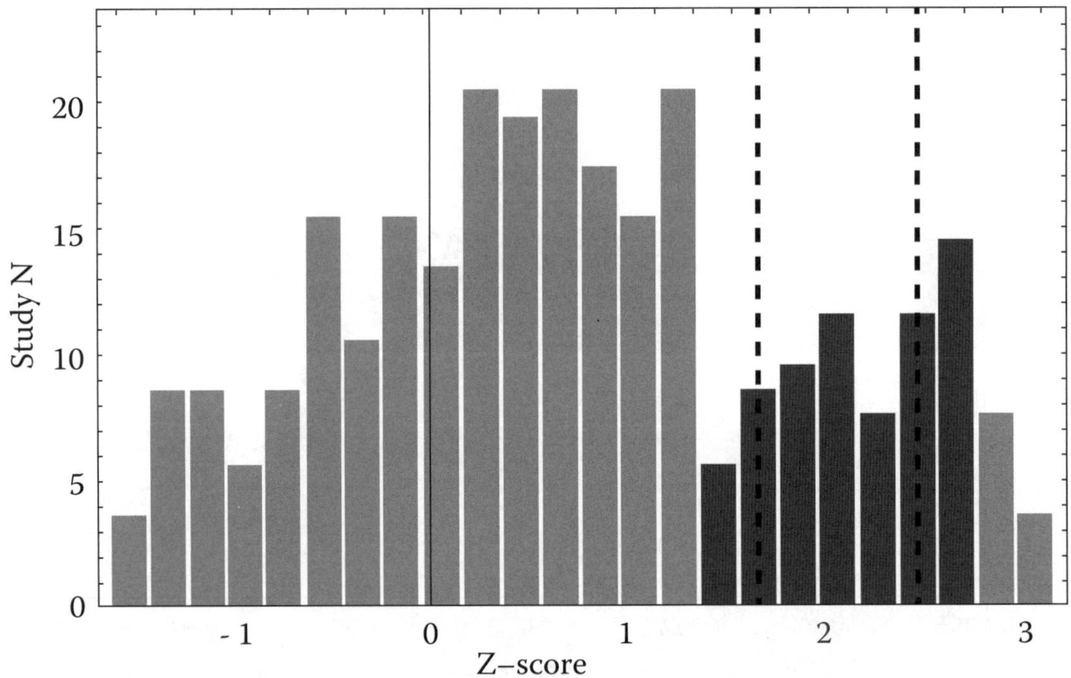

Les lignes verticales en pointillés correspondent à des Z positivement significatifs avec des valeurs p de 0,05 et 0,01. En l'absence de biais, la queue de la distribution au-dessus d'un Z de 1 devrait diminuer progressivement. Le biais de publication est signalé par une augmentation de la distribution près des valeurs p associées à l'acceptation de la publication (barres sombres). En somme, c'est comme si les articles publiés étaient surtout ceux qui avaient des résultats positifs significatifs. Cet artefact est clairement visible autour du seuil de signification des valeurs p standard.

Figure 5.2 – Distribution des scores Z des études de la base de données BSB illustrant la preuve d'un biais de publication

Pour faire la lumière sur cette impasse, nous fournissons notre propre réévaluation des MA. Il est clair que le traitement correct de l'hétérogénéité asymétrique est essentiel pour résoudre le débat, et que l'hétérogénéité limite l'efficacité de la MA dans sa capacité à fournir des preuves en faveur de la micro-PK. Des sous-ensembles de la base de données pourraient se prêter à une estimation de la taille de l'effet s'ils étaient suffisamment homogènes. Mais pour l'ensemble de la base de données, la meilleure utilisation de la MA est de comprendre les sources d'hétérogénéité, plutôt que d'en estimer les effets. C'est en fin de compte l'approche adoptée par BSB et, qui ont raison d'affirmer que le biais de publication et d'autres mécanismes de sélection constituent un problème sérieux. La figure 5.2 montre qu'il existe des preuves qualitatives assez solides de l'existence d'un biais de publication dans la base de données ; il convient d'en tenir pleinement compte lorsque l'on plaide en faveur de la micro-PK. D'autre part, RN – qui ont tendance pour leur part à minimiser la question – ont raison en revanche d'insister sur le fait que les BSB ne parviennent pas à modéliser avec succès l'hétérogénéité des données. Nous pensons qu'une source importante d'hétérogénéité réside dans les études qui ne peuvent pas être raisonnablement expliquées par un biais de publication, à savoir les études ayant des scores *Z* élevés. Environ quarante études de l'ensemble des données ont des *Z* compris entre 2,6 et 5 ; elles contribuent pour près de la moitié à l'hétérogénéité totale. Pour générer ces études par sélection artéfactuelle, il faudrait un effet-tiroir extrêmement important. Étant donné la proportion relativement importante d'études à *Z* élevé dans la base de données et la difficulté de les expliquer par des artefacts, nous pensons que les preuves *méta-analytiques* en faveur de la micro-PK sont en fait assez solides. Cependant, pour quantifier la force de ces preuves, il faut modéliser la queue de la distribution du score *Z*, plutôt que la distribution complète, où le biais de publication et d'autres artefacts sont en cause.

5. Recherche orientée vers les processus : renforcer la micro-PK

Comme nous l'avons vu, deux approches ont dominé les recherches sur la PK. La première était élitiste et impliquait un travail intensif avec quelques sujets hautement sélectionnés. C'était bien sûr l'approche dominante dans les premières recherches sur les médiums à effets physiques et la macro-PK (voir chap. 8) et, plus tard, dans le travail de laboratoire de J. B. Rhine[1]. C'était également l'une des stratégies préférées d'Helmut Schmidt, comme nous l'avons vu. On pourrait penser que le succès de Schmidt encouragerait les chercheurs à rechercher systématiquement des sujets doués, mais comme Schmidt est le premier à l'admettre, c'est plus facile à

1. Cependant, même Rhine, considéré comme le père de l'approche universaliste, avait tendance à se concentrer sur les quelques individus qui montraient un réel potentiel.

dire qu'à faire[1]. Bien que le prétest systématique de la PK ait bien fonctionné pour Schmidt, il est fastidieux, prend du temps et nécessite beaucoup de ressources. Des méthodes de dépistage plus rapides, telles que des inventaires des traits de personnalité ou du style cognitif, se sont avérées d'une efficacité limitée[2].

À l'autre extrémité de la stratégie élitiste se trouve l'approche universaliste des études PEAR et du consortium. Ici, étant donné la faiblesse des effets et les ressources limitées du domaine, une approche purement universaliste sera probablement inefficace. Une troisième possibilité consiste donc à explorer des méthodes et des protocoles qui améliorent les performances des sujets (Gissurarson, 1992) – peut-être d'une manière analogue au Ganzfeld dans la recherche sur la perception extra-sensorielle (voir chap. 3). Cette « troisième voie », entre les stratégies élitiste et universaliste, est abordée dans le cadre des études axées sur le processus, qui tentent de spécifier les variables modératrices associées aux performances en micro-PK.

5.1 La motivation du sujet

La première et peut-être la plus évidente de ces variables est la motivation du sujet. Rhine et ses collaborateurs ont noté, à partir d'études sur les dés, que les résultats étaient généralement élevés au cours des premiers essais d'une série, puis qu'ils diminuaient, ce qui est considéré comme un signe de perte de motivation au cours d'une série de tests (Rhine & Humphrey, 1944). De tels effets sont également apparus dans les recherches sur la micro-PK, que ce soit au cours d'une seule manche expérimentale ou de plusieurs séries (André, 1972 ; Honorton & May, 1976 ; Broughton & Perlstrom, 1985 ; Dunne *et al.*, 1994 ; Jahn *et al.*, 2000, Bancel, 2014). Ces effets de position suggèrent que les scores élevés des premières manches surviennent alors que les individus sont particulièrement bien disposés et enthousiastes et avant qu'une série d'essais infructueux ne les décourage. Il semblerait utile d'intégrer ce point plutôt évident en utilisant des périodes de test très courtes ou en surveillant de près l'état du sujet, ce qui permettrait d'interrompre les sessions au premier signe d'ennui ou de fatigue.

Un autre facteur psychologique lié à la micro-PK est le stress. Dans une étude, Stanford et Kottoor (1985) ont soumis soixante participants à l'une des trois conditions suivantes : une tâche GNA classique, la tâche GNA avec une perturbation auditive désagréable et soudaine dont les participants n'avaient pas été avertis et la même tâche à nouveau mais avec un avertissement préalable à cette perturbation. Ils ont constaté une absence significative de PK dans le cas de la perturbation sans avertissement (la condition la plus stressante). Broughton & Perlstrom (1986, 1992) ont comparé la performance en micro-PK de personnes sensibles aux états stressants

1. Il convient de rappeler ici la proportion de valeurs exceptionnelles dans la série de référence PEAR sur 12 ans, soit 2 participants sur 91.
2. Certaines recherches prometteuses ont été publiées (Radin *et al.*, 2012 ; Schmidt & Schlitz, 1989 ; Van de Castle, 1958). Cependant, une série d'études testant des variables de traits de personnalité n'a pas permis de mettre en évidence une relation systématique avec la micro-PK (Gissurarson, 1992).

(mesurés par deux inventaires d'anxiété) et de personnes qui ne l'étaient pas. Il s'est avéré que les participants sujets à l'anxiété étaient plus susceptibles de montrer des sous-performances psi significatives dans les tâches compétitives de PK que ceux qui n'étaient pas aussi sujets à l'anxiété.

5.2 L'impact du stress

Conscient très tôt de l'impact du stress, Schmidt a explicitement *provoqué* le stress chez ses sujets dans certaines de ses premières expériences, dans l'espoir d'induire un score *négatif* élevé (Schmidt & Pantas, 1972). Bien sûr, il y a également une alternative : si des états mentaux de stress ou d'anxiété conduisent à des résultats nuls, voire même significativement négatifs, peut-être que des états plus relaxés et bien disposés pouvaient mener à des résultats positifs en micro-PK. Dans son article de 1977, Stanford fait état de plusieurs études suggérant que les résultats positifs sont liés à des états d'« intention sans effort » (Honorton & Barksdale, 1972 ; Camstra, 1973 ; Andrew, 1975 ; Steilberg, 1975 ; Braud *et al.*, 1976) ou à des pratiques méditatives (Matas & Pantas, 1971 ; Schmidt & Pantas, 1972 ; Honorton & May, 1976). Les recherches ultérieures ont généralement confirmé cette association. Debes et Morris (1982) ont obtenu une augmentation significative de la PK lorsque les sujets recevaient des instructions de relaxation et une absence significative après des instructions d'effort. En outre, la plupart des études impliquant des méditants ou des pratiques méditatives confirment les résultats précédents (Schmidt & Schlitz, 1989 ; Bancel, 2014 ; Radin, 2014 ; Tressoldi *et al.*, 2014). Bien qu'il existe quelques exceptions (Braud & Hartgrove, 1976 ; Winnett & Honorton, 1977), les études sur la PK avec des méditants ont globalement suggéré qu'un état mental focalisé mais relaxé d' « intention sans effort » était plus productif qu'un état d'effort où l'on se préoccupe de la performance à réaliser. Peut-être que les pratiques méditatives aident également à contrer les effets de déclin, puisqu'elles entraînent l'esprit à maintenir l'attention et à se focaliser sur une seule pensée ou une unique tâche.

5.3 La stratégie mentale

La stratégie mentale est un facteur connexe. Schmidt a suggéré à plusieurs reprises que la micro-PK est orientée vers un but et a souligné que cette compréhension peut avoir un impact sur l'approche psychologique d'un sujet face à l'effort psi :

> « La découverte que le taux de réussite est plutôt indépendant de la structure physique du générateur […] suggère que l'orientation vers un but peut être une caractéristique du mécanisme sous-jacent plutôt qu'une simple question d'attitude psychologique. Il semble que le sujet, en se concentrant sur le résultat final, puisse inciter la nature à laisser les événements aléatoires précédents se mettre en place de manière à conduire au résultat désiré » (Schmidt, 1987, p. 109).

Il est donc intéressant de noter que plusieurs études ont effectivement exploré des stratégies axées sur les objectifs qui mettent l'accent sur le résultat final souhaité et sur le fait de « laisser la nature suivre son cours » (Levi, 1979 ; Morris, Nanko & Phillips, 1979 ; Nanko, 1981 ; Morris, Nanko & Phillips, 1982). Ces stratégies ont parfois été opposées à celles qui mettent l'accent sur un processus continu (imaginer un flux d'énergie émanant de la personne et affectant les résultats du GNA). Les résultats des stratégies du sujet orienté vers un but ont généralement été significatifs et supérieurs à ceux des stratégies mettant l'accent sur un flux d'énergie ; sept des huit études explorant ces stratégies ont produit des résultats positifs (Gissurarson, 1997).

En résumé, ces trois facteurs mutuellement connectés – une forme de volition passive, une pratique méditative et une stratégie mentale orientée vers un but – représentent des moyens potentiels pour renforcer positivement les performances de PK. Ces facteurs nécessitent d'être étudiés plus en avant, mais en les liant aux autres facteurs motivationnels évidents, ils pointent plusieurs directions fécondes pour améliorer les résultats des individus dans les tâches de micro-PK.

6. Le problème omniprésent de l'effet expérimentateur psi

En psychologie et dans les sciences du comportement, les biais qui découlent des interactions entre les chercheurs et les sujets sont souvent appelés « effets de l'expérimentateur ». Il s'agit notamment de signaux subliminaux et d'autres influences qui biaisent les réponses des sujets d'une manière qui correspond, intentionnellement ou non, aux attentes, aux inclinations ou aux souhaits de l'expérimentateur (Rosenthal, 2005). L'utilisation de protocoles randomisés en double aveugle est un moyen classique d'atténuer ces effets. Bien entendu, l'interaction entre l'expérimentateur et le sujet peut avoir un résultat souhaitable, par exemple en mettant le sujet à l'aise pour obtenir des réponses sincères dans une enquête. De telles interactions bénéfiques font partie du savoir-faire tacite d'une expérimentation habile et nous avons vu dans notre examen des travaux de Schmidt et des MA comment ces facteurs peuvent avoir un impact sur la taille et la variabilité des effets psi (voir aussi White, 1977).

Cependant, la portée des effets de l'expérimentateur prend une nouvelle dimension quand on prend en compte le psi parce qu'on ne peut pas supposer *a priori* que le sujet est la seule source possible d'influence psi. D'après notre étude, et d'un point de vue logique, il devrait être clair qu'il n'y a pas de moyens évidents d'éliminer les effets psi provenant d'individus qui ne sont pas des sujets testés. Puisque nous ne pouvons pas déterminer avec certitude la source du psi, nous devons faire face à la possibilité qu'un effet psi soit dû à l'expérimentateur. Cet état de fait n'a pas été pleinement apprécié en parapsychologie jusqu'à l'avènement de modèles psychologiques tels que le PMIR et les démonstrations expérimentales que le psi pouvait être orienté vers-un-but. Il en ressort que les attentes ou la volonté, consciente ou non, de *toute personne* participant à une expérience, peuvent contribuer aux effets psi. Et qui pourrait être plus impliqué dans les expériences que les chercheurs eux-mêmes ?

Les travaux de Schmidt avec des sujets non humains (1970b, 1973, 1979b), qui ont étudié la corrélation entre les résultats du GNA et les besoins de différents organismes (un chat, des cafards, des crevettes de saumure, des cultures de levure et des mouches des fruits), en sont un exemple éloquent. Ces expériences ont fourni des preuves surprenantes d'une association entre les interventions modérées par le GNA sur le bien-être des organismes et les écarts du GNA par rapport au caractère aléatoire. Les cultures de levure et les mouches des fruits peuvent peut-être affecter les GNA dans des systèmes qui ont un impact sur leur bien-être, mais une explication plus parcimonieuse consiste à imaginer que Schmidt était la source de ces effets[1]. Des questions similaires se posent dans le cadre d'autres recherches sur le psi animal, comme les travaux novateurs de René Péoc'h (1988, 2001) avec des poussins motivés à interagir avec un robot mobile, le tychoscope[2]. Notre propos ne vise pas à rejeter catégoriquement le psi animal en tant qu'hypothèse, mais plutôt de souligner que nous sommes confrontés à une ambiguïté inhérente à la manière d'interpréter les expériences. Si nous admettons que la micro-PK est orientée vers un but, il n'est pas impossible que les besoins des animaux modifient les résultats du GNA. Cependant, si la source du psi ne peut être identifiée lors des expériences, il est également concevable (et peut-être plus probable) que les expérimentateurs exercent le psi sur leurs propres expériences et qu'ils ne contrôlent ni leurs attentes intérieures ni leur PK lorsqu'il s'agit de tester leurs idées[3].

L'effet expérimentateur psi (e-psi) est à double tranchant. Il est tout à fait possible que les preuves statistiques du psi soient plus répandues grâce à lui. Mais en même temps, le e-psi complique l'inférence scientifique puisqu'il rend la source et aussi la compréhension des modalités d'action du psi incertaines. Une expérience de rétro-PK peut être interprétée comme une influence rétro-causale d'un sujet, ou comme une PK en temps réel exercée lorsque les données sont préenregistrées par l'expérimentateur. Ou bien encore, dans le contexte des théories observationnelles, on pourrait penser que la PK d'un chercheur intervienne au moment de l'analyse finale des données[4].

Les arguments en faveur du e-psi et les inquiétudes quant à ses conséquences théoriques dépendent de la mesure dans laquelle le psi opère en accord avec d'éventuelles pulsions inconscientes. Si le psi est principalement une question d'intention consciente, il y aurait alors un moyen de filtrer l'e-psi des résultats expérimentaux par le contrôle de l'intention consciente des expérimentateurs. Si le psi est guidé par des états mentaux subliminaux ou inconscients, c'est-à-dire si le psi agit de manière *implicite*, le contrôle du e-psi est, en principe,

1. Ses premières expériences ont donné des résultats positifs, mais les réplications en 1979, lorsque Schmidt s'est inquiété de la présence d'un expérimentateur psi, ont été nulles.
2. Les déplacements aléatoires d'un robot sont pilotés par un GNA. Les poussins avaient été conditionnés à percevoir le robot comme un substitut maternel et lorsqu'il était placé devant la cage transparente des poussins, les déplacements du robot vers les poussins étaient très significatifs. Des résultats similaires ont été obtenus lorsque le RNG était situé à 23 kilomètres de distance.
3. Voir le modèle du comportement conformiste de Rex Stanford (1977).
4. Des preuves de l'existence d'effets d'analyse ou de vérification sont rapportées depuis des dizaines d'années. Weiner et Zingrone (1986, 1989) ont mené des recherches particulièrement intéressantes dans ce domaine.

plus compliqué. Il existe des preuves de l'existence d'un psi implicite dans des environnements naturels, où il semble évident que le psi n'est pas toujours une question d'intention consciente. Le psi spontané, le psi des rêves prémonitoires, des prémonitions et des synchronicités, ou les phénomènes de poltergeist en sont des exemples (voir notamment les chap. 4, 7, 8 et 11). Cependant, de nombreux phénomènes observés lors de séances de spiritisme, avec des médiums ou des guérisseurs, jusqu'à la grande majorité des travaux de laboratoire modernes, impliquent des efforts apparemment intentionnels. Ceci dit, l'examen des preuves de l'existence d'un psi implicite peut aider à évaluer le rôle que l'e-psi peut jouer et dans quelle mesure il peut influer sur les conclusions que nous pouvons tirer des travaux expérimentaux.

Si les expériences visant à susciter le psi implicite ont été publiées dans la littérature sur la micro-PK depuis les années 1970, elles s'inscrivent principalement dans le contexte de la recherche axée sur les processus. Plus récemment encore, des travaux ont été menés pour tester le psi implicite. Ces expériences sont généralement motivées par une proposition théorique, ou présentées comme un test d'un mode particulier de psi (la précognition, par exemple). Nous les présentons ici parce qu'elles utilisent toutes des GNA pour la randomisation et peuvent donc être considérées comme des expériences de micro-PK, et cela d'autant plus que la modalité d'expression du psi est généralement ambiguë, comme nous l'avons vu plus haut. Dans la section suivante, nous passons brièvement en revue certains efforts récents visant à établir la preuve de l'existence d'un psi implicite en employant des GNA.

7. Le psi implicite

Ainsi que cela a été mentionné, la notion de psi implicite est présente dans les récits de phénomènes psi spontanés, ainsi que dans les études de laboratoire telles que celles évaluant les effets psi physiologiques (voir chap. 3, 4 et 6). Cependant, cette notion de psi implicite est assez récente et est utilisée dans des contextes légèrement différents. Le sens premier est que les effets psi peuvent se produire sans aucun effort intentionnel conscient.

Le psi implicite peut se référer à des situations où des attitudes inconscientes ou des prédispositions psychologiques déterminent les effets psi. L'idée ici est que le psi opère de manière non intentionnelle, ou « sous le radar » de la conscience, et provoque des expériences qui correspondent à des besoins ou à des souhaits inconscients. L'idée que le psi puisse fonctionner de cette manière est étroitement liée à un certain nombre de propositions théoriques telles que le modèle de Stanford (1974) de la réaction instrumentale médiatisée par le psi (PMIR) ou encore le modèle Unus Mundus Pauli-Jung (UMPJ) proposé par Atmanspacher et Rickles (2022). Le point commun de ces approches du psi (et c'est le plus évident dans le cas de la PK) est un lien entre les états mentaux inconscients et les états physiques potentiels. C'est dans ce domaine que le psi opère et il en résulte que des biais anomaux dans les résultats physiques correspondent ou sont « corrélés » avec des besoins ou des attitudes psychologiques inconscients. Un ingrédient essentiel de ces modèles est que l'agent supposé générer le psi est engagé dans l'environnement où les effets psi se manifesteront. L'agent psi est attentif, mais c'est tout ce qu'il fait au niveau conscient. Du fait de cette implication, le résultat a une pertinence ou une signification pour l'agent, même s'il ne reconnaît pas que l'effet psi s'est produit. La pertinence est étroitement liée à la psychologie de l'agent, et donc aux processus inconscients responsables des mystérieux résultats psi.

Une variante du psi implicite proposée par von Lucadou met moins l'accent sur les états psychologiques identifiables comme moteur des effets psi (voir chap. 12). Son modèle de l'information pragmatique (MPI) émet l'hypothèse que le simple fait de s'engager consciemment dans un système suffit à générer les connexions inconscientes, mais significatives, entre les états mentaux et physiques qui produisent les effets psi. Le MPI explore cette hypothèse en postulant que l'engagement conscient avec un système produit des corrélations étendues et aléatoires entre les attributs mentaux et physiques de l'agent psi et du système, respectivement. Le MPI propose que les corrélations imprévisibles puissent être détectées dans les expériences de micro-PK. Selon ce modèle, la présence de corrélations indique que l'engagement conscient a couplé ou « enchevêtré » des aspects mentaux et physiques pour produire des effets psi. De cette manière, le MPI envisage un type de psi basique ou généralisé qui, dans cette optique, sous-tendrait, voire constituerait, le psi implicite décrit par le PMIR ou l'UMPJ.

Enfin, le Global Consciousness Project (GCP) propose que les effets des micro-PK sur des GNA puissent se produire sans aucun engagement de la part des agents psi. Le GCP émet l'hypothèse que les états émotionnels des personnes perturberont les résultats des GNA, même si ces personnes ne sont pas informées de l'existence de ceux-ci, ce qui signifie qu'elles n'en sont pas du tout conscientes et qu'elles ne sont donc apparemment pas impliquées dans les résultats. Pour le GCP, les systèmes aléatoires sont sensibles aux états mentaux. En d'autres termes, toute source de données véritablement aléatoire, telle qu'un GNA, peut détecter passivement les émotions fortes ou les états d'attention des personnes. Le GCP suppose que ces effets sont faibles et qu'ils s'annulent généralement compte tenu de la variabilité et de l'éventail des états émotionnels que les gens ressentent en permanence. Pour résoudre le problème du rapport signal/bruit, le GCP utilise un réseau mondial de GNA synchronisés et teste ses résultats à des moments où de nombreuses personnes se concentrent simultanément sur un objet commun d'émotion ou d'attention. Ces « événements mondiaux » peuvent durer de plusieurs heures à une journée et devraient correspondre à des changements dans le caractère aléatoire du réseau. Les célébrations de la Saint-Sylvestre, les accidents dramatiques, les catastrophes naturelles et les grands événements sportifs en sont des exemples. Lors d'événements mondiaux, la réponse émotionnelle ou attentionnelle cohérente de nombreuses personnes créerait une « conscience mondiale » qui s'associerait au réseau et le « secouerait » pour produire un effet statistiquement mesurable. L'effet micro-PK du GCP se distingue des autres modèles de psi implicite parce qu'il supprime tout lien direct (engagement) entre le réseau et la conscience. L'effet micro-PK du GCP se distingue des autres modèles de psi implicite parce qu'il supprime tout lien direct (engagement) entre les sources psi et les résultats PK. En excluant l'engagement avec le réseau de GNA, le GCP envisage un effet qui est plus proche des influences causales conventionnelles.

La conscience globale hypothétique agirait comme un champ qui perturbe le réseau d'une manière qui est conceptuellement similaire, par exemple, aux perturbations électromagnétiques. C'est pourquoi l'effet se produit en temps réel et se prête à un raffinement du signal par rapport au bruit. Bien entendu, la genèse du champ de conscience global implique un lien mystérieux avec les états mentaux individuels, comme dans d'autres propositions de psi. Le GCP ajoute un nouvel aspect collectif entre les personnes, qui est au cœur de l'hypothèse. Mais surtout, cette hypothèse rompt le lien intime entre l'agent et le système que nous avons appelé engagement, et qui est un élément essentiel dans d'autres modèles de psi implicite. Même les modèles de psi explicite et intentionnel, tels que les effets orientés vers un but et les effets liés aux observateurs, incluent un engagement de ce type. Par conséquent, le psi implicite du GCP se distingue comme une hypothèse unique parmi les modèles psi.

Les variantes du psi implicite esquissées ci-dessus sont intéressantes parce qu'elles découlent de positions théoriques distinctes et qu'elles font des prédictions qui peuvent être vérifiées expérimentalement. La vérification des hypothèses du modèle peut aider à déterminer la nature et l'étendue du fonctionnement psi. Cependant, une autre raison d'étudier le psi implicite est qu'il peut constituer une voie vers des protocoles plus fiables. Nous avons vu que les micro-PK réussies dans les protocoles intentionnels standard sont difficiles à reproduire et à stabiliser, même avec des sujets doués. Une explication raisonnable est que la pression de la réussite ou l'ennui rencontré lors d'essais répétés sont des facteurs psychologiques qui inhibent les effets psi. Surmonter ces obstacles est l'un des objectifs de la recherche axée sur les processus, comme nous l'avons vu plus haut. Comme ces obstacles sont très probablement liés à l'effort intentionnel, se pourrait-il que les effets soient plus répandus et plus stables pour le psi implicite, où l'effort conscient est absent ? Même si les effets du psi implicite s'avèrent moins importants que ceux du psi explicite, un gain de fiabilité offrirait un avantage pratique considérable pour la recherche expérimentale.

Ces considérations théoriques et pratiques complémentaires ont conduit à un regain d'intérêt pour le psi implicite au cours des deux dernières décennies, regain influencé également par les tendances de la psychologie cognitive qui se sont concentrées sur les processus affectifs inaccessibles au contrôle conscient. Cette voie de recherche a fortement alimenté la recherche sur le psi implicite. Plus de cent expériences psi ont été publiées depuis 2004, combinant des connaissances en psychologie avec des pratiques méthodologiques et des techniques d'analyse de pointe. Les travaux qui étudient la manière dont les stimuli affectent les réactions psychologiques, en particulier l'approche ou l'évitement des stimuli qui sont, respectivement, de valence positive ou négative, sont particulièrement intéressants. Ces expériences ont été adaptées à la recherche psi de manière astucieuse, souvent en inversant l'ordre temporel des stimuli et des réponses comportementales (voir chap. 4). Dans une version, les participants regardent deux images presque identiques sur un ordinateur et choisissent celle qu'ils préfèrent. Immédiatement après le choix du participant, un GNA choisit au hasard l'une des images comme cible et qualifie le choix de réussite ou d'échec. Des stimuli positifs ou négatifs sont ensuite présentés selon que le choix du participant a été positif ou négatif. L'hypothèse psi est que le GNA produira plus de réponses positives que de réponses négatives. Cela correspond à l'effet psychologique conventionnel de l'évitement des stimuli négatifs. Dans une autre version, les étiquettes de réussite/échec déterminent une tâche surprise qui est soit agréable, soit désagréable, ce qui permet de tester directement le modèle du PMIR.

À l'heure actuelle, il est trop tôt pour dresser un bilan complet de la recherche sur le psi implicite. Un certain nombre d'études ont produit des résultats significatifs, mais la cohérence n'est pas établie. Une méta-analyse de quatre-vingt-dix études a mis en évidence des preuves statistiques solides en faveur du psi implicite dans son ensemble (Bem *et al.*, 2015). Encouragées par ce résultat, un certain nombre d'études de grande envergure et de grande puissance ont été entreprises récemment afin d'établir des preuves définitives. Cependant, les trois études ont donné des résultats nuls. Ainsi, comme pour les expériences de micro-PK intentionnelles, le psi implicite n'a pas atteint la stabilité des effets espérée. Des recherches supplémentaires sont nécessaires pour comprendre les similitudes et les différences entre les paradigmes psi implicite et explicite.

Enfin, le cas du GCP a trouvé une solution inattendue. Le projet s'est déroulé sur dix-sept ans et a démontré une taille d'effet constante dans plus de cinq cents tests préenregistrés de son hypothèse. À la fin du projet en 2015, la signification combinée des statistiques des tests s'élevait à sept écarts-types (Nelson, 2015). Cependant, quelques années plus tard, une nouvelle analyse indépendante a déterminé que l'effet était dû à l'influence de l'expérimentateur, qui permettait une sélection fortuite des paramètres à chaque fois qu'un test a été effectué (Bancel, 2017). L'analyse a montré que le GCP était incompatible non seulement avec l'hypothèse de la conscience globale, mais aussi avec tout mécanisme de micro-PK. Ce résultat est remarquable car il s'agit d'un cas rare où l'ambiguïté du mode de psi (ici, PK versus ESP) a été résolue avec succès.

8. Conclusion

Dans notre introduction, nous avons posé plusieurs questions clés pour la recherche sur la micro-PK. La plus fondamentale d'entre elles est de savoir où nous en sommes en matière de preuves. Nous avons constaté deux faisceaux de soutiens en faveur de l'existence d'un effet micro-PK.

Le premier se trouve dans les données PEAR, qui sont basées sur une méthodologie solide et éprouvée et qui sont exemptes de biais de publication. L'expérience de référence et la réplication du consortium avaient un score Z combiné significatif, et les deux bases de données montraient des structures secondaires qui s'écartaient significativement du hasard. En outre, d'autres expériences PEAR, telles que la base de données avec des participants éloignés, ont également montré des résultats solides.

Le second soutien vient d'une révision du regard porté sur les méta-analyses de la micro-PK. Nous avons vu qu'une compréhension de l'hétérogénéité nous oriente vers un sous-ensemble fiable de la littérature qui est relativement à l'abri des contre-arguments basés sur le biais de publication. Expliquer par le simple hasard les études à Z élevé, prises collectivement, est très peu plausible. Le reste des études présente toutefois des preuves évidentes de biais de publication, ce qui limite leur utilité pour la méta-analyse. Pour cette raison et du fait de la difficulté évidente à définir les tailles d'effet, nous pensons que les méta-analyses ne peuvent actuellement ni fournir des estimations fiables des tailles d'effet des micro-PK, ni conduire à des conseils pour des réplications à grande échelle basées sur l'analyse de la puissance statistique. Nous en avons vu un exemple simple mais frappant dans l'échec de la réplication des données PEAR par le consortium : de notre point de vue, cet échec pourrait bien être dû à une analyse de puissance inadéquate qui a échoué à identifier des contributions aberrantes de deux participants aux performances au-dessus du lot.

La difficulté de la réplication est évidente dans toute la littérature sur la micro-PK, mais l'expérience du consortium est unique en ce qu'elle indique un motif plausible de la non-réplication et suggère que nous ne devrions en aucun cas sous-estimer le rôle de la sélection des sujets. Nous avons vu que la sélection de sujets doués a clairement joué un rôle clé dans le succès expérimental d'Helmut Schmidt et que, dans un cas au moins, son approche test-retest de la sélection des sujets a été intégrée dans un protocole formel qui a donné des résultats comparables aux siens (Haraldsson, 1970). Dès lors, systématiser la sélection des sujets est clairement une direction dans laquelle il est intéressant de poursuivre.

Schmidt était également habile pour créer les conditions de la réussite expérimentale, grâce à son approche flexible des protocoles et à sa manière d'interagir avec les sujets. Nous avons cherché à mettre en évidence les compétences de l'expérimentateur, car elles ne sont pas toujours exprimées dans les articles et représentent un ensemble de connaissances tacites qui ne sont pas entièrement intégrées dans les tentatives de réplication. Or la contribution probable du psi de l'expérimentateur est tout aussi importante à prendre en compte, non seulement dans le cas de Schmidt, mais aussi, on s'en doute, dans le cas d'autres chercheurs à succès. Bien qu'il soit difficile d'en donner une démonstration claire, il semble tout à fait plausible que l'effet micro-PK soit globalement dominé par les personnes ayant une forte capacité de PK, qu'il s'agisse de sujets ou d'expérimentateurs.

Quant à l'approche alternative, dite « universaliste », nous disposons de quelques indications sur son potentiel. Les analyses montrant des anomalies supplémentaires dans l'étude de référence du PEAR et les données du consortium, telles que les effets de position des séries, en sont la meilleure illustration. Comme les sujets dans ces deux cas n'ont pas été sélectionnés, cela conforte une stratégie de recherche qui suppose la présence d'un effet psi faible, largement réparti dans la population. Dans ce contexte, cependant, il semble essentiel de créer des conditions de test qui améliorent les performances des sujets relativement peu sélectionnés. Certaines pistes méritent d'être explorées : renforcement de la motivation, stratégies mentales telles que la « volition passive », techniques de visualisation orientées vers un but, méditation et conditions flexibles qui s'adaptent à l'état psychologique des sujets[1].

La question la plus intéressante est celle pour laquelle nous avons le moins de réponses à apporter : comment expliquer la micro-PK ? Nous avons vu comment deux perspectives

1. Des preuves d'un protocole efficace proviennent des expériences de Bem (2011), qui est conceptuellement identique aux expériences de boutons-poussoirs binaires (Schmidt, 1974c) (voir chap. 3).

opposées, l'influence et la précognition, peuvent être testées dans le cadre des modèles spécifiques. Il est clair que des ensembles de données propres avec une puissance adéquate sont nécessaires pour ce type de tests, et lorsque les deux sont disponibles, les tests favorisent les modèles d'influence. Néanmoins, nous sommes très loin de pouvoir prétendre comprendre la micro-PK, et plusieurs modèles concurrents (ou complémentaires) doivent être systématiquement évalués, tels que les modèles rétrocausaux, les théories observationnelles et la théorie quantique généralisée (voir chap. 12). Nous ne pouvons qu'espérer que d'autres recherches axées sur la théorie verront le jour dans un avenir proche et permettront d'élucider la nature de la micro-PK.

9. Bibliographie

André, E. (1972). Confirmation of PK action on electronic equipment. *Journal of Parapsychology, 4*, 283-293.

Andrew, K. (1975). Psychokinetic influences on an electromechanical random number generator during evocation of « left-hemispheric » vs. « right-hemispheric » functioning. In J.D. Morris, W.G. Roll, & R.L. Morris (Eds.), *Research in parapsychology 1974* (p. 58-61). Metuchen, NJ : Scarecrow.

Atmanspacher, H., & Rickles, D. (2022). *Dual-aspect monism and the deep structure of meaning*. Routledge.

Bancel, P.A. (2014). *The PEAR protocol : An experiment with meditators*. Manuscrit non publié.

Begley, C.G., & Ellis, L.E. (2012). Raise standards for preclinical cancer research. *Nature, 483*, 531-533.

Bell, M. (1964). Francis Bacon, pioneer in parapsychology. *International Journal of Parapsychology, 6*, 199-208.

Bem, D. (2011). Feeling the future : Experimental evidence for anomalous retroactive influences on cognition and affect. *Journal of Personality and Social Psychology, 100*, 407-425.

Bierman, D.J. (1985). A retro and direct PK test for babies with the manipulation of feedback : A first trial of independent replication using software exchange. *European Journal of Parapsychology, 5*, 373-390.

Bierman, D.J. (1988). A test on possible implications of the OT's for ganzfeld research. *European Journal of Parapsychology, 7*, 1-12.

Bierman, D.J., & Houtkooper, J.M. (1981). The potential observer effect or the mystery of irreproducibility, *European Journal of Parapsychology, 3*, 345-372.

Bierman, D.J., & Weiner, D.H. (1980). A preliminary study of the effect of data destruction on the influence of future observers. *Journal of Parapsychology, 44*, 233-243.

Bösch, H., Steinkamp, F., & Boller, E. (2006). Examining psychokinesis : The interaction of human intention with random number generators - a meta-analysis. *Psychological Bulletin, 132*, 497-523.

Braud, W.G., & Hartgrove, J.L. (1976). Clairvoyance and psychokinesis in transcendental meditators and matched control subjects : A preliminary study. *European Journal of Parapsychology, 1*, 6-16.

Braud, W., Smith, G., Andrew, K., & Willis, S. (1976). PK influences on random generators during evocation of "analytic" versus "non-analytic" modes of information processing. In J.D. Morris, W.G. Roll, & R.L. Morris (Eds.), *Research in parapsychology 1975* (p. 85-88). Metuchen, NJ : Scarecrow.

Braude, S. (1986). *The limits of influence*. New York, NY : Routledge and Kegan Paul.

Broughton, R.S., & Perlstrom, J.R. (1985). Results of a special subject in acomputerized PK game. In R. White & J. Solfvin (Eds.) *Research in parapsychology 1984* (p. 78-81). Scarecrow Press.

Broughton, R.S., & Perlstrom, J.R. (1986). PK experiments with a competitive computer game. *Journal of Parapsychology, 50*, 193-211.

Broughton, R.S., & Perlstrom, J.R. (1992). PK in a competitive computer game : A replication. *Journal of Parapsychology 56*, 292-305.

Button, K.S., Ioannidis, J.P.A., Mokrysz, C., Nosek, B.A., Flint, J., Robinson, E.S.J., & Munafò, M.R. (2013). Power failure : Why small sample size undermines the reliability of neuroscience. *Nature Reviews Neuroscience, 14*, 365-376.

Camstra, B. (1973). P.K. Conditioning. In W. Roll, R. Morris, J. Morris (Eds.), *Research in parapsychology 1972* (p. 25-27). Metuchen, NJ : Scarecrow.

Davis, J.W., & Morrison, M.D. (1978). A test of the Schmidt model's prediction concerning multiple feedback in a PK test. In W.G. Roll (Ed.), *Research in parapsychology 1977* (p. 163-168). Metuchen, NJ : Scarecrow.

Debes, J., & Morris, R.L. (1982). Comparison of striving and non-striving instructional sets in a PK study. *Journal of Parapsychology, 46*, 297-312.

Dickstein, M.L., & Davis, J.W. (1979). A blind PK test over two distances. *Journal of Parapsychology, 43*, 41-42.

Dunne, B.H., Dobyns, Y.H., Jahn, R.G., & Nelson, R.D. (1994). Series position effects in random event generator experiments. *Journal of Scientific Exploration, 2*, 197-215.

Dunne, B.J., & Jahn, R.G. (1992). Experiments in remote human machine interaction. *Journal of Scientific Exploration, 6*, 311-332.

Girden, E. (1962). A review of psychokinesis (PK). *Psychological Bulletin, 59*, 353-388.

Gissurarson, L.R. (1997). Methods of enhancing PK task performance. In S. Krippner (Ed.), *Advances in parapsychological research, 8* (p. 88-125). Jefferson, NC : McFarland.

Gissurarson, L.R. (1992). Studies of methods of enhancing and potentially training psychokinesis : A review. *Journal of the American Society for Psychical Research, 86*, 303-346.

Haraldsson, E.T. (1970). Subject selection in a machine precognition test. *Journal of Parapsychology, 34*, 182-196.

Honorton, C., & Barksdale, W. (1972). PK performance with waking suggestions for muscle tension versus relaxation. *Journal of the American Society for Psychical Research, 66*, 208-214.

Honorton, C., & May, E.C. (1976). Volitional control in a psychokinetic task with auditory and visual feedback. In J.D. Morris, W.G. Roll, & R.L. Morris (Eds.), *Research in parapsychology 1975* (p. 90-91). Metuchen, NJ : Scarecrow.

Houtkooper, J.M. (1977). A study of repeated retroactive psychokinesis in relation to direct and random PK effects. *European Journal of Parapsychology, 1*, 1-20.

Houtkooper, J.M. (1993). *Observational theory : A research program for paranormal phenomena*. Lisse, Netherlands : Swets and Zeitlinger.

Houtkooper, J.M., Andrews, R., Ganzevles, P.C.J., & Van der Sijde, P.C. (1980). A hierarchical model for the observational theories : A study of subject identity and feedback in repeated retroactive psychokinesis. *European Journal of Parapsychology, 3*, 221-246.

Hubbard, R & Lindsay, R.M. (2008). Why P values are not a useful measure of evidence in statistical significance testing. *Theory and Psychology, 18*, 1, 69-88.

Hyman, R. (1981). Further comments on Schmidt's PK experiments. *Skeptical Inquirer, 5*, 34-40.

Jahn, R.G., Dunne, B.J., Nelson, R.G., Dobyns, Y.H., & Bradish, G.J. (1997). Correlations of random binary sequences with pre-stated operator intention : A review of a 12-year program. *Journal of Scientific Exploration, 11*, 345-367.

Jahn, R.G., Dunne, B., Bradish, G., Dobyns, Y., Lettieri, A., Nelson, R., Walter, B. (2000). Mind/Machine interaction consortium : PortREG replication experiments. *Journal of Scientific Exploration, 14*, 499-555.

Levi, A. (1979). The influence of imagery and feedback on PK effects. *Journal of Parapsychology, 43*, 275-289.

Matas, F., & Pantas, L. (1972). A PK experiment comparing meditating vs. nonmeditating subjects. In W.G. Roll, R.L. Morris & J.D. Morris (Eds.), *Proceedings of the Parapsychological Association 1971*, (p. 12-13). Durham, NC : Parapsychological Association.

May, E.C., Radin, D.I., Hubbard, G.S., Humphrey, B.S., & Utts, J.M. (1986). Psi experiments with random number generators : An informational model. In D.H. Weiner & D.I. Radin (Eds.), *Research in Parapsychology 1985* (p. 119-123). Metuchen, NJ : Scarecrow Press.

McFarland & Co. Bancel, P.A. (2017). Searching for global consciousness : A 17-year exploration. *Explore*, 13(2), 94-101.

Millar, B. (2012). Towards a forensic parapsychology in the OT paradigm. *Journal of Nonlocality, 1*. Consulté sur *http://journals.sfu.ca/jnonlocality/index.php/jnonlocality/article/view/16/14*

Millar, B., & Broughton, R.S. (1977). An investigation of the psi enhancement paradigm of Schmidt. In J.D. Morris, W.G. Roll, & R.L. Morris (Eds.), *Research in parapsychology 1976* (p. 23-25). Metuchen, NJ : Scarecrow.

Morris, R.L., Nanko, M., & Phillips, D. (1982). A comparison of two popularly advocated visual imagery strategies in a psychokinesis task. *Journal of Parapsychology, 46*, 1-16.

Morris, R., Nanko, M., & Phillips, D. (1979). Intentional observer influence upon measurements of a quantum mechanical system : A comparison of two imagery strategies. In W.G. Roll (Ed.), *Research in parapsychology 1978* (p. 146-150). Metuchen NJ : Scarecrow.

Morrison, M.D., & Davis, J.W. (1979). PK with immediate, delayed, and multiple feedback : A test of the Schmidt model's predictions. In *The Parapsychological Association 21st Annual Convention : Proceedings of Presented Papers* (p. 97-117).

Nanko, M. (1981). Use of goal-oriented imagery strategy on a psychokinetic task with « selected » subjects. *Journal of the Southern California Society for Psychical Research, 2*, 1-5.

Nelson, R.D. (2015). Implicit physical psi : The global consciousness project. In E. Cardeña, J. Palmer, & D. Marcusson-Clavertz (Eds.), *Parapsychology: A handbook for the 21st century* (p. 282-292).

Péoc'h R. (1988). Chicken imprinting and the tychoscope : ANPSI Experiment. *Journal of the Society for Psychical Research, 55*, 1-9.

Péoc'h R. (2001). Chicks' distant psychokinesis (23 kilometers). *Revue francaise de psychotronique, 2*. Consulté sur.*http://gerp.free.fr/rpeoch-chicks.htm.*

Radin, D. (2006) Experiments testing models of mind-matter interaction. *Journal of Scientific Exploration, 20*, 375-401.

Radin, D. (2014). *Superpouvoirs. Science et yoga : les facultés extraordinaires de l'homme*. InterEditions.

Radin, D.I., & Nelson, R.D. (2003). A meta-analysis of mind-matter interaction experiments from 1959 to 2000. In W.B. Jonas, & C.C. Crawford (Eds.), *Healing, intention and energy medicine : Research methods and clinical applications* (p. 39- 48). Edinburgh, UK : Churchill Livingstone.

Radin, D., & Nelson, R. (1989). Consciousness-related effects in random physical systems. *Foundations in Physics, 19*, 1499-1514.

Radin, D., Michel, L., Galdamez, K., Wendland, P., Rickenbach, R., & Delorme, A. (2012). Consciousness and the double-slit interference pattern : Six experiments. *Physics Essays, 25*, 157-171.

Radin, D., Michel, L., Johnston, J., & Delorme, A. (2013). Psychophysical interactions with a double-slit interference pattern. *Physics Essays, 26*, 553-566.

Radin, D., Nelson, R., Dobyns, Y., & Houtkooper, J. (2006a). Assessing the evidence for mind-matter interaction effects. *Journal of Scientific Exploration, 20*, 361-374.

Radin, D., Nelson, R., Dobyns, Y., Houtkooper, J. (2006b). Reexamining psychokinesis : Comment on Bösch, Steinkamp, & Boller (2006). *Psychological Bulletin, 132*, 529-532.

Rhine, J.B., & Humphrey, B.M. (1944). The PK effect : Special evidence from hit patterns. I. Quarter distribution of the page. *Journal of Parapsychology, 8*, 18-60.

Rosenthal, R. (2005). Expectancy effect by experimenters. *Encyclopedia of Statistics in Behavioral Science. https://doi.org/10.1002/0470013192.bsa207*

Schmidt, H. (1969a). Precognition of a quantum process. *Journal of Parapsychology, 33*, 99-108.

Schmidt, H. (1969b). Clairvoyance tests with a machine. *Journal of Parapsychology, 33*, 300-306.

Schmidt, H. (1970a). A PK test with electronic equipment. *Journal of Parapsychology, 34*, 175-181.

Schmidt, H. (1970b). PK experiments with animals as subjects. *Journal of Parapsychology, 34*, 225-261.

Schmidt, H. (1973). PK tests with a high-speed random number generator. *Journal of Parapsychology, 37*, 105-118.

Schmidt, H. (1974a). Comparison of PK action on two different random number generators. *Journal of Parapsychology, 38*, 47-55.

Schmidt, H. (1974b). PK effect on random time intervals. In W.G. Roll, R.L. Morris, & J.D. Morris (Eds.), *Research in Parapsychology 1973* (p. 46-48). Metuchen, NJ : Scarecrow.

Schmidt, H. (1974c). Psychokinesis. In E.D. Mitchell (Ed.), *Psychic exploration : A challenge for science* (p. 179-194). New York, NY : G.P. Putnam's Sons.

Schmidt, H. (1976). PK effect on pre-tecorded targets. *Journal of the American Society for Psychical Research, 70*, 267-291.

Schmidt, H. (1978). Can an effect precede its cause ? A model of a non-causal world. *Foundations of Physics, 8*, 463-480.

Schmidt, H. (1979a). Search for psi fluctuations in a PK test with cockroaches. In W.G. Roll (Ed.), *Research in parapsychology 1978* (p. 77-78). Metuchen, NJ : Scarecrow.

Schmidt, H. (1979b). Use of stroboscopic light as rewarding feedback in a PK test with pre-recorded and momentarily generated random events. In W.G. Roll (Ed.), *Research in parapsychology 1978* (p. 115-117). Metuchen, N.J. : Scarecrow.

Schmidt, H. (1982). Collapse of the state vector and PK effect. *Foundation of Physics 12*, 565-581.

Schmidt, H. (1984). Comparison of a teleological model with a quantum collapse model of psi. *Journal of Parapsychology, 48*, 261-276.

Schmidt, H. (1987). The strange properties of psychokinesis. *Journal of Scientific Exploration, 1*, 103-118.

Schmidt, H., & Braud, W. (1993). New PK tests with an independent observer. *Journal of Parapsychology 57*, 227-239.

Schmidt, H., & Dalton, K. (1999). PK tests with repeated efforts on prerecorded targets. *Journal of Parapsychology 63*, 275-283.

Schmidt, H., & Pantas, L. (1972). Psi tests with internally different machines. *Journal of Parapsychology, 36*, 222-232.

Schmidt, H., & Schlitz, M. (1989). A large-scale pilot PK experiment with pre-recorded random events. In L. Henkel & R. Berger (Eds.), *Research in parapsychology 1988* (p. 6-10). Metuchen, NJ : Scarecrow.

Schmidt, H., & Stapp, H. (1993). Study of psychokinesis with pre-recorded random events and the effect of pre-observation. *Journal of Parapsychology, 57*, 331-348.

Schmidt, H., Morris, R., & Hardin, C.L. (1986). *Channeling evidence for a psychokinetic effect to independent observers.* Mind Science Foundation Report.

Schmidt, H., Morris, R., & Rudolph, L. (1986). Channeling evidence for a psychokinetic effect to independent observers. *Journal of Parapsychology, 50*, 1-15.

Schouten, S.A. (1977). Testing some implications of a PK observational theory. *European Journal of Parapsychology, 1*, 21-31.

Schub, M.H. (2006). A critique of the parapsychological random number generator meta-analyses of Radin & Nelson. *Journal of Scientific Exploration, 20*, 402-419.

Stanford, R.G. (1974). An experimentally testable model for spontaneous psi events : I. Extrasensory events. *Journal of the American Society for Psychical Research, 68*, 34-57.

Stanford, R.G. (1977). Experimental psychokinesis : A review from diverse perspectives. In B. Wolman (Ed.), *Handbook of parapsychology* (p. 324-381). New York, NY : Van Nostrand Reinhold.

Stanford, R.G., & Kottoor, T.M. (1985). Disruption of attention and PK-task performance. In D.I. Radin (Ed.), *The Parapsychological Association 28th Annual Convention : Proceedings of Presented Papers* (p. 117-132).

Stapp, H.P. (1994). Theoretical model for a purported empirical violation of quantum theory. *Physical Review A, 50*, 18-22.

Steilberg, B.J. (1975). Conscious concentration versus visualization in PK tests. *Journal of Parapsychology, 39*, 12-20.

Stevens, P. (2000). Noise, physics and psi : New ideas for research. *International Journal of Parapsychology, 11* (2), 63-77.

Talbert, R., & Debes, J. (1982). Time-displacement psychokinetic effects on a random number generator using varying amounts of feedback. In W.G. Roll, R.L. Morris, & R.A. White (Eds.), *Research in parapsychology 1981* (p. 58-61). Metuchen NJ : Scarecrow.

Terry, J., & Schmidt, H. (1978). Conscious and subconscious PK tests with pre-recorded targets. In W.G. Roll (Ed.), *Research in parapsychology 1997* (p. 36-40). Metuchen NJ : Scarecrow.

Tressoldi, P., Pederzoli, L., Caini, P., Ferrini, A., Melloni, S., Richeldi, D., Duma, G.M. (2014). Mind-matter interaction at a distance of 190 km : Effects on a random event generator using a cutoff method. *NeuroQuantology, 12*, 337-343.

Van de Castle, R. (1958). An exploratory study of some personality correlates associated with PK performance. *Journal of the American Society for Psychical Research, 52*, 134-150.

Walker, E.H., (1984). A review of the quantum mechanical theory of psi phenomena. *Journal of Parapsychology, 48*, 277-332.

Weiner, D.H., & Zingrone, N.L. (1986). The checker effect revisited. *Journal of Parapsychology, 50*, 85-121.

Weiner, D.H., & Zingrone, N. L. (1989). In the eye of the beholder : Further research on the "checker effect." *Journal of Parapsychology, 53*, 203-231.

White, R.A. (1977). The influence of experimenter motivation, attitudes and methods of handling subjects in psi test results. In B. Wolman (Ed.), *Handbook of parapsychology* (p. 273-301). New York : Van Nostrand Reinhold.

Williams, B.J. (2021). Minding the matter of psychokinesis : A review of proof-and process-oriented experimental findings related to mental influence on random number generators. *Journal of Scientific Exploration, 35* (4), 829-932.

Winnett, R., & Honorton, C. (1977). Effects of meditation and feedback on psychokinetic performances : Results with practitioners of Ajapa Yoga. In J.D. Morris, W.G. Roll, & R L. Morris (Eds.), *Research in parapsychology 1976* (p. 97-98). Metuchen, NJ : Scarecrow.

Chapitre 6

L'influence à distance sur des organismes vivants

(Claude Berghmans, Renaud Évrard)

Sommaire

Comment les êtres vivants se connectent-ils ? Et ces connexions permettent-elles une forme d'entraide ? Ou de nuisance ? Les thèmes de la guérison « paranormale » et des « mauvais sorts » traversent toute l'histoire de l'humanité. Sur le plan scientifique, elle est intégrée dans l'interface entre parapsychologie, biologie et médecine qui s'intéresse aux phénomènes d'influence à distance sur des organismes vivants. Cette interface a toujours fasciné l'homme en raison du pouvoir d'influence caché qui y résiderait, que cela soit en termes positifs ou négatifs. Les manifestations de ces effets se retrouvent au travers des siècles au sein de différentes littératures (ésotérique, magique, fictive, romanesque, etc.). Comment entrer dans un tel espace d'expériences et de témoignages afin d'aborder sa description, son fonctionnement, son efficacité, en bref, sa réalité ?

L'homme se situe dans un espace d'influence multiple où chaque jour, son mental est guidé vers telle ou telle direction par l'intermédiaire de médias multiples, extensions des technologies d'information et de communication de notre société globale. Mais ici, il s'agit d'influencer son prochain à distance en utilisant uniquement son « esprit », sa « psyché », son « mental »... afin de générer des effets visibles et immédiats. De manière plus précise, notre intérêt va se porter ici sur une influence sur des organismes vivants (humains principalement) en termes de modifications biologiques, dans le champ de la guérison notamment. Le champ de la parapsychologie s'est positionné dans ce domaine depuis le milieu du XXe siècle, et nous allons tenter d'en dresser les grandes lignes et les principaux résultats.

De fait, nous allons dans un premier temps présenter les études expérimentales effectuées en laboratoire et qui proposent une première dynamique pertinente au niveau des recherches en parapsychologie. Celles-ci ont vu le jour à partir des travaux de 1970 avec les études de chercheurs renommés comme William Braud, Stefan Schmidt et leurs collègues de groupes de recherches étasuniens et européens. Nous tenterons de mettre en lumière les principales recherches et méthodes utilisées en soulignant les aspects critiques et les limites de ces travaux et en proposant des dynamiques futures de développement.

Puis, en suivant une même approche descriptive, explicative et critique, une seconde partie sera consacrée aux travaux d'ordre phénoménologique mettant en lumière des aspects plus subjectifs des phénomènes de transmission d'intention. Une attention particulière sera portée aux approches thérapeutiques basées sur la prière. Une vision exhaustive de tous les travaux dans cette catégorie de recherche en parapsychologie nécessiterait un ouvrage entier, le lecteur est donc invité à approfondir certaines pistes en utilisant les ressources bibliographiques qui seront mises à sa disposition.

1. Les études expérimentales en laboratoire

Les recherches expérimentales sur l'influence à distance sont nombreuses depuis les années 1970 dans un cadre scientifique précis et rigoureux. Un certain nombre de synthèses publiées dans diverses méta-analyses, que nous développerons tout au long de ce chapitre existent, mais ce sont surtout les travaux de Stefan Schmidt (2009, 2012) du groupe de recherche de Fribourg-en-Brisgau et de William Braud (2003) de l'université d'Iowa qui vont nous accompagner dans cette présentation en tentant de les mettre du mieux possible en évidence. Bien qu'avant les années 1970, certains travaux ont été réalisés sur l'influence à distance (Vassiliev, 1963) que l'on développera ultérieurement, c'est en 1977, que les premières études de grande ampleur ont vu le jour, avec les travaux du psychologue William Braud. Lors d'un congrès de la Parapsychological Association, il a présenté une de ses premières recherches expérimentales sur cette thématique, qu'il venait de diriger dans le laboratoire de la Mind and Science Foundation à San Antonio, au Texas. Intitulé « Allo-feedback : feedback immédiat pour une influence psychocinétique sur la physiologie d'une autre personne » (Braud, 1978), il était question ici d'influence à distance entre deux sujets séparés dans deux pièces avec le choix d'une mesure des variations physiologiques au niveau de la conductance cutanée, qui sera reprise dans la plupart des travaux futurs comme mesure de référence sur des sujets humains. Par la suite, plusieurs types de recherches verront le jour et donneront lieu à l'élaboration de différents protocoles de recherches. Ceux-ci établiront le cadre méthodologique général de ce type de travaux, que nous allons présenter d'emblée et de manière introductive. Trois protocoles de recherche sont principalement mobilisés. Leur réplication par plusieurs équipes a permis d'entrer dans une approche systématique et rigoureuse de cette question.

1.1 Trois paradigmes expérimentaux essentiels

1.1.1. Protocole d'interaction mentale à distance avec des systèmes vivants (DMILS)

Les travaux expérimentaux utilisant le protocole DMILS (*distant mental interaction with leaving system* – « interaction mentale à distance avec des systèmes vivants ») se positionnent sur l'étude de la relation entre une intention orientée et dirigée à distance par une personne afin de modifier une variable spécifique d'un système vivant (Schmidt, 2003), généralement une autre personne. Dans ce type d'expérience, l'intention, c'est-à-dire le désir conscient émis par un sujet dans une direction précise est considéré comme une variable indépendante (VI) que l'expérimentateur manipule. La cible choisie du système vivant étudié est la variable dépendante (VD) qui, dans beaucoup de recherches (Braud, 2003), est la réaction électrodermale[1] (EDA – *electro dermal activity*). Elle est enregistrée sur moniteur à l'aide d'électrodes fixées sur le ou les participants. Si cette expérience avec un protocole EDA-DMILS sera très fortement utilisée par la suite, d'autres variables physiologiques ou comportementales peuvent être utilisées comme le réflexe gastrique. Du reste, ces expériences peuvent être conduites aussi sur des systèmes non humains (plantes, animaux) (Braud et Schlitz, 1991) comme nous le verrons ultérieurement.

1. La réaction électrodermale est un indicateur d'excitation (Schmidt & Walach, 2000) du système nerveux autonome qui est enregistré à partir de la peau du récepteur.

De manière illustrative, ces protocoles réunissent deux sujets qui sont séparés physiquement (dans deux pièces différentes) l'un de l'autre pour empêcher toute forme de communication conventionnelle. Dans certains laboratoires, un blindage acoustique et électromagnétique est même appliqué. Dans un modèle implicitement basé sur une analogie avec un signal radio, les sujets se voient attribuer un rôle d'*agent* qui émet une intention ou de *récepteur* qui la reçoit, reprenant finalement le modèle utilisé dans les études portant sur la PES (*cf.* chapitre 3).

Dans la démarche expérimentale, le récepteur est invité à se mettre dans un état psychologique d'éveil et de vigilance, tout en étant le plus possible détendu et ouvert à l'expérience. Une session dure environ 20 à 30 minutes. L'objectif de l'agent est d'activer (d'exciter) ou de calmer le récepteur à distance. La session expérimentale est divisée en plusieurs périodes d'une durée variant aléatoirement entre 20 à 60 secondes, au cours desquelles chacune des deux conditions (activer ou calmer) est demandée de manière aléatoire aux agents, les invitant à agir de la façon dont ils le souhaitent pour arriver à produire la réaction prévue chez le récepteur. L'agent peut par exemple imaginer et visualiser le récepteur dans un état actif particulier ou lui envoyer des messages mentaux d'excitation ou de calme[1]. En termes de résultats, les réactions électrodermales sont comparées entre les deux périodes et une covariation entre les états intentionnels de l'agent et la physiologie du récepteur sera considérée comme un résultat significatif (Schmidt, 2001).

Au début des recherches sur ce sujet, ce protocole expérimental était appelé allo-feedback (Braud, 1978), qui est une variante de l'auto-feedback, appelé aussi biofeedback[2], dans lequel le sujet essaie d'influencer ses propres réactions physiologiques. Le principe est le même avec une orientation à distance sur autrui.

Dans les années 1980, Braud est rejoint par l'anthropologue médicale Marilyn Schlitz, intéressée par les recherches sur la guérison à distance et les applications pratiques du psi. Ils qualifieront ces expériences d'études de biopsychocinèse (Bio-PK ; Braud & Dennis, 1989 ; Braud & Schlitz, 1983), en soulignant l'analogie avec l'influence mentale sur le comportement des systèmes inanimés.

C'est en 1991 que l'acronyme DMILS (*distant mental influence on leaving systems*) est utilisé pour la première fois, en faisant référence à l'influence mentale directe d'une personne sur des systèmes vivants (Braud & Schlitz, 1991). Il était ici question au départ de la mise en évidence d'une relation causale entre l'agent et le récepteur et cela en dehors d'un modèle théorique

1. Une grande liberté est laissée à l'agent qui pourra d'ailleurs constituer un biais par la suite, car certaines approches d'activation ou de calme pourraient avoir des résultats différents chez le récepteur. Une standardisation de l'approche de l'agent pourrait s'avérer utile, mais on perdrait alors les modalités spécifiques d'usage de l'imagination propres à chaque participant.
2. Le biofeedback ou rétroaction biologique est un ensemble de techniques relatives à la bioélectricité pour la mesure de fonctions organiques qui repose sur la visualisation, avec des appareils électriques, des signaux physiologiques d'un sujet conscient de ces mesures. On parle de « biofeedback » lorsque le sujet peut contrôler les fonctions organiques mesurées, soit volontairement (pour corriger un stress), soit involontairement (après un changement d'état psychologique tel que la survenue d'un stress).

valide pouvant confirmer l'hypothèse de la causalité[1]. L'objectif de ce type d'étude est de voir si « l'intention à distance, seule, peut interagir avec des systèmes vivants » (Schlitz *et al.*, 2003, p. 131) et cela dans différentes optiques, dont l'axe thérapeutique qui sera développé par la suite avec les recherches sur les guérisons à distance.

1.1.2. Protocole de regard à distance (*remote staring*)

Qui n'a jamais eu la sensation d'être observé ou dévisagé par quelqu'un situé hors de son champ de vision ? Si l'on tourne soudainement la tête vers cette personne, on la voit alors détourner le regard, ayant l'air gênée. Mais comment avons-nous pu le détecter ? Ce phénomène étonnant, baptisé « scopesthésie », est vécu spontanément par un nombre important d'individus, selon les études naturalistes du biologiste Rupert Sheldrake (2003). Son explication pourrait représenter un défi pour les modèles habituels de la perception. Toutefois, l'accumulation de témoignages n'est pas une preuve de qualité suffisante et il est donc nécessaire de le reproduire dans un cadre expérimental.

Dans les travaux utilisant ce deuxième protocole de recherche (Braud *et al.*, 1993 ; Watt et Ramakers, 2003), on s'intéresse précisément aux capacités du récepteur de détecter l'influence d'un regard intentionnel de la part de l'agent. Ce protocole est assez similaire au DMILS dans lequel on enregistre les réponses électrodermales des récepteurs séparés des agents. Dans certaines variantes, le récepteur peut aussi signifier par des réponses comportementales s'il se sent observé ou non et, si oui, depuis quelle direction. La connexion visuelle des participants peut se faire grâce à un circuit vidéo qui permet à l'agent, placé devant le moniteur, d'observer le récepteur en temps réel lorsque le dispositif le lui permet. Le récepteur ne peut pas savoir lorsqu'il est ainsi regardé, et les deux participants n'ont aucun moyen conventionnel pour communiquer entre eux.

Les sessions expérimentales consistent à organiser aléatoirement des périodes de fixation et de non-fixation du regard qui durent généralement de 30 à 60 secondes. Dans les périodes de fixation du regard, les agents sont invités à regarder le récepteur (qui doit être dans une attitude détendue et ouverte) et à se concentrer sur lui. Dans les périodes de non-fixation (ou quand le circuit vidéo est coupé), l'agent doit chercheur à occuper son esprit avec d'autres tâches.

La différence avec le protocole DMILS est liée au fait que l'hypothèse n'est pas directionnelle. Dans l'EDA-DMILS, on suppose qu'il y a moins d'activité EDA pendant les périodes calmes et plus durant les périodes d'activation. Dans ce protocole, on suppose seulement que l'activité EDA va être différente entre les périodes de fixation et de non-fixation du regard, mais il n'y a pas de précision quant au fait de savoir si être regardé à distance est corrélé à un état calme ou excité.

1. C'est ainsi que, dans l'acronyme DMILS, le terme « influence » sera remplacé par « interaction » par Braud en 1994. Sur le plan théorique, le phénomène pourrait en réalité n'être ni l'un, ni l'autre (voir chap. 10).

1.1.3. Protocole d'aide à distance (*remote helping*)

Cette approche d'aide à distance, *via* une projection d'intention soutenante, a été conçue par Braud et ses collègues en 1995. Il tentait de vérifier l'apport invisible des « maîtres » dans certaines disciplines spirituelles et certains arts martiaux. Pouvaient-ils améliorer mentalement la concentration et l'attention de leurs disciples ?

Ici, les récepteurs – qualifiés de « sujets aidés » – se situent dans des salles séparées de celles des agents. Les récepteurs doivent accomplir une tâche nécessitant une concentration continue, par exemple focaliser leur attention sur la flamme d'une bougie située juste devant eux. C'est ainsi que l'on mesure par exemple les capacités attentionnelles des méditants (Berghmans, 2020). Lorsque leur attention s'égare, les récepteurs doivent le signaler en appuyant sur un bouton à leur portée et ramener immédiatement leur attention sur l'objet. La fréquence des pressions sur les boutons sera utilisée comme mesure de la distraction (variable dépendante).

Dans une autre pièce, la tâche de l'agent et d'aider *ou non* le récepteur à se concentrer sur sa tâche de focalisation attentionnelle, en ayant par exemple en face d'eux une bougie similaire. Les périodes où l'agent doit aider ou ne pas aider sont déterminées aléatoirement. Lors de l'analyse des résultats, la fréquence des pressions sur les boutons pendant les périodes d'aide sera comparée à celle pendant les périodes de non-aide. Constate-t-on moins de distraction quand la psyché de l'agent soutient celle du récepteur ? Sur la base de ce concept, de multiples variantes expérimentales sont possibles en modifiant le type de participants associés, les variables dépendantes, les conditions de rétroaction, les variables indépendantes, ou encore la durée et le nombre des essais.

Concernant ces trois protocoles, les études en parapsychologie expérimentale sur les effets de l'intention à distance ont utilisé ces trois types de protocoles qui sont autant de moyens simples et rigoureux pour délimiter les contours de la biopsychocinèse. D'un point de vue phénoménologique, toutes ces études nous renvoient à certaines conduites assez triviales que l'on peut retrouver dans la vie quotidienne, par exemple l'émission mentale de bons vœux de rétablissement à un proche en difficulté ou le fait de se concentrer au chevet d'une personne proche en souffrance en espérant qu'elle guérisse rapidement. Assimilés habituellement à une « pensée magique », ces souhaits peuvent être adressés à des personnes connues ou inconnues, dans une optique positive ou négative. Dans le cadre de maladies graves, n'est-il pas tentant d'envoyer des intentions positives et des demandes de guérison vers nos proches en souhaitant ainsi (d'une manière sans doute peu rationnelle) les aider ? Face à la maladie et dans des situations de fins de vie, l'homme est souvent rattrapé par un désir d'obtenir le secours d'une puissance inconnue vers laquelle il dirige ses souhaits intentionnels. Tous ces actes exprimant une forme de compassion et d'aide à distance sont bien sûr pratiqués d'une manière souvent peu structurée au sein de la culture occidentale. Néanmoins, nous les retrouvons dans des contextes de guérisons à distance *via* certaines pratiques qualifiées de spirituelles comme la prière d'intercession (que nous développerons par la suite) ou la méditation d'amour bienveillant rencontrée dans les traditions orientales.

Les travaux utilisant ces trois protocoles d'approche ont été considérés comme un moyen pertinent d'enquêter scientifiquement sur les hypothèses de base qui se trouvent derrière les pratiques de projection d'intention à distance dans un environnement de laboratoire et rendent compte d'une approche à haute validité (Astin, Harkness et Ernst, 2000 ; Benson *et al.*, 2006 ; Dusek, Astin, Hibberd et Krucoff, 2003 ; Walach *et al.*, 2008). Dans le cadre des effets de ces recherches sur la santé, elles ont été regroupées par la suite sous le terme général d'« intention de guérison à distance » (*distant healing intention* – DHI, Schlitz *et al.*, 2003) en précisant toutefois que la projection d'intention à distance n'est pas uniquement réservée à des résultats positifs en termes de guérison. Les gens peuvent également souhaiter qu'autrui soit blessé ou fortement bousculé. Qui n'a jamais eu de mauvaises intentions pour une personne ou n'a jamais souhaité du mal à autrui dans des circonstances de souffrance, de stress intense, d'injustice ou de malveillance gratuite ? N'oublions pas que l'intention est définie comme « un état mental orienté vers la réalisation d'un objectif » (Schlitz *et al.*, 2003, p. 32) qui peut comprendre des objectifs tant positifs que négatifs. Les recherches sur ce domaine ont donc plus de cinquante ans et nous allons tenter de présenter les plus pertinentes[1] de manière chronologique.

2. Regard historique sur les recherches expérimentales sur l'intention à distance

2.1 Les travaux pionniers

Lorsqu'il s'agit de transmettre une intention ou « quelque chose » à distance, l'image qui nous vient immédiatement est celle des passes magnétiques et de l'imposition des mains proche du corps. Longtemps inscrit dans un cadre religieux, il était encore un attribut thaumaturgique prêté notamment aux rois de France (Bloch, 1924). Ce geste connu de tous a cependant rarement et tardivement fait l'objet d'études systématiques.

C'est en 1903, au sein de l'Institut général psychologique, que le scientifique français Louis Favre (1904) commence une étude sur les effets physiques des passes magnétiques sur des êtres vivants (Évrard, 2016). Il innove en testant leurs effets en premier lieu sur des graines végétales, puis sur des microbes, car leur contrôle est plus aisé, et le fait de ne pas employer de cibles humaines ou animales lui permet d'éviter d'emblée tout effet de suggestion. Il introduit également un groupe témoin avec des microbes issus de la même souche et qui sont laissés dans des conditions expérimentales identiques, exception faite des passes magnétiques. Des écarts différentiels sont mesurés. Il présente notamment ces travaux au Congrès international de psychologie à Rome en 1905. Ses résultats déroutants sont encourageants,

1. Une présentation exhaustive n'est pas possible en raison d'un nombre élevé de recherches, et nous ne pourrons que renvoyer le lecteur à une bibliographie précise sur le sujet.

mais pas absolument convaincants du fait de biais qu'il détecte lui-même. Néanmoins, sa méthodologie correspond déjà à celle qui sera développée et perfectionnée plus tard dans les études contemporaines.

Dans une autre optique, le docteur Jean Barry, médecin spécialisé en phlébologie et ancien président de l'Institut métapsychique international, s'était fait connaître par ses travaux originaux sur l'influence de la pensée sur la croissance du soja et de micromycètes (champignons) en boîtes de Pétri, avec la collaboration clandestine de certains membres de l'Institut national de la recherche agronomique. Jean Barry a entrepris des expérimentations très innovantes en 1968, car elles employaient une méthodologie issue des laboratoires de physiologie (l'enregistrement de la conductance électrique de la peau) pour mesurer un phénomène inconscient – une influence mentale entre Bordeaux et New York –, avec la collaboration du chimiste Douglas Dean, alors président de la Parapsychological Association.

En 1963 et 1976, le chercheur russe Vassiliev a travaillé sur des expérimentations de transfert d'intention à distance et de télépathie, en s'inspirant des travaux de Janet sur l'hypnose à distance (Évrard, Pratte & Cardeña, 2018). En fait, quelques travaux ont vu le jour au début du XXe siècle jusqu'à la fin des années 1970, date à partir de laquelle une dynamique plus active a été mise en place disposant de moyens d'une plus grande envergure.

2.2 Les travaux de William Braud

1977 peut être considérée comme l'année où cette dynamique de recherche a pris une ampleur sans précédent. Exposer l'ensemble des travaux de William Braud nécessiterait un ouvrage entier sur la question. C'est pourquoi nous allons tenter d'énumérer et de résumer ces principales recherches, qui ont permis de lancer une dynamique d'étude expérimentale nouvelle en parapsychologie sur la transmission d'intention à distance.

De 1977 à 1991, l'Américain William Braud et ses collègues ont mené environ trente-neuf expériences[1] qui peuvent être qualifiées d'études sur l'intention à distance sur des systèmes humains et non humains et ont publié plus d'une vingtaine de travaux sur le sujet (Braud, 2003). Sa première publication expose un paradigme d'autofeedback (ou de biofeedback typique), présenté précédemment, dans lequel le sujet tente d'influencer sa propre physiologie[2]. Une réplication directe dans laquelle les participants étaient informés de cette composante a été

1. Toutes ces recherches n'ont pas donné lieu à des publications (Schmidt, 2002).
2. Dans cette expérience, le signal physiologique choisi (réaction électrodermale) était transmis dans une autre pièce à Braud, en tant qu'agent pouvant voir le signal. Braud a alors essayé d'influencer la physiologie de cette autre personne par des moyens purement mentaux, en tentant intentionnellement d'exciter ou de calmer le sujet. Braud a en fait changé la procédure standard du paradigme de rétroaction classique (pour soi-même, autofeedback) en une expérience dite de rétroaction avec l'hypothèse d'une composante psi probable, en renvoyant ainsi le signal à une autre personne, qui a ensuite tenté à son tour d'influencer le signal physiologique. Un effet a pu être constaté avec dix participants, alors qu'aucun d'entre eux n'était informé de la tentative parapsychologique d'intention à distance.

également significative (Braud, 1978). Pour lui, ce fut le début d'une longue série de travaux du même type, menés entre 1977 et 1991 à la *Mind Science Foundation* dans lequel les trois protocoles mentionnés plus haut ont été développés.

En 1979, plusieurs expériences ont été réalisées avec le guérisseur britannique Matthew Manning comme agent (Braud, Davis, & Wood, 1979) et deux recherches ont été réalisées avec des animaux comme systèmes cibles (Braud *et al.*, 1979). Par exemple, ils ont mesuré l'influence de l'intention sur le nombre de révolutions d'une roue d'activité effectuées par des gerbilles mongoles. Dans trois autres expériences, ils ont pris pour cibles des composants organiques, à savoir des globules rouges humains. L'objectif de l'expérience était basé sur le fait que l'agent essaierait de protéger les échantillons de sang à distance. La variable dépendante était le taux d'hémolyse des globules rouges (Braud, 1990 ; Braud *et al.*, 1979). Les recherches sur les sujets humains ont surtout utilisé l'EDA, qui a donné de bons résultats (Braud, 1980a, 1980b, 1993), mais des mesures ont aussi été faites avec des variables supplémentaires comme la fréquence cardiaque, la respiration ou la tension musculaire. Par la suite, Braud et Schlitz ont travaillé avec des guérisseurs Reiki en tant qu'agents (Schlitz & Braud, 1985).

Enfin, dans les années 1990, Braud et ses collègues ont développé le paradigme du regard à distance en montrant aux agents l'image vidéo du récepteur et en leur demandant de les regarder ou non (Braud, Shafer et Andrews, 1993a, 1993b). Dans l'ensemble, ils ont mené soixante-dix-huit sessions sur quatre expériences qui étaient soit significatives, soit très proches de la significativité (p = 0,06). Dans la toute première étude (Braud *et al.*, 1993a), l'EDA des récepteurs était plus excitée lorsqu'ils étaient regardés, et dans tous les autres travaux, les sujets observés sont devenus plus calmes pendant les périodes d'observation.

Mais, en 1991, du fait de problèmes économiques, la Mind Science Foundation a suspendu ses financements de recherches et les laboratoires de Braud et Schlitz ainsi que celui d'Helmut Schmidt ont dû fermer leurs portes. Schlitz a poursuivi ses recherches à Stanford et plus tard à l'Institut des sciences noétiques (IONS) ; tandis que Braud a trouvé refuge en Californie à l'Institut de psychologie transpersonnelle de Palo Alto. En 1993, Braud a examiné plus en détail les travaux européens et a rendu visite aux chercheurs de l'université d'Édimbourg. Cette collaboration a favorisé le développement du protocole EDA-DMILS[1] et son utilisation pour tester diverses hypothèses quant aux processus en jeu. Ainsi, le paradigme d'aide à la facilitation de la concentration de l'attention fut développé et publié pour la première fois en 1994 (Braud, 1994 ; Braud *et al.*, 1995). Finalement, en 2003, Braud a fait paraître un ouvrage de synthèse de ces recherches, *Distant Mental Influence*. En termes de résultats de l'ensemble de ces travaux et de ses collègues, plusieurs méta-analyses seront effectuées que nous évoquerons dans les pages suivantes.

1. Dans la première expérience EDA-DMILS, Braud a agi en tant qu'expérimentateur et agent (Radin, Taylor et Braud, 1995 ; Delanoy & Sah, 1994). À cette époque, en collaboration avec Dean Radin, deux recherches ont été menées au Consciousness Research Laboratory de Las Vegas (Rebman, Radin, Hapke et Gaughan, 1996 ; Wezelman, Radin, Rebman et Stevens, 1996) en utilisant des variantes de mesure comme la fréquence cardiaque et la pression du volume sanguin (BVP).

2.3 Recherches complémentaires et optimisation méthodologique

2.3.1. Révisions de la méthodologie EDA et rôle de l'agent

De 1996 à 1999, d'autres chercheurs d'Édimbourg, Robert Morris et Deborah Delanoy, ont collaboré avec l'Institut für Grenzgebiete der Psychologie und Psychohygiene (IGPP) de Fribourg-en-Brisgau, en Allemagne, pour optimiser ces approches de recherches EDA-DMILS en construisant un nouveau laboratoire de recherche psi avec des normes techniques plus élevées (cage de Faraday isolée acoustiquement, etc.). C'est au sein de cette dynamique nouvelle que neuf études avec 331 séances au total ont été réalisées à Fribourg et à Édimbourg (Delanoy, Morris, Brady, & Roe, 1999a, 1999b ; Schneider, Binder, & Walach, 2000 ; Watt, Ravenscroft, & McDermott, 1999). Toutefois, en 1998, après une évaluation du laboratoire de Fribourg portant sur ses méthodes psychophysiologiques appliquées, le constat de non-conformité des procédures de mesure de l'EDA au regard des normes internationales de la communauté psychophysiologique (Fowles *et al.*, 1981) a été posé au niveau de plusieurs éléments, dont l'utilisation incorrecte des électrodes sur les sujets récepteurs. Les procédures de recherches ont été extraites pour toutes les études disponibles en les comparant à un échantillon d'études utilisant également l'EDA comme variable dépendante publiées entre 1995 et 1999 dans les deux principales revues de psychophysiologie. Des biais de méthode sont apparus et les vingt-cinq études parapsychologiques évaluées ont rapporté leurs méthodes de manière incomplète[1] entraînant des biais qui ont peut-être altéré les mesures, bien qu'il soit difficile d'en être certain (Schmidt & Walach, 2000). Après avoir constaté en 1999 que la méthodologie EDA utilisée à Édimbourg et à Fribourg ne répondait pas aux normes de recherche établies en psychophysiologie, les deux laboratoires ont réévalué leurs méthodologies de recherche avec des approches nouvelles testées dans une étude pilote à Fribourg (Schneider, Binder, et Walach, 2001) qui a également évalué différentes approches statistiques pour l'évaluation des données. L'étude a donné une taille d'effet élevée de $d = 0{,}41$.

L'influence à distance fonctionne-t-elle tout aussi bien lorsqu'on ne sait pas que quelqu'un « travaille » sur nous ? Onze autres recherches évaluant diverses hypothèses axées sur les processus ont suivi avec une concentration sur le rôle de l'agent et diverses variables de personnalité ainsi que sur les instructions de l'expérimentateur (Schneider, 2002). À Édimbourg, Delanoy, Roe et Brady (2001) ont également évalué le rôle de l'agent en organisant des séances durant lesquelles un agent était présent ou non. Cela a abouti à quatre conditions différentes dans une étude avec un total de cent vingt séances individuelles. Une hypothèse similaire a été testée à Fribourg (Schneider, Binder & Walach, 2001). Ici, l'agent n'était présent que dans la moitié des séances. Bien que l'expérience d'Édimbourg n'ait pas donné de résultats significatifs,

1. Utilisation d'électrodes inadéquates, méthodes inadéquates pour les fixer, gel d'électrode non adapté aux besoins spécifiques des mesures EDA ou enregistrement des données avec des taux d'échantillonnage inadéquats.

l'étude de Fribourg l'a fait pour certaines variables EDA, mais uniquement lorsque l'agent était présent.

Après un quart de siècle de recherche, des signes de maturité sont apparus dans ce champ de la Bio-PK, avec les publications, d'une part, des travaux de Schmidt (2002, 2003 ; Schmidt et Walach, 2000) et, d'autre part, la synthèse de Schlitz et ses collègues (2003). Cette dernière apporte des éclairages conceptuels et méthodologiques importants : définition de la notion d'intentionnalité, lignes directrices pour les futures études, point sur la randomisation des sujets et leur séparation par blindage, avancées sur la préservation de l'intégrité des données et la prévention de la fraude.

2.3.2. Collaborations contradictoires sur le regard à distance

Schlitz et Steven LaBerge, célèbre pour ses recherches sur le rêve lucide (voir chap. 13), ont mené deux études de regard à distance à Stanford en 1997 (Schlitz & LaBerge, 1997) dans lesquelles l'agent devait fixer le récepteur, la direction du changement prévu lui étant spécifiée, car il était informé qu'il devait tenter d'activer physiologiquement le récepteur par le regard. Les deux études ont révélé des tailles d'effet importantes (d = 0,39 et d = 0,49), mais la mesure EDA décrite dans la publication présentait un défaut majeur, la fréquence d'échantillonnage (1 Hz) était beaucoup trop lente pour capter la dynamique de leur variable cible, ce qui a biaisé ces résultats.

En 1994 et 1995 au Royaume-Uni, Wiseman a réalisé plusieurs réplications indépendantes du paradigme du regard à distance (Wiseman & Smith, 1994 ; Wiseman, Smith, Freedman, Wasserman, & Hurst, 1995) en apportant des modifications au protocole d'origine (plusieurs agents en même temps pour exciter ou calmer le récepteur). Ces études se sont avérées non significatives avec des tailles d'effet de d = 0,27, d = 0,14 et d = 0,20 respectivement.

Comment comprendre que certains chercheurs se disant « sceptiques » aient des résultats différents des chercheurs repérés comme « enthousiastes » ? Une manière de répondre à cette question est de favoriser une coopération entre ces chercheurs à travers ce que l'on appelle une collaboration contradictoire. Ainsi, « l'enthousiaste » Schlitz et « le sceptique » Wiseman ont mené seize sessions chacune dans une étude conjointe (Wiseman & Schlitz, 1997). Au sein de chacune de ces sessions, ils ont joué deux rôles en même temps (celui d'expérimentateur communiquant avec le récepteur et enregistrant les données et celui d'agent influent). En termes de résultats, les participants manipulés et regardés par Schlitz ont montré significativement plus d'excitation pendant les périodes de regard que pendant les périodes de contrôle (p = 0,04, d = 0,51). En revanche, les séances de Wiseman se sont avérées non significatives (d = 0,11). Une réplication de cette étude a été réalisée en 1997 en Californie (Wiseman & Schlitz, 1999) avec trente-cinq séances. Les séances de Schlitz ont de nouveau donné un résultat significatif (p = 0,05, d = 0,33) tandis que les séances de Wiseman ont donné des résultats non significatifs (d = 0,07). Ils ont continué en 2006 avec une troisième expérience conjointe en appliquant une plus grande rigueur méthodologique (Schlitz, Wiseman, Watt, & Radin, 2006), mais qui a donné des résultats non significatifs, sans que les chercheurs ne se mettent tout à fait d'accord sur l'explication à privilégier pour rendre compte de cette série de résultats.

3. Recherches expérimentales récentes sur l'intention à distance

3.1 Études récentes

Le protocole employant la réaction électrodermale associée au paradigme DMILS a été le plus utilisé dans des centaines d'expérimentations en parallèle. Mais, après les méta-analyses EDA-DMILS et *remote staring*, achevées en 2001, ces protocoles pourtant riches de succès ont suscité de moins en moins d'engouement (Sheldrake, 2003). Peu d'études ont continué à explorer et reproduire ces approches. Depuis 2001, des études d'intention à distance ont été menées et publiées, mais elles sont fort éloignées des conceptions originales des travaux de Braud ou de Schlitz et se présentent de manière ponctuelle.

Dans ce qui se rapproche le plus des études DMILS, les recherches de Watt et Ramakers en 2003, et Ramakers (2004, 2006) proposaient trois types d'expériences dont les conditions expérimentales s'éloignent des travaux précédents. Dans la première, l'agent recevait une stimulation émotionnelle par la visualisation d'images neutres, positives ou négatives sur un moniteur. Les agents ont été invités à s'immerger dans les images. L'EDA[1] a été enregistrée chez l'agent et le récepteur, sur un total de cinquante-quatre sessions. Aucune différence significative dans les données EDA du récepteur pour l'excitation émotionnelle en général (positive et négative *vs* neutre) n'a été trouvée.

Dans la seconde expérience, des clips vidéo agressifs et menaçants ont été montrés à l'agent avec une comparaison à une condition de contrôle neutre. Aucun effet significatif n'a été trouvé en trente sessions.

Dans la troisième expérience avec dix-huit sessions, des images et des clips vidéo ont été présentés comme des stimuli et comparés les uns aux autres. Encore une fois, aucun effet n'a été trouvé, mais ces travaux n'ont pas donné lieu à publication.

En 2008, Dean Radin et ses collègues ont mené une étude EDA-DMILS avec trente-huit sessions (Radin *et al.*, 2008) en s'attaquant à la thématique de la guérison à distance par transmission d'intentions, que nous développerons plus longuement lors de la présentation des travaux sur la prière d'intercession. Au lieu d'avoir des périodes d'activité ou de calme, ils ont demandé aux agents d'envoyer des intentions de guérison à distance au récepteur pendant de courtes périodes de 10 secondes entrecoupées de périodes de repos. Durant les périodes d'intention à distance, l'agent pouvait voir sur un écran l'image vidéo en direct du récepteur. Dans cette configuration, des aspects du protocole EDA-DMILS classique ont été combinés avec ceux des études de vision à distance et de guérison à distance. De plus, les couples agent-récepteur étaient étroitement liés : les deux individus se connaissaient ou étaient même reliés sur le plan émotionnel. Dans vingt-deux paires, l'un des deux sujets était atteint d'un cancer. Dans douze

1. Ces recherches utilisant l'EDA correspondent à des critères précis et requis par les recherches en psychophysiologie.

paires, l'un des partenaires (l'agent) a également reçu une formation d'une journée en Tong-len, une technique tibétaine d'absorption de la souffrance et d'envoi d'intentions compatissantes positives (McKnight, 2012). Les données EDA des récepteurs ont montré une augmentation prononcée au cours des périodes d'intention à distance pour les trois différents groupes testés (témoins sains, patients cancéreux non formés, patients cancéreux formés).

Des études additionnelles combinant l'EDA ont été réalisées par Lobach et Bierman (2004), Müller, Schmidt et Walach (2009) et par Mossbridge, Grabowecky et Suzuki (2009). Lobach et Bierman ont mené trois études dans le but de reproduire les découvertes de Sheldrake sur le regard à distance en installant plusieurs variantes (utilisation de sceptiques *vs* des croyants, des paires d'amis, regardant directement ou non un moniteur). Dans leur deuxième étude, quarante-cinq participants ont été observés ou non pendant que leur EDA était enregistrée *via* un système de vidéosurveillance. Un changement important dans le protocole du regard à distance était que, dans la première moitié de la session, les participants n'étaient pas conscients de l'hypothèse de recherche (fixation du regard). Ce n'est qu'en seconde période qu'on leur a montré la caméra. La première moitié (condition déguisée) n'a montré aucune différence d'EDA, alors que la seconde moitié (condition ouverte) a montré une différence proche de la significativité ($p = 0{,}054$) avec un taux de réussite global de 52,1 %.

L'étude de Müller, Schmidt et Walach (2009) a introduit deux nouveaux aspects méthodologiques. Cinquante participants dans le rôle du récepteur ont été enregistrés au niveau de leur EDA pendant qu'ils étaient observés ou non *via* un système de vidéosurveillance avec la possibilité d'appuyer sur un bouton chaque fois qu'ils avaient l'impression d'être regardés. L'agent était aussi occupé pendant les essais sans regard fixe. Classiquement, les instructions données à l'agent dans les conditions de contrôle étaient de se détourner de l'écran ou de s'occuper l'esprit avec autre chose, même si cela ne suffit pas à être sûr que l'agent cesse de penser au récepteur. Dans la moitié des essais, l'attention de l'agent était distraite par une tâche cognitive exigeante sur le plan mental qui était affichée à l'écran dans les essais sans regard. L'expérience n'a pas eu de résultats significatifs[1].

Enfin, dans le cadre du paradigme d'aide à la focalisation de l'attention à distance dans lesquelles on demande à l'agent d'aider une deuxième personne distante dans une tâche de concentration de l'attention, Tressoldi, Massaccesi, Martinelli et Cappato (2011) ont mené une expérience dans laquelle vingt idéogrammes chinois (dont dix existaient réellement et dix étaient des inventions sans réelles significations) étaient présentés aux sujets qui devaient découvrir lesquels étaient les vrais[2]. Dans une autre pièce, un agent a envoyé une aide à distance

1. Dans Mossbridge *et al.* (2009), vingt participants ont été observés au début et à la fin de deux intervalles de 10 secondes chacun. Dans un intervalle, ils ont été observés à travers un système de vidéosurveillance et dans l'autre non, avec enregistrement de l'EDA et du pouls du volume sanguin (critique de cette traduction déjà faite). Cette procédure a été répétée 30 fois. Il y avait aussi une condition de contrôle identique, également avec trente essais, dans laquelle aucun regard n'a eu lieu. Les données physiologiques n'ont montré aucun effet global.
2. Ce protocole a été conçu par le psychologue Glenn Hitchman pour tester plusieurs modèles théoriques en parapsychologie (Vernon *et al.*, 2021).

ou non. Les récepteurs ont eu des résultats supérieurs au hasard dans cette tâche uniquement lorsqu'ils ont été aidés à distance.

Il est intéressant de mentionner les travaux de Radin et Schlitz (2005) qui ont apporté une modification intéressante aux précédents paradigmes de l'intention à distance en introduisant l'électrogastrogramme (EGG – enregistrement des signaux électriques en lien avec la mobilité de l'estomac) comme nouvelle variable dépendante au niveau physiologique. L'EGG a été enregistré chez le récepteur. L'agent avait la possibilité de voir le récepteur *via* un système de vidéosurveillance et recevait en même temps une stimulation émotionnelle par l'affichage synchrone d'images émotionnelles sur un deuxième écran, durant des périodes de deux minutes, étiquetées comme positives, négatives ou neutres. Les amplitudes d'EGG étaient significativement plus grandes pendant les périodes « positives » que lors d'une condition neutre, mais il n'y avait aucun effet pour la comparaison des conditions « neutres » et « négatives ».

Pour finir ce tour d'horizon, voilà une dernière tentative expérimentale. Radin et ses collègues ont également réalisé trois études dans lesquelles ils ont testé les effets de l'intentionnalité humaine sur des objets inanimés. Dans une première recherche en 2007, Radin, Hayssen et Walsh (2007) ont donné aux sujets de l'expérience une once de chocolat par jour pendant trois jours consécutifs et ont mesuré leur humeur en parallèle. Dans trois des quatre groupes, le chocolat avait été « traité » au préalable par diverses techniques intentionnelles (comme la méditation ; Berghmans, 2021) en vue d'améliorer l'énergie, la vigueur et le bien-être de la personne qui le mangerait. L'étude n'a montré aucun effet global. Une étude similaire a été réalisée concernant la consommation de thé Oolong qui avait été intentionnellement « traité » par des moines bouddhistes (Shiah & Radin, 2013). Dans le cadre d'un protocole en double aveugle, cent quatre-vingt-neuf personnes ont bu du thé traité ou non traité et ont enregistré leur humeur. La consommation de thé traité a entraîné une augmentation significative et positive de l'humeur par rapport au groupe témoin.

Dans la troisième étude (Radin, Hayssen, Emoto et Kizu, 2006), deux mille personnes à Tokyo ont exprimé des intentions positives envers des échantillons d'eau en Californie. Plus tard, l'eau a été gelée et les photos des cristaux résultants ont été jugées par des évaluateurs indépendants pour leur attrait esthétique. Des cristaux se trouvaient intercalés provenant d'échantillons témoins. Les cristaux provenant de l'eau traitée ont été évalués comme ayant beaucoup plus d'attrait esthétique que les témoins. Comme ces études visaient principalement des objets inanimés, elles sont à la limite du champ de l'intentionnalité sur les systèmes vivants, tout en ayant néanmoins un réel intérêt connexe. Toutes ces études illustrent une nouvelle dynamique d'intérêt scientifique à propos des recherches portant sur des effets de l'intention à distance.

3.2 Résultats globaux et discussion

Comme nous avons pu le voir, tous les protocoles ne conduisent pas à des résultats significatifs et une approche cumulative est nécessaire pour identifier la présence possible de la bio-PK. En termes d'analyse globale des résultats expérimentaux et en se basant sur l'analyse de Schmidt (Cardeña, 2015), des méta-analyses ont été réalisées pour les trois paradigmes d'intention à distance les plus souvent conduits : EDA-DMILS, regard à distance et aide à distance.

Les méta-analyses EDA-DMILS et regard à distance ont été publiées en 2003 par Schmidt et en 2004 par Schmidt, Schneider, Utts et Walach, et celle sur l'aide à distance en 2012 par Schmidt. Ces trois méta-analyses avaient la même approche méthodologique : inclusion de toutes les études de terrain disponibles, évaluation de la qualité de l'étude en créant des indices de qualité, codage de détails de l'étude afin de tester des hypothèses axées sur les processus (rôle de la rétroaction ou de la protection, et une taille d'effet de type *d* a été calculée).

Pour le protocole EDA-DMILS, toutes les études réalisées jusqu'en 2000 ont été sélectionnées avec un total de quarante expériences. Aucune indication de biais de publication n'a été trouvée. Les procédures méta-analytiques ont conservé trente-six études, car quatre ne répondaient pas aux normes de qualité en raison de procédures de randomisation inadéquates. Au total, ce sont mille quinze sessions qui ont été analysées. Les tailles d'effet des études individuelles ont montré des corrélations négatives significatives avec la qualité globale ($r = -0,40$), ce qui veut dire que plus les études étaient de qualité et meilleurs étaient les résultats. La taille globale de l'effet était petite mais significative ($d = 0.106$) (voir tableau 6.1).

Tableau 6.1 – Résultats de 3 méta-analyses sur les effets de l'intention à distance (repris de Schmidt, in Cardeña, 2015)

Paradigmes	***k***	***N***	***d***	***p***	***95 % IC***
Interaction à distance (EDA-DMILS)	36	1 015	0,106	0,001	0,043
Regard à distance (*Remote staring*)	15	379	0,128	0,013	0,027
Aide à distance (*Attention focusing facilitation*)	11	576	0,114	0,029	0,011
Total	62	1970			

k = nombre d'études, *N* = nombre de sessions, *d* = taille d'effet moyen, *p* = probabilité, IC = 95 % intervalle de confiance de la taille moyenne de l'effet.

Pour le paradigme de regard à distance, la même méthodologie que celle utilisée pour l'ensemble de données EDA-DMILS a été appliquée, avec une corrélation positive non significative entre la qualité de l'étude et la taille de l'effet ($r = 0,26$). Quinze études réalisées jusqu'en 2000 avec 379 sessions d'observation simple ont été sélectionnées avec une taille globale de l'effet très similaire à celle du DMILS (voir tableau 6.1).

Enfin pour le paradigme d'aide à distance, ce sont onze études avec 576 séances qui ont été incluses dans les méta-analyses. Aucun codage de la qualité n'a été effectué pour ces études. Une taille d'effet globale significative et similaire aux résultats des deux autres méta-analyses a été observée.

Au total, ces trois méta-analyses rendent compte de résultats de 62 études avec 1 970 séances et plus de 3 000 participants. Les tailles d'effet qui émergent des trois analyses sont presque identiques. Cette convergence est un argument fort pour conclure que ces trois méta-analyses reflètent le même effet, plutôt que trois types d'effets différents issus de trois paradigmes expérimentaux distincts. Dès lors, selon Schmidt, deux interprétations sont possibles pour expliquer ces données. La première est une explication conventionnelle selon laquelle ces approches expérimentales créent des artefacts qui n'ont pas été identifiés à ce jour (Schmidt, 2012), c'est-à-dire des biais liés aux conditions de l'expérimentation. La deuxième interprétation possible est la mise en évidence d'effets jusqu'ici inexpliqués de l'intentionnalité à distance proprement dite. Une troisième interprétation devrait être envisagée en termes d'effet expérimentateur psi.

Si l'on retient par ailleurs l'hypothèse selon laquelle les trois méta-analyses présentent le même type d'effet, alors on peut présumer que le contexte de l'expérience et sa présentation aux participants (aider, activer ou regarder les autres) n'ont pas d'importance. Le dénominateur commun des trois paradigmes étant l'intention de l'agent d'interagir avec le récepteur, par des connexions sortant de l'ordinaire. De ce fait, cette interprétation irait dans le sens de nombreux actes intentionnels à distance que nous réalisons dans notre vie quotidienne (avoir mentalement de bons souhaits pour autrui, croiser les doigts, envoyer des prières positives ou cultiver des états mentalement bénéfiques, voire de manière moins classique certains effets thérapeutiques chez des barreurs de feu, que nous aborderons par la suite). Cependant, il faut être prudent quant à la taille de l'effet global qui reste faible en continuant de développer la recherche dans ces domaines.

3.3 Conclusion et perspectives de développement

En conclusion, les travaux multiples sur plus de quarante années des études DMILS fournissent un ensemble de données intéressantes soulignant les possibles effets de l'intention à distance notifiée dans l'analyse de l'activité électrodermale dans des situations de laboratoire. Le domaine de la recherche sur l'intentionnalité à distance avec les systèmes vivants a été dominé par le paradigme EDA-DMILS qui a évolué à la fin des années 1970. Du laboratoire de Braud et Schlitz à San Antonio, la technique a d'abord été apportée à Édimbourg et en Californie, puis à Fribourg et à Las Vegas. Après un point culminant de 1998 à 2001, la recherche s'est arrêtée et, depuis lors, quasiment aucune nouvelle étude EDA-DMILS n'a été publiée. Cela ne correspond pas nécessairement à un désaveu de ce paradigme et de ses résultats. Il est plus juste de replacer ce manque de réplications indépendantes dans le contexte d'une étude expérimentale de la Bio-PK qui rassemble moins de vingt chercheurs dans le monde, souvent motivés par l'exploration de questions nouvelles et pour lesquelles des financements sont disponibles, les conduisant donc à ne plus expérimenter sur des thèmes de recherche antérieurs. L'un des plus grands défis auxquels un tel programme de recherche doit faire face est le nombre élevé d'essais nécessaires pour atteindre la puissance statistique appropriée. Or, du fait des moyens alloués, des expériences souhaitables avec plus de six cent cinquante sessions sont difficilement réalisables. Par conséquent, cette situation fait que certaines questions demeurent sans réponses.

Les résultats déjà acquis sont intéressants et appellent à des développements de ces recherches : en limitant les biais de méthode ; en étendant les mesures à d'autres indicateurs physiologiques et comportementaux ; en testant des variables modératrices ; et en menant des recherches différentielles sur l'EDA[1]. Pour faire progresser l'étude de la Bio-PK, il serait bien sûr souhaitable que les laboratoires travaillent en permanence avec le même paradigme expérimental, ce qui permettrait d'aborder les thèmes de la réplication directe (Schmidt, 2009). De plus, au niveau de l'intentionnalité, des optimisations sont nécessaires dans la formation des agents et l'utilisation de sujets expérimentés comme des méditants experts serait un atout.

4. Les travaux phénoménologiques

4.1 L'intention dans un contexte de guérison à distance

4.1.1. Dynamique de recherche actuelle

Les pratiques de guérison à distance ne sont pas encore reconnues dans le cadre des médecines conventionnelles. Leur usage est donc pour l'instant avant tout réservé au champ des médecines dites « alternatives », « complémentaires » ou « intégratives ». On se représente plus facilement un « guérisseur » qu'un médecin[2] appliquant des passes magnétiques sur le corps de son patient ou « travaillant » sur lui mentalement et à distance. Ces approches tiennent compte des dimensions physiques (le corps et le mouvement des individus), émotionnelles (les sentiments, les sensations), intellectuelles (le cerveau et ses capacités cognitives), psychologiques et spirituelles (la compréhension de soi, du monde et des aspects transcendants de la vie, la connexion à d'autres dimensions de l'esprit) de l'être humain en relation avec son environnement. Ces perspectives dynamiques de soins non conventionnels mettent souvent en exergue des éléments de croyances et de représentations qui prennent source dans la spiritualité et la religion (Koenig, 2008) avec un pluralisme thérapeutique en forte augmentation (Koenig, 2012), ainsi qu'un recours aux guérisseurs pour des problèmes de santé mentale et physique (Dossey, 1993).

De manière générale, les recherches sur le transfert d'intention à distance dans un contexte thérapeutique ont donné lieu à un grand nombre de travaux dont les plus célèbres sont ceux

1. Précisons que le paradigme de « regard à distance » a attiré plus d'attention ces dernières années et des réplications indépendantes ont eu lieu. Les recherches, à partir de 2000, témoignent de la diversification du domaine puisque les chercheurs s'écartent de plus en plus des protocoles classiques.

2. Même si des exceptions notables existent et que des médecins de formation universitaire classique peuvent utiliser des techniques alternatives en complément ou renvoyer sur des praticiens non académiques lorsque cela leur paraît utile (Rabeyron & Laplantine, 1985).

sur la prière (tant pour autrui que pour soi-même) qui ont été grandement vulgarisés aux États-Unis (Dossey, 1993). Alors même que la sécularisation des sociétés occidentales place la prière comme le dernier recours lorsque tout l'arsenal thérapeutique de la biomédecine scientifique est déjà mobilisé, au niveau mondial, la prière est reconnue comme le premier soin employé en santé mentale (Koenig, 2008). Que dit la science de ces pratiques finalement pas si marginales qu'on pourrait le penser ?

Nous avons fait le choix de présenter ces travaux après ceux ayant été réalisés en laboratoire, car ils se positionnent sur des aspects thérapeutiques et sont souvent remis en question en raison d'importants biais méthodologiques possibles (Berghmans, 2020, 2023). De plus, de nombreuses approches ont été mêlées à ces travaux sur la guérison à distance, apportant d'ailleurs une certaine confusion au niveau de l'objet même d'étude. Des passes magnétiques des premiers guérisseurs qui se tenaient à quelques centimètres de leur patient, on assiste aujourd'hui à un grand nombre de pratiques différentes : guérison chamanique, guérison non locale, toucher thérapeutique (dans lesquelles la distance n'est plus de mise, mais ou une transmission d'intention apparaît), transmission d'intention de guérison par concentration, technique spécifique comme le Reiki, etc. En somme, il existe un grand nombre de pratiques pour lesquelles il peut être question de soins ou de guérison à distance, qui furent souvent placées sans distinction sous le même label, générant une source de confusion.

À la différence des protocoles de transfert d'intentions rencontrés précédemment dans le cadre des études de laboratoire, beaucoup d'approches différentes existent dans la cadre du soin à distance. Cette pluralité rend complexe une approche qui se voudrait univoque. Pourtant, plusieurs études cliniques ont pris cette voie, très populaire au tournant du XXIe siècle (Benson *et al.*, 2006 ; Butijn *et al.*, 2005 ; Harris *et al.*, 1999 ; Krucoff, Crater, & Lee, 2006 ; Schlitz, Hopf, Eskenazi, Vieten et Radin, 2012 ; Walach *et al.*, 2008 ; Walker, Tonigan, Miller, Corner et Kahlich, 1997). Les résultats globaux de ces études s'avèrent toutefois assez mitigés, avec des résultats très positifs dans les études antérieures à 2000 et des résultats non significatifs dans les études ultérieures (pour les revues et la discussion, voir Agdal, Hjelmborg, & Johannessen, 2011 ; Astin, Harkness, & Ernst, 2000 ; Schwartz et Dossey, 2010) avec la mise en évidence de nombreux biais méthodologiques que nous soulignerons ultérieurement et qui constituent un des obstacles majeurs à ces recherches.

En termes de dynamique de recherche, la guérison à distance peut être étudiée sous au moins deux angles :

- celui de la transmission par concentration d'un énoncé (non religieux ou non spirituel) de soin en direction d'autrui, que l'on appelle parfois « prière » mais dans un cadre laïque ;
- celui de la « prière d'intercession » (ou « prière pour autrui ») dans un cadre religieux ou spirituel.

Toutes deux peuvent être définies comme « un acte mental de compassion dirigé vers la santé et le bien-être d'une personne éloignée » (Radin *et al.*, 2015).

Dans le premier cas, on peut parler d'énoncé mental répété (chargé positivement en termes d'émotions, d'intentions et de désir) et orienté vers la réalisation d'un objectif de soin précis, partant d'un sujet A vers un sujet B et cela indépendamment de la distance. De manière pratique, il s'agit bien souvent de sujets « thérapeutes » ou de « personnes animées par un désir sincère d'aider autrui » qui concentrent leurs intentions sur un sujet cible en vue de lui apporter du soin, une intention de guérison et d'amélioration de la santé.

Dans le second cas, le dispositif est similaire en termes d'objectifs avec l'entremise d'une puissance surnaturelle de nature divine qui aiderait à la guérison par l'intermédiaire de la prière, ceci bien sûr en fonction des croyances du soignant. Le soignant prie Dieu ou les anges ou un divin plus ou moins défini d'aider la personne en souffrance. On peut bien sûr voir ici l'hypothèse de l'influence des croyances religieuses et spirituelles comme stimulus de la génération d'intentions de guérison.

Après de nombreuses années de recherche sur la question, Dean Radin et ses collaborateurs (Radin *et al.* 2015 ; Braud, 2003) ont posé deux questions fondamentales, auxquelles toutes les recherches tentent de répondre :

1. Est-ce qu'un sujet A a la capacité d'influencer la santé d'un sujet B à distance par transmission d'intention – et ceci en lien ou non avec des aspects religieux ou spirituels ? Si la réponse est positive, elle est révolutionnaire ! Encore faut-il identifier les processus en cours et les conditions de réplicabilité de ce type d'opérations, ce qui est loin d'être facile.
2. Est-ce que cette transmission d'intention est efficace sur la santé physique et mentale, en termes de soins et de guérison ? Là également, une réponse positive serait de taille ; encore faudrait-il pouvoir la mesurer de manière probante et systématique en limitant les biais méthodologiques multiples que l'on retrouve dans beaucoup de recherches (Berghmans, 2020 ; Pagliaro, 2018).

Dans ces pratiques, on suppose que la distance entre les sujets n'est pas un obstacle à la transmission de soin, l'aspect « non local » souligné ici est bien sûr sujet à controverses d'un point de vue scientifique, car il met en évidence une « action à distance » qui est le concept selon lequel un objet peut être déplacé, modifié ou autrement affecté sans être physiquement touché par un autre objet ou par un sujet le manipulant d'une manière ou d'une autre. Autrement dit, il s'agit de l'interaction non locale d'objets séparés dans l'espace. Étant donné les preuves acceptées de la non-localité quantique (Accardi, 2001) qui démontrent l'existence d'une « action fantôme à distance », pour reprendre l'expression employée par Einstein, et en particulier les preuves croissantes d'effets de cohérence quantique dans les systèmes vivants (Canda *et al.*, 2009 ; Melkikh, 2015), les processus de guérison à distance ne sont plus aussi inconcevables à l'heure actuelle. En dehors des raccourcis interprétatifs courants en « médecine quantique », le psychologue Harald Walach, spécialiste des recherches sur les médecines non conventionnelles, est le cofondateur d'une théorie quantique généralisée employant le formalisme de la physique quantique pour rendre compte de tels effets et de leurs limites (voir chap. 12).

La réponse à la première question des auteurs est donc potentiellement positive et l'obstacle épistémologique interdisant toute action à distance n'est plus aussi solide qu'il a pu l'être historiquement.

Les recherches futures dans ce domaine méritent d'être fortement développées dans une optique pluridisciplinaire faisant intervenir différents spécialistes, particulièrement des physiciens, biologistes, médecins et psychologues. Jusqu'à présent, les recherches les plus abondantes ont été réalisées sur la prière et l'intention de guérison. C'est elles que nous allons aborder dans la suite de ce chapitre.

4.1.2. La prière d'intercession et l'intention de guérison : cadre d'étude et travaux de recherches

La prière d'intercession (ou prière pour autrui), étudiée depuis Galton en 1878 (Berghmans, 2020), est considérée comme une intervention particulièrement importante et très fortement utilisée dans les soins, dits « spirituels » (Roberts *et al.*, 2009 ; Schmidt *et al.* 2004). C'est une prière offerte au profit d'une autre personne. Il s'agit d'une requête silencieuse ou verbalisée adressée à Dieu (au divin ou à une divinité) ou à un autre type d'entité transcendante. La personne priante estime capable de changer la vie ou la santé d'une autre personne par cette prière. Dans celle-ci, il est question d'établir une connexion avec une dimension transcendante et spirituelle, alors que, dans l'intention de guérison, il est question d'établir un lien avec une autre personne (de manière similaire aux études sur le transfert d'intention, mais ici, dans une optique de soins). En dépit du fait que ces pratiques soient courantes dans le cadre de différentes doctrines religieuses et spirituelles, elles n'ont commencé à être étudiées scientifiquement qu'en 1980 en tant qu'instrument important de la santé, dans une optique de recherche sur les sources de réconfort et d'espoir.

Aux États-Unis, ces formes thérapeutiques sont très populaires. Une étude de l'US Center for Disease Control and Prevention's National Center for Health Statistics souligne le fait que, dans le top 5 des médecines alternatives et complémentaires, trois utilisent la prière comme méthode de guérison à distance (la prière pour soi-même et pour autrui). L'étude d'O'Connor, Pronk *et al.* (2005) sur les thérapies alternatives montre que 47,2 % des sujets prient pour leur propre santé et que 90,3 % d'entre eux croient que la prière contribue à leur guérison. Culturellement, il est clair que la prière est un moyen de soin invoqué et pratiqué en masse par la population américaine et anglo-saxonne. Dans une étude de 1996, 82 % de la population américaine croit aux vertus bienfaisantes de la prière et 64 % pensent que les médecins devraient prier avec leurs patients (Wallis, 1996). Une étude de Saudia *et al.* (1991) montrent que 96 % des patients prient avant de subir une opération chirurgicale. La prière est incontestablement une des formes de guérison à distance les plus développées.

La croyance dans les bienfaits de la prière n'est pas à remettre en question au niveau des représentations de ceux qui l'utilisent. Considéré par la psychologie de la santé comme un mécanisme d'adaptation (coping) utilisé souvent quand la biomédecine scientifique ne peut plus rien, il n'est pas rare de voir les patients se tourner vers le divin et le sacré, espérant un rapprochement et une aide de forces surnaturelles, activant ainsi des croyances religieuses ou spirituelles (Pargament, 1997 ; Berghmans, 2020). Ces informations montrent clairement l'utilisation croissante par les patients de la prière et de l'intention de guérison dans le but de l'amélioration de la santé (Pargament, 1997 ; Wachholtz *et al.*, 2011).

Si les pratiques de guérison à distance sont donc très développées en Occident, elles le sont sans doute encore davantage en Orient (Berghmans, 2020). Toutefois, ces pratiques sont très controversées dans la communauté scientifique et, en dépit de plusieurs critiques positives concernant les recherches sur ces approches (Barnes *et al.*, 2004 ; Benor, 1995, Koenig, 2008), il existe des affirmations contradictoires quant à leur efficacité clinique (Mao *et al.*, 2007 ; Wachholtz *et al.*, 2011). Cette efficacité n'a pas été prouvée de manière catégorique et beaucoup de recherches et de méta-analyses font état d'importantes difficultés méthodologiques dans ce domaine (Berghmans, 2020). Différents travaux dans de nombreuses revues anglo-saxonnes de littérature spécialisée ont été publiés sur ce sujet (Masters *et al.*, 2006 ; Marston, 2006) et les résultats sont assez équivoques. Il n'y a en effet pas de constats significatifs de l'efficacité de la guérison à distance *via* la prière ou par une intention de guérison. Chaque recherche invite à des études supplémentaires. De graves biais méthodologiques (que nous allons développer) sont mentionnés dans la plupart de ces travaux, ce qui constitue un frein majeur à la réponse à la question principale qui nous préoccupe : « La guérison à distance par la prière ou le transfert d'intention est-elle efficace ou non ? » Ainsi, après avoir identifié les études majeures sur la question, nous nous focaliserons uniquement sur les thérapies de guérison à distance (DHT pour *distant healing therapy*), de type prière d'intercession ou transfert d'énoncé mental de soin, qui nous semble plus correspondre à la définition des intentions de guérison à distance (DHI pour *distant healing intention*) développée par Radin et ses collègues en 2015.

En fait, dans de nombreuses recherches sur le sujet, les biais méthodologiques sont très nombreux. Radin *et al.* (2015) montrent les effets de l'intention à distance (de compassion) sur l'activation du système nerveux autonome, *via* la conductance de la peau, mais soulignent des variations en fonction de l'intensité de l'intention compassionnelle et de la motivation à être un instrument de guérison. Des modifications physiologiques ont aussi été mises en évidence lors de travaux sur la transmission spirituelle (Vieten *et al.*, 2013). Ici, l'agent transmettant de l'intention était un maître spirituel qui prétendait pouvoir envoyer de l'énergie à une autre personne, comme cela est souvent pratiqué dans plusieurs traditions. L'EEG, la fréquence cardiaque et la respiration ont été enregistrées à partir de six récepteurs distants tandis que le maître spirituel envoyait ou non de l'énergie. Les périodes d'envoi d'énergie duraient 5 minutes et étaient entrecoupées de périodes de repos de même durée. Les résultats de cinq récepteurs différents ont montré des fréquences cardiaques significativement plus élevées pendant les périodes d'envoi. L'EEG et la respiration n'ont en revanche montré aucune différence. Des travaux sur l'influence à distance sur des formes de vie simple et animale ont aussi été conduits, notamment sur des enzymes (Bunnel, 1999), des champignons (Barry, 1968), des cellules cancéreuses (Bengston, 2000 ; Hall *et al.*, 2007), des hamsters (Snel, 1983), montrant à chaque fois une apparente influence à distance d'un sujet émetteur d'une intention sur ces éléments (formes de vie simples et animaux).

Mais c'est sur la prière proprement dite que le plus de recherches ont été réalisées. Celles-ci montrent des résultats significatifs en termes d'efficacité de la prière sur la santé (Masters, 2006). Toutefois les biais méthodologiques dans la construction des protocoles et l'analyse des résultats sont importants, ce qui a amené à effectuer une revue de la littérature récente (Berghmans, 2020, 2023) avec des critères méthodologiques de choix des études très strictes (RCT), recensant vingt-six études contrôlées et randomisées, de 1997 à aujourd'hui. Les résultats font état de seize études ne montrant pas d'efficacité de la prière, et de neuf études soulignant des résultats intéressants et dans lesquelles, pour sept d'entre elles, les patients étaient au courant de la démarche d'aide. Dans de tels cas, il est difficile de démêler les DHT des effets psychophysiologiques liés aux attentes de guérison.

Les limites méthodologiques des recherches passées conduisent à une conclusion ambivalente. Après plus de quarante ans d'études, un grand nombre de recherches et de méta-analyses font état de résultats intéressants et parfois probants, montrant les effets potentiels d'une transmission d'intention à distance ayant des vertus thérapeutiques. Ces recherches semblent donc mériter que l'on s'y consacre. Cependant, cette vision positive est à pondérer par le fait que plusieurs de ces recherches montrent des biais de méthodes multiples, qui ont été sous-estimés et qui conduisent donc à freiner cet enthousiasme. Les futures recherches doivent fortement progresser sur le plan méthodologique pour que des conclusions plus fermes puissent être tirées. Par ailleurs, on rentre souvent avec ce type de recherche dans le champ de l'évaluation thérapeutique, domaine excessivement complexe, qui demanderait certainement la participation de chercheurs de formation médicale, tant les problèmes susceptibles de se poser, que ce soit sur le plan méthodologique, éthique ou de l'analyse des résultats sont nombreux et spécifiques.

4.1.3. Aspects méthodologiques et biais de construction

Comme souligné précédemment, les biais méthodologiques sont nombreux dans ce type de travaux ; au fur et à mesure des années, ils ont fortement diminué, mais il reste encore une large place à de l'imprécision quant à la façon de mener ce type de travaux sur la guérison. Pour cela, l'encadré ci-dessous va tenter de regrouper les principales problématiques rencontrées dans ces travaux et proposer des optimisations.

Biais méthodologique concernant les études sur la prière d'intercession et pistes d'amélioration

Il existe plusieurs biais importants qui tous constituent des pistes d'amélioration pour de futurs travaux que nous allons classifier par ordre d'importance. Nous nommerons agent, la personne qui prie ou qui cherche à transmettre une intention de guérison à distance et récepteur, le patient qui la reçoit.

Le contrôle de l'effet placebo

Problème : la croyance en une guérison potentielle ou une amélioration de la santé par les récepteurs contribue potentiellement aux effets thérapeutiques *via* « l'effet placebo » (Berghmans, 2020). Très souvent, les sujets savent qu'ils participent à une expérience sur l'intention de guérison et que des agents vont intervenir sur eux par la prière ou la transmission d'intentions.

Résolution : il faudrait contourner cet « effet placebo » par un contrôle strict en double aveugle, ce qui n'est le cas que de très peu de recherches (*cf.* tableau 5.2). Ni les récepteurs, ni les évaluateurs ne doivent savoir dans quelles conditions expérimentales se trouvent les participants. Il faut donc constituer deux groupes de récepteurs, un sur lequel les agents se concentrent et un autre sur lesquels aucune action à distance ne sera recherchée. Or, trop souvent, cette méthodologie en double aveugle fait défaut. L'une des raisons en est que les agents ou prieurs disent avoir besoin d'informations sur les personnes qu'ils ciblent et leurs pathologies.

Création d'un groupe contrôle

Problème : il est difficile dans ces recherches d'obtenir la création d'un groupe contrôle pertinent (Berghmans, 2020). En fait, il est difficile, voire impossible de savoir s'il n'y a pas des prières effectuées sur les sujets du groupe contrôle (par la famille ou les amis) et ceci indépendamment de la recherche. Les groupes expérimentaux et les groupes contrôles dans la plupart des travaux sont constitués de population malade et en souffrance. Si tel était le cas, ces prières (ou intentions de guérison) pourraient contaminer les résultats de la recherche.

Résolution : biais minime, qu'il convient de souligner tout de même et dont la maîtrise paraît improbable.

Sélection des prieurs

Problème : la sélection du groupe de prière pourrait être optimisée car elle repose bien souvent sur des critères flous, voire inexistants. Il n'y a pas de critères scientifiques précis recherchés. Le fait de trouver des personnes qui prient et qui participent à ces recherches est déjà un succès en soi, mais n'est pas satisfaisant pour autant.

Résolution : il serait intéressant de mettre en évidence des critères précis de qualité et de sélection chez ces agents (prieur occasionnel ou non, motivation des agents à prier, réelle compassion pour autrui ou effet de mode dans un groupe social précis, etc.). Du reste, cette question soulèverait indubitablement des interrogations d'ordre éthique : qu'est-ce qu'un bon groupe de prière ? Que veut dire bien prier ? C'est toutefois une piste à ne pas négliger. Une question similaire se pose lorsque des études sont faites avec des guérisseurs : là aussi, on trouve une diversité de personnes et de pratiques.

Prière religieuse et non religieuse versus transmission d'intention

Problème : dans 80 % des études faisant intervenir la prière de guérison à distance, il est question de prières, au sens général, données soit par des religieux de différents groupes (chrétien, protestant, musulman,

→

néochamane, etc.), soit par des personnes non religieuses mais croyantes dans une optique qualifiable de spirituelle, c'est-à-dire admettant qu'une « force » reçoit leur demande *via* leurs prières et agit sur les patients. Une première série d'étude met en scène des personnes religieuses et non religieuses exerçant une forme de prière et de transmission d'intention de guérison en s'adressant au divin, tout au moins à leur représentation, et une seconde série met en scène des sujets sans engagement religieux qui transmettent une intention de guérison à d'autres sujets, par concentration sur un mode d'aide compassionnelle. Toutes ces approches sont bien souvent mêlées dans la plupart des recherches sur cette question, ce qui constitue un biais non négligeable quant à l'interprétation des résultats.

Résolution : en termes d'amélioration, une comparaison entre un groupe de prière de type religieux et une demande de guérison pour autrui (à caractère non religieux, sans être athée ou matérialiste) apporterait une clarté à ces défis.

Processus de prière ou façon de prier

Problème : de manière proche du biais précédent, une différence d'approche dans le fait de prier (style de prière) peut-elle avoir une incidence sur les résultats ? On peut trouver beaucoup de prieurs qui prient de manière « automatisée », comme le fait de réciter un « Notre père » appris dans l'enfance, mais également des agents religieux ou non qui s'investissent différemment en terme qualitatif dans le fait de prier ou de transmettre une intention de guérison. La question de la qualité motivationnelle des agents de la démarche est de taille. Aucune mesure, ni aucun contrôle n'ont été faits sur cette question (Berghmans, 2020).

Résolution : une comparaison entre plusieurs styles de transmission d'intention de guérison et de prière type serait pertinente afin de savoir si « l'effet de guérison » est lié à des variables personnelles chez le prieur ou non. Ce domaine très vaste n'a jamais été pris réellement en considération par les chercheurs. Il peut constituer lui aussi un biais important.

Absence de standardisation de la prière ou de l'intention de guérison

Problème : dans la plupart des travaux, il n'y a aucun contrôle de ce que fait vraiment l'agent. On lui demande juste de prier ou de transmettre une intention de guérison au récepteur, sans accompagnement, ni vérification de ce qu'il fait vraiment. Il n'y a pas de formulation claire de l'intention de guérison ou de forme standard de prière. Chaque agent utilise le support de prière qui lui convient, sans qu'il y ait un standard précis. Différents types de prière pourraient-ils avoir des effets différents ? On part du principe que l'agent doit avoir une autonomie dans sa pratique, mais dans ce cas, aucun contrôle n'est possible. De même, il n'y a pas ou très peu de contrôle sur le fait de savoir si l'agent a effectué ou non sa tâche.

Résolution : une recherche comparant des agents motivés et non motivés (acteur de la recherche) pourrait apporter un éclairage certain avec une procédure de contrôle forte. La création d'un protocole précis de prière et de transmission d'intention serait également à mettre en place. Sans protocole standard définissant la prière, il y aura toujours des écarts. Il serait bon de créer un standard d'intention de guérison *via* un certain nombre de mots clés ou un texte (ou une prière précise que le prieur pourrait répéter) et qui constituerait une référence pour une recherche.

La fréquence et l'intensité de la prière

Problème : aucune recherche à notre connaissance ne s'intéresse à la fréquence de la prière. Quand des détails sont fournis, des divergences importantes surgissent : on invite les agents à prier durant quelques minutes plusieurs fois par semaine, voire par jour ou sur une unique période. Il n'y a pas de standardisation de la procédure et du temps de prière. Autrement dit, une prière de 30 minutes est-elle plus efficace ou non que de 3 minutes ? Prier tous les jours pour un patient apporte-t-il plus de résultats que deux fois par semaine ? Cette variable n'a pas été prise en considération.

Résolution : une comparaison de temps de prière sur différents groupes s'avérerait nécessaire en faisant varier les séquences de temps (par exemple : 20 minutes consécutif par jour *versus* 2 fois 20 minutes par jour, *versus* 2 minutes par jour).

Problème : la question se pose également pour l'intensité de la prière. Celle-ci peut être réduite à une récitation de phrases religieuses ou non, et la ferveur et l'intensité de croyance du priant dans son action de transmission ou d'invocation d'aide, peut jouer. Une mère qui prie pour son enfant malade aura-t-elle une intensité de prière plus grande que le priant inconnu du patient lambda ? Et, cela pourrait avoir des effets différents en termes d'aide à la guérison ? Le bon sens nous amène naturellement à souligner le fait qu'un parent priant pour son enfant malade aurait plus de « force » qu'un inconnu priant sur la base d'une photographie.

Résolution : il pourrait être pertinent de comparer l'effet de la prière en fonction de la gravité de la pathologie, qui ne manquerait pas de faire apparaître des questions éthiques.

De ce fait, l'absence de critères opérationnels de la prière constitue des variables modératrices importantes, sans lesquelles il est difficile de déterminer si la prière ou l'intention transmise est efficace et qui peuvent altérer les résultats de ces recherches. Il conviendrait de développer des études dans ce domaine et comparer l'efficacité de ces diverses dynamiques.

La connaissance du patient et de sa pathologie par le prieur

Il conviendrait d'étudier la différence entre un groupe d'agent connaissant le patient et sa pathologie et un groupe n'ayant pas d'information ou juste une photo du patient.

On observe donc que dans ce domaine d'étude nouveau et très controversé, il existe beaucoup de limites qui pourraient être supprimées (Radin, 2015 ; Berghmans, 2020, 2023) apportant ainsi les éclaircissements souhaités. Les prochaines recherches devraient impérativement inclure cette optimisation méthodologique afin d'éclaircir au mieux cette question. La démarche est de taille !

Bien que les biais de méthode soient nombreux et varient d'une recherche à une autre, cela ne signifie pas que ces approches n'apportent pas des éléments positifs chez les patients utilisant la prière, notamment dans la mise en œuvre de l'importance des croyances dans leur guérison (s'ils savent que des personnes leur apportent de l'aide en termes de prière de guérison) et de l'effet positif de la prière en tant que processus d'adaptation face à la maladie. Concernant l'importance de la croyance dans le processus d'aide à la guérison, huit études soulignent cette influence dans une revue de littérature récente (Berghmans, 2020) faisant mention de dix recherches significatives, valorisant les effets de la prière sur la santé en général.

Par conséquent, on ne peut écarter les effets bénéfiques de la prière considérée comme une approche thérapeutique complémentaire en termes de coping notamment. Ceci dit, les recherches sont actuellement insuffisantes pour valider un principe explicatif faisant intervenir une transmission d'intention de guérison à distance ou un facteur de type religieux ou spirituel se référant à une intelligence « autre » et bienveillante, nommée Dieu dans certaines études.

Des recherches additionnelles s'avèrent donc indispensables pour continuer à, tout d'abord, mettre en évidence globalement l'efficacité propre à ce type de pratique thérapeutique et préciser ensuite l'impact éventuel des modalités différentes des pratiques concrètes mises en jeu. Cela pourrait donner lieu à un processus de réplicabilité à grande échelle, un peu comme pour les travaux effectués sur le protocole de laboratoire DMILS, même si nous avons bien conscience que les questions méthodologiques soulevées par ce qui touche à l'efficacité thérapeutique sont autrement plus complexes que des mesures centrées sur une seule variable biologique. Ce type de recherches ne pourrait être mené à bien que dans le cadre d'une collaboration étroite du milieu médical.

4.2 Tentative d'explications théoriques : la recherche de preuves !

Dans l'optique d'une efficacité de la guérison à distance par transmission d'intention en vue d'améliorer la santé, par la prière ou par d'autres modalités non religieuses comme nous venons de le voir, la question des pistes d'explication du phénomène s'impose.

Une première interrogation est de savoir si notre cerveau ou notre esprit (dans une optique plus spiritualiste) est capable de générer une forme quelconque d'énergie transmissible pouvant affecter la santé de manière similaire aux travaux sur le paradigme DMILS évoqué précédemment et de l'orienter sur nous-même ou sur autrui ?

4.2.1. Résistances et obstacles rencontrés par ces recherches

Le concept de guérison à distance au-delà des limites de l'espace continue de susciter une résistance importante pour deux raisons principales.

La première est basée sur l'hypothèse qu'une « action à distance » est impossible car elle enfreint les lois physiques et biologiques de la science. La physique quantique nous conduit à sortir d'une vision mécaniste classique issue de la physique du XIXe siècle (voir chap. 12). Les théorisations élaborées par les physiciens quantiques et en particulier la notion de connexions « non locales » relevant de l'intrication quantique ont été démontrées de façon convaincante (Teo *et al.*, 2013 ; Accardi, 2003) et établissent que des corrélations physiques instantanées sur de grandes distances, ainsi d'ailleurs que des connexions semblant transcender le temps, tel que du moins, nous nous le représentons classiquement, ne sont plus des possibilités théoriques surprenantes, mais des faits empiriques validés par la communauté scientifique (Baars, 2002).

La guérison à distance *via* la prière ou une intention spécifique d'aide est compréhensible en tant qu'acte de compassion et de bienveillance ou en tant que mécanisme d'adaptation psychologique si les récepteurs savent qu'ils reçoivent une intention de soin ou une prière. Mais l'idée qu'elle puisse être efficace à distance est un défi important en raison de l'absence de mécanismes plausibles permettant des interactions entre agents guérisseurs et patients à distance (Schmidt *et al.* 2004 ; Radin *et al.* 1998, 2015), sauf à considérer qu'elle participerait de la mise en évidence à un niveau macroscopique et psychologique d'effets relevant d'une intrication non locale Pour autant, et au-delà de l'intérêt théorique et potentiellement explicatif de cette référence à des « concepts nomades » (Stengers, 1988) issus de la physique quantique, nous tenons à émettre un jugement assez critique devant la récupération dont fait actuellement l'objet ce type de théorisations, particulièrement dans certains milieux s'appuyant sur une pensée *new age*.

La seconde raison est fondée sur le postulat de base dominant les neurosciences actuelles selon lequel l'esprit (réduit à nos « états mentaux ») serait uniquement une production cérébrale, auquel cas cela n'a aucun sens de proposer que l'activité cérébrale qui génère cette « intention de guérison » puisse interagir avec tout ce qui se trouve en dehors du corps et du cerveau (Crick, 1994). Cette critique est fondée sur l'hypothèse selon laquelle l'activité mentale subjective, c'est-à-dire notre conscience et certains phénomènes inconscients, découle mécaniquement de l'activité cérébrale bien que personne ne sache vraiment comment cela peut se produire (Radin, 2015 ; Kelly *et al.*, 2007). Il n'y a, à ce jour, aucune preuve empirique prouvant que le cerveau génère la conscience, mais il existe nombre de phénomènes atypiques ou anomaux qui nous invitent à approfondir sérieusement le sujet (expérience de mort imminente, expérience dites de « sortie hors du corps », de survie, etc.) (voir chap. 8, 13 et 14). Dans le cas où le cerveau et l'esprit (ou notre conscience) ne sont en fait pas identiques, comme le suggèrent, parmi bien d'autres phénomènes et expériences traités tout au long de cet ouvrage, les expériences de guérison à distance, de nouvelles possibilités pourraient théoriques pourraient se présenter à nous, dans lesquelles l'esprit pourrait être en mesure d'interagir avec le monde d'une manière plus subtile que ce que la vision d'un esprit/cerveau localisé uniquement dans la boîte crânienne laisse penser. C'est toute la question de la non-localité de la conscience et de son interaction avec le cerveau qui est ici posée, ravivant ainsi les débats classiques entre les tenants des monisme matérialiste ou idéaliste et les différents dualismes (voir chap. 12).

Par ailleurs, on peut se demander jusqu'où peut aller la force du processus personnel d'adaptation psychologique, susceptible de renforcer notre potentiel de santé, activant nos croyances et nos représentations, appelée communément « effet placebo ». Dans le cas présent, il pourrait être renforcé psycho-neurologiquement, lorsque l'on sait qu'une personne prie pour nous ou nous transmet des pensées positives de guérison. Cette information serait-elle suffisante pour que l'individu active un processus d'auto-guérison de nature psycho-neuro-immunologique ? Cette hypothèse soulignée par plusieurs travaux de recherche (Berghmans, 2020, 2023 ; Radin, 2015) met en exergue les effets positifs de la prière, quand les patients savent que l'on prie pour eux, et va dans le sens de l'effet de la croyance sur la guérison. Le patient serait-il capable de se guérir lui-même en agissant directement, mais bien sûr inconsciemment, sur ses processus biologiques ? Il existe bon nombre d'exemples de guérisons spontanées non expliquées par la science dans lesquels la force personnelle des individus dans des circonstances particulières peut s'avérer surprenante (Lunel, 2002).

L'effet placebo activant la force de nos croyances peut être invoqué comme piste explicative, et beaucoup de recherches vont d'ailleurs dans ce sens. Toutefois, des résultats intéressants (bien que limités en nombre) mettent en évidence les effets bénéfiques de la guérison à distance chez des patients n'étant pas au courant de la démarche[1] (Tsubono, 2009). L'effet placebo ne peut être ici un principe explicatif unique. Il en est de même pour certaines expériences effectuées avec des populations non humaines (animaux ou plantes). Par conséquent, poser l'hypothèse qu'il existerait autre chose que le simple effet placebo qui se passe entre un individu qui génère une intention de guérison pour un autre n'est pas à exclure. L'effet expérimentateur psi reste par exemple applicable à de tels protocoles. On sait que nos émotions positives ou négatives peuvent avoir un impact sur notre santé *via* l'axe psycho-neuro-immunologique, le courant de la psychologie positive ayant mis clairement en lumière des résultats intéressants dans ce domaine au niveau du rapport de l'individu avec ses propres émotions. Se pourrait-il donc que des émotions positives ou négatives, bref, des intentions, agissent sur d'autres individus *via* une transmission dont les modalités restent à découvrir ?

Enfin, une autre piste de réflexion concerne l'influence d'une possible dimension transcendante en lien avec une divinité immatérielle (ou une intelligence bienveillante) qui, étant à l'écoute de nos demandes, intercéderait en faveur du priant et agirait dans un processus de guérison du patient, comme les nombreuses personnes le pensent dans une optique clairement religieuse et spirituelle. Nombre de guérisseurs ne prétendent-ils pas qu'ils ne sont que le canal du pouvoir divin ? Cette hypothèse d'ordre métaphysique, voire théologique, ne peut être testée d'un point de vue expérimental et scientifique, mais les cas inexpliqués de guérison dans des lieux religieux et sacrés nous invitent à nous pencher sur la question.

Pour conclure cette section, nous pouvons affirmer que toute réponse simple et tranchée à l'ensemble des questions soulevées par les différentes études que nous avons évoquées ici semble impossible en l'état actuel de nos connaissances. Le débat entre les tenants du principe de guérison par la prière et ceux qui contestent la validité de ces résultats sur la base principale de faiblesses méthodologiques ou à partir d'une perspective mécaniste de l'homme, est d'actualité aujourd'hui. Certaines méta-analyses sont mitigées et se positionnent sur une position médiane, soulignant l'intérêt de ces recherches sans pouvoir valider le fait que la guérison à distance serait validée comme une action thérapeutique probante, tout en mettant en évidence les effets positifs de la prière pour les patients, en termes d'accompagnement social.

Pour avancer dans ce champ d'étude, il faut se doter d'une ouverture philosophique et anthropologique, ainsi que d'une solide rigueur scientifique, en tentant d'aborder l'être humain sans préjugés. Les biais méthodologiques observés des études réalisées et sur lesquels nous nous sommes attardés à plusieurs reprises faussent la donne et doivent être grandement améliorés, car ils participent d'une manière ou d'une autre à la difficulté d'interprétation des résultats.

1. À noter que les recherches n'informant pas les patients sur l'objet de la recherche (même si elles sont peu nombreuses) soulèvent des questions éthiques.

Une dynamique de recherche dans le domaine de l'influence de la guérison à distance, *via* la prière sur la santé, est née voici désormais plus de cinquante ans aux États-Unis. De plus en plus de chercheurs se passionnent pour elle. On peut espérer que cet engouement ne se limite pas géographiquement au sol américain et qu'un nombre croissant de chercheurs européens et français se positionnent eux aussi pour faire avancer sur cette question.

4.2.2. Intention de guérison à distance et bio-énergie

Dans le cadre des études sur les effets de l'intention à distance sur des organismes vivants, les approches thérapeutiques de guérison bioénergétiques, telles que le toucher thérapeutique[1] (*therapeutic touch*), le reiki[2] et le qi gong[3] se rapprochent des études sur le transfert d'intention même si leurs processus d'action sont parfois différents et utilisent dans certains cas le toucher corporel. Elles ont démontré des effets cliniques intéressants et leurs tentatives d'évaluation peuvent apporter un éclairage aux pratiques d'intention de guérison (Benor, 2001 ; Chen, 2004 ; Engebretson & Wardell, 2007). Ainsi, elles méritent d'être mentionnées dans ce travail, même si les mécanismes scientifiques sous-jacents à ces types de thérapies ne sont pas actuellement identifiés totalement et compris.

Les chercheurs ont tenté de mesurer des formes d'énergies potentielles émises par les guérisseurs générant ces intentions de guérison (au regard de leur discours et pratiques) en utilisant une variété d'instruments de mesure et de méthodes (magnétomètres, voltmètres, photomètres, équipement de sonorisation et visualisation de décharges gazeuses ; Oschman, 2000). Parmi ces méthodes, les mesures du champ magnétique du corps peuvent sembler les plus prometteuses. Les travaux de Seto *et al.* (1992) ont mis en évidence le champ magnétique adjacent aux paumes de trente-sept guérisseurs lors de l'émission du *qi*[4]. Dans trois cas sur trente-sept, ils ont observé une oscillation de 4 à 10 Hz dans le champ magnétique, avec une intensité de champ magnétique de 2 à 4 milligauss, sachant que normalement, le corps humain émet des champs magnétiques supérieurs à 10-6 gauss (Cohen, 1967), soit une augmentation de l'intensité du champ magnétique mille fois supérieure à la normale. Ce type d'observation a également été mis en évidence par les travaux de Schwartz & Simon (2007) et Hisamitsu, Seto *et al.* (1996) qui ont montré que les pratiquants de qi gong, lors d'exercices de respiration, émettent de puissants champs magnétiques. Ces constatations suggèrent que les enregistrements de champs

1. Contact entre le soignant/thérapeute et le patient par les mains, activant des processus de guérison énergétique encore indéterminés et des effets placebo.
2. Le reiki est une méthode de soins non conventionnelle d'origine japonaise, fondée sur des soins énergétiques par imposition des mains, fondée par le Japonais Mikao Usui.
3. Forme de gymnastique chinoise traditionnelle basée sur des successions de mouvements corporels et sur une forme d'équilibre énergétique, qui procure un état de bien-être par des mouvements lents et progressifs. Considéré comme une forme de méditation en mouvements, le qi gong procure des effets thérapeutiques de relaxation physiques et psychologiques ; il se base également sur un travail visant la circulation du *qi* (force énergétique naturelle emplissant l'univers dans les traditions orientales).
4. Le *qi* constitue une forme d'énergie traditionnelle, un flux d'énergie existant dans l'univers que l'on retrouve dans les traditions chinoises et japonaises.

magnétiques peuvent constituer une piste d'exploration de mesure utile pour comprendre la guérison bioénergétique dans le cadre des pratiques corps-esprit (Bengston & Krinsley, 2000 ; Bengston & Moga, 2007).

À titre d'exemple, Moga et Bengston (2010) ont mis en évidence des changements de champs magnétiques pendant une séance de guérison bioénergétique (guérison manuelle et guérison à distance) sur des souris atteintes de tumeurs induites expérimentalement. Au cours des séances de guérison, des champs magnétiques distincts avec des oscillations adjacentes aux cages des souris ont été observés. Ceux-ci se sont manifestés sous forme d'oscillations de 20 Hz à 30 Hz, ralentissant à 8 Hz à 9 Hz, puis à moins de 1 Hz ; puis les oscillations se sont inversées et ont augmenté en fréquence, avec une apparence globalement symétrique ressemblant à une « onde de gazouillis ». Les vagues allaient de 1 à 8 milligauss en force et de 60 à 120 secondes de durée. Toutefois, il ne faut pas exclure qu'un artefact ait également pu apparaître dans le signal. On peut noter également que dans certaines études de visualisation à distance, les chercheurs ont effectué une observation similaire où ils ont noté des changements physiques au niveau de la cible de visualisation à distance (Osis & McCormick, 1980 ; Hubbard, May et Puthoff, 1986). Selon de multiples sources et traditions spirituelles, un individu peut libérer son énergie et générer un « pouvoir de guérison ». (Mindell, 1993 ; Windrider, 2006).

Dans ce même ordre d'idées, le contenu spécifique des images mentales peut également être important. Certaines traditions de guérison utilisent des images mentales dynamiques (images de lumière se déplaçant à travers le corps ou la partie affectée, éliminant les obstructions et les corps étrangers) (Adam, 2006 : image d'un corps sain où la guérison est déjà terminée). Pour Bengston, les images mentales représentent des objectifs, des souhaits que le patient aimerait voir se produire dans sa vie (Bengston, 2007). L'imagerie mentale utilisée par le guérisseur peut être plus efficace si elle est personnellement attrayante et suscite des émotions positives (Schrödter, 1999). Les approches de guérison étudiées par Bengston illustrent une intention forte liant les émotions avec un objectif mental clair. Lors de certaines séances de guérison qu'il a expérimentées à titre personnel, Bengston a senti de l'énergie se déplacer dans son corps, des zones pariétales de sa tête, descendant au niveau de ses bras et sortant de ses mains. Ce mouvement ressenti de l'énergie est typique des « guérisons énergétiques » (Meek, 1977). Dans le cadre d'une initiation énergétique « Deeksha » de tradition indienne, Windrider (2006) a observé des sensations d'énergie qui commençaient à couler de sa main droite alors qu'il visualisait les gens et, selon ses dires, ce type d'énergie et de sensations arrivait rapidement, jusqu'à ce que finalement, le courant énergétique soit allé naturellement là où c'était nécessaire.

En général, la guérison énergétique implique un flux « d'énergie », une sorte de courant, à travers et autour des mains ou du corps allant du praticien au patient. Les recherches sur les guérisseurs énergétiques n'en sont qu'à leurs balbutiements, faute de modèles théoriques et de méthodes appropriées d'observations, dont certaines peuvent commencer à nourrir cette problématique en lien direct avec une intention de guérison à distance. Au sein de cet ensemble complexe des guérisseurs à distance, le cas des barreurs de feu tient une place particulière en raison de son utilisation par certains médecins.

Les coupeurs de feu

Il existe de nombreux soins non conventionnels, souvent intégrés dans les catégories complémentaires, intégratives et alternatives. Parmi eux se trouvent les approches thérapeutiques des coupeurs de feu dont l'action est réputée « couper » la douleur et accélérer la cicatrisation des brûlures. Ils sont également appelés « barreurs de feu » et plus généralement « leveurs de maux » ou, par le biais d'un néologisme, « panseurs de secrets », le terme secret étant utilisé ici dans le sens de prières idiosyncrasiques, transmises par initiation ou invention syncrétique. Le nombre exact des coupeurs de feu est impossible à déterminer, car il n'existe pas de registre les concernant. D'autre part, beaucoup ont un métier qui est leur activité principale et ne demandent pas d'argent pour couper le feu. Ces personnes sont animées du désir de rendre service et l'absence de lien financier ainsi que le temps passé à cette activité exclut le charlatanisme (entendu comme une activité lucrative basée sur le mensonge et la duperie érigés en système). Cette action de « couper le feu » peut être réalisée au contact du blessé, mais aussi par téléphone en possédant quelques informations d'identification telles que le nom, le prénom, la date de naissance et, si possible, une photo du blessé. Le don peut être exercé sur les animaux mais pas sur le non-vivant. La pratique consiste en la récitation d'une prière et l'administration de gestes symboliques sur la brûlure (signe de croix sur la lésion ou à son pourtour, souffler sur la brûlure, se secouer les mains ou les passer sous l'eau après la procédure, boire de l'eau). La comparaison des différentes sources expliquant la manière d'acquérir ce don montre qu'il n'y a pas consensus, pas de parcours type (Caussié *et al.*, 2022). Plus on progresse dans la modernité du XXIe siècle, plus les caractères de secret et de religieux s'estompent. Pour certains, c'est un don de Dieu, pour d'autres, il y a une histoire familiale et un don qui passerait de parent à enfant ; certains ont pu recevoir le don très jeune (et on peut se poser la question de la compréhension des prières, surtout lorsqu'elles étaient marmonnées en patois…), d'autres ont eu la révélation de leur capacité par la rencontre d'une personne elle-même détentrice de ce savoir et qui, percevant les dispositions adéquates du sujet, en a fait le récipiendaire de ses prières et lui a transmis le mode d'emploi. Pour certains, il est possible de transmettre le don à trois personnes, pour d'autres une seule et de sexe opposé, pour certains le don se perd quand on le transmet. Pour d'autres (Caradeau, 2015), c'est une méthode que tout le monde peut apprendre, mais dont les résultats dépendront du sujet ; de même que tout le monde ou presque peut utiliser un ballon, sans pour autant devenir un grand champion de foot.

La fatigue que peut engendrer cet acte de « couper le feu » est aussi un sujet de controverse, car si, pour certains, elle existe, d'autres ne ressentent rien et peuvent enchaîner plusieurs patients par téléphone après une journée de travail. L'activité ne manque pas, non pas parce que les personnes se brûlent quotidiennement, mais parce que l'activité s'est étendue aux soins pré- et post-radiothérapie et chimiothérapie, en plus des sollicitations coutumières contre le zona et autres dermatoses. L'ensemble représente donc un nombre important d'actes.

Sur l'efficacité réelle des coupeurs de feu, il reste bien des discussions car ils interviennent majoritairement sur des brûlures de 1er et 2e degrés superficielles, les plus fréquentes, qui cicatrisent toutes seules en quelques jours quelle que soit l'intervention, car la couche basale qui assure le renouvellement cellulaire de l'épiderme n'est pas touchée. Pour le 2e degré profond et le 3e degré, il y a toujours mise en jeu des structures

→

→

médico-chirurgicales, même si un coupeur de feu a été inséré à un moment du parcours de prise en charge, si bien qu'il n'est plus possible de distinguer quelle est la part de chacun dans le résultat final. Dès lors, la réalisation d'expérimentations en double aveugle se heurte à des problèmes éthiques.

Concernant l'efficacité de ces actes sur la cicatrisation, il reste difficile de départager ceux qui pensent qu'elle existe, se basant sur les réactions des infirmières faisant les pansements quotidiens qui rapportent des cicatrisations plus rapides et ceux pour qui il n'y a pas d'accélération de la guérison ; l'ensemble des acteurs semble s'accorder sur une efficacité sur la douleur.

Plusieurs théories ont été évoquées pour expliquer l'action des coupeurs de feu et leur persistance dans nos sociétés (psychologiques, effets placebo, intention à distance, thérapies énergétiques). Ces théories ne seront pas développées dans le cadre de ce chapitre. Toutefois, certains patients subissent l'aide positive des barreurs de feu sans être au courant de leurs actions, ce qui laisse songeur.

5. Conclusion

Passes magnétiques, suggestions hypnotiques dites « mentales » ou « à distance », prières, sortilèges et malédictions... tous ces phénomènes pourraient recouvrir la même allégation d'une intention appliquée par un être humain sur son environnement. L'action « transitive » de l'esprit, lui permettant de s'exporter sur d'autres corps que celle qui le génère, dans une visée thérapeutique positive ou au contraire plus sombre, cherchant à faire le mal, est une idée très ancienne. Après que la médecine est devenue une science expérimentale, se démarquant alors de plus en plus des pratiques de sorcellerie, d'animisme ou de magnétisme, les conditions ont été réunies pour tester ces allégations d'influences à distance.

Les premiers essais expérimentaux au tournant du XXe siècle ont progressivement mis en place des moyens essentiels : des mesures fiables des effets observés, un groupe contrôle identique au groupe expérimental, le contrôle d'indices sensoriels ou d'autres effets parasites qui seraient à l'origine d'une confusion avec une influence causale classique. Par la suite, la méthodologie n'a connu que des variantes mineures. La plus importante, du point de vue parapsychologique, fut de se décaler du cas complexe de la guérison « magique » des maladies humaines pour aller vers des cibles plus simples : variations physiologiques imperceptibles, scopesthésie ou sensation d'être observée, ou encore capacités cognitivo-perceptuelles d'attention et de concentration.

L'accumulation des résultats montre que ces recherches expérimentales ne sont pas vaines, car l'univers de ce type de soins et de guérisons possibles qui mobilise tant d'espoirs et de ressources pour l'humanité, peut se prêter, comme nous l'avons vu, à l'étude scientifique, même si cette étude n'est pas exempte de difficultés multiples. La déception vient moins des résultats fluctuants ou des méthodologies de qualité variable que du manque d'investissement de la communauté scientifique tout entière, qui ne s'empresse pas de reproduire les paradigmes expérimentaux les plus efficaces, afin d'en tirer des conclusions plus fermes et d'en déduire les processus impliqués. Ce chapitre peut être vu comme une proposition scientifique dont il ne reste plus qu'à se saisir.

Une approche parapsychologique est tout à fait capable d'aborder des phénomènes et pratiques observés dans le monde entier et dont les consommateurs sont très nombreux, encouragés par des médias et des institutions souvent ambivalents. C'est ainsi que les prières, ces intentions émises dans un cadre religieux ou spirituel, sont souvent étudiées selon des protocoles qui, malheureusement, ne s'inspirent pas souvent des meilleurs paradigmes expérimentaux développés en parapsychologie. De la même façon, d'autres traditions pratiques plus ou moins marquées, au moins historiquement, par des idéologies religieuses, telles que celles des « barreurs de feu », semblent reposer sur le même phénomène. Là encore, des études spécifiques sont tout à fait possibles, mais rarement réalisées.

La lecture parapsychologique nous oriente vers la considération d'une unité des effets observés qui renverrait au concept de bio-psychocinèse, dont la démonstration scientifique est à portée de main, mais dont une théorisation complète résiste encore. Cette unité, issue des données du laboratoire, se heurte à un pluralisme des contextes socio-culturels dans lesquels ce phénomène est manipulé. Si les sciences humaines produisent des savoirs particulièrement pertinents pour examiner ces niches culturelles (Kessler-Bilthauer et Évrard, 2018), ces connaissances restent lacunaires et épistémiquement corrompues si elles ne s'accompagnent pas d'un questionnement concret sur l'efficacité réelle de ces pratiques (Mancini, 2006). À ce titre, la parapsychologie est le meilleur allié de toutes les études sur les processus de guérison et notamment l'effet placebo. En dehors de la physiologie humaine et animale, cette discipline a également défriché de nouvelles zones d'exploration, par exemple les influences psychiques sur la biosphère au sens large (plantes, fruits et légumes, champignons, microbes, climats), qui ouvrent d'immenses perspectives (Roney-Dougal & Solfvin, 2002, 2003, 2006), et notamment du possible rôle du psi pour contrer les effets du changement climatique[1] (Ventola, 2022).

1. Les liens entre écologie et parapsychologie sont en développement depuis quelques années (Hunter, 2020), avec des perspectives expérimentales pour obtenir par Bio-PK des effets souhaités de baisse de la pollution ou d'augmentation naturelle des croissances végétales (Ventola, 2022).

6. Bibliographie

Accardi, L., Regoli, M. (2003). Non-locality and quantum theory : new experimental evidence. In Tombesi, P., Hirota, O. (Eds), *Quantum communication, computing, and measurement* (p. 313-323). Kluwer.

Adam, P. (2006). *The Path of the DreamHealer : My Journey through the Miraculous World of Energy Healing.* Dutton.

Agdal, R., Hjelmborg, J., Johannessen, H. (2011). Energy healing for cancer : A critical review. *Research in Complementary Medicine, 18* (3), 146-154.

Astin, J.A., Harkness, E., Ernst, E. (2000). The efficacy of « distant healing » : A systematic review of randomized trials. *Annals of Internal Medicine*, 132, 903-910.

Baars, B. (2002). The conscious access hypothesis : origins and recent evidence. *Trends in Cognitive Sciences, 1*, 47-52.

Barnes, P.M, Powell-Griner, E., McFann, K., Nahin, R.L. (2004). *Complementary and alternative medicine use among adults, 27*, 1-19.

Barry, J. (1968). General and comparative sutdy of the psychocinetic effect on a fungus culture. *Journal of Parapsychology, 32*, 237-243.

Bengston, W.E., Krinsley, D. (2000). The effect of the "laying on of hands" on transplanted breast cancer in mice. *Journal of Science Explorer, 14* (3), 353-364.

Bengston, W.F., Moga, M. (2007). Resonance, placebo effects, and type II errors : Some implications from healing research for experimental methods. *Journal of Alternative and Complementary Medicine, 13*, 317-328.

Bengston, W.F. (2007). Commentary : A method used to train skeptical volunteers to heal in an experimental setting. *Journal of Alternative and Complementary Medicine, 13*, 329-331.

Benor, D.J. (1995). Spiritual healing : A unifying influence in complementary therapies. *Complementary therapies in Medicine*, 3 (4), 256-265.

Benor, D.J. (2001). *Spiritual Healing : Scientific Validation of a Healing Revolution.* MI : Vision Publications.

Berghmans, C. (2021). L'approche méditative de concentration au sein des prises en charge thérapeutiques et son impact sur la santé mentale : une revue de la littérature sur des essais cliniques contrôlés et randomisés, *Annales médico-psychologiques, 179*, 805-811.

Berghmans, C. (2023). Approches thérapeutiques de transmission d'intention à distance et effets sur la santé : défi épistémologique face aux résultats probants, une revue de questions, *Psychologie française, 68* (4), 543-557. *doi.org/10.1016/j.psfr.2021.12.002 0033-2984*

Berghmans, C. (2020). L'efficacité de la guérison à distance par l'intermédiaire de la prière d'intercession sur la santé physique et psychique ? Une revue de questions, *Hegel, 10* (1), 3-23.

Bengston, W.E., Krinsley, D. (2000). The effect of the "laying on of hands" on transplanted breast cancer in mice. *Journal of Science Explorer, 14* (3), 353-64.

Bengston, W.F., Moga, M. (2007). Resonance, placebo effects, and type II errors : Some implications from healing research for experimental methods. *Journal of Alternative and Complementary Medicine, 13*, 317-328.

Bengston, W.F. (2007). Commentary : A method used to train skeptical volunteers to heal in an experimental setting. *Journal of Alternative and Complementary Medicine, 13*, 329-331.

Bloch, M. (1924). *Les Rois thaumaturges. Étude sur le caractère surnaturel attribué à la puissance royale, particulièrement en France et en Angleterre*. Publications de la Faculté des lettres de l'Université de Strasbourg.

Bunnell, T. (1999). The effect of "healing with intent" on pepsin enzyme activity. *Journal of Science Explorer, 13* (2), 139-48.

Benson, H., Dusek, J.A., Sherwood, J.B., Lam, P., Bethea, C.F., Carpenter, W., Hibberd, P.L. (2006). Study of the therapeutic effects of intercessory prayer (STEP) in cardiac bypass patients : A multicenter randomized trial of uncertainty and certainty of receiving intercessory prayer. *American Heart Journal, 151*, 934-942.

Braud, W. (2003). *Distant Mental Influence*. Hampton Roads Publishing Company.

Braud, W.G. (1994). Can our intentions interact directly with the physical world ? *European Journal of Parapsychology, 10*, 78-90.

Braud, W.G. (1993). On the use of living target systems in distant mental influence research. In L. Coly & J.D.S. McMahon (Eds.), *PSI-research methodology : A re-examination. Proceedings of an international conference* (p. 149-181). NY : Parapsychology Foundation.

Braud, W.G. (1990). Distant mental influence of rate of hemolysis of human red blood cells. *Journal of the American Society for Psychical Research, 84* (1), 1-24.

Braud, W.G. (1980a). Lability and inertia in conformance behavior. *Journal of the American Society for Psychical Research, 74*, 297-318.

Braud, W.G. (1980b). Lability and inertia in psychic functioning. In B. Shapin & L. Coly (Eds.), *Concepts and theories of parapsychology* (p. 1-36). NY : Parapsychology Foundation.

Braud, W.G. (1978). Allofeedback : Immediate feedback for a psychokinetic influence upon another person's physiology. In W.G. Roll (Ed.), *Research in parapsychology* (p. 123-134). The Scarecrow Press.

Braud, W.G., Shafer, D., McNeill, K., & Guerra, V. (1995). Attention focusing facilitated through remote mental interaction. *Journal of the American Society for Psychical Research, 89*, 103-115.

Braud, W.G., Shafer, D., Andrews, S. (1993a). Further studies of autonomic detection of remote staring, new control procedures, and personality correlates. *Journal of Parapsychology, 57*, 391-409.

Braud, W.G., Shafer, D., Andrews, S. (1993b). Reactions to an unseen gaze (remote attention) : A review, with new data on autonomic staring detection. *Journal of Parapsychology, 57*, 373-390.

Braud, W.G., Schlitz, M.J. (1991). Conscious interactions with remote biological systems : Anomalous intentionality effects. *Subtle Energies, 2*, 1-46.

Braud, W.G., Dennis, S.P. (1989). Geophysical variables and behavior : LVIII. Autonomic activity, hemolysis, and biological psychokinesis : Possible relationship with geomagnetic field activity. *Perceptual & Motor Skills, 68*, 1243-1254.

Braud, W.G., Schlitz, M.J. (1983). Psychokinetic influence on electrodermal activity. *Journal of Parapsychology, 47*, 95-119.

Braud, W.G., Davis, G., Wood, R. (1979). Experiments with Matthew Manning. *Journal of the Society for Psychical Research, 50*, 199-223.

Butijn, M.W., Crater, S.W., Gallup, D., Blankenship, J.C., Cuffe, M., Guarneri, M., Lee, K.L. (2005). Music, imagery, touch, and prayer as adjuncts to interventional cardiac care : The monitoring and actualisation of noetic trainings (MANTRA) II randomised study. *Lancet, 366* (9481), 211-217.

Canda, E.R., & Furman, L.D. (2009). *Spiritual diversity in social work practice : The heart of helping*. Oxford University Press.

Caradeau, J.-L. (2015). *Coupeurs de feu et panseurs de secrets*, éditions Trajectoire.

Cardeña, E. *et al.* (2015). *Parapsychology. A Handbook for the 21st century*. Mc Farlands.

Caussié, S., Cholez, J., Évrard R., Rabeyron T. (2022). Être guérisseur, une histoire de famille ? Le « don de guérison » entre transmission et symbolisation. *Annales médico-psychologiques*, doi.org/10.1016/j.amp.2022.01.004

Chen, K.W. (2004). An analytic review of studies on measuring effects of external Qi in China. *Alternative Therapies in Health & Medicine, 10* (4), 38-50.

Cohen, D. (1967). Magnetic fields around the torso : Production by electrical activity of the human heart. *Science, 156*, 652-654.

Crick, F. (1994). The astonishing hypothesis : the scientific search for the soul. Maxwell Macmillan International.

Crawford, C.C, Sparber, A.G, Jonas, W.B. (2003). A systematic review of the quality of research on hands-on and distance healing : Clinical and laboratory studies. *Altern Therapy Health Medecine, 9* (3), 96-104.

Delanoy, D.L., Morris, R.L., Brady, C., Roe, A. (1999b). *Two Eda DMILS studies exploring agent receive pairing*. Unpublished report.

Delanoy, D.L., Roe, A., Brady, C. (2001). Exploring participant psi sources in DMILS studies. In *The Parapsychological Association. 44th Annual Convention. Proceedings of Presented Papers* (p. 73-86).

Delanoy, D.L., Sah, S. (1994). Cognitive and physiological PSI responses to remote positive and neutral emotional states. In *The Parapsychological Association 37thAnnual Convention. Proceedings of Presented Papers* (p. 128-138).

Dossey L. (1993). *Healing Words : The Power of Prayer and the Practice of Medicine*. Harper Edition SanFrancisco.

Dusek, J.A., Astin, J.A., Hibberd, P.L., Krucoff, M.W. (2003). Healing prayer outcomes studies : Consensus recommendations. *Alternative Therapies in Health & Medicine, 9* (3 Suppl), 44-53.

Engebretson J., Wardell D.W. (2007). Energy-based modalities. *Nursing Clinics of North America, 42* (2), 243-259.

Évrard, R. (2016). *La légende de l'esprit, enquête sur 150 ans de parapsychologie*, Editions Trajectoires.

Évrard, R., Pratte, E.A., Cardeña, E. (2018). Pierre Janet and the enchanted boundary of psychical research. *History of Psychology, 21* (2), 100-125.

Favre, L. (1904). De l'action des mains sur les microbes. (Étude de méthode). *Bulletin de l'Institut général psychologique, 4* (3), 282-316.

Fowles, D.C., Christie, M.J., Edelberg, R., Grings, W.W., Lykken, D.T., Venables, P.H. (1981). Publication recommendations for electrodermal measurements. *Psychophysiology, 18*, 232-239.

Koenig, H. (2008). *Medicine, Religion and Health*. Templeton Foundation Press.

Koenig, H., King, D., Carson, V. (2012) *Handbook of Religion and Health*. Oxford University Press.

Hisamitsu, T., Seto, A., Nakazato, S., Yamamoto, T., Aung, S.K. (1996). Emission of extremely strong magnetic fields from the head and whole body during oriental breathing exercises. *Acupuncture & Electrotherapeutics Research, 21* (3-4), 219-227.

Hall, Z., Luu, T., Moore, D., Yount, G. (2007). Radiation response of cultured human cells is unaffected by Johrei. *Evidence-based Complementary and Alternative Medicine, 4*, 191-194.

Harris, W.S., Gowda, M., Kolb, J.W., Strychacz, C.P., Vacek, J.L., Jones, P.G., McCallister, B.D. (1999). A randomized controlled trial of the effects of remote, intercessory prayer on outcomes in patients admitted to the Coronary Care Unit. *Archives of Internal Medicine, 159*, 2273-2278.

Hubbard, G.S., May, E.C., & Puthoff, H.E. (1986). Possible production of photons during a remote viewing task : Preliminary results. In *Research in Parapsychology* (1985), D.H. Weiner and D.I. Radin. Metuchen (Eds), NJ : Scarecrow Press.

Hunter, J. (Ed.) (2020). *Greening the Paranormal : Exploring the Ecology of Extraordinary Experience*. August Night Press.

Kelly, E.F., Kelly, E.W., Crabtree, A., Gauld, A., Grosso, M., & Greyson, B. (2007). *Irreducible mind : Toward a psychology for the 21st century*. Rowman & Littlefield.

Krucoff, M.W., Crater, S.W., & Lee, K.L. (2006). From efficacy to safety concerns : A STEP forward or a step back for clinical research and intercessory prayer ? The study of therapeutic effects of intercessory prayer (STEP). *American Heart Journal, 151*, 762-764.

Lobach, E., & Bierman, D.J. (2004). The invisible gaze : Three attempts to replicate Sheldrake's staring effects. In *The Parapsychological Association, 47th Annual Convention* (p. 77-90).

Lunel, P. (2002). *Les guérisons miraculeuses*. Plon.

Mao, J.J., Farrar, J.T., Xie, S.X., Bowman, M.A., & Armstrong, K. (2007). Use of complementary and alternative medicine and prayer among a national sample of cancer survivors compared to other populations without cancer. *Complementary Therapies in Medicine, 15* (1), 21-29.

Masters, K.S., Spielmans, G.I., & Goodson, J.T. (2006). Are there demonstrable effects of distant intercessory prayer ? A meta-analytic review. *Annals of Behavioral Medicine, 32* (1), 21-26.

Marston, P. (2006). The STEP prayer study. *Skeptical Inquirer, 30* (6), 65-75.

McKnight, D. (2012). Tonglen meditation's effect on levels of compassion and self-compassion : A proof of concept study and instructional guide. Retrieved from http://www.upaya.org/uploads/pdfs/McKnightTonglenThesis.pdf

Melkikh, A.V., Khrennikov, A. (2015). Nontrivial quantum and quantum-like effects in biosystems : Unsolved questions and paradoxes. *Prog. Biophys. Mol. Biol., 119* (2), 137-61.

Meek, G.W. (1977). Toward a general theory of healing. In *Healers and the Healing Process*, edited by G.W. Meek. Wheaton, IL : The Theosophical Publishing House.

Mindell, A. (1993). *The Shaman's Body*. Harper Collins Publishers.

Moga, M., Bengston, W. (2010). Anomalous magnetic field activity during a bioenergy healing experiment. *Journal of Scientific Exploration, 24* (3), 397-410.

Mossbridge, J., Grabowecky, M., & Suzuki, S. (2009). Evidence for subconscious but not conscious psi in remote stare detection and precognition tasks. *The Parapsychological Association 52nd Annual Convention August 6-9, 2009. Proceedings of Presented Papers* (p. 12-14).

Müller, S., Schmidt, S., & Walach, H. (2009). The feeling of being stared at : A parapsychological classic with a facelift. *European Journal of Parapsychology, 24*, 117-138.

O'Connor, P.J., Pronk, N.P., Tan, A., Whitebird, R.R. (2005). Characteristics of adults who prayer as an alternative therapy. *American Journal of Health Promotion, 19* (5), 369-375.

Oschman, J. L. (2000). *Energy Medicine : The Scientific Basis*. Churchill Livingstone.

Osis K., McCormick, D. (1980). Kinetic effects at the ostensible location of an out-of-body projection during perceptual testing. *Journal of the American Society for Psychical Research, 74*, 319-329.

Pargament, K. (1997). *The psychology of religion and coping*. Guilford Press.

Pagliaro, G. *et al.* (2018). Efficacy and limitations of distant healing intention : A review article. *Psychology and Psychiatry, 7* (, 632-636.

Rabeyron, P.-L., Laplantine, F. (1985). *Les médecines parallèles*. PUF.

Radin, D,. Schlitz, M., Baur, C. (2015). Distant healing intention therapies : An overview of the scientific evidence. *Global Advances in Health and Medicine, 4, 67-71.*

Radin, D.I., Stone, J., Levine, E., Eskandarnejad, S., Schlitz, M., Kozak, L., Hayssen, G. (2008). Compassionate intention as a therapeutic intervention by partners of cancer patients : Effects of distant intention on the patients' autonomic nervous system. *Explore : The Journal of Science and Healing, 4*, 235-243.

Radin, D. I., Hayssen, G., Walsh, J. (2007). Effects of intentionally enhanced chocolate on mood. *Explore : The Journal of Science and Healing, 3*, 485-492.

Radin, D.I., Hayssen, G., Emoto, M., Kizu, T. (2006). Double-blind test of the effects of distant intention on water crystal formation. *Explore : The Journal of Science and Healing, 2*, 408-411.

Radin, D.I., Schlitz, M.J. (2005). Gut feelings, intuition, and emotions : An exploratory study. *Journal of Alternative and Complementary Medicine, 11* (1), 85-91.

Radin, D.I., Machado, F.R., Zangari, W. (1998). Effects of distant healing intention through time and space : Two exploratory studies. *The Parapsychological Association 41st Annual Convention. Proceedings of Presented Papers* (p. 143-161).

Ramakers, P. (2004). Response characteristics and lability in an EDA-DMILS study using emotional stimuli. *The Parapsychological Association, 47th Annual Convention* (p. 451-454).

Ramakers, P. (2006). Investigating individual differences in EDA response to emotional stimuli in a DMILS paradigm - Results Summary. *Unpublished manuscript.*

Roberts, L., Ahmed, I., Hall, S., Davison, A. (2009). Intercessory prayer for the alleviation of ill health. *Cochrane Database Syst Review, 15* (2).

Roe, C., Charmaine, S., Roxburgh, E. (2014). Two meta-analyses of noncontact healing studies. *Explore, 11* (1), 11-23.

Roney-Dougal, S.M., Solfvin, J. (2002). Field study of enhancement effect on lettuce seeds – their germination rate, growth and health. *Journal of the Society of Psychical Research, 66*, 129-143.

Roney-Dougal, S.M. & Solfvin, J. (2003). Field study of an enhancement effect on lettuce seeds – Replication study. *Journal of Parapsychology, 67* (2), 279-298.

Roney-Dougal, S.M. & Solfvin, J. (2006) Field study of an enhancement effect on lettuce seeds : Working in adverse conditions. *Subtle Energies and Energy Medicine, 15* (3), 183-207.

Saudia, T.L., Kinney, M.R (1991). Health locus of control and helpfulness of prayer. *Heart Lung : The Journal of Critical Care, 20* (1), 60-65.

Schlitz, M.J., Braud, W.G. (1985). Reiki-plus natural healing : An ethnographic and experimental study. *PSI-Research, 4*, 100-123.

Schlitz, M.J., & Braud, W.G. (1997). Distant intentionality and healing : Assessing the evidence. *Alternative Therapies in Health and Medicine, 3* (6), 62-73.

Schlitz, M.J., Hopf, H.W., Eskenazi, L., Vieten, C., & Radin, D. (2012). Distant healing of surgical wounds : An exploratory study. *Explore. The Journal of Science and Healing, 8*, 223-230.

Schlitz, M.J., LaBerge, S. (1997). Covert observation increases skin conductance in subjects unaware of when they are being observerd : A replication. *Journal of Parapsychology, 61*, 185-196.

Schlitz, M.J., Radin, D.I., Malle, B., Schmidt, S., Utts, J.M., & Yount, G.L. (2003). Distant healing intention : Definitions and evolving guidelines for laboratory studies. *Alternative Therapies in Health and Medicine, 9*, 31-43.

Schlitz, M.J., Wiseman, R., Watt, C., & Radin, D. (2006). Of two minds : Sceptic--proponent collaboration within parapsychology. *British Journal of Psychology, 97*, 313-322.

Schrödter, W. (1999). *History of Energy Transference*. ME : Samuel Weis Edition.

Schmidt, S. (2003). Direct mental interaction with living systems (DMILS). In W.B. Jonas & C.C. Crawford (Eds.), *Healing, intention and energy medicine : Research and clinical implications* (p. 23-38). Churchill Livingstone.

Schmidt, S. (2009). Shall we really do it again ? The powerful concept of replication is neglected in the social sciences. *Review of General Psychology, 13*, 90-100.

Schmidt, S. (2012). Can we help just by good intentions ? A meta-analysis of experiments on distant intention effects. *Journal of Alternative and Complementary Medicine, 18*, 529-533.

Schmidt, S., Schneider, R., Binder, M., Bürkle, D., & Walach, H. (2001). Investigating methodological issues in EDA-DMILS : Results from a pilot study. *Journal of Parapsychology, 65*, 59-82.

Schmidt, S., Schneider, R., Utts, J.M., & Walach, H. (2004). Distant intentionality and the feeling of being stared at : Two meta-analyses. *British Journal of Psychology, 95*, 235-247.

Schmidt, S., & Walach, H. (2000). Electrodermal activity (EDA) - state of the art measurement and techniques for parapsychological purposes. *Journal of Parapsychology, 64*, 139-163.

Schmidt, S., Schneider, R., Utts, J., Walach, H. (2004). Distant intentionality and the feeling of being stared at : two meta-analyses. *British Journal of Psychology, 95* (2), 235-247.

Schneider, R. (2002). *Paradoxien des Willens : Funktionsanalyse der Selbststeuerung in einem parapsychologischen Standard experiment* (Paradoxes of the will : functional analysis of self-control in a parapsychological standard experiment). Waxman.

Schneider, R., Binder, M., & Walach, H. (2000). Examining the role of neutral and personal experimenter-participant interaction : Results from an EDA-DMILS experiment. *Journal of Parapsychology, 64*, 181-194.

Schneider, R., Binder, M., & Walach, H. (2001). A two-person effort : On the role of the agent in EDA-DMILS experiments. *Journal of Parapsychology, 65*, 273-290.

Schwartz, S.A., Dossey, L. (2010). Nonlocality, intention, and observer effects in healing studies : Laying a foundation for the future. *Explore : The Journal of Science and Healing, 6*, 295-307.

Schwartz, G.E., Simon, W.L. (2007). *The Energy Healing Experiments : Science Reveals Our Natural Power To Heal*. Atria Books.

Sheldrake, R. (2003). *The sense of being stared at and other aspects of the extended mind*. Hutchinson.

Shiah, Y.J., & Radin, D. (2013). Metaphysics of the tea ceremony : A randomized trial investigating the roles of intention and belief on mood while drinking tea. *Explore : The Journal of Science and Healing, 9*, 355-360.

Snel, F, .Hol, P. (1983). Psychokinesis experiments in case in induced amyloidosis of the hamster. *Journal of Parapsychology, 5* (1), 51-76.

Stengers, I. (dir.) (1988). *D'une science à l'autre. Les concepts nomades*. Le Seuil.

Tressoldi, P.E., Massaccesi, S., Martinelli, M., & Cappato, S. (2011). Mental connection at distance : Useful for solving difficult tasks ? *Psychology, 2*, 853-858.

Tsubono, A. (2009). The effects of distant healing performed by a spiritual healer on chronic pain : a randomised controlled trial. *Alternative Therapies in Health & Medicine, 15* (3), 30-34.

Ventola, A. (2022). Public parapsychology launches three initiatives for climate action. Public Parapsychology. *https://publicparapsychology.org/2022/01/14/public-parapsychology-launches-three-initiatives-for-climate-action*.

Vassiliev, L.L. (1963). *Experiments in mental suggestion*. Institute for the Study of Mental Images.

Vassiliev, L.L. (1976). *Experiments in distant influence*. Wildwood House.

Vernon, D., Hitchman, G., Roe, C. (2021). An implicit and explicit assessment of morphic resonance theory using Chinese characters. *Journal of the Society for Psychical Research, 85* (3), 129-143.

Vieten, C., Radin, D., Schlitz, M., & Delorme, A. (2013). *Psychophysiology of spiritual transmission : A preliminary investigation*. Final Report for the Bial Foundation. Unpublished report.

Wachholtz, A, Sambamoorthi, U. (2011). National trends in prayer use as a coping mechanism for health concerns : Changes from 2002 to 2007. *Psychology of Religion and Spirituality, 3* (2), 67-77.

Wallis, C. (1996). *Faith and healing*. Time.

Walach, H., Boesch, H., Lewith, G., Naumann, J., Schwarzer, B., Falk, S., Bucher, H.C. (2008). Effectiveness of distant healing for patients with chronic fatigue syndrome : A randomised controlled partially blinded trial (EUHEALS). *Psychotherapy and Psychosomatics, 77*, 158-166.

Walker, S.R., Tonigan, J.S., Miller, W.R., Corner, S., & Kahlich, L. (1997). Intercessory prayer in the treatment of alcohol abuse and dependence : A pilot investigation. *Alternative Therapies in Health and Medicine, 3*, 79-86.

Watt, C.A., & Ramakers, P. (2003). Experimenter effects with a remote facilitation of attention focusing task : A study with multiple believer and disbeliever experimenters. *Journal of Parapsychology, 67* (1), 99-116.

Watt, C.A., Ravenscroft, J., & McDermott, Z. (1999). Exploring the limits of direct mental influence : Two studies comparing "blocking" and "co-operating" strategies. *Journal of Scientific Exploration, 13*, 515-535.

Windrider, K. (2006). *Deeksha : The Fire from Heaven*. New World Library.

Wiseman, R., & Schlitz, M.J. (1997). Experimenter effects and the remote detection of staring. *Journal of Parapsychology, 61*, 197-207.

Wiseman, R., & Schlitz, M.J. (1999). Experimenter effects and the remote detection of staring : An attempted replication. *The Parapsychological Association 42nd Annual Convention. Proceedings of Presented Papers* (p. 471-479).

Wiseman, R., & Smith, M.D. (1994). A further look at the detection of unseen gaze. In D.J. Bierman (Ed.), *The Parapsychological Association 37th Annual Convention. Proceedings of Presented Papers* (p. 465-478).

Wiseman, R., Smith, M.D., Freedman, D., Wasserman, T., & Hurst, C. (1995). Examining the remote staring effect : Two further experiments. In *38th Annual Parapsychological Convention. Proceedings of Presented Papers* (p. 480-490).

Troisième partie

Vivre l'exceptionnel

Chapitre 7

Apparitions, hantises et poltergeists

(Pascale Catala et Eric Dullin)

Sommaire

Depuis l'Antiquité, on rapporte des histoires extraordinaires concernant les fantômes, comme le récit de la maison hantée du philosophe Athénodore (Ier siècle avant J.-C.), relaté par Pline le Jeune (*Lettres, VII*, 27), et à partir de ces faits variés, historiques, et transculturels, des penseurs ont cherché à établir des nomenclatures. Ainsi au IIe siècle, Apulée de Madaure dresse-t-il une liste systématique des apparitions selon leur nature, positive ou négative, liste qui va être reprise ultérieurement par plusieurs auteurs chrétiens, dont saint Augustin. Il existe un gigantesque corpus de « cas spontanés », d'événements relatés par des témoins plus ou moins fiables, religieux ou laïcs. C'est même ce type de phénomènes bizarres et transgressifs qui ont intrigué les savants du XIXe siècle à tel point que des comités, puis des institutions comme la célèbre *Society for Psychical Research* (SPR) ont entrepris de mener des enquêtes et des expérimentations pour savoir s'il existait vraiment un substrat semblant dépasser le cadre des connaissances scientifiques établies.

Le champ lexical du fantôme est extrêmement développé, avec des mots connotés selon le folklore local, les croyances religieuses, les évolutions historiques, les besoins apologétiques, etc. : *spectre, revenant, illusion, ectoplasme, ombre, simulacre, larve, mânes, double, vardøger, kobold*... pour ne citer que quelques termes. Les métapsychistes, dans leurs perspectives pionnières, ont introduit dans un but de clarification plusieurs concepts en partant de l'expérience vécue des témoins :

- Ainsi on pourra définir *l'apparition* comme la manifestation temporaire, perceptible, de personnes (vivantes ou décédées), animaux, ou entités dans un lieu donné, alors que leur présence en ce lieu est impossible physiquement.
- Le *fantôme* est une apparition personnalisée (« double » d'une personne, d'un animal, d'un objet...). Dans l'acception populaire du terme, le fantôme est la manifestation surnaturelle de l'esprit d'un mort, cependant il existe des témoignages de fantômes de personnes vivantes.
- Les *hantises* seront définies comme des phénomènes inexpliqués principalement visuels et auditifs en général liés à un lieu, chargé d'histoire ou non. Les phénomènes comprennent souvent des apparitions et sont le plus fréquemment, mais pas toujours, subjectifs. Il s'agit surtout de bruits, de variations de température, de portes et fenêtres qui claquent sans raison, de lueurs indéterminées... Certains troubles sont signalés à plusieurs reprises dans un même lieu, et même à plusieurs années d'intervalle, avec des témoins différents. Parfois un fantôme semble déambuler ou effectuer certains gestes stéréotypés, comme rejouant une scène du passé.
- Enfin, les chercheurs ont employé le terme *Poltergeist*, provenant de l'allemand du XVIe siècle et signifiant « esprit bruyant, esprit frappeur* » (*poltern* : faire du vacarme, *Geist* : esprit), et qui réfère à un ensemble d'événements troublants, d'effets physiques spontanés inexpliqués, tels que des bris d'objets, des jets de pierre ou des coups dans les murs. On notera qu'à l'époque, qui est celle de Martin Luther, ces phénomènes étaient attribués à des esprits désincarnés ou au diable.

La délicate distinction entre poltergeist et hantise est surtout fondée sur une différence de point de vue : dans une hantise, on se concentrera plutôt sur le lieu (on emploiera l'expression « ce lieu est hanté »), alors que dans un poltergeist on s'intéressera plutôt à la dynamique des troubles physiques. Charles Richet (1922) parle en ce cas de « personne hantée » et le gendarme Émile Tizané (1977) de « petite hantise ». Le débat reste ouvert sur ce sujet, beaucoup de cas étant difficilement classables dans l'une ou l'autre de ces catégories.

Pour plus de clarté dans notre présentation, nous nous focaliserons, dans un premier temps, sur les phénomènes de hantise comportant peu d'effets physiques et, dans un deuxième temps, nous examinerons les autres cas regroupés sous l'étiquette *poltergeist* et comportant des effets physiques. L'étude du paragraphe 1.2 donnera plus de détail sur cette distinction en essayant de répartir cinq cents cas en groupes en fonction de leur similitude en termes de phénoménologie.

Après avoir décrit les principales caractéristiques des phénomènes concernés, nous citerons des exemples d'événements particulièrement significatifs et bien étudiés. Puis nous mentionnerons des collections de cas qui ont réuni de nombreux témoignages fiables, à des fins de comparaison et d'analyses statistiques. Des recherches sur le terrain et des tentatives d'études et de reproduction des phénomènes en laboratoire permettent de mieux cerner les contours de ces anomalies, et nous en relaterons les principaux résultats. Enfin, quelques pistes d'hypothèses explicatives seront avancées.

1. Apparitions et hantises

1.1 Classification des apparitions

Les apparitions peuvent prendre des formes tout à fait diverses et représenter une grande variété de personnes, d'animaux ou de choses, selon le contexte dans lequel elles se manifestent. Elles sont conditionnées par l'environnement culturel et social, car n'apparaît pas n'importe quoi n'importe quand ; il y a des « vagues » et des modes. La plupart des auteurs ayant étudié le sujet des apparitions ont avancé leur propre classification, selon leurs idées *a priori* concernant celles-ci. Pour ne citer que les plus récentes, mentionnons celle de Tyrrell (1955), un mathématicien et physicien, étudiant de Marconi et ingénieur pionnier dans le développement de la radio, qui étudia les fantômes et en établit une théorie lors de sa présidence de la SPR après-guerre ; ou encore celle du parapsychologue Hilary Evans (2022), dont nous emprunterons quelques lignes. En effet, si l'on se place dans une perspective de description du vécu de la personne qui fait l'expérience d'une apparition, indépendamment de toute théorie explicative, on peut regrouper ainsi des événements aussi divers que :

- les *apparitions de crise* (perçues lorsque la personne qui apparaît est dans une situation critique) ;
- les *revenants* (qu'on perçoit à plusieurs reprises dans un lieu hanté) ;
- les *fantômes de vivants* ou de *parents décédés* ;
- les *apparitions folkloriques, mythiques ou religieuses* (très dépendantes de la culture locale), par exemple Ankou, elfes en Islande, dames blanches ou auto-stoppeuses fantômes, anges gardiens… (Capdecomme, 1997) ;

- les *fantômes d'animaux*.

Nous ne traiterons pas ici en détail des apparitions religieuses, telles que les apparitions mariales, qui nécessitent de par leurs répercussions et leur contexte une approche socio-anthropologique approfondie (voir Bertin, 2010). Elles peuvent s'accompagner de « signes dans le ciel » et autres traces tels que les danses du soleil, les boules lumineuses, les rayons ou éclairs, etc., en relation avec une attente religieuse. Un grand nombre de témoignages font état de phénomènes dit de « bilocation » chez les mystiques chrétiens, comme le Padre Pio ou mère Yvonne-Aimée de Malestroit : le religieux peut être vu en plusieurs endroits à la fois, par exemple dans sa chambre en train d'étudier et dans une église en train de dire la messe. La question de savoir si le double est une simple apparition (« fantôme de vivant ») ou un dédoublement de la personne « en chair et en os » est encore ouverte. À notre connaissance, seul un cas semblerait accréditer la dernière possibilité, mais sa fiabilité n'est pas à toute épreuve (Laurentin, 2010).

Certains auteurs englobent les ovnis dans les apparitions, de par leur propension à apparaître/disparaître mystérieusement. Le sociologue Bertrand Méheust a ainsi fait des rapprochements entre les apparitions folkloriques et les apparitions d'ovnis (Méheust, 1992, 2019).

1.2 Caractéristiques

1.2.1. Traits spécifiques aux apparitions

Tyrrell (1955) a listé les principales caractéristiques retrouvées dans les témoignages sur les fantômes et a conclu :

- que ceux-ci semblent souvent s'adapter à l'environnement matériel (meubles, portes, escaliers…), mais pas toujours, car il arrive qu'ils traversent les murs par exemple, ou semblent glisser dans l'air ;
- que l'on peut parfois les toucher (sensation de froid, ou de tissu, ou viscosité), mais que le plus souvent les tentatives pour le faire échouent. Il arrive plus fréquemment que le fantôme touche un observateur ou le traverse ;
- qu'ils apportent quelquefois des informations authentiques, dont certaines sont inconnues de toute personne vivante (rares cas) ;
- qu'ils peuvent être opaques ou translucides, laisser une ombre ou pas, se refléter dans un miroir ou pas ; quelquefois on peut tourner autour du fantôme et le voir sous différents angles ;
- que leurs contours peuvent être flous ou précis. La plupart ont l'apparence d'une personne en chair et en os ;
- qu'ils peuvent apparaître/disparaître tout d'un coup ou graduellement ;
- qu'ils ne semblent pas laisser de traces matérielles : on ne peut trouver aucun cas fiable où un objet matériel (un vêtement, un bijou, une trace quelconque, etc.) aurait été découvert après le passage des apparitions, hormis dans le contexte très spécifique des séances « ectoplasmiques » ;

- que le fantôme qui apparaît peut être reconnu ou non par les observateurs ;
- que les visions peuvent être collectives.

Dans les recueils de cas de la SPR, on trouve environ 10 % de cas collectifs et environ 15 % dans d'autres études (Haraldsson, 1994 ; Palmer, 1979). Dans le cas bien connu de Cheltenham, dix-sept personnes ont pu voir à diverses reprises l'apparition d'une vieille dame. Green et McCreery (1975) font état de cas de huit personnes ayant observé simultanément une apparition. Les apparitions peuvent aussi être « sélectives » : quelques-uns voient et d'autres pas. Dans les bases de données de la SPR, cette caractéristique se rencontre dans environ un tiers des cas où plusieurs personnes sont présentes.

Ces propriétés ont été établies d'après les témoignages recueillis au cours des études dont les cas ont été vérifiés : par exemple, dans l'ouvrage *Phantasms of the Living* (Gurney *et al.*, 1886), à chaque fois une enquête approfondie corroborait les témoignages et s'assurait de la crédibilité des témoins. Il ne s'agit alors pas d'analyses de légendes, de simples croyances, ou d'hallucinations pathologiques, analyses qui ont pu être effectuées par ailleurs et dont les conclusions sont différentes.

Des fantômes argentins

Le chercheur hispanique Marcelo Eremián a publié en 2015 une étude extrêmement originale sur deux séries d'apparitions collectives, en deux lieux différents, dans un centre médical et à la bibliothèque nationale d'Argentine, à Buenos Aires. Il a étudié ces événements en s'appuyant sur une méthodologie développée par Irwin (1994) qui analyse les phénomènes en termes de forme, de fréquence, de durée, de qualité des images apparues, des circonstances d'occurrence et des réactions émotionnelles par rapport aux apparitions. Eremián a recueilli vingt-trois témoignages spontanés d'apparitions ou de sensations de présence. Les sujets avaient entre quarante et soixante ans, étaient plus souvent des femmes et avaient un niveau d'instruction élevé. Sur le premier lieu d'étude (un centre médical), on avait rapporté des cris d'appel aux infirmières et une silhouette brumeuse ; par moments, deux témoins percevaient simultanément l'anomalie. Sur le second lieu (une bibliothèque), des pas, des ombres de silhouettes, et une étrange femme en blanc avaient été observés. Il n'y avait pas de possibilités physiques pour que cette femme ait pu entrer. L'étude de M. Eremián est donc tout à fait remarquable.

À noter que la représentation stéréotypée du spectre recouvert d'un drap blanc et traînant un boulet est en réalité rarissime dans les témoignages actuels. La représentation du fantôme couvert par un blanc linceul n'est apparue dans l'iconographie médiévale qu'au XIIIe ou XIVe siècle, avec le courant du « macabre ».

Bryan Williams (2015), directeur de recherche à la *Psychical Research Foundation* (PRF), association de recherche en parapsychologie, a beaucoup travaillé avec W.G. Roll (1926-2012) de l'université de West Georgia, le parapsychologue le plus réputé dans l'étude des hantises. Ils ont remarqué également d'autres points concernant les apparitions, à partir de statistiques, comme ceux-ci :

- les apparitions de proches parents ou d'amis sont plus fréquentes que les apparitions d'inconnus ;
- le nombre d'apparitions de défunts décroît au fur et à mesure que le temps écoulé depuis le décès augmente ;
- les apparitions ont rarement des comportements semblant intentionnels.

Apparitions et hallucinations

Les apparitions sont souvent discréditées par une qualification d' « hallucination », leur déniant toute forme de matérialité et sous-entendant la pathologie ou l'illusion des témoins. Or les hallucinations ne sont pas nécessairement pathologiques.

Des études psychiatriques (par exemple : Tien, 1991) établissent maintenant que la prévalence des hallucinations dans la population générale est d'environ 11 %, avec une prédominance chez les femmes et sous forme visuelle. Une proportion non négligeable de la population a donc déjà vécu ou vivra une expérience hallucinatoire, sans que cela implique une pathologie mentale (par comparaison, la prévalence de la schizophrénie dans la population est de 1 %).

Même si les apparitions semblent être fondées sur un processus hallucinatoire, des critères permettent de distinguer les apparitions des hallucinations provoquées par la maladie mentale ou les substances hallucinogènes. Les apparitions sont plus nettes et moins fluctuantes que les hallucinations pathologiques, puisque certaines apparitions sont confondues avec la présence de personnes réelles. Il semble qu'il y ait, au moins dans certains cas d'apparitions, un processus de matérialisation inexpliqué, d'objectivation de représentations imaginaires : on peut photographier des lueurs, des formes floues (par exemple, Terhune *et al.*, 2007). On pourrait comparer cette forme de matérialité subtile au reflet d'un miroir, ou à une projection sur un écran de fumée...

Ensuite, les apparitions peuvent coïncider avec de véritables événements ayant lieu dans des endroits éloignés (ce qu'on désignait autrefois par « hallucinations véridiques » ou « hallucinations télépathiques » ; Le Maléfan, 2008). D'autres phénomènes paranormaux peuvent les accompagner (« signes dans le ciel », poltergeists, prémonitions, guérisons, etc.). Enfin, l'existence de cas d'apparitions collectives semble plaider en faveur d'une certaine objectivité, celle-ci pouvant, dans ces cas, s'appuyer sur la notion d'intersubjectivité, le caractère de ce qui est perçu étant partagé par tous les sujets observant la scène (Catala, 2001).

On ne peut donc réduire complètement le phénomène apparitionnel à une pure hallucination, ne serait-ce que parce que le terme « d'hallucination collective » n'est pas une notion bien établie en psychiatrie, très peu d'études y ont été consacrées. Par ailleurs, si les cas de paréidolies collectives ne sont pas rares (tendance instinctive à trouver des formes familières dans des images), ces formes d'illusion ne peuvent s'appliquer strictement à tous les cas d'apparition.

Dans le syndrome de « paralysie du sommeil », les patients signalent souvent des apparitions d'entités plus ou moins maléfiques (ressemblant aux mythiques incubes ou succubes) qui oppresseraient les sujets, allant parfois jusqu'à les violenter (Cheyne, 2001). Même si aujourd'hui ces apparitions sont assimilées par les médecins à des hallucinations, il arrive que ces épisodes laissent des traces physiques sur les corps des sujets.

Dans les années 1970, une étude statistique sur les veufs et les veuves a été publiée dans une revue médicale : plus de la moitié d'entre eux admettent avoir senti une manifestation de leur conjoint décédé (Rees, 1971). Ils déclarent éprouver comme une présence, percevoir des « signes » et souvent relatent des apparitions. En fait, toutes les enquêtes et les études effectuées auprès de personnes en deuil confirment que la majorité des personnes ayant perdu un conjoint éprouvent au minimum un sentiment de présence. Une méta-analyse de 2018 montre que 56,6 % des personnes endeuillées (famille ou amis décédés) ont eu le sentiment d'un contact avec le décédé, visuel ou autre (Kamp et Due, 2019).

La majorité des cas d'apparition rapportés ont une composante visuelle. D'autres sens (ouïe, olfaction…) peuvent être impliqués, mais un sujet n'aura pas tendance à étiqueter une expérience comme « apparition » si elle n'est pas avant tout visuelle.

Un phénomène ressemblant à l'apparition est la « sensation de présence ». Elle peut être rapprochée d'une apparition « véridique » lorsqu'elle coïncide avec des éléments objectifs extérieurs (par exemple le décès d'un parent éloigné dont la personne vivant l'apparition n'était pas informée).

Enfin, beaucoup d'apparitions se produisent lorsque le sujet est inactif (assis, couché…) et peut-être en léger état modifié de conscience (Évrard *et al.*, 2021). Des études approfondies sur ce facteur seraient nécessaires. Dans le cas des apparitions religieuses, il arrive fréquemment que le ou les voyants soient en état de conscience modifiée (extase).

1.2.2. Caractéristiques des hantises

Transcendant le temps et les générations, la « grande hantise » se présente souvent comme une remise en scène d'une violence ou d'une souffrance passée, sous forme de bruits, de gémissements, de hurlements, de plaintes, de chuchotements… Dans une enquête publiée en 1920 sur 374 cas de hantises, par le chercheur d'orientation spirite Ernesto Bozzano, plus de 80 % avaient un rapport avec une mort, le plus souvent violente. (Bozzano, 1920). Mais d'autres types d'étude sur un plus grand nombre de cas n'ont pas retrouvé cette proportion. Le professeur de psychologie Erlendur Haraldsson, dans son recueil de cas islandais, note qu'une proportion de 30 % des personnages reconnus était réputée être morte de mort violente, les autres étant morts de causes naturelles.

Les phénomènes physiques qui surviennent dans les lieux hantés se rapprochent de ceux des poltergeists (voir partie 3). Dans la pratique, les cas de hantises récurrentes sont extrêmement difficiles à vérifier, et on en trouve peu de fiables dans la littérature. Par exemple, l'enquêteur Cornell a eu l'occasion maintes fois de « démonter » des réputations qui en fait reposaient sur très peu d'éléments factuels (Cornell, 2002). Il est pratiquement impossible pour un parapsychologue de « suivre » un lieu hanté sur de nombreuses années, d'autant plus que les hantises peuvent se produire n'importe quand et de façon épisodique.

L'ouvrage le plus complet sur le sujet des hantises est un recueil collectif anglo-saxon présentant des articles pluridisciplinaires (Houran & Lange, 2001)[1], complété récemment par un

1. Un résumé partiel de l'ouvrage est présenté en français dans Catala (2019).

ouvrage synthétisant de nombreuses études récentes sur les facteurs environnementaux et psychologiques associés à l'expérience de hantise (Laythe *et al.*, 2022).

1.3 Exemples de cas

Un cas d'apparition de crise (Evans, 2002)

Ukraine, janvier 1861. Une jeune femme raconte :

« Il était vingt-trois heures, j'étais couchée près de mon époux endormi, mais je ne dormais pas. Mon fils nouveau-né ayant pleuré, je réveillai ma servante et lui demandai de m'amener le bébé pour que je l'allaite. Je pris mon fils dans mes bras, et ma servante s'assit par terre. Alors que je nourrissais le bébé, je vis le mari de ma sœur entrer lentement dans la chambre, habillé de pantoufles et d'une robe de chambre que je ne connaissais pas. Il enjamba les jambes de ma servante à terre, et s'assit lentement sur la chaise. Je demandai à ma servante : "Claudine, voyez-vous ?" Elle répondit, tremblante de peur : "Je vois Nicolai Nilovitch." À ces mots, il se leva, enjamba de nouveau les jambes de Claudine, et partit par la porte. Je réveillai alors mon mari, et lui demandai d'allumer une bougie et de suivre l'apparition dans le salon. Il y alla mais ne trouva personne. Je dis que cela signifiait sûrement que Nicolai était mort à Tver, et était venu dire au revoir. Cela se vérifia ensuite : il était mort juste à ce moment-là. Nous apprîmes plus tard que la robe de chambre que nous l'avions vu porter, avait été confectionnée seulement une semaine auparavant. »

Le cas d'un fantôme de vivant (Flammarion, rééd. 1992)

Il s'agit du célèbre cas d'Émilie Sagée, une jeune institutrice de 32 ans qui « se dédoublait ». En 1845, Émilie était enseignante dans un pensionnat de Lettonie.

Peu de temps après son arrivée au pensionnat, des bruits singuliers commencent à courir sur Émilie parmi les élèves. Quand une jeune fille dit avoir vu le professeur dans telle partie de l'établissement, une autre assure l'avoir rencontré ailleurs au même moment, disant par exemple : « Mais non, cela ne se peut : je viens de la croiser dans l'escalier. » Évidemment les professeurs et directeurs concluent que ce sont des erreurs, que tout cela n'a aucun sens commun et qu'il ne faut pas y attacher la moindre importance. Cependant les élèves continuent à être intriguées quand Émilie semble se trouver à deux endroits à la fois.

Un jour, alors qu'Émilie est en train d'écrire au tableau, toute la classe peut voir une deuxième Émilie à côté de la première, copiant ses gestes ! Cet événement fait bien entendu grande sensation auprès des jeunes filles qui échangent leurs impressions et s'aperçoivent qu'elles ont toutes vu la même chose.

Mais l'incident le plus remarquable se produit un jour où les quarante-deux élèves de l'école sont toutes rassemblées dans une pièce, occupées à des travaux de broderie. Elles sont surveillées par une institutrice assise dans un fauteuil et peuvent voir par la fenêtre Émilie en train de cueillir des fleurs.

À un moment donné, la maîtresse surveillante doit s'absenter et quitte le fauteuil. Quelques instants après, les jeunes filles médusées y voient Émilie, alors que par ailleurs elle est encore en train de cueillir des fleurs dans le jardin, mais avec des gestes plus lents, comme si elle était accablée de sommeil. Deux des élèves les plus hardies s'approchent alors du fauteuil et essaient de toucher le double d'Émilie : elles ont la sensation d'un léger tissu de mousseline ou de crêpe. Au bout de quelque temps, le double s'efface graduellement, et on constate qu'Émilie a repris sa cueillette avec sa vivacité habituelle. Plus tard, quelques élèves demandent à Mlle Sagée si elle a ressenti quelque chose de particulier. Elle se rappelle seulement avoir aperçu le fauteuil vide et pensé que les jeunes filles risquaient de commettre des bêtises. Elle avait donc dû focaliser ponctuellement sa pensée sur ce fauteuil.

Ce type de manifestations étonnantes dura pendant dix-huit mois. Il se produisait surtout lorsqu'Émilie était très préoccupée et appliquée à sa tâche. La jeune femme n'était jamais consciente de ses dédoublements. Les parents, inquiets, commencèrent à retirer leurs filles du pensionnat, à tel point que les directeurs durent prendre la décision de renvoyer Mlle Sagée. Celle-ci en fut désespérée, car c'était la dix-neuvième fois qu'on la renvoyait pour des raisons similaires. Elle se retira quelque temps chez une belle-sœur qui avait plusieurs enfants tout jeunes. Ceux-ci, âgés de trois à quatre ans, connaissaient les particularités de son dédoublement : ils avaient l'habitude de dire qu'ils voyaient deux tantes Émilie.

Le cas d'une « visite dans le futur » (Goddard, 1975)

Goddard, un officier de la Royal Air Force, volait seul un jour de 1935 dans un chasseur biplane. Pris dans un orage, il réduisit son altitude et, à sa surprise, s'aperçut que le paysage au-dessous était très ensoleillé. Il survolait un aérodrome abandonné depuis la Première Guerre mondiale, qu'il avait repéré la veille. Mais à ce moment-là, l'aérodrome semblait regorger d'activité et il remarqua que les uniformes des équipages étaient bleus au lieu de marron, et qu'un avion de forme inconnue était peint en jaune plutôt que de couleur argentée. Un moment plus tard il se retrouva de nouveau entouré de nuages. Ce n'est que quatre ans plus tard, à la veille de la Seconde Guerre mondiale, que l'aérodrome rouvrit, avec les particularités que Goddard avait remarquées ce jour-là.

Le cas d'un fantôme visible et invisible : environs de Cambridge, 1967 (Cornell, 2002)

Voici une histoire amusante, caractéristique de la façon dont les fantômes peuvent être perçus par certaines personnes « sensibles » et non par d'autres. Tony Cornell, universitaire membre de la Society for Physical Research (SPR), est contacté à la suite d'une émission télévisée par une dame qui lui dit avoir un fantôme chez elle. Il décide de lui rendre visite, et il est convenu qu'un collègue de Cornell, P.D., les rejoigne pour les besoins de l'enquête. Cornell arrive le premier et est reçu par Mme M., une veuve qui vit seule. Elle paraît être une femme tout à fait sensée. Elle laisse la porte d'entrée entrouverte en prévision de l'arrivée du collègue du parapsychologue. Elle introduit Cornell dans son salon et lui explique que le fantôme ne la dérange pas, mais qu'il est peut-être temps qu'il s'en aille. Il s'agit d'un homme roux, d'une soixantaine d'années, portant une veste verte et tenant une pipe qu'il ne fume jamais. On le voit uniquement assis dans une certaine chaise du salon et marchant près de la cheminée ou vers la fenêtre. Il a été identifié par une ancienne domestique comme étant le précédent propriétaire de la maison, décédé en 1963.

Mme M. s'absente alors pour faire du thé, et quand elle revient, elle dit à Cornell : « Regardez, il est là sur la chaise ! » Le parapsychologue regarde mais ne voit absolument rien, Mme M. s'en étonne. Elle lui décrit le fantôme en détail, lui dit qu'il se tient près de la cheminée et le regarde. Cornell est incrédule, mais arrive sur ces entrefaites son collègue P.D. qui, ayant trouvé la porte ouverte, est entré sans attendre. Il pénètre dans le salon, regarde de tous côtés, semblant chercher quelqu'un. Cornell lui reprochant son manque de politesse, P.D. répond : « Mais où est passé le mari ? Je l'ai vu me saluer d'un signe de tête, puis il a disparu ! » Cornell lui demande des précisions et il explique qu'il a vu depuis l'entrée Mme M. et le parapsychologue qui discutaient, et le mari de la dame entre eux qui lui faisait signe d'entrer. Sa description de celui qu'il pense être « le mari » correspond en tout point au fantôme : cheveux roux, veste verte, un pantalon clair, et tenant quelque chose dans sa main. Or P.D. n'a eu aucune connaissance de la description du fantôme avant d'arriver sur les lieux, et était absent lorsque Mme M. en a parlé à Cornell. Il est à noter que Mme M. n'a pas vu le fantôme saluer P.D. Plus tard, Cornell aura l'occasion de revenir quatre fois chez Mme M., mais il ne verra jamais l'apparition.

Cornell conclut :

« Pourquoi P.D., qui ne savait rien de la description de Mme M., a-t-il vu le même fantôme qu'elle, alors que moi, qui ai pourtant eu toutes les informations, je n'ai rien vu ? Cependant, P.D. n'a pas vu exactement la même chose que Mme M. Ces similarités – et également ces différences – restent un mystère intrigant. De tels cas contradictoires sont toujours une complication pour la parapsychologie. On peut comprendre qu'une seule personne parmi les trois présentes dans une pièce puisse voir un fantôme, si le fantôme est produit par un processus interne que les autres ne partagent pas. Mais cela n'explique pas tous les cas, car quelquefois les trois personnes voient le même fantôme au même moment, et sous différents angles et dans les perspectives correspondantes. De tels exemples soulèvent des problèmes qui ne seront pas résolus aisément. »

Le cas d'une maison hantée des environs de Cambridge, 1964-1997 (Cornell, 2002)

Voici un cas récent qui a fait l'objet d'une enquête sérieuse sur place par un parapsychologue aidé d'un « médium ». Cette enquête a mis en évidence l'importance d'événements passés.

M. et Mme B. ont fait construire une petite maison en 1964 au bord de la rivière Cam. Dès leur emménagement, ils ont constaté des événements très étranges : bruits de pas dans le couloir, voix, bruits de bataille, d'armes et de trompettes, venant du jardin. Ils observèrent également que les portes fermées à clé s'ouvraient, des objets étaient déplacés, ils avaient l'impression d'être touchés et voyaient quelquefois des apparitions brumeuses. Helen, leur fille, avait vu étant enfant l'apparition d'un couple dont l'homme était habillé comme un guerrier en armure. Le parapsychologue T. Cornell, appelé en 1993, vient visiter la maison de la famille B., accompagné d'une médium japonaise, Mme Gibo, et d'une équipe de télévision. Helen a alors 21 ans et ses parents racontent qu'il leur est arrivé plusieurs fois d'entendre arriver la voiture de leur fille et de voir la lueur des phares, alors qu'il n'y avait aucune voiture. Le chien de la maison réagit aussi à ces événements irréels.
Le rôle de la médium consistant à essayer de ressentir d'éventuels drames passés, elle explore ainsi la maison et ses environs. Elle commence par décrire avec beaucoup de précision un épisode récent (réel) de cambriolage durant lequel des coups de feu ont été échangés. Puis, au milieu de la pelouse, la médium ressent la violence d'une bataille passée, d'un carnage avec de nombreux morts et elle entend des bruits de roues de char. Par la suite, en faisant des recherches historiques, Cornell découvre sur une carte qu'une ancienne route romaine passait dans le jardin, à proximité d'un fort. M. et Mme B. connaissent le passé romain de leur cité, puisqu'ils retrouvent souvent sur leur terrain, près de la rivière, des débris d'objets. Y a-t-il eu une bataille romaine dans ce lieu ? C'est possible mais pour l'instant aucune source ne permet de le confirmer.
Une nouvelle villa est construite en 1997, à côté de la petite maison qui sera détruite. Helen, dans la nouvelle maison, entendra également des bruits bizarres.

Le cas de Fort Leonard Wood, Missouri (Houran & Lange, 2001)

Le sergent Estes avait emménagé dans un logement d'une base de l'armée, à Fort Leonard, avec sa femme et ses trois enfants. Il s'agissait d'une grande maison en duplex dont l'autre moitié était occupée par un policier de la base.
Rapidement, la famille avait été contrainte de quitter le logement, car de nombreux troubles étaient venus perturber leur vie. Bruits inexpliqués comme des pas dans l'escalier, lumières qui s'allumaient et s'éteignaient seules, hallucinations tactiles, comportements étranges des chiens..., tout cela était bien inquiétant, mais la famille Estes a eu vraiment peur quand leur plus jeune fils a crié qu'il voyait un homme dans sa chambre et que Mme Estes a commencé à sentir des baisers sur son cou et des caresses sur ses jambes, alors qu'il n'y avait personne.
Quelquefois, le voisin se plaignait qu'il entendait des coups et demandait que les enfants se calment, mais les enfants n'étaient pas là en ces occasions. À d'autres moments, le voisin et sa femme entendaient des chiens, alors que l'appartement était vide.
Même après que la famille Estes eut déménagé, le voisin continuait à entendre des bruits de pas dans l'autre partie du duplex.

Le cas d'Abbey House, Cambridge (Gauld, 1972)

Cette austère maison de pierre date du XVIe siècle et fut construite non loin du site d'un ancien prieuré, Barnwell Priory. Vers les années 1860 la maison commença à avoir une réputation de lieu hanté. En 1903, le professeur Lawson et sa famille emménagèrent à Abbey House. Chacun des membres de la famille, parents et enfants, vit des apparitions et entendit des sons sans cause apparente (claquements de portes, bruits de pas...). Les apparitions décrites étaient celles d'une nonne, et d'un étrange animal ressemblant à un chien ou un lapin. Plus tard avec d'autres propriétaires, en 1920, une fillette de 2 ans avait peur quand elle voyait une apparition ressemblant à un animal. Elle voyait aussi l'apparition d'une dame. Puis en 1947, un petit garçon disait aussi voir un animal. Il ne se passa rien jusqu'en 1980, où une vieille dame raconta avoir vu l'apparition d'un homme et d'un cortège de religieuses. Ce cas semble être l'exemple type de la hantise : à plusieurs reprises au cours du temps, des phénomènes similaires sont observés.

L'ouvrage *N equals 1* (Mayer, 2019) sur l'investigation de cas spontanés offre plusieurs chapitres tout à fait exceptionnels de par l'approfondissement des études effectuées et de par l'ampleur des phénomènes. Se distinguent, notamment, l'étude pluridisciplinaire récente d'un hôtel hanté en Allemagne, ou encore un cas de hantise très documenté dans une prison de Weinsberg, toujours en Allemagne, décrit par Justinus Kerner en 1835, où de nombreux témoins officiels sont intervenus pour authentifier des phénomènes auditifs et visuels extrêmement intenses.

1.4 Collections de cas

Après ces quelques exemples qui nous semblent illustrer au mieux la diversité et les particularités des apparitions, signalons que plusieurs collections de cas ont été réalisées, de plus ou moins grande envergure. Il s'agit alors de rassembler un maximum d'événements ressemblants, pour tenter d'en extraire des informations statistiques, d'en déceler des points des communs, des invariants, des typologies, etc.

- En 1886, la SPR a publié *Phantasms of the Living* (Gurney *et al.*, 1886), étude portant sur plus de sept cents cas. Par voie de presse, il avait été lancé une grande enquête sur les apparitions d'êtres humains sans cause apparente. Seuls les cas différant d'une simple hallucination pathologique, à l'état de veille, et corroborés par des événements extérieurs, étaient retenus.
- Puis fut réalisé le *Census of Hallucinations* (Sidgwick *et al.*, 1894), véritable monument de la recherche parapsychologique et portant sur un sondage auprès de dix-sept mille personnes. C'est à cette époque que se forgea le concept d' « hallucination télépathique » (Le Maléfan, 2008), pour désigner les perceptions de personnes dont la présence était impossible mais qui étaient en train d'agoniser, de passer par un moment de crise, ou simplement de penser à leur famille, et qui apparaissaient à leurs proches (cela concernerait environ 10 % de la population).

- Ensuite et jusqu'à nos jours, de nombreuses autres collections de cas eurent lieu (par exemple, Green & McCreery, 1975 ; Haraldsson, 1994 ; Huesmann & Schriever, 2022).

De nombreux problèmes méthodologiques se posent, dont l'un d'eux peut se formuler ainsi : faut-il sélectionner les cas ou prendre le tout-venant, au risque d'englober mensonges, légendes, illusions ou canulars ?

Au XIXe siècle, la SPR cherchait à prouver l'authenticité des phénomènes paranormaux, et pour cette raison ne retenait que les cas avérés par des éléments objectifs, ce qui ne donnait peut-être pas une vision complète du phénomène apparitionnel. Par exemple, les cas d'apparition de crise s'y trouvaient en majorité, car, dans ces cas, il est plus facile de corroborer une apparition par un événement extérieur, avec des témoignages signés de personnalités fiables.

D'un autre côté, les études récentes de cas qui englobent tous les récits ne font plus la distinction entre hallucination simple, fabulation et apparition au sens des parapsychologues. Il est donc difficile d'en tirer de nouvelles connaissances et de savoir ce que reflètent vraiment les nombreuses statistiques qui en ont été extraites. Les résultats peuvent représenter avant tout les critères de sélection qui ont conduit à inclure ou exclure tels ou tels cas.

Les chercheurs Bryan Williams et Jerry Solfvin, de la Psychical Research Foundation (PRF), ont entrepris récemment de constituer de nouvelles bases de données, en posant clairement dès le départ leurs critères d'inclusion. Ainsi, les statistiques qu'ils effectueront devront être considérées relativement à ces critères. À noter que les recherches de la PRF comprennent l'étude de l'hypothèse de la survie de la conscience après la mort (voir chap. 8), dans la continuité du travail de William G. Roll (1989).

1.5 Recherche de terrain

En plus des enquêtes, des recueils de cas et des sondages, qui ont été mentionnés ci-dessus, il est possible d'utiliser plusieurs types d'approche pour étudier les apparitions, en essayant de toujours séparer observation des faits et interprétation.

Avant d'étudier un cas de hantise, il faut éliminer toutes les causes triviales qui auraient pu amener les anomalies constatées dans le lieu :

- **facteurs physiques** (bruits de tuyaux, bois qui travaille, surtensions, eaux souterraines, activité sismique, animaux comme rats, insectes, oiseaux...) ;
- **facteurs psychologiques** (mythomanie, fabulation, pathologie mentale, canulars ou intentions malveillantes, mensonges, exagération et mauvaises interprétations d'événements de type banal (apophénies), erreurs perceptives (illusions, paréidolies)...).

Tous les éléments permettant d'objectiver des phénomènes et de recueillir des informations sur le cas seront à rassembler soigneusement. De plus, il faut toujours garder à l'esprit que les légendes et la réputation du lieu ont de grandes chances de modeler les phénomènes qui vont s'exprimer, par les attentes qu'elles suscitent.

Les chercheurs doivent étudier les phénomènes rigoureusement et scientifiquement, en questionnant les témoins et en recoupant les témoignages, en surveillant les lieux pour tenter d'observer eux-mêmes les phénomènes, en évaluant l'état psychologique des habitants et leur crédibilité, en testant les hypothèses relevant de causes naturelles, et enfin en documentant et objectivant le cas le plus précisément possible (journaux de bord, rapports, vidéos, photos, etc.). On peut citer trois grandes voies d'approche.

1.5.1. Les mesures physiques de l'environnement

Certains auteurs soutiennent que des caractéristiques physiques, notamment les ondes électromagnétiques, peuvent provoquer ou au moins déclencher des hallucinations chez des personnes sujettes à une épilepsie du lobe temporal (Persinger & Koren, 2001). Or, dans certains lieux réputés « hantés », on a pu relever des valeurs très élevées pour l'activité géomagnétique (GMF), ainsi que des variations importantes de température, sans que l'on puisse en déduire une causalité. Dans certaines expériences, l'audition d'infrasons a causé des ressentis de présences et des expériences visuelles non ordinaires (Tandy, 2002). Mais ces études ont été critiquées sur le plan méthodologique et une récente réévaluation ne semble pas confirmer ces premiers éléments (Dagnall *et al.*, 2020).

On a pu relever des anomalies sur des GEA (générateurs d'événements aléatoires) disposés dans des lieux réputés hantés (Maher & Hansen, 1992 ; Gerding, Wezelman & Bierman, 2002), ce qui pourrait permettre d'imaginer un lien avec la micro-PK (voir chap. 5).

Il faut mentionner ici que de nombreuses équipes de « chasseurs de fantômes » utilisent abondamment des appareillages divers et variés pour enregistrer des « anomalies » (caméras infrarouges, enregistreurs de voix EVP...), sans que cela constitue pour autant une activité scientifique. S'appuyant le plus souvent sur des présupposés non étayés (par exemple : « Le détecteur EMF s'affole, cela prouve la présence d'une entité paranormale en colère »), ces mesures ne suffisent pas à construire des connaissances scientifiques solides. L'expansion du nombre de chasseurs de fantômes au cours des dernières décennies est devenue un mouvement important sociologiquement, propulsé par la culture vidéo populaire (Potts, 2004). Bien que l'objectif principal de ces chasseurs soit la collection de « trophées » paranormaux, il arrive que certaines équipes collaborent utilement avec des scientifiques (Parsons & Cooper, 2015). Plus récemment, le projet MESA-3 (Multi Event Sensor App) a pour objectif le développement d'une application sur smartphone accessible à un grand nombre de personnes dans le but d'acquérir et organiser les données observées sur des sites concernées par des phénomènes anormaux (Laythe, Houran, & Boussoffara, 2021).

1.5.2. Enquêtes socio-anthropologiques

Les enquêtes socio-anthropologiques consistent à recueillir des informations orales ou écrites par le moyen d'une « observation participante ». Il s'agit de se rendre sur place, de s'insérer dans certains milieux, et d'essayer de comprendre la mentalité du groupe présent, de recenser ses croyances, ses présupposés, ses stratégies d'interprétation, etc. (par exemple,

Mayer, 2019). Ces enquêtes peuvent se doubler d'une analyse de la manière dont les chercheurs construisent ce corpus de cas d'apparitions et de hantises (Delaplace, 2021).

1.5.3. Approche psychologique

Enfin, dans le cadre d'une approche psychologique, on peut mentionner :

- Le perfectionnement des méthodes d'interrogation des témoins et de l'entourage, un témoignage étant par nature toujours subjectif et critiquable.
- L'étude approfondie de certains cas individuels peut apporter des renseignements sur les processus de formation des apparitions. Ces études rentrent dans un nouveau champ clinique, dit « clinique des expériences exceptionnelles » (Kramer *et al.*, 2012 ; Rabeyron, 2020) (voir chap. 9).
- Différentes recherches s'intéressent à la façon dont les perceptions s'établissent (voir par exemple., Jimenez, 1997). Des connaissances issues de la psycho-sociologie, des neurosciences, de la psychologie expérimentale, etc., permettront de mieux connaître les processus apparitionnels. L'importance des facteurs subjectifs dans la genèse des apparitions est incontestable, et l'influence de l'environnement culturel primordial. La psychologie de la croyance, quant à elle, nous renseignera sur la façon dont les contenus perceptifs sont suscités et influencés par des indices et des croyances plus ou moins inconscients (Lange & Houran, 2001). Ainsi, R. Lange a recensé des « variables contextuelles » qui peuvent nous amener à considérer un événement comme paranormal : croyances culturelles (aux esprits, aux démons, etc.) ; caractéristiques de la situation (minuit, vieille maison...) ; état physique et émotionnel de vulnérabilité (deuil, maladie mentale, hallucinogènes...) ; référence symbolique (une date : Halloween, ou l'anniversaire d'un défunt...). Tous ces mécanismes ont été maintes fois testés en laboratoire par des psychologues, qui ont prouvé leur incontestable efficacité par le biais de tests de suggestion (Laythe *et al.*, 2022).
- Il y a eu beaucoup d'efforts pour trouver des caractéristiques spécifiques des témoins de hantise (tendance à la fabulation, schizotypie, transliminalité, hyperesthésie, etc. ; voir par ex., Laythe *et al.*, 2022), souvent dans des perspectives de pathologisation, sans que l'on puisse aboutir à des résultats vraiment généralisables à tous les témoins (Maher, 2015).
- Grâce aux techniques d'imagerie cérébrale, associées à des études expérimentales, les hallucinations sont considérées désormais d'abord comme des phénomènes psychologiques – pouvant concerner tout le monde dans certaines circonstances – plutôt que comme des phénomènes pathologiques en soi (Bentall, 2000). Dans un même ordre d'idée, la recherche sur les états non ordinaires de conscience pourra sans doute apporter un cadre d'étude plus riche.

1.6 Recherche expérimentale

Pour les apparitions comme pour d'autres phénomènes psi, des chercheurs ont tenté une reproduction de certains événements dans des conditions contrôlées.

1.6.1. Les ectoplasmes

Les « ectoplasmes » ont été la première tentative expérimentale de reproduction d'apparitions dans un environnement rigoureux (lieu fermé et inspecté soigneusement), mais ils se sont surtout produits grâce à une très forte adhésion de certains individus à la doctrine spirite (voir chap. 1 et 8). L'ectoplasme est un concept qui postule que les esprits des décédés peuvent se manifester aux vivants, notamment sous l'aspect de formes évanescentes, brumeuses ou lumineuses, très plastiques, se modifiant dynamiquement et finissant par figurer des membres, des personnes entières, des objets ou plus rarement des animaux (Geley, 1924).

Ce qu'on appelait également « matérialisation » était censé représenter une manifestation physique envoyée par l'« esprit » contacté. Au début du XXe siècle, des lettrés, des hommes publics ou des savants ne craignaient pas de nuire à leur réputation en participant à de telles séances, et c'est ainsi que Pierre et Marie Curie, Camille Flammarion, Henri Bergson, Charles Richet et bien d'autres assistèrent à des manifestations fameuses. Les médiums les plus impressionnants étaient alors Dunglas D. Home, Marthe Béraud, Franek Kluski, Willy et Rudi Schneider, Eusapia Palladino, Jan Guzik… Les séances organisées à Paris par l'Institut métapsychique international, de 1922 à 1923, donnèrent lieu à la signature du « Manifeste des trente-quatre », document qui regroupe les attestations de personnalités connues. Dans les années 1920, on obtint même, avec le médium aux capacités extraordinaires répondant au pseudonyme de Kluski, et dans des conditions strictement contrôlées, les célèbres « moulages de mains ectoplasmiques » qui sont encore conservés aujourd'hui à l'IMI (pour une discussion complète, voir Granger, 2021, 2023).

L'IMI possède dans ses archives de nombreuses photographies (les plus anciennes sur plaques de verre) et a publié des articles sur ce sujet sur son site Internet et dans des revues scientifiques. Bien que les ectoplasmes aient constitué des effets facilement imitables et donc fréquemment simulés, il n'en reste pas moins qu'un petit nombre d'entre eux ont été authentifiés et représentent les seuls cas connus de « fantômes » apparaissant sur demande. Ils avaient également comme particularité d'être composés d'une substance palpable et de pouvoir être observés par tous, détenant par là même une qualité d'objectivité que ne possèdent pas la plupart des autres apparitions.

1.6.2. Le psychomantéïon

Les psychomantéïons sont des lieux spécialement aménagés dans le but de produire des apparitions : cabine obscure isolée acoustiquement, munie d'un grand miroir ou d'autres objets susceptibles de favoriser un état non ordinaire de conscience par déprivation sensorielle. Le chercheur américain Moody (avec Perry, 1993) a introduit cette technique dans le but de mettre des sujets en contact avec leurs décédés. Elle a ensuite été reprise par d'autres à des fins différentes, expérimentales ou psychothérapeutiques (Hastings *et al.*, 2002 ; Hastings, 2012). Le psychomantéïon a eu l'immense mérite de démontrer qu'il n'était pas difficile, en créant l'ambiance adéquate, de susciter des apparitions chez des sujets préparés psychologiquement : alors que Moody déclare produire des apparitions dans plus de 50 % des cas, les pourcentages trouvés par d'autres chercheurs varient de 3 % à 25 % (voir Mercier & Si Ahmed, 1998).

Dans le même ordre d'idées, cherchant à induire des expériences de hantise – principalement pour leur versant subjectif – Chris French et ses collègues (2009) ont conçu une « pièce hantée » en laboratoire. Les soixante-dix-neuf participants y pénétraient, un par un, pour une durée de 50 minutes. Cette pièce vide (donc sans miroir), silencieuse, aux murs blancs, était mise à une température plutôt fraîche. Selon les groupes, la pièce était également baignée soit d'infrasons, soit de champs électromagnétiques complexes, soit les deux à la fois, soit aucun des deux. Au total, 80 % des participants eurent d'étranges ressentis, dont 9 % qui furent véritablement terrorisés. Cependant, ces sensations apparaissaient dans toutes les conditions sans véritablement sembler être la conséquence de l'un ou l'autre des effets physiques. Les auteurs ont conclu que la suggestion restait la variable la plus influente, dans ce contexte artificiel de relative déprivation sensorielle, connu pour faciliter les hallucinations.

1.6.3. La détection des expériences hors du corps (EHC)

À partir de cas spontanés très particuliers pendant lesquels on aurait observé des personnes alors qu'elles se trouvaient ailleurs, dans l'état non ordinaire de conscience nommé expérience de hors corps ou EHC (voir chap. 13), une idée d'expérimentation a surgi. Au XIXe siècle, quelques chercheurs ont fait des expériences pour « projeter » leur fantôme et aller visiter un ami, ce qu'on a appelé des « apparitions expérimentales ». Par exemple, Clarence Godfrey tenta à trois reprises d'aller visiter une amie. Dans deux des trois essais, l'amie eut une impression de présence. Quand elle descendit son escalier, elle vit M. Godfrey debout, habillé de sa manière habituelle (alors qu'en réalité il était couché en vêtements de nuit) (Podmore, 1894).

Pour vérifier ces premières tentatives anecdotiques, l'illustre chercheur en parapsychologie Robert Morris a eu l'idée de regarder si l'on pouvait repérer la présence du « double » d'une personne en train de vivre une EHC, en utilisant un animal comme détecteur. Des mesures objectives de l'activité d'un chaton avaient été mises au point : le nombre de miaulements, les déplacements du chaton sur un damier géant, etc. On observa que durant les périodes d'EHC – produites à des intervalles aléatoires –, en l'occurrence du sujet Keith Harary, le chaton se calmait de façon tout à fait caractéristique et, que pendant les périodes sans « visites », il manifestait une activité beaucoup plus grande. De plus, des expérimentateurs également en condition de double aveugle ont pu eux aussi ressentir à plusieurs reprises la présence d'Harary (Morris, 1978).

Dans une autre expérience de « détection » des sujets en EHC (Osis et McCormick, 1980), on demanda au sujet doué Alex Tanous de « visiter » en EHC une fenêtre permettant d'observer des pictogrammes. Des capteurs de jauge de contrainte, qui détectaient les vibrations alentour, avaient été disposés près des fenêtres. Conformément aux prévisions, des corrélations positives ont été établies entre la restitution d'une information correcte sur les images et des niveaux plus élevés d'activation des détecteurs. Les résultats furent tout à fait remarquables, le sujet Alex Tanous étant extrêmement doué et, semble-t-il, capable de projeter son double à distance. Ce type d'étude a néanmoins des limites, car il est difficile d'écarter les hypothèses d'ESP et de PK sur les détecteurs pour conclure qu'il y a bien eu un « déplacement de la conscience » décelable. C'est pourquoi les cas spontanés d'observation collective ou les cas de réactions d'animaux sont un peu plus convaincants, en mettant une évidence une « présence » plus objective. Il y a encore trop peu d'expériences concernant cette piste de recherche, rendue difficile par le fait que très peu de sujets parviennent à obtenir ce type d'EHC à volonté.

1.6.4. Comparaisons entre sites hantés et sites non hantés

La parapsychologue Gertrude Schmeidler avait inauguré en 1966 une méthode d'investigation très prometteuse. Une famille ayant signalé une hantise dans sa propriété, Schmeidler décida de mener une expérience dans cette maison, avec la coopération de la famille. Elle fit d'abord dessiner un plan détaillé de la maison, et demanda aux trois personnes qui vivaient dans la maison d'indiquer chacune par des croix, sur un exemplaire du plan, les endroits où elles voyaient des fantômes. Elle leur fit également décrire les caractéristiques précises des entités perçues : caractère, aspect physique, activités. Puis, dans une deuxième étape, après que la famille se fut absentée, elle fit venir sur les lieux des sujets « sensibles aux fantômes » qui ne connaissaient pas du tout la maison. Elle leur demanda de parcourir toute la maison et de noter là encore sur le plan leurs impressions, ainsi que des descriptions. C'est ainsi qu'elle put comparer les plans et descriptions des habitants avec ceux des visiteurs. Étonnamment, les descriptions des visiteurs correspondaient à celles de la famille bien plus souvent que ce qui aurait été attendu du hasard. Il peut y avoir deux interprétations opposées de ce résultat :

- soit il y avait réellement quelque chose à percevoir dans certains endroits de la maison, si bien que plusieurs personnes pouvaient ressentir la même chose, ce qui donnait un caractère d'objectivité à la hantise ;
- soit c'était simplement les particularités des lieux (couloirs sombres, cuisine à courants d'air, etc.) qui suscitaient les mêmes associations d'idées chez tous les sujets, par stéréotypes culturels.

Schmeidler a reproduit plusieurs fois l'expérience, ainsi que d'autres chercheurs (Maher, Hansen), en la perfectionnant pour essayer d'éliminer la deuxième possibilité. Par exemple, elle prenait deux groupes, un groupe de « médiums » – ou sujets-sensibles comme précédemment – et un groupe contrôle de personnes ordinaires ou de sceptiques, et leur faisait visiter le lieu hanté. Les descriptions des médiums correspondaient de façon significative beaucoup plus à celles des habitants que les descriptions des sceptiques. Michaeleen Maher, qui fut étudiante de Schmeidler, a cumulé cinq expériences dans une méta-analyse, mais avec un nombre d'essais qui reste encore relativement faible, et a pu confirmer ces résultats significatifs, ce qui semble indiquer que les médiums ressentaient vraiment des impressions spécifiques dans les endroits hantés, en plus des stéréotypes du folklore et des préjugés (Maher, 1999). C'est donc une bonne voie d'approche, qu'il faudrait approfondir. Cependant, une troisième hypothèse pourrait être évoquée : la correspondance entre les descriptions des médiums et celles des habitants pourrait témoigner d'un lien psi entre toutes ces personnes, préoccupées par le même sujet.

En 2007, un photographe professionnel a été envoyé, d'une part dans un lieu réputé hanté, d'autre part dans un logement similaire voisin qui était dénué de toute activité paranormale (Terhune, Ventola & Houran, 2007). Le photographe ne savait pas lequel des deux lieux était réputé hanté et avait pour consigne de prendre des photos de chacune des pièces, avec des types de matériels différents : Polaroïd, argentique ou numérique… Indépendamment, les habitants de la maison réputée hantée devaient indiquer quelles étaient les pièces où la hantise leur semblait la plus active. Puis d'autres photographes professionnels ont été invités à expertiser les photos en double aveugle. Ils devaient regarder les photographies et dire, sur une échelle de 1 à 4, s'ils y décelaient des anomalies (défauts, luminosités, obscurités, formes bizarres, etc., qui ne pourraient pas être conventionnellement expliquées par la présence d'artefacts naturels). Résultat : les huit photographes consultés ont détecté significativement plus d'anomalies sur les photos prises dans les zones identifiées au préalable comme activement hantées que sur les photos prises dans le logement non hanté. Il serait donc judicieux d'effectuer de nouvelles reproductions de cette expérience pour confirmer que les lieux peuvent avoir une spécificité objectivable sur des photos.

En croisant les deux types de tests – lieu hanté et lieu ordinaire, groupe de personnes sensibles et groupe de sujets contrôle – et en mesurant de nombreuses variables physiques de l'environnement, on pourrait avoir une meilleure idée globale de la hantise. Néanmoins, les recherches les plus récentes (Laythe *et al.*, 2022) ne sont pas encore parvenues à confirmer empiriquement ce modèle environnemental de la hantise.

En définitive, il reste encore beaucoup d'inconnues dans le phénomène des apparitions et des hantises, et il semble que ces dernières années, les recherches sur ce sujet intéressent de nouveau des universitaires (par exemple : Delaplace, 2021).

1.7 Hypothèses explicatives

Plusieurs pistes ont été suggérées, sans qu'aucune théorisation ne parvienne à rendre compte de façon satisfaisante et facilement vérifiable de toutes les sortes de phénomènes recensés.

Hormis l'hypothèse de l'hallucination pure (voir encadré *supra*), qui peut expliquer certains cas mais certainement pas tous ceux, très nombreux, qui présentent des aspects non compréhensibles en termes scientifiques conventionnels (par exemple, comportant des bris d'objets sans cause apparente, ou encore des apparitions de personnes en situation de crise intense, situation révélée exacte par la suite), on peut citer trois grands types d'hypothèses :

- **Les hypothèses physiques** avancent que des facteurs environnementaux (géomagnétisme, ondes, moisissures, champs créés par des sources souterraines, des failles telluriques, etc.)

pourraient avoir une influence sur le cerveau, spécialement pour les personnes particulièrement sensibles (voir paragraphe 2.5).

- **L'hypothèse dite de « la mémoire des murs »** suggère que des événements puissent s'enregistrer, d'une manière non encore élucidée, dans les murs des maisons, et réapparaître en des circonstances bien précises. Une trace mémorielle, une partie inconnue des expériences humaines pourrait rester fixée quelque part. Il est difficile de concevoir quelle serait cette partie et sur quel support elle pourrait subsister. Des auteurs ont suggéré de chercher à étendre la notion de mémoire, pour imaginer des espaces où des souvenirs de personnes du temps passé auraient pu s'imprimer (par exemple Heath, 2005). En d'autres termes, la mémoire accessible par un individu ne serait plus limitée à ses propres souvenirs, mais s'étendrait dans l'espace et dans la sphère collective (Tanous, 2013).
- **L'hypothèse spirite** suppose la survie après le décès d'un « esprit » qui pourrait revenir communiquer avec les vivants. Cette possibilité de survie permettrait le mieux d'expliquer l'ensemble des phénomènes constatés, puisque ces esprits pourraient être en théorie omnipotents. Elle ne satisfait cependant pas au principe du rasoir d'Ockham, qui implique qu'en science on évite de supposer l'existence non vérifiable d'entités inconnues. D'autre part, cette hypothèse pourrait être confortée si les apparitions faisaient preuve le plus souvent d'un caractère intentionnel ayant du sens. Ce caractère intentionnel – rarement observé – pourrait être aussi bien attribué au témoin (par exemple une veuve en deuil) qu'à l'apparition. Également, on pourrait s'attendre à trouver des phénomènes intelligents (par exemple, des communications de messages importants) plus souvent dans les cas de hantises où des apparitions sont signalées, que dans les cas de hantise sans apparition. Pour le vérifier, les parapsychologues Carlos Alvarado et Nancy Zingrone ont examiné quatre-vingt-neuf cas de hantise contenant des apparitions et les ont comparés statistiquement à quatre-vingt-trois cas similaires sans apparitions. Alors qu'ils ont trouvé que les cas avec apparitions contenaient en général un plus grand nombre de phénomènes inhabituels, ils n'ont pas vu de différence significative en termes de comportements apparemment intelligents (Alvarado & Zingrone, 1995).

La piste qui semble la plus facile à étudier est celle de **projection d'un double**. Hilary Evans (2002) a conclu que les fantômes ont probablement deux origines différentes, selon les cas : une source hallucinatoire où le psychisme du sujet reconstitue des événements de la vie du fantôme, à partir d'une perception psi subliminale (voir Tyrrell, 1955) et une source par projection, extériorisation du « double » de celui qui apparaît. Ce double, suggéré par les expériences d'EHC, serait principalement visible dans les cas de « fantômes de vivants ». Quelques expériences citées plus haut semblent indiquer que des doubles ont pu être détectés et même activer des capteurs, peut-être par le biais de la psychocinèse.

Le chercheur anglais Frederic Myers a imaginé que certains sujets auraient la capacité de détacher un élément de leur psychisme et de l'extérioriser dans l'espace. Cela permettrait de prendre en compte les manifestations objectives accompagnant souvent les fantômes : courants d'air froid, portes qui s'ouvrent, tableaux qui se décrochent, concordance de visions entre les témoins, etc. Il supposait alors que les fantômes, manifestations de « l'énergie personnelle persistante de défunts », agissaient dans un espace « méta-éthérique », une sorte de cinquième dimension (Myers, 1903). Il paraît difficile aujourd'hui de tester cette vision théorique assez floue.

D'autre part, il ne faut pas oublier l'importance du champ collectif. Le parapsychologue François Favre (1978) a défini les apparitions comme des « rêves collectifs matérialisés », car bien souvent ce qui est perçu correspond aux attentes, aux désirs ou aux craintes de l'ensemble des personnes présentes. Cela est particulièrement visible dans les apparitions religieuses, dont la fonction sociale a été clairement mise en évidence (Bertin, 2010), et pour lesquelles une « contagion » de groupe intervient probablement, comme dans l'hypnose, ou encore dans les matérialisations d'ectoplasmes. Dans les cas de hantises récurrentes où des personnes non averties de la hantise perçoivent, à des années d'écart, des phénomènes, on pourrait élargir ce champ collectif à des éléments inconscients « rémanents » (Tanous, 2013).

2. Les poltergeists

2.1 Caractéristiques et phénoménologie des poltergeists

Les phénomènes de poltergeist sont complexes et multiformes. Le tableau 7.1 donne une idée de la diversité des phénomènes constatés avec leur fréquence d'apparition sur une base de neuf cent six cas disposant d'une phénoménologie détaillée issus de notre base d'étude de l'Antiquité à 2020 (Dullin, 2024). Cette base (toujours en cours de développement)[1] est actuellement constituée de cinq cents cas issus de l'étude d'Alan Gauld (psychologue britannique, ancien président de la SPR) et Antony Cornell (investigateur à la SPR, notamment de cas de hantises et poltergeist, ancien président de la CUSPR) (1979), de 257 cas italiens issus de l'étude de Massimo Biondi et Gulio Caratelli (1993) et de quatre cent cinquante cas identifiés par l'auteur à travers des contacts directs et des recherches bibliographiques avec une vision internationale. Ces cas ont été rapportés aussi bien dans des habitations que dans d'autres lieux comme un atelier, un magasin, un monastère ou une école[2].

1. Cette base de données collaborative est accessible sur : https://www.macropk.org/
2. Pour les différencier des références scientifiques déjà publiées, les cas sont indiqués entre crochets avec le nom du lieu ou d'une personne clef et la date d'investigation principale. L'encadré « Cas cités et sigles utilisés » (p. 298-299) renvoie aux sources principales pour ces cas.

Tableau 7.1 – Type d'évènements et occurrence d'apparitions (référentiel de l'auteur de l'Antiquité à 2020)

Type d'événements	Pourcentage d'occurrences sur 906 cas
Déplacements de petits objets	58 %
Autres bruits (pas, voix, meubles traînés, crash…)	46 %
Raps (coups frappés dans des murs, montant de lit, plafonds)	43 %
Forte énergie (objet lourd, ébranlement murs, claquement de portes, projection hors du lit)	39 %
Agression (traction du lit, coups, gifles, impact d'un objet jeté, stigmates, enfermement)	29 %
Apparitions, figures mystérieuses, apparitions de mains, sentiment présence	28 %
Matérialisations/dématérialisations, téléportation, pluie de pierres, apports de pièces de monnaie	24 %
Trajectoires bizarres, tirs/lancés de haute précision	23 %
Communication/interaction (par le rap, l'écriture, arrangements objets…, SMS)	18 %
Action sur des loquets, ouverture/fermeture des portes	14 %
Démarrage de feux	12 %
Bris spontanés, extinction de bougies, plantes déracinées	11 %
Communications apparentes avec des défunts ou synchronisation avec des décès	9 %
Effets lumineux, phénomènes optiques	8 %
Perturbation électrique, magnétique, équipement électrique	6 %
Sonneries, action sur les sonnettes ou cloches d'entrée	5 %
Phénomènes liés à l'eau (apparition d'eau au sol/mur/plafond)	5 %
Courant d'air froid	4 %
Objets chauds au contact	3 %
Phénomènes suggérant la possession par une entité maléfique	3 %
Odeur	3 %

Chaque cas de poltergeist peut faire intervenir un ou plusieurs effets qui souvent se répètent de nombreuses fois. Dans le cadre d'une étude de phénoménologie comparée, on trouvera dans les paragraphes ci-dessous une description des principaux types d'évènements observés avec quelques références d'exemples illustratifs.

2.1.1. Phénomènes sonores

Comme son nom l'indique (*polter-geist* signifie « esprit bruyant »), le phénomène poltergeist est souvent accompagné de nombreux bruits :

- Cela peut être des frappements dans les murs ou les montants de lits [Cessens, 1983].
- Parfois ces sons simulent un phénomène physique qui ne peut se produire dans le lieu ou le contexte considéré. Un cas typique est celui de bruits ressemblant à des meubles traînés à l'étage au-dessus alors que la pièce en question est vide ; ou la sonnette d'entrée qui résonne sans que personne ne l'ait activée.
- Dans certains cas des voix de toutes sortes sont entendues (des soupirs, des cris, etc.) en général plutôt effrayantes [Tackley, 1905].

2.1.2. Mouvements d'objets

C'est un des phénomènes typiques des poltergeists : des objets se déplacent sans aucune intervention humaine et sans aucune autre cause physique apparente.

Ces lancers d'objets sont parfois avec une extrême précision comme dans le cas de l'étude de [Nottingham, 1990] où de petites pierres passaient par le même trou percé par la première dans une fenêtre.

Par ailleurs, les trajectoires semblent ne pas respecter les lois de la balistique avec des objets contournant les obstacles parfois en effectuant des virages à 90 degrés [Java, 1950], ou bien restant suspendus dans l'air [Portland, 1909], ou en atterrissant légèrement comme une plume [Hartville, 1957].

2.1.3. Dégradations matérielles

Lors de ces évènements, des objets peuvent être cassés, soit par le fait d'être lancés et de se fracasser contre un mur ou au sol, soit parce qu'ils explosent spontanément (plus rare). Dans certains cas des vêtements sont déchirés, des plantes sont arrachées ou déplacées, des bougies sont éteintes [Folkstone, 1918].

2.1.4. Phénomènes physiques massifs

Ces phénomènes peuvent parfois développer une énergie importante, comme le déplacement de gros meubles tel qu'à [Rosenheim, 1967], en Allemagne, dans le bureau d'un juriste : une armoire de stockage de 200 kg s'est écartée du mur à plusieurs reprises.

Dans le cas de [Tackley, 1905], deux personnes ont été témoins de la lévitation d'un lit sur lequel l'une d'elles était étendue. Une dizaine de cas du même type sont répertoriés par Gauld et Cornell (1979).

Enfin, c'est parfois la maison, sa structure elle-même qui est la cible du phénomène. Par exemple à [Fougères-sur-Bièvre, 1913], toute la ville s'est déplacée pour écouter les bruits provoqués sur les cloisons d'une maison et même sur la maison entière.

2.1.5. Jets de pierres et autres projectiles

Nous avons parlé jusqu'à présent des phénomènes liés au lieu et aux objets contenus dans ce lieu. Cependant de nombreux cas de poltergeist présentent des effets de « pluie d'objets » à l'extérieur, qui parfois rentrent même à l'intérieur alors que les différentes ouvertures (portes, fenêtres) sont fermées ou très étroites [Arcachon, 1963]. Les objets sont la plupart du temps des pierres – on parle alors de lithobolies –, mais toutes sortes de projectiles ont été rencontrés comme des morceaux de tuiles, de moellons, des mottes de terre, des excréments, des boulons. La plupart du temps, ces matériaux appartiennent aux environs du lieu où ils sont retrouvés.

Par exemple en Allemagne, à [Dortmund, 1713], la demeure du docteur Barthold Florian Gertsmann a été bombardée pendant vingt jours avec 760 pierres qui ont brisé 147 fenêtres. Enfin, ce sont parfois des pièces de monnaie qui apparaissent dans la maison [Mexico en 2021].

2.1.6. Téléportation, dématérialisation et rematérialisation

Durant ces phénomènes, les objets semblent pouvoir passer à travers des obstacles solides comme les murs ou les toits. Typiquement les témoins constatent la présence de l'objet dans un lieu alors qu'il avait été déposé ou vu dans un autre lieu séparé du premier par des obstacles solides (murs, portes, boites.) sans que l'on puisse voir ou s'expliquer le passage de l'un à l'autre, ceci pouvant intervenir extrêmement rapidement.

Dans notre cas personnel à [Cessens, 1983] en Savoie, des objets placés dans la cuisine atterrissaient dans la chambre (comme une soucoupe de tasse de café, un coquetier, une seringue) alors que la porte entre les deux pièces était fermée. Des pierres et une fleur coupée provenant de l'extérieur ont atterri sur le parquet alors que l'ensemble des ouvertures vers l'extérieur étaient fermées et que les cinq personnes présentes (alors en pyjama) se sont fouillées entre elles et étaient en surveillance mutuelle.

Sur le cas de [Nickleim, 1968], le professeur Hans Bender, psychologue et médecin fondateur de l'IGPP en Allemagne, rapporte l'expérience de la téléportation de son manteau de la garde-robe, située à l'intérieur, à l'extérieur de la maison sur la neige (Bender, 1969).

2.1.7. Matérialisation de liquides

Dans les phénomènes de matérialisation, on trouve aussi les liquides, principalement de l'eau sous la forme de petites flaques au sol [Bothell, 2012] ou sur des meubles. Mais parfois de vraies pluies tombent du plafond [Rochdale, 1995], ou des jets d'eau sortent des murs comme dans le cas de Laurence et Methuen (1963) dans le Massachussetts.

2.1.8. Déclenchement de feux spontanés

Des feux spontanés peuvent également se produire parfois sur les mêmes cas que les apparitions de liquide. Le feu peut être restreint à des objets (exemple des Bibles qui brûlent de l'intérieur (figure 7.1) comme dans le cas de Keith Linder à Seattle (Bothell, 2012) ou au contraire dans des cas extrêmes s'étendre à la maison.

Par exemple, le cas de Calvin Truck et sa famille aux États-Unis [Talladega, 1959] a mobilisé les pompiers et la police ; vingt-deux feux ont démarré dans son chalet en quelques jours.

Figure 7.1 – Bible brûlée de l'intérieur

2.1.9. Manifestations au niveau des portes

Un phénomène typique des poltergeist est l'action sur les portes : elles s'ouvrent ou claquent violemment. Un exemple rapporté par Ernest Frantz à Camille Flammarion [Strasbourg, 1855] :

> « Ernest Frantz, après avoir entendu sur plusieurs jours des bruits de pas dans l'escalier décide de poser des fils noirs en travers des marches. La nuit suivante, une énorme porte en chêne avec fermeture type celle d'une prison avec une clé pesant au moins 250 g, s'ouvre violemment alors que toutes les serrures sont fermées. Aucun fil n'a été brisé. »

Dans certains cas, le phénomène inverse est observé : une porte est verrouillée inopinément ou semble retenue par une personne située de l'autre côté.

2.1.10. Sonnettes puis perturbations électriques

Les poltergeists du XIXe et du début du XXe siècles affectionnaient particulièrement les sonnettes utilisant des clochettes. Ainsi Camille Flammarion a reçu quarante-huit témoignages de sonnettes actionnées automatiquement (Flammarion, 1923) avec notamment le cas de [Douai, 1907] où trois cents témoins ont pu voir la sonnette à l'extérieur secouée, parfois violemment, sans personne aux alentours.

Plus récemment des phénomènes électriques ont été rapportés, comme des lumières qui s'éteignent ou s'allument, des perturbations électriques du courant, des appareils électriques qui s'arrêtent ou au contraire se mettent à fonctionner alors qu'ils étaient en panne.

Un cas très bien documenté est celui déjà cité de [Rosenheim, 1967], où l'on a à la fois des perturbations électriques (pics d'intensité jusqu'à 50 A) et téléphoniques (horloge parlante appelée quarante à cinquante fois de suite sans que personne utilise le téléphone dans le bureau).

Certaines analyses laissent penser cependant que, dans ce cas précis, l'action ait été uniquement mécanique à la fois sur l'enregistreur d'intensité (muni d'un bras d'impression) et le système de contacts du téléphone de l'époque.

En revanche, plus récemment des phénomènes liés aux appareils électroniques ont été constatés, par exemple des télévisions s'éteignant ou s'allumant parfois d'elles-mêmes sur un canal et une émission non répertoriée dans le programme [Bothell, 2012 ; South Shields, 2006].

2.1.11. Apparitions et ombres

Certains cas de poltergeist comprennent, comme les pures hantises, des apparitions de personnes, des ombres, parfois des lueurs, effets de brouillards ou des mains visibles, de jour comme de nuit [Port-Sainte-Marie, 1922].

Dans le cas de [South Shields, 2006] déjà cité, plusieurs apparitions sont concernées dont certaines visibles seulement par Robert, l'enfant de 3 ans, en l'occurrence le seul à voir son « compagnon imaginaire », Sunny.

2.1.12. Stigmates et agressions

Bien que la plupart des poltergeists se contentent de faire peur et de lancer des objets avec des impacts relativement inoffensifs (décrit par Von Lucadou comme de l' « agressivité métaphorique » (Lucadou, 1982), certains sont plus virulents et n'hésitent pas à frapper au visage – gifles avec traces de doigts [Coimbra, 1919], coup de poing au visage [Dundee, 2008] –, et à lancer des objets qui parfois engendrent des blessures [Issime, 1909].

Cependant, il n'y a pas de cas répertoriés de blessures mortelles directement provoquées par un Poltergeist (deux cas d'empoisonnement sont évoqués, dans le cas américain Bell Witch avec l'assassinat de John Bell [comté d'Adams, 1817] et dans le cas brésilien [Jabouticabal, 1965] avec le suicide de Maria, le centre des événements, sans que l'on puisse directement imputer ces deux cas au phénomène poltergeist.

Les cas de poltergeist peuvent également être accompagnés de stigmates sur le corps comme le cas d'Eleanore Zugun [Bucarest, 1925] qui, après des épisodes de poltergeist répétés, a eu des stigmates réguliers dont cent quatre-vingts dûment validés, non expliqués (attribués par Eleanore à un démon). Elle a été expertisée par l'investigateur anglais Harry Price dans son laboratoire à Londres (Price, 1945).

Des cas ressemblant à des possessions sont également rapportés, comme à Ooty, avec intervention d'exorcistes (Catala, 2017). René Sudre avait quant à lui proposer le mot « prosopopèse » pour décrire la capacité du sujet parfois à changer brusquement, de manière spontanée, de personnalité psychologique.

2.1.13. Communications diverses

Certains poltergeists sont interactifs : ils semblent communiquer avec les personnes impliquées. Dans des cas extrêmes, c'est avec la voix comme dans le cas de [Macon, 1612] où d'après le Sieur François Perrault, ministre huguenot à l'époque, des discussions ont eu lieu pendant deux mois entre les villageois et une « entité » qualifiée par lui de « démon ».

D'autres cas mentionnent l'utilisation d'un code par l'intermédiaire de coups frappés dans les murs ou les montants de lits (par exemple : un coup veut dire oui, deux coups veulent dire non, ou même le nombre de coups est utilisé pour désigner une lettre de l'alphabet). Certains, comme le physicien William Barrett, cofondateur des sociétés SPR et ASPR, ont rapporté demander mentalement le nombre de coups frappés et obtenir l'exact nombre de coups quatre fois de suite [Derrigonnely, 1877].

Dans le cas de [Bothell, 2012] rapporté par son locataire Keith Linder, les murs sont marqués avec les mots « DIE KL » (Mort à Keith Linder) avec un dessin représentant un homme à l'envers et sur ce dessin une paire de ciseaux réelle plantée dans la tête (voir figure 7.2).

Figure 7.2 – Marquage sur des murs

Dans le cas de [South Shields, 2006], les nouvelles technologies sont largement utilisées : des messages sont écrits sur une tablette Doodle (ardoise graphique) comme : *Just go now* (« va-t'en maintenant ») figure 7.3

Figure 7.3 – Message sur tablette

Parallèlement, des messages agressifs (type SMS, texto) sont reçus dans la maison mais aussi en dehors de la maison.

Enfin, dans le cadre de la communication, on peut citer les arrangements d'objets pour passer un message. Par exemple dans le cas d' [Humpty Doo, 1998] en Australie, des petits cailloux étaient utilisés pour former des lettres, ces dernières arrangées en mot avec un sens ou message particulier.

2.1.14. Autres caractéristiques observées

Les évènements peuvent avoir lieu la nuit mais aussi en plein jour. Les objets « matérialisés » sont parfois chauds, voire très chauds [Issime, 1909].

De nombreux objets déplacés ou brûlés sont en rapport avec des symboles religieux [Sicile, 1890 ; Bothell, 2012], notamment lors du cas [Thanjavour, 1920], dans le cadre d'une conversion de l'hindouisme vers le catholicisme.

Certains objets ou zones sont particulièrement concernés. Parfois des personnes deviennent des cibles lorsqu'elles défient les phénomènes (elles invectivent leur agent supposé, ou affirment qu'elles n'ont pas peur, ou tentent de bloquer le phénomène en essayant d'immobiliser un objet qui a bougé précédemment).

Dans l'exemple [Issime, 1909] mentionné plus haut, rapporté par le curé Grat Vesan qui en a été témoin : « Au sein d'un groupe de vingt personnes, trois jeunes ont été pris en ligne de mire car ils défiaient le phénomène (chutes de pierres à l'intérieur du chalet) et, malgré leur ardeur juvénile et l'amour-propre que l'on a de 20 à 30 ans, ils ont dû à toute force abandonner cette pièce d'habitation et se réfugier dans un chalet voisin. » En effet, les témoins rapportent que des pierres les atteignaient en les blessant avec des trajectoires totalement improbables.

Le phénomène tend à se cacher, à ne pas arriver à être totalement mis à nu, notamment vis-à-vis des caméras. Plusieurs cas rapportent le fait que les batteries des caméras sont parfois vidées.

Mais la prise de film n'apparaît pas totalement exclue puisque, dans le cas cité plus haut [Mexico, 2021], Ramsès D'León semble avoir réussi à filmer en 2022 l'apport d'une pièce de monnaie grâce à six caméras installées dans la maison 24 heures sur 24, 7 jours sur 7 pendant 18 mois (soixante pièces apportées globalement).

Des odeurs peuvent être perçues par plusieurs personnes et disparaître instantanément dans toute une pièce ou une maison. Anthony Cornell a vécu personnellement ce phénomène avec quinze témoins : parfois l'odeur était localisée dans une colonne verticale qui se déplaçait dans la pièce (Cornell, 2002).

Des courants d'air froids sont perçus, notamment lors d'apparitions.

Les phénomènes sont souvent liés à la présence d'une personne en particulier (ce qui a induit l'hypothèse d'un « agent poltergeist » décrite dans le paragraphe 3.5.2). D'autres cas mettent en avant un groupe de personnes (souvent des familles) dont les interactions sont supposées à l'origine du poltergeist. Cela renvoie à une approche systémique, développée notamment par Walter von Lucadou (paragraphe 3.5.3). Sylvain Michelet, dans le cadre d'une approche relevant de la thérapie familiale analytique (TFA), propose quant à lui la notion d'*ectoplasme familial* (Michelet, 1994).

Les animaux ont souvent des comportements étranges en présence du phénomène : soit ils démontrent une terreur et cherchent à s'enfuir, soit au contraire ils sont complètement indifférents.

Certains ont tenté de prendre des pierres qui étaient envoyées sur une maison, de les marquer et de les renvoyer dans la direction de bosquets voisins [Tucson, 1983 ; Sumatra, 1926]. Un certain nombre de pierres sont revenues spontanément alors que les retrouver dans la nature sauvage environnante paraissait très complexe.

Dans notre référentiel, les exorcismes ou rituels, pratiqués dans environ 12 % des cas, ont été rapportés efficaces dans 42 % des cas, avec un effet seulement temporaire dans 17 % des cas, et inefficaces, voire renforçant le phénomène dans 42 % des cas.

Les évènements apparaissent, dans certains cas, comme liés aux décès de personnes (comme une personne ayant habité les lieux, ou un proche des témoins du phénomène).

Par ailleurs, le phénomène semble parfois donner des caractéristiques de contagion (Ritson, 2021). Le poltergeist de [South Shields, 2006] donnait l'impression d'être capable d « infecter » momentanément certaines personnes qui, directement ou indirectement, avaient été en contact avec la famille au centre des troubles. Keith Linder, sujet principal du cas [Bothell, 2012], rapporte le même type d'expériences. Dans le cas australien de [Bayanup, 1998], deux maisons distantes de 700 mètres, appartenant à deux frères, habitées par deux familles d'employés ayant un lien familial, ont été le lieu de phénomènes de poltergeist l'une après l'autre. Dans le cas d'[Enfield, 1977], après neuf mois d'activité centrés sur une famille, un voisin et un investigateur, ce sont cinq maisons voisines qui ont semblé être impactées par le Poltergeist.

2.2 Classification des poltergeists et évolution historique

Nous avons mené une étude (Dullin, 2020, 2021) à partir d'un extrait de cinq cents cas (Gauld & Cornell, 1979) sur l'évolution du phénomène au cours du temps depuis les années 500 jusqu'en 1975. L'extension jusqu'à nos jours sur une base élargie de mille cas est en cours.

2.2.1. Classification opératoire des cas

À chaque cas sont associés trente-deux paramètres qui le décrivent phénoménologiquement (par exemple, présence dans les évènements rapportés de coups frappés, téléportation, agression, effets lumineux, perturbation électrique, etc.). Dans cet espace à trente-deux dimensions est associée une fonction de distance entre cas utilisant l'écart entre leurs paramètres respectifs. L'objectif est de dégager éventuellement des groupes de cas caractérisés par une distance entre eux inférieure à celles des éléments des autres groupes.

L'analyse a été effectuée avec des techniques d'IA appliquées aux statistiques (Statistics and Machine Learning Toolbox de MATLAB) complétée par des outils Excel. Elle nous a permis de retrouver en partie les résultats obtenus par Gauld et Cornell en 1979 avec trois regroupements majeurs :

- un groupe 1 comprenant principalement des cas associés à des personnes « agents poltergeist » ;
- un groupe 2 avec des cas associés à des lieux du type « maison hantée » ;
- un groupe 3 représentant des cas avec les phénomènes les plus bizarres (matérialisation, feux spontanés, trajectoires bizarres), sans agent clairement identifié et sans que le lieu ait été considéré comme « hanté ».

Les autres groupes sont mis dans la rubrique « autres cas ».

La figure 7.4 donne l'évolution de la répartition de ces regroupements (repérés par des couleurs) en fonction des périodes historiques.

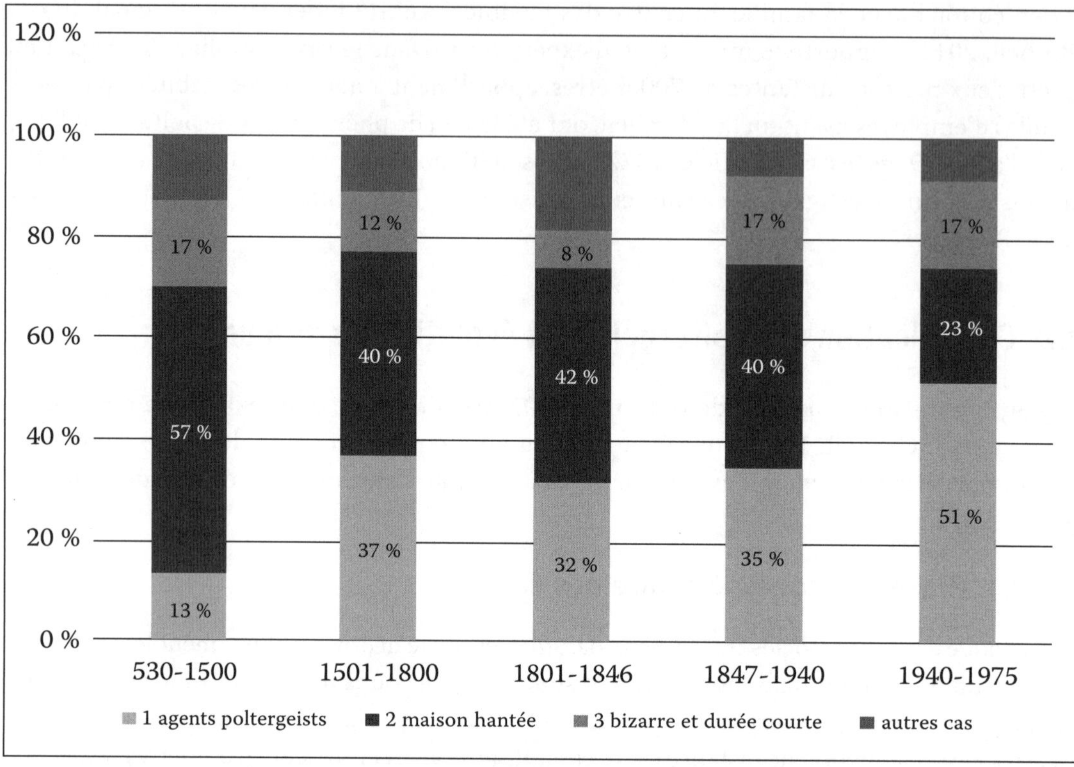

Figure 7.4 – Suivi de regroupement de poltergeist en fonction des périodes historiques

Il apparaît sur cette figure qu'avant le Moyen Âge, la majorité des cas étaient considérés comme des phénomènes de maisons hantées (la plupart du temps par des défunts), repérés par la couleur rouge. Ensuite jusqu'après la Seconde Guerre mondiale, on trouve une répartition assez stable avec 40 % de maisons hantées et 35 % de cas avec un agent identifié (couleur bleue).

Sur la période 1940-1975, avec le focus dès 1958 sur la notion d'agent poltergeist et de psychocinèse spontanée, il apparaît que l'on passe à 51 % de cas avec des agents contre 23 % de cas type « maison hantée ». Le segment des cas « bizarres » (couleur verte) restant stable à environ 17 %.

2.2.2. Stabilité historique et géographique de la phénoménologie

Notre étude a mis en avant une certaine stabilité des composants du phénomène, dans le temps et à travers les cultures. Les différences viennent principalement de l'évolution technologique (par exemple utilisation de l'électricité et arrêt de l'éclairage par bougie) et des interprétations privilégiées des phénomènes en fonction des périodes historiques (« malmort » demandant une sépulture correcte, gobelins et autres entités invisibles, démons, sorcières, agent poltergeist/RSPK).

La figure 7.5 donne un exemple de l'évolution de la présence de certains composants du phénomène (pourcentage de cas où ce composant est présent) en fonction des périodes historiques. Les couleurs sont cette fois associées à ces dernières.

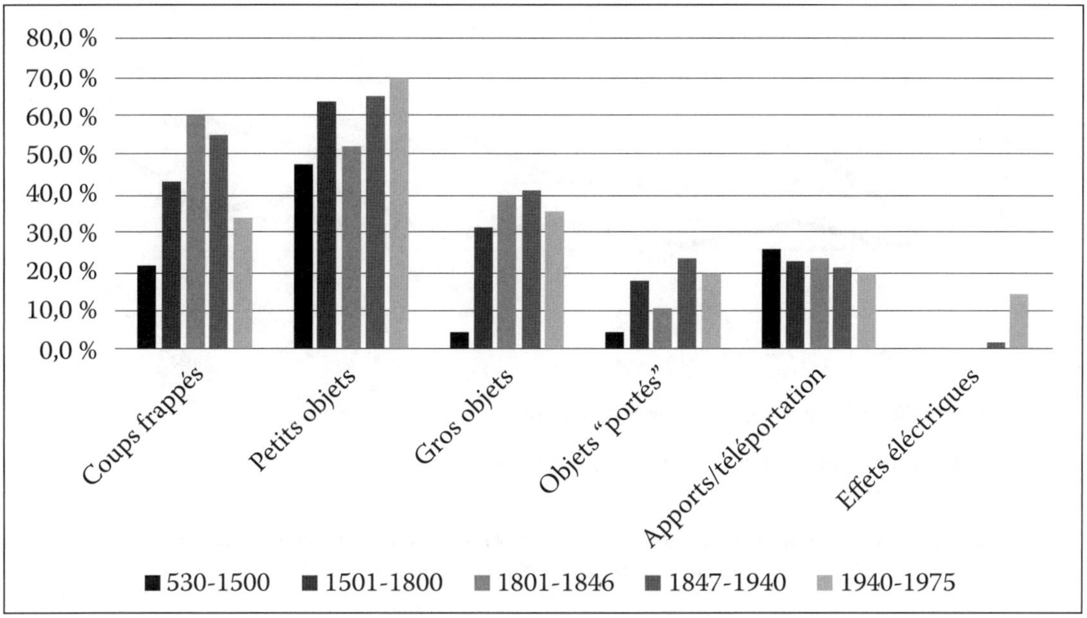

Figure 7.5 – Evolution de la présence de certains composants du phénomène par période historique

2.2.3. Évolution du phénomène en fonction de sa durée

Il est également intéressant de constater que plus le phénomène dure longtemps, plus on a des caractéristiques associées aux hantises (apparitions, voix, effets lumineux, apparitions de main), notamment pour les cas qui durent 12 mois et plus (figure 7.6).

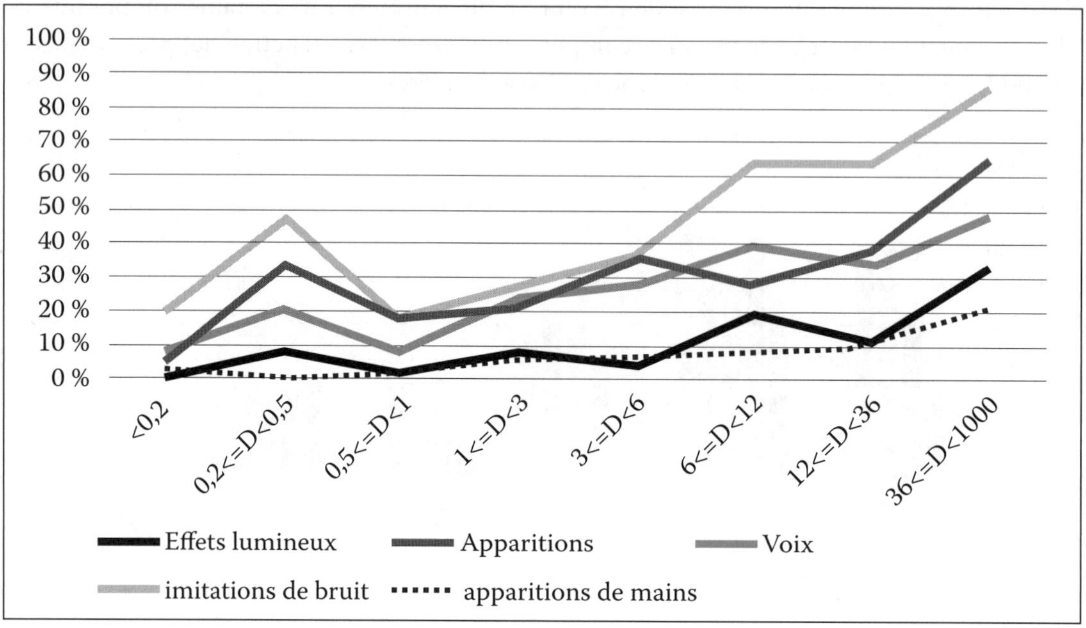

Figure 7.6 – Evolution de la présence de certains composants du phénomène en fonction de sa durée D en mois

Parallèlement, on retrouve plus de cas associés à des agents poltergeist sur des durées de 12 mois et moins, alors que les cas associés à des lieux se positionnent plus souvent sur 12 mois et plus.

2.3 Discussion sur la plausibilité

D'aucuns pourraient penser que tous ces récits sont des mythes ou des légendes. Cependant, dans les cas cités ci-dessus, on a pu voir que la plupart s'appuyaient sur de nombreux témoignages simultanés et avaient fait l'objet d'une investigation détaillée par différents organismes publics (police, pompiers), ou par la presse. Dans cent vingt des cinq cents cas ayant servi à l'analyse, la source est une investigation parapsychologique publiée dans une revue à comité de lecture.

2.3.1. Détection des fraudes

Si une majorité de cas étaient frauduleux, une investigation plus poussée aurait dû mettre en avant de plus en plus de cas de fraude. Les données actuelles ne pointent pas dans cette direction, ainsi que l'illustre le graphique de la figure 7.7. En effet l'analyse met en avant que le niveau d'investigation des cas, qui s'est fortement accru entre les années 530 et 1975, a eu peu d'impact sur le niveau de fraude détectée qui reste à 10 % ou moins.

Par ailleurs, dans de nombreux cas, la fraude n'exclut pas des phénomènes réels inexplicables. En effet, sous la pression de la demande de reproductibilité par les investigateurs et les médias, et pour conserver l'attention portée sur eux obtenue grâce à ces phénomènes, certains « agents poltergeist » se sont laissés entraîner à frauder. Mais, dans de nombreux cas, ces fraudes détectées n'expliquent pas les phénomènes de départ ni d'autres phénomènes simultanés. Le cas de [Frontenay Rohan-Rohan (Deux-Sèvres), 1943] documenté par le capitaine Émile Tizané, grâce aux procès-verbaux de gendarmerie, en est un bon exemple. Voici un extrait de l'aveu final par lettre de la petite fille Ginette (agent poltergeist supposée de ce cas), au capitaine Tizané : « Un moment donné je me sentais poussée par quelque chose à accomplir en cachette ce que je ne voyais plus se produire autour de moi, mais je ne me souviens avoir fait que le geste de la bouteille » (Tizané, 1977b, p. 116).

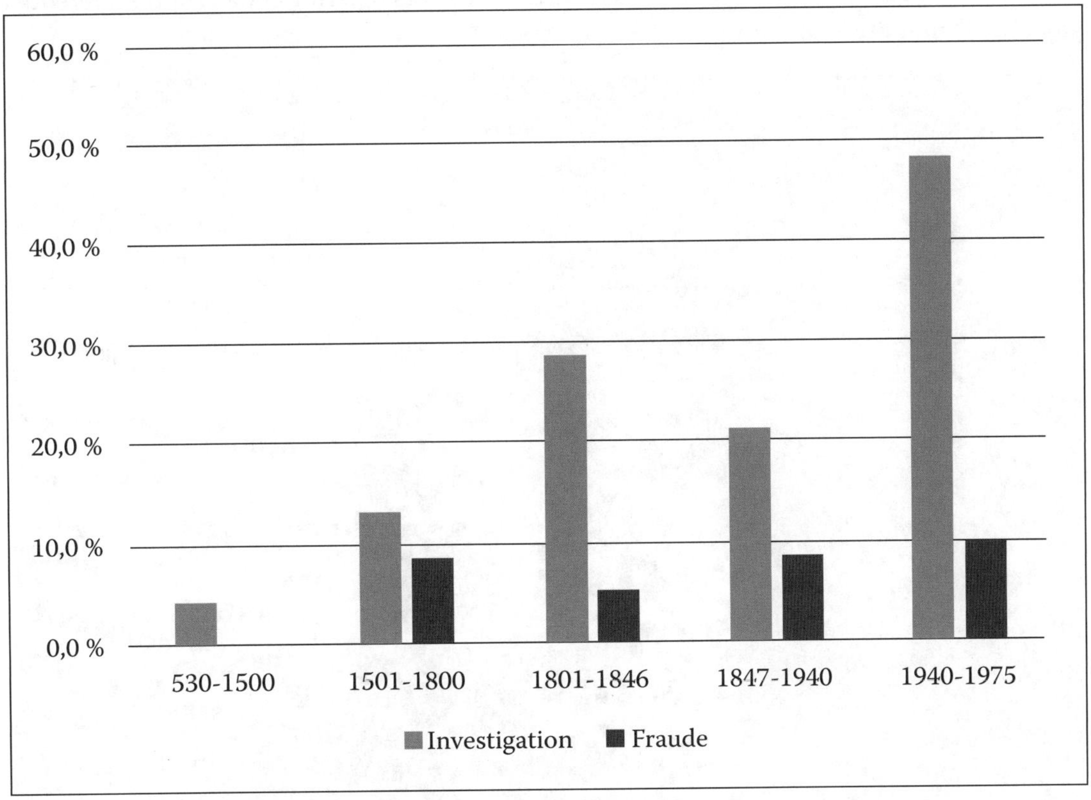

Figure 7.7 – Évolution des pourcentages de cas avec investigation et des pourcentages de fraudes détectées

2.3.2. Répercussions juridiques concrètes

- De nombreux cas ont donné lieu à des procès comme celui de [Lynwood, 1960], des annulations du contrat de location comme celui de [Grès, 1849], ou au moins des procès-verbaux de gendarmerie comme ceux collectés et publiés par le commissaire Tizané (1977).

- Il y a aussi un cas d'indemnisation de l'officier de l'armée anglaise R.W. Jelf par son assurance suite à sept démarrages de feux spontanés dans sa maison dans le canton de Sussex, expertisés sans succès par la brigade des pompiers, la police et les laboratoires de Scotland Yard[1].
- Tous ces éléments contribuent à donner une certaine crédibilité à l'existence du phénomène.

2.3.3. Convergence des témoignages éloignés géographiquement et culturellement

Nous avons parlé de similitudes des composants du phénomène dans les différents pays. On peut parler aussi de phénomènes largement répartis sur les territoires comme le montre cette carte de l'Europe (figure 7.8) avec la répartition des cas répertoriés dans notre référentiel global de l'antiquité à nos jours.

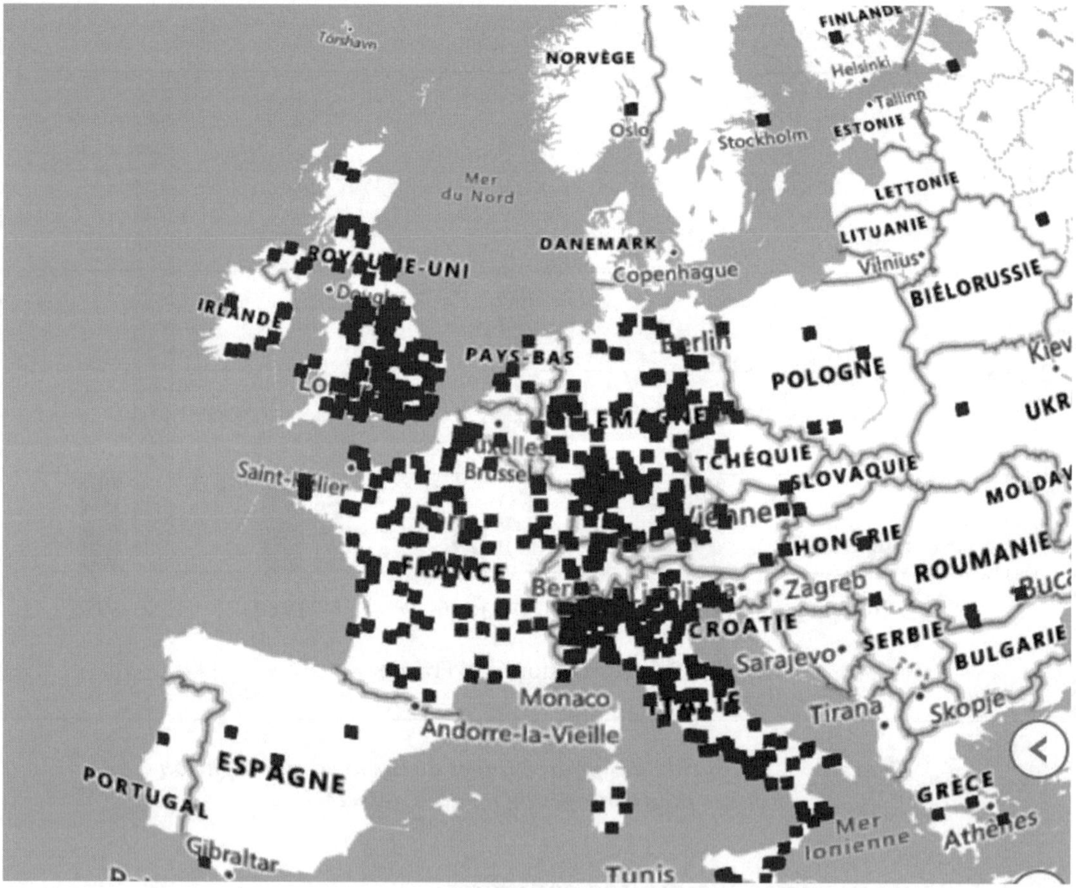

Figure 7.8 – Répartition géographique du phénomène

1. Rapporté par le journal *The Mail* du 12 juillet 1952.

Au XIXe siècle, par exemple, les moyens de communication n'étaient pas ceux d'aujourd'hui. De nombreux cas sont décrits dans des habitations isolées, à une période où les habitants ne pouvaient avoir une connaissance des phénomènes constatés dans d'autres cas de poltergeist. Donc la similitude de description de ces derniers renforce la plausibilité des témoignages.

2.4 Recherche de terrain et recherche expérimentale

Pour mieux cerner les divers phénomènes décrits par les témoins, des expérimentations ont été effectuées dans plusieurs axes : l'analyse des sons enregistrés lors des cas de poltergeist, l'étude des facteurs géophysiques, l'étude des capacités de psychocinèse des agents, l'étude des lois physiques associés aux phénomènes, des tentatives d'objectivation en temps réel et, enfin, la comparaison avec d'autres formes de psychocinèse. Si ces recherches s'éloignent du cadre habituel du laboratoire, elles montrent la capacité des scientifiques à adopter une approche naturaliste qui s'adapte aux situations dans lesquelles les phénomènes sont rencontrés, et la mise à profit d'une transdisciplinarité qui sied parfaitement à l'étude du psi.

2.4.1. Analyse acoustique des signatures sonores des frappements

Barrie G. Colvin (2010), dans son étude sur les propriétés acoustiques et notamment la signature sonore des frappements, a comparé des signaux sonores classiques avec des échantillons sonores prélevés sur des cas de poltergeist entre 1960 et 2000. Il constate que les signatures sonores des frappements n'ont pas cette montée rapide au départ que l'on retrouve lorsqu'un coup est frappé manuellement sur du métal, du bois, du caoutchouc ou un mur. Sur la figure 7.9 sont présentées trois signatures sonores : un coup frappé manuellement puis un frappement enregistré à [Enfield, 1977], et tout à droite, à titre de comparaison, le signal enregistré à [Cessens, 1983] par un micro placé à 75 cm du centre d'émission estimé du son. Ce dernier semble confirmer l'hypothèse de B.G. Colvin avec un démarrage du signal faible, plutôt qu'une montée brève correspondant à une frappe.

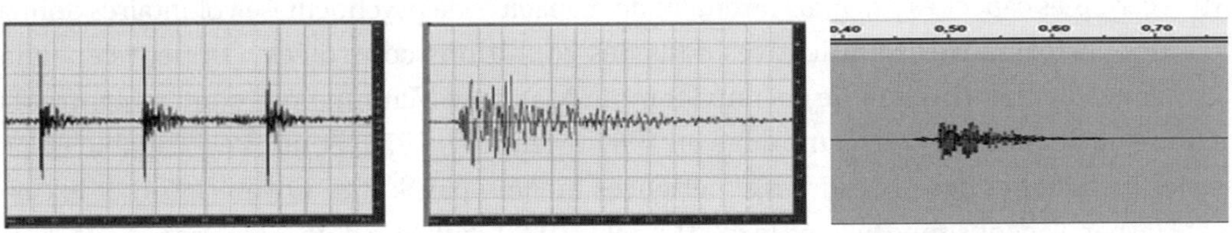

Signal "créé" à Enfield — Signal "poltergeist" Enfield — Signal "poltergeist" Cessens

Le signal semble partir de l'intérieur du bois comme une vibration qui monte en puissance, à l'instar des tremblements de terre.

Figure 7.9 – Comparaison des signaux acoustiques

2.4.2. Étude des facteurs géophysiques

Le défenseur le plus énergétique de cette hypothèse géophysique, Guy Lambert, fonctionnaire britannique, pensait que les forces qui se déploient dans les cas de maisons hantées avec des phénomènes de bruits bizarres et de mouvements d'objets pouvaient être dues à des phénomènes géophysiques comme des mini-tremblements de terre, ou des vibrations liées à des mouvements de rivières souterraines ou de marées (Lambert, 1955). Tony Cornell et Alain Gauld (1961) ont réfuté cette hypothèse dans un article détaillé. Ils se sont appuyés notamment sur des expériences qu'ils ont menées sur des maisons vouées à la démolition, avec des appareils pouvant générer des vibrations verticales et horizontales. Même à la limite de la destruction de la maison, on ne constatait que des déplacements mineurs d'objets, ne souffrant pas la comparaison avec ceux documentés dans les cas de poltergeist.

2.4.3. Performances parapsychologiques des agents poltergeist

Comme on l'a vu plus haut, de nombreux cas semblent être liés à une personne en particulier. L'hypothèse formulée par plusieurs parapsychologues est qu'un humain vivant induit le phénomène involontairement, en ayant recours de manière non contrôlée (spontanée) à de la psychocinèse sur les systèmes inertes (voir chap. 5). Cette action se produirait de manière récurrente sur fond d'une problématique psychique latente, ainsi extériorisée, d'où la dénomination de *psychocinèse spontanée et récurrente* (RSPK) proposée par William G. Roll (Roll & Pratt, 1958).

Partant de cette hypothèse, il était logique de vouloir tester les agents poltergeist pour savoir s'ils auraient pu reproduire ces phénomènes dans des conditions de laboratoire. C'est notamment ce qui a été essayé par Roll, lors de ses expériences avec Julio, l'agent présumé du cas de l'entrepôt de [Miami, 1967], où deux cent quarante déplacements d'objets avaient été constatés (Roll & Pratt, 1971).

Les tests n'ont pas été très concluants. De manière générale, les agents poltergeist montrent parfois certaines capacités psi, mais rarement des capacités de psychocinèse volontaires donnant lieu à des performances significatives dans des conditions contrôlées. On peut cependant citer des cas de déformation de métaux comme Matthew Manning qui était au centre d'un phénomène de Poltergeist à Cambridge en 1967 (Manning, 1975) et qui a été capable de plier des clés métalliques dans le cadre d'expériences menées par A.R.G. Owen (1974) et le cas de Janet Harper, l'agent supposé dans le cas [Enfield, 1977], qui, lors d'une expérience avec David Robertson au sein du site Enfield, a déclenché la déformation d'un métal, ses doigts restant à 15 cm de celui-ci (Playfair, 2011). Ces deux cas ont été fortement influencés par le phénomène « Uri Geller » des années 1970 et il ne semble pas exister de rapport scientifique concernant les autres types d'effets (déplacement d'objets, de mobilier, téléportation, etc.) réalisés de manière contrôlée par des agents poltergeist.

2.4.4. Étude sur l'impact de la distance sur les phénomènes

Roll a aussi travaillé sur les aspects énergétiques associés à ces phénomènes. Il a notamment essayé de qualifier s'il y avait une forme de décroissance des effets en fonction de la distance par rapport à l'agent, conformément aux phénomènes macrophysiques classiques.

Une analyse des différents mouvements d'objets et des distances à l'agent a été effectuée sur le cas de [Miami, 1966] donnant un tracé des nombres d'évènements en fonction de la distance à l'agent. Une forme de décroissance a en effet été obtenue. Cependant, il n'y a pas eu d'autres travaux confirmant cette tendance.

2.4.5. Étude des téléportations d'objets

Maître Adam, l'homme de loi du cas de [Rosenheim, 1967], contrôla par une expérience les faits que la famille avait décrits dans le cas de [Nicklheim, 1968]. On lui avait expliqué que des objets disparaissaient et qu'on les voyait tomber à l'extérieur de la maison. Il plaça sur la table de la cuisine des bouteilles contenant des cachets et du parfum. Puis il demanda aux occupants de la maison de sortir, ferma toutes les portes et les fenêtres, et sortit à son tour. Au bout d'assez peu de temps, la bouteille de parfum parut en l'air à l'extérieur de la maison. Un peu plus tard, la bouteille de cachets devint visible à la hauteur du toit et tomba en zigzags jusqu'à terre.

Hans Bender (1969) proposa alors d'obtenir des documentations objectives à propos de ce phénomène de téléportation. Il installa dans la maison un système de contrôle d'une armoire contenant des bibelots, à l'aide d'une caméra électronique et d'un vidéo-enregistreur, l'ensemble étant placé sous scellé. Quelques jours après, un objet a semblé sortir sans rien déclencher, mais l'expérience n'a pu être totalement concluante du fait d'une faille détectée dans le dispositif de scellement.

2.4.6. Tentatives d'objectivation en temps réel

Comme présenté dans le paragraphe sur les hantises, des systèmes de mesures ont été mis en place pour capturer les paramètres de l'environnement. Dans le cas des poltergeists, l'objectif correspond à la détection des éventuels effets physiques. On peut citer le système SPIDER (Spontaneous Psychophysical Incident Data Electronic Recorder) développé en 1982 par Tony Cornell et Howard Wilkinson (Cornell, 2002). Constitué de caméras et de capteurs, déclenchables par des changements de paramètres ou des détections de passage ultrasonique et infrarouge, l'objectif était de permettre à l'investigateur de déterminer de manière plus positive s'il y avait fraude ou non, et aussi de confirmer si l'expérience décrite par le témoin avait été uniquement subjective ou au moins partiellement objective. Ceci a apporté des éléments intéressants dans de nombreux cas.

Cependant, pour ce qui est de capturer des effets paranormaux en vidéo, Tony Cornell expliquait qu'en vingt ans d'emploi de son système SPIDER, en le laissant plusieurs semaines de suite dans les lieux à surveiller, ses collaborateurs et lui n'ont enregistré en tout et pour tout que six ou sept mouvements de 5 à 15 secondes de petits objets difficilement explicables par des phénomènes classiques. Sa conclusion est de privilégier l'étude de l'agent poltergeist lui-même et des conditions d'apparition du phénomène, et la mise en place d'instruments de détection de fraude, de mesure et de contrôle de paramètres physiques et physiologiques lors des séances avec des médiums à effets physiques (Cornell, 2002).

2.4.7. Comparaison avec d'autres formes de psychocinèse

Pour une grande part, les phénomènes spontanés décrits ci-dessus ont été également constatés lors des expérimentations avec les tables tournantes (De Gasparin, 1855) et avec les médiums à effets physiques, notamment Daniel Douglas Home (Crookes, 1871a, 1871b), Eusapia Palladino (IGP, 1905-1908) et Indridi Indridason (Haraldsson & Gissurarson, 2015 ; Hannesson & Nielsson, 1924).

Par ailleurs, des phénomènes similaires ont été constatés dans l'environnement de certains mystiques, comme le curé d'Ars, avec des phénomènes de feux spontanés, de voix, de bruits, de mouvements de meubles et d'actions sur des objets religieux (Saint Pierre, 1959). De nombreuses lévitations ont également été rapportées (Leroy, 1928), comme celles de saint Joseph de Cupertino (Grosso, 2016).

Ces phénomènes survenant au voisinage d'individus particuliers sont la plupart du temps décrits comme moins puissants, moins violents et moins spectaculaires que ceux survenant spontanément dans les cas de poltergeist (mis à part les lévitations).

À notre connaissance, il n'y a pas aujourd'hui d'expériences documentées d'un médium reproduisant certains effets de communication sur les smartphones comme ceux décrits dans 3.1.13 à propos du cas [South Shields, 2006].

2.5 Hypothèses explicatives

Voyons aujourd'hui quelles pourraient être les hypothèses expliquant, au moins en partie, ces phénomènes.

2.5.1. Intervention d'un agent invisible extérieur

Cette hypothèse a été formulée très tôt dans l'histoire, en attribuant l'origine de ce type d'évènement à l'esprit d'une personne décédée, et notamment à la colère d'un « revenant », secondaire à une sépulture mal réalisée. Le côté invisible, espiègle, parfois frustrant et enfantin de ces manifestations a aussi fait accuser « le petit peuple » (gnomes, gobelins, kobolds, lutins, fées, etc.). Enfin, en fonction des cultures et des périodes historiques, les interprétations faisant appel aux démons, sorcières et possessions ont pris le relais. Avec l'émergence du spiritisme et des tables « tournantes », les revenants ont été remis sur le devant de la scène mais avec une vision plus élargie de la diversité des esprits.

D'un point de vue scientifique, attribuer ces phénomènes à une entité invisible extérieure que l'on ne peut pas objectiver, se doit de n'être effectué que lorsque l'on a épuisé toutes les hypothèses utilisant des phénomènes ou entités connues (principe de parcimonie). L'approche parapsychologique est foncièrement naturaliste et immanentiste, opposant systématiquement à l'interprétation d'un agent extérieur celle de potentialités psi latentes des agents vivants (voir chap. 8).

Par ailleurs, ces entités « invisibles » doivent être gratifiées de très nombreux « pouvoirs » lorsqu'on veut expliquer l'ensemble des phénomènes décrits précédemment et on peut se demander comment s'effectue l'interaction entre ces entités et notre univers physique. Hippolyte Léon Denizard Rivail (alias Allan Kardec), fondateur du mouvement spirite, donne des explications à ce sujet dans sa « Théorie des manifestations physiques » (Kardec, 1999) construite à partir de ses entretiens avec des esprits eux-mêmes. Il parle notamment de l'utilisation d'un fluide universel (dans la lignée de Mesmer), de périsprit (condensation de ce fluide universel en un fluide semi-matériel) permettant l'interaction des esprits avec la matière par une phase d'animation de celle-ci. Ces éléments n'ont pas pu à ce jour être objectivés.

Concernant l'hypothèse des revenants, on peut s'interroger également sur les motivations qui pourraient les conduire à produire le panel de manifestations décrites ci-dessus et se demander également s'ils n'auraient pas des moyens plus simples pour communiquer. Kardec propose une réponse partielle à ce point en expliquant que les esprits qui se manifestent sur des interactions matérielles ne sont pas nécessairement des revenants mais des « esprits inférieurs ».

Pour finir, dans la majorité des cas, un autre argument plaide en faveur d'une hypothèse naturaliste liée aux vivants, puisqu'on a constaté une connexion importante entre les phénomènes observés et l'état émotionnel des personnes présentes.

2.5.2. Intervention inconsciente d'un « agent poltergeist »

Avec le développement des connaissances sur l'inconscient, les phénomènes de personnalités multiples et de dissociation, une autre hypothèse a émergé rendant compte de la fréquente proximité des phénomènes avec une personne en particulier. Camille Flammarion le découvre lui-même à travers le cas de [Grenoble, 1907] dans lequel il dit : « Un esprit frappeur manifestait sa présence chaque nuit dans l'appartement d'une dame Massot. Mais cet esprit frappeur n'était pas celui d'un défunt… : c'était celui d'une jeune fille bien vivante… » Sa déduction s'appuyait sur l'observation d'une concomitance des phénomènes avec la présence de Mlle Alice Cocat, nièce de Mme Massot.

Parallèlement, comme certains phénomènes associés aux poltergeists, notamment les mouvements d'objets sans contact, ont pu être retrouvés dans les expériences avec des médiums physiques, Albert von Schrenck-Notzing, médecin et pionnier de la psychothérapie et de la parapsychologie allemandes, les a baptisés « Spuk Medium » (Mulacz, 2004). Émile Tizané parlera de « sujet épicentre » d'une « petite hantise » (Tizané, 1977a) et, après eux, William Roll utilisera le terme d'« agent poltergeist » et de psychocinèse récurrente spontanée (RSPK) pour formuler cette hypothèse (Roll, 1958).

Dans cette perspective, la personne provoque inconsciemment un effet psychocinétique et, dans certaines situations, plus particulièrement lorsqu'elle est aux prises avec un conflit psychique ne pouvant se résoudre par les voies habituelles (communication, comportements ou psychosomatique), le phénomène de poltergeist se présente comme un effet « cocotte-minute ». Cette dynamique a été décrite, par extension, dans l'analyse familiale et systémique de groupes porteurs de cette conflictualité non exprimée (Michelet, 1994 ; Rogo, 1974).

Par ailleurs certaines personnes seraient plus susceptibles que d'autres de vivre ces phénomènes sur la base de leur niveau de « transliminalité » (porosité des frontières psychiques entre la part consciente et la part inconsciente de l'esprit) (Ventola *et al.*, 2019). Cette hypothèse prolonge les constatations de W.G. Roll qui avait trouvé que sur un échantillon de 92 agents poltergeist, 25 % présentaient des troubles dissociatifs et 4 % des crises d'épilepsie (Roll, 1977). D'autres ont mis en avant la ressemblance entre les possessions et des crises d'hystérie (Rogo, 1979) ou des phénomènes de personnalités multiples (Oesterreich, 1930 ; Wilson, 1981) dans la lignée des complexes autonomes projetés à l'extérieur proposés par Carl Gustav Jung (1970).

Dès 1944, le docteur John Layard, un psychologue jungien anglais, avait présenté le phénomène de poltergeist comme une forme de cure, de tentative de soin généré par le sujet lui-même : c'est une solution au problème plutôt que le problème lui-même (Layard, 1944). Cela rejoint les développements élaborés par Djohar Si Ahmed (2014) et Thomas Rabeyron (2020), avec en particulier son concept de « solution paranormale » (pour plus de précisions sur les liens entre parapsychologie et psychologie clinique, voir chap. 9).

En poursuivant cette hypothèse basée sur une capacité de l'esprit à générer ces phénomènes, et pour expliquer le fait que, dans certains cas, l'intelligence derrière le phénomène semble indépendante de l'agent (ou devenir indépendante de l'agent), des auteurs tels que le docteur Maxwell Telling et Nandor Fodor ont imaginé qu'une partie de l'esprit de l'agent, par un processus de type « lobotomie psychique », pourrait se séparer et « vivre sa propre vie » (Rogo, 1979). Scott Rogo (1979), en se basant sur un vécu personnel, a proposé également que l'on rapproche poltergeist et EHC complétée par une capacité de psychocinèse avec parfois une matérialisation visuelle du double.

Également, dans le prolongement de la pensée tibétaine autour de la création de formes-pensée (Berghmans, 2022)[1], des fantômes pouvant prendre leur indépendance (Néel, 1929),

1. Les anciennes traditions spirituelles comme les Védas ou les Upanishads de l'Inde mettent en évidence l'idée que chaque être humain génère consciemment et inconsciemment des énergies psychiques, qui se manifestent sur des plans subtils et dans notre psychisme. Certaines écoles ésotériques du XIXe siècle et du début du XXe siècle comme la société théosophique donnèrent le nom de « formes-pensées – FP » à ces énergies produites par la psyché. De manière générale, une FP peut être vue comme la concrétisation d'une pensée émise par un individu, pouvant être tant positive (FP d'amour, de joie) que négative (FP de ressentiment, de colère, d'un trauma) qui prend racine dans un emplacement spatio-temporel spécifique, c'est-à-dire prenant naissance dans un arrière-monde subtil (monde de la pensée, du désir selon la terminologie ésotérique). Certaines FP peuvent s'organiser et donner lieu à des entités spécifiques de type fantomatique.

on retrouve les idées de création d'une intelligence collective extérieure qui pourrait provenir d'une famille ou d'un groupe se réunissant régulièrement dans cet objectif. Des tentatives de ce type ont été réalisées par A.R.G. Owen dans le cadre du projet dénommé « groupe Philip » où un groupe de personnes s'est réuni régulièrement dans le but d'évoquer une entité dont il avait créé l'histoire de toutes pièces, sans adhérer aux doctrines spirites. L'entité « Philip » a fini par se manifester par des frappements, des déplacements d'objets, des communications par l'intermédiaire d'instruments spirites, avec des productions semblant proches, quoique moins spectaculaires, que ceux obtenus par les groupes authentiquement spirites (Owen, 1975). Le psychologue Ken Batcheldor (1984), à partir de ses propres expériences, a proposé des conditions de production de phénomènes de type « tables tournantes » portées par une induction groupale.

Cette hypothèse propose donc des conditions qui vont favoriser l'apparition des poltergeists. En aucun cas, elle ne peut expliquer l'ensemble de la phénoménologie notamment dans sa dimension psychocinétique. En effet il faudrait alors expliquer comment l'inconscient est capable de générer l'ensemble de ces évènements avec parfois, comme on l'a vu, des précisions de mouvement extraordinaires [Nothingham, 1990], des capacités psi surprenantes [Derrigonnely, 1877], la mise en œuvre d'énergie dépassant les capacités d'une personne (paragraphe 3.1.4), couplé à un pilotage fin des différentes actions qui peuvent être très variées et en parallèle.

Par ailleurs, si l'on part de l'hypothèse que les phénomènes sont liés à une capacité d'action sur la matière de l'esprit de l'agent (esprit au sens large couvrant l'inconscient) lorsqu'il éprouve un certain conflit psychique, on peut se demander pour quelles raisons ces phénomènes ne se produisent pas plus souvent, même de manière plus limitée ?

Pour finir, cette hypothèse s'applique lorsqu'un agent a été identifié ou aurait pu l'être. Cependant, il persiste de nombreux cas bien documentés où aucun agent n'a pu être mis en évidence.

2.5.3. Modèle de l'information pragmatique appliqué aux poltergeists

Walter von Lucadou évoque, dans le cadre d'une approche basée sur la théorie des systèmes, que la psyché des individus et leur environnement pourraient ne pas être toujours totalement séparés. Les phénomènes de poltergeist seraient des manifestations « psychosomatiques en circuit externe », extériorisant des conflits psychologiques dissimulés en s'appuyant sur des corrélations non locales dans des systèmes psychophysiques (Lucadou, 1987, 2004), allant donc dans le même sens que ce que nous venons d'évoquer dans le sous-chapitre précédent. Par ailleurs, à partir d'une longue expérience d'enquête et d'écoute des cas de poltergeist, il propose une description phénoménologique de ces cas en quatre phases du développement. Ceux-ci s'achèvent par un déclin des phénomènes lorsque ces derniers sont davantage contraints par la *confirmation* et la *fiabilité*, plutôt que par la *nouveauté* et l'*autonomie* qui les caractérisaient à l'origine.

Dans la même logique, l'élusivité ou la difficulté à documenter précisément les phénomènes de poltergeist serait liée au fait que, chaque observation recherchant la confirmation, prépare le système de manière que son autonomie soit restreinte et, donc, qu'il ait ainsi moins de latitude pour produire le phénomène au même niveau qu'observé précédemment (Lucadou, 1982, 2004). Cette analyse des poltergeists est l'une des applications concrètes de son modèle de l'information pragmatique (MPI) (voir chap. 12).

Ce modèle offre des pistes d'explication intéressantes et a notamment permis la mise en place d'accompagnement de personnes et de familles en difficulté grâce à des organisations comme l'IGPP en Allemagne et le CIRCEE en France (voir chap. 9). Néanmoins, il reste très général et le découpage des quatre phases n'est pas si clair lorsqu'on le confronte à un journal détaillé des évènements comme dans [Enfield, 1977] ou [South Shields, 2006]. Par ailleurs il ne s'applique que lorsqu'un agent ou un groupe d'agents a été identifié et n'intègre pas les aspects de contagion (autres lieux, autres personnes) présentés précédemment.

En prolongement du MPI, la théorie quantique généralisée (GQT) a été proposée (Lucadou, *et al.*, 2007) pour tenter de modéliser les interactions psychophysiques constatées mais elle décrit des corrélations et non des phénomènes apparemment causaux (voir chap. 12). Les exemples de confirmation donnés sont sur des interactions très faibles (influence de générateurs aléatoires électroniques et homéopathie ; Lucadou, 2019). Il est difficile d'en faire un parallèle avec les phénomènes décrits précédemment (déplacements d'armoires, tremblements de maison, feux spontanés, inondations).

Cas cités et sigles utilisés

Arcachon, 1963 : *Revue métapsychique*, n° 2, juin 1966.

Ars-sur-Formans, 1824 : (Saint-Pierre, 1959).

ASPR : American Society for Psychical Research.

Bothell, 2012 (Linder, 2018).

Bucarest, 1925 : Peter Mulacz - *PPA* 1998.

Cessens, 1983 (Dullin & Gaudiez, 2017).

CIRCEE : Centre d'Information, de Recherche et de Consultation sur les Expériences Exceptionnelles.

Coimbra, 1919 : (Flammarion, 1923).

Comté d'Adams, 1817 : (Carrington & Fodor, 1951)

CUSPR : Cambridge University Society for Psychical Research.

Derrigonnely, 1877: William Barrett, Poltergeist old and new, *PSPR*, vol. 25.

Dortmund, 1713 : (Puhle, 2001).

Douai, 1907 : (Flammarion, 1923).

Dundee, 2008 : (Holder, 2013).

EHC : Expérience Hors du Corps.

Enfield, 1977 : (Playfair, 2011).

Folkstone, 1918 : JSPR, 18, 1918.

Fougères-sur-Bièvre, 1913 : (Flammarion, 1923).

Frontenay Rohan-Rohan (Deux-Sèvres), 1943 : (Tizané, 1977b).

Grenoble, 1907 : (Flammarion, 1923).

Hartville, 1957 : William E. Cox – *Parapsychological Bulletin*, nov. 1957.

Humpty Doo, 1998 : (Healy & Cropper, 2014).

IGP : Institut Général de Psychologie.

IGPP: Institut für Grenzgebiete der Psychologie und Psychohygiene, centre de recherches en parapsychologie à Fribourg, en Allemagne.

IMI : Institut Métapsychique International.

Issime, 1909 : (Lecouteux, 2007).

Jaboticabal, 1965 : (Linder, 2020).

Java, 1950 : JASPR, 67, 1973.

Laurence et Methuen, 1963 : (Bayless, 1967).

Lynwood, 1960 : (Rogo, 1979).

Macon, 1612 : *François Perrault - l'Antidémon de Mascon* – BNF.

Marilao, 1964 : (Bayless, 1967).

Mexico, 2021 : Ramsès D'Leon – SSE-PA convention, juillet 2021.

Miami, 1966 : (Roll, 1971) et (Roll, 1973).

Nickleim, 1968 : (Bender, 1969).

Nothingham, 1990 : (Cornell, 2002).

Ooty, 1897 : Annales des sciences *psychiques*, 1899, p 302-319.

PA : Parapsychological Association.

Portland, 1909 : JASPR 4, 1910.

Port-Sainte-Marie, 1922 : (Flammarion, 1923).

PPA : Proceedings Parapsychological Association.

PRF : Psychical Research Foundation.

PSPR : Proceeding Society for Psychical Research.

Ritson, 2021 : (Ritson, 2021) Bayanup, 1998 : (Healy & Cropper, 2014).

Rochdale, 1995: (Clarkson, 2011).

Roodeport, 1922 : (Bayless, 1967).

Rosenheim, 1967 : Hans Bender – PPA convention 1969.

RSPK : Recurrent Spontaneous PyschoKinèsis : Pyschokinèse spontanée récurrente.

Sicile, 1890 : (Roll, 1972).

South Shields, 2006 : (Ritson, 2020).

SPR : Society for Psychical Research.

SSE : Society for Scientific Exploration.

Strasbourg, 1855 : (Flammarion, 1923).

Sumatra, 1926 : *Zeischrift für parapsychologie*, 1927.

Tackley, 1905: (Gauld & Cornell, 1979).

Talladega, 1959 : (Rogo, 1979).

Tanjore district, 1920 : (Thurston, 1991).

Tina Resch, 1984 : (Clarkson, 2011).

Tucson, 1983 : *JSPR*, vol. 54, n° 806.

3. Conclusion

Des cas de hantises et poltergeists ont été rapportés depuis l'Antiquité jusqu'à nos jours et dans de nombreux pays. S'il y a peu de cas identifiés dans certains pays, il est très vraisemblable que cela soit dû au fait qu'ils n'ont pas été rapportés ou collectés auparavant plutôt qu'à leur inexistence.

On répertorie une grande diversité de phénomènes qui, pour la plupart, contredisent nos lois physiques habituelles, parfois devant de nombreux témoins. Certains cas richement documentés décrivent des phénomènes de matérialisation et de dématérialisation, de téléportation, de déplacement d'objets selon des trajectoires contrevenant aux lois de la balistique… Les différents phénomènes constatés sont relativement stables historiquement et géographiquement, hormis ceux liés aux dernières évolutions technologiques (par exemple, il y a désormais moins d'extinctions de bougies et davantage de phénomènes de perturbations électriques, ou même plus récemment d'anomalies sur les smartphones ou les ordinateurs, comme décrits dans Cooper, 2010, à propos notamment des appels téléphoniques/messages textes post-mortem).

Malgré cette grande constance dans les observations, les interprétations diffèrent fortement en fonction des époques, des pays et des cultures considérés : intervention de l'esprit d'un défunt, présence de créatures folkloriques du petit peuple, immixtion de démons ou de créatures à connotation religieuse, esprit « en voyage » de vivants comme des sorciers jetant des sorts ou envoyant directement une entité invisible perturbante, ou encore bugs, système de contrôles ou de test dans le cadre d'une réalité simulée (Virk, 2019). Nous nous trouvons avec ce type d'explications bien loin d'une explication scientifique définitive et univoque.

Même si depuis le XIXe siècle, les scientifiques privilégient l'hypothèse d'un agent ou d'un groupe de personnes à l'origine du poltergeist, peut-être moins inquiétante, cette dernière laisse une inconnue majeure, ne résolvant pas l'énigme que représente le passage de conflits d'origine en grande partie inconsciente à une possible action sur la matière.

Pour terminer, nous noterons que le caractère perturbant, voire profondément déstabilisant, de ces événements reste encore très actuel dans notre société. On ne peut ignorer les souffrances qu'ils peuvent entraîner, étant rarement vécus positivement par les sujets qui en sont victimes. Des pistes thérapeutiques ou des conseils peuvent être trouvés dans plusieurs ouvrages (par exemple : Si Ahmed, 2014 ; Catala, 2019 ; Rabeyron T., 2020) (voir chap. 9).

4. Bibliographie

Alvarado, C.S., & Zingrone, N.L. (1995). Characteristics of hauntings with and without apparitions : An analysis of published cases. *Journal of the Society for Psychical Research*, *60*, 385-397.

Batcheldor, K. (1984). Contributions to the theory of PK induction from sitter-group work. *Journal of the American Society for Psychical Research*, *78*, 105-122.

Bayless, R. (1967). *The enigma of the poltergeist*. Parker Publishing.

Bender, H. (1969). Poltergeist-Presidential allocution. *Paper presented at the parapsychological Association 30th Annual Convention, New York*.

Bentall, R.P. (2000). Hallucinatory experiences. In E. Cardeña, S.J. Lynn & S. Krippner (Eds.), *Varieties of anomalous experience : Examining the scientific evidence* (p. 85-120). American Psychological Association.

Berghmans, C. (2022). The concept of "thought-form" in esoteric and spiritual therapeutic traditions, and its complementarity with the process of visualization and symbolic efficacy : a working hypothesis. *Australian Journal of parapsychology*, *22* (2), 131-152.

Bertin, G. (dir.) (2010). *Présence de l'invisible. Apparitions dans l'Ouest au* XIXe *et* XXe *siècles*. Arsis.

Biondi, M., et Caratelli G. (1993). La Natura del Poltergeist. *Quaderni di Parapsicologia*, *24* (2), 12-36.

Bozzano, E. (1920). *Les phénomènes de hantise*. Alcan.

Capdecomme, M. (1997). *La vie des morts : enquête sur les fantômes d'hier et d'aujourd'hui*. Imago.

Carrington, H. & Fodor, N. (1951). *Haunted People, the story of the poltergeist down the centuries*. E.P. Dutton & Co, Inc.

Catala, P. (2001). Apparitions et hallucinations. *Revue française de parapsychologie*, *2* (1), 316-326.

Catala, P. (2017). Possession et hantises. In J.-M. Brohm, & G. Bertin (dir.), *Possessions* (p. 305-315). Cosmogone.

Catala, P. (2019). *Apparitions et maisons hantées. Mythes et réalité*. Editions de l'IMI.

Cheyne, J.A. (2001). The ominous numinous : Sensed presence and other hallucinations. *Journal of Consciousness Studies*, *8* (5-7), 133-150.

Clarkson, M. (2011). *The poltergeist phenomenon*. Red Wheel/Weiser

Colvin, B.G. (2010). The acoustic properties of unexplained rapping sounds. *Journal of the Society for Psychical Research*, *74* (899), 65-93.

Cornell, A.D. (2002). *Investigating the paranormal*. Helix Press.

Cornell, A.D. & Gauld, A. (1961). The geophysical theory of poltergeists. *Journal of the Society for Psychical Research*, *41*, 129-146.

Cooper, C.E. (2010). Spontaneous cases concerning telephone calls and text messages. *Australian Journal of Parapsychology*, *10* (2), 178-93.

Cooper, C.E. (2012). *Telephone calls from the dead*. Tricorn Books.

Crookes, W. (1871a). Experimental investigation of a new force. *Quarterly Journal of Science*, July 1, 1871.

Crookes, W. (1871b). Some further experiments on psychic force. *Quarterly Journal of Science*, October 1, 1871.

Dagnall, N., Drinkwater, K.G., O'Keeffe, C., Ventola, A., Laythe, B., Jawer, M.A., Massullo, B., Caputo, G.B., Houran, J. (2020). Things that go bump in the literature : An environmental appraisal of « haunted houses ». *Frontiers in Psychology*, *11*, 1328.

Delaplace, G. (2021). *Les intelligences particulières. Enquête dans les maisons hantées*. Vues de l'esprit.

Dullin, E. (2024). A detailed phenomenology of poltergeist events. *Journal of Scientific Exploration*, *38*(3), 427-460. https://doi.org/10.31275/20243263

Dullin, E. (2021, July 26). *Poltergeist/RSPK quantitative and qualitative study from antiquity until now*. Paper presented at the SSE-PA Connexion annual convention 2021, Online Airmeet platform.

Dullin, E. (2022, June 20). *Trying to validate and get some clues about poltergeist activities using quantitative and qualitative studies : An historical overview*. Conférence donnée à la Society for Psychical Research, Online Zoom platform.

Dullin, E. & Gaudiez, B. (2017). Témoignage. Nous avons vécu un poltergeist en Savoie l'été 1983. *Métapsychique*, *1*, 118-121.

Eremián, M. (2015). Comparative study on phenomenological aspects in recurrent apparitional experiences. *Proceedings of the Parapsychological Association 58th Annual Convention*.

Evans, H. (2002). *Seeing ghosts, experiences of the paranormal*. Murray.

Évrard, R. (2019). The « Amnéville RSPK case » : An illustration of social elusiveness ? In G.

Mayer (dir.), *N equals 1. Single case studies in Anomalistics* (p. 377-393). LIT.

Évrard, R., Dollander, M., Elsaesser, E., Cooper, C., Lorimer, D., Roe, C. (2021). Expériences exceptionnelles nécrophaniques et deuil paradoxal : études de la phénoménologie et des répercussions des vécus effrayants de contact avec les défunts. *L'Évolution psychiatrique, 86* (4), 799-824.

Favre F. (1978). Caractères généraux des apparitions. *Parapsychologie, 6*, 9-18.

Flammarion, C. (1923). *Les maisons hantées : en marge de la mort et son mystère*. Flammarion.

Flammarion, C. (1992 rééd.). *Le rêve, la mort et l'univers* (anthologie réalisée par F. Favre). Kimé.

Fodor, N. (1938). The Thornton health poltergeist. *Journal of the American Society for Psychical Research, 32*, 152-160.

French, C.C., Haque, U., Bunton-Stasyshyn, R., & Davis, R. (2009). The « Haunt » project : an attempt to build a « haunted » room by manipulating complex electromagnetic fields and infrasound. *Cortex ; A journal devoted to the study of the nervous system and behavior, 45* (5), 619-629. *https://doi.org/10.1016/j.cortex.2007.10.011*

Gasparin, A. de (1855). *Des tables tournantes du surnaturel en général et des esprits*, t. 1. E. Dentu.

Gauld, A. & Cornell, A.D. (1979). *Poltergeists*. Routledge and Kegan Paul.

Geley, G. (1924). *Ectoplasmie et clairvoyance*. Alcan.

Gerding, J.L.F, Wezelman, R., & Bierman, D. (2002). The Druten disturbances : Exploratory RSPK research. *European Journal of Parapsychology, 17*, 3-15.

Goddard, V. (1975). *Flight toward reality*. Turnstone.

Granger, M. (2021). *La Saga de l'Ectoplasme, vol. 1.* Mouvement spirite francophone.

Granger, M. (2023). *La Saga de l'Ectoplasme, vol. 2.* Mouvement spirite francophone.

Green, C., McCreery, C. (1975). *Apparitions*. Hamish Hamilton.

Grosso, M. (2016). *The man who could fly. St Joseph of Copertino and the mystery of levitation*. Rowman & Littlefield.

Gurney, E., Myers, F.W.H., Podmore, F. (1886/1891). *Les hallucinations télépathiques*. Alcan.

Hannesson, G. & Nielsson, H. (1924), Remarkable phenomena in Iceland, *Journal of the American Society for Psychical Research, 18* (4), 239-271.

Haraldsson, E. & Gissurarson, L.R. (2015). *Indridi Indridason, The Icelandic physical medium*. White Crow.

Haraldsson, E. (1994). Apparitions of the dead : Analysis of a new collection of 350 reports. In E.W. Cook & D.L. Delanoy (dir.), *Research in parapsychology 1991* (p. 1-6). Scarecrow Press.

Hastings, A. (2012). Effects on bereavement using a restricted sensory environment (psychomanteum). *Journal of Transpersonal Psychology, 44* (1), 1-25.

Hastings, A., Hutton, M., Braud, W., Bennett, C., Berk, I., Boynton, T., Dawn, C., Ferguson, E., Goldman, A., Greene, E., Hewett, M., Lind, V., McLellan, K., & Steinbach-Humphrey, S. (2002). Psychomanteum research : Experiences and effects on bereavement. *OMEGA - Journal of Death and Dying, 45* (3), 211-228. *https://doi.org/10.2190/LV5G-E3JV-6CVT-FKN5*

Healy, T. & Cropper, P. (2014). *Australian poltergeist*. Brio Books.

Heath, P. (2005). A new theory on place memory. *Australian Journal of Parapsychology, 5* (1), 40-58.

Price, H. (1945). *Poltergeist Over England : Three Centuries of Mischievous Ghosts*. Country Life Ltd.

Holder, G. (2013). *Poltergeist over Scotland*. The History Press.

Houran, J. & Lange, R. (Eds.) (2001). *Hauntings and Poltergeists : Multidisciplinary Perspectives*. Mc Farland.

Huesmann, M., Schriever, F. (2022). Wanted : The Poltergeist. Description and discussion of a collection of 54 RSPK reports of the years 1947-1986, kept at the Freiburg Institute for Frontier Areas of Psychology and Mental Health [1989]. *Journal of Anomalistics, 22*, 76-135. *https://www.igpp.de/allg/ZfA/ZfA_2022_1/07%20Huesmann-Schriever_JAnom_2022_1.pdf*

IGP (1908). *Section des Recherches psychiques et physiologiques. Documents sur Eusapia Palladino*. Rapport sur 1905 (13 séances) – 1906 (16 séances) – 1908 (14 séances). BnF.

Irwin, H. J. (1994). The phenomenology of parapsychological experiences. In S. Krippner (dir.), *Advances in Parapsychological Research, 7*, 47-51.

Jimenez, M. (1997). *La psychologie de la perception*. Flammarion.

Jung, C.G. (1970 Collected works of C.G. Jung, *8, The structure and dynamics of the psyche*. Princeton university press.

Kamp, K.S. & Due, H. (2019). How many bereaved people hallucinate about their loved one ? A systematic review and meta-analysis of bereavement hallucinations. *Journal of affective disorders, 243*, 463-476 (Rétracté).

Kardec, A. (1999). *Le livre des mediums*. Éditions Dervy.

Kramer, W., Bauer, E., & Hövelmann, G. (2012). *Perspectives of Clinical Parapsychology : An Introductory Reader*. Stichting HJBF.

Lambert, G.W. (1955). Poltergeists : A physical theory. *Journal of the Society for Psychical Research, 38*, 49-71.

Laurentin, R., Mahéo, P. (2010). *Bilocations de Mère Yvonne-Aimée de Malestroit - Étude critique en référence à ses missions*. François-Xavier de Guibert.

Layard, J. (1944). Psi phenomena and poltergeists. *Proceeding of the Society for Psychical Research, 47*, 244-248

Laythe, B., Houran, J., Dagnall, N., Drinkwater, K. & O'Keeffe, C. (2022). *Ghosted ! : Exploring the Haunting Reality of Paranormal Encounters*. McFarland & Co.

Laythe, B., Houran, J., & Boussoffara, M.A. (2021). "Multi-event sensor app (MESA 3.0)" - A citizen science tool for big-data on ghostly episodes. *Paper presented at the SSE-PA Connections conference, 23-31 July 2021*.

Lecouteux, C. (2007). *La maison hantée, histoire des poltergeists*. Imago.

Le Maléfan, P. (2008). Les hallucinations télépathiques dans la psychologie française naissante : étude d'un inconscient oublié. *Bulletin de psychologie, 495*, 279-293. *https://doi.org/10.3917/bupsy.495.0279*

Leroy, O. (1928). *La lévitation : contribution historique et critique à l'étude du merveilleux*. Valois.

Linder, K. (2018). *The Bothell House. Poltergeist of Washington State 2.0*. CreateSpace.

Linder, K. (2020). *Poltergeist The night side of physics*. Paul Ryan.

Maher, M. & Hansen, G.P. (1992). Quantitative investigation of a reported haunting using several detection techniques. *Journal of the American Society for Psychical Research, 86*, 347-374.

Maher, M. (2015). Ghosts and poltergeists : An eternal egnima. In Cardeña, E., Palmer, J., Marcussen-Clavertz, D. (dir.), *Parapsychology :*

A Handbook for the 21st Century (p. 327-340). McFarland & Co.

Manning, M. (1975). *D'où me viennent ces pouvoirs ? Le récit extraordinaire d'un phénomène paranormal*. Albin Michel (édition originale anglaise « The link », 1974, Colin Smythe Ltd).

Mayer, G. (2019). *N equals 1. Single case studies in Anomalistics*. LIT.

Méheust, B. (1992). *En soucoupes volantes : vers une ethnologie des récits d'enlèvements*. Imago.

Méheust, B. (2019). *La postérité du sabbat. Retour sur la question des enlèvements soucoupiques*. Œil du Sphinx.

Mercier, E.S. & Si Ahmed, D. (1998). *Expériences autour d'un miroir*. JMG.

Michelet, S. (1994). *Lorsque la maison crie*. Robert Laffont.

Moody, R., & Perry, P. (1993). *Reunions : Visionary Encounters with Departed Loved Ones*. Villard Books, 1993.

Morris, R., Harary, S., Janis, J., Hartwell, J. & Roll, W. (1978). Studies of communication during OBE. *Journal of the American Society for Psychical Research*, *72*, 1-21.

Mulacz, P. (2004). Historical Profiles in Poltergeist Research. In Houran, J. *From Shaman to Scientist. Essays on Humanity's Search for Spirits* (p. 127-190). The Scarecrow Press

Myers, F.W.H. (1903). *Human personality and its survival to bodily death*. Longmans Green.

Néel, D. (1929). *Mystiques et magiciens du Tibet*. Librairie Plon.

Oesterreich, T.K. (1930). *Possession : Demoniacal And Other Among Primitive Races, In Antiquity, The Middle Ages, And Modern Times*. Kegan Paul, Trench, Trubner & Co., LTD.

Osis, K., & McCormick, D. (1980). Kinetic effects at the ostensible location of an out-of-body projection during perceptual testing. *Journal of the American Society for Psychical Research*, *74*, 319-329.

Owen, A.R.G. (1974). A preliminary report on Matthew Manning's physical phenomena. *Journal of the new horizon research foundation*, *1* (4), 32-33.

Owen, A.R.G. (1975). Fifteen Years of Psychokinesis. *Journal of the new horizon research foundation*, *2* (1), 4-7.

Palmer, D. (1979). A community mail survey of psychic experiences. *Journal of the American Society for Psychical Research*, *73*, 221-251.

Parsons, S. (2012). Infrasound and the paranormal. *Journal of the Society for Psychical Research*, *76* (3), 150-174.

Parsons, S. & Cooper, C. E. (2015). *Paracoustics : Sound & the Paranormal*. White Crow Books.

Persinger, M., & Koren, S.A. (2001). Predicting the characteristics of haunt phenomena from geomagnetic factors and brain sensitivity : Evidence from field and experimental studies. In Houran, J. & Lange, R., *Hauntings and Poltergeists : multidisciplinary perspectives* (p. 179-194). Mc Farland.

Playfair, G.L. (2011). *This house is haunted*. White Crow Books.

Potts, J. (2004). Ghost hunting in the twenty first century. In J. Houran (dir.), *From Shaman to Scientist : Humanity's Search for Spirits* (p. 211-232). Scarecrow Press.

Puhle, A. (2001). Learning from historical cases : Six selected poltergeist cases from the 1700s in Germany. *European Journal of Parapsychology*, *16*, 61-72.

Rabeyron, T. (2020). *Clinique des expériences exceptionnelles*. Dunod.

Radin, D. & Rebman, J.M. (1996). Are phantasms facts or fantasy ? A preliminary investigation of apparition evoked in the laboratory. *Journal of the Society for Psychical Research, 61*, 65-87.

Rees, D.W. (1971). The hallucinations of widowhood. *British Medical Journal, 4*, 37-41.

Richet, C. (1922). *Traité de métapsychique*. Alcan.

Ritson, D.W. (2020). *The South Shields Poltergeist*. History Press Limited.

Ritson, D.W. (2021). *Poltergeist parallels and contagion*. White Crow Books.

Rogo, S. (1974). Psychotherapy and the poltergeist. *Journal of the Society for Psychical Research, 47* (761), 433-445.

Rogo, S. (1979) *The Poltergeist Experience*. Penguin Books.

Roll, W.G. & Pratt, J.G. (1958). The Seaford disturbances. *Journal of Parapsychology, 22* (2), 79-124.

Roll, W.G. (1972). *The Poltergeist*. N Doubleday.

Roll, W.G. (1977). Poltergeist. In B.B. Wolman (Ed.), *Handbook of Parapsychology* (p. 382-413). Van Nostrand.

Roll, W.G. (1989). *This world or that. An examination of parapsychological findings suggestive of the survival of human personality after death*. Thèse de psychologie à l'université de Lund, Suède.

Roll, W.G., & Pratt, J.G. (1971). The Miami disturbances. *Journal of the American Society for Psychical Research, 65*, 409-454.

Roll, W.G., Burdick, D., & Joines, W.T. (1973). Radial and tangential forces in the Miami poltergeist. *Journal of the American Society for Psychical Research, 67*, 267-281.

Saint Pierre, M. (1959). *La vie prodigieuse du curé d'Ars*. Éditions Bonne Presse.

Schmeidler, G.R. (1966). Quantitative investigation of a haunted house. *Journal of the American Society for Psychical Research, 60*, 137-149.

Si Ahmed, D. (2014). *Pour une psychanalyse des expériences exceptionnelles. Comment penser le paranormal*. L'Harmattan.

Sidgwick, H., Sidgwick, E., Johnson, A. (1894). Report on the census of hallucinations. *Proceedings of the Society for Psychical Research, 10*, 25-422.

Tandy, V. (2002). A litmus test for infrasound. *Journal of the Society for Psychical Research, 66*, 167-174.

Tanous A., Cooper C. E. (2013). *Conversations with Ghosts*. White Crow Books.

Terhune, D.B., Ventola, A., & Houran, J. (2007). An analysis of contextual variables and the incidence of photographic anomalies at an alleged haunt and a control site. *Journal of Scientific Exploration, 21* (1), 99-120.

Thurston, H. (1992). *Ghosts and Poltergeists*. Time Life Books.

Tien, A.Y. (1991). Distribution of hallucinations in the population. *Social Psychiatry and Psychiatric Epidemiology, 26*, 287-292.

Tizané, E. (1977a). *L'hôte inconnu dans le crime sans cause*. Tchou.

Tizané, E. (1977b). *Le mystère des maisons hantées*. Tchou.

Tyrrell, G. N. M. (1955). *Apparitions et fantômes*. Fasquelle.

Ventola, A., Houran, J., Laythe, B., Storm, L., Parra, A., Dixon, J., & Kruth, J.G. (2019). A transliminal 'dis-ease'model of « poltergeist agents ». *Journal of the Society for Psychical Research, 83* (3), 144-171.

Virk, R. (2019). *L'hypothèse de la Simulation.* Editions extraordinaires.

Von Lucadou, W. (1982). Der flüchtige Spuk. *Zeitschrif für Parapsychologie und Grenzgebiete der Psychologie, 24*, 93-109.

Von Lucadou, W. & Zahradnik, F. (2004). Predictions of the Model of Pragmatic Information about RSPK. *Proceedings of Presented Papers, The Parapsychological Association 47rd Annual Convention August 5-8, 2004*, Vienna University, 99-112.

Von Lucadou, W., Römer, H. & Walach, H. (2007). Synchronistic phenomena as entanglement correlations in generalized quantum theory. *Journal of Consciousness Studies, 14* (4), 50-74.

Von Lucadou, W. (1987). The Model of Pragmatic Information (MPI), *Proceedings of the paper presented at the Parapsychological Association 30th Annual Convention*, 236-254.

Von Lucadou, W. (2019) Homeopathy and the action of meaning : A theoretical approach. *Journal of Scientific Exploration, 33* (2), 213-254.

Williams, B. (2015) Roll apparitional experience observations. *https://www.academia.edu/20024783/Ghosts_He_Has_Met_Evidence_and_Issues_Surrounding_William_G_Rolls_Observations_on_the_Characteristics_of_Apparitional_Experiences*

Wilson, C. (1981). *Poltergeist, a study in destructive haunting*. Caxton Editions.

Chapitre 8

Aux frontières de la vie : hypothèse de la survie et expériences inhabituelles de fin de vie

(Maryne Mutis et Claude Berghmans)

Sommaire

À quoi faut-il s'attendre après notre mort ? La question d'une survie de la conscience au-delà de la mort physique préoccupe depuis longtemps l'être humain. Des débuts des premières civilisations jusqu'à aujourd'hui, l'homme n'a eu de cesse de s'interroger sur l'après-vie et les mouvements religieux et spirituels l'ont accompagné dans cette quête depuis toujours. Ceux-ci lui ont parfois offert des réponses faisant appel à ses croyances ou simplement une forme de présence, d'écoute et de conseils face aux mystères de l'existence. Cette dynamique de recherche s'illustre particulièrement dans de nombreux rituels religieux à l'adresse des morts, afin de les accompagner dans le passage vers une autre vie et de les aider en leur fournissant des ressources de différentes natures (physiques et mentales), comme des vivres et des présents pour la suite de leur voyage ou tout simplement des prières et intentions bienveillantes. De nombreux récits comme le *Bardo Thödol* (le Livre des morts tibétain) ou le Livre des morts égyptien illustrent l'importance de cet accompagnement au seuil et après la mort du corps physique. Ces croyances en l'existence d'un esprit ou d'une âme, non physiques, qui viendrait habiter le corps pendant un temps et pourrait continuer d'exister à la mort de ce dernier, sont ainsi retrouvées tout au long de l'histoire au sein de nombreuses cultures, religions ou traditions spirituelles (Delorme *et al.*, 2021) et cela à la lumière de différents éclairages, historiques ou anthropologiques (Éliade, 1947).

S'agit-il simplement d'avoir la foi, ou bien cette question peut-elle aussi être étudiée scientifiquement ? Les premières recherches sur ce sujet ont émergé avec la naissance des sciences psychiques et la volonté de répondre à l'interrogation concernant une persistance possible de la conscience après la mort, tant en étudiant la corrélation entre la conscience et le corps vivant (Rousseau, 2012). La première recherche menée par la Society for Psychical Research concernait les hallucinations vécues par la population générale, dont une majorité avait eu lieu lors ou au voisinage de la mort d'une personne (Gurney *et al.*, 1891). Au sein de l'ouvrage compilant ces premières données, le chercheur anglais Frederic Myers exposait l'idée que de telles expériences permettaient de considérer « un esprit actif et indépendant du corps » (Gurney *et al.*, 1891, p. 7). Par la suite, la majorité des recherches conduites dans le champ de l'hypothèse de la survie ont impliqué des tests effectués avec des médiums (Gauld, 1982), des individus supposés plus doués que la moyenne pour communiquer avec l'invisible.

Les recherches concernant l'hypothèse de la survie s'appuient donc traditionnellement, pour en étayer la véracité, sur les témoignages et les études de certaines expériences, et principalement celles qui seront développées dans ce chapitre : la médiumnité, la réincarnation, les expériences de mort imminente, ainsi que certaines expériences inhabituelles survenant en fin de vie. Il existe en effet de nombreuses manifestations, survenant dans le cadre de ces expériences, qui viennent supporter l'idée que la conscience ne serait pas un simple phénomène unitaire ou physiquement généré, ni nécessairement localisé dans le corps comme le suppose *a priori* le « paradigme matérialiste » et que, par là même, il est important d'explorer les alternatives à ce dernier (Greyson, 2003 ; Van Lommel, 2004 ; Fenwick, 2005 ; Kelly *et al.*, 2007). Myers (1891) proposait d'ailleurs déjà que, face à de telles expériences, il soit d'abord nécessaire de se pencher sur la possibilité que la conscience puisse restée préservée au-delà de la détérioration du système nerveux central, avant de pouvoir formuler des assertions concernant sa nature limitée au substrat biologique ou non. Toutefois, à l'heure actuelle, les éléments de preuves scientifiques accumulés ne sont toujours pas parvenus à générer un consensus[1].

La parapsychologie a-t-elle renoncé à traiter la question de la survie ? Ce champ de recherche s'est effectivement essoufflé au cours du XXe siècle au profit d'autres hypothèses. En réponse à l'interprétation survitaliste[2] qui postulait jusqu'alors que l'existence de personnes désincarnées dont la conscience serait toujours présente, serait la meilleure explication possible aux données recueillies dans le cadre de ces phénomènes, émergea l'hypothèse du super-psi. Cette dernière propose que ces données puissent plutôt être expliquées en termes de phénomènes parapsychologiques (télépathie, clairvoyance, précognition et psychocinèse) provoqués par des agents vivants (Sudduth, 2009). Il peut en effet être difficile de distinguer, une fois la réalité du psi admise, ces phénomènes de ceux associés à la survie de la conscience (Roll, 2006). D'autant plus que les limites assignées au psi restant méconnues, l'hypothèse psi est appliquée de manière extensible pour éviter de basculer dans un paradigme intégrant des agents non vivants tels que des esprits désincarnés (Braude, 1986 ; Braude, 1992).

L'opposition entre survie et super-psi a donc cristallisé le débat. Face à ces deux possibilités, les recherches se sont alors plutôt orientées vers des expérimentations en laboratoire plus rigoureuses et contrôlées (Delorme *et al.*, 2021). Ce choix en faveur de l'hypothèse super-psi a entraîné une mise à l'écart de l'idée d'une survie de la conscience après la mort, pour laisser place à des hypothèses explicatives plus naturalistes (Beischel & Zingrone, 2015). Le débat entre psi et survie n'a cependant toujours pas été résolu, avec une situation d'indécidabilité scientifique qui reste d'actualité, malgré un grand retour de la tentative de traitement de cette interrogation lors des deux dernières décennies (Braude, 1992). La nature de la conscience reste ainsi l'une des grandes questions travaillées par la parapsychologie (Irwin & Watt, 2007 ; Kelly *et al.*, 2007), pour laquelle il est important de conserver les différentes hypothèses envisagées comme plausibles (Delorme *et al.*, 2021).

Mais alors, à quoi peut-il servir d'étudier la possibilité de la survie de la conscience ? Au-delà de cette incertitude concernant l'origine de telles expériences, la recherche d'hypothèses explicatives et l'exploration de ces phénomènes paradoxaux présentent l'intérêt majeur de participer à la mise en évidence des limites des modèles actuels concernant les rapports entre esprit et cerveau. Cela met ainsi en lumière la nécessité de modèles explicatifs suffisamment ouverts pour inclure de tels phénomènes (Kelly *et al.*, 2007 ; Fenwick *et al.*, 2007). Les études survitalistes viennent en effet mettre au défi le « paradigme matérialiste » selon lequel l'ensemble d'un être, dont la conscience, serait produit par des mécanismes neurophysiologiques,

1. http://www.patriziotressoldi.it/cmssimpled/uploads/images/Bigelow22.pdf
2. L'anglicisme « survivaliste », en plus d'être incorrect, est actuellement détourné de son sens pour désigner des individus se préparant concrètement à l'effondrement de nos sociétés. Nous lui préférerons donc le terme « survitaliste ».

c'est-à-dire principalement le cerveau (Nahm, 2009). Face aux expériences médiumniques, de réincarnation, de mort imminente ou encore aux expériences inhabituelles de fin de vie, de nombreux auteurs ont ainsi plaidé pour le besoin de repenser et d'élargir nos conceptions de la conscience, afin de se tourner vers une recherche plus ouverte aux idées issues des sciences psychiques (Osis & Haraldsson, 1977 ; Kelly, 2010). Il semble également important de pouvoir mieux définir la question de ce que représente la conscience, son origine ou encore ses capacités, avant de pouvoir répondre à celle de sa survie en dehors du corps biologique (Delorme *et al.*, 2021).

Quels progrès ont donc été réalisés dans ce domaine ? Bien que le champ des recherches concernant les expériences associées à l'hypothèse de la survie ne reçoive que peu d'attention de la communauté scientifique, comparé à d'autres thématiques, il rencontre néanmoins une croissance très sensible ces dernières décennies, comme peut en attester le succès rencontré par le concours d'essais initié par le Bigelow Institute for Consciousness Studies (BICS). Dans ce cadre, il avait été proposé aux participants de rédiger un essai sur les meilleures preuves disponibles de la survie de la conscience humaine après une mort corporelle, ce qui donna lieu à la soumission de deux cent quatre textes issus de trente-huit pays (Kelleher & Bigelow, 2022). Ce concours a ainsi suscité l'une des analyses les plus approfondies que le domaine n'ait jamais connues, avec des suggestions concernant les prochaines étapes de la recherche sur la survie (pour une critique, *cf.* Tressoldi *et al.*, 2022a). L'important est de continuer à garantir un cadre de recherche rigoureux. L'objet de ce chapitre sera de proposer un recensement des différentes expériences traditionnellement associées à l'hypothèse de la survie, au travers de leurs manifestations, d'exemples de cas et d'un état des lieux de la recherche sur chacune d'entre elles.

1. Les phénomènes traditionnellement associés à l'hypothèse de la survie

1.1 La médiumnité

Dans les travaux portant sur la médiumnité, on retrouve tout d'abord une division de ce phénomène en deux sous-catégories, en fonction de ce qui peut être produit par le médium. La littérature distingue ainsi la médiumnité physique, dans laquelle les manifestations prennent la forme d'effets physiques comme les mouvements de table, une matérialisation de l'esprit ou encore son expression directe dans le langage, et la médiumnité mentale, dans laquelle les informations sont communiquées aux médiums directement ou indirectement (Beischel & Zingrone, 2015). Ces deux types de production émergent au sein d'une large variété d'états de conscience, allant de l'état de veille à des états de transe, avec une profondeur et des niveaux de dissociations variables (Cardeña, 1994).

1.1.1. La médiumnité mentale

La médiumnité mentale peut être définie comme le fait de pouvoir accéder à des informations supposées provenir de personnes défuntes ou d'entités non physiques ou bien de communiquer avec eux (Delorme *et al.*, 2021). La majorité des études menées dans ce champ ont impliqué un seul médium et un groupe de personnes intéressées par le contact avec un défunt, dénommées les « gardiens » (*sitters*), avec des séances durant lesquelles le médium essaie de contacter un défunt lié à l'une des personnes du groupe. Certains cas relatent cependant des contacts spontanés établis avec des défunts qu'aucun gardien ne connaissait, ces manifestations étant alors connues sous le terme de « communicateurs de passage » (*drop-in communicators*) (Fontana, 2005). Les cas les mieux documentés concernant la médiumnité mentale sont notamment ceux de Leonora Piper (1859-1950), Gladys Leonard (1882-1968) ou encore Pearl Curran (1883-1937) (Braude, 2003 ; Fontana, 2005). Un autre cas remarquable est celui d'un médium islandais, Hafsteinn Björnsson, au travers de qui une entité se faisant appeler Runolfur Runolfsson s'exprima sur les détails de sa mort qui étaient jusqu'alors inconnus et purent être vérifiés par la suite (Haraldsson & Stevenson, 1975).

Au sein des expériences associées à la médiumnité mentale, on retrouve également les phénomènes de « correspondances croisées » et ceux de « xénoglossie ». Dans les cas de correspondances croisées, les segments d'un message transmis par une seule entité présumée, sont reçus par différents médiums, parfois à travers le monde et avec des décalages temporels conséquents dans la réception des différentes parties du message en question (Fontana, 2005). C'est uniquement lorsque les différents segments peuvent être réunis, que le message initial peut prendre tout son sens. Certains des membres les plus éminents de la *Society for Psychical Research* furent impliqués dans un cas de correspondances croisées, dont notamment Frederic Myers, Henri Sidgwick et Edmund Gurney. De telles manifestations ont cependant été soumises à de nombreuses critiques (Maxwell, 1912), et la question de l'interprétation la plus appropriée de ces messages reste quant à elle problématique (Braude, 2003). La xénoglossie concerne une expérience où un médium est amené à parler ou écrire dans des langues qu'il ne connaît pas et dont il n'aurait pas pu acquérir la connaissance de manière traditionnelle (Delorme *et al.*, 2021). De nombreux cas ont été rapportés, dont celui d'un médium islandais, Indriði Indriðason, qui aurait « canalisé » (terme employé pour désigner le « channeling », c'est-à-dire l'accueil d'entités par le médium, ces dernières s'exprimant alors au travers du corps du médium) différentes entités parlant des langages qui lui étaient inconnus (Haraldsson, 2012).

Les expériences de médiumnité mentale ont été le plus souvent abordées sous un aspect qualitatif, avec un intérêt de la part des chercheurs pour les différentes manifestations de la médiumnité ainsi que pour les états de transe qui pouvaient les accompagner (Harris & Alvarado, 2014). Les recherches sur ces expériences ont débuté dès le XIXe siècle, notamment au travers des études de la *Society for Psychical Research*, avant de connaître un temps d'arrêt, puis un nouvel essor dans les années 1980-1990, et plus particulièrement encore depuis le début du XXIe siècle, notamment au travers des travaux de Roy et Robertson (2001) et de Schwartz et Russek (2001) sur la recherche de preuves de ces phénomènes au travers de l'évaluation de médiums en laboratoire.

Beischel et Zingrone (2015) ont recensé les recherches effectuées sur la médiumnité mentale, avec l'identification de près de vingt-sept articles, dans des revues scientifiques à comité de lecture. Il s'agissait notamment d'articles de synthèse sur les recherches historiques et modernes (Harris & Alvarado, 2014 ; Roe & Roxburgh, 2014 ; Beischel, 2014), la recherche de preuves au travers de méthodologies quantitatives (Beischel & Schwartz, 2007 ; Jensen *et al.*, 2009), l'analyse phénoménologique de la perception et la compréhension des médiums de leurs pratiques et expériences au travers de méthodes qualitatives (Maraldi & Krippner, 2013 ; Roxburgh & Roe, 2013 ; Roxburgh & Roe, 2014), ou encore l'étude des variables psychologiques et neurophysiologiques de la médiumnité (Mainieri *et al.*, 2017 ; Delorme *et al.*, 2013 ; Maraldi & Krippner, 2013). Elles ont ainsi identifié trois fils conducteurs dans la recherche concernant la médiumnité mentale depuis la publication des travaux de Gauld (1977). Le premier fil fait écho aux travaux de ce dernier, *axés sur la preuve*, avec une amélioration progressive des méthodologies, proposant par exemple des protocoles avec des obstacles de plus en plus importants, dont des conditions où ni les expérimentateurs, ni les analystes et ni les participants n'ont accès à l'ensemble des données étudiées. Le deuxième fil conducteur de la recherche s'ancre dans une *interdisciplinarité* des études engagées, centrée notamment sur l'inscription de l'expérience dans son contexte culturel. Enfin, le troisième fil conducteur s'inscrit dans une *démarche phénoménologique* et une volonté de compréhension des chercheurs de l'expérience elle-même et de son vécu, au-delà de la théorie (Beischel & Zingrone, 2015).

Face à la description de telles capacités se voulant extraordinaires des médiums, certains sceptiques ont soulevé l'hypothèse que ceux-ci puissent faire appel au processus de « lecture froide », c'est-à-dire au fait de détecter des indices non verbaux chez les gardiens, les aidant à orienter leur discours (Évrard, 2022). En réponse, des études impliquant des « gardiens par procuration » n'ayant aucune connaissance des défunts, furent mises en place pour éliminer la possibilité de lire des indices non verbaux chez eux (Fontana, 2005). Plus récemment encore, des protocoles en triple aveugle ont été employés. Le médium ne connaissait ni l'identité des gardiens, ni celle des défunts, et l'évaluation était réalisée *a posteriori* par les gardiens, à partir des transcriptions produites par le médium. De telles études ont pu démontrer que certains médiums semblent en capacité de produire des informations significatives sur le défunt dépassant largement les statistiques attendues dans le cadre du hasard (Beischel *et al.*, 2015 ; Beischel & Schwartz, 2007 ; Delorme *et al.*, 2013). Les découvertes actuelles ne peuvent cependant pas démontrer autre chose que l'expression d'informations par des médiums, vérifiées par les gardiens à qui elles étaient destinées, sans que la source de l'information puisse être établie de manière décisive, et ce malgré des conditions d'expérimentation contrôlées (Beischel & Zingrone, 2015). Les expériences issues de ces recherches peuvent donc tout autant soutenir l'hypothèse survitaliste que l'hypothèse naturaliste super-psi.

La proposition d'un protocole plus standardisé dans l'étude de ces phénomènes médiumniques reste pourtant d'un intérêt certain afin de continuer à approfondir ce champ de recherche

(Beischel, 2014). Dans leur chapitre, Beischel et Zingrone (2015) ont proposé ainsi différents éléments incontournables dans la mise en place d'un tel protocole pour étudier la médiumnité mentale de manière empirique, dont par exemple la présélection des médiums, des environnements optimisés et des obstacles suffisants pour éviter les fraudes ou des indices sensoriels. Des recherches récentes emploient donc des conditions qui vont du triple au quintuple aveugle (Tressoldi *et al.*, 2022b ; Beischel & Conboy, 2021) : le médium n'a pas connaissance de la cible désincarnée et du gardien, les gardiens par procuration n'ont pas connaissance du médium et de la nature de l'information, cible ou leurre, et les expérimentateurs n'ont pas connaissance des cibles désincarnées et des gardiens par procuration visés. Ces conditions de contrôle s'éloignent évidemment des circonstances ordinaires de consultation de médiums en cabinet.

Il pourrait également être intéressant d'explorer dans les futures recherches certains angles encore peu abordés concernant la médiumnité, dont son rapport à la psychopathologie (Kaminker, 2014 ; Le Maléfan, 1999 ; Moreira-Almeida & Cardeña, 2011) et les corrélations entre la médiumnité et des caractéristiques psychologiques tels que la dissociation non pathologique (Alvarado, 2014 ; Peres, 2014).

1.1.2. La médiumnité physique

Au contraire de la médiumnité mentale, la médiumnité physique peut être définie comme la production de manifestations objectives attribuées à la présence de personnes défuntes ou d'entités non physiques (Delorme *et al.*, 2021). L'une des manifestations principales de ce type de médiumnité serait la production d' « ectoplasme » par les médiums, qui se réfère à un type d'énergie – non définie au sens classique du terme – utilisé par les esprits pour se manifester ou interagir avec la matière (Granger, 2022, 2023). Cette facette des expériences médiumniques apparaît de manière plus rare que la précédente, et beaucoup de médiums s'inscrivant dans cette catégorie ont historiquement été démasqués comme étant des fraudeurs. Malgré l'utilisation de moyens de contrôle des médiums (attaches, autocollants phosphorescents) afin de s'assurer que ces derniers ne sont pas à l'origine des manifestations physiques censées provenir des entités, d'autres personnes complices ont ainsi souvent été responsables de la production d'effets illusoires et frauduleux. L'évaluation des démonstrations de médiumnité physique est en effet rendue complexe par la réalisation quasiment systématique des séances dans des conditions d'obscurité quasi totale, la lumière étant réputée détruire l'ectoplasme à l'origine des manifestations (Delorme *et al.*, 2021). Quelques médiums physiques apparemment légitimes sont cependant répertoriés dans la littérature, dont notamment Daniel Dunglas Home. Ce médium écossais, né en 1883, aurait été en capacité de flotter au-dessus du sol, de faire léviter des tables et de produire des matérialisations d'esprits dans des pièces éclairées et face à de nombreux témoins, dont des sceptiques et scientifiques. Il a parfois été accusé de fraude, mais aucune preuve n'a pu être apportée à ces allégations (Lamont, 2005 ; sur la lévitation, voir Eire, 2023).

Plusieurs exemples de médiumnité physique n'ont cependant pas pu être avérés comme relevant de fraude, dont notamment les expérimentations du groupe Scole (Braude, 2003).

Réputé pour leurs séances effectuées à Norfolk en Angleterre dans les années 1990, le groupe Scole utilisait un dispositif de boîte hermétique dans laquelle une pellicule vierge était déposée. Une fois la séance terminée, la pellicule était développée. Plusieurs pellicules ainsi obtenues révélèrent à de nombreuses reprises des textes anciens en allemand ou en français, ainsi que des citations grecques (Keen, 2001). Il s'agit selon Delorme et ses collègues (2021) du seul cas connu de production de texte sur une pellicule, bien que des effets psychocinétiques sur des pellicules ne soient pas inconnus, par exemple au travers du cas Ted Serios qui imprimait des images sur la pellicule par intentions mentales (Eisenbud, 1967).

Quelques années auparavant, des expérimentations avaient été réalisées par le prix Nobel français Charles Richet et le médecin Gustave Geley (1924) avec l'aide du médium Franek Kluski (1873-1943). Ils utilisaient pour leur part des cuves de cire de paraffine chaude dans laquelle les entités supposées convoquées par le médium plongeaient des parties de leur corps, créant ainsi des moules de cire. Aucune fraude n'a pu être mise en évidence dans ces expériences, et les moules en plâtre issus des moulages en cire fragiles créés lors de ces séances sont actuellement conservés à l'Institut métapsychique international à Paris (Delorme *et al.*, 2021 ; chap. 1).

1.2 La réincarnation

Le terme de réincarnation est entendu comme la capacité d'un être vivant à renaître dans un autre corps, souvent en conservant des souvenirs de sa ou de ses vies précédentes. Ce phénomène, déjà mentionné dans la littérature ancienne grecque et celtique, est aujourd'hui encore une croyance qui persiste dans de nombreuses religions, notamment dans le bouddhisme et l'hindouisme, dont elle est une part incontournable (Rinehart, 2004 ; Trainor, 2004). Les premières études systématiques de ce phénomène ont été menées par le psychiatre Ian Stevenson qui a récolté plusieurs milliers de cas, présentés dans de nombreux ouvrages (Lucchetti *et al.*, 2013 ; Delorme *et al.*, 2021). Beaucoup de ces cas sont issus de pays où la culture est imprégnée de croyances en la réincarnation, mais d'autres sont issus de pays occidentaux et viennent appuyer le fait qu'un tel phénomène n'est pas uniquement réductible à sa dimension culturelle (Stevenson, 2000, 2003). On retrouve cependant moins fréquemment de tels témoignages dans les pays occidentaux, avec le postulat que les personnes ayant ce type de vécus peuvent être moins enclines à les partager, compte tenu d'une moindre légitimation culturelle de ces récits (Tucker, 2008).

L'un de ces principaux ouvrages, *Reincarnation and Biology* (Stevenson, 1997), recense en deux volumes la manière dont ces cas ont été recueillis et présente ceux pour lesquels il persiste le moins d'ambiguïté quant à la nature des témoignages et leur véracité, souvent issus d'enfants. On y retrouve par exemple le cas de Kumkum Verma, étudié par Stevenson en Inde, une petite fille qui vers l'âge de trois ans, expliqua à ses parents qu'elle avait vécu à Darbhanga, une grande ville de près de deux cent mille habitants situés à plusieurs kilomètres du petit village dans lequel elle avait toujours habité. Elle nomma également le quartier dans lequel elle expliquait avoir vécu, celui des artisans et des commerçants, où sa famille n'avait pourtant aucune connaissance. Lors de ses recherches, Stevenson a pu avoir accès à des notes prises par la tante de Kumkum concernant dix-huit déclarations sur sa vie passée, comme le nom de son fils et le fait que ce dernier travaillait avec un marteau, le nom de son petit-fils, la ville de naissance de son père ou encore des détails d'une maison avec un coffre-fort en fer et une épée suspendue près du lit de camp. Un proche de la famille fut en mesure d'effectuer des recherches et découvrit qu'une femme était décédée cinq ans avant la naissance de Kumkum, et que la vie de celle-ci correspondait à tous les détails énumérés par la petite fille.

Depuis les travaux de Stevenson, d'autres chercheurs se sont employés à répliquer ses études (Mills *et al.*, 1994) ou ont continué à recueillir les témoignages de jeunes enfants semblant posséder des souvenirs de vies antérieures (Haraldsson, 2003 ; Tucker, 2008). Différentes caractéristiques ont ainsi pu être mises en évidence au travers des deux mille cinq cents observations effectuées par Stevenson et ses successeurs, dont notamment le psychiatre Jim Tucker. Le plus souvent, il s'agit ainsi de jeunes enfants qui commencent à parler de leurs vies antérieures vers deux ou trois ans, avec une moyenne aux alentours de trente-cinq mois (Mills *et al.*, 1994). Tucker (2008) notait que certains d'entre eux partageaient leur récit avec détachement, là où d'autres pouvaient montrer de fortes réactions émotionnelles, comme de la colère ou de la tristesse. Il remarquait également que les souvenirs émergeaient dans un état non ordinaire de conscience et de manière imprévisible, et n'étaient pas accessibles à la demande chez tous les enfants. Ces expériences s'arrêtent en majorité vers l'âge de six ou sept ans, notamment lorsque les enfants commencent à aller à l'école et perdent les souvenirs de leurs premières années de vie, au fur et à mesure qu'ils expérimentent une réalité de plus en plus riche.

De tels témoignages sont réalisés sans l'utilisation d'une régression hypnotique et concernent plutôt des éléments de la vie passée, qui peuvent être ceux de membres de la famille ou de personnes étrangères. Tucker (2008) observait que ces témoignages regroupaient généralement des éléments anodins, excepté les conditions de morts qui étaient dues, dans la majorité des cas, à des causes non naturelles. Ces dernières représentent ainsi un élément fréquemment mentionné, avec près de 75 % des témoignages évoquant des détails de la mort de la personnalité antérieure, certains enfants pouvant même rejouer le scénario de la mort (Stevenson, 2000). Haraldsson (2003) relevait d'ailleurs une proportion plus élevée de syndrome de stress post-traumatique chez les enfants témoignant de souvenirs de vie antérieure que dans la population générale, au même âge. Selon les observations, de nombreux enfants pouvaient également présenter des comportements liés à la vie antérieure, avec par exemple des goûts similaires ou bien encore des réactions face à des membres de la famille cohérents avec la personnalité antérieure plutôt qu'avec celle de l'enfant (Mills *et al.*, 1994). Un cas rapporté de Birmanie, concerne ainsi un enfant qui, lorsqu'il en a eu l'âge, a épousé la veuve de la personnalité précédente (Tucker, 2008). Parmi ces comportements hérités, la phobie concernant les causes de la mort de la personnalité antérieure concernerait près de 35 % des témoignages investigués, et particulièrement l'eau dans le cas de noyade (Tucker, 2005).

L'investigation est réalisée en regroupant les témoignages du plus grand nombre possible de personnes, à la fois du côté de l'enfant et de son entourage que du côté de l'entourage du défunt ou de la défunte, afin bien sûr de vérifier les allégations de l'enfant, comme des noms de lieux ou de personnes. Lorsque cela est possible, les dossiers médicaux ou d'autopsie sont également étudiés, ainsi que la présence de marques de naissance chez les enfants pouvant correspondre aux blessures, souvent fatales, reçues par la personnalité précédente (Lucchetti *et al.*, 2013). Au phénomène de réincarnation s'est vue opposer l'idée que de tels témoignages pourraient être des fantasmes d'enfants plutôt que des souvenirs et ce, particulièrement dans le contexte des cultures impliquant une croyance réincarnationniste. Brody (1979) proposait que même dans les cas où une personnalité de la famille d'origine avait pu être associée aux déclarations de l'enfant, il puisse s'agir d'un biais de confirmation appuyé par les croyances dans la réincarnation : le récit lacunaire de l'enfant était enrichi de détails par la famille, sans que la contribution de chacun puisse être discernable par le chercheur.

Cette explication ne semble cependant pas suffisante, ni pouvoir s'appliquer aux marques de naissance, comme aux marques de blessures observées dans certains cas, ou encore aux liens émotionnels souvent notés vis-à-vis de la famille de la personnalité antérieure (Mills *et al.*, 1994 ; Stevenson & Keil, 2000). Pour Stevenson (2000), la meilleure explication serait celle de l'existence de la réincarnation ou, en d'autres termes, d'un transfert d'une vie à une autre de certains souvenirs, émotions ou traumas pouvant advenir dans des circonstances particulières. Bien que le processus de transfert reste encore inconnu, Tucker (2008) proposait que si les souvenirs étaient authentiques, ces derniers suggéraient déjà que les morts non naturelles augmentent la probabilité d'un retour rapide dans une nouvelle personnalité, appuyant par là même l'hypothèse de la survie de la conscience et de souvenirs qui lui seraient attachés.

1.3 Les expériences de mort imminente

Les expériences de mort imminente nourrissent également des interrogations sur la question de la survie de la conscience (Van Lommel, 2004 ; Greyson, 2003), interrogeant l'aspect éventuellement non local de celle-ci. Cette question sera développée dans un autre chapitre de cet ouvrage auquel nous renvoyons le lecteur (voir chap. 12).

2. Les expériences inhabituelles de fin de vie

2.1 Définition

Depuis plusieurs décennies, on remarque dans la littérature internationale l'émergence de recherches de plus en plus nombreuses sur des phénomènes inhabituels qui surviendraient en fin de vie et pour lesquels la science peinerait à trouver une explication (Alvarado, 2003 ;

Devery *et al.*, 2015 ; Claxton-Oldfield *et al.*, 2018). Ceux-ci sont décrits comme étant « en principe physiquement impossibles ou au-delà du royaume des capacités humaines » (Barbato *et al.*, 1999) et peuvent être regroupés, notamment sous le terme d'expériences de fin de vie (Fenwick *et al.*, 2007), ou encore de phénomènes sur le lit de mort (Brayne *et al.*, 2006 ; Devery *et al.*, 2015). De telles appellations peuvent, entre autres, concerner : les visions, sur le lit de mort, de proches ou amis décédés ou de figures religieuses, avec parfois une communication avec eux ; la clairvoyance véridique et les prédictions correctes en relation avec le mourant ; les impressions télépathiques ou apparitions de la personne mourante au moment de la mort, expérimentées alors par des personnes proches qui n'étaient pas présentes au chevet du mourant ; les coïncidences autour de l'heure de la mort, avec des phénomènes acoustiques ou physiques synchrones, comme de la musique, des frappements, des portes qui bougent, des objets qui tombent ou se cassent, des horloges qui s'arrêtent, des manifestations météorologiques ; les guérisons spontanées, avec la possibilité de faire des mouvements du corps ou de voir revenir des compétences peu de temps avant la mort qui semblaient impossibles juste avant ; ou encore la lucidité terminale.

La littérature existante sur ce thème nous apprend tout d'abord que les expériences de fin de vie sont rapportées dans de nombreuses cultures et depuis longtemps dans l'histoire de l'humanité (Fenwick *et al.*, 2010 ; Devery *et al.*, 2015 ; Wholihan, 2016). Elles sont retrouvées dans de nombreux pays (Osis et Haraldsson, 1977 ; Houran & Lange, 1997 ; Muthumana *et al.*, 2011 ; Grant *et al.*, 2020) et seraient donc indépendantes du contexte géographique et culturel, tout comme des croyances religieuses et des facteurs médicaux comme psychologiques, ce qui amène Devery et son équipe (2015) à décrire l'existence et les manifestations de ces dernières comme « universelles ».

Depuis l'initiation des recherches dans ce champ d'études, les travaux se sont plutôt concentrés sur l'évaluation de la fréquence et sur l'aspect descriptif de ces expériences, afin d'en proposer des caractéristiques précises (Mazzarino-Willett, 2010). Ce travail s'est engagé particulièrement au travers d'un intérêt pour la manière dont ces expériences étaient perçues par les professionnels du soin ayant pu en être témoins, en explorant leurs significations ainsi que les répercussions observables de ces dernières (Brayne *et al.*, 2006 ; Fenwick *et al.*, 2007 ; Brayne *et al.*, 2008 ; Fenwick *et al.*, 2010 ; Santos *et al.*, 2017 ; Klein *et al.*, 2018 ; Claxton-Oldfield & Dunnett, 2018 ; Claxton-Oldfield *et al.*, 2020). Quelques études ont également été menées concernant la perception de ces expériences à travers le témoignage des patients eux-mêmes (Kerr *et al.*, 2014 ; Nosek *et al.*, 2015 ; Depner *et al.*, 2020 ; Nyblom *et al.*, 2021), ainsi que sur le vécu de telles expériences par les proches (Barbato *et al.*, 1999 ; Fenwick & Brayne, 2010 ; Lawrence & Repede, 2012 ; Grant *et al.*, 2020 ; Levy *et al.*, 2020). La discussion autour des expériences de fin de vie s'est également largement tournée vers une explication de ces dernières et le fait qu'elles puissent être une preuve de la survivance de la conscience au-delà du corps matériel, et donc de la mort (Myers, 1903 ; Bozzano, 1923 ; Osis & Haraldsson, 1977). Selon certains chercheurs, les différentes expériences de fin de vie appuieraient ainsi le postulat d'un esprit non localisé dans le substrat biologique, d'une conscience libre du cerveau comme source commune de ces dernières (Alvarado, 2003 ; Fenwick *et al.*, 2007 ; Lim *et al.*, 2020).

2.2 Un spectre d'expériences

Dans leur article sur les différentes expériences de fin de vie, Brayne et Fenwick (2008) ont classé ces dernières selon deux catégories, celles « transpersonnelles[1] » qui apportent une dimension mystique au processus du mourir, et celles ayant un sens final pouvant aider le mourant à terminer certaines choses inachevées. Les expériences de fin de vie transpersonnelles possèdent des qualités transcendantales (Santos *et al.*, 2017), avec l'idée d'un dépassement de l'entendement et du perceptible habituels, et participent souvent à apporter calme et apaisement chez les mourants ainsi que chez leurs proches. Elles regroupent entre autres les visions sur le lit de mort et les différents phénomènes autour de l'heure de la mort (clairvoyance, impressions télépathiques, coïncidences, etc.). Les expériences de fin de vie ayant un sens final semblent plus terre à terre (Santos *et al.*, 2017), avec l'idée d'un rapport avec l'existence de l'ici et maintenant, mais sont tout aussi importantes et signifiantes, car elles amènent le mourant à ressentir un désir de résoudre des problématiques inachevées et, ainsi, de soulager la personne d'une souffrance émotionnelle et existentielle. Elles regroupent notamment les guérisons spontanées, les rêves prémonitoires et la lucidité terminale, avec souvent l'expression d'un besoin impérieux de se réconcilier avec sa vie.

Par la suite, Kinsella *et al.* (2022) ont soulevé le fait qu'il existait une variabilité parfois importante dans les dénominations et les descriptions de ces différentes expériences de fin de vie, proposant alors d'établir un langage standardisé afin de mieux orienter les recherches sur ces phénomènes et de faciliter le travail de normalisation et d'information. On retrouve en effet de nombreux chevauchements dans les manifestations des expériences inhabituelles de fin de vie, où les coïncidences peuvent être à la fois interprétées comme une expérience à part entière ou venant s'intégrer dans une expérience de mort partagée ou bien encore comme étant le signe d'une communication du défunt (Évrard *et al.*, 2021). Ces auteurs ont alors proposé d'établir une liste exhaustive des différentes expériences de fin de vie prenant place avant, pendant ou après la mort de la personne, qu'elles soient rapportées par les patients, les proches ou les soignants. Ils ont présenté ces différentes expériences sous l'appellation du « spectre des expériences de fin de vie », outil développé au cours de plusieurs années de pratique clinique et de recherches dans le champ de la fin de vie et du soin psychique (figure 8.1)

1. L'adjectif « transpersonnel » a été forgé par le psychiatre C.G. Jung pour rendre compte d'expériences semblant transcender le champ individuel. Il a ensuite été repris par de nombreux auteurs et notamment par le courant de la psychologie transpersonnelle, initié par le psychiatre Stanislav Grof et le psychologue Abraham Maslow.

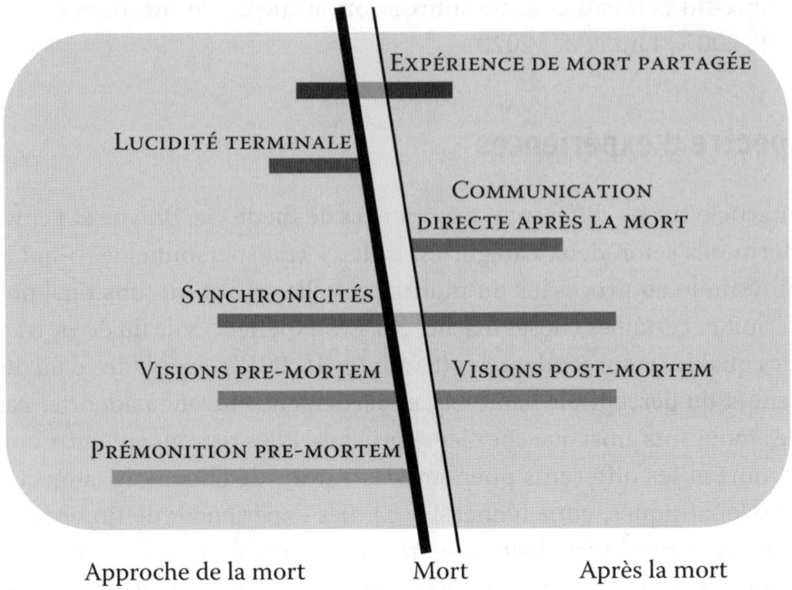

Figure 8.1 – Le spectre des expériences de fin de vie (adapté de Kinsella* et al.*, 2022)

Ce spectre regroupe les expériences de prémonition pré-mortem, les visions pré-mortem, les coïncidences pré-mortem, la lucidité terminale, les coïncidences à l'heure de la mort, les expériences de mort partagée, les communications post-mortem, les visions post-mortem et les coïncidences post-mortem. Les différentes expériences inhabituelles de fin de vie persistant au-delà d'une année après le décès ne pourraient plus être considérées ainsi, puisque trop éloignées de la temporalité de la fin de vie. Elles en seraient cependant une extension, regroupant notamment les différents types de communication ou de vision de personnes décédées, alors connues sous le terme de communication après la mort (ADC), sans délimitation temporelle.

Afin de s'inscrire dans une tentative de classification cohérente et consensuelle, étape nécessaire à normaliser ces expériences et à les reconnaître comme un aspect naturel de la mort (Kinsella *et al.*, 2022), nous avons donc choisi de présenter les différentes expériences inhabituelles de fin de vie en utilisant la dénomination employée dans le spectre des expériences de fin de vie.

2.2.1. Les prémonitions pré-mortem

Le phénomène de prémonition pré-mortem peut être défini comme un sentiment, une sensation ou des pensées de l'imminence de sa propre mort ou de celle d'une autre personne (Ngeh, 2003 ; Hardoin *et al.*, 2007). Ces dernières se manifestent le plus fréquemment de quelques jours à quelques heures avant la mort, bien que certains cas rapportent des prémonitions pouvant avoir lieu plusieurs mois, si ce n'est des années, avant le décès réel de la personne concernée (Kinsella *et al.*, 2022). Comme pour beaucoup d'expériences de fin de vie, les prémonitions pré-mortem peuvent prendre place dans la réalité comme dans les rêves et dans le second cas, elles sont cependant décrites comme différentes des rêves ordinaires, avec une clarté et une intensité particulière. Kinsella et ses collègues (2022) rapportaient ainsi avoir recueilli le témoignage d'un homme en vacances au ski avec son frère, qui lors d'une nuit passée dans un refuge, se réveilla en sursaut, terrifié sans en connaître la raison exacte. Il explique avoir vérifié que son frère respirait toujours, et s'être rendormi, rassuré. Le lendemain, son frère s'est brisé la nuque en s'engageant à skier sur un sentier hors-piste.

2.2.2. Les coïncidences significatives pré-mortem, à l'heure de la mort et post-mortem

Le phénomène de coïncidence significative pré-mortem regroupe différents types d'événements inhabituels survenant à l'approche de la mort d'une personne et perçus comme l'annonce de l'imminence du décès de cette dernière (Fenwick & Fenwick, 2008). Les phénomènes les plus décrits incluent généralement des changements météorologiques, avec de fortes variations de température ou la présence de brouillard, la présence d'animaux particuliers ou des comportements atypiques de ceux-ci ou encore le dysfonctionnement d'objets électroniques avec l'arrêt ou le déclenchement brusque de ces derniers. Ce type de phénomènes peut également survenir au moment même du décès, et ils sont alors qualifiés de coïncidences significatives à l'heure de la mort (Fenwick & Fenwick, 2008 ; Keller *et al.*, 2021). Une femme décrit ainsi la présence d'oiseaux en très grand nombre, chantant de manière inhabituellement forte, lors du décès de son père, associant ce phénomène à un appel de la part des animaux pour accompagner son père vers la mort (Kinsella *et al.*, 2022).

Les coïncidences significatives post-mortem regroupent quant à elles les manifestations de tels événements aléatoires et inhabituels qui peuvent alors être entendus comme des messages du défunt pour les proches (Todaro-Franceschi, 2006). Dans ce cadre, elles peuvent prendre place très rapidement après le décès et persister durant des jours, des semaines, si ce n'est des mois ou des années. Selon Kinsella *et al.* (2022), ce type de phénomènes étant fortement sujet à l'interprétation individuelle, ces coïncidences peuvent être plus facilement passées sous silence que d'autres expériences de fin de vie, alors qu'elles peuvent être considérées par les personnes comme des signes de communication hautement significatifs et nécessitant d'être pris en compte. En majorité, elles sont vécues de manière positive par les proches (Shared Crossing Research Initiative, 2021), bien qu'une minorité de personnes interrogées au cours des recherches effectuées aient pu les décrire comme déconcertantes ou même effrayantes (Fenwick & Fenwick, 2008).

2.2.3. Les visions pré-mortem

Le phénomène de vision ou de visitation pré-mortem est apparenté au fait de percevoir au travers d'une ou plusieurs modalités sensorielles, la présence d'une entité ou d'une réalité d'un autre monde, la majorité des cas concernant la vision ou l'apparition d'une personne proche décédée (Morse, 1996 ; Mazzarino-Willett, 2010 ; Nosek *et al.*, 2015). Elles surviennent généralement quelques heures ou jours avant le décès de celle-ci, plus rarement quelques semaines ou mois, et peuvent être perçues par la personne mourante tout comme par ses proches ou encore les professionnels du soin (Kinsella *et al.*, 2022 ; Kellehear *et al.*, 2011 ; Muthumana *et al.*, 2011 ; Brayne *et al.*, 2006). Ces expériences sont parmi les plus rapportées au sein des expériences de fin de vie (Grant *et al.*, 2014 ; Devery *et al.*, 2015), avec près de 20 % à 30 % de patients hospitalisés interrogés dans le cadre d'une étude centrée sur de tels phénomènes (Kellehear, 2020), et près de 48 % des soignants interrogés avaient déjà entendu parler de la part de leur patient ou des proches de ceux-ci de telles visions (Fenwick *et al.*, 2010).

Le plus souvent, les personnes rapportent la présence de visiteurs au pied de leur lit ou d'esprits venus les accompagner vers la mort (Fenwick *et al.*, 2010 ; Fountain, 2001 ; Giovetti, 1999). Il s'agit pour beaucoup d'un parent décédé, souvent une mère, un frère ou une sœur (Muthumana *et al.*, 2010), de figures religieuses (Osis et Haraldsson, 1977) ou encore d'animaux ou de lieux paradisiaques (Fountain, 2001 ; Brayne *et al.*, 2008). L'étude la plus large ayant eu lieu concernant les visions pré-mortem, ou vision sur le lit de mort, s'est tenue au Japon et a recueilli près de 2 221 témoignages de familles ayant récemment perdu un proche d'un cancer (Morita *et al.*, 2016). En majorité, les visions étaient plus fréquemment observées par des patientes âgées, lorsque des membres de la famille autres que le conjoint étaient présents, ou encore par des familles ayant des pratiques religieuses ou des croyances plus marquées dans la survie de l'âme.

Beaucoup d'études soulignent que ces expériences sont perçues comme pouvant diminuer la crainte de la mort chez les patients comme chez les proches et, ainsi, simplifier et accompagner ce passage (Brayne *et al.*, 2006 ; Brayne *et al.*, 2008 ; Fenwick & Brayne, 2010 ; Mazzarino-Willett, 2010 ; Kellehear *et al.*, 2011 ; Santos *et al.*, 2017 ; Depner *et al.*, 2020 ; Nyblom *et al.*, 2021). Selon une grande majorité d'infirmières (89 %) interrogées dans l'étude de Lawrence et Repede (2012), les patients ayant fait l'expérience de visions au seuil de la mort ont eu une mort plus calme et apaisée, là où seulement 40 % de ces mêmes infirmières rapportaient de telles conditions de décès chez des patients n'ayant pas vécu d'expérience de vision au seuil de la mort. Une soignante décrivait ainsi qu'un patient lui avait confié, peu de temps avant de mourir, qu'il percevait sa mère, décédée des années auparavant d'un cancer du poumon, à côté de son lit, et qu'il savait par cette présence que tout se passerait bien pour lui (Brayne *et al.*, 2006).

2.2.4. La lucidité terminale

Le phénomène de lucidité terminale se définit comme une réversibilité ante-mortem imprévisible, partielle ou totale, des dysfonctions cognitives et/ou motrices, associée à un regain de vigilance (Mutis, 2022 ; Nahm, 2009 ; Nahm *et al.*, 2012). De tels épisodes se manifestent en majorité quelques heures ou jours, parfois semaines, avant le décès de la personne, et peuvent durer de quelques minutes à quelques jours en moyenne (Chiriboga-Oleszczak, 2017 ; Mashour *et al.*, 2019 ; Lim *et al.*, 2020 ; Batthyány & Greyson, 2020). La lucidité terminale peut se manifester dans le cadre d'une large gamme de pathologies, les manifestations les plus impressionnantes prenant place chez des personnes lourdement atteintes, notamment des suites de troubles neurodégénératifs, troubles psychiatriques, d'atteintes neurologiques ou de cancers (Mutis *et al.*, 2019 ; Nahm *et al.*, 2012). Il reste d'ailleurs encore impossible d'apporter une explication médicale ou psychologique consensuelle à ce phénomène, qui pourrait être associé à différents facteurs en fonction de la pathologie impliquée (Nahm, 2009).

Peu d'études se sont essayées à déterminer l'incidence de ce phénomène et il n'existe donc encore que des données préliminaires concernant sa fréquence d'occurrence (Brayne *et al.*, 2008). En 2009, MacLeod relatait avoir constaté 6 % d'épisodes de lucidité terminale parmi les cent personnes décédées au cours de ses six mois d'observation dans une maison de retraite. Lim *et al.* (2020) rapportaient quant à eux, dans leur étude rétrospective sur un an dédiée à la lucidité terminale, autour de 4 % d'épisodes de ce phénomène au sein de cent cinquante et un dossiers de patients décédés. Ces deux études représentent actuellement les seules études du XXIe siècle au sein desquelles la prévalence du phénomène a été estimée.

De tels témoignages d'un regain d'énergie chez des personnes mourantes sont pourtant rapportés et documentés depuis l'Antiquité, et de nombreux auteurs l'associent à une opportunité pour les patients et les proches de s'exprimer, d'avoir une dernière conversation signifiante, de faire leurs adieux, ou encore de terminer ou réaliser une dernière action pour le patient ou ses proches (Brayne *et al.*, 2008 ; Schreiber et Bennett, 2014 ; Chiriboga-Oleszcak, 2017 ; Kheirbek, 2019 ; Le, 2021). On retrouve ainsi le témoignage d'un homme de 37 ans dont la mère se trouvait hospitalisée depuis quelques mois à cause d'un cancer du foie. Après une encéphalopathie toxique, sa mère est tombée dans le coma pendant plusieurs jours, poussant ses proches à se préparer à son décès. Elle s'est cependant réveillée de cet état d'inconscience, donnant l'occasion à certains membres de la famille, notamment sa belle-fille, d'échanger une dernière fois avec elle. Après deux jours d'amélioration, l'homme fut contacté un matin par l'hôpital qui lui annonça le décès de sa mère dans la nuit (Mutis *et al.*, 2020).

2.2.5. Les expériences de mort partagée

Le phénomène de mort partagée se rapporte aux sensations que peuvent ressentir les proches ou les professionnels du soin au moment de la mort d'une personne, avec des impressions de partager quelque chose d'une transition de l'existence (Shared Crossing Research Initiative, 2021 ; Tressoldi *et al.*, 2022a). Ces sensations peuvent se manifester de différentes manières, la personne pouvant : avoir l'impression, physiquement ou de manière plus intuitive, que son proche est en train de mourir ; être témoin de différents phénomènes inhabituels associés à la mort ; expérimenter la sensation d'être en dehors de son corps, de partager des sensations avec la personne, ou se trouver dans une autre réalité où elle pourra être aux côtés de son proche et l'accompagner ; avoir l'impression d'assister d'une manière ou d'une autre à la transition du mourir (Kinsella *et al.*, 2022). Généralement, les expériences de mort partagée surviennent au moment de la mort, mais certaines ont pu être décrites quelques heures, jours ou même mois en amont ou en aval du décès et elles sont en majorité rapportées par des personnes à distance du défunt (Shared Crossing Research Initiative, 2021). Une étude récente rapporte ainsi le cas d'une personne qui, peu de temps avant de recevoir un appel téléphonique lui annonçant le décès d'une amie proche, expliquait que des souvenirs d'elle avec cette amie s'étaient imposés à son esprit, ayant même perçu cette dernière lui dire qu'elle devait partir et qu'elle était désolée (Shared Crossing Research Initiative, 2021).

Peu d'études se sont penchées sur les expériences de mort partagée, qui restent parmi les expériences inhabituelles de fin de vie les moins explorées (Shared Crossing Research Initiative, 2021). Ces expériences ont cependant une phénoménologie qui peut être rapprochée de celles des expériences de mort imminente (Greyson, 1983 ; Moody, 1975), avec la perception de proches défunts, la présence d'une lumière décrite comme mystique, des altérations du temps et de l'espace, la vision de réalité d'autres mondes, la présence de tunnels ou de portes, ou encore des revues de vie du défunt (Long & Perry, 2010 ; Kinsella *et al.*, 2022). Ces éléments ne semblent cependant pas toujours présents avec la même fréquence en fonction de l'expérience, la présence de lumière étant par exemple davantage décrite dans les expériences de mort imminente que dans celles de mort partagée (Kinsella *et al.*, 2022). Il est intéressant de noter que c'est également Moody qui participa à faire connaître les expériences de mort partagée, y décrivant les principales formes que ces dernières pouvaient prendre pour les proches, avec des changements de perception de la pièce environnante, l'apparition d'une lumière, des sons ou de la musique particulière, des expériences de sortie hors du corps, une brume autour du corps de la personne, la perception d'une autre réalité, ou encore le fait d'expérimenter la revue de vie de la personne en train de décéder (Moody & Perry, 2009).

2.2.6. Les communications et visions post-mortem

Le phénomène de communication post-mortem regroupe les expériences de contact direct entre une personne et un proche décédé récemment (Daggett, 2005), tandis que les visions ou visites post-mortem regroupent les phénomènes de perception de la présence de la personne récemment décédée. Généralement, ces expériences se manifestent au travers de perceptions sensorielles spécifiques (phénomènes visuels, olfactifs, tactiles et auditifs) ou d'une conviction de sentir la présence de la personne décédée. Elles se retrouvent dans toutes les cultures et cela, quelle que soit la nature de la relation avec le défunt (Kamp *et al.*, 2020). Généralement, le message entendu est celui d'une réassurance de la part du défunt concernant sa survie et son bien-être, ainsi que du maintien de la relation (Kwilecki, 2009 ; Elsaesser *et al.*, 2021), bien qu'elles puissent parfois être vécues de manière désagréable (Évrard *et al.*, 2021). Certains auteurs incluent ainsi dans la délimitation de ces phénomènes les coïncidences post-mortem, ces dernières étant souvent entendues comme un message de la part de la personne défunte (Beischel, 2019). Les communications et visions post-mortem peuvent avoir lieu immédiatement après le décès et continuer pendant des jours, des semaines, si ce n'est des mois ou des années (Kinsella *et al.*, 2022). Elles sont cependant les plus fréquentes pendant la première année faisant suite au décès de la personne, la fréquence de ces expériences diminuant avec le temps (Rees, 1971 ; Kwilecki, 2009). Par exemple, Kinsella et ses collègues (2022) rapportent le cas d'une femme qui racontait ainsi avoir gardé le contact avec sa grand-mère, lui posant régulièrement des questions. Elle disait reconnaître le son de sa voix et sentir sa présence, même si elle n'avait jamais vu cette dernière distinctement. Après un temps, les réponses s'arrêtèrent d'elles-mêmes.

Les communications et visions post-mortem sont parmi les expériences inhabituelles de fin de vie les plus étudiées (Évrard *et al.*, 2021 ; Streit-Horn, 2011), les premiers récits ayant été recueillis dès la fin du XIXe siècle lors des premières enquêtes internationales réalisées sur les hallucinations au sein de la population générale par la Society for Psychical Research (Gurney *et al.*, 1891 ; Sidgwick *et al.*, 1894 ; Flammarion, 1900 ; Myers, 1903). D'autres études ont par la suite été menées, afin d'explorer la fréquence ainsi que les facteurs associés à cette expérience. Dans le cadre d'une revue systématique de près de trente-cinq études sur la question des communications post-mortem réalisées entre 1894 et 2006, au sein de vingt-quatre pays différents et auprès d'environ cinquante mille participants, Streit-Horn (2011) notait ainsi qu'il avait pu être observé que des personnes de tous âges, nationalités, degrés d'éducation, revenus, affiliations religieuses et sans problèmes de santé mentale, avaient rapporté avoir vécu un tel phénomène. Son estimation, prenant en compte la qualité méthodologique des études et la formulation des items, est qu'entre 30 % et 35 % des individus dans la population générale sont susceptibles d'avoir une ou plusieurs communications post-mortem au cours de leurs vies. Il ressort également de cette revue des différentes recherches que les femmes sont plus à même de vivre cette expérience que les hommes, ainsi que les personnes plus âgées, étant plus susceptibles d'expérimenter une perte, particulièrement les personnes endeuillées ayant perdu leur conjoint (Streit-Horn, 2011).

De nombreuses études ont cherché à estimer la fréquence des communications et visions post-mortem, avec près de vingt-huit recherches proposant des chiffres allant de 2 % à 88 % des personnes ayant pu vivre de telles expériences au sein des échantillons étudiés (West, 1948 ; Guggenheim & Guggenheim, 1995 ; Sormanti & August, 1997). Face à une telle disparité, une synthèse des cinq études les plus fiables au niveau méthodologique, incluant une taille suffisante de leur échantillon (Palmer, 1979 ; Kalish & Reynolds, 1973 ; Greeley, 1975 ; Kohr, 1980 ; Mack & Powell, 2005), a estimé qu'en moyenne 30 % à 35 % des endeuillés dans la population générale seraient susceptibles de vivre une expérience de communication ou de vision post-mortem (Streit-Horn, 2011). Plus récemment, Elsaesser et ses collègues (2021) ont retrouvé une fréquence de ces expériences plutôt aux alentours de 40 % à 60 % au sein des dernières études effectuées, concluant à un aspect relativement commun de ces vécus.

Contrairement aux phénomènes médiumniques, les communications et visions post-mortem sont vécues de manières spontanées, sans intermédiaire, suggérant la volonté d'une personne défunte d'entrer en communication avec les vivants. Dans l'Antiquité, certains dispositifs existaient cependant avec l'objectif de déclencher de telles apparitions, notamment à l'aide de boules de cristal ou de jeux de miroirs (Delorme *et al.*, 2021). Récemment, ces procédés ont été repris sous la forme d'un dispositif appelé le « psychomantéïon » (théâtre de l'esprit) particulièrement médiatisé par Raymond Moody. Un tel dispositif prend généralement la forme d'un petit espace clos pourvu d'un miroir positionné de telle manière que la personne installée ne puisse pas y voir son reflet, mais celui d'une surface neutre (Moody, 1992). Les récits de personnes confrontées au psychomantéïon rapportent le plus souvent des visions de nuages ou de brouillard, qui peuvent prendre des formes animales ou humaines dans certains cas. Plus rarement, ces entités peuvent donner l'impression d'émerger du miroir (Delorme *et al.*, 2021). Un tel dispositif est plus particulièrement utilisé dans des prises en charge du deuil (Mercier & Si Ahmed, 1998), ainsi que pour des recherches portant sur l'hypothèse de la survie.

Ces dispositifs coexistent aux côtés des pratiques nécromantiques plus classiques, par exemple l'utilisation de médiums comme facilitateurs de telles communications (Beischel, 2019). Se manifestent également d'apparentes communications avec des défunts passant par les technologies contemporaines de communication, soit de manière spontanée (Kasprowicz, 2023 ; Évrard, 2017), soit de manière provoquée, comme avec la « trans-communication instrumentale » (Beischel, 2019).

3. Conclusion

Les différentes expériences présentées au sein de ce chapitre représentent un réel défi pour certains prédicats scientifiques contemporains, basés sur l'idée d'une dépendance absolue entre la conscience et son substrat biologique, le cerveau. L'exemple de la lucidité terminale vient ainsi appuyer le fait que, dans certaines conditions, le degré de conscience pourrait se trouver amélioré et dévoiler une personnalité restée intacte, alors même que les contraintes pathologiques appliquées sur le cerveau sont très importantes (Kelly *et al.*, 2007). De la même manière, certains aspects méthodologiques semblent inadaptés à l'étude de ces phénomènes, échappant notamment au facteur de réplicabilité de la méthode expérimentale, ayant longtemps amené à la mise à l'écart de ces derniers. Bien qu'aucune des recherches menées dans ce champ n'ait permis d'obtenir de preuves scientifiques suffisamment solides permettant de mettre un terme au débat concernant la nature de la conscience – et son corollaire, à savoir la possibilité de la survie de cette dernière –, l'utilisation d'approches phénoménologiques permet de mettre en avant le grand intérêt de ces expériences pour la compréhension du fonctionnement psychique des êtres humains[1] autour de la mort.

La réalisation d'études empiriques sur les expériences de médiumnité, de réincarnation, de mort imminente ou encore sur les expériences inhabituelles de fin de vie, présente également l'intérêt de continuer à révéler les limites de nos modèles théoriques actuelles et la nécessité de pouvoir repenser ces derniers en tenant compte de tels phénomènes. Le futur du champ de l'hypothèse de la survie appelle ainsi un essor des recherches, et notamment la mise en place

1. À noter que des phénomènes similaires à l'orée de la mort semblent également survenir chez des animaux non-humains (Sheldrake *et al.*, 2023).

d'expériences prospectives, particulièrement sur la médiumnité et la réincarnation. On peut également espérer le déploiement d'une éducation portant sur le débat concernant la survie et les implications de ce dernier sur notre vision du monde scientifique qui s'appuierait sur les études empiriques (Delorme *et al.*, 2021).

À l'aube du XXIe siècle, qui s'inscrit dans un monde multiculturel et multidisciplinaire (Beischel & Zingrone, 2015), il semble également intéressant de pouvoir intégrer ces expériences dans notre vision globale. Là où la question de la survie de la conscience était auparavant l'élément central de ce type de recherches, la portée actuelle de celles-ci apparaît en effet beaucoup plus vaste, même si cette question initiale reste cependant d'importance. Les travaux sur la médiumnité peuvent ainsi, comme ceux portant sur certaines expériences inhabituelles de fin de vie, changer notre regard sur la problématique du deuil (Kaminker, 2014 ; Évrard *et al.*, 2021). En apparaissant comme des expériences réconfortantes face à la mort, les expériences de fin de vie seraient susceptibles d'avoir des répercussions au-delà du décès, en particulier sur le processus de deuil des proches (Fenwick & Brayne, 2010 ; Lawrence & Repede, 2012 ; Depner *et al.*, 2020). Elsaesser *et al.* (2021) identifiaient ainsi quatre qualités propres à ces expériences vis-à-vis des personnes pouvant les traverser : « rassurantes » pour les proches quant au bien-être du défunt, « résolvantes » des conflits ou des dernières discussions, « confirmatrices » du maintien d'un lien et, enfin, « libératrices », là aussi pour les proches, quant à la possibilité de continuer leur vie. Les familles interrogées dans l'étude de Kinsella et ses collègues (2022) décrivaient également de leur côté que les expériences de fin de vie avaient de manière significative réduit ou diminué leur deuil, sans préciser cependant s'il s'agissait des manifestations ou de la temporalité de ce processus.

Dans une étude sur l'impact des visions et rêves de défunts sur leur lit de mort, Grant *et al.* (2020) ont rapporté que plus de la moitié des 228 proches endeuillés rencontrés exposaient que de telles expériences les avaient aidés dans leur processus de deuil. Près de la moitié évoquait que cela avait notamment pu faciliter le fait d'accepter la réalité de la perte, ainsi que de traverser dans de meilleures conditions la souffrance inhérente au deuil. Les auteurs ont également observé que les effets positifs sur ce processus étaient corrélés au degré de confort apporté par l'expérience de vision à la personne mourante, un confort pour le patient étant ainsi associé à un confort pour les proches dans l'instant, tout comme pour la suite. De la même manière, la lucidité terminale peut se révéler être un facteur de facilitation du processus de deuil pour les familles, lorsque ce phénomène peut s'inscrire comme une étape dans la préparation de la fin de vie et l'occasion de derniers partages (Mutis *et al.*, 2020). C'est aussi le cas des phénomènes de communication et de vision post-mortem, ou encore des expériences de mort partagée (Delorme *et al.*, 2021 ; Shared Crossing Research Initiative, 2021). Ici encore, ces expériences apparaissent d'autant plus bénéfiques pour les proches qu'elles ont pu être intégrées et conceptualisées, par exemple en aidant à mettre du sens sur la mort ou en s'inscrivant dans un registre religieux ou spirituel. Le modèle des liens continués – c'est-à-dire d'une connexion perpétuée entre vivants et morts – propose actuellement une alternative culturelle à notre rapport classique aux défunts, qui intègre davantage de telles expériences en soulignant leur contribution positive au processus de deuil (Elsaesser *et al.*, 2021).

4. Bibliographie

Alvarado, C.S. (2003). The concept of survival of bodily death and the development of parapsychology. *Journal of the Society for Psychical Research, 67*, 65-95.

Alvarado, C.S. (2014). The future of the field of mediumship. In A.J. Rock, *Survival Hypothesis : Essays on Mediumship* (p. 285-287). McFarland.

Barbato, M., Blunden, C., Reid, K., Irwin, H., & Rodriguez, P. (1999). Parapsychological phenomena near the time of death. *Journal of Palliative Care, 15* (2), 30-37.

Batthyány, A., & Greyson, B. (2020). Spontaneous remission of dementia before death : Results from a study on paradoxical lucidity. *Psychology of Consciousness : Theory, Research, and Practice, 8* (1), 1-8.

Beischel, J. (2014). Advances in quantitative mediumship research. In A.J. Rock, *Survival hypothesis : Essays on mediumship* (p. 177-195). McFarland.

Beischel, J. (2019). Spontaneous, Facilitated, assisted, and requested after-death communication experiences and their impact on grief. *Threshold : Journal of Interdisciplinary Consciousness Studies, 3* (1), Article 1.

Beischel, J., Boccuzzi, M., Biuso, M., & Rock, A.J. (2015). Anomalous information reception by research mediums under blinded conditions II : Replication and extension. *Explore (New York, N.Y.), 11* (2), 136-142.

Beischel, J., & Conboy, L. (2021). Correlating mediums' accuracy with learning styles and sensory modality preferences. *Threshold : Journal of Interdisciplinary Consciousness Studies, 4* (1), 1-20.

Beischel, J., & Schwartz, G.E. (2007). Anomalous information reception by research mediums demonstrated using a novel triple-blind protocol. *Explore (New York, N.Y.), 3* (1), 23-27.

Beischel, J., & Zingrone, N. L. (2015). Mental Mediumship. In E. Cardeña, J. Palmer, & D. Marcusson-Clavertz, *Parapsychology : A Handbook for the 21st Century*. McFarland.

Bozzano, E. (1923). *Phénomènes psychiques au moment de la mort*. Editions de la B.P.S.

Braude, S.E. (2003). *Immortal remains : The evidence for life after death*. Rowman & Littlefield Publishers.

Brayne, S., Farnham, C., & Fenwick, P. (2006). Deathbed phenomena and their effect on a palliative care team : A pilot study. *American Journal of Hospice and Palliative Medicine, 23* (1), 17-24.

Brayne, S., & Fenwick, P. (2008). The case for training to deal with end-of-life experiences. *European Journal of Palliative Care, 15*, 118-120.

Brayne, S., Lovelace, H., & Fenwick, P. (2008). End-of-life experiences and the dying process in a Gloucestershire nursing home as reported by nurses and care assistants. *American Journal of Hospice and Palliative Medicine, 25* (3), 195-206.

Brody, E.B. (1979). Review of cases of the reincarnation type, Vol. 2. Ten cases in Sri Lanka by Ian Stevenson. *Journal of Nervous and Mental Disease, 167*, 769-774.

Cardeña, E. (1994). The domain of dissociation. In S.J. Lynn & J.W. Rhue, *Dissociation : Clinical, Theoretical, and Research Perspectives* (p. 15-31). Guilford.

Chiriboga-Oleszczak, B.A. (2017). Terminal lucidity. *Current Problems of Psychiatry, 18* (1), 34-46.

Claxton-Oldfield, S., & Dunnett, A. (2018). Hospice palliative care volunteers' experiences with unusual end-of-life phenomena. *OMEGA. Journal of Death and Dying, 77* (1), 3-14.

Claxton-Oldfield, S., Gallant, M., & Claxton-Oldfield, J. (2020). The impact of unusual end-of-life phenomena on hospice palliative care volunteers and their perceived needs for training to respond to them. *OMEGA - Journal of Death and Dying, 81* (4), 577-591.

Daggett, L.M. (2005). Continued encounters : The experience of after-death communication. *Journal of Holistic Nursing, 23* (2), 191-207.

Delorme, A., Beischel, J., Michel, L., Boccuzzi, M., Radin, D., & Mills, P. (2013). Electrocortical activity associated with subjective communication with the deceased. *Frontiers in Psychology, 4.*

Delorme, A., Radin, D., & Wahbeh, H. (2021). *Advancing the Evidence for Survival of Consciousness.* Bigelow Institute for Consciousness Studies.

Depner, R.M., Grant, P.C., Byrwa, D.J., LaFever, S.M., Kerr, C.W., Tenzek, K.E., LaValley, S., Luczkiewicz, D.L., Wright, S.T., & Levy, K. (2020). Expanding the understanding of content of end-of-life dreams and vision : a consensual qualitative research analysis. *Palliative Medicine Reports, 1* (1), 103-110.

Devery, K., Rawlings, D., Tieman, J., & Damarell, R. (2015). Deathbed phenomena reported by patients in palliative care : Clinical opportunities and responses. *International Journal of Palliative Nursing, 21* (3), 117-125.

Eire, C. (2023). *They Flew : A History of the Impossible*. New Haven : Yale University Press.

Eisenbud, J. (1967). *The World of Ted Serios.* Morrow.

Eliade, M. (1947). *Traité d'histoire des religions.* Payot.

Elsaesser, E., Roe, C.A., Cooper, C.E., & Lorimer, D. (2021). The phenomenology and impact of hallucinations concerning the deceased. *BJPsych Open, 7* (5), e148.

Évrard, R., Dollander, M., Elsaesser, E., Cooper, C., Lorimer, D., & Roe, C. (2021). Expériences exceptionnelles nécrophaniques et deuil paradoxal : Études de la phénoménologie et des répercussions des vécus effrayants de contact avec les défunts. *L'Évolution Psychiatrique, 86* (4), 799-824.

Évrard, R. (2017). Ghost in the machine : A clinical view of anomalous telecommunication experiences. *Journal of Exceptional Experiences and Psychology, 5* (2), 21-30.

Évrard, R. (2022). The dialogical capture : Analysis and application of Roe & Roxburgh's hierarchical model of cold reading strategies during stage demonstrations of mediumship. *Journal of the Society for Psychical Research, 68* (2), 65-94.

Fenwick, P. (2005). Science and spirituality : A challenge for the 21st century. *Journal of Near-Death Studies, 23* (3), 131-157.

Fenwick, P., & Brayne, S. (2010). End-of-life experiences : Reaching out for compassion, communication, and connection-meaning of deathbed visions and coincidences. *American Journal of Hospice and Palliative Medicine, 28* (1), 7-15.

Fenwick, P., & Fenwick, E. (2008). *The Art of Dying.* Continuum.

Fenwick P., Lovelace, H., & Brayne, S. (2007). End of life experiences and their implications for palliative care. *International Journal of Environmental Studies, 64* (3), 315-323.

Fenwick, P., Lovelace, H., & Brayne, S. (2010). Comfort for the dying : Five-year retrospective and one-year prospective studies of end-of-life experiences. *Archives of Gerontology and Geriatrics, 51* (2), 173-179.

Flammarion, C. (1900). *L'Inconnu et les phénomènes psychiques*. Flammarion.

Fontana, D. (2005). *Is There an Afterlife ? A Comprehensive Overview of the Evidence*. O Books.

Fountain, A. (2001). Visual hallucinations : A prevalence study among hospice inpatients. *Palliative Medicine, 15* (1), 19-25.

Gauld, A. (1977). Discarnate survival. In B.B. Wolman, *Handbook of Parapsychology* (p. 577-630). Van Nostrand Reinhold.

Gauld, A. (1982). *Mediumship and Survival : A Century of Investigations*. Heinemann.

Geley, G. (1924). *Ectoplasmie et clairvoyance*. Félix Alcan.

Giovetti, P. (1999). Visions of the dead. Death-bed visions and near-death experiences in Italy. *Human Nature, 1*, 38-41.

Granger, M. (2022). *La Saga de l'Ectoplasme*, vol. 1. MSF.

Granger, M. (2023). *La Saga de l'Ectoplasme*, vol. 2. MSF.

Grant, P.C., Depner, R.M., Levy, K., LaFever, S.M., Tenzek, K.E., Wright, S.T., & Kerr, C.W. (2020). Family caregiver perspectives on end-of-life dreams and visions during bereavement : A mixed methods approach. *Journal of Palliative Medicine, 23* (1), 48-53.

Grant, P.C., Wright, S.T., Depner, R.M., & Debra, L. (2014). The significance of end-of-life dreams and visions. *Nursing, 110* (28), 22-24.

Greeley, A.M. (1975). *The sociology of the paranormal : A reconnaissance*. Sage Publication.

Greyson, B. (1983). The Near-Death Experience Scale : Construction, reliability, and validity. *The Journal of Nervous and Mental Disease, 171* (6), 369-375.

Greyson, B. (2003). Incidence and correlates of near-death experiences in a cardiac care unit. *General Hospital Psychiatry, 25*, 269-276.

Guggenheim, B., & Guggenheim, J. (1995). *Hello from Heaven : A New Field of Research-After-Death Communication Confirms That Life and Love Are Eternal*. Bantam.

Gurney, E., Myers, F.W.H., & Podmore, F. (1891). *Les hallucinations télépathiques*. F. Alcan.

Haraldsson, E. (2003). Children who speak of past-life experiences : Is there a psychological explanation ? *Psychology and Psychotherapy : Theory, Research and Practice, 76* (1), 55-67.

Haraldsson, E. (2012). Further facets of Indriđi Indriđason´s mediumship ; Including « transcendental » music, direct speech, xenoglossy, light phenomena, etc. *Journal of the Society for Psychical Research, 76* (908), 129-149.

Haraldsson, E., & Stevenson, I. (1975). A communicator of the « drop in » type in Iceland : The case of Runolfur Runolfsson. *Journal of the American Society for Psychical Research, 69*, 33-59.

Hardoin, R., Henslee, J.A., & Sheehan, C. (2007). *The Voice Within : The Premonitions of Sudden Death in Children*. Tate Publishing & Enterprises.

Harris, K.D., & Alvarado, C.S. (2014). A review of qualitative mediumship research. In A. J. Rock, *Survival hypothesis : Essays on mediumship*. McFarland.

Houran, J., & Lange, R. (1997). Hallucinations that comfort : Contextual mediation of deathbed visions. *Perceptual and Motor Skills, 84* (3), 1491-1504.

Jensen, C., Cardeña, E., & Terhune, D. (2009). A controlled long-distance test of a professional medium. *European Journal of Parapsychology, 24*, 53-67.

Kalish, R.A., & Reynolds, D.K. (1973). Phenomenological reality and post-death contact. *Journal for the Scientific Study of Religion, 12* (2), 209-221.

Kaminker, J. (2014). Mediumship and psychopathology. In A.J. Rock, *Survival hypothesis : Essays on mediumship* (p. 146-159). McFarland.

Kamp, K.S., Steffen, E.M., Alderson-Day, B., Allen, P., Austad, A., Hayes, J., Larøi, F., Ratcliffe, M., & Sabucedo, P. (2020). Sensory and quasi-sensory experiences of the deceased in bereavement : An interdisciplinary and integrative review. *Schizophrenia Bulletin, 46* (6), 1367-1381.

Kasprowicz, L. (2023). *Des coups de fil de l'au-delà ?* Trédaniel.

Keen, M. (2001). The Scole Investigation : A study in critical analysis of paranormal physical phenomena. *Journal of Scientific Exploration, 15* (2), 167-182.

Kellehear, A. (2020). *Visitors at the End of Life : Finding Meaning and Purpose in Near-Death Phenomena*. Columbia University Press.

Kellehear, A., Pogonet, V., Mindruta-Stratan, R., & Gorelco, V. (2011). Deathbed visions from the Republic of Moldova : A content analysis of family observations. *OMEGA - Journal of Death and Dying, 64* (4), 303-317.

Kelleher, C., & Bigelow, R. (2022). The 2021 Bigelow Institute for Consciousness Studies (BICS) essay contest. *Journal of Scientific Exploration, 36* (2), Article 2.

Keller, L., Szymkiewicz, A., Mutis, M., & Évrard, R. (2021). Complaisance du hasard et expériences de coïncidences. *L'Évolution Psychiatrique, 86* (2), 285-306.

Kelly, E.F., Kelly, E.W., Crabtree, A., Gauld, A., Grosso, M., & Greyson, B. (2007). *Irreducible mind : Toward a psychology for the 21st century*. Rowman & Littlefield.

Kelly, E.W. (2010). Some directions for mediumship research. *Journal of Scientific Exploration, 24* (2), 247-282.

Kerr, C.W., Donnelly, J.P., Wright, S.T., Kuszczak, S.M., Banas, A., Grant, P.C., & Luczkiewicz, D.L. (2014). End-of-life dreams and visions : A longitudinal study of hospice patients' experiences. *Journal of Palliative Medicine, 17* (3), 296-303.

Kheirbek, R. E. (2019). Terminal lucidity. *Journal of Palliative Medicine, 22* (9), 1023.

Kinsella, M., Williams, M., & Peters, W. (2022). The spectrum of end-of-life experiences : A tool for advancing death education. *OMEGA - Journal of Death and Dying*, 1-21.

Klein, S., Kohler, S., Krüerke, D., Templeton, A., Weibel, A., Haraldsson, E., Nahm, M., & Wolf, U. (2018). Erfahrungen am Lebensende : Eine Umfrage bei Ärtzen und Pflegenden eines Spitals für anthroposophisch erweiterte Medizin. *Complementary Medicine Research, 24*, 1-6.

Kohr, R.L. (1980). A survey of psi experiences among members of a special population. *Journal of the American Society for Psychical Research, 74*, 395-411.

Kwilecki, S. (2009). Twenty-first-century american ghosts : the after-death communication -Therapy and revelation from beyond the Grave. *Religion and American Culture : A Journal of Interpretation, 19* (1), 101-133.

Lamont, P. (2005). *The First Psychic* (1st Edition). Time Warner Books Uk.

Lawrence, M., & Repede, E. (2012). The incidence of deathbed communications and their impact on the dying process. *American Journal of Hospice & Palliative Medicine, 30* (7), 632-639.

Le, T.T. (2021). *Terminal lucidity : Mysteries at the end of life*. OSF Preprints.

Le Maléfan, P. (1999). *Folie et spiritisme Histoire du discours psychopathologique sur la pratique du spiritisme, ses abords et ses avatars. 1850-1950*. L'Harmattan.

Levy, K., Grant, P.C., Depner, R.M., Byrwa, D.J., Luczkiewicz, D.L., & Kerr, C.W. (2020). End-of-life dreams and visions and posttraumatic growth : A comparison study. *Journal of Palliative Medicine, 23* (3), 319-324.

Lim, C.Y., Park, J.Y., Kim, D.Y., Yoo, K.D., Kim, H.J., Kim, Y., & Shin, S.J. (2020). Terminal lucidity in the teaching hospital setting. *Death Studies, 44*, 285-291.

Long, J., & Perry, P. J. (2010). *Evidence of the afterlife*. HaperOne.

Lucchetti, G., Santos Camargo, L. dos, Lucchetti, A.L.G., Schwartz, G.E., & Nasri, F. (2013). Rare medical conditions and suggestive past-life memories : A case report and literature review. *Explore, 9* (6), 372-376.

Mack, J., & Powell, L. (2005). Perceptions of non-local communication : Incidences associated with media consumption and individual differences. *North American Journal of Psychology, 7* (2), 279-294.

Macleod, A. D. (2009). Lightening up before death. *Palliative and Supportive Care, 7* (4), 513-516.

Mainieri, A.G., Peres, J.F.P., Moreira-Almeida, A., Mathiak, K., Habel, U., & Kohn, N. (2017). Neural correlates of psychotic-like experiences during spiritual-trance state. *Psychiatry Research : Neuroimaging, 266*, 101-107.

Maraldi, E., & Krippner, S. (2013). A biopsychosocial approach to creative dissociation : Remarks on a case of mediumistic painting. *NeuroQuantology, 11* (4), 544-572.

Mashour, G.A., Frank, L., Batthyany, A., Kolanowski, A.M., Michael Nahm, Schulman-Green, D., Greyson, B., Pakhomov, S., Karlawish, J., & Shah, R.C. (2019). Paradoxical lucidity : A potential paradigm shift for the neurobiology and treatment of severe dementias. *Alzheimer's & Dementia, 15* (8), 1107-1114.

Maxwell, J. (1912). Les correspondances croisées et la méthode expérimentale. *Proceedings of the Society for Psychical Research*, Part. LXV, 54-144.

Mazzarino-Willett, A. (2010). Deathbed phenomena : Its role in peaceful death and terminal restlessness. *American Journal of Hospice and Palliative Medicine, 27* (2), 127-133.

Mercier, E.S., & Si Ahmed, D. (1998). *Expériences autour d'un miroir*. JMG.

Meyersburg, C.A., Bogdan, R., Gallo, D.A., & McNally, R.J. (2009). False memory propensity in people reporting recovered memories of past lives. *Journal of Abnormal Psychology, 118* (2), 399-404.

Mills, A., Haraldsson, E., & Keil, J. (1994). Replication studies of cases suggestive of reincarnation by three independent investigators. *Journal of the American Society for Psychical Research, 88*, 207-219.

Moody, R. (1975). *Life after Life*. Mockingbird Books.

Moody, R.A. (1992). Family reunions : Visionary encounters with the departed in a modern-day psychomanteum. *Journal of Near-Death Studies, 11* (2), 83-121.

Moody, R., & Perry, P. (2009). *Glimpses of Eternity*. Guideposts.

Moreira-Almeida, A., & Cardeña, E. (2011). Differential diagnosis between non-pathological psychotic and spiritual experiences and mental disorders : A contribution from Latin American studies to the ICD-11. *Revista Brasileira De Psiquiatria, 33,* 21-36.

Morita, T., Naito, A.S., Aoyama, M., Ogawa, A., Aizawa, I., Morooka, R., Kawahara, M., Kizawa, Y., Shima, Y., Tsuneto, S., & Miyashita, M. (2016). Nationwide Japanese survey about deathbed visions : « My deceased mother took me to heaven ». *Journal of Pain and Symptom Management, 52* (5), 646-654.

Morse, M. (1996). The near-death experience : A new scientific paradigm. In L.W. Bailey & J. Yates, *The Near-Death Experience* (p. 420). Routledge.

Muthumana, S.P., Kumari, M., Kellehear, A., Kumar, S., & Moosa, F. (2011). Deathbed visions from India : A study of family observations in northern Kerala. *OMEGA - Journal of Death and Dying, 62* (2), 97-109.

Mutis, M. (2022). Recouvrer ses esprits : Comment définir les lucidités paradoxale et terminale ? In R. Évrard & M. Mutis, *Aux frontières de la mort : Explorations cliniques et scientifiques* (p. 79-99). L'Harmattan.

Mutis, M., Évrard, R., & Bacqué, M.-F. (2019). Tumeurs cérébrales et lucidité terminale. *Psycho-Oncologie, 13* (1), 53-56.

Mutis, M., Évrard, R., & Bacqué, M.-F. (2020). La lucidité terminale : Facteur de facilitation du deuil ou de complication traumatique ? *Études sur la mort, 154* (2), 121-135.

Myers, F.W.H. (1903). *Human Personality and its Survival of Bodily Death* (Vol. 2). Longmans, Green.

Myers, F.W.H. (1891). *The Principles of Psychology.* MacMillan and Co.

Nahm, M. (2009). Terminal lucidity in people with mental illness and other mental disability : An overview and implications for possible explanatory models. *Journal of Near-Death Studies, 28* (2), 87-106.

Nahm, M., Greyson, B., Kelly, E.W., & Haraldsson, E. (2012). Terminal lucidity : A review and a case collection. *Archives of Gerontology and Geriatrics, 55* (1), 138-142.

Ngeh, J.K.T. (2003). Recognising the phenomena of premonitions of death. *British Medical Journal, 326,* 30.

Nosek, C.L., Kerr, C.W., Woodworth, J., Wright, S.T., Grant, P.C., Kuszczak, S.M., Banas, A., Luczkiewicz, D.L., & Depner, R.M. (2015). End-of-Life dreams and visions : A qualitative perspective from hospice patients. *American Journal of Hospice and Palliative Medicine, 32* (3), 269-274.

Nyblom, S., Arnby, M., Molander, U., & Benkel, I. (2021). End-of-Life Experiences (ELEs) of spiritual nature are reported directly by patients receiving palliative care in a highly secular country : A qualitative study. *American Journal of Hospice and Palliative Medicine, 38* (9), 1106-1111.

Osis, K., & Haraldsson, E. (1977). Deathbed observations by physicians and nurses : A cross-cultural survey. *Journal of the American Society for Psychical Research, 71,* 237-259.

Palmer, J. (1979). A community mail survey of psychic experiences. *Journal of the American Society for Psychical Research, 73,* 221-251.

Peres, J.F.P. (2014). The future of the field of mediumship. In A.J. Rock, *Survival hypothesis : Essays on mediumship* (p. 293-296). McFarland.

Rees, W.D. (1971). The Hallucinations of Widowhood. *BMJ, 4* (5778), 37-41.

Rinehart, R. (2004). *Contemporary Hinduism : Ritual, Culture, and Practice* (ABC-CLIO).

Roe, C.A., & Roxburgh, E.C. (2014). Non-parapsychological explanations of ostensible mediumship. In A.J. Rock, *Survival Hypothesis : Essays on Mediumship* (p. 65-78). McFarland.

Roll, W. (2006). *A Discussion of the Evidence that Personal Consciousness Persists After Death with Special Reference to Poltergeist Phenomena. 6* (1), 5-20.

Rousseau, D. (2012). The implications of Near-Death Experiences for research into the survival of consciousness. *Journal of Scientific Exploration, 26* (1), 43-80.

Roxburgh, E.C., & Roe, C.A. (2013). « Say from when you owe this strange intelligence » : Investigating explanatory systems on Spiritualist mental mediumship using interpretative phenomenological analysis. *International Journal of Transpersonal Studies, 3* (21), 27-42.

Roxburgh, E.C., & Roe, C.A. (2014). A mixed-methods approach to mediumship research. In A.J. Rock, *Survival Hypothesis : Essays on Mediumship* (p. 207-234). McFarland.

Roy, A.E., & Robertson, T.J. (2001). A double- blind procedure for assessing the relevance of a medium's statements to a recipient. *Journal of the Society for Psychical Research, 65*, 161-174.

Santos, C.S.D., Paiva, B.S.R., Lucchetti, A.L.G., Paiva, C.E., Fenwick, P., & Lucchetti, G. (2017). End-of-life experiences and deathbed phenomena as reported by Brazilian healthcare professionals in different healthcare settings. *Palliative and Supportive Care, 15* (4), 425-433.

Schreiber, T.P., & Bennett, M.J. (2014). Identification and Validation of Premortem Surge. *Journal of Hospice & Palliative Nursing, 16* (7), 430-437.

Schwartz, G. E., & Russek, L. G. S. (2001). Evidence of anomalous information retrieval between two mediums : Telepathy, network memory resonance, and continuance of consciousness. *Journal of the Society for Psychical Research, 65*, 257-275.

Shared Crossing Research Initiative (SCRI). (2021). Shared death experiences : A little-known type of end-of-life phenomena reported by caregivers and loved ones. *American Journal of Hospice and Palliative Medicine, 38* (12), 1479-1487.

Sheldrake, R., Smart, P., & Nahm, M. (2023). Experiences of dying animals : Parallels with End-Of-Life Experiences in humans. *Journal of Scientific Exploration, 37* (1), 42-58.

Sidgwick, H., Johnson, A., Myers, F.W.H., Podmore, F., & Sidgwick, E.M. (1894). Report on the census of hallucinations. *Proceedings of the Society for Psychical Research, 10*, 25-422.

Sormanti, M., & August, J. (1997). Parental bereavement : Spiritual connections with deceased children. *American Journal of Orthopsychiatry, 67*, 460-469.

Stevenson, I. (1994). A case of the psychotherapist's fallacy : Hypnotic regression to « previous lives ». *The American Journal of Clinical Hypnosis, 36* (3), 188-193.

Stevenson, I. (1997). *Reincarnation and Biology : A Contribution to the Etiology of Birthmarks and Birth Defects (2 Vols.)*. Praeger.

Stevenson, I. (2000). *Children Who Remember Previous Lives : A Question of Reincarnation* (Revised édition). McFarland & Co Inc.

Stevenson, I. (2003). *European Cases of the Reincarnation Type*. McFarland.

Stevenson, I., & Keil, J. (2000). The stability of assessments of paranormal connections in reincarnation-type cases. *Journal of Scientific Exploration, 14*, 365-382.

Streit-Horn, J. (2011). *A Systematic Review of Research on After-Death Communication (ADC)*. Thèse de philosophie, University of North Texas, United States of America. *https://digital.library.unt.edu/ark:/67531/metadc84284/m2/1/high_res_d/dissertation.pdf*

Sudduth, M. (2009). Super-psi and the survivalist interpretation of mediumship. *Journal of Scientific Exploration, 23* (2), 167-193.

Tarazi, L. (1990). An unusual case of hypnotic regression with some unexplained contents. *Journal of American Society for Psychical Research, 84* (4), 309-344.

Todaro-Franceschi, V. (2006). Studying synchronicity related to dead loved ones AKA after-death communication : Martha, what do you think ? *Nursing Science Quarterly, 19* (4), 297-299.

Trainor, K. (2004). *Buddhism : The illustrated guide*. Oxford University Press.

Tressoldi, P., Álvarez, A.A., Facchin, N., Frullanti, M., Liberale, L., Saad, M., Shiah, Y.-J., & Testoni, I. (2022a). *Shared Death Experiences : A Multicultural Survey*. 1-16.

Tressoldi, P., Liberale, L., Sinesio, F., Bubba, V., Pederzoli, L., & Testoni, I. (2022b). Mediumship accuracy : A quantitative and qualitative study with a triple-blind protocol. *Explore, 18* (4), 411-415. *https ://doi-org/10.1016/j.explore.2021.05.009*

Tucker, J.B. (2005). *Life Before Life : A Scientific Investigation of Children's Memories of Previous Lives*. St. Martin's Press.

Tucker, J.B. (2008). Children's reports of past-life memories : A review. *Explore, 4* (4), 244-248.

Van Lommel, P. (2004). About the continuity of our consciousness. In C. Machado & D.A. Shewmon (Eds.), *Brain Death and Disorders of Consciousness* (p. 115-132). Springer US.

West, D.J. (1948). A mass-observation questionnaire on hallucinations. *Journal of the Society for Psychical Research, 34*, 187-196.

Wholihan, D. (2016). Seeing the light : End-of-Life Experiences - Visions, energy surges, and other death bed phenomena. *Nursing Clinics of North America, 51* (3), 489-500.

Chapitre 9

Approche clinique du psi

(Renaud Évrard et Thomas Rabeyron)

Sommaire

Il existe dans le champ de la parapsychologie un domaine plus spécifique qui développe une approche clinique centrée sur les personnes ayant vécu des expériences considérées comme étant de nature « paranormale ». La forme que peut prendre cette « parapsychologie clinique » – expression que nous problématiserons plus loin – varie selon la façon dont ces expériences sont définies, le type d'accompagnement proposé et la manière dont cette pratique se différencie d'autres approches.

1. Introduction : l'émergence d'une psychologie clinique des expériences exceptionnelles

Dans la culture occidentale, la psychopathologie est fréquemment invoquée pour expliquer les expériences dites « paranormales », « anomales » ou « exceptionnelles » (ExE)[1]. Il existe plusieurs exemples de cette tendance présente dès le début du XXe siècle. Ainsi, la vogue du spiritisme a largement influencé la création de certaines notions psychiatriques comme celle de psychose hallucinatoire chronique (Le Maléfan, 1999). Aujourd'hui, les croyances paranormales et les expériences qui leur sont liées sont encore présentes dans certains questionnaires dont l'objectif est, par exemple, de diagnostiquer des troubles psychotiques (Bradbury *et al.*, 2009). Un tel discours psychopathologique a des conséquences qui prennent notamment la forme d'un « contrôle social » (Schetsche, 2003), voire même une stigmatisation des personnes qui rapportent des ExE. Celle-ci conduit fréquemment à l'autocensure et plus généralement à un tabou les concernant. Cela peut également favoriser une forme d'isolement social et un intérêt pour des visions du monde alternatives (Mayer & Gründer, 2011) associées à des trajectoires thérapeutiques en dehors des parcours de soins orientés par la médecine conventionnelle (Évrard & Ouellet, 2019).

Ainsi, quand elles ne sont pas tout simplement ignorées, les expériences exceptionnelles sont souvent pathologisées au moyen de notions psychiatriques. À l'inverse, ces mêmes expériences suscitent parfois une forme de fascination associée à différentes croyances au paranormal (Évrard, 2012b). La parapsychologie clinique insiste pour sa part sur l'affirmation de la singularité de ces expériences et la recherche d'une alternative complémentaire aux hypothèses et aux traitements inspirés par une approche psychopathologique traditionnelle. Cependant, il n'existe pas véritablement de consensus sur les pratiques à mettre en place pour de telles expériences. Les chercheurs ont néanmoins établi des liens explicites entre le corpus parapsychologique (incluant la parapsychologie expérimentale, mais aussi une approche de ces expériences par l'ensemble des sciences humaines) et les expériences que les personnes interprètent parfois comme relevant de la parapsychologie (par exemple, Henry, 2005 ; Irwin & Watt, 2007). Cette discipline tire ainsi une grande partie de sa légitimité et de sa popularité de par sa prétention à expliquer les expériences vécués comme paranormales aussi bien par des hypothèses « psi » que « non-psi ».

1. Les termes d'expériences anomales et d'expériences exceptionnelles sont habituellement utilisés dans les milieux académiques pour désigner les expériences vécues comme étant paranormales (Rabeyron, 2020).

Depuis le début de la SPR, avec les *Phantasms of the Living* (Gurney, Myers, Podmore, 1886) et le *Census of Hallucinations* (Sidgwick *et al.*, 1894), un « continuum expérience-phénomène » a été établi grâce à des études qui ont montré la forte prévalence d'expériences apparemment paranormales dans la population générale (voir chap. 1). Mais, pour autant, cela ne signifie pas que l'ensemble de ces expériences impliquent une composante psi et l'écart entre le vécu de paranormalité et un phénomène qui implique le psi est souvent important. La psychologie anomalistique propose ainsi une distinction entre un « événement paranormal » et une « expérience paranormale » (Cardeña, Lynn & Krippner, 2014). Certaines expériences sont mieux explorées et expliquées par des études psychologiques et neuroscientifiques (par exemple Murray, 2009) et ne doivent pas être confondues en tant que telles avec les « cas spontanés » de la recherche parapsychologique. Les données actuelles suggèrent de même que les personnes qui sont sujettes à des expériences paranormales ne sont pas nécessairement les mêmes que celles qui obtiennent de bons résultats en conditions expérimentales (Simmonds-Moore, 2003). La parapsychologie clinique pourrait donc être considérée comme l'application clinique de la psychologie anomalistique, bien que son projet diffère. Son objectif n'est en effet pas tant d'expliquer les expériences paranormales que d'aider les personnes qui en souffrent par le fait d'établir un cadre thérapeutique suffisamment ouvert pour accueillir ces expériences.

Dans cette perspective, l'invention du terme « parapsychologie clinique » a parfois été attribuée au psychiatre et psychanalyste américain Montague Ullman (1977). Cependant, c'est le psychiatre, psychanalyste et théosophe franco-anglais Laurence John Bendit (1898-1974) qui a été le premier à utiliser ce terme dans une lettre adressée à J.B. Rhine le 16 mai 1948 (Tremmel, 2014). Bendit est né à Marseille, en France, de parents américains et britanniques. Il est diplômé de l'université de Cambridge, en Angleterre, obtenant un diplôme de troisième cycle en médecine psychologique avec une thèse de doctorat traitant de la « cognition paranormale » (Bendit, 1944). Il a proposé à l'époque un programme de parapsychologie clinique qui se distinguait de la parapsychologie académique. En effet, contrairement aux études contrôlées en laboratoire, la psychothérapie traite davantage de valeurs subjectives, ainsi « toute tentative pour introduire des contrôles ou des vérifications sera généralement fatale au but thérapeutique ». Bendit a donc préconisé une approche dans laquelle il faut « prendre tel quel le matériel proposé par le patient, en l'analysant et en essayant de le comprendre, mais sans pouvoir le contre-interroger comme on pourrait souhaiter le faire pour établir un cas » (Bendit, 1948, p. 225).

2. Définition et classification des expériences exceptionnelles

La parapsychologie clinique étant une approche centrée sur une expérience subjective, une question majeure est la définition et la délimitation des expériences qui lui donnent sa spécificité. « Paranormal » n'est pas le seul adjectif qui s'applique à ce sous-domaine. D'une certaine manière, les cliniciens sont confrontés à d'anciennes questions concernant une zone intermédiaire entre science et religion. Le système médiéval de l'extraordinaire distinguait ainsi les « merveilles » sur la base d'une triple classification (Gumpper, 2008) : les phénomènes de la nature, de la contre-nature (surnaturels), comme les miracles d'origine divine, et de l'outre-nature (préternaturels), les merveilles, produisant des effets prodigieux selon des causes néanmoins naturelles. Au milieu du XVIIIe siècle, les philosophes des Lumières, ainsi que certains médecins naturalistes, contestent les explications de l'ordre de la contre-nature, notamment celles issues de la religion chrétienne. Le contexte médiéval sera alors dépassé, favorisant progressivement l'émergence d'un nouveau courant : la recherche psychique (voir chap. 1). Le concept de « paranormal » (dû au juriste, médecin et psychiste français Joseph Maxwell, 1903) s'inscrit dans la continuité de cette catégorie intermédiaire de préternaturel (Kripal, 2017).

Dans le but de se démarquer des perspectives précédentes, plusieurs auteurs ont proposé le terme d'« expériences exceptionnelles » pour décrire ces expériences du registre du paranormal. Rhea White (1994) a ainsi élaboré et justifié ce choix à partir de quatre arguments :

- **Perspective en première personne** : l'approche développée est « centrée sur la personne », mettant ainsi en avant l'idée d'expérience plutôt que les notions d'évènements ou de phénomènes qui sont davantage « désubjectivées ».
- **Sans idéologie** : le terme est général et peut être utilisé pour toutes les expériences inhabituelles sans connotation culturelle ou religieuse.
- **Approche relativiste** : le terme insiste sur le caractère subjectif du vécu et rend compte du fait que c'est la personne qui considère l'expérience comme étant exceptionnelle.
- **Valence neutre** : l'adjectif « exceptionnel » propose une interprétation qui se veut neutre de ces expériences.

Le concept d'ExE présente un certain nombre d'avantages car il ne rattache pas ces expériences à un corpus de connaissances en particulier et, par conséquent, il n'implique pas de parti pris sur la nature ontologique de ces vécus. En effet, affirmer qu'une impression de télépathie est une expérience parapsychologique, transpersonnelle ou schizophrénique implique déjà d'orienter le champ d'interprétation, tandis que la notion d'expériences exceptionnelles préserve la pluralité des interprétations possibles.

Martina Belz (2009a) et Wolfgang Fach, du service de conseil de *l'Institut des zones frontalières de psychologie et d'hygiène mentale* (IGPP, Allemagne), ont repris les principes de définition de White pour décrire une classification phénoménologique systématique des ExE (Fach, 2011 ; Atmanspacher & Fach, 2013, 2019)[1]. Leur modèle est notamment fondé sur les travaux du philosophe Thomas Metzinger (2003) qui distingue deux catégories fondamentales

1. L'un des co-auteurs de cet article – Rabeyron, Chouvier et Maléfan (2010) ; Rabeyron (2020) – a proposé une classification phénoménologique des expériences exceptionnelles selon dix catégories réparties en trois pôles : (1) *pôle perceptif* : perceptions psi ; visions et apparitions ; sorties hors du corps ; (2) *pôle projectif* : expériences de magnétisme et de guérison ; psychokinèse et poltergeist ; (3) *pôle « autres vies, autres mondes »* : expériences mystiques, expériences médiumniques, abductions, expériences de mort imminente et expériences de réincarnation.

pour les états mentaux : (1) les états de l'organisme générés *en interne* sont représentés sous forme de sensations, d'émotions, de cognitions, etc., dans le « modèle du soi », tandis que (2) les représentations des stimuli et des conditions *externes*, notamment son propre corps, apparaissent dans le « modèle du monde ». Par conséquent, un problème potentiel se pose lorsque les représentations mentales d'un individu ne correspondent pas à l'ensemble de son vécu, menaçant alors sa capacité à faire face à son environnement socioculturel et physique. Les expériences ordinaires sont filtrées et attribuées au répertoire établi de catégories stables, une fonction qui permet des attributions généralement claires des expériences aux représentations, mais certaines expériences inhabituelles provoquent une défaillance de cette fonction de « filtrage » (Atmanspacher & Fach, 2019). Par exemple, une expérience qui semble s'écarter des concepts épistémologiques établis (comme une synchronicité qui questionne les relations de causalité) et des principes et lois scientifiques (comme une lévitation inversant la gravité) peut entrer en conflit avec les modèles de réalité de la plupart des personnes dans les sociétés occidentales.

Les ExE apparaissent ainsi comme des anomalies ou des déviations dans le modèle de réalité d'un individu (Fach, 2011). Cela implique une classification des ExE basée sur deux paires de phénomènes. La première paire se réfère à des expériences déviantes au sein des modèles de soi et du monde du sujet (allant des phénomènes internes aux phénomènes externes), tandis que l'autre paire se réfère à la manière dont les éléments de ces modèles sont fusionnés ou séparés au-dessus ou au-dessous des corrélations ordinaires, dits « de base ». Les expériences donnant ainsi l'impression de connexions extraordinaires entre le soi et le monde entrent dans le registre des « coïncidences » ; tandis que les expériences relatives à des déconnexions extraordinaires entre l'individu et son propre corps renvoient à la catégorie de la « dissociation psychophysique ». Ce modèle phénoménologique conduit ainsi à quatre catégories majeures, ce qui a été étayé par plusieurs études menées auprès de différentes populations grâce au questionnaire de Phénoménologie des ExE (PAGE-R et PAGE-R-2 ; Fach *et al.*, 2013 ; Atmanspacher & Fach, 2019). Une telle approche des ExE met également en évidence l'aspect dynamique de ces expériences, que l'on peut qualifier de « rupture paradigmatique » (Évrard, 2015). Certaines expériences inhabituelles deviennent dissonantes avec la vision du monde du sujet, constituant ainsi une source potentielle d'anxiété. Cette dissonance est potentiellement régulée par un « recadrage paradigmatique » (Mathijsen, 2019). Le rôle du clinicien peut alors être défini comme un accompagnement de ce « recadrage » motivé par une finalité thérapeutique.

3. Le problème du diagnostic différentiel

Les chercheurs du domaine ont souvent revendiqué un diagnostic différentiel des ExE mais les critères de diagnostic différentiel demeurent l'un des problèmes majeurs dans ce domaine. Il existe en effet un tel chevauchement entre les ExE et la psychopathologie qu'il est délicat de proposer des distinctions claires (Belz, 2009a). Par exemple, Corbeau (2004) a interrogé de nombreux professionnels de la santé aux Pays-Bas sur les ExE. Sur quarante et un professionnels ayant reçu un patient décrivant une expérience de mort imminente, ces professionnels ont utilisé neuf catégories diagnostiques différentes du DSM-IV-R. Sur soixante-quinze professionnels ayant reçu un patient témoignant d'un contact avec des esprits, douze catégories diagnostiques différentes ont été retenues, incluant la mention d'un processus de deuil (18), d'un trouble psychotique non spécifié autrement (9) ou d'aucun diagnostic (15). Enfin, sur soixante-dix professionnels confrontés à une expérience de perception psi par leur patient, dix-sept catégories de diagnostic ont été données, 37 % des diagnostics faisant appel à divers troubles de la personnalité et 11 % à un trouble psychotique non spécifié autrement.

Ainsi, de manière générale, l'interprétation d'une ExE comme relevant du « paranormal » ou d'autres « croyances scientifiquement non acceptées » (Irwin, 2009) peut être vue comme la conséquence d'un échec du « contrôle de la réalité », qui peut parfois se traduire par une perte de contact avec cette dernière. Ces « ruptures avec la réalité » sont communément appelées « hallucinations » dans le cas d'une perception anormale et « délires » dans le cas d'une cognition anormale (Bentall, 2000). Ces deux phénomènes sont – à tort – considérés comme des symptômes systématiques du phénotype de la psychose (Évrard, 2011).

Ainsi, au XIX^e^siècle, la possibilité que des sujets sains vivent des expériences hallucinatoires et la possibilité que de tels vécus soient basés sur des perceptions extra-sensorielles véridiques a fait l'objet de vifs débats. Les premiers travaux de la British Society for Psychical Research ont constitué une contribution essentielle à ces débats (Le Maléfan, 2008). Les membres de la SPR ont lancé de vastes enquêtes sur les hallucinations chez des sujets « normaux », qui ont donné des résultats cohérents avec les données statistiques des études contemporaines concernant la prédominance de vécus hallucinatoires non pathologiques dans la population générale (Johns *et al.*, 2004). Ces enquêtes avaient en particulier pour but d'évaluer la précision et la cohérence de vécus qui impliquent des éléments réalistes. Ces hallucinations ont ainsi été nommées « hallucinations véridiques » par F.W.H. Myers (Gurney, Myers, & Podmore, 1886). Ces recherches ont conduit certains théoriciens à proposer un ensemble de critères qui, en plus de la recherche de l'objectivité de la coïncidence entre le contenu de l'hallucination et un fait réel, devaient permettre de distinguer une hallucination véridique d'une hallucination pathologique (West, 1960). Nous savons à présent que les hallucinations présentent un continuum phénoménologique qui n'implique pas systématiquement des éléments pathologiques (perte de contrôle, souffrance, etc.). De plus en plus d'études sont venues compliquer ce débat en renforçant le chevauchement entre la phénoménologie des hallucinations psychopathologiques et les hallucinations dans la population générale (par exemple, Leudar, Thomas, McNally & Glinsky, 1997).

Depuis les premières études portant sur des hallucinations par les membres des sociétés de recherche psychique, on reconnaît à quel point il est complexe de distinguer les hallucinations véridiques des hallucinations purement subjectives (Gurney & Myers, 1889, p. 403). Il ressort notamment de la revue de littérature d'Anderson et Anderson (1982) qu'aucun critère phénoménologique ne permet de différencier spécifiquement un récit d'hallucination véridique d'un récit d'hallucination psychopathologique. Ni le contenu, ni la prédominance de la forme visuelle sur la forme auditive, ni le réalisme, ni les capacités de narration, ni l'aspect collectif, ni la capacité à appliquer du sens (par exemple, par la reconnaissance d'un être cher derrière les « messages »), ni la réaction secondaire à l'hallucination ne sont des critères suffisants pour classer les hallucinations dans l'une ou l'autre catégorie. Le spécialiste Richard Bentall (2000, p. 96) en arrive ainsi à la conclusion suivante : « Ces résultats suggèrent que ce n'est peut-être pas la nature des expériences hallucinatoires en soi qui détermine si les gens deviennent des patients ou non, mais la façon dont les individus réagissent à leurs expériences. » De nombreuses études ont ainsi porté sur la question de l'appropriation des ExE (Brett *et al.*, 2007 ; Schofield & Claridge, 2007).

Ayant accepté ce chevauchement partiel entre ExE et psychopathologie comme point de départ, des études récentes ont tenté néanmoins d'affiner des critères différentiels. Avec une méthodologie utilisant l'analyse phénoménologique, Heriot-Maitland *et al.* (2012) ont développé des critères permettant de distinguer les personnes ayant le même type d'expériences inhabituelles et qui ont recours ou non aux services de santé mentale. Ces chercheurs ont ainsi mis en évidence le rôle potentiellement pathogène de la réception sociale et culturelle de ces expériences, puis ont plaidé pour leur « normalisation ». Mais leurs critères semblent fragiles, car ils impliquent que le recours aux services de santé mentale est l'expression d'une psychopathologie, et en corollaire que la norme deviendra d'éviter ces services, même si ce n'est pas toujours pour de bonnes raisons.

Dans un autre type d'étude, Menezes Júnior et Moreira-Almeida (2009) ont effectué une large revue de la littérature sur les ExE dans la population générale, afin de générer une liste de critères différentiels entre les troubles psychotiques et non psychotiques. Ils ont souligné le manque d'études empiriques validant ces critères. Moreira-Almeida et Cardeña (2011) ont également formulé plusieurs recommandations pour en identifier de nouveaux, en particulier le fait de travailler à partir de populations non cliniques, sur de grands échantillons, selon une approche multidimensionnelle et fondée sur des approches longitudinales. Le diagnostic différentiel des ExE apparaît ainsi comme un programme de recherche nécessaire pour accroître la légitimité de la pratique clinique des ExE.

4. Approches cliniques

Il existe historiquement plusieurs réseaux informels de thérapeutes intéressés par les questions paranormales, mais l'institutionnalisation récente de ce domaine révèle un regain d'intérêt susceptible de reposer la question des frontières entre psychologie et recherche psychique (Évrard, 2013b). Actuellement, la pratique de la parapsychologie clinique se situe généralement dans l'orbite des centres de recherche en parapsychologie (Coelho, Lamont & Tierney, 2008), et tend à se formaliser davantage depuis une trentaine d'années (Coly & McMahon, 1993 ; Kramer, Bauer & Hövelmann, 2012). Cette perspective d'une professionnalisation des cliniciens spécialisés en ce domaine s'oppose néanmoins à l'hétérogénéité des cadres théoriques et des pratiques utilisées (Évrard, 2007), qui ne convergent pas encore vers une analyse systématique des meilleures interventions et un modèle théorique commun. À cela s'ajoute le fait que les services de consultation abordant de telles expériences sont encore très rares. Cela est d'autant plus vrai si l'on tient compte uniquement des centres qui évaluent la qualité des traitements qu'ils proposent (Belz, 2009b, p. 326). À noter que la sensibilisation aux ExE peut également s'avérer pertinente pour des cliniciens qui travaillent dans d'autres champs de pratiques ne faisant pas spécifiquement référence à ces expériences (Roxburgh & Evenden, 2016a, 2016b).

4.1 Trois exemples de centres de consultation

Un premier exemple de ces centres de consultation est la Parapsychologische Beratungsstelle (Bureau de conseil parapsychologique) de la Wissenschaftlichen Gesellschaft zur Förderung der Parapsychologie (Société scientifique pour le progrès de la parapsychologie), à Fribourg-en-Brisgau, en Allemagne. Dirigé par Walter von Lucadou, docteur en physique et en psychologie, ce service est une unité professionnelle financée par le gouvernement régional de 1989 à 2019 qui a reçu en moyenne trois mille contacts par an. L'une des spécificités de ce centre est qu'il fonde ses interventions sur le « modèle de l'information pragmatique » (von Lucadou, 2015), développé par von Lucadou depuis 1972 (voir chap. 12). Cette pratique a donné lieu à plusieurs travaux académiques de référence dans le domaine (Zahradnik, 2007 ; von Lucadou & Wald, 2014 ; Hofer, 2018).

Dans la même ville se trouve également le département Beratung und Information für Menschen mit Außergewöhnlichen Erfahrungen (Conseil et information pour les personnes ayant des expériences exceptionnelles) de l'Institut für Grenzgebiete der Psychologie und Psychohygiene (Institut pour les zones frontalières de la psychologie et de l'hygiène mentale, IGPP). Un projet pilote de service de consultation spécialisé a été accueilli par l'Institut de psychologie de l'université Albert-Ludwig de Fribourg-en-Brisgau (1996-1998) (Bengel & Mischo, 1998). Ce service a ensuite développé des outils spécifiques pour ce travail, en particulier l'accompagnement par téléphone (Fangmeier , 1999), par lettre ou par e-mail (Gebhardt, 2000), l'évaluation de ce type de suivi (Kühn, 2001) et un questionnaire dédié au recueil de ces expériences (Fach, 2011 ; Belz-Merk & Fach, 2005). La plupart des entretiens sont menés à distance car les personnes proviennent de tout le bassin germanophone. Ce service est ainsi contacté par plusieurs centaines de personnes chaque année. Depuis 2003, les membres de l'équipe du service de consultation proposent également une formation dédiée à l'accueil des ExE par les professionnels de la santé mentale.

Un autre exemple, cette fois en France, est le Centre d'information, de recherche et de consultation sur les expériences exceptionnelles (CIRCEE), fondé en 2009. Le CIRCEE a pour origine un service de conseil appelé SOS-PSEE (Service d'orientation et de soutien aux personnes sensibilisées aux expériences exceptionnelles), créé en 2007 par les cofondateurs du

CIRCEE – les deux auteurs de ce chapitre – durant leurs recherches doctorales sur la thématique des ExE. SOS-PSEE fut développé au sein de l'Institut métapsychique international[1], la seule fondation dédiée à la recherche parapsychologique en France. CIRCEE rassemble actuellement des universitaires et des cliniciens qui étudient les ExE (Rabeyron & Loose, 2015). Plusieurs psychologues cliniciens travaillent au sein du service de consultation et mènent des recherches afin de parvenir à une meilleure compréhension de ces expériences (Caussié, Charlet, Évrard et Rabeyron, 2016). Ce service reçoit environ 300 demandes par an.

4.2 Quatre paradigmes de la parapsychologie clinique

Plusieurs approches cliniques ont été développées dans le champ des ExE, dont voici quatre exemples en particulier : la *parapsychologie psychanalytique*, la *parapsychologie clinique*, la *psychothérapie transpersonnelle* et la *psychologie clinique des expériences exceptionnelles* (Évrard, 2012a).

4.2.1. La parapsychologie psychanalytique

Le magnétisme, le spiritisme et les expériences religieuses ont participé de l'intégration des idées sur le subconscient et la dissociation dans le domaine de la santé mentale et dans le cadre de la première psychiatrie dynamique (Ellenberger, 1970 ; voir chap. 1). À la fin du XIXe siècle, la psychanalyse a pour sa part favorisé l'intégration des expériences aux marges dans la psychologie. Pour les analystes, la dissociation était un processus normal puisque tous les sujets ont un inconscient refoulé qui se manifeste à travers les lapsus, les actes manqués ou les rêves. Ces expressions déguisées de pulsions inconscientes sont révélées par les mots adressés au psychanalyste qui tente alors de les interpréter. Dans ce contexte, les rêves prémonitoires ont été conçus par Freud (1899) comme des illusions de mémoire qui répondent à des désirs refoulés. Mais, progressivement, le fondateur de la psychanalyse évolue dans sa pensée, convaincu qu'il fallait extraire un noyau de vérité des ténèbres de l'occulte (Moreau, 1976). Influencé par des disciples comme Carl Gustav Jung et Sándor Ferenczi, ses lectures des travaux de la recherche psychique ainsi que quelques expérimentations et plusieurs cas cliniques, Freud reconnaîtra finalement la réalité du « transfert de pensée » (*Gedankenübertragung*). Il a également proposé plusieurs hypothèses originales pour tenter d'expliquer les phénomènes télépathiques malgré la réticence de certains de ses premiers disciples comme Jones (Massicotte, 2014 ; Rabeyron *et al.*, 2021 ; Rabeyron, 2020). Le concept de transfert de pensée est cependant resté marginal en psychanalyse (Reichbart, 2019).

1. Sans se définir comme centre de consultation spécialisé, l'IMI accueille néanmoins chaque année un nombre non négligeable de demandes venant de personnes ayant vécu des ExE. Localisée sur Paris, cette fondation renvoie un certain nombre de ces personnes sur l'Institut des champs limites de la psyché, créé par la psychologue et psychanalyste Djohar Si Ahmed et par le psychiatre et psychanalyste Gérald Leroy-Terquem, tous deux ouverts aux questions parapsychologiques (voir Si Ahmed, 2014).

Cependant, nous pouvons repérer une forme de « parapsychologie psychanalytique » – terme proposé dans l'anthologie *Psychoanalysis and the Occult* de George Devereux (1953) – qui s'est nourri de discussions techniques et d'études de cas concernant trois types de phénomènes de « coïncidences » dans le cadre clinique : a) correspondance entre la pensée de l'analyste et celle de ses analysants ; b) correspondance entre les pensées des analysants et des événements extérieurs à la situation analytique ; c) correspondance entre la pensée de l'analyste et des événements extérieurs à la situation analytique. Le Hongrois Hollós (1933) a ainsi proposé des observations d'événements télépathiques collectées durant de nombreuses années. Il considérait que ce matériel se trouvait à l'intersection de forces prenant leur source aussi bien dans l'inconscient de l'analyste que dans celui de l'analysant. Il a également mis en évidence le fait de ne pas prendre au pied de la lettre les théories de la télépathie comme communication entre un émetteur et un récepteur, mais plutôt d'observer comment deux processus parallèles peuvent « communier » formant alors un « nexus » (Devereux, 1953, p. 29).

Cependant, aucune position officielle n'est cependant venue lever certaines ambiguïtés de Freud concernant le transfert de pensée et les points de vue les plus divers ont ensuite été tenus par des psychanalystes. Plusieurs ont apporté un matériel supplémentaire à celui de Freud, d'autres ont cherché à commenter ce matériel de départ afin de développer des interprétations des processus complexes en jeu, d'autres encore ont même contribué aux recherches parapsychologiques, les meilleurs exemples étant les célèbres expériences de laboratoire sur les rêves télépathiques (Ullman, Krippner, & Vaughan, 1977). La plupart de ces contributions sont restées isolées les unes des autres, et ce manque d'intégration a fait de la connaissance psychanalytique sur l'occulte un objet à la fois caché et perpétuellement redécouvert.

Enfin, plus récemment, l'approche psychanalytique a également été utilisée pour tenter de mieux comprendre d'autres ExE, en particulier les expériences hors du corps (Rabeyron & Caussié, 2016), de mort imminente (Évrard, Toutain, Glazier, Le Maléfan, 2019), d'enlèvement par les extraterrestres (Rabeyron, 2018 ; Maleval & Charraud, 2003) ou de poltergeist (Si Ahmed, 2014). À noter que des réflexions sur le psi sont actuellement développées essentiellement dans le paradigme psychanalytique contemporain post-bionien influencé en particulier par les théories du « champ relationnel » (Wooffitt, 2017 ; Rabeyron, 2019 ; Rabeyron, 2023).

4.2.2. La parapsychologie clinique « classique »

Le public a également commencé à se tourner vers les instituts de parapsychologie pour obtenir des conseils d'experts sur leurs ExE, avec des motifs spécifiques : être reconnu comme une personne ayant des capacités paranormales ; se débarrasser de problèmes vus comme surnaturels ; parler de ce qu'ils n'osaient pas dire à leur médecin conventionnel, etc. Pendant plusieurs décennies, la majorité des chercheurs n'ont cependant pas offert de réponses structurées aux demandes d'aide psychologique et se sont contentés de recueillir les récits de cas spontanés afin de les analyser. Parallèlement, ils ont contribué à l'étude de la personnalité des médiums ou des personnes focales impliquées dans les cas de poltergeist. Même s'ils ont considéré les hypothèses psychiatriques dans l'étude de la personnalité, les parapsychologues ont défendu des perspectives originales portant, par exemple, sur le moi subliminal et son activité « mythopoïétique » (Kelly *et al.*, 2007), sur la dissociation non pathologique et surtout sur la possible réalité de certains des phénomènes allégués. De sorte que, progressivement, la parapsychologie en est venue à proposer un contre-discours ou du moins un discours valorisant une forme d'acceptation des ExE qui se distingue des discours qui tendent à assimiler ces expériences à des troubles psychopathologiques. Par exemple, de nombreux travaux ont évalué les capacités psi de personnes atteintes de troubles mentaux durant la période 1940-1980, tout en concluant que ces capacités ne dépassaient pas les moyennes des sujets ne présentant pas ces troubles (Scott Rogo, 1975 ; Greyson, 1977). Plusieurs chercheurs dans le domaine de la santé mentale ont alors envisagé une interface possible entre la pratique clinique et la parapsychologie. Cette interface a reçu diverses appellations : « métapsychiatrie » (Dean, 1971, 1975), « parapsychiatrie » (Neppe, 1976), « parapsychologie clinique » (Bendit, 1948 ; Ullman, 1977), « parapsychanalyse » (Calvesi, 1983), etc.

L'article d'Arthur Hastings (1983) propose en particulier les ferments d'une psychothérapie des ExE, fondée alors essentiellement sur des techniques d'interventions de crise. Selon lui, le conseiller parapsychologue est un clinicien ayant des connaissances sur le psi et qui tient donc compte de la possibilité de son existence. Son approche se distingue des travaux antérieurs des psychanalystes rapportant essentiellement des situations de télépathie émergeant dans le cadre analytique. Hastings décrit des schémas récurrents dans les demandes associées aux expériences exceptionnelles, mais les réponses qu'il propose restent très génériques et de type « rassurer, banaliser, expliquer ». De manière plus générale, les parapsychologues ont d'abord présenté leur démarche comme une application clinique des connaissances (Roll, 1986). C'est en particulier la question du sujet ou de la famille impliquée dans un cas de « poltergeist » qui a été le premier champ d'exercice de ces « parapsychologues cliniciens » (voir chap. 7). Cette perspective d'une parapsychologie appliquée est d'ailleurs présente dès les premières tables rondes au sein des congrès parapsychologiques dans les années 1980 et 1990 (Évrard, 2016).

Une question majeure pour les parapsychologues cliniciens concerne alors le statut ontologique de l'expérience rapportée. Ils jonglent entre la casquette scientifique et la casquette clinique. S'ils endossent ou renforcent l'interprétation parapsychologique de l'ExE spontanée, ils doivent appliquer un discernement scientifique qui dépasse la visée thérapeutique. Mais comme l'essentiel de la légitimité des parapsychologues cliniciens provient de leur domaine d'expertise scientifique, ils sont confrontés à des demandes complexes et des dilemmes éthiques (Nemeth, 1987). En effet, la validation ou l'invalidation des capacités psi peut avoir des effets psychologiques sur la personne. De même, le conseil parapsychologique, dans le cadre des approches intégratives et complémentaires de la santé, a des conséquences sociales et scientifiques. Solfvin (1986) a ainsi identifié en particulier une demande qui est faite à tous les laboratoires de parapsychologie : des personnes viennent avec une anxiété liée à un ExE. Cette anxiété est la même que l'expérience en question ait une composante psi ou non. Le caractère indiscernable de l'expérience sur le plan ontologique – appelée « expérience-psi-ou-pseudo-psi » par

Solfvin – peut d'ailleurs être source d'anxiété pour la personne qui s'interroge concernant la nature de ce qu'elle a vécu. Il s'agit alors souvent, sur le plan clinique, de proposer une approche fondée sur la notion d'indécidabilité de Devereux (1953) : les deux catégories « psi » et « pseudo-psi » sont des notions pour lesquelles le suivi thérapeutique ne permet le plus souvent pas d'apporter une réponse. Mais cela ne signifie pas que la personne n'ait pas besoin de s'interroger et d'élaborer cette question dans le cadre du suivi, à condition que le clinicien ait un positionnement fondé sur cette notion d'indécidabilité.

4.2.3. La psychothérapie transpersonnelle

Le psychanalyste Carl Gustav Jung s'est largement intéressé aux ExE, notamment à partir des travaux du philosophe et philologue Rudolf Otto (1917) sur « l'expérience numineuse ». Otto proposa une analyse phénoménologique du sentiment du sacré, l'amenant à défendre une conception de la religion fondée sur les expériences numineuses qui peuvent s'avérer à la fois terrifiantes et fascinantes. Otto a limité l'expérience numineuse aux saints, aux prophètes et aux mystiques, tandis que Jung (1938) en a élargi la portée conduisant progressivement à l'émergence de la psychologie transpersonnelle qui explore notamment la dimension spirituelle des ExE (voir chap. 15). Dans cette perspective, le psychiatre Stanislav Grof a créé, avec sa femme Christina, le Spiritual Emergency Network dont le nom joue sur l'ambiguïté du mot *emergency* qui peut signifier « émergence » ou « urgence » (voir Grof & Grof, 1989). Le diagnostic différentiel entre l'expérience spirituelle déstabilisante et la psychopathologie demeure l'objet de débats et de controverses (Kohls & Walach, 2008). Néanmoins, les idées de la psychologie transpersonnelle ont obtenu quelques victoires, notamment la présence d'une catégorie pour les expériences psychoreligieuses et psychospirituelles depuis le DSM-IV (Évrard & Le Maléfan, 2010).

La psychothérapie transpersonnelle met également l'accent sur les aspects salutaires de ces expériences. Cependant, ce paradigme est souvent associé à un discours anti-psychopathologique qui conduit aux modes d'expression contemporains de ces expériences, à savoir une stratégie pour assurer que celui ou celle qui a vécu des ExE ne souffre pas d'un trouble psychopathologique (Wooffitt, 1992 ; Schäfer, 2012). Certaines personnes s'identifient alors comme des « expérienceurs[1] et intègrent parfois des groupes de soutien par les pairs. Genie Palmer (1999 ; Palmer & Braud, 2002) a montré que le partage d'ExE dans de tels groupes peut avoir plusieurs avantages pour ces personnes. Les méthodes de la psychothérapie transpersonnelle comportent en outre souvent des innovations techniques (usage de psychédéliques, respiration holotropique, psychomantéïon, etc.) et des méthodes importées d'Orient (yoga, méditation, etc.) qui représentent une forme de retour à des thérapies plus traditionnelles fondées sur la transe (Walsh & Vaughan, 1984).

1. Cette notion a émergé en particulier dans le cadre du mouvement américain autour des *Near-death experiences* (Schlieter, 2022) avant de s'étendre à d'autres vécus.

4.2.4. La psychologie clinique des expériences exceptionnelles

Dans un article de synthèse sur la parapsychologie clinique, Martina Belz (2009b) a hésité à renommer « psychologie clinique des expériences exceptionnelles » ce champ d'étude. Le choix d'une approche centrée sur l'expérience plutôt que sur la « preuve » du psi est au cœur du changement opéré par Rhea White dans son passage de la parapsychologie à l'étude des expériences humaines exceptionnelles (Évrard, 2013a). Pascal Le Maléfan a également discuté des coordonnées de cette « parapsychologie clinique » (Le Maléfan, 1986, 1989, 1990). Il conclut que la parapsychologie clinique n'est possible que si le parapsychologue ne poursuit qu'une visée clinique, c'est-à-dire s'il choisit d'« écouter » plutôt que d'authentifier le matériel présenté par le patient (Le Maléfan 1990, p. 64).

En effet, la parapsychologie en tant que corpus de connaissances peut être considérée comme un filtre qui biaise l'approche clinique. Le champ d'application de l'ExE apparaît donc plus large que les paradigmes expérimentaux actuels de la parapsychologie. Par exemple, le clinicien peut faire face à des expériences d'enlèvement par les extraterrestres très traumatisantes sans pour autant croire (ou ne pas croire) à l'hypothèse extraterrestre (Rabeyron, 2018). On pourrait penser naïvement que les « connaissances parapsychologiques » seraient d'une grande aide, mais les spécialistes de cette pratique clinique encouragent d'abord à avoir une solide formation psychopathologique et une approche complémentariste, comme pour la psychiatrie transculturelle (Kramer, Bauer, & Hövelmann, 2012). Les recherches psychométriques montrent également le besoin de distinguer entre la prédisposition à l'expérience exceptionnelle et la prédisposition à l'attribution ou interprétation paranormale (Irwin, Dagnall, Drinkwater, 2013 ; Lange *et al.*, 2019), ainsi que le besoin de construire un cadre clinique qui reste flexible quant aux croyances des patients.

Plutôt qu'une application de la parapsychologie sur le terrain clinique, la psychologie clinique des ExE peut être considérée comme étant ancrée davantage dans la psychologie clinique à proprement parler. Une telle orientation favorise le dialogue avec les nouveaux modèles relatifs au continuum des expériences dites « psychotiques » qui pénètrent les systèmes de classification psychiatriques : ces continuums couvrent un vaste spectre d'expériences allant de formes bénignes à des formes sévères. Elle offre également un abord plus clinique des ExE en rapport de la psychologie anomalistique en se centrant avant tout sur la « vérité » subjective de l'expérience, même si cela n'exclut pas de s'intéresser de manière plus large à son versant ontologique (Rabeyron, 2020). Dans cette perspective, l'un de nous a proposé le modèle de la solution paranormale issu du constat qu'un grand nombre de personnes rapportent des vécus inhabituels à la suite de contextes de vie difficiles et en particulier à la suite des traumas survenus pendant l'enfance (Rabeyron, 2020). Cette dimension se révèle très présente dans la clinique et conduit à supposer un lien intime entre ExE et événements de vie négatifs.

La solution paranormale apparaît alors comme une stratégie d'adaptation spécifique à la suite d'une « expérience paranormale inaugurale », première expérience ouvrant la voie à de nombreux vécus du même ordre. Ces expériences peuvent être considérées comme la conséquence de configurations spécifiques de liens intersubjectifs. Des traumas plus tardifs seraient également susceptibles de participer à l'apparition d'une phénoménologie jugée paranormale. Ces traumas concernent des niveaux d'élaboration qui interfèrent avec les registres des croyances et de la représentation du monde. Il découlerait de ces différents facteurs une structure de personnalité qui participe à l'émergence d'ExE à l'âge adulte.

Un modèle d'accompagnement spécialement dédié aux ExE a également été développé en France dans le cadre de CIRCEE : la *psychothérapie psychodynamique des ExE* (PPEE ; Rabeyron, 2020). Cela passe notamment par un travail d'explicitation détaillé de l'expérience sur le plan phénoménologique. L'inscription subjective de l'expérience est ensuite accompagnée selon quatre axes complémentaires : contenance, dépathologisation, distanciation et mise en sens. Le but est ainsi de favoriser l'intégration de ces vécus inhabituels en étant sensible à l'expression sous-jacente de vécus potentiellement traumatiques dans le but d'en dégager les potentialités symboligènes.

Ainsi, la psychologie clinique des ExE poursuit certains objectifs stratégiques pour « ouvrir également ce champ aux cliniciens qui ont une attitude ouverte ou même sceptique envers le paranormal » (Belz, 2009b, p. 355). En effet, cette pratique clinique devrait être proposée par les cliniciens sans exiger une certaine vision du monde et un système de croyances. Les paradigmes présentés ci-dessus ont tous leurs forces et leurs limites, mais ce nouveau paradigme pourrait en extraire le meilleur (Évrard, 2012a) :

- De la *parapsychologie psychanalytique*, il adopterait *l'attitude clinique d'indécidabilité* : le clinicien ne peut pas authentifier ou nier la paranormalité d'une expérience et doit l'écouter sans sa dimension indécidable dans le cadre clinique. Le but n'est ni que le clinicien ait raison, ni que son patient adhère à une théorie scientifique. Le respect de la réalité psychique doit prévaloir. Cela conduit à un jeu complexe mobilisant aussi bien les croyances du thérapeute que celles du patient, à une analyse du cadre thérapeutique et aussi à une exploration conjointe des limites de leurs connaissances dans ce cadre.
- De la *parapsychologie clinique*, elle reprendrait *l'aspect transdiagnostique* des ExE : ces expériences arrivent à tout le monde et pour des raisons très différentes ; alors toutes les configurations psychopathologiques sont possibles, y compris la bonne santé mentale. L'interprétation « paranormale » d'un vécu n'est pas un signe suffisant pour porter un diagnostic.
- De la *psychothérapie transpersonnelle*, elle prendrait *l'aspect salutogénique* pour un sujet (Roe, 2020) : les interprétations paranormales peuvent contribuer au bien-être psychologique et conduire à des arrangements réconfortants (Schofield & Claridge, 2007), voire des substituts efficaces à d'autres symptômes, sans perdre de vue qu'il s'agit toujours de solutions singulières.

5. Conclusion

La « parapsychologie clinique » correspond à un terme générique qui regroupe donc divers paradigmes abordant les ExE. Elle interroge en particulier la manière de considérer le « psi » et d'accompagner les personnes qui pensent avoir vécu des expériences de cet ordre. Une consultation spécialisée en ce domaine se heurte alors à des difficultés diagnostiques complexes dès lors qu'elle cherche à discerner ce qui serait du registre de la pathologie d'autres régimes d'existence. La clinique des ExE conduit également à repenser les frontières de la psychopathologie, ce qui implique non seulement une sensibilité culturelle pour les modes de pensée non occidentaux (animisme, traditions orientales), mais aussi pour les connaissances occidentales non hégémoniques (spiritisme, ésotérisme, *new age*, etc.). Elle demeure en outre une approche minoritaire du fait du nombre limité de centres de consultations spécialisés en ce domaine et cliniciens travaillant dans ce domaine (Sagher, Butzer, Wahbeh, 2019 ; Landolt *et al.*, 2014 ; Fach *et al.*, 2013). On observe également une diversité d'approche et un manque de consensus concernant des questions essentielles relatives au diagnostic différentiel et à l'accompagnement thérapeutique (Évrard, 2014 ; Rabeyron, 2020).

De ce point de vue, il semble essentiel de parvenir à développer un espace pour que le sujet puisse tenter de mieux comprendre ces expériences. Ainsi, comme l'a souligné un article de l'*American Journal of Psychiatry* (Lomax, Kripal & Pargament, 2011), il apparaît nécessaire « d'encourager les cliniciens à être ouverts aux récits d'ExE rapportées par leurs patients et de travailler sur leur signification lorsqu'elles améliorent la santé, l'adaptation et la maturation psychiques » (p. 12), car ces expériences peuvent « relever de manière essentielle du fait de créer, ou de révéler, une mise en sens ou une narrativité chez un sujet en difficulté face à une situation traumatique » (p. 15). Il existe ainsi une « adresse » de l'ExE comme trace des processus de transformation avortés dont le devenir dépendra de la nature de la réponse qui lui sera accordée. Il s'agit ainsi de faire en sorte que ces expériences ne deviennent pas un « rendez-vous manqué » par le biais d'un accompagnement qui favorisera leur intégration grâce à une attitude ouverte, évitant les écueils du rejet et de la fascination.

6. Bibliographie

Aleman, A., & Larøi, F (2008). *Hallucinations. The Science of Idiosyncratic Perception*. Washington : American Psychological Association.

Anderson, R., & Anderson, W. (1982). Veridical and psychopathic hallucinations : A comparison of types. *Parapsychology Review, 13* (3), 17-23.

Atmanspacher, H., & Fach, W. (2013). A structural-phenomenological typology of mind-matter correlations. *The Journal of analytical psychology, 58 2*, 219-244.

Atmanspacher, H., & Fach, W. (2019). Exceptional experiences of stable and unstable mental states, understood from a dual-aspect point of view. *Philosophies, 4*, 7.

Belz, M. (2009a). *Außergewöhnliche Erfahrungen* [Exceptional experiences]. Göttingen, Germany : Hogrefe.

Belz, M. (2009b). Clinical parapsychology : Today's implications, tomorrow's applications. In Roe, C.A., Kramer, W., & Coly, L. (Eds.), *Utrecht II : Charting the Future of Parapsychology, Proceedings of an International Conference held in Utrecht, The Netherlands, October 16-18, 2008* (S. 326-362). New York : Parapsychology Foundation.

Belz-Merk, M., & Fach, W. (2005). Beratung und Hilfe für Menschen mit Außergewöhnlichen Erfahrungen. *Psychotherapie, Psychosomatik, Medizinische Psychologie 55*, 256-265.

Bendit, L.J. (1944). *Paranormal cognition. Its place in human psychology*. London : Faber and Faber.

Bendit, L.J. (1948). Further contributions on a research program : Dear Professor Rhine [Letter to the editor]. *Journal of Parapsychology, 12*, 224-227.

Bengel, J. & Mischo, J. (1998). *Abschlußbericht der Arbeitsgruppe „Beratung und Hilfe für Menschen mit Außergewöhnlichen Erfahrungen“*. Rapport de recherché non publié, Psychologisches Institut der Albert-Ludwigs-Universität Freiburg.

Bentall, R.P. (2000). Hallucinatory experiences. In E. Cardeña, S.J. Lynn, S. Krippner (Eds.), *Varieties of Anomalous Experience* (p. 85-120). Washington : American Psychological Association.

Bradbury, D.A., Stirling, J., Cavill, J., & Parker, A. (2009). Psychosis-like experiences in the general population : An exploratory factor analysis. *Personality and Individual Differences, 46* (7), 729-734.

Brett, C.M.C., Peters, E.P., Johns, L.C., Tabraham, P., Valmaggia, L.R., & McGuire, P.K. (2007). Appraisals of Anomalous Experiences Interview (AANEX) : a multidimensional measure of psychological responses to anomalies associated with psychosis. *The British Journal of Psychiatry, 191* (51), 23-30.

Calvesi, A. (1983). The analytic relationship and its therapeutic factors from a parapsychological viewpoint. *Psychoanalytic Review, 70* (3), 387-402.

Cardeña, E., Lynn, S.J., & Krippner, S. (Eds.). (2014). *Varieties of anomalous experience : Examining the scientific evidence* (2nd ed.). Washington, DC : American Psychological Association.

Caussié, S., Charlet, O., Évrard, R., Rabeyron, T. (2016). Introducing CIRCEE. *Journal of Exceptional Experiences and Psychology, 4* (1), 12-14.

Coelho, C., Tierney, I., & Lamont, P. (2008). Contacts by distressed individuals to UK Parapsychology and Anomalous Experience Academic Research Units—A retrospective survey looking to the future. *European Journal of Parapsychology, 23*, 31-59.

Coly, L., & McMahon, J. (., 1993). *Psi and Clinical Practice*. New York : Parapsychology Foundation.

Corbeau, I. (2004). Psi in de geestelijke gezondheidszorg. *Tijdschrift voor Parapsychologie, 71* (2), 10-15.

Dean, S.R. (1971). Metapsychiatry and the ultraconscious. *American Journal of Psychiatry, 128*, 154-155.

Dean, S.R. (1975). *Psychiatry and Mysticism*. Chicago : Nelson-Hall.

Devereux, G. (Ed.). (1953). *Psychoanalysis and the Occult*. New York : International University Press.

Évrard, R. (2007). La clinique parapsychologique/La clinica parapsicologica. *M@gm@, 5* (3).

Évrard, R. (2011a). Les expériences réputées psychotiques dans la population générale : essai de problématisation. *Annales Médico-Psychologiques, 169 (5)*, 282-287.

Évrard, R. (2012a). Clinical practice of anomalous experiences : Roots and paradigms. In C.D. Murray (Ed.), *Mental Health and Anomalous Experience* (p. 89-106). New York : Nova Science Publishers.

Évrard, R. (2012b). Spirituality as an anti-psychopathological discourse on exceptional experiences. In C.A. Stark & D.C. Bonner (Ed.), *Handbook of Spirituality : Belief Systems, Societal Impact and Roles in Coping* (p. 279-289). New York : Nova Science Publishers.

Évrard, R. (2013a). Portrait of Rhea White : From parapsychological phenomena to exceptional experiences. *Journal of Exceptional Experiences, 1* (1), 37-40. Consulté sur *http://www.exceptionalpsychology.com/*.

Évrard, R. (2013b). What should psychology do with exceptional experiences ? *Journal of Exceptional Experiences and Psychology, 1* (2), 27-33.

Évrard, R. (2014). *Folie et Paranormal. Vers une clinique des expériences exceptionnelles*. Rennes : Presses Universitaires de Rennes.

Évrard, R. (2015). The paradigmatic breakdown : A model to define the ExE dynamics. *Journal of Exceptional Experiences, 3* (1), 19-29. Consulté sur *http://www.exceptionalpsychology.com/*.

Évrard, R. (2016). What is clinical parapsychology ? Parapsychologists' discussions between 1985 and 1995. *Journal of Exceptional Experiences and Psychology, 4* (1), 20-36.

Évrard, R., & Le Maléfan, P. (2010). Pression des nouvelles mentalités sur le DSM - Le cas des problèmes religieux ou spirituels. *L'Evolution Psychiatrique, 75* (4), 549-563.

Évrard, R., Toutain, C., Glazier, J.W., Le Maléfan, P. (2019). The energy of despair : Do near-death experiences have a evolutionary value ? *Psychology of Consciousness : Theory, Research, and Practice, 6* (2), 184-199.

Fach, W. (2011). Phenomenological aspects of complementarity and entanglement in exceptional human experiences (ExE). *Axiomathes, 21* (2), 233-247.

Fach, W., Atmanspacher, H., Landolt, K, Wyss, T., Rössler, W. (2013). A comparative study of exceptional experiences of clients seeking advice and of subjects in an ordinary population. *Frontiers in Psychology*. doi : 10.3389/fpsyg.2013.00065

Fangmeier, R. (1999). *Entwicklung eines Konzepts für telefonische Beratung im Bereich der Beratung für Menschen mit Außergewöhnlichen Erfahrungen*. Unpublished master thesis in psychology, Albert-Ludwig University of Freiburg, Freiburg-im-Breisgau, Germany.

Freud, S. (1899). Une prémonition onirique accomplie [1899]. In S. Freud (1984), *Résultats, idées, problèmes I* (p. 109-111). Paris : PUF.

Gebhardt, C. (2000). *Brief und E-Mail als Medium von Beratung und Therapie : Analyse der Briefe und E-Mails von ratsuchenden Menschen mit Außergewöhnlichen Erfahrungen*. Unpublished master thesis in psychology, Albert-Ludwig University of Freiburg, Freiburg-im-Breisgau, Germany.

Greyson, B. (1977). Telepathy in mental illness : Deluge or delusion ? *Journal of Nervous and Mental Disease, 165*, 184-200.

Grof, S., & Grof, C. (Eds.) (1989). *Spiritual Emergency : When Personal Transformation Becomes a Crisis*. Los Angeles : J.P Tarcher.

Gumpper, S. (2008). *L'expérience mystique, entre réalisation ultime et folie : analyse épistémologique et psychopathologique (1789-1980).* Thèse de psychologie. Strasbourg : Université Louis Pasteur.

Gurney, E, Myers, F.W.H., Podmore, F. (1886). *Phantasms of the Living* (2 vol.). London : Trübner.

Gurney, E., Myers, F.W.H. (1889). On apparitions occurring soon after death. *Proceedings of the Society for Psychical Research, 5,* 403-485.

Hall, J.A. (1987). Ethical structure in clinical applications of parapsychology. In Weiner, D.H., & Nelson, R.D. (Eds.), *Research in Parapsychology 1986* (p. 173-174). Jefferson, N.C. & London : Scarecrow Press.

Hastings, A. (1983). A counselling approach to parapsychological experience. *The Journal of Transpersonal Psychology, 15* (2), 143-167.

Hastings, A., Hutton, M., Braud, W., Bennett, C., Berk, I., Boynton, T., Steinbach-Humphrey, S. (2002). Psychomanteum research : Experiences and effects on bereavement. *OMEGA - Journal of Death and Dying, 45* (3), 211-228.

Henry, J. (., 2005). *Parapsychology : Research on Exceptional Experiences.* London : Routledge.

Heriot-Maitland, C.P., Knight, M., & Peters, E. (2012). A qualitative comparison of psychotic-like phenomena in clinical and non-clinical populations. *British Journal of Clinical Psychology, 51* (1), 37-53.

Hofer, J.M. (2018). *Sprache der Transzendenzerfahrungen : Die Briefsammlung der Parapsychologischen Beratungsstelle in Freiburg i.B.* Bielefeld : transcript.

Hollós, I. (1933). Psychopathologie alltäglicher telepathischer Erscheinungen. *Imago, 19,* 529-546.

Irwin, H.J., & Watt, C.A. (2007). *An Introduction to Parapsychology* (5th ed.). Jefferson, NC : McFarland.

Irwin, H.J., Dagnall, N., & Drinkwater, K. (2013). Parapsychological experience as anomalous experience plus paranormal attribution : A questionnaire based on a new approach to measurement. *Journal of Parapsychology, 77* (1), 39-53.

Irwin, H.J. (2009). *The Psychology of Paranormal Belief : A Researcher's Handbook.* Herfordshire : University of Hertfordshire Press.

Johns, L.C., Cannon, M., Singleton, N., Murray, R.M., Farrell, M., Brugha, T., Bebbington, P., Jenkins, R., & Meltzer, H. (2004). Prevalence and correlates of self-reported psychotic symptoms in the British population. *British Journal of Psychiatry, 185* (4), 298-305.

Jung, C.G. (1938). *Psychology and Religion. The Terry Lectures.* New Haven : Yale University Press.

Kelly, E.F., Kelly, E.W., Crabtree, A., Gauld, A., Grosso, M., & Greyson, B. (2007). *Irreducible Mind : Toward a Psychology for the 21st Century.* Lanham, MD : Rowman & Littlefield.

Kohls, N. & Walach, H. (2008). Lack of spiritual practice : An important risk factor for suffering from distress. *Newsletter 25. Spirituality and Psychiatry Special Interest Group,* Royal College of Psychiatrists.

Kramer, W.H, Bauer, E., Hövelmann, G.H. (dir.) (2012). *Perspectives of Clinical Parapsychology : An Introductory Reader. Bunnik : Stichting HJBF.* Utrecht, The Netherlands : HJBF.

Kripal, J.J. (2017). *Secret Body : Erotic and Esoteric Currents in the History of Religions.* Chicago : University of Chicago Press.

Kühn, S. (2001). *Entwicklung eines Erhebungsinstruments zur Evaluation psychologischer Beratung aus Sicht der Klienten.* Unpublished master thesis in psychology, Albert-Ludwig University of Freiburg, Freiburg-im-Breisgau, Germany.

Landolt, K., Wittwer, A., Wyss, T., Unterassner, L., Fach, W., Krummenacher, P., Brugger, P., Haker, H., Kawohl, W., Schubiger, P.A., Folkers, G., Rössler, W. (2014). Help-seeking in people with exceptional experiences : results from a general population sample. *Frontiers in Public Health*. doi : 10.3389/fpubh.2014.00051

Lange, R., Ross, R.M., Dagnall, N., Irwin, H.J., Houran, J., & Drinkwater, K. (2019). Anomalous experiences and paranormal attributions : Psychometric challenges in studying their measurement and relationship. *Psychology of Consciousness : Theory, Research, and Practice, 6* (4), 346-358.

Lomax, J.W., Kripal, J.J., & Pargament, K.I. (2011). Perspectives on « sacred moments » in psychotherapy. *The American Journal of Psychiatry, 168* (1), 12-18. https://doi-org.bases-doc.univ-lorraine.fr/10.1176/appi.ajp.2010.10050739

Le Maléfan, P. (1986). *Discours psychiatrique et discours parapsychologique. Essai sur un historique et une actualité de leurs interactions.* Mémoire de DEA. d'Anthropologie et d'Ecologie Humaine, Université Paris V, Paris.

Le Maléfan, P. (1989). Prolégomènes à une parapsychologie clinique. *Revue Française de Psychotronique, 2* (2), 49-57.

Le Maléfan, P. (1990). Parapsychologie et psychologie clinique : Quels rapports ? Quels apports ? *Revue Française de Psychotronique, 3* (2), 61-67.

Le Maléfan, P. (1999). *Folie et spiritisme Histoire du discours psychopathologique sur la pratique du spiritisme, ses abords et ses avatars. 1850-1950.* Paris : L'Harmattan.

Le Maléfan, P. (2008). L'hallucination télépathique ou véridique dans la psychopathologie de la fin du XIXe siècle et du début du XXe siècle. *L'Évolution psychiatrique, 73* (1), 15-40.

Leudar, I., Thomas, P., McNally, D., & Glinsky, A. (1997). What can voices do with words ? Pragmatics of verbal hallucinations. *Psychological Medicine, 27*, 885-898.

Maleval, J.-C., & Charraud, N. (2003). The « alien abduction » syndrome. In N. Totton (Dir.), *Psychoanalysis and the Paranormal : Lands of Darkness* (p. 129-142). London-New York : Karnac.

Massicotte, C. (2014). Psychical transmissions : Freud, spiritualism, and the occult. *Psychoanalytic Dialogues, 24* (1), 88-102.

Mathijsen, F. (2019). *Les jeunes, le cerveau et le paranormal. Le syndrome du Bernard-L'ermite*. Louvain-la-Neuve : Presses Universitaires de Louvain.

Maxwell, J. (1903). *Les phénomènes psychiques : recherches, observations, méthodes*. Paris, France : Alcan.

Mayer, G., & Gründer, R. (2011). The importance of extraordinary experiences for adopting heterodox beliefs or an alternative religious worldview. *Journal of the Society for Psychical Research, 75* (1), 14-25.

Menezes Júnior, A., Moreira-Almeida, A. (2009). Differential diagnosis between spiritual experiences and mental disorders of religious content. *Revista de Psiquiatria Clinica, 36*, 75-82.

Metzinger, T. (2003). *Being no one : The self-model theory of subjectivity*. MIT Press.

Moreau, C. (1976). *Freud et l'occultisme*. Paris : Privat.

Moreira-Almeida, A., & Cardeña, E. (2011). Differential diagnosis between non-pathological psychotic and spiritual experiences and mental disorders : a contribution from Latin American studies to the ICD-11. *Revista Brasileira de Psiquiatria, 33* (s1), s21-s28.

Murray, C. (Ed.) (2009). *Psychological Scientific Perspectives on Out-of-Body and Near-Death Experiences*. London : Nova Science Publishers.

Nemeth, M. (1987). The practice of clinical parapsychology : Ethical considerations and training issues. In D.H. Weiner & R.D. Nelson (Eds.), *Research in Parapsychology 1986* (p. 175). Jefferson, N.C. & London : Scarecrow Press.

Neppe, V.M. (1976). Parapsichiatry. *Paper presented to the South African Society for Psychical Research*, Johannesburg, mars 1976.

Otto, R. (1917/1923). *The Idea of the Holy : An Inquiry into the Non-Rational Factor in the Idea of the Divine and its Relation to the Rational*. London : Oxford University Press.

Palmer, G., & Braud, W. (2002). Exceptional Human Experiences, disclosure, and a more inclusive view of physical, psychological, and spiritual well-being. *Journal of Transpersonal Psychology*, *34* (1), 29-61.

Palmer, G. (1999). *Disclosure and assimilation of exceptional human experiences : Meaningful, transformative, and spiritual aspects*. Unpublished doctoral thesis in psychology, Institute of Transpersonal Psychology, Palo Alto, CA.

Rabeyron, T. (2018). Clinique des expériences d'abduction : trauma, clivage et logiques de l'originaire. *L'Évolution Psychiatrique*, *83* (2), 355-379.

Rabeyron, T. (2019). Processus transformationnels et champ analytique : un nouveau paradigme pour les modèles et les pratiques cliniques. *L'Evolution Psychiatrique*, *85* (1), 101-114.

Rabeyron, T. (2020). *Clinique des expériences exceptionnelles*. Paris : Dunod.

Rabeyron, T. (2023). *Codex Anomalia*. Paris : InterEditions.

Rabeyron, T., Évrard, R., et Massicotte, C. (2021). Psychoanalysts and telepathic processes. *Journal of the American Psychoanalytical Association*, *69* (3), 535-571.

Rabeyron, T., & Loose, T. (2015). Anomalous experiences, trauma and symbolization at the frontiers between neurosciences and psychoanalysis, *Frontiers in Psychoanalysis and Neuropsychoanalysis*, *6*, 1926.

Rabeyron, T., Caussié, S. (2016). Clinical aspects of out-of-body experiences : Trauma, reflexivity and symbolisation, *L'Evolution Psychiatrique*, *81* (4), e53-e71.

Rabeyron, T., Chouvier, B., & Le Maléfan, P. (2010). Clinique des expériences exceptionnelles : Du trauma à la solution paranormale. *L'Evolution Psychiatrique*, *75*(4), 633-653.

Reichbart, R. (2019). *The Paranormal Surrounds Us. Psychic Phenomena in Literature, Culture and Psychoanalysis*. Jefferson, North California : McFarland & Cie.

Roe, C. (2020). Clinical parapsychology : The interface between anomalous experiences and psychological wellbeing. In B.E. Schmidt & J. Leonardi (Eds.), *Spirituality and wellbeing. Interdisciplinary approaches to the study of religious experience and health* (p. 44-63). Sheffield : Equinox Publishing Ltd.

Rogo, D.S. (1975). Psi and psychosis : A review of the experimental evidence. *Journal of Parapsychology*, *39*, 120-128.

Roll, W.G. (Dir.) (1986). Roundtable : Clinical parapsychology. In D.H. Weiner & D.I. Radin (Eds.), *Research in Parapsychology 1985* (p. 168-177). Jefferson, N.C. & London : Scarecrow Press.

Roxburgh, E.C., Evenden, R.E. (2016a). « They daren't tell people » : Therapists' experiences ofworking with clients who report anomalous experiences. *European Journal of Psychotherapy and Counseling*. doi : 10.1080/13642537.2016.1170059

Roxburgh, E.C., Evenden, R.E. (2016b). « Most people think you're a fruit loop » : Clients' experiences of seeking support for anomalous experiences. *Counseling & Psychotherapy Research*. doi : 10.1002/capr.12077

Sagher, A., Butzer, B., & Wahbeh, H. (2019). The characteristics of exceptional human experiences. *Journal of Consciousness Studies, 26* (11-12), 203-237.

Schäfer, C.S. (2007). *Außergewöhnliche Erfahrungen : Konstruktion von Identität und Veränderung in autobiographischen Erzählungen*. Thesis dissertation in psychology, Freiburg : University of Freiburg.

Schetsche, M. (2003). Soziale Kontrolle durch Pathologisierung ? Konstruktion und Dekonstruktion, außergewöhnlicher Erfahrungen' in der Psychologie. In Menzel, B., & Ratzke, K. (Eds.), *Grenzenlose Konstruktivität ? Standortbestimmung und Zukunftsperspektiven konstruktivistischer Theorien abweichenden Verhaltens* (p. 141-160). Opladen : Leske/Budrich.

Schlieter, J. (2022). Nahtoderfahrungen - Near-Death Experiences : Eine Begriffsgeschichte im Kontext religiöser Metakulturen der Moderne. In S. Gripentrog-Schedel, J. Kugele & E.E. Popkes (dir.), *Grenzarbeiten auf der Nulllinie : Nahtoderfahrungen in interdisziplinärer Perspektive* (p. 25-46). Kiel : Universitätsverlag Kiel/Kiel University Publishing.

Schofield, K., & Claridge, G. (2007). Paranormal experiences and mental health : Schizotypy as an underlying factor. *Personality and Individual Differences, 43* (7), 1908-1916.

Si Ahmed, D. (2014). *Pour une psychanalyse des expériences exceptionnelles. Comment penser le paranormal*. Paris : L'Harmattan.

Sidgwick, H., Johnson, A., Myers, F.W.H., Podmore, F., & Sidgwick, E.M (1894). Report on the census of hallucinations. *Proceedings of the Society for Psychical Research, 10*, 25-422.

Simmonds-Moore, C. (2003). *Investigating Schizotypy as an Anomaly-Prone Personality*. Doctoral thesis in psychology, University of Leicester, Leicester, United Kingdom.

Solfvin, S. (1986). Clinical issues and parapsychology. In Weiner, D.H., & Radin, D.I. (Eds.), *Research in Parapsychology 1985* (p. 174-175). Jefferson, N.C. & London : Scarecrow Press.

Tremmel, M. (2014). Clarification of terms and concepts defining parapsychology and related disciplines : Comments on Mathijsen (2009, 2013), Abrassart (2013), and Évrard (2013). *Journal of Exceptional Experiences and Psychology, 2* (1), 21-40.

Ullman, M. (1977). Psychopathology and psi phenomena. In B.B. Wolman (Ed.), *Handbook of Parapsychology* (p. 557-573). Van Nostrand Reinhold Company.

Ullman, M., Krippner, S., & Vaughan, A. (1977). *La télépathie par le rêve*. Paris : Tchou.

Von Lucadou, W. (2015). The Model of Pragmatic Information (MPI). In E.C. May, & S. Marwaha (Eds.), *Extrasensory Perception : Support, Skepticism, and Science*. Vol. 2 : *Theories and the Future of the Field* (p. 221-242). Santa Barbara, CA : Praeger.

Von Lucadou, W., Wald, F. (2014). Extraordinary experiences in its cultural and theoretical context. *International Review of Psychiatry, 26* (3), 324-334.

Walsh, R.N., Vaughan, F. (1980). *Beyond Ego : Transpersonal Dimensions in Psychology*. Los Angeles : J.P. Tarcher.

West, D.J. (1960) Visionary and hallucinatory experiences : A comparative appraisal.

International Journal of Parapsychology, 2 (1), 89-100.

White, R.A. (1994). *Exceptional Human Experiences Background Papers I*. New Bern, NC : EHE Network

Wolffram, H. (2006). Parapsychology on the couch : The psychology of occult belief in Germany, c. 1870-1939. *Journal of History of Behavioural Sciences, 42* (3), 237-60.

Wooffitt, R. (1992). *Telling Tales of the Unexpected. The Organization of Factual Discourse*. Savage, Maryland : Barnes & Noble Books.

Wooffitt, R. (2017). Relational psychoanalysis and anomalous communication : Continuities and discontinuities in psychoanalysis and telepathy. *History of the Human Sciences, 30* (1), 118-137.

Zahradnik, F. (2007). *Irritation der Wirklichkeit. Eine qualitative und quantitative. Analyse der Briefsammlung der Parapsychologischen Beratungsstelle in Freiburg*. PhD in sociology, University of Konstanz.

Quatrième partie

Théoriser le psi

Chapitre 10

Approche critique du paranormal et résistances

(Renaud Évrard et Jérémy Royaux)

Sommaire

> « La passion, l'insuffisance des documents, la nature mystérieuse des sujets suffisent pour nous inspirer une suspicion légitime. Que sera-ce lorsque ces trois motifs de douter se trouvent réunis ! Or ils le sont toutes les fois que nous nous trouvons en présence d'un témoignage qui concerne des sortilèges ou des miracles » (de Gasparin, 1854, p. 308-309).

Les « phénomènes psi » constituent un perpétuel défi pour la rationalité occidentale. Leur simple dénomination en tant que « phénomènes » et leur rattachement à un supposé facteur « psi » construisent uniquement une apparence de concrétude. En vérité, toute la question est bien de savoir quelle réalité il faut mettre derrière ces mots.

Faut-il croire à tout ce qui est présenté dans cet ouvrage ? D'autres auteurs n'auraient-ils pas quelques faiblesses à pointer dans telle ou telle étude, susceptibles de faire retomber l'enthousiasme général ? Ces phénomènes ont généré et génèrent toujours un vaste débat entre différents publics. Certains sont des chercheurs convaincus de l'existence de certaines anomalies, d'autres sont plus mesurés quant aux conclusions à tirer des recherches entreprises, tandis que d'autres chercheurs sont persuadés d'une absence de résultats ou de travaux scientifiques de qualité insuffisante. Ces divisions se retrouvent entre des publics touchés directement par la dimension expérientielle des expériences vécues comme paranormales, ou qui les croient possibles, et ceux qui ramènent ces témoignages à des illusions, des mensonges ou des troubles psychopathologiques. En fonction de la valeur qui est attribuée aux récits personnels du « paranormal », on peut distinguer différents groupes sociaux. Par exemple, on peut observer que les grandes religions monothéistes acceptent, voire glorifient, chacune à leur manière, certains phénomènes « sacrés » ou « miraculeux », tout en condamnant ou en niant d'autres.

En matière d'arbitrage, la société occidentale se réfère surtout à une approche scientifique qui, si elle peut puiser son inspiration dans les témoignages, serait apte à fournir des corroborations qui dépasseraient la perspective individuelle ou la boussole de la foi. Fondamentalement, la science est amenée à remettre en cause le témoignage subjectif pour lui préférer des formes d'objectivité (Daston & Galison, 2012). Elle agit à la manière d'un filtre qui « résiste » au témoignage, mais laisse passer certains éléments jugés probants, souvent transformés sous une forme « empirique » plus compatible avec la discussion scientifique. C'est ainsi qu'un vécu personnel peut faire l'objet d'une investigation qui documente les éléments en faveur de l'une ou l'autre explication. Ce témoignage devient « cas spontané », lequel peut être sérié avec d'autres pour devenir un « corpus ». Ce corpus peut générer des observations provoquées et contrôlées, c'est-à-dire des expérimentations qui permettraient d'augmenter la part d'objectivité et, ainsi, le degré de conviction. Le processus scientifique apparaît alors comme une « épuration » qui introduit une distance maximale entre un phénomène et le contexte singulier dont il est initialement issu. Ainsi, si deux jumeaux rapportent une expérience télépathique, la reconnaissance de l'existence d'une télépathie gémellaire devra attendre des confirmations dans un cadre expérimental (*cf.* Playfair, 2012).

La réception des revendications paranormales implique donc une force allant à contre-courant, dont la présence est essentielle pour la reconnaissance progressive de la « vérité » et de la « réalité ». Dans le débat sur le paranormal, il semble indispensable qu'il y ait une sorte d' « avocat du diable » pour argumenter, preuves à l'appui, que ces phénomènes ne sont des anomalies qu'en apparence. **L'approche critique** a pour objectif l'examen de cette réalité sous-jacente. Elle mobilise trois coordonnées essentielles :

- **Un lieu**, celui de la frontière entre le connu et l'inconnu. Il est souvent labélisé par des termes exprimant sa liminalité ou sa marginalité : paranormal, surnaturel, pseudo-scientifique…
- **Un savoir**, le « non-psi », qui correspond à tous les phénomènes qui ressemblent à des phénomènes psi sans en être : illusions, « trucs » de magiciens, biais cognitifs, phénomènes naturels peu connus, etc. Par extension, le « non-psi » intègre l'ensemble du savoir cumulé par l'humanité à l'exclusion des possibles processus psi. En effet, le psi répond principalement à une définition négative qui renvoie à des anomalies échappant aux explications classiques.
- **Un procédé d'investigation**, le doute. Celui-ci peut être diversement défini et appliqué, mais il nécessite toujours une partition. Douter d'une chose, c'est interroger sa duplicité, c'est-à-dire la possibilité qu'il y ait un au-delà des apparences qui ne corresponde pas à sa nature manifeste. Le doute opère donc en postulant un minimum de deux hypothèses contradictoires. Il nécessite ensuite une méthode pour valider l'hypothèse qui est la mieux corroborée par les données.

L'examen critique a donc pour point de départ le doute quant à l'attribution de certains phénomènes à un facteur inconnu. Il explore ce domaine incertain en mettant en concurrence l'hypothèse nouvelle avec les hypothèses non-psi, de manière à ramener, le cas échéant, le phénomène étudié dans l'espace du connu.

L'approche critique ne se substitue pas à la méthode scientifique : elle lui est plutôt consubstantielle. La science classique s'exerce aussi à la limite entre le connu et l'inconnu, même si la continuité est généralement plus grande avec les connaissances et les dispositifs déjà établis. Une découverte est faite uniquement si le phénomène en question n'est pas mieux expliqué par ailleurs, ce qui autoriserait à considérer tout phénomène comme ayant à la fois une définition positive *et* négative. De sorte que le savoir scientifique progresse en écartant, dans l'analyse d'un même objet, certaines hypothèses moins bien fondées que d'autres (Bachelard, 1940).

La proximité entre l'approche critique et la méthode scientifique génère un certain nombre de quiproquos qu'il nous faut démêler :

1. soit tous les scientifiques appliquent une approche critique, les deux étant indissociables ;
2. soit seul un sous-groupe de chercheurs applique une approche critique, pouvant dès lors revendiquer des titres de « sceptiques », « rationalistes », « brights », etc. ;
3. soit l'approche critique est appliquée par différents chercheurs, mais avec des modalités différentes qui nécessitent d'être distinguées.

La première option, plutôt idéaliste, ne permet pas de rendre compte de l'existence de groupes focalisés sur l'approche critique, d'où émanent des désaccords entre scientifiques ou entre ces groupes et des non-scientifiques. Tout le monde ne serait pas égal en matière d'esprit critique.

La deuxième option n'intègre pas la part d'approche critique « interne » aux disciplines parascientifiques, en supposant que la critique « externe » est la seule qui compte. En usurpant certains qualificatifs qui les auto-proclament porte-parole de la communauté scientifique, certains groupes disqualifient ainsi des dynamiques auto-correctrices basées sur la « critique interne » qui sont pourtant évidentes (Bauer, 1984).

La troisième option semble ouvrir à davantage de nuances. Il y aurait alors, à titre individuel comme à titre collectif, des emplois variés de l'approche critique. Il deviendrait même possible d'élever le doute au carré en remettant en cause certaines prétentions critiques. Ces modulations seraient d'ailleurs indépendantes du statut scientifique ou de l'activité scientifique entreprise. Un savant reconnu pourrait manquer à l'occasion d'esprit critique, tandis qu'un simple amateur pourrait contribuer de façon pertinente à une recherche. Enfin, l'exercice de l'approche critique ne serait pas l'apanage d'un seul groupe ou individu, chaque chercheur pouvant osciller, en fonction des études, dans une application plus ou moins adéquate du doute.

En suivant cette troisième option, il serait également possible de distinguer quatre articulations différentes entre approche critique et approche scientifique :

- **Critique scientifique** : poursuivre une approche scientifique en produisant méthodiquement les données permettant de vérifier la valeur des hypothèses contradictoires ;
- **Critique *a posteriori*** : ré-analyser les données produites par d'autres afin de les contester ;
- **Critique *a priori*** : contester la capacité de certains chercheurs à produire des données scientifiques ;
- **Critique non scientifique** : proposer des hypothèses contradictoires sans jamais se donner les moyens de les vérifier.

On voit donc que l'approche critique pourrait intervenir à différents niveaux du processus scientifique, dont il doit être différencié. Les parapsychologues pratiquent couramment la *critique scientifique* et la *critique a posteriori* ; alors que le cœur d'activité de certains groupes sceptiques militants est la *critique a priori* et la *critique non scientifique.*

Ces réflexions sur l'approche critique découpent les grandes lignes de ce chapitre. Il s'agira d'analyser l'émergence d'un sous-groupe de scientifiques qui s'est progressivement détaché de la communauté scientifique, afin de jouer un rôle de « garde-frontière » dans l'espace flou des pseudosciences. Puis nous étudierons les évolutions de ces sous-groupes dans leurs divergences épistémologiques et méthodologiques quant à la réception des revendications paranormales. Au-delà de leurs fonctions scientifiques, nous interrogerons les fonctions sociales de ces mouvements centrés sur l'approche critique. Puis nous prendrons l'exemple de trois études de cas qui illustreront concrètement les critiques faites aux meilleures recherches expérimentales en parapsychologie. Enfin, en sollicitant les perspectives psychologiques et sociologiques, nous étudierons les notions de tabous et de peur du psi comme explications des résistances rencontrées par la parapsychologie, en développant la perspective originale de la compréhension de la parapsychologie par le public, qui permet de ne pas réduire l'approche critique aux productions d'une minorité influente.

1. Aspects historiques

Le chapitre 1 a déjà restitué certains des débats qui opposent les chercheurs depuis le XVIIIe siècle. Une figure marquante du scepticisme, ayant milité pour la fermeture de l'Académie de médecine à la question du magnétisme animal, est Frédéric Dubois, dit Dubois d'Amiens (Évrard, 2007a). À la fin du XIXe siècle, un rôle tout aussi important sera joué par Wilhelm Wundt (1832-1920), considéré comme le père de la psychologie expérimentale.

À Leipzig, en Allemagne, Wundt a développé un programme de psychologie physiologique basé sur la chronométrie mentale, la mesure objective du temps pris par les opérations psychiques. Des chercheurs du monde entier sont venus se former dans son laboratoire et ont contribué à faire de ce programme le paradigme dominant des débuts de la psychologie expérimentale. Or les bornes de ce paradigme n'ont pas été fixées d'emblée. Wundt avait commencé par s'intéresser à l'inconscient et à l'hypnose, et a même étudié trente minutes (!) le médium à effets physiques Henry Slade, avant de rejeter ces domaines (Wundt, 1879). La délimitation des objets de la psychologie peut être vue comme une affaire d'alliances et de mésalliances qui ne repose pas uniquement sur des considérations scientifiques.

En effet, Wundt a vécu à vingt-cinq ans une forme d'expérience de mort imminente (Évrard & Beurms, 2024), après laquelle il développa un profond sentiment religieux, étayé sur les écrits du mystique Eckhart von Hochheim (Wundt, 1921). Plus précisément, sous la forme d'un protestantisme mystique (Sommer, 2013a), il croyait que la pureté de l'âme humaine montrait sa nature divine (immanence) et que la singularité de l'existence personnelle était la vraie immortalité, à opposer aux formes vulgaires d'immortalité « spirites » qui ne seraient qu'illusions. Il identifiait clairement l'âme à la conscience en état de veille. Wundt (1921) a confirmé que ses convictions religieuses n'étaient pas séparées de son œuvre scientifique, et que son expérience de mort imminente avait organisé toute sa carrière scientifique et philosophique.

De son propre aveu, ce sont donc ses impulsions mystico-religieuses bien plus qu'un quelconque raisonnement qui ont guidé la formation de son programme de recherche mature, lequel cherche à placer fermement et irréversiblement la conscience de veille sur le trône de la psychologie. Pour Wundt, « l'aperception » en tant que synthèse créatrice de l'esprit est le signe de cette activité rationnelle première, une fonction supérieure à toutes les autres. Dès lors, il a rejeté toutes les théories dérivées de l'hypnotisme ou des observations d'automatismes pour sauver, par son modèle, cette preuve du divin que serait « l'âme rationnelle », la digne « conscience de veille », contre des auteurs ayant des modèles « nocturnes », basés sur un « soi caché », dans l'ombre. Il décida donc de retirer les états non ordinaires de conscience de son programme très conservateur pour se limiter aux états ordinaires (Kohls & Benedikter, 2010).

Ces motivations sont dissimulées dans un pamphlet (Wundt, 1893) visant à critiquer les premières sociétés de recherche psychique, et à extraire l'inconscient, l'hypnotisme et les sciences psychiques du champ psychologique. Dans sa vision des choses, les sciences psychiques ne sont que les « enfants d'un autre lit de la science officielle » (Wundt, 1893, p. 5 ;

Wolffram, 2009), une « psychologie mystique » (Wundt, 1893, p. 166) qui pousse la véritable psychologie vers une « voie absolument pathologique » (Wundt, 1893, p. 167). Ces études compromettent le progrès scientifique et culturel en ouvrant la voie à la pensée magique et aux superstitions.

À sa manière, Wundt a pratiqué un bornage des facultés humaines qui est venu dessiner les frontières futures de la psychologie, craignant peut-être que sa propre approche se retrouve marginalisée (Carroy & Schmidgen, 2006). L'anathème qu'il a prononcé aura un impact profond, condamnant les premières sociétés de psychologie et rendant discrets même les plus téméraires (Sommer, 2013b, p. 30). À la charnière des deux siècles, ces conflits dans le domaine des idées aboutiront à une véritable « géopolitique du psychisme » (Méheust, 1999, t. II, p. 217-220) où chacun sera tenu de choisir son camp, à coups de compromis et de transactions.

Or cette condamnation, comme l'analyse Méheust (1999, t. II, p. 154-159), n'est pas associée à une critique méthodologique de ces sciences que Wundt appelle « occultes » : elle se basera essentiellement sur un préjugé concernant l'incompatibilité de ces phénomènes avec les autres connaissances établies et l'impossibilité de les penser sereinement. Par exemple, Wundt, dans sa vindicte contre « l'investigation occultiste », s'est trouvé confronté à l'une des « recherches les plus scrupuleuses faites dans cette direction [...] : il s'agit des "Études expérimentales faites dans le domaine de la transmission de la pensée et de la soi-disant clairvoyance" par Charles Richet » (Wundt, 1893, p. 16). Ces études introduisent les statistiques dans l'étude de divination de cartes, paradigme appelé à devenir très important dans la parapsychologie moderne (voir chap. 3). Wundt admire ce savant « qui a bien mérité déjà par de solides travaux en physiologie » et qui est d'ailleurs « plein de sagacité » (Wundt, 1893, p. 18). Néanmoins, il range ses calculs de probabilité, qui obligent à considérer comme vraisemblables la transmission de la pensée ou « une action magique à distance », parmi les troubles générés par « la pratique "des problèmes de l'occultisme" » (Wundt, *idem*). La critique de Wundt est donc purement *a priori* et non scientifique.

Wundt déploya néanmoins deux arguments qui méritent d'être examinés : l'argument de l'incompétence des chercheurs et l'argument de la fraude.

1.1 L'argument de l'incompétence des chercheurs

Comme nous l'avons introduit plus haut, Wundt a assisté quelques minutes à une séance d'étude du médium Slade, qui passionnait ses collègues Gustav Fechner et Johann Zöllner. Il en déduira qu'il s'agissait d'une fraude de la part du médium que ces brillants scientifiques furent incapables de détecter, du fait de leur incompétence. En effet, selon Wundt, le médium employait un savoir différent de celui des scientifiques : celui des illusionnistes, des magiciens et des prestidigitateurs. Il s'agit d'un savoir-faire, parfois consigné par écrit, basé sur l'utilisation d'astuces et d'objets truqués qui permettent de produire des faux-semblants. De nombreux trucs de prestidigitateur peuvent effectivement expliquer les phénomènes les plus spectaculaires produits en présence de Slade (Tocquet, 1972) ; et les tribunaux anglais avaient déjà condamné Slade pour fraude.

Bien entendu, des magiciens étaient déjà intervenus dans les controverses parapsychologiques, pour défendre l'une ou l'autre option, à l'image de Robert-Houdin qui a admis n'avoir pas décelé les trucs du prodigieux somnambule lucide Alexis Didier (Méheust, 2003). Dans le cadre des controverses sur les phénomènes produits par les médiums, l'argument de l'incompétence des chercheurs par rapport à celle des illusionnistes va devenir récurrent (Lachapelle, 2008). Les sociologues des sciences Collins et Pinch (1994, p. 154-155) ont bien mis en évidence ce glissement, typique des temps de controverse, où les compétences des chercheurs, normalement tenues pour acquises, sont ainsi mises sur la sellette.

En examinant cet argument de la compétence supérieure des illusionnistes, on peut lui trouver deux limites. Premièrement, c'est une critique *a priori* qui ne tient aucun compte des conditions d'expérience. Les chercheurs qui appliquent l'expérimentation scientifique ont une préparation générale pour éviter les fraudes (Wiseman & Morris, 1995). Ils peuvent tout à fait concevoir des protocoles où les moyens des illusionnistes seraient inopérants. Le psychologue Louis Favre (1921) fera remarquer la dépendance de ces derniers à certains trucages ou compérages préparés d'avance qui courent le risque d'être débusqués dans le cadre d'expérimentations répétées où ce sont les expérimentateurs qui disposent des lieux et des objets employés. L'affirmation selon laquelle le phénomène observé peut être reproduit par un illusionniste dans des conditions de contrôle identiques doit être corroborée empiriquement, nul ne pouvant se satisfaire d'une simple prétention. Par ailleurs, Favre conseillait d'adjoindre à la formation à la méthode expérimentale une préparation spéciale à l'illusionnisme, ce qui rendrait inutile l'emploi d'un spécialiste de l'illusion lors de ces études. C'est ainsi que plusieurs chercheurs en parapsychologie possèdent des compétences conséquentes dans le domaine (Hansen, 2001).

Deuxièmement, l'invocation régulière du savoir-faire supérieur des prestidigitateurs déplace l'expertise vers un domaine infini, rendant par conséquent cet argument irréfutable. On pourra toujours suspecter un trucage qui échappe aux plus grands savants ; voire même un tour qui échappe aux plus grands prestidigitateurs. Puisque les illusionnistes ne sont pas contraints de communiquer publiquement leurs connaissances, à l'inverse des savants, il est toujours possible qu'un phénomène extraordinaire appartienne au champ de l'illusionnisme sans que cette connaissance ne soit partagée (Hansen, 1992). Dans les exemples fréquents où des illusionnistes professionnels ont affirmé avoir constaté des phénomènes psi dont la production échappait à leur art, il s'est trouvé d'autres illusionnistes pour les déclarer incompétents (Hansen, 2001). Wundt lui-même refusa l'expertise du prestidigitateur Samuel Bellachini sur Slade au motif que celui-ci n'était pas un scientifique (Sommer, 2013a, p. 220) ! La porte de sortie énoncée par Wundt conduit le débat vers une voie sans issue, celle d'une critique non scientifique qui ne se donne pas les moyens de vérifier ses dires.

1.2 L'argument de la fraude

Wundt soulève la possibilité que les résultats des expérimentations parapsychologiques s'expliquent par l'une des hypothèses non-psi les plus classiques : la fraude volontaire du sujet et/ou d'un complice, ce dernier pouvant se compter parmi les expérimentateurs. Plus tard, la notion de fraude involontaire ou inconsciente sera également employée (Ochorowicz, 1896 ; Évrard, 2020).

Cet argument récurrent est tout à fait valable tant qu'il n'est pas indûment généralisé. En effet, l'affirmation selon laquelle toutes les observations réalisées sont dues à des fraudes, ou la version plus nuancée selon laquelle les fraudes sont fréquentes en parapsychologie, doit être vérifiée empiriquement. Or, aucune étude ne vient confirmer ces affirmations (Irwin & Watt, 2007 ; Pinch, 1979).

La fraude des participants ou de leurs complices était un point de vigilance permanent dans le cadre des recherches élitistes avec des « sujets doués », puisque les conditions d'examen étaient extrêmement variables et reposaient souvent sur le contrôle sensoriel (et non automatisé) des expérimentateurs (Évrard, 2016). L'évolution de la parapsychologie expérimentale a permis de mettre en place des conditions de contrôle réduisant les possibilités de fraude de la part des participants. Par exemple, les études sur la précognition emploient des cibles déterminées aléatoirement par un ordinateur après que la réponse du participant a été enregistrée (voir chap. 4). Si le cadre expérimental offre des garanties, certaines tricheries sont ainsi contrecarrées.

La fraude des expérimentateurs est donc le deuxième point de vigilance. Il y a plusieurs cas documentés de fraude en parapsychologie, y compris par des expérimentateurs de premier plan. Dans la grande majorité des cas, ce sont d'autres chercheurs en parapsychologie qui ont détecté et rendu public ces agissements (Kennedy, 2017). Ainsi, le biologiste Michael Nahm a récemment mis en évidence des plagiats de la part du psychologue Alejandro Parra, ancien président de la Parapsychological Association (Nahm, 2021). Ces plagiats allaient même jusqu'à copier des observations de cas spontanés à d'autres chercheurs, en prétendant les avoir collectés par ses propres moyens, ce qui est une forme de fraude. Toutefois, proportionnellement à la taille du champ parapsychologique, les cas connus de fraude par des expérimentateurs ne sont pas plus fréquents que la proportion de fraudes connues dans les autres disciplines scientifiques. Là encore, la pertinence de l'argument s'évalue au cas par cas, mais il ne peut être employé avec une portée générale.

De façon plus fine, les scientifiques s'intéressent aux « pratiques de recherche questionnables », des activités qui, sans être considérées comme des fraudes, diminuent la qualité des recherches et la confiance dans leurs conclusions. Des chercheurs en parapsychologie ont développé une méthode pour quantifier l'impact de ces mauvaises pratiques en parapsychologie, aboutissant, en appliquant des critères très sévères, à considérer que la méta-analyse des recherches sur la perception extra-sensorielle employant le Ganzfeld surévaluait l'effet cumulé (Bierman, Spottiswoode & Bijl, 2016 ; *cf. infra*). Toutefois, les résultats cumulés restaient statistiquement significatifs, même en supposant que ces études aient été conduites d'une manière très inadéquate.

En somme, l'argument de la fraude peut devenir une critique non scientifique s'il n'y a pas une *démonstration* de la fraude. Les chercheurs sont désormais invités à prendre des précautions drastiques non seulement pour éliminer toute possibilité de fraudes, mais également pour empêcher que des pratiques de recherche questionnables détériorent la qualité du processus scientifique.

2. Le développement des mouvements rationalistes

Ainsi que le montre l'histoire de la parapsychologie (voir chap. 1), les défis présentés par les apparents phénomènes paranormaux ont suscité l'organisation ponctuelle de commissions d'étude, à l'image de celles auxquelles ont pris part en leurs temps Dubois d'Amiens et Wundt. Celles-ci comportent des volontaires plus ou moins compétents, différents d'une commission à l'autre et plus ou moins représentatifs des diverses tendances. Les méthodologies employées sont souvent élaborées en fonction du phénomène alors étudié et des moyens alloués. Les conclusions contradictoires de ces commissions successives ont rythmé le débat sur ces phénomènes étranges. Cependant, la naissance des sociétés de recherche psychique a été suivie, quelques décennies plus tard, de formes institutionnelles opposant une contradiction systématique à ce qui émanait du champ parapsychologique. L'approche critique est entrée dans une ère de stabilisation et de pérennisation.

Une étape intermédiaire est visible en France dans la série de commissions organisées autour du psychologue Henri Piéron (Évrard & Gumpper, 2016 ; Évrard, Gumpper, Beauvais, 2023). Dès 1913, celui-ci appelait de ses vœux la constitution d'une « commission scientifique permanente » censée surveiller l'émergence de ces « phénomènes anormaux » (Piéron, 1913). De 1920 à 1923, lui et certains de ses collègues, tous des psychologues, médecins ou physiologistes reconnus, vont constituer des commissions pour analyser et rejeter le phénomène de vision extra-rétinienne, puis deux médiums soi-disant producteurs d'ectoplasme (Évrard, 2016, chap. 7). La publicité faite à ces expériences négatives fait qu'elles ont entraîné avec elle une bonne part de l'opinion publique (Favre, 1924).

L'Institut métapsychique international a participé à la mise en place de commissions « mixtes », composées d'incrédules et de métapsychistes (Sudre, 1926), comme cela se faisait habituellement. Celles-ci permettent notamment de débusquer la fraude du médium Pasquale Erto (Geley, 1924). Toutefois, les positions vont de nouveau se durcir et se polariser avec la création d'un mouvement rationaliste décourageant une telle hybridation.

2.1 L'Union rationaliste

En effet, plutôt que de valoriser cette possible « collaboration contradictoire » (en anglais, *adversive collaboration*) entre les métapsychistes et les « sceptiques », permettant un progrès conjoint (Hövelmann, 1983), le fossé va se creuser quelques années plus tard, dans le contexte du Front populaire, avec la création de l'Union rationaliste le 10 mars 1930. Cette association militante et apolitique est convaincue du rôle central de la science dans l'avenir des activités humaines (Lagrange, 2002). Impulsée par Henri Roger, doyen honoraire à la faculté de médecine de Paris où il succédait à la chaire de physiologie occupée par Charles Richet, elle rencontra un succès immédiat avec 1 260 membres en mai 1931, et 2 062 un an plus tard, même si elle plafonna par la suite (3 000 adhérents en 1935). *Les Cahiers rationalistes*, publiés par l'Union, ont puissamment contribué à cet essor. Parmi les premiers membres prestigieux de cette organisation se comptent Piéron et plusieurs de ses proches collaborateurs, ainsi que Richet, en tant que membre du comité d'honneur.

L'un de ses fondateurs, le physicien Paul Langevin (1946), a retracé lui-même le contexte de la création de l'Union rationaliste : dans le sillage de l'affaire Dreyfus fut mise en place une association de « Libres Penseurs de France » autour de Marcellin Berthelot et d'Anatole France. Ce groupement mêlant « libre pensée », laïcité et rationalisme va prendre une nouvelle forme face à la montée du fascisme (Trebitsch, 1995). Comme l'explique le sociologue Pierre Lagrange (2005, p. 18) : « L'accent est mis sur la dénonciation de toute forme de pensée et de toute pratique susceptible d'écarter du droit chemin scientifique. Longtemps, les *Cahiers rationalistes* porteront comme couverture la célèbre gravure de Goya *Le sommeil de la raison engendre les monstres* ». Chez Langevin, cette lutte contre la croyance, par l'intermédiaire de la critique des pseudo-sciences, correspond à une activité passionnelle. N'est-il pas vrai qu'Einstein a dit de lui à sa mort : « La raison était sa religion » ? « Elle devait prendre la place – et le relais – de la religion », analyse Bernadette Bensaude-Vincent (1987, p. 175).

L'Union rationaliste proposa un discours critique sur toutes les thématiques ayant trait au paranormal, jouant par exemple un rôle dans les controverses sur la radiesthésie des années 1930, qui mobilisèrent également des militaires et des membres du clergé (Bensaude-Vincent, 2002). Toutefois, ces critiques furent trop rarement soutenues par des travaux originaux visant à vérifier leur applicabilité. Cette société savante a campé sur une position d'hostilité par rapport aux recherches parapsychologiques, figeant ainsi cette controverse vieille de plusieurs siècles dans une forme d'*apartheid* scientifique.

Nonobstant, cette organisation est restée une référence de l'approche critique durant tout le XXe siècle et a persévéré jusqu'à nos jours. Son empan actuel n'est toutefois plus le même. Les thématiques relatives aux parasciences ont été progressivement sous-traitées par une organisation sœur, l'Association française pour l'information scientifique (AFIS), fondée en 1968 par le journaliste Michel Rouzé, qui se présente davantage comme un *science media center* (Laurens, 2019 ; Foucart, Horel & Laurens, 2020).

2.2 Le Comité Para

Dans le monde francophone, une autre organisation spécialisée dans la critique a vu le jour en Belgique et a connu une évolution similaire[1]. Le Comité belge pour l'investigation scientifique des phénomènes réputés paranormaux, dit Comité « Para », se crée le 4 juin 1949 (Évrard,

1. Les deux co-auteurs de ce chapitre sont membres actifs de cette organisation.

2024). Lancée par une petite vingtaine d'universitaires accompagnés d'un magicien, cette association avait pour but de lutter contre les dérives des « praticiens du paranormal » : sourciers, médiums ou autres astrologues. Les membres fondateurs s'inquiétaient des nombreuses victimes de ces praticiens qu'ils associaient souvent au « charlatanisme » (Comité Para, 2005). Le Comité Para éditera jusqu'en 2016 une publication papier : les *Nouvelles brèves*, ainsi que *Trait d'union*, un trimestriel, tous deux distribués à ses membres.

Le comité était également assez actif au niveau de la communication avec les médias. Il reprochait à ceux-ci la mise en avant des « charlatans » et le manque de rigueur scientifique lors du traitement d'informations relatives phénomènes paranormaux. Le Comité intervenait également dans les écoles, ainsi que dans d'autres structures sur demande, afin de présenter le scepticisme scientifique et sa mise en application. Un prix était également offert par le Comité à toute personne qui réussirait à démontrer des pouvoirs inexplicables par la science. Cette société savante avait donc une triple interface, assez caractéristique des organisations sceptiques : médiatique, pédagogique et scientifique.

Le comité a mené chaque année de nombreuses actions locales. Il a cependant bénéficié d'un rayonnement plus important lors de ses interventions concernant « l'Effet Mars ». Cet effet fut mis en avant par le psychologue Michel Gauquelin qui prétendait avoir démontré un effet de type « astrologique » en découvrant une corrélation entre la position de Mars et la naissance des grands sportifs. Suite à plusieurs tentatives de vérification de cet effet sur des échantillons plus représentatifs et avec des méthodes moins biaisées, le Comité refusera de reconnaître l'existence de l'Effet Mars. Ce travail du Comité Para trouvera un écho international, notamment aux États-Unis d'Amérique où l'étude fut prolongée au sein du CSICOP, par l'intermédiaire de l'un de ses fondateurs, Paul Kurtz (Loxton, 2013). Une vaste polémique sur la manière de traiter cette revendication astrologique, de collaborer avec ses défenseurs et de diffuser de façon transparente les résultats obtenus entraînera des divisions au sein du mouvement sceptique américain (Lippard, 2011).

En 2014, dans le cadre d'un élargissement des thématiques traitées par le mouvement sceptique, le Comité décide d'adopter un nouveau nom. Dorénavant, le Comité Para deviendra le « Comité belge pour l'analyse critique des parasciences ». Actuellement, le Comité organise des conférences régulières en Belgique, porte une revue en accès libre baptisée *Scepticisme scientifique* et développe une certaine présence sur internet (*https://comitepara.be/*) et les réseaux sociaux. Ses sujets se sont encore élargis de sorte que l'objectif de vulgarisation des sciences y a pris une place plus importante que celle de dénonciation critique des dérives du paranormal.

2.3 Les dissonances internes des organisations sceptiques

Dans son analyse d'une organisation sceptique allemande qu'il avait cofondé, le sociologue Edgar Wunder (2021) a identifié certaines conséquences des problèmes terminologiques portés par le terme de « sceptique ». Il repère au moins deux dimensions sémantiques différentes associées à ce terme, lesquelles font l'objet de confusions répétées, tant de la part du public qu'au sein des organisations dites « sceptiques ». D'une part, il y a la dimension « croyance – incroyance » (par exemple en ce qui concerne le « paranormal », quel qu'il soit), d'autre part, il y a la dimension « dogmatisme – ouverture d'esprit/pensée critique ». Il convient de souligner ici que l'« incroyance » ne signifie pas seulement « non-croyance », mais que l'« incroyance », comprise comme « incrédulité », est un système de croyances en soi. En théorie, si toutes les combinaisons sont possibles, on observe surtout une assimilation de ces deux dimensions : le terme « sceptique » est employé à la fois dans le sens de « personnes ayant une pensée critique » et dans le sens de « personnes qui ne croient pas au paranormal ».

Ainsi, deux perspectives vont se télescoper. Dans leur présentation externe, les organisations sceptiques vont mettre en avant la méthodologie basée sur le doute et refuser toute identification à une attitude dogmatique. En interne, une pression très forte est néanmoins exercée pour élever l'incroyance au rang de norme. Wunder analyse comment la cohésion du groupe est en danger si ses membres remettent en question ce profil d'incroyant, par exemple en laissant une place à des membres qui croient davantage. De même, tout débat structuré, égalitaire et collégial, qui viendrait contredire le système de croyance de l'« incroyance » menace l'organisation de désintégration. Wunder donne de multiples exemples de ces forces institutionnelles qui prennent parfois le pas sur la vocation scientifique de ces organisations dites « sceptiques ». Cette dynamique de division génère donc un scepticisme à plusieurs visages, loin de l'image idéale d'unité consensuelle. Nous continuons donc d'explorer ces multiples facettes des approches critiques.

3. Aspects épistémologiques

Ces éléments historiques s'ajoutent aux précédents pour apprécier des formes différentes d'approche critique. On observe des attitudes divergentes quant à la réception des revendications paranormales, qui dérivent de conceptions différentes de la façon dont sont produites les connaissances scientifiques. Ces divergences ont parfois abouti à des scissions au sein d'organisations rationalistes, par exemple en Allemagne en 1999 entre la Société pour la recherche scientifique sur les parasciences (GWUP) et la Société pour l'anomalistique (GfA) (Wunder, 2021). Mais le précédent le plus important est survenu aux États-Unis en 1978 autour du sociologue des sciences Marcello Truzzi (1935-2003), de l'université de l'Est du Michigan.

3.1 De la zététique à l'anomalistique

Truzzi compte parmi les fondateurs du CSICOP (Comité pour l'investigation scientifique des revendications paranormales), aujourd'hui renommé le CSI (Comité pour l'enquête sceptique), principale organisation sceptique sur le continent américain. Corédacteur des statuts en 1976,

Truzzi avait des responsabilités importantes dans la publication de la revue baptisée *Zetetic*, un terme antique de « zététique », qui signifie, à l'origine, l'art de la recherche ou de l'investigation. Dès 1972, Truzzi faisait circuler une newsletter dans le monde académique, intitulée d'abord *Explorations* puis, en 1974, *Zetetic*. Ce terme même ne protège pas de dérives dans la pratique du doute : un exemple flagrant en est que le premier nom de la Société internationale de la Terre plate fut celui de Société zététique universelle, dès 1873 (Le Quellec, 2018, p. 86-88).

Le but du Comité cofondé par Truzzi était initialement de s'engager dans une étude équitable des revendications des tenants du paranormal. Après une enquête approfondie, le Comité devait publier ses résultats, qu'ils soient ou ne soient pas en faveur de l'hypothèse paranormale. Mais, dès la première étude originale portant sur des prétentions psycho-astrologiques, plusieurs événements éveillèrent chez lui des doutes sur l'impartialité des procédures employées par le Comité, car celui-ci avait finalement refusé de rendre public des premiers résultats favorables à ces prétentions. Truzzi démissionna en 1977 en critiquant le manque de démocratie et l'inconduite académique du Comité. En retour, on lui reprocha un manque de ferveur dans la croisade contre « l'irrationalisme ».

Dans une élaboration d'un tel épisode, Truzzi (1987) déploya le terme de « pseudo-scepticisme » pour identifier certaines personnes qui font des affirmations négatives sans chercher à les étayer empiriquement (critique non scientifique). Il défendait un principe de symétrie qui impose des exigences identiques dans la justification des assertions, même lorsque les hypothèses proposées semblent *a priori* plus plausibles.

Truzzi continuera à développer une approche critique répondant à certains principes qui lui étaient chers. Il fonde en 1978 le *Zetetic Scholar*, une revue invitant sceptiques, parapsychologues et autres chercheurs non conventionnels à débattre, revue qui connut treize numéros sur une décennie. L'évolution de cette forme de scepticisme centrée sur le dialogue entre les différents protagonistes allait aboutir en 1981 à la création par Truzzi du *Center for Scientific Anomalies Research*, première institution fondatrice de l'anomalistique, discipline savante qui englobe la parapsychologie, l'ufologie (l'étude des ovnis), la cryptozoologie (l'étude des animaux étranges et inconnus) et l'étude d'autres anomalies (Hövelmann, 2019). On retrouve également Truzzi en 1982 parmi les membres fondateurs de la Society for Scientific Exploration, qui réalisait à plusieurs égards ce qu'il avait espéré comme destin pour le CSICOP : un moyen d'examiner scientifiquement les anomalies (Évrard, 2007b).

La correspondance entre Truzzi et le journaliste Martin Gardner (1914-2010), autre fondateur du CSICOP, permet d'explorer leurs divergences d'application de l'approche critique (Richards, 2017 ; Évrard & Beauvais, 2020). Gardner favorisait ouvertement les préjugés qui constituaient pour lui un outil efficace, couplé avec des labels péjoratifs et des techniques de décrédibilisation, parce qu'il considérait que ceux qui affirmaient l'existence de phénomènes paranormaux étaient nuisibles pour la science et incapables de changer d'avis. Ainsi, selon lui, le néo-astrologue français Michel Gauquelin ne méritait guère mieux que les quolibets de « cinglé » et d'« excentrique » pour ses recherches corrélant le signe astrologique d'un individu et sa profession. Les scientifiques n'avaient pas de temps à perdre à se préoccuper individuellement de toutes les affirmations les plus saugrenues. De plus, cela risquait de servir à ces personnes de tremplin vers des formes de légitimité.

De son côté, Truzzi plaçait le scepticisme méthodologique envers les anomalies au cœur du processus scientifique. Il situait à la pointe de la science l'anomalistique, cette exploration de l'inconnu, où se font les découvertes. Truzzi se donnait pour principe premier de « ne rien faire qui puisse bloquer l'investigation ». Le rôle essentiel du sceptique est d'être l'*amicus curiae*, celui qui, dans une cour de justice, vient faciliter la procédure d'arbitrage et se fait le garant des règles d'évaluation des preuves. De sorte que le sociologue développa une approche symétrique des revendications orthodoxes comme hétérodoxes, en considérant la tension essentielle entre les attitudes traditionalistes et iconoclastes. Toute prétention scientifique, qu'importe son lieu de provenance, doit être évaluée de la même manière. L'approche privilégiée est celle qui invite à faire des « efforts de courtoisie » – une invitation bienveillante à ce que l'autre exprime son point de vue de la façon la plus précise possible – afin de développer un dialogue responsable avec les chercheurs non conventionnels qui tentaient de suivre les règles de la science, chercheurs qu'il appelait des « proto-scientifiques », dénomination qu'il préférait à tous les autres labels aux connotations péjoratives. Il pensait fermement que cette stratégie, en évitant le renforcement des divisions, pourrait contribuer au progrès de la science (pour un autre exemple de scepticisme responsable, voir son homologue néerlandais Piet Hein Hoebens : Hövelmann & Michels, 2017).

Les divergences exprimées ici renforcent la nécessité de distinguer différentes approches critiques, dont les moyens, les visées et les résultats sont parfois diamétralement opposés.

3.2 Pédagogie zététique et biais cognitifs

La communauté sceptique et ce qu'elle transmet comme connaissances n'est pas simple à définir. En effet, les préoccupations des sceptiques à l'heure où ces lignes sont écrites ne sont plus les mêmes que celles des sceptiques du Comité Para ou du CSICOP à leur création. Les thématiques du paranormal et les expérimentations amateurs cherchant à tester l'un ou l'autre phénomène ont encore un intérêt historique pour une petite minorité de sceptiques, mais ne sont plus du tout au centre des débats, ayant laissé leur place aux sujets qui traitent, par exemple, des difficultés d'assimilation des progrès scientifiques : énergies basées sur la technologie, sciences appliquées à l'alimentation, médecines basées sur la preuve, ou encore discriminations sociales.

Ce changement de focus suggère une nouvelle identification pour les sceptiques : ils se perçoivent moins comme les garde-frontières de la science ayant pour fonction de repousser les pseudo-sciences, que comme des porte-parole et des « passeurs » de la science. La logique est celle d'une amélioration de la « littératie scientifique » de tous, celle-ci étant à entendre comme la capacité à comprendre un large éventail de concepts scientifiques. Le sceptique milite donc pour améliorer le rapport entre le public et la science, participant par exemple à des événements « pro-science » festifs et ludiques ; ou créant des contenus attractifs sur les plateformes sociales. Il cherche à transmettre ce qu'il considère comme des outils nécessaires à l'élévation de la littératie scientifique. Cette action est généralement justifiée par des études (elles-mêmes non exemptes de critiques, *cf.* Évrard, 2023) montrant la forte prévalence de représentations faussées de phénomènes scientifiques démontrées, d'opinions défavorables aux progrès scientifico-technologiques, ou de niveaux élevés de croyances incompatibles avec les paradigmes scientifiques en vigueur (« Terre plate », croyances paranormales, croyances religieuses, théories du complot, etc.). Dans le même temps, le sceptique ne se consacre pas ou très peu à l'analyse des fondements empiriques revendiqués de ces représentations, opinions ou croyances alternatives, les attribuant implicitement à un manque de littératie. La science serait d'ores et déjà dans son camp.

Les principes scientifiques fréquemment utilisés dans les travaux sceptiques sont, eux aussi, assez différents de nos jours. Un des changements importants qui peut être observé est l'importance mise aujourd'hui sur l'analyse des discours au détriment de l'analyse du fond empirique. Un grand nombre d'interventions sur les réseaux sociaux, de vidéos ou d'essais se concentrent sur celle-ci, avec l'objectif de démonter ce qui n'y serait pas correctement argumenté. Les sceptiques s'attellent donc à la chasse aux paralogismes et aux sophismes dans les discours qu'ils remettent en question. Le paralogisme est un raisonnement qui peut sembler valide, y compris pour son auteur, mais qui ne l'est pas. Le sophisme est assez similaire, mais avec l'intention de la part de l'auteur de tromper. De nombreuses listes de ces raisonnements circulent et sont utilisées par les sceptiques[1].

Une autre préoccupation importante dans le mouvement actuel est de tenter de recourir régulièrement au concept de « biais cognitif » pour expliquer les postures qui sont critiquées chez d'autres personnes. Le concept de biais cognitif provient des psychologues Daniel Kahneman et Amos Tversky (1972). D'après eux, notre pensée a recours à des heuristiques qui permettent de gagner du temps d'analyse. Ces heuristiques produisent parfois des résultats qui sont erronés et ne semblent pas raisonnables. Bien que ces recherches soient controversées, elles ont eu un impact sur différentes disciplines comme la psychologie cognitive et l'économie.

Dans ces listes de biais, on trouvera par exemple la fameuse « dissonance cognitive » qui est une difficulté à se remettre en question si cela implique de changer des croyances qui sont déjà bien ancrées (et qui entrent donc en « dissonance » avec une information nouvellement acquise) (Vaidis, 2011). Un autre biais cognitif souvent cité est « l'effet Barnum » qui consiste à se reconnaître trop facilement dans une description de la personnalité qui est en réalité très vague.

La focalisation sur l'analyse des discours et des paralogismes et sophismes qu'ils contiennent, ainsi que sur les biais cognitifs qui expliqueraient leurs postures, peut malheureusement aboutir à des analyses assez réductrices voire caricaturales. De nombreuses critiques ont été faites par

1. Par exemple, la liste de sophismes créée par informationisbeautiful.net et popularisée par le CORTECS (cortecs.org) : https://informationisbeautiful.net/visualizations/rhetological-fallacies/

certains sceptiques à ce niveau, mais aussi par des observateurs extérieurs au mouvement, notamment le sociologue Sylvain Laurens (2019), ou encore le collectif Zet-Ethique-Méta-Critique qui évoque ces problèmes dans de nombreux billets sur leur blog[1]. Il est possible que le manque de connaissance de la psychologie amène certaines personnes à sous-estimer la complexité de ce qui détermine la prise de décision des êtres humains. En effet, si un biais cognitif peut effectivement être un élément explicatif d'une posture qui est analysée, il ne peut suffire à comprendre ni à expliquer cette dernière. Nos postures et nos actes découlent d'un ensemble de facteurs complexes qui incluent, par exemple, notre histoire personnelle, l'histoire des groupes sociaux auxquels nous nous identifions, notre personnalité, les troubles psychologiques ou psychiatriques dont nous souffrons, la culture dans laquelle nous vivons mais aussi celle dont nous provenons, notre situation économique, ainsi qu'un grand nombre d'autres facteurs dont il n'est pas possible de dresser ici la liste exhaustive. Comprendre la posture d'une personne et le chemin qui l'a amenée à montrer cette dernière demande de nombreuses précautions, afin de ne pas passer à côté d'éléments explicatifs majeurs. Une application étroite de la pédagogique zététique peut se révéler discriminante.

Finalement, l'utilisation de ces éléments d'analyse de la rhétorique rappelle une des limites souvent rencontrée dans l'approche critique : l'amateurisme. Si l'on n'est pas soi-même compétent dans un champ d'étude, on peut facilement tomber dans une utilisation inadaptée de certains outils et concepts, extraits de leur cadre disciplinaire, ce qui peut en limiter la pertinence voire en amener un usage totalement inadéquat.

Le savoir sur les biais cognitifs et la rhétorique ne provient donc pas du mouvement sceptique, mais il y est particulièrement mis en avant. Certains sceptiques vont ainsi vulgariser activement ces connaissances en donnant des noms plus métaphoriques et accessibles à certains effets. Ainsi, l'effet Barnum présenté plus haut est également connu sous le nom d'« effet Forer », du nom du chercheur qui en a établi les contours empiriques, mais il est diffusé dans la littérature zététique du physicien Henri Broch sous le nom d' « effet puits ». Un des problèmes est de présenter ces différents biais ou styles argumentatifs comme des éléments abstraits, des acquis scientifiques génériques facilement applicables. Or, pour donner un exemple, il manque des recherches empiriques pour montrer précisément comment les stratégies conversationnelles rassemblées sous le terme générique de « lecture froide » s'appliquent dans une interaction entre un médium et son client (Évrard, 2022a). La manipulation de ce répertoire d' « effets zététiques » pour le décryptage de discours occupe bien davantage la communauté sceptique actuelle que la discussion ou la réalisation de travaux expérimentaux sur les anomalies.

Un autre inconvénient associé est la posture pédagogique empruntée dans la diffusion de ces connaissances. Le « zététicien » se présente ainsi comme expert dans des outils lui permettant de mieux douter. Son action consiste généralement à professer l'acquisition de ces instruments en vue d'une meilleure « auto-défense intellectuelle ». Il n'offre pourtant

1. https://zet-ethique.fr/

guère la garantie d'appliquer lui-même parfaitement ces outils en toutes circonstances. Or cette pédagogie zététique utilise très souvent le paranormal comme support pédagogique pour montrer comment ces outils permettent de trier le bon grain et l'ivraie (Monvoisin, 2007). La recherche parapsychologique n'y est logiquement jamais présentée sous son meilleur jour, ce qui permet en fait d'en faire indirectement la critique (non scientifique). Des exemples de situations parapsychologiques totalement inventées sont alors employés à la manière des problèmes qui servent à apprendre les mathématiques (par exemple, la description de la psychocinèse chez Bronner, 2007). Il est clair que le paranormal offre de nombreux exemples ludiques et fascinants d'énigmes qui sollicitent nos capacités rationnelles et critiques. Mais il est tout à fait possible d'en trouver dans d'autres domaines, les biais cognitifs se rencontrant absolument partout. Il serait donc justifié d'avoir une approche plus symétrique et équilibrée.

Même si le paranormal est, selon un consensus tacite, un sujet marginal qui prête facilement le flanc à la critique, il ne doit pas être considéré comme un sujet neutre et anodin puisqu'une majorité de la population croit à la réalité d'au moins un phénomène paranormal et que 30 % à 50 % des Occidentaux affirment avoir vécu une expérience paranormale au cours de leur vie (Évrard, 2014). Dans une situation pédagogique banale avec une classe de trente élèves, toute critique déguisée de cette thématique pourrait donc mettre en difficulté ce tiers des élèves identifié à une minorité coupable de biais cognitifs et d'erreurs de jugement. De manière générale, cette pédagogie zététique procède d'une certaine hypocrisie dans la situation actuelle où ces mêmes enseignants consacrent généralement très peu d'énergie à l'analyse et la conduite de recherches sur le paranormal (par exemple, Larivée, 2014).

Au niveau pédagogique, on peut, d'un côté, soulever la qualité élevée de certaines productions de vulgarisation et, de l'autre, regretter le fait que ces productions s'adressent presque toujours à un public extrêmement favorisé. En effet, les productions destinées aux enfants ou adolescents sont presque inexistantes, tout comme les contenus qui prennent en compte une culture non européenne. Pourtant, on trouve dans ces populations de nombreuses personnes qui ont un intérêt pour la pensée critique et la vulgarisation scientifique. L'inclusivité reste donc un chantier important à investir afin que les personnes de cultures étrangères, pourtant largement présentes dans nos pays, ainsi que les femmes, les enfants et les adolescents se sentent prisent en compte. Des critiques régulières sont émises dans ce sens dans le mouvement sceptique francophone, comme cela l'a déjà été dans le mouvement anglophone, par exemple suite à l'évènement dit « ElevatorGate[1] », une controverse en 2011 portant sur le sexisme dans la communauté athée. Cet événement a été à l'origine d'une polémique majeure qui a divisé les sceptiques américains et engendré des études sur la manière dont les organisations sceptiques pouvaient elles aussi souffrir de biais culturels (Vuolanto & Kolehmainen, 2021).

1. https://rationalwiki.org/wiki/Elevatorgate

4. Études de cas

Ce chapitre n'a pas pour but de revenir sur toutes les controverses dans le champ de la parapsychologie, certaines étant traitées spécifiquement dans les chapitres les plus appropriés. Nous procédons uniquement à l'étude de trois cas importants qui montrent comment les exigences de la communauté scientifique contraignent les parapsychologues à adapter leurs méthodes, obligeant, par symétrie, les tenants d'une approche critique à une surenchère. Ainsi, ces trois exemples livrés dans un ordre chronologique sur une période d'un demi-siècle montrent comment les attentes et les contraintes portant sur ce qui est acceptable comme « preuve scientifique », loin d'être codifiées d'avance, évoluent au fur et à mesure des progrès de la recherche parapsychologique.

4.1 Controverses autour des méta-analyses (Ganzfeld)

Le paradigme « Ganzfeld-ESP » est l'un des paradigmes-phares en parapsychologie depuis les années 1970 (voir chap. 3). Il correspond aux tentatives des parapsychologues pour améliorer la puissance de l'effet mesuré dans leurs expérimentations en créant des conditions favorables aux phénomènes. Ici, on emploie un dispositif qui produit (supposément) un état non ordinaire de conscience donnant un meilleur accès aux perceptions psi par rapport à un « bruit mental » ambiant.

Les premières séries d'expérimentation ont fait l'objet de plusieurs débats, notamment entre le parapsychologue Chuck Honorton et le psychologue Ray Hyman. Ces deux chercheurs sont parvenus à se mettre d'accord dans un « communiqué commun » sur un protocole qui répond techniquement à tous les problèmes méthodologiques envisagés : l'auto-Ganzfeld (Hyman & Honorton, 1986). Cette coopération entre parapsychologue et sceptique est assez rare pour être soulignée (Hövelmann, 1983). Elle a stimulé la collaboration de nombreux chercheurs pour vérifier si ce nouveau protocole pouvait produire des résultats tout en contournant les principaux biais reprochés aux précédentes études.

En 1994, Chuck Honorton (décédé deux ans plus tôt) et le psychologue Daryl Bem publient dans le *Psychological Bulletin* une méta-analyse compilant toutes les études, réalisées par huit laboratoires, qui suivaient les recommandations du « communiqué commun » et décrivant un résultat global statistiquement significatif (Bem & Honorton, 1994). En somme, les participants parvenaient à trouver la cible environ une fois sur trois quand le hasard seul expliquait une réussite sur quatre. Ce mince écart était fermement vérifié par le nombre important d'itérations des essais.

En 1999, une nouvelle méta-analyse publiée dans la même revue prestigieuse montrait pourtant que le résultat global n'était plus significatif (Milton & Wiseman, 1999). Le message était que les trente études effectuées hors du laboratoire de Honorton à Princeton n'étaient pas parvenues à confirmer la détection de cet effet.

En l'analysant dans le détail, les chercheurs trouvèrent énormément de défauts dans la méta-analyse de Milton et Wiseman (Storm & Ertel, 2001). Les résultats étaient présentés sous forme d'intervalles de confiance alors qu'une présentation combinant les taux de succès pour chaque étude montrait un total positivement significatif (331 réussites sur 1 198 essais, soit une déviation de 31 réussites par rapport au hasard ; Schlitz & Radin, 2003). La méta-analyse de Milton et Wiseman mélangeait des études qui étaient des réplications strictes de l'auto-Ganzfeld et d'autres qui s'en démarquaient nettement. Ces dernières obtenaient des scores conformes à la chance (Bem, Palmer & Broughton, 2001), comme cela avait été prédit (Bem & Honorton, 1994). De plus, en complétant la base de données de Milton et Wiseman avec des études réalisées dans l'intervalle, et notamment des essais très réussis avec des participants artistes auparavant sciemment évacués, les résultats redevenaient conformes à ceux obtenus par Bem et Honorton (1994). Dès lors, à l'exception de la méta-analyse de Milton et Wiseman (1999), toutes les méta-analyses suivantes, avec des bases de données plus complètes, furent positives (Utts *et al.*, 2010 ; Storm, Tressoldi & Di Risio, 2010 ; Williams, 2011 ; Tressoldi & Storm, 2020).

Le débat ne s'arrête pourtant pas là. Il a révélé que la méta-analyse rétrospective n'était pas le « tueur de controverses » tant attendu. En fait, elle ne faisait que déplacer la controverse méthodologique sur le terrain statistique : comment évaluer la conformité d'une réplication expérimentale ? Comment décider quelles études inclure et exclure d'une méta-analyse ? Et le poids à donner à chacune d'entre elles ?

Pour différentes raisons, les chercheurs – en parapsychologie ou ailleurs – répugnent à reproduire simplement un protocole sans en faire varier les conditions, notamment pour mieux comprendre les processus en jeu. Mais la science actuelle conserve la reproductibilité comme critère de validation. Dès lors, les parapsychologues sont parvenus à relever leurs exigences en proposant un outil encore plus sophistiqué : la méta-analyse prospective d'études préenregistrées. Si les études Ganzfeld précédentes suggèrent l'existence d'une anomalie, il serait nécessaire, pour la confirmer, de réaliser des milliers de nouveaux essais qui suivent tous strictement un protocole prédéfini, et dont il serait prévu d'avance que les résultats soient inclus dans une méta-analyse, peu importe leur direction (Watt & Kennedy, 2017). Les conclusions de ce nouveau travail titanesque, comparable au mythe de Sisyphe, ne sont pas encore connues.

4.2 Controverses sur l'approche bayésienne

Le psychologue Daryl Bem, de l'université de Cornell, restait insatisfait du nombre de réplications du protocole Ganzfeld. En effet, les parapsychologues étaient parvenus à s'accorder sur un paradigme obtenant des résultats, mais très peu de laboratoires – et notamment de chercheurs qui n'étaient pas référencés comme partisans de la parapsychologie – avaient essayé de vérifier ceux-ci. Il a donc imaginé un moyen pour se rapprocher encore davantage de la psychologie expérimentale la plus élémentaire, celle qui entrait dans les habitudes des laboratoires de psychologie du monde entier. Sa solution a été d'inverser l'ordre des tâches dans des tests que les psychologues effectuaient déjà couramment. En renversant les consignes de certains protocoles classiques, on pouvait ainsi inciter les participants à aller à rebours du temps et de la logique, en faisant appel non plus à un processus psychologique mais à un processus parapsychologique.

Le plus typique de ces protocoles est le « rétropriming » dans lequel Bem inverse une expérience classique de psychologie au cours de laquelle un sujet doit rapidement dire si une image est « bonne » ou « mauvaise », ceci après avoir observé à l'écran un mot positif ou négatif (voir chap. 3). Dans la moitié des essais, Bem donne le mot d'amorçage *après* et non plus *avant* l'affichage de l'image. Dès lors, le participant doit jauger l'image de l'accident avant de recevoir le mot renforçateur. Et Bem constate toujours des réponses plus rapides lorsque mot et image s'accordent, même dans l'après-coup. D'où la notion paradoxale de « rétropriming » ou *amorçage rétroactif*.

À partir de 2010 circule en ligne une version de l'article où Bem rassemble neuf études, dont huit avec des résultats positifs significatifs. Cette recherche génère une importante controverse. Sa publication dans le prestigieux *Journal of Personality and Social Psychology* est juxtaposée à celle d'un article qui vient contredire son emploi des statistiques et, plus largement, la manière dont tous les psychologues analysent leurs données. Eric-Jan Wagenmakers et ses collègues (2011) critiquaient l'usage de statistiques fréquentistes et la convention d'une probabilité de 0,05 (soit 1 chance sur 20) pour convenir qu'un résultat observé n'est pas dû au hasard. Ils défendaient cette nouvelle approche qui serait plus rigoureuse et mieux adaptée : les statistiques bayésiennes. Celles-ci ont la particularité d'adapter l'outil de mesure à l'objet que l'on souhaite mesurer. L'approche bayésienne passe par le calcul des probabilités de causes hypothétiques à partir d'éléments déjà connus. En somme, on fixe une *probabilité a priori* en fonction de la plausibilité d'un phénomène, tout en affinant cette contrainte au fur et à mesure des observations.

Dans leur analyse des travaux de Bem (2011), Wagenmakers et ses collègues (2011) ont d'abord défini une *probabilité a priori* de la possibilité du psi et l'ont ensuite appliqué sur les résultats des études sur le rétropriming et autres influences rétroactives sur la cognition et l'affect. Aucun des phénomènes n'était plus significatif. Si l'on examine en détail leur article, on comprend qu'ils ont considéré que le psi était si peu plausible que sa probabilité a priori correspond à 10-20. Les auteurs ont justifié ce chiffre extrêmement faible en prétextant que, puisque les casinos ne connaissaient pas la faillite, c'était donc un signe clair de la non-existence de quelconques pouvoirs précognitifs !

L'analyse bayésienne est en soi intéressante et, actuellement, des analyses statistiques bayésiennes sont proposées de manière confirmatoire dans la plupart des travaux parapsychologiques. Mais elle est instrumentalisée ici pour survaloriser un préjugé quant à l'impossibilité des phénomènes psi. Rien ne justifie que la parapsychologie soit évaluée d'une manière exponentiellement différente de la façon dont sont jugés les travaux dans d'autres domaines, cette pratique étant dénoncée comme un « double standard » qui valorise indûment les préjugés (Greenhouse, 1991).

Des spécialistes des statistiques bayésiennes se sont joints à Bem pour répondre que le défi dressé par Wagenmakers et ses collègues était totalement absurde (Bem, Utts & Johnson, 2011). En élaborant une probabilité *a priori* plus raisonnable, basée sur les précédents effets observés dans les expérimentations parapsychologiques, Bem et ses collègues ont montré que l'analyse bayésienne confirmait tout à fait ses premiers résultats. Il est néanmoins remarquable que, pour se débarrasser de la dissonance engendrée par les données parapsychologiques, certains psychologues en sont venus à remettre totalement en cause l'ensemble des méthodes statistiques qu'ils employaient depuis plus d'un siècle.

4.3 Controverses sur la compatibilité du psi avec les modèles actuels

En janvier 2018, l'une des plus importantes revues de psychologie publiait un état des lieux des preuves expérimentales des phénomènes parapsychologiques particulièrement favorable (Cardeña, 2018). Dans son article, Cardeña réalise une présentation claire et concise de ce qu'est la parapsychologie, résume quelques-unes des théories qui rendent intelligibles les « phénomènes psi », avant de fournir une vue d'ensemble des résultats expérimentaux. Il considère que les preuves accumulées soutiennent la réalité du « psi » et ne peuvent pas être expliquées par des études de mauvaise qualité, de la fraude, une publication sélective des seuls succès, des incompétences au niveau de la méthodologie expérimentale ou de l'analyse, ou par d'autres critiques fréquentes.

On s'attendrait à ce que pareille conclusion engendre une controverse encore plus importante que la « provocation » de Daryl Bem quelques années plus tôt. Il n'en fut rien. Ce travail n'a quasiment eu aucun écho dans la communauté scientifique et au-delà. Il a pourtant été suivi par une controverse qui le discrédite d'une manière indirecte, celle-ci étant particulièrement intéressante à analyser.

Les psychologues sceptiques Arthur Reber et James Alcock (2019, 2020) ont publié dans la même revue un article affirmant que la parapsychologie s'égarait dans une vaine quête à la recherche de l'impossible. Selon eux, il ne servait à rien de faire des expérimentations en laboratoire, d'analyser les résultats et de compiler les données obtenues par des chercheurs indépendants du monde entier. Une de leur formule résume bien leur propos : « Les données ne sont pas pertinentes » (Reber & Alcock, 2019). En l'occurrence, ils ne commentent aucunement les données compilées par Cardeña (2018).

Leur parti pris anti-empiriste est motivé par l'impossibilité théorique des phénomènes psi. Convoquant le domaine de la physique, ils recensent les lois qui fonctionnent en tant que normes du « modèle standard » et qui paraissent contredites par les phénomènes psi, par exemple lorsque ceux-ci donnent l'impression d'aller à rebours de la flèche du temps. Reber et Alcock (2020) considèrent que ces normes théoriques condamnent toute recherche empirique et invitent les lecteurs à ne pas perdre de temps à évaluer les données de la parapsychologie.

La plupart des parapsychologues qui se sont penchés sur l'article de Reber et Alcock ont eu tout loisir de donner ainsi des leçons de méthodologie scientifique en appliquant une critique factuelle à tous leurs arguments (voir le numéro spécial du *Journal of Scientific Exploration*, 2019, vol. 33, n° 4). Mais la posture de ces deux psychologues divise même au sein de la communauté sceptique à laquelle ces chercheurs appartiennent. En effet, tout le monde n'est pas prêt à basculer d'une position empiriste à une attitude rationaliste stricte, celle-ci étant trop facilement assimilable à du dogmatisme. Considérer qu'il est rationnellement possible d'être indifférent à la réussite de recherches expérimentales reviendrait à basculer dans une forme assumée de déni. Une telle attitude extrémiste est intenable dans la longueur et totalement contraire aux positions conventionnelles des savants.

Au final, les parapsychologues ont relevé le défi de créer des paradigmes expérimentaux, dont la méthodologie est validée par la communauté sceptique et qui donnent régulièrement des résultats positifs. Ils ont rendu plus accessibles ces paradigmes afin d'encourager davantage de réplications indépendantes et une meilleure puissance statistique. Et ils concluent aujourd'hui que ces résultats cumulés convergent vers l'affirmation d'une preuve du psi de plus en plus consistante, selon certains standards. Face à ces progrès, les critiques sceptiques ont consisté à remettre en cause la réplicabilité de ces phénomènes ; puis, celle-ci une fois établie, à plaider en faveur d'un changement de méthode statistique ; enfin, lorsque les différentes approches statistiques se sont révélées convergentes, à saborder la manière même de faire de la science. Si les controverses décrites ici sont véritablement représentatives de l'approche critique, ce que nous espérons qu'elles ne resteront pas, alors elles posent inévitablement la question des résistances d'une frange de la communauté scientifique à la parapsychologie. Les parties suivantes examinent cette possible résistance empruntant à des perspectives plus psychologiques et sociologiques.

5. Aspects socio-psychologiques

5.1 Peur du psi et tabous

Plusieurs chercheurs en parapsychologie se sont intéressés à ce qui pouvait motiver une certaine hostilité vis-à-vis de la parapsychologie. Il existe désormais un certain nombre d'études sur l'incroyance au paranormal qui montre que les « incroyants » manifestent des biais similaires à ceux desdits « croyants » (Irwin, 2015 ; Irwin, Dagnall & Drinkwater, 2017). Au-delà des biais intellectuels, ces attitudes polarisées également pourraient engendrer des biais perceptuels (Simmonds-Moore, 2014). L'incroyance au psi serait une notion toute aussi complexe que celle de la croyance, avec des nuances nombreuses. La psychologue allemande Friederike Schriever (1998) a étayé cette multi-dimensionnalité à la fois des croyances et des incroyances au paranormal. Les soi-disant « croyants » ne croient pas à tout et pas de la même manière ; les soi-disant « sceptiques » ne rejettent pas de tout sans discrimination. De plus, les croyants et les incroyants emploient les mêmes types de raisonnement pour soutenir ou justifier leurs convictions.

Pourtant, certains chercheurs ont développé des positions plus simplistes en ramenant l'incroyance au psi à l'expression d'une seule émotion : la peur. Ainsi, Charles Tart (1982, 1984) a popularisé la notion de « peur du psi » comme explication psychologique aux controverses engendrées par la parapsychologie. Des tentatives ont été faites pour mesurer l'impact de cette émotion (Irwin, 1985). Le niveau d'émotionnalité présent dans ces débats a été interprété comme dépassant le simple désaccord intellectuel (Bauer, 1984 ; Braude, 2008). Rien de tel ne justifiait une certaine agressivité amenant certains critiques à dénoncer – souvent à partir d'accusations fallacieuses – les chercheurs en parapsychologie et à tenter de les exclure des universités, institutions et colloques. Selon Cardeña (2015), nous sommes face à des conduites de « censure » qui n'ont pas de justifications scientifiques.

Les parapsychologues empruntent régulièrement un discours dans lequel ils apparaissent comme les victimes de préjudices et autres persécutions. Certains d'entre eux sont parfaitement documentés (Cardeña, 2015). L'anthropologue David Hess (1992) a ainsi interrogé les possibles mécanismes de régulation disciplinaire s'exerçant assez largement dans le cadre académique à l'encontre de ces chercheurs. Les chercheurs ont même tendance à intérioriser ces interdits et à adopter des stratégies visant à les contourner, ne serait-ce qu'en évitant d'apparaître au grand jour comme des chercheurs en parapsychologie. Il reste pourtant difficile de ne pas assimiler ce discours victimaire à une identification ou un appel à Galilée, argument fallacieux fréquemment retrouvé dans les discours pseudo-scientifiques (Doury, 1997).

La notion de « tabou » a également été employée pour rendre plus largement compte du rapport de la société occidentale au psi. L'anthropologue Edith Turner (1993), de l'université de Virginie, a ainsi décrit les résistances de ses collègues face aux apparents phénomènes paranormaux observés sur leurs terrains. Le célèbre parapsychologue Dean Radin (2008) a ainsi titré sa conférence organisée par Google « La science et le tabou du psi ». L'application de cette notion reste malheureusement très superficielle. Il semble nécessaire de procéder à une véritable analyse sociologique des rapports entre la culture occidentale et le psi (voir chap. 16 ; Méheust, 1999). Des éléments montrent plutôt une omniprésence du paranormal dans la culture occidentale, au moins depuis l'Antiquité (voir chap. 1). Il n'y aurait pas simplement un rejet et un interdit, mais une ambivalence marquée par une profonde fascination.

Dès lors, il serait préférable de penser cette dualité et de sortir des explications simplistes. La « peur du psi » serait plutôt une combinaison de croyances et d'incroyances, d'émotions et de raisons ; le « tabou du psi » un pattern socio-anthropologique récurrent qui pourrait être déclenché par certaines caractéristiques du psi lui-même (Hansen, 2001 ; Évrard, 2019). Des recherches empiriques prometteuses montrent clairement qu'il existe une discrimination négative dans l'évaluation de la parapsychologie, biais qui opère tant auprès du public que des étudiants et scientifiques eux-mêmes (Butzer, 2020 ; Koehler, 1993 ; Roe, 1999). De tels biais peuvent affecter le processus de relecture par les pairs (Murray & Fox, 2007) et conduire, étape par étape, au sentiment d'iniquité scientifique qu'éprouvent certains parapsychologues.

5.2 Compréhension de la parapsychologie par le public

Des articles de psychologie ont montré que les personnes tout-venant avaient des opinions très défavorables vis-à-vis de la scientificité de la psychologie, cumulées avec des conceptions fausses sur ses résultats et son fonctionnement (Lilienfeld, 2012). Si ces préjugés affectent la psychologie, pourraient-ils s'étendre au-delà ? Le champ d'étude baptisée « compréhension de la science par le public » évalue ces représentations pour améliorer les échanges entre les chercheurs d'un domaine et les autres individus. Il se pourrait que la parapsychologie ne souffre pas seulement des connotations sulfureuses associées au paranormal : elle serait elle-même l'objet de croyances construites maladroitement à partir de connaissances qui peinent à se diffuser.

Évrard (2021) a conduit une petite enquête sur 89 personnes recrutées au hasard des réseaux sociaux. Elles ont répondu à un questionnaire en ligne comprenant 28 questions sur leur vision de la parapsychologie, ainsi que 9 questions sur leurs connaissances de base en parapsychologie (donner le nom d'un parapsychologue, d'un livre, d'une revue, etc.). Les résultats globaux montrent que le périmètre de la parapsychologie est plutôt bien repéré, mais que ses qualités scientifiques sont jugées plutôt négativement : la parapsychologie serait surtout basée sur des témoignages et peu sur des méthodes scientifiques. Elle n'obtiendrait pas de résultats reproductibles et guère plus de prédictions théoriques fiables. Les revues de parapsychologie seraient d'un niveau bien inférieur aux autres revues savantes. Les parapsychologues eux-mêmes ne sont pas perçus comme de véritables scientifiques : leur discipline n'est pas reconnue scientifiquement et n'a fait aucun progrès visible.

Quant à certains aspects périphériques au domaine, les avis moyens sont derechef assez critiques. Même si la parapsychologie n'est pas considérée comme une menace générale pour la société, les participants pensent que les sceptiques ont conduit des recherches expérimentales afin de vérifier l'inexistence de ces phénomènes. En moyenne, ils jugent que les conclusions des sceptiques ne sont pas tout à fait adéquates. Néanmoins, ils ne sont pas sûrs que la parapsychologie ait sa place à l'université ou soit utile d'une quelconque façon à la société.

En mettant en regard ces opinions moyennes avec les connaissances démontrées, on constate que moins d'un quart des participants ont quelques bases en parapsychologie. Les connaissances étaient légèrement meilleures en ce qui concerne la perspective dite « sceptique », ce qui montre que cette représentation était davantage « disponible ». La majorité des bonnes réponses provenaient d'un sous-groupe de cinquante-trois participants qui avaient affirmé être « familiers » avec la parapsychologie, qui pouvait lui-même être divisé en deux sous-groupes : ceux qui tenaient les parapsychologues pour de véritables scientifiques (« Tenants ») et les autres (« Sceptiques »). Des divergences statistiquement significatives sont apparues dans dix-neuf attitudes relatives à ce champ. Pour résumer, les Sceptiques perçoivent la parapsychologie comme une pseudo-science sans fondements fiables alors que les Tenants y voient des progrès encourageants tout en reconnaissant certains obstacles dans sa quête de légitimité. Quant à savoir qui connaît le mieux le domaine, la réponse obtenue sur ce petit échantillon est clairement favorable aux Tenants, les Sceptiques ne faisant mieux que sur l'item requérant de nommer un sceptique ou zététicien.

Cette étude pilote invite à considérer autrement la question de l'approche critique et des résistances. Il faudrait distinguer la discipline « parapsychologie » et son double, à savoir la représentation qui circule à son sujet dans le public (Évrard, 2022b). Le minimum commun – ou niveau de « littératie parapsychologique » – est probablement très faible dans la population générale, y compris pour les personnes qui ont l'impression d'être familières avec ce domaine. Dès lors, il semble nécessaire d'œuvrer de manière pédagogique à faire progresser cette littératie – ce à quoi s'emploie ce livre – plutôt que de proposer des explications simplistes et peu soutenues empiriquement sur les raisons qui conduisent la parapsychologie à sa marginalité actuelle[1].

6. Conclusion

L'approche critique peut être conçue comme un processus dynamique, s'appuyant sur des principes épistémologiques facilitant la rencontre de perspectives contradictoires et sur des méthodes qui sont celles employées dans les différentes disciplines scientifiques. Elle distingue, dans la sphère de l'inconnu, des candidats susceptibles d'examen. Ainsi, certains phénomènes constituent des « anomalies » faisant l'objet de revendications scientifiques par des personnes dont l'attitude peut être qualifiée de « proto-scientifiques », car elles portent à l'attention de la communauté scientifique des objets qui lui sont encore étrangers. La résistance de cette communauté face à l'inconnu opère une régulation des connaissances tout à fait légitime, tant qu'elle n'entraîne pas d'obstruction à la démarche d'évaluation de ces anomalies.

Ainsi présentée, l'approche critique ne doit pas être confondue avec les différents dévoiements dont elle fait l'objet. Ce n'est jamais une posture statique, un état permanent ou un titre dont on pourrait se glorifier. Les institutionnalisations d'une approche critique confondue avec une position d'incroyance n'ont pas profité à l'examen scientifique des anomalies, contrairement aux sociétés d'anomalistique qui intègrent l'approche critique en tant que processus commun, auquel sont soumis chaque revendication et chaque individu.

Nous avons également distingué quatre types d'approches critiques, dont certaines qualifiées de non scientifiques, car elles tentent de contourner la vérification empirique de leurs arguments. Il n'y aurait donc pas équivalence entre scepticisme et science, mais un trait d'union à trouver en réunissant ces deux démarches. Comment progresser dans ce domaine ? La parapsychologie fait actuellement face à des blocages qui ne sont pas toujours bien justifiés scientifiquement, ce qui invite à penser la question de sa réception scientifique en prenant un recul historique, sociologique et culturel.

1. Une étude récente propose une comparaison des « styles cognitifs » des chercheurs « parapsychologues » et « sceptiques » et des personnes simplement intéressées par la parapsychologie ou le scepticisme militant (Pehlivanova *et al.*, 2024). Elle montre une convergence importante entre les différents chercheurs, et une différence significative entre les « croyants au psi » et les chercheurs en parapsychologie, qui sont habituellement confondus dans certains discours (Alcock, 1989).

7. Bibliographie

Alcock, J.E. (1989). *Parapsychologie : science ou magie ? Le point de vue d'un psychologue* [1981]. Flammarion.

Bachelard, G. (1940). *La philosophie du non. Essai d'une philosophie du nouvel esprit scientifique*. PUF.

Bauer, E. (1984). Criticism and controversies in parapsychology : An overview. *European Journal of Parapsychology*, 5 (2), 141-165.

Bem, D.J., Palmer, J., & Broughton, R.S. (2001). Updating the ganzfeld database : A victim of its own success ? *Journal of Parapsychology*, 65, 207-218.

Bem, D.J., Utts, J., & Johnson, W.O. (2011). Must psychologists change the way they analyze their data ? *Journal of Personality and Social Psychology*, *101* (4), 716-719.

Bem, D.J. (2011). Feeling the future. Experimental evidence for anomalous retroactive influences on cognition and affect. *Journal of Personality and Social Psychology*, *100* (3), 407-425.

Bem, D.J., & Honorton, C. (1994). Does psi exist ? Replicable evidence for an anomalous process of information transfer. *Psychological Bulletin*, *115* (1), 4-18.

Bensaude-Vincent, B. (1987). *Langevin. Science et vigilance*. Belin.

Bensaude-Vincent, B. (2000). *L'opinion publique et la science : à chacun son ignorance*. Institut d'édition Sanofi-Synthélabo.

Bierman, D.J., Spottiswoode, J.P., & Bijl, A. (2016). Testing for questionable research practices in a meta-analysis : An example from experimental parapsychology. *PLoS ONE*, *11* (5), Article e0153049.

Braude, S. (2008). The fear of Psi revisited : It's the thought that counts. In G. Taylor (Dir.), *Darklore*, vol. 2 (p. 99-111). Daily Grail Publishing.

Bronner, G. (2007). *Coïncidences : nos représentations du hasard*. Vuibert.

Butzer, B. (2020). Bias in the evaluation of psychology studies : A comparison of parapsychology versus neuroscience. *Explore*, *16* (6), 382-391.

Cardeña, E. (2015). The unbearable fear of psi : On scientific suppression in the 21st century. *Journal of Scientific Exploration*, *29* (4), 601-620.

Cardeña, E. (2018). The experimental evidence for parapsychological phenomena : A review. *American Psychologist*, *73*, 663-677.

Carroy, J., Schmidgen, H. (2006). Psychologies expérimentales. Leipzig-Paris-Würzburg (1890-1910). *Revue d'histoire intellectuelle*, *24*, 171-204.

Collins, H.M., Pinch, T. (1994). *Tout ce que vous devriez savoir sur la science*. Seuil.

Comité Para (Dir.) (2005). La *science face au défi du paranormal*. Relie-Art.

Daston, L., Galison, P. (2012). *Objectivité*. Presses du Réel.

De Gasparin, A. (1855). *Des tables tournantes, du surnaturel en général et des esprits*. Dentu.

Doury, M. (1997). Chapitre 7 : Le débat selon les partisans des parasciences. II : L'appel à Galilée. In M. Doury, *Le débat immobile : L'argumentation dans le débat médiatique sur les parasciences* (p. 143-165). Éditions Kimé.

Évrard, R. (2007a). Dubois d'Amiens : un exemple historique de scepticisme. *Bulletin métapsychique*, *3*, « Scepticisme et parapsychologie », 6-10.

Évrard, R. (2007b). Marcello Truzzi (1935-2003). Bulletin *métapsychique*, *3*, « Scepticisme et parapsychologie », 20-21.

Évrard, R. (2014). *Folie et paranormal. Vers une clinique des expériences exceptionnelles*. Presses Universitaires de Rennes.

Évrard, R. (2016). *La légende de l'esprit. Enquête sur 150 ans de parapsychologie*. Trajectoire.

Évrard, R. (2019). The « Amnéville RSPK case » : An illustration of social elusiveness ? In G. Mayer (Dir.), *N equals 1. Single case studies in Anomalistics* (p. 377-393). LIT.

Évrard, R. (2020). The naughty little children : Paranormal and teenagers. In S. Bacon, & L. Ruickbie (Dir.), *The Cultural Construction of Monstruous Children : Essays on Anomalous Children from 1595 to the Present Day* (p. 3-19). Anthem Press.

Évrard, R. (2021). "Everybody knows parapsychology is not a real science" : Public understanding of parapsychology. *Zeitschrift für Anomalistik/ Journal of Anomalistics, 21*, 437-462.

Évrard, R. (2022a). The dialogical capture : Analysis and application of Roe & Roxburgh's hierarchical model of cold reading strategies during stage demonstrations of mediumship. *Journal of the Society for Psychical Research, 68* (2), 65-94.

Évrard, R. (2022b). Si le psi existait, ça se saurait ! Défiances et préjugés quant à l'étude scientifique du paranormal. *Scepticisme scientifique, 1*, 19-36. *https://revue.comitepara.be/2022/11/30/si-le-psi-existait-ca-se-saurait-defiances-et-prejuges-quant-a-letude-scientifique-du-paranormal/*

Évrard, R. (2023). Le non-retour de l'irrationnel : sondages et mésinformations. Scepticisme scientifique, 1, 60-68. *https://revue.comitepara.be/2023/12/17/le-non-retour-de-lirrationnel-sondages-et-mesinformations/*

Évrard, R. (2024). Éléments d'histoire sur la genèse du Comité Para. *Scepticisme scientifique, 2*, 9-18. https://revue.comitepara.be/2024/04/29/elements-dhistoire-sur-la-genese-du-comite-para/

Évrard, R., Beauvais, B. (2020). Tolerance of the unknown : Negative capability, the problem of demarcation, and the Truzzi-Gardner dialogue. *Journal of Parapsychology, 84* (1), 114-129.

Évrard, R. & Beurms, R. (2024). *Expériences de mort imminente. Revue de vie, sortie de corps, visions… ce que dit la science*. Albin Michel.

Évrard, R., Gumpper, S. (2016). Le garde-frontière de la psychologie : Henri Piéron et la métapsychie. In L. Gutierrez, J. Martin & R. Ouvriez-Bonnaz (Dir.), *Henri Piéron (1881-1964). Psychologie, orientation et éducation* (p. 75-88). Octares.

Évrard, R., Gumpper, S., Beauvais, B. (2023). Metapsychy's border : Henri Piéron's (1881-1964) role as the gatekeeper of French psychology. *History of Human Sciences. https://doi.org/10.1177/0952695122114000*

Favre, J. (1924). Le jugement de la Sorbonne. In M. Séménoff (Dir.), *Les écrits pour ou contre, 5*, « L'au-delà et ses mystères ».

Favre, L. (1921). Observations de M. Louis Favre. *Bulletin de l'Institut général psychologique, 21* (4-6), 1-3.

Foucart, S., Horel, S., Laurens, S. (2020). *Les gardiens de la raison. Enquête sur la désinformation scientifique*. La Découverte.

Geley, G. (1924). Le cas du médium Erto. *Revue Métapsychique*, 205-220.

Greenhouse, J.B. (1991). Comment : Parapsychology – On the margins of science. *Statistical Science, 6*, 386-389.

Hansen, G. (2001). *The Trickster and the Paranormal*. Xlibris.

Hansen, G.P. (1992). Magicians on the paranormal : An essay and review of three books. *Journal of the American Society for Psychical Research, 86* (2), 151-185.

Hess, D.J. (1992). Disciplining heterodoxy, circumventing Discipline : Parapsychology, anthropologically. In D. Hess and L. Layne (Eds.), *Knowledge and Society*. Vol. 9 : *The Anthropology of Science and Technology* (p. 191-222). JAI Press.

Hövelmann, G. (2019). Anomalistique : histoire et fondement scientifique. In R. Évrard, E. Ouellet (Dir.), *Vers une sociologie anomalistique : le paranormal au regard des sciences sociales* (p. 15-37). Éditions Universitaires de Lorraine.

Hövelmann, G.H., [avec Truzzi, M. & Hoebens, P.H.] (1985). Skeptical literature on parapsychology : An annotated bibliography. In P. Kurtz (Dir.), *A Skeptic's Handbook of Parapsychology* (p. 449-490). Prometheus Books.

Hövelmann, G.H. (1983). Cooperation versus competition : In defense of rational argument in parapsychology. *European Journal of Parapsychology, 4*, 483-505.

Hövelmann, G.H., & Michels, H. (Eds.) (2017). *Legitimacy of Unbelief : The Collected Papers of Piet Hein Hoebens.* LIT Verlag Münster.

Hyman, R., & Honorton, C. (1986). A joint communiqué : The psi ganzfeld controversy. *Journal of Parapsychology, 50*, 351-364.

Irwin, H.J. (1985). Fear of psi and attitude to parapsychological research. *Parapsychology Review, 16* (6), 1-4.

Irwin, H.J., Dagnall, N., & Drinkwater, K. (2017). Tweedledum and Tweedledee : Are paranormal disbelievers a mirror image of believers ? *Journal of the Society for Psychical Research, 81*,162-180.

Irwin, H.J. (2015). Thinking style and the making of a paranormal disbelief. *Journal of the Society for Psychical Research, 79* (3), 129-139.

Irwin, H.J., Watt, C. (2007). *An introduction to parapsychology*, 5e éd. McFarland.

Kahneman, D., & Tversky, A. (1972). Subjective probability : A judgment of representativeness. *Cognitive Psychology, 3* (3), 430-454.

Kennedy, J.E. (2017). Experimenter fraud : what are appropriate methodological standards ? *Journal of Parapsychology, 81* (1), 63-72.

Koehler, J.J. (1993). The influence of prior beliefs on scientific judgments of evidence quality. *Organizational Behavior and Human Decision Processes, 56* (1), 28-55.

Kohls, N., & Benedikter, R. (2010). The origins of the modern concept of « neuroscience » : Wilhelm Wundt between empiricism and idealism : Implications for contemporary neuroethics. In J.J. Giordano & B. Gordijn (Dir.), *Scientific and Philosophical Perspectives in Neuroethics* (p. 37-65). Cambridge University Press.

Lachapelle, S. (2008). From the stage to the laboratory : Magicians, psychologists, and the science of illusion. *Journal of the History of the Behavioral Sciences, 44* (4), 319-334.

Lagrange, P. (2002). Union rationaliste. In P. Sbalchiero (Dir.), *Dictionnaire des miracles et de l'extraordinaire chrétien* (p. 828-830). Fayard.

Lagrange, P. (2005). Renaissance d'un ésotérisme occidental (1945-1960). In C. Voisenat & P. Lagrange (Dir.), *L'ésotérisme contemporain et ses lecteurs. Entre savoirs, croyances et fictions* (p. 45-96). Bibliothèque Centre Pompidou.

Langevin, P. (1946). Henri Roger et l'Union rationaliste. *Cahiers rationalistes, 89*.

Larivée, S. (2014). *Quand le paranormal manipule la science. Comment retrouver l'esprit critique*. Éditions multimondes.

Laurens, S. (2019). *Militer pour la science : les mouvements rationalistes en France*. Éditions de l'École des hautes études en sciences sociales.

Le Quellec, J.-L. (2018). Une archéologie non rationnelle ? L'archéologie romantique. In S. François (Dir.), *Un xxie siècle irrationnel ? Analyses pluridisciplinaires des pensées « alternatives »* (p. 69-103). CNRS Éditions.

Lilienfeld, S.O. (2012). Public skepticism of psychology : Why many people perceive the study of human behavior as unscientific. *American psychologist*, *67* (2), 111-129.

Lippard, J. (2011). Skeptics and the « Mars effect » : A chronology of events and publications. *http://www.discord.org/~lippard/mars-effect-chron.rtf*

Loxton, D. (2013). Why is there a skeptical movement. *Skeptic. https://www.skeptic.com/downloads/Why-Is-There-a-Skeptical-Movement.pdf*

Méheust, B. (1999). *Somnambulisme et médiumnité* (2 tomes). Institut Synthélabo.

Méheust, B. (2003). *Un voyant prodigieux : Alexis Didier* (1826-1886). Les Empêcheurs de Penser en Rond.

Milton, J., & Wiseman, R. (1999). Does psi exist ? Lack of replication of an anomalous process of information transfer. *Psychological Bulletin*, *125*, 387-391.

Monvoisin, R. (2007). *Pour une didactique de l'esprit critique. Zététique & utilisation des interstices pseudo-scientifiques dans les médias*. Thèse de didactique des disciplines scientifiques, université Joseph-Fourier de Grenoble.

Murray, C.D., & Fox, J. (2007). Casting shadow and light on the peer review process : A reply to Neppe's (2007) 'Interpreting key variables in parapsychological phenomenology by single vs. screening questions'. *Australian Journal of Parapsychology*, *7* (2), 172-181.

Nahm, M. (2021). A new case of scientific dishonesty in the field of parapsychology. *Journal of Scientific Exploration*, *35* (3), 623-638.

Ochorowicz, J. (1896). La question de la fraude dans les expériences avec Eusapia Paladino. *Annales des Sciences Psychiques*, *6*, 79-123.

Pehlivanova, M., Weiler, M., & Greyson, B. (2024). Cognitive styles and psi : Psi researchers are more similar to skeptics than to lay believers. *Frontiers in Psychology*, *15*, 1398121.

Piéron, H. (1913). Recension. Juliette Alexandre-Bisson. Les phénomènes dits de matérialisation. *L'Année psychologique*, *20*, 533-534.

Pinch, T.J. (1979). Normal explanations of the paranormal : The demarcation problem and fraud in parapsychology. *Social Studies of Science*, *9* (3), 329-348.

Playfair, G.L. (2012). *Les jumeaux et le mystère de la télépathie* (3e éd.). InterEditions.

Radin, D. (2008). *Science and the taboo of psi. https://www.youtube.com/watch?v=qw_O9Qiwqew*

Reber, A.S., & Alcock, J.E. (2019). Why parapsychological claims cannot be true. *Skeptical Inquirer*, *3* (4), 8-10.

Reber, A.S., & Alcock, J.E. (2020). Searching for the impossible : Parapsychology's elusive quest. *American Psychologist*, *75* (3), 391-399.

Richards, D. (Ed.) (2017). Dear Martin/Dear Marcello : Gardner and Truzzi on skepticism. *World Scientific*.

Roe, C.A. (1999). Critical thinking and belief in the paranormal : A re-evaluation. *British Journal of Psychology, 90* (1), 85-98.

Schlitz, M., & Radin, D. (2003). Non-sensory access to information : The ganzfeld studies. In W.B. Jonas & C.C. Crawford (Eds.), *Healing, Intention and Energy Medicine : Science, Research Methods and Clinical Implications* (p. 75-82). Churchill Livingstone.

Schriever, F. (1998). *Grenzbereiche der Realitätserfassung. Ein Erklärungsmodell auf der Basis individueller Lebenserfahrungen*. Retriever.

Simmonds-Moore, C. (2014). Exploring the perceptual biases associated with believing and disbelieving in paranormal phenomena. *Consciousness and Cognition, 28*, 30-46.

Sommer, A. (2013a). *Crossing the Boundaries of Mind and Body. Psychical Research and the Origins of Modern Psychology*. Thèse de doctorat non publiée, University College London, London.

Sommer, A. (2013b). Spiritualism and the origin of modern psychology in late nineteenth-century Germany : The Wundt-Zöllner Debate. In C. Moreman (Dir.), *The Spiritualist Movement*. Vol. 1 (p. 55-72). Praeger.

Storm, L., & Ertel, S. (2001). Does psi exist ? Comments on Milton and Wiseman's (1999) meta-analysis of ganzfeld research. *Psychological Bulletin, 127*, 424-433.

Storm, L., Tressoldi, P.E., & Di Risio, L. (2010). Meta-analysis of free-response studies, 1992-2008 : Assessing the noise reduction model in parapsychology. *Psychological Bulletin, 136*, 471-485.

Sudre, R. (1926). *Introduction à la métapsychique humaine*. Payot.

Tart, C. (1982). The controversy about Psi : Two psychological theories. *Journal of Parapsychology, 46*, 313-320.

Tart, C.T. (1984). Acknowledging and dealing with the fear of psi. *Journal of the American Society for Psychical Research, 78* (2), 133-143.

Tocquet, R. (1972). *Les dessous de l'impossible*. Paris : Édition Spéciale.

Trebitsch, M. (1995). Les réseaux scientifiques : Henri Laugier en politique avant la Seconde Guerre mondiale. *Cahiers pour l'histoire de la recherche*. CNRS Éditions.

Tressoldi, P.E., & Storm, L. (2020). Stage 1 Registered Report : Anomalous perception in a Ganzfeld condition. A meta-analysis of more than 40 years investigation. *F1000Research*, 9, 826. *https://doi.org/10.12688/f1000research.24868.3*

Turner, E. (1993). The reality of spirits : A tabooed or permitted field of study ? *Anthropology of Consciousness, 4* (1), 1-12.

Utts, J., Norris, M., Suess, E., & Johnson, W. (2010). The strength of evidence versus the power of belief : Are we all Bayesians ? In C. Reading (Ed.), *Data and Context in Statistics Education : Towards an Evidence-Based Society, Voorburg*, The Netherlands : International Statistical Institute. *http://www.stat.auckland.ac.nz/~iase/publications/icots8/ICOTS8_ PL2_UTTS. pdf*

Vaidis, D.C.F. (2011). *La dissonance cognitive. Approches classiques et développements contemporains*. Dunod.

Vuolanto, P., & Kolehmainen, M. (2021). Gendered boundary-work within the Finnish Skepticism Movement. *Science, Technology, & Human Values, 46* (4), 789-814. *https://doi.org/10.1177/0162243920947475*

Wagenmakers, E.J., Wetzels, R., Borsboom, D., & van der Maas, H.L.J. (2011). Why psychologists must change the way they analyze their data : The case of psi : Comment on Bem (2011). *Journal of Personality and Social Psychology, 100* (3), 426-432.

Watt, C.A., Kennedy, J.E. (2017). Options for prospective meta-analysis and introduction of registration-based prospective meta-analysis. *Frontiers in Psychology, 7,* 2030. *doi : 10.3389/fpsyg.2016.02030*

Williams, B. (2011). Revisiting the Ganzfeld ESP debate : A basic review and assessment. *Journal of Scientific Exploration, 25* (4), 639-661.

Wiseman, R., Morris, R.L. (1995). *Guidelines for testing psychic claimants.* University of Hertfordshire Press.

Wolffram, H. (2009). *Stepchildren of Science : Psychical Research and Parapsychology in Germany*, c. 1870-1939. Rodopi.

Wunder, E. (2021). The Skeptics syndrome. *Journal of Anomalistics, 21,* 22-36. Disponible en français : Wunder, E. (2022). Le syndrome des sceptiques (Traduction par R. Évrard). *Scepticisme scientifique, 1,* 1-11. *https://revue.comitepara.be/2022/07/23/le-syndrome-des-sceptiques/*

Wundt, W. (1879). *Der Spiritismus, eine sogenannte wissenschaftliche Frage.* W. Engelmann.

Wundt, W. (1893). Hypnotisme et suggestion. *Étude critique* [1892]. Alcan.

Wundt, W. (1921). *Erlebtes und Erkanntes* (2e éd.). Alfred Kröner.

Chapitre 11

Panorama des modèles théoriques

(Renaud Évrard)

Sommaire

« Tout se passe comme si les forces conservatives de la nature s'efforçaient vigoureusement de rétablir le statu quo suite aux violations de l'ordre naturel » (Beloff, 1996, p. 113).

La science étant une forme spéciale de connaissance : elle se distingue d'autres formes telles que la philosophie et la religion en cherchant à corroborer empiriquement ses propositions. Il n'est pas accepté en science qu'une connaissance soit « révélée » sur la base de témoignages individuels auxquels d'autres ne puissent avoir directement accès. Toute connaissance doit y avoir une portée générale et pouvoir donner lieu à une vérification. Il n'est pas non plus suffisant qu'une démonstration soit « élégante », les jugements d'ordre esthétique étant considérés comme inférieurs aux jugements d'existence, c'est-à-dire des constats facilement accessibles au plus grand nombre sans intervention de préférence personnelle. En somme, la science repose sur une notion, qui demeure très problématique (Malolo Dissakè, 2001 ; Daston & Galison, 2012), d'*objectivité*.

Ces modalités de validation des connaissances n'empêchent pas l'exercice d'une certaine subjectivité et créativité dans le champ scientifique, où la spéculation constitue l'un des moteurs de la découverte. Un chercheur peut être reconnu par sa capacité à générer des hypothèses, à formuler des problèmes en équations, à imaginer des expériences de pensée. Il peut être récompensé pour sa fécondité théorique, quand bien même il laisse à d'autres le soin de confirmer ou infirmer ses idées. Il est donc tout à fait naturel que certains parapsychologues *spéculent* sur la nature des phénomènes psi.

En parapsychologie, l'approche *centrée sur les preuves* tente de se borner à la collecte de données fiables, sans chercher à les interpréter au-delà d'un label d' « anomalies » qui vise à encourager la poursuite des recherches.

D'autres études s'appliquent à déterminer les facteurs qui peuvent faciliter ou inhiber les performances des sujets ou, plus globalement, l'obtention de résultats. Il s'agit alors d'une recherche *centrée sur les processus*, qui correspond déjà à des prémices de théorisation. En effet, en connectant ces différents facteurs, un chercheur pourra suspecter un déterminisme précis des phénomènes psi qu'il pourra vérifier dans une recherche ultérieure où il opposera les conditions jugées favorables à celles jugées défavorables à l'obtention de résultats.

La recherche *centrée sur la théorie* est la modalité ultime visant explicitement à tester des propositions théoriques prédisant les comportements attendus des phénomènes psi dans telle ou telle condition.

Si, pour produire du savoir, ces deux dernières formes de recherche sont dépendantes de la présence d'anomalies « psi » dans leurs résultats, elles peuvent être conduites indépendamment de tout préjugé favorable à l'existence de ces phénomènes. En effet, un chercheur pourrait très bien vouloir vérifier une hypothèse relative au psi tout en prévoyant un échec. Un exemple est la recherche sur la possible influence inhibitrice du scepticisme des chercheurs sur la production de phénomènes psi, par contraste avec l'influence facilitatrice de chercheurs plus enthousiastes. Le parapsychologue sceptique Richard Wiseman, professeur de psychologie à l'université de Herfordshire, a accepté de collaborer avec des scientifiques ayant des préjugés différents (voir chap. 6). Une série d'expériences de ce type, employant un protocole de scopesthésie ou regard à distance, a pris fin alors que les résultats obtenus par les deux chercheurs ne se départageaient pas significativement (Schlitz, Wiseman, Watt & Radin, 2006). Cependant, lors des trois précédents essais, les données semblaient confirmer un effet expérimentateur psi, c'est-à-dire des résultats diamétralement opposés en fonction des motivations de l'expérimentateur, toutes conditions égales par ailleurs.

Dans ce chapitre, nous nous concentrerons sur les modèles théoriques en parapsychologie et les études testant leurs propositions. Nous débuterons par un tour d'horizon de la place de la théorie dans le champ parapsychologique.

1. Enjeux de la parapsychologie théorique

1.1 Un manque de théories ?

Le psychologue sceptique James Alcock (1989, 2003 ; Reber & Alcock, 2020) emploie de manière régulière l'argument selon lequel les parapsychologues n'ont pas développé de modèles théoriques qui soient à la fois soutenus par des données empiriques et intégrées dans les autres théories scientifiques actuelles. Il cite pourtant dans l'un de ses articles (Alcock, 2003) six modèles théoriques ayant fait l'objet de tests empiriques spécifiques. En quoi ceux-ci seraient insatisfaisants ? Aucune critique détaillée n'est fournie dans son article ou indiquée dans les références.

1.1.1. Des théories jugées prématurées

L'argument principalement employé est plutôt paradoxal : la base de données en parapsychologie ne serait pas fiable et ne justifierait pas ce développement « prématuré » de théories explicatives (Alcock, 2003, p. 44). Or la spéculation théorique peut justement favoriser le développement de recherches orientées qui peuvent parvenir à fiabiliser l'effet à expliquer. D'ailleurs, Alcock donne lui-même l'exemple du travail de la professeure de physique grecque Fotini Pallikari (2003) qui postule que les effets de psychocinèse ne sont pas détectables de manière macroscopique, mais qu'ils le sont à un niveau d'analyse microscopique. Scrutées à un certain niveau de détail, les données ont des allures étranges, sans que cela ressorte dans la perspective globale. Le bon angle d'attaque permettrait de voir comment une série de processus physiques ciblés mentalement montre un *effet de rééquilibrage* qui préserve l'homogénéité générale. Ainsi, le résultat d'une étude de psychocinèse ne permettrait pas de détecter un effet significatif, tandis que des anomalies seraient néanmoins détectables localement dans la variation des données. Sa théorie, développée avec le prix Nobel de physique Brian Josephson (1991), est que les systèmes vivants seraient capables de discriminer et d'employer ces déviations locales.

Cet exemple d'effet de rééquilibrage, qui nécessite toujours d'autres confirmations empiriques, démontre parfaitement qu'une hypothèse théorique peut apporter un décalage de perspective permettant d'affiner l'examen scientifique, faisant passer d'un effet élusif à un phénomène prévisible et reproductible. Qu'Alcock (2003, p. 45) qualifie la théorisation de

Pallikari de « prématurée » est une critique absolument insuffisante, puisqu'il est nécessaire d'évaluer les éléments en faveur et en défaveur de ce modèle en particulier. Pallikari présente elle-même les arguments favorables, y compris les recherches qu'elle a elle-même conduites. Le paradoxe consiste donc à exclure la parapsychologie théorique dans le même élan qui écarte la recherche centrée sur les preuves empiriques, alors que la théorie ouvre des perspectives nouvelles pour collecter et interpréter les données. On n'en reste à des « anomalies sans explications » et des « explications sans objets à expliquer »...

1.1.2. Le modèle sceptique du psi

En réalité, ce rejet équivaut à la promotion implicite du modèle « sceptique » du psi, qui est également un modèle théorique – même si rarement reconnu comme tel – et probablement le plus diffusé. Selon ce modèle, que nous ne traiterons pas en détail ici car il est déjà analysé ailleurs (voir chap. 10), toutes les anomalies observées par les parapsychologues doivent recevoir des explications prosaïques ne faisant intervenir aucun phénomène nouveau. Il semble juste de ramener ce point de vue à son statut théorique : l'*hypothèse nulle* (Alcock, 2003). En tant qu'hypothèse concurrente de toutes les autres « hypothèses expérimentales », celle-ci est systématiquement prise en compte dans toutes les recherches puisque c'est par rapport à elle que le psi doit se démarquer. Ainsi, le choix de la bonne cible dans une expérience de perception extra-sensorielle devra dépasser le taux de réussite attribuable au hasard (voir chap. 3), cette moyenne attendue de réussites hasardeuses constituant ici l'hypothèse nulle. Il n'en demeure pas moins que ce modèle sceptique nécessite tout autant d'être vérifié à partir des données collectées et ne doit pas être imposé *a priori*.

1.1.3. Le modèle standard en tant que norme

Alcock a même été plus loin récemment en excluant toute discussion des données empiriques en parapsychologie parce que celles-ci contrevenaient à des lois physiques jugées bien établies (Reber & Alcock, 2020 ; voir chap. 10). Il effectue une sorte de généralisation de l'hypothèse nulle en opposant l'ensemble du savoir établi aux phénomènes psi, tout en insinuant que ces derniers ne feront jamais le poids. Cet argument de la prévalence des normes du « modèle standard » n'est pas nouveau. En 1962, le philosophe Charlie Dunbar Broad avait listé neuf principes limitatifs basiques qui étaient censés proscrire les phénomènes psi, dont l'impossibilité d'une causalité allant à rebours de la flèche du temps et l'inconcevabilité d'une action ou d'une perception à distance sans support matériel (Walach & Schmidt, 2005). Broad (2011) cherchait surtout à démontrer que ces principes étaient devenus des habitudes de pensée qui conditionnaient, parfois inconsciemment, notre capacité à nous confronter à l'inconnu.

Les théories parapsychologiques sont ainsi rejetées, avant tout examen, au nom d'autres théories, tout en renvoyant comme une faiblesse inhérente au domaine son manque de théories étayées. Par une sorte de dépit, certains parapsychologues en viennent à penser que, puisque la définition de la quantité de preuves nécessaires pour prouver un phénomène « extraordinaire » n'était pas établie de manière scientifique, mais par un consensus social, il fallait attendre la survenue de changements culturels pour que les résultats obtenus soient enfin considérés à leur juste valeur (Tressoldi, 2013). Les sociologues des sciences débattent d'ailleurs pour savoir quand réellement s'arrête une expérience (Galison, 2001) ou encore comment prend fin une controverse scientifique (Collins & Pinch, 1994).

1.2 Modèles implicites et explicites

1.2.1. Définitions négatives du psi

Une autre critique récurrente, notamment chez Alcock (2003), est l'absence de *définition positive du psi*. Les parapsychologues présupposent qu'une anomalie est assimilable à un phénomène psi lorsque celle-ci *ne peut pas être expliquée autrement*. Une telle définition négative met ce champ dans la position délicate de devoir s'opposer systématiquement à toutes les connaissances établies. Éliminer des hypothèses telles que la fraude, des problèmes dans la méthodologie et l'analyse, contraint à une activité de nature très défensive, encore plus exigeante que dans d'autres domaines scientifiques. Chaque découverte d'un possible biais ou d'une tricherie est susceptible de remettre en cause la totalité d'un corpus, tout en décrédibilisant l'ensemble du champ.

De plus, en forçant les non-parapsychologues à choisir entre le savoir établi et un phénomène inconnu et mal expliqué, les parapsychologues se confrontent aux biais de confirmation qui incitent les observateurs extérieurs à privilégier une *position conservatrice*, c'est-à-dire à douter des conclusions des parapsychologues qui prétendent avoir mis en évidence des anomalies.

Un des enjeux des théories du psi est donc d'en proposer une définition positive, ce à quoi parvient notamment le modèle de l'information pragmatique (voir chap. 12).

1.2.2. Attitude positiviste

L'attitude des parapsychologues par rapport à la définition du psi est teintée d'ambivalence. Dans une sorte de prudence scientifique, certains s'autorisent à conclure sur la présence ou non d'anomalies, mais pas sur leur interprétation selon telle ou telle hypothèse explicative. Ainsi, une démarche *a-théorique*, voire *anti-théorique*, a été privilégiée pendant des décennies. L'adhésion à cette démarche s'appuie sur une épistémologie naïve, héritée du positivisme (Malolo Dissakè, 2001), qui voudrait pouvoir séparer strictement les « faits » des « théories ». Or l'existence de « faits sans théories », c'est-à-dire d'anomalies, n'est pas sans freiner la progression de la parapsychologie comme discipline scientifique. Si certains chercheurs ont opté pour cette épistémologie « anomalistique » (Atmanspacher, 2009 ; Hövelmann, 2019), celle-ci ne satisfait pas tous les observateurs extérieurs et l'ensemble du public, en quête d'explications concrètes. Développer *l'intelligibilité scientifique* de ces phénomènes est une condition de la reconnaissance de la parapsychologie, dans une lutte contre les doutes sceptiques et les interprétations non scientifiques concurrentielles.

Le champ de la parapsychologie n'est pas totalement étanche à cette quête d'intelligibilité. En effet, dans le même temps qu'ils tiennent un discours humble, les mêmes parapsychologues discutent depuis toujours de l'ensemble des interprétations des phénomènes paranormaux, des plus surnaturelles aux plus compatibles avec des modèles naturalistes (Irwin & Watt, 2007). Il existe ainsi une « culture du paranormal » (voir chap. 16) qui circule dans le milieu parapsychologique et dont on retrouve des traces évidentes.

1.2.3. Modèles implicites du psi

La terminologie employée en parapsychologie est riche de néologismes (Boirac, 1908) qui se sont chargés, au fil des époques, de sens variés. Historiquement, le terme de « force inconnue » proposée par William Crookes a très vite muté en « force psychique », donnant lieu à tout un champ lexical (voir chap. 1). Ce terme avait été précédé par des néologismes tels que *force ecténéique*, une expression créée par le physicien Marc Thury à partir du grec signifiant « extension » (Évrard, 2016). De la même manière, les concepts associés aux phénomènes parapsychologiques tels que « sixième sens », perception extra-sensorielle, psychocinèse… sont toujours porteurs de *modèles implicites*, c'est-à-dire de théorisations incomplètes, reposant sur des axiomes non démontrés. Par exemple, des conceptions énergétiques, reposant sur l'idée intuitive d'une influence hétérogène d'un être vivant sur un autre ou sur une machine (voir chap. 6), imprègnent les représentations des parapsychologues (Lucadou, 1984 ; 2002). Il peut même y avoir des querelles de priorité pour des concepts pourtant mal délimités, telle que celle initiée par Angelo Tanagras affirmant que Rhine avait plagié son concept de « psychobolie » avec sa notion de psychocinèse (Pallikari, 2017). Les notions d'influence, de sensation, de perception ou d'interaction, omniprésentes dans le vocabulaire parapsychologique, sont autant de pièges pour la pensée (Favre, 2004).

Actuellement, les parapsychologues se reposent sur le *modèle implicite du « psi »* qui, initialement, voulait se défaire des connotations associées aux notions de perception extra-sensorielle et de psychocinèse. Le biologiste Benjamin P. Wiesner et le psychologue Robert Thouless (1947) cherchaient une référence neutre, purement descriptive, pour rendre compte d'un facteur inconnu, une unité décomposée néanmoins en *psi gamma* pour les phénomènes réceptifs et *psi kappa* pour les phénomènes projectifs. Ce label largement employé montre ô combien il semble impossible d'échapper complètement à des présupposés théoriques.

La conception implicite la plus évidente est celle qui envisage le psi à partir des phénomènes physiques connus. Ainsi, le psi se comporterait comme un « signal classique » (von Lucadou, 1993), diminuant d'intensité lors de sa propagation dans l'espace, allant dans le sens chronologique habituel, identique à lui-même à chaque itération. De plus, il serait généré physiologiquement par un seul agent humain indépendamment de l'expérimentateur et des autres participants à la recherche. Ces préconceptions vont alors servir d'organisateurs de la recherche. Pour capturer le psi, on applique donc des obstacles qui bloquent les signaux classiques (tels qu'une cage de Faraday) ; on le détecte en analysant statistiquement des expérimentations monotones reproduites indéfiniment ; on s'intéresse aux corrélations entre les profils psychophysiologiques des sujets et leurs performances, en négligeant d'autres facteurs tels que le rôle des expérimentateurs. Bref, de nombreuses théories ont déjà infiltré les recherches centrées sur les preuves !

Le paradigme rhinien (voir chap. 3) est une bonne cible pour mettre en évidence de tels axiomes (Lucadou, 1984) puisqu'il suppose que :

- le psi est considéré comme une influence, ce qui appelle un transfert d'énergie ou d'information hors d'une « entité » ;
- le psi peut être accumulé par les statistiques et l'observation répétée ;
- le psi est considéré comme « ergodique », ce qui veut dire que le résultat d'une expérience est indépendant du lieu et de la date (temps), si toutes les autres conditions restent constantes ;
- enfin un effet psi peut en principe être séparé de son contenu significatif.

Même si ces modèles implicites ont l'air plausible grâce à leur simplicité ou leur validité générale, ils peuvent être faux. De plus, de tels postulats fondamentaux, s'ils s'avèrent incorrects, peuvent empêcher de découvrir la véritable structure et nature du psi.

Même l'invention de définitions soi-disant opérationnelles, décrivant uniquement le déroulé du dispositif expérimental, ne permet pas d'éviter de tels modèles implicites. Ils s'infiltrent par exemple dans les instructions données au participant à une étude. On retrouve ainsi un arrière-plan dualiste dans la consigne donnée à un sujet de projeter son esprit vers une cible distante ou de le mobiliser pour influencer un processus matériel.

1.2.4. Influences culturelles et mythiques

L'élaboration de modèles explicites en parapsychologie génère souvent une tension conflictuelle entre, d'une part, les paradigmes scientifiques en vigueur et, d'autre part, une théorie qui prétend les contredire et les complémenter en intégrant des anomalies dont ils n'avaient pas tenu compte. Il existe ainsi une lecture naïve de la structure des révolutions scientifiques (Kuhn, 1962) qui voudrait que le modèle théorique qui s'imposera en parapsychologie entraîne nécessairement un renversement des paradigmes antérieurs, comme si sa compatibilité avec eux était d'emblée fortement compromise (Duneau, 1979).

Plus largement, les modèles implicites et même explicites en parapsychologie subissent l'influence de modes culturels, voire de « mythes » (Duneau, 1980), tels que les paradigmes successifs et autres découvertes en physique (électricité, radioactivité, physique relativiste, physique quantique, holographie, théorie des cordes...).

Des notions religieuses ou ésotériques peuvent également façonner les représentations. L'historien de l'ésotérisme Antoine Faivre (1986) a montré la continuité entre la philosophie de la « magie naturelle » par la *via imaginativa*, reprise notamment par les théosophes, puis par les parapsychologues dans la notion majeure d'idéoplastie (Sudre, 1956). Cela ne préjuge pas de la valeur des propositions théoriques qui en découlent, mais accentue l'impression que la parapsychologie théorique ne développe pas son propre programme de recherche systématique à partir des données qu'elle produit.

1.3 Qualités attendues d'un modèle théorique

Pour être reconnu à part entière, un phénomène devrait posséder deux qualités : la *prévisibilité* et la *reproductibilité*. Ces deux caractéristiques sont issues des propriétés des phénomènes physiques qui, en tant que « science reine », ont imposé son épistémologie de manière hégémonique.

Cela ne va pas sans poser problème car ces deux notions font l'objet de torsions dans les champs scientifiques où la prévisibilité et la reproductibilité ne sont pas absolues, nécessitant par exemple l'emploi de modèles statistiques. C'est particulièrement le cas dans les sciences humaines, mais aussi bio-médicales. Loin de la « pureté » de certains dispositifs en physique, certains phénomènes ne se produisent que dans certaines conditions complexes, ce qui altère également la possibilité de les prédire et de les reproduire. La capacité variable des scientifiques à produire des phénomènes avec ces qualités génère des « épistémologies locales », associée à une méfiance face aux méthodes prétendues universelles : « Une méthode n'est jamais féconde en vertu de ses *seules* caractéristiques intrinsèques, mais toujours aussi du fait *de son adéquation à tel ou tel type spécifique d'objet* », écrit l'épistémologue Léna Soler (2000, p. 197 ; ses italiques) (voir aussi chap. 2). Ces épistémologies locales se satisfont de niveaux de preuve différents, créant indirectement une sorte de hiérarchie des disciplines scientifiques.

La parapsychologie pourrait elle aussi prétendre à une épistémologie locale. En effet, elle manipule des phénomènes complexes croisant des données physiques et psychologiques. Qui plus est, certains parapsychologues pensent que le psi est caractérisé par son élusivité, c'est-à-dire qu'il est directement affecté par les conditions de leur observation (Kennedy, 2003 ; Lucadou, 1982). Néanmoins, même si elle demandait ce traitement de faveur, cela ne lui permettrait guère d'intégrer le cercle des sciences établies. Elle est donc contrainte à jouer selon les règles du jeu (dictées par une certaine épistémologie dérivée de la physique) ou bien de démontrer que les niveaux de preuve qu'elle obtient sont conformes à ceux de disciplines telles que la médecine ou la psychologie, qui sont relativement acceptées en tant que sciences (Cardeña, 2018).

Il est donc attendu que les phénomènes psi soient reproductibles : les mêmes conditions doivent conduire aux mêmes effets. De plus, ces conditions doivent pouvoir être réunies par des laboratoires indépendants. Les variations liées à la psychologie des expérimentateurs, à l'ambiance des expérimentations, à la nature des participants ou aux instruments utilisés doivent jouer un rôle minime ou, pour le moins, contrôlable. Idéalement, un modèle théorique en parapsychologie doit donc favoriser la reproductibilité des phénomènes, en réunissant les conditions connues pour être nécessaires à leur production.

Il est également attendu que les phénomènes psi soient prévisibles : ils doivent répondre à un déterminisme, si possible naturel afin de pouvoir être manipulés expérimentalement. Ainsi, même si un phénomène psi n'était par exemple reproductible qu'une fois sur quatre (soit 25 % du temps), il doit être possible de maintenir cette prédiction de manière fiable.

Il y a donc des attentes importantes – et souvent implicites – qui conditionnent toute acceptation possible de ces phénomènes, car s'ils dérogent à ces propriétés, pour une raison ou une autre, ils seront suspectés de ne pas exister ou de ne pas entrer dans le cadre des connaissances scientifiques cumulables. En effet, un phénomène à la fois imprévisible et inconstant donnerait le sentiment d'être tout simplement incompris et hors de contrôle, comme une comète a pu l'être avant la structuration de l'astrophysique.

D'autres qualités départagent les différents modèles :

- **Le gain d'intelligibilité** : un modèle est d'autant plus intéressant qu'il permet de rendre compréhensible un spectre plus important de phénomènes, de la manière la plus précise.
- **La compatibilité** : un modèle est d'autant plus prisé qu'il s'insère dans – ou prolonge – des modèles déjà reconnus, trouvant à se confirmer dans un large ensemble de recherches en provenance de différents champs.
- **La fécondité** : un modèle séduit également par sa capacité à générer de nombreuses hypothèses, dont certaines qui peuvent donner lieu à des expérimentations concrètes, afin de départager les points de désaccord et les hésitations relatives à des questions laissées sans réponse. La fécondité se constate également lorsqu'un modèle conduit à la découverte de phénomènes qui n'étaient pas soupçonnés.

En somme, ces qualités font que le modèle attendu doit nous permettre de mieux comprendre les données déjà connues, doit s'étayer sur des données nombreuses et variées et doit amener à explorer scientifiquement d'autres horizons. Ces trois qualités pourraient d'ailleurs être considérées comme plus importantes que les propriétés supposées de prévisibilité et de reproductibilité qui ne sont finalement que des catégories *a priori* de l'entendement.

1.4 Taxonomies des modèles théoriques

Ce chapitre n'ayant pas vocation à être exhaustif, il ne traitera pas de l'ensemble des modèles existants. Le projet est davantage de sélectionner certains modèles exemplaires. Il existe en effet diverses taxonomies qui regroupent certains modèles similaires (Roe, 2022). Nous avons d'ailleurs pris le parti de consacrer un chapitre à part entière aux théories s'inspirant ou s'appuyant sur la physique quantique (voir chap. 12). Toutefois, la sélection des modèles exemplaires n'est pas évidente car la plupart des théories sont élaborées par un chercheur ou un binôme de chercheurs, sans tentatives d'intégration des propositions voisines. De plus, aucune des taxonomies ne fait l'objet d'un consensus. En effet, plusieurs principes de classification sont possibles :

- **Phénoménologie** : regrouper les modèles selon la gamme des phénomènes psi sur lesquels ils s'appliquent (tout ou partie de la phénoménologie parapsychologique) ;
- **Discipline** : les regrouper selon la discipline qui leur sert de référence (psychologie, physique, biologie… ou transdisciplinaire) ;

- **Processus** : les catégoriser selon le processus ou mécanisme situé au centre de l'analyse (entropie, psychopraxie, rétrocausalité, Trickster...).

  La classification que nous proposons s'appuie sur celle de Stefan Schmidt (2014) :
- les théories basées sur la perception inconsciente du psi ;
- les théories basées sur la physique du psi ;
- parmi lesquelles nous distinguerons celles qui s'appuient sur la physique quantique des autres.
- les théories psychophysiques qui tentent d'intégrer les différentes dimensions du psi.

2. Panorama des théories basées sur la perception inconsciente du psi

De nombreux modèles essayent de rendre compte du « psi gamma », c'est-à-dire lorsque nous recevons ou acquérons une connaissance par des moyens différents des modalités habituelles (voir chap. 3 et 4). Ces modèles ont en commun de supposer au moins trois niveaux de traitement de cette information : un niveau physiologique, un niveau inconscient et un niveau conscient.

2.1 Réaction instrumentale médiatisée par le psi

Un modèle influent, ayant connu des enrichissements successifs, mettait l'accent sur le traitement inconscient et néanmoins efficace du psi. La première version du modèle du psychologue américain Rex G. Stanford tentait d'expliquer les vécus spontanés de coïncidences par une fonction inconsciente de *scanner* (Stanford, 1974) : l'esprit utiliserait le psi pour « balayer » l'environnement afin de recueillir les informations qui lui seraient utiles. L'esprit intégrerait ensuite ces informations pour adapter ses conduites et faire le bon geste, au bon moment, au bon endroit.

Mais Stanford (1978) abandonna cette idée d'un scanner de l'environnement car ce processus paraissait trop coûteux : comment l'inconscient pourrait-il tout scanner, tout le temps, en sélectionnant correctement les informations pertinentes ? Il fallait inverser la perspective et admettre que le psi était *orienté vers un but* : c'est parce que l'information correspondait à un besoin ou une visée de l'organisme qu'elle devenait pertinente pour lui et pouvait lui parvenir. Le psi suivrait un *déterminisme final* : une intention investissant une fin dans le futur réunirait antérieurement des moyens qui, en convergeant, permettent d'atteindre l'objectif visé (Favre, 1982). Les moyens impliqués apparaissent corrélés entre eux, d'une manière génératrice de sens, sans pour autant dépendre d'une même chaîne causale, ce qui les rend à la fois si absurdes et si extraordinaires.

Stanford formulait ainsi plusieurs intuitions révolutionnaires à l'époque : *la grande majorité du psi serait inconsciente,* il s'appliquerait sur des cibles que nous ne connaissons pas consciemment et sans requérir d'effort délibéré. Voici une illustration que nous avons recueillie de manière opportune.

Un cas d'intuition

Dans les années 1970, Pierre, étudiant, avait une amie qui venait déjeuner avec lui chaque jour au restaurant universitaire. Elle traversait pour cela toute la ville en bus. Un jour, environ trente minutes avant leur rendez-vous, « sans savoir pourquoi », Pierre emprunte un vélo et va la rejoindre chez elle « de façon complètement irréfléchie ». Sa raison lui dit qu'il allait évidemment croiser son bus, qu'il ne la trouverait pas chez elle et qu'ils allaient fatalement se manquer : « Je *savais* ma conduite illogique et inexplicable. » En arrivant, elle s'étonne : « Je ne pouvais pas venir, je suis malade, mais je ne pouvais pas te prévenir. Comment as-tu su ? » Un tel événement est survenu une seule fois au cours des deux ans et demi où ils se sont côtoyés.

Pierre ne savait pas – sinon par une éventuelle « perception extra-sensorielle » sous-jacente – que son amie serait chez elle quand elle était attendue ailleurs. Mais comme son but implicite était de la rencontrer, l'information biaisa son comportement, le rendant en apparence *irrationnel* et générant cette coïncidence *significative* (Soulières, 2012).

L'adaptation inconsciente et subtile à une connaissance implicite médiatisée par le psi est le principe qui, dans ce modèle, est le mieux étayé expérimentalement. Il remet toutefois en perspective cette portion importante de la parapsychologie expérimentale qui étudie un psi *conscient* et *volontaire*, c'est-à-dire une forme « monstrueuse » d'un processus plus général.

Stanford (1990) amena aussi l'idée que le fonctionnement du psi consistait à faciliter une réaction qui était déjà répertoriée dans un organisme (un souvenir, une sensation, un comportement…) sans rajouter de nouvelles informations. Nous nous dirigeons vers notre téléphone et pensons à la personne qui nous appelle, alors que l'appareil n'a pas encore sonné ! Or, que faisons-nous habituellement ? Exactement la même chose : le téléphone sonne, nous décrochons et pensons à notre interlocuteur. Seule la séquence est dans le désordre, pas notre fonctionnement. Le psi ne nécessiterait pas l'accès à un savoir transcendant ou une influence surnaturelle nous amenant à faire des actions contre-nature. La réaction médiatisée par le psi se manifeste par une excitation émotionnelle ou motivationnelle inattendue, une préparation à réagir à la manière d'un pressentiment, une « sensibilité en creux », en plus d'un comportement effectivement opportuniste. Ces réactions facilitées ou *médiatisées par le psi* seraient généralement celles que nous aurions si nous avions « normalement » perçu la situation. Le psi n'inventerait rien, mais il organiserait les processus causaux en cours de manière pertinente par des *ajustements subtils du timing*.

Stanford a tenté de cerner les conditions favorables ou défavorables à la réalisation de comportements opportunément médiatisés par le psi :

- Parmi les *conditions favorables*, il pointe les caractéristiques du but ; les caractéristiques du besoin ou de la disposition que ce but satisfait ; et la proximité entre l'un et l'autre : plus on s'approcherait de la fenêtre de rencontre potentielle avec l'objet ou l'événement pertinent, plus la réaction médiatisée par le psi aurait de chances de se produire. Comme dit le slogan, 100 % des gagnants ont tenté leur chance.

- Parmi les *conditions défavorables*, Stanford décrit certaines caractéristiques psychologiques : quand les individus sont *rigides*, voire *stéréotypés*, dans leur comportement, ils dévient peu ou pas de leur route ; ils peuvent être *inhibés* par les contraintes qu'ils se donnent ; ou alors être temporairement très *préoccupés* par une chose qui ne les incite pas à modifier leur action.

Les pôles opposés à ces conditions défavorables (flexibilité, ouverture et spontanéité) seraient par conséquent les meilleurs alliés du psi. Un autre psychologue, William Braud (1980), proposera de désigner cette *disposition au changement* par les notions opposées de *labilité* et d'*inertie*.

Stanford (1978) essaya aussi d'étendre ce modèle aux interactions entre l'esprit et la matière. Il postula que les systèmes *aléatoires* – dont le fonctionnement reposait sur le hasard – pouvaient venir se *conformer* au besoin d'un organisme, toujours sous la pression paranormale d'un but implicite que ce dernier voulait atteindre. Pour cela, il fallait que les résultats du hasard – par exemple, *pile* ou *face* – aient des conséquences différentes pour l'organisme. Alors, ces résultats *contingents* pencheraient en faveur de celui qui serait le plus favorable – ou du moins le plus conforme – à la disposition de l'organisme. Ce *lien de contingence* est vraiment crucial : sans lui, l'organisme n'a aucun intérêt à se lier à la machine ; en sa présence, le hasard peut être biaisé, *qu'importe la complexité* du dispositif. Les notions de *labilité* et d'*inertie* pourraient également s'appliquer dans le monde physique, par exemple selon le type de processus aléatoire employé dans une expérimentation parapsychologique, et ainsi constituer des conditions favorables ou défavorables au psi (Roe, Martin & Drennan, 2014).

En appliquant son modèle aussi bien au *psi gamma* et au *psi kappa*, Stanford défendait l'hypothèse d'une *unité du psi*. Cette idée l'amena également à se demander si le fonctionnement habituel du corps – cette machine complexe – n'était pas non plus au service des buts dictés par notre esprit, impliquant des processus psi « normaux » dans le champ psychosomatique, y compris dans le processus de décision et ses corrélats neuronaux (Uzan, 2021).

2.2 Théorie de l'augmentation de la décision

Une variante de cette théorie du psi procédant par un déterminisme final est la théorie de l'augmentation de la décision, édifiée par le physicien Edwin May, la statisticienne Jessica Utts et le psychologue cognitiviste James Spottiswoode (May *et al.*, 1995a, 1995b). Cette théorie a donné lieu à une formulation mathématique précise et à de nombreux tests empiriques.

Elle suppose une utilisation inconsciente du psi qui emprunterait principalement la voie de la précognition (voir chap. 4). Le fait de connaître le futur, même à son insu, influencerait tous les comportements et tous les choix de l'individu. Il semble évident que nous pèserions toutes nos actions différemment si nous pouvions prévoir exactement leurs conséquences. La précognition « augmenterait » la qualité des processus décisionnels, en s'ajoutant aux autres raisonnements s'appuyant sur les apprentissages et les perceptions du moment.

Poussée à l'extrême, cette théorie explique également la micro-psychocinèse (voir chap. 5) par la précognition : dans une expérience avec un GNA, le sujet n'influencerait pas directement le processus physique aléatoire, mais répondrait de la bonne manière et au bon moment à l'instruction qui le connecte avec le dispositif physique. D'une certaine façon, c'est de nouveau un comportement opportuniste, un ajustement subtil du timing, guidé inconsciemment par la précognition d'un résultat favorable contingent à la tâche, qui s'appliquerait dans ces études. Cet opportunisme ne s'appliquerait pas nécessairement essai par essai, mais plus globalement pour décider du moment auquel il faut démarrer et stopper l'expérience pour profiter du « vent favorable » du hasard. On s'imagine un joueur de casino qui, parmi toutes les machines à sous, se dirige vers celle dont il a le pressentiment qu'elle débloquera le gros lot au prochain essai (comme cela arrive pour un personnage de la série *Twin Peaks*, dans la troisième saison).

Cette théorie a conduit à laisser plus de degrés de liberté dans les protocoles expérimentaux, afin que les sujets puissent démarrer les tâches expérimentales au moment qu'ils jugeaient le plus opportun.

2.3 Modèle de l'auto-prémonition

Dans les années 1970, un groupe français de recherche en parapsychologie s'est concentré sur l'étude théorique du psi (Évrard, 2010). L'une des théories proposées est celle du médecin François Favre (Favre & Garnier, 2025). Il conteste le modèle implicite de l'école rhinienne qui fait de la « perception extra-sensorielle » (qu'il renomme « percipience psi ») une forme de perception dont le médiateur sensoriel et le stimulus matériel nous seraient pour l'instant inconnus. Il propose de ramener toutes les percipiences psi à un seul type psychophysique : l'*auto-prémonition.*

Son analyse s'appuie sur les prémonitions préventives par lesquelles un sujet parvient à empêcher la réalisation de l'évènement dont il a l'impression d'avoir été informé à l'avance. Ce faisant, il annule en quelque sorte l'évènement dont il est rétroactivement prévenu.

Un cas d'auto-prémonition

Un matin, Pierre se réveille en sursaut à 3 heures du matin. Il vient de rêver qu'il roulait derrière un gros camion sur une route à deux voies, séparées par une ligne pointillée. Il a commencé à le doubler quand soudain son véhicule a semblé manquer de puissance : mauvais calcul, une voiture est arrivée en face. Il a tenté de freiner et de se rabattre derrière le camion, mais s'est fait heurter par la voiture placée derrière lui : c'est l'accident.

Le même jour, environ 12 heures plus tard, il roule sur une route à quatre voies avec une ligne pleine continue, mais sans terre-plein central. Il arrive derrière un semi-remorque et, alors qu'il est en train de le doubler, celui-ci se déporte brusquement à gauche sur sa file. En face, deux véhicules lui font front. Il freine donc pour essayer de se rabattre derrière le camion mais, fort de son rêve, il prend soin de mordre sur la ligne centrale pour ne pas être percuté sur son côté arrière-droit, ce qui l'aurait éjecté directement sur les véhicules venant en face. Il effleure effectivement les véhicules devant et derrière lui, recevant même des appels de phare de la part de celui qu'il croise. Toutefois, il évite tout impact.

La prémonition préventive porte donc sur un évènement que nous empêcherons de survenir. Comprendre ce raisonnement *contrafactuel* oblige à employer une logique du contradictoire, que Favre trouve chez Stéphane Lupasco (1979), et qui le conduit à développer une *logique complémentariste*. Dans le cadre classique d'une *logique en tiers exclu*, la prévention engendre un non-accident et donc un paradoxe : le rêve prémonitoire est à la fois une vérité et un mensonge. Mais dans une logique complémentariste, l'événement futur est virtuel. C'est un monde possible parmi d'autres, à la fois déterminé causalement (passivement) et susceptible d'un déterminisme final (actif). La logique complémentariste implique donc un *espace-temps circulaire* et un *immanentisme* ne faisant intervenir aucune intentionnalité transcendante. Ce n'est pas la Providence ou une autre entité supérieure qui a décidé de son sort, mais sa propre volonté de vivre.

La prémonition simple, sans prévention de l'accident, permet de postuler un déterminisme mécanique de l'univers, qui suit une ligne logique du présent vers le futur. Mais un autre déterminisme apparaît puisque l'accident reste une virtualité qui peut être modifiée. La prémonition préventive illustre donc l'interférence entre le temps causal, qui serait celui des *informations*, et le temps final, qui serait celui des *intentions*. Une intention répond donc à un *déterminisme anti-causal*, en sens inverse de la flèche du temps.

Cette distinction information/intention importe beaucoup à Favre, puisqu'elle justifie la démarcation des perceptions et des percipiences. Une percipience ne résulte pas d'informations remontant par les sens, mais s'oppose aux perceptions : elle résulte d'intentions qui sollicitent les sens, par un processus descendant (*top-down*). C'est la voie *efférente* et non la voie *afférente* qui est mobilisée. La percipience se présente davantage comme un « souvenir », une « auto-télépathie », c'est-à-dire une expérience toujours affective et parfois figurative. Comme de nombreux voyants l'ont décrit, « voir » est comparable à se souvenir, y compris du futur (Méheust, 2011 ; Leterrier & Morisson, 2019 ; *cf. infra*).

L'intention minimale, souvent motrice de nombreuses prémonitions préventives, est l'instinct de survie : le sujet pressent et prévient sa propre mort ou celle d'un proche. Présent tout au long de la vie diurne, cette fin générale ou « dernière » surdétermine en permanence toutes les autres fins particulières.

Dans le modèle de Favre, la prémonition permet au sujet de connecter son moi actuel avec son moi du futur. Si le premier est *réel*, le second est en fait *imaginaire*, autrement dit multiple : c'est une tendance et non un état, de nature globale et non locale. Ainsi, dans l'un de ses moi du futur, le sujet a la perception spontanée d'un événement, par exemple un accident, dont il cherche à prévenir son moi du passé. C'est donc une intention dont l'agent est le moi futur α, qui parvient « télépathiquement » (c'est-à-dire en connectant un esprit à un autre sans les contraintes spatio-temporelles ordinaires) sous forme de percipience au moi actuel. Celui qui vit la précognition en est donc également l'agent. Le problème de la distance spatiale s'annule.

Le modèle de Favre est également unitaire, puisqu'il ne distingue pas radicalement psi gamma et psi kappa : ils apparaissent comme les aspects subjectif et objectif d'un unique processus. L'agence du moi futur α apparaît à la fois comme une rétropsychocinèse et comme une autoprémonition (consciente ou non). Cette prémonition peut amener à privilégier une action antagoniste (prévention) à la place de l'action spontanée qui aurait mené mécaniquement à l'événement. Cette action antagoniste peut être conçue comme une psychocinèse qui, par l'intermédiaire du corps[1], privilégie une autre ligne temporelle et donc potentialise un Moi futur alternatif, par exemple le moi futur β (*cf.* figure 11.1).

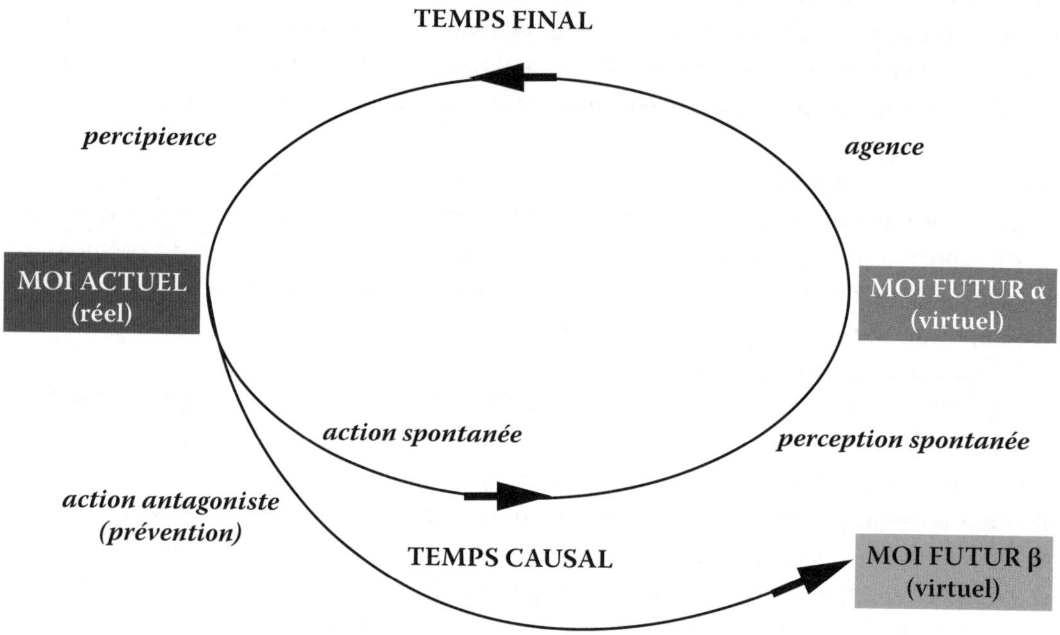

Figure 11.1 – Schéma du circuit psi ouvert pour l'auto-prémonition potentialisante (Favre, 1982)

En généralisant ce modèle lors de travaux ultérieurs (Favre, 2002, 2004), Favre décrit le déterminisme final comme un processus intentionnel, sémantique et global, qui consiste à se donner une fin ultérieure qui rétrodétermine divers moyens antérieurs. Les moyens ainsi rétrodéterminés apparaissent comme des coïncidences significatives, c'est-à-dire des interférences entre l'objectif et le subjectif, le réel et l'imaginaire. Comme ces moyens ne sont pas réunis par un déterminisme causal, mais bien anticausal, leur étrangeté est assimilée au facteur « psi ».

1. Par symétrie avec le concept de percipience, on pourrait comprendre la psychocinèse comme l'inverse de l'action motrice, une « agence » selon le vocabulaire de Favre. Il ne s'agit pas de l'exécution d'un processus descendant (*top-down*) des centres nerveux vers les muscles, mais un processus ascendant (*bottom-up*) qui suit une voie afférente des muscles vers les centres nerveux, générant des « ressentis de mouvements » non exécutés, dont parlent certains sujets (par exemple, Girard, 2005). Cette voie afférente existe déjà et permet notamment au fuseau neuromusculaire de détecter l'étirement d'un muscle.

2.4 Théorie de la première impression

Le psychologue clinicien James Carpenter (2004, 2005, 2012) a contribué également à décrire l'utilisation inconsciente du psi dans sa théorie de la « première impression » (*first sight*). Le psi gamma serait totalement intégré dans la perception normale et s'y appliquerait de la même manière que les perceptions subliminales, c'est-à-dire que les stimuli seraient détectés et traités, entraînant des changements de comportement, sans que l'individu en prenne nécessairement conscience. Le psi serait extrêmement commun, même si plus flagrant ou mieux employé dans certaines situations. Il ne s'agirait pas d'une faculté particulière, puisqu'il serait assimilé au sein des processus physiologiques permanents.

Se voulant également unificatrice, la théorie de Carpenter explique le psi kappa comme une « première action ». Mais sa théorie ne précise pas le procédé en jeu.

2.5 Théorie de la psychopraxie

Les psychologues australiens Michael Thalbourne et Lance Storm ont tenté d'énoncer plus précisément les intuitions de Stanford et leurs implications (Thalbourne, 2004 ; Storm, 2001). Le terme *psychopraxie* est dérivé des termes grecs *psychè* (esprit ou âme) et *praxia* (action, mouvement coordonné vers un but, accomplissement) (Storm & Thalbourne, 2000). Cette théorie a l'ambition d'unifier tout à la fois la psychologie normale et la parapsychologie d'une part, le psi gamma et le psi kappa d'autre part, au sens où ces deux dichotomies ne représentent plus qu'un seul et même objet d'étude. Néanmoins, la psychopraxie explique encore peu comment se font l'action et la cognition normales (ou *endosomatiques*), se concentrant sur les aspects plus parapsychologiques (ou *exosomatiques*) de ces actions de l'esprit. Dans ce cadre, la partition entre psi gamma et psi kappa est décrite comme une interprétation confuse ayant émergé dans un référentiel fondamentalement dualiste. Le principe est ici de refondre la parapsychologie à partir d'une terminologie neutre, reflétant une ontologie plus ouverte.

Storm et Thalbourne ont précisé les modèles de Stanford en rejetant la notion de « besoin de l'organisme » pour le remplacer par celui d'« attitude proactive » (*pro attitude*), qui serait, dans le présent, une intention dirigée vers le futur ou finalité (Favre, 1982). Selon leur définition technique, une personne a une attitude proactive envers l'état **E** si elle préfère **E** plutôt que –**E** [non-**E**] dans le cas où ces deux alternatives seraient portées à son attention. Les attitudes proactives englobent les visées (représentations d'un but), les désirs, les souhaits, les intentions, les besoins, les préférences et les dispositions, y compris la volonté que le psi n'advienne pas (ou *psi missing*) associée à l'obtention de scores anormalement plus faibles que le hasard aux tâches parapsychologiques (Storm & Thalbourne, 2005). Il est important de noter que l'individu peut adopter une attitude proactive consciemment *ou* inconsciemment.

L'effet psychopraxique se mettrait au service de cette attitude proactive. Le défi de la psychopraxie se formule simplement, selon l'*analogie des dominos* (Thalbourne, 2004). À une extrémité se trouve le domino de *l'attitude proactive* et, à l'autre bout, le domino de *l'effet psychopraxique* (ou psi). Pour que le premier domino fasse tomber le dernier, il faut qu'il soit relayé par un ensemble de dominos qui sont des *conditions nécessaires mais non suffisantes* du phénomène. Une grande partie de l'étude de la psychopraxie, comme dans la thèse de Storm (2001), consiste à déterminer quelles sont ces conditions *nécessaires*, à distinguer des conditions *facilitantes*.

Les psychologues australiens ont davantage mis en évidence le domino des « traits de personnalité » nécessaires à la psychopraxie. En effet, Thalbourne est le spécialiste de la *transliminalité* (Thalbourne & Houran, 2000), qui signifie « au-delà du seuil » et désigne une tendance à faire passer du matériel psychologique dans et hors de la conscience. Chez certains individus, les frontières entre l'inconscient et le conscient seraient plus fines, plus perméables dans un sens comme dans l'autre, ce qui se manifesterait par certaines croyances (paranormal, magie, interprétation des rêves), certains aspects associés à des troubles de personnalité (maniaco-dépression, schizotypie, tendance à l'imaginaire), certains modes de fonctionnement (hyperesthésie, absorption, créativité) et certaines expériences (mystiques et paranormales). Le concept psychologique de transliminalité n'est pas nécessairement associé avec la psychopathologie et pourrait même être suivi de meilleures performances parapsychologiques. Ce serait une condition nécessaire mais non suffisante (ou « méta-cause ») pour déclencher un effet psychopraxique. La théorie de la psychopraxie a produit de nombreuses hypothèses testables, mais encore peu de résultats concluants (Storm, 2001, 2003).

2.6 Théorie de la culture de l'imagerie

Tous les modèles précédents mettant l'accent sur la perception inconsciente du psi se combinent avec un modèle général, qui guide plusieurs expérimentations en parapsychologie : le *modèle de la réduction du bruit* (Honorton, 1974, 1993). Les processus de pensée, notamment ceux comme l'imagination et la rationalité qui mobilisent constamment nos capacités attentionnelles, génèrent un « bruit » constant dans lequel le son du psi serait inaudible. Il faudrait donc opérer un décalage qui améliore le ratio signal/bruit. Les moyens mis en œuvre cherchent à modifier les capacités attentionnelles, et donc l'endroit où se promène le projecteur de la conscience vigile. Celui-ci doit être mis en condition de pouvoir balayer une zone plus large, ou bien de filtrer les pensées parasites pour parvenir à celles qui porteraient une information liée au psi, par exemple au travers d'une « quiétude mentale » (Braud, 2002).

Les rêves, l'hypnose, le Ganzfeld, la méditation, les psychédéliques et les techniques du remote viewing font partie des principaux outils employés pour améliorer ce ratio (Storm *et al.*, 2010 ; voir chap. 3). Les psychologues australiens Lance Storm et Adam Rock (2009a, 2009b) se sont inspirés des rituels chamaniques pour créer un nouvel outil. Le principe est d'associer un guidage verbal de l'imagerie et des percussions monotones. L'idée est de cultiver l'imagerie qui serait issue de l'inconscient, en suspectant qu'elle serait l'une des sources principales du psi. Rock et ses collègues (2012) ont trouvé que les participants qui se prêtaient au jeu entraient dans un état non ordinaire de conscience et obtenaient des performances psi significatives, tandis que les participants dans la condition contrôle ne parvenaient ni à l'un, ni à l'autre. L'avantage de cet état, par rapport aux autres paradigmes, est que la culture de l'imagerie donne au participant un rôle actif plutôt que passif dans sa récupération d'informations.

2.7 Théorie de la métamémoire

Le philosophe français Bertrand Méheust (2011) a analysé de façon comparative des « métagnomes » (sujets performants dans le psi gamma) de l'Antiquité à nos jours (voir chap. 1). Il décrit une « structure d'expérience » commune à toutes les époques et à différentes cultures. Cette structure lui semble isomorphe à celle décrite dans l'acte de se souvenir (ou « anamnèse »), par exemple lorsque l'on recherche un nom que l'on a sur le bout de la langue. Selon Favre (1982), le psi gamma s'inscrirait dans un continuum avec l'anamnèse triviale, c'est-à-dire le souvenir commun, qui serait une auto-postcognition (psi proximal). La moindre remémoration, à l'instar d'un mot qui reste sur le bout de notre langue, implique en effet un déterminisme final, en contradiction avec la logique causale, puisqu'elle est déclenchée par l'intention de retrouver un souvenir-cible. Or, comment reconnaître ce qu'on ignore ? Comment valide-t-on tel souvenir comme étant le bon alors même qu'il est lui-même l'objet de notre enquête ? La pulsion exploratoire, rebaptisée par François Ellenberger (1947) la « larve » – sorte de pseudopode autonome se nourrissant d'éléments du souvenir-cible –, opère selon une présence creuse, un effet d'aspiration analogue au vide : « appel vide qui tire la conscience vers ce qu'elle cherche avec une sûreté aveugle ». Pendant toute cette opération, la psyché est soumise à une « tension dysmnémique » tant que le souvenir recherché ne revient pas. Ellenberger (1947, p. 263) compare lui-même cette connexion à ses propres souvenirs à une « participation télépathique ».

Jonglant avec les exemples d'anamnèse triviale et de métagnomie, Méheust décrit les règles d'accès au souvenir-cible à travers une *matrice métamémorielle*. Le souvenir apparaît enveloppé par un réseau d'informations congruentes et corrélées entre elles. Cheminer à travers ce réseau nécessite un effort de « maintenance » qui assure la cohérence de la trajectoire mentale. L'ensemble du réseau forme un tout qui possède une signification complète (« image-mère »), laquelle s'exprime partiellement dans chacune des images intermédiaires. Celles-ci prennent ainsi des formes ou des formulations plus équivoques et élusives que la signification globale. Ces images intermédiaires montrent une « intention de signifier » analogue à une mise en scène.

L'entrée dans cette matrice peut se faire simultanément par plusieurs voies (nom, image, lieu, date, stimulus faisant effet d'amorçage multi-sensoriel...) qui peuvent ne pas paraître connectées entre elles au premier abord. Ces multiples entrées peuvent donner le sentiment d'une « pluriprésence » dans la matrice.

Le souvenir-cible fonctionne comme un attracteur du processus afférent d'anamnèse, mais la trajectoire reste indéterminée. Un déterminisme spatial imaginaire est souvent employé pour cheminer dans la matrice, à la manière du palais mental comme moyen mnémotechnique. Le sujet peut décrire des détours par des images périphériques qui, si elles ne le conduisent pas directement à la cible, lui permettent de toucher d'autres nœuds de la chaîne. Par exemple, le passage du sens propre au sens figuré, la traduction d'un mot dans une autre langue, le passage du verbal au sensori-moteur, etc. Une autre technique est la stratégie de prise de champ : un mouvement centrifuge pour contourner un obstacle quand les associations sont bloquées. Le processus d'anamnèse apparaît quasi-automatique, mais la volonté peut y intervenir par des efforts de concentration afin d'éviter de s'égarer aux « carrefours de sens ». Le sujet dit parfois peser la pertinence de certaines voies, laissant se décanter ses choix aux embranchements. Il donne souvent l'impression de tourner autour de la cible sans être capable de nouer ensemble les informations, à la manière d'un amnésique ou de certains patients aphasiques[1]. Parfois, il parvient jusqu'au souvenir-cible, autrement il ne fait que s'en approcher.

Selon Méheust, deux consciences antagonistes se manifestent tout au long de ce processus : une *conscience imageante* qui génère de nouveaux liens avec des images qui détournent de la cible (faux souvenirs, fausses pistes) ; et une *conscience mémorielle* (la « larve ») qui se rapproche de la cible en éliminant certains liens et en réduisant la chaîne mémorielle. Les méthodes mnémotechniques aussi bien que les protocoles issus du *remote viewing* semblent être conçues pour faciliter la circulation dans cette matrice métamémorielle (pour une illustration : Évrard, 2022).

En rapprochant l'anamnèse triviale et la métagnomie, Méheust donne un exemple concret de l'unité de la cognition normale et anomale, en conformité avec les modèles de réaction instrumentale médiatisée par le psi et de psychopraxie. Il suggère que la matrice métamémorielle répond à une logique anti-causale. De plus, puisque les souvenirs cibles peuvent appartenir soit à l'individu qui les cherche, soit à d'autres individus avec lesquels nous communions, cela suggère que les souvenirs en question ne sont pas locaux. La théorie de la métamémoire invite à dégager les contours d'un univers non physique pour l'esprit, dans la continuité des travaux de Bergson (1896).

2.8 Modèle multiphasique du psi informationnel

La psychologue Sonali Bhatt Marwaha et le physicien Edwin May (2015a, 2015b, 2015c) ont essayé de créer des passerelles entre les recherches théoriques portant davantage sur l'approche psychologique du psi et celles portant sur les aspects physiologiques et physiques. Ils s'interrogent sur tous les processus qui seraient nécessaires à l'acquisition du *psi informationnel.* Celui-ci est conçu comme un signal venant du futur, que les organismes vivants seraient

1. Plus précisément, il peut vivre ce qu'on appelle techniquement une « aphasie anomique » : il est clairement capable d'indiquer les caractéristiques et l'usage de la cible, mais n'est cependant plus capable de la nommer. Par exemple, d'une banane, le patient indiquera qu'elle est jaune, qu'elle s'épluche, qu'elle a un goût fibreux caractéristique, etc., mais sans pouvoir en dire le nom (Bazan, 2007, p. 57).

capables de traiter dans certaines circonstances. Le principal matériel analysé provient des recherches sur la vision à distance, notamment dans le programme de parapsychologie militaire dont May était l'un des scientifiques de premier plan. Dans un protocole de *remote viewing* (voir chap. 3), la cible peut être sélectionnée avant ou après que la réponse du participant est enregistrée.

En ramenant le psi à une information, le modèle multiphasique s'intéresse aux questions de la source, de la transmission et de la détection de celle-ci, ces deux dernières étant jugées plus faciles à étudier à l'heure actuelle. Puisque le modèle suppose que le psi informationnel est assimilable à un signal classique, il doit pénétrer du monde extérieur dans les systèmes sensoriels. Il s'agirait donc d'une perception locale. Toute cette première phase où le psi est un signal externe est couverte par les recherches portant sur le domaine physique et biologique. Mais, à partir du moment où le psi entre en contact avec nos systèmes sensoriels, nous pénétrons dans la deuxième phase qui relève du domaine de la psychologie et des neurosciences (*cf.* par exemple, Taylor, 2020). Cette partition était déjà proposée par Tyrrell (1946 ; Broughton, 2006).

Puisque les systèmes sensoriels ne font qu'appliquer un traitement de l'information, il est déduit que le psi fonctionne comme une information sensorielle normale. Il serait réceptionné, traité et acheminé jusqu'au cerveau, de la même manière que les autres sensations, avant de déclencher une réaction. Ces différentes étapes constitueraient des énigmes distinctes.

Toutefois, ces chercheurs évaluent que seule 1 % de la population normale serait en possession de cette capacité atypique à traiter le psi informationnel. Cette compétence rare ne pourrait pas faire l'objet d'un entraînement : on ne pourrait qu'enseigner un protocole – tel que le *remote viewing* – permettant d'affiner la perception dans un cadre expérimental, mais l'expression du psi informationnel serait toujours propre à chaque sujet.

Dans la première phase relative au domaine physique, une hypothèse d'entropie a été formulée (May & Depp, 2015) et vérifiée expérimentalement (May, Hawley & Marwaha, 2017). Elle s'appuie sur la seconde loi de la thermodynamique selon laquelle l'entropie – une mesure physique du « désordre » – ne peut jamais décroître dans un système clos, ce qui est en lien avec l'unidirectionnalité du temps au niveau macroscopique. Les cibles sont donc triées selon leur niveau d'entropie, c'est-à-dire certaines de leurs propriétés intrinsèques telles que leur complexité et leur ambiguïté. Puis des corrélations ont été établies entre les réussites des sujets et le type de cible. May et ses collègues ont observé à plusieurs reprises que le niveau d'entropie du système cible est statistiquement proportionnel à la qualité du psi informationnel.

Il reste à déterminer la nature de l'information psi et le support capable de la propager à rebours du temps. Un autre défi consiste à comprendre comment ce psi informationnel peut devenir un « psi causal » agissant à l'extérieur du corps de l'individu. Selon la précédente théorie de May, sur l'augmentation de la décision, ce qui apparaît comme du « psi causal » pourrait n'être qu'un processus de psi informationnel (de type précognitif).

Au final, ce modèle cherche surtout à poser un cadre théorique général (Marwaha & May, 2019) dans lesquels les différents processus impliquant du psi pourraient être étudiés de manière synergique, par des équipes regroupant des compétences disciplinaires variées.

3. Panorama des théories basées sur la physique (non quantique) du psi

La plupart des théories précédentes se sont appliquées à expliquer le fonctionnement d'un psi inconscient livrant des informations sur le futur. Des chercheurs ont réfléchi à ce que la physique avait à offrir comme explications d'une telle circulation d'information, sans nécessairement s'appuyer sur la physique quantique (voir chap. 12).

3.1 Théorie de la restauration de la symétrie temporelle induite par la conscience

Le psychologue et physicien néerlandais Dick Bierman a proposé en 2008 le modèle de la *restauration de la symétrie temporelle induite par la conscience*. Ce chercheur a été poussé à élaborer ce modèle non seulement à partir des travaux sur la précognition et le pressentiment (voir chap. 4), auquel il a beaucoup contribué, mais aussi en réfléchissant au problème de la « rétrocausalité ». En physique théorique, le temps est une variable parmi d'autres. Les équations qui décrivent le monde physique acceptent en général deux solutions : l'une avec un temps qui va du *passé vers le futur* et l'autre qui prend le *chemin inverse*. Le philosophe Henri Poincaré avait déjà suggéré que la rétrocausalité pouvait être une conséquence directe de cette symétrie temporelle. Le physicien français Olivier Costa de Beauregard (1975, 1976, 1985) a défendu à maintes reprises que, sur le plan théorique, ces solutions allant à rebours de la flèche du temps sont non seulement possibles, mais qu'elles *doivent* exister. Il expliquait les corrélations d'intrication en physique quantique comme des informations remontant le temps et voyait dans les résultats expérimentaux de la parapsychologie des preuves allant dans ce sens. Bierman fait de même en insistant sur le fait que sa théorie n'implique aucun changement dans les lois déjà établies en physique.

Cependant, selon toute apparence, la symétrie temporelle n'est pas respectée au niveau macroscopique et le temps semble s'écouler pour nous dans un sens unique. Les physiciens ont donc adopté certaines conventions leur permettant d'écarter ces solutions « avancées ». Ainsi, la seconde loi de la thermodynamique indique que tout système va dans la direction d'une entropie qui ne décroît jamais. Par exemple, si l'on mélange de l'eau avec du colorant soluble de densité égale, l'eau prendra définitivement une autre teinte. Si le système est laissé ainsi, ce processus est irréversible.

Dans les années 1970, des théoriciens, dont l'ingénieur français Pierre Janin (1973), ont affirmé possible de faire de la psychocinèse sur des cibles fixées au préalable (Walker, 1973 ; Millar, 1978). Des confirmations expérimentales de rétropsychocinèse sur des données préenregistrées furent obtenues peu après (Schmidt, 1976 ; Janin, 1975 ; Bierman & Houtkooper, 1975) : il serait donc possible de modifier le passé, *tant que celui-ci n'a pas encore été observé par un être humain*. Ce fut l'une des premières fois qu'une prédiction théorique en parapsychologie donnait lieu à une nouvelle observation, plutôt que d'avoir des explications proposées *post hoc*.

Physiciens et parapsychologues ont travaillé ensemble à établir des moyens pour accueillir les phénomènes de précognition et de rétropsychocinèse parmi les exemples possibles de rétrocausalité (Jolij & Bierman, 2017). Selon Bierman, c'est justement le rôle de la conscience de restaurer cette rupture de la symétrie constatée au niveau macroscopique. Elle opérerait par rétrocausalité autant pour le psi kappa que pour le psi gamma.

Selon cette théorie, le psi ne donne pas accès aux informations du monde entier, mais seulement aux futurs états de notre propre cerveau (auto-prémonition). C'est donc une théorie locale (au sens spatial), qui n'impliquerait pas un système sensoriel capable de capter d'étranges signaux venant du monde extérieur. Ce serait l'état cérébral lié au « feedback » obtenu après avoir tenté de deviner la cible qui remonte le temps pour nous rétro-influencer. Ainsi, pour connaître la réponse à une énigme présente, nous entrerions en contact avec notre soi du futur lorsque celui-ci recevrait la solution.

La symétrie perdue entre la physique théorique et la physique observée nécessite d'être restaurée selon certaines conditions. Selon Bierman, la conscience incarnée peut apparaître comme un système macroscopique extrêmement cohérent qui réunit les qualités nécessaires pour rétablir la balance entre solutions retardées et solutions avancées. L'une des propositions théoriques ainsi mise en avant est que plus un cerveau entrera dans un état de « cohérence » – une notion qui doit encore être affinée –, plus il sera capable de restaurer cette symétrie. Le modèle prédit donc que certains individus, tels que les pratiquants expérimentés de la méditation, auraient de meilleures performances psi.

Une autre prédiction est celle des réactions anticipées dans les expériences de pressentiment, qui apparaissent comme des symétries temporelles, c'est-à-dire en miroir des réactions affectives effectivement générées après-coup par les stimuli. Dès lors, ces reflets de réactions devraient également être proportionnels aux réactions après-coup, ce qui peut être testé (voir chap. 4). La douleur, la peur et d'autres émotions fortes seraient plus susceptibles d'avoir un écho en amont. Plus globalement, l'état d'un système devrait être décrit comme le produit de son état passé et de son état futur, dans un espace-temps circulaire.

Bierman introduit également une limite à ce processus car des lois naturelles empêcheraient que se produisent des paradoxes temporels, ce qui réduit la possibilité d'utiliser ces anticipations comme des signaux classiques.

3.2 Modèle de rétrocausalité thermodynamique de la précognition

Le physicien Danial Paul Sheehan, de l'université de San Diego, est l'organisateur d'une série de conférences sur la rétrocausalité depuis 2006 (Sheehan, 2006, 2011, 2017). En collaboration avec Patricia Cyrus, praticienne du *remote viewing* affirmant avoir vécu plusieurs précognitions spontanées, ils tentent également de développer un modèle compatible avec la physique actuelle (Sheehan & Cyrus, 2018).

Ils s'appuient aussi sur la symétrie temporelle et la seconde loi de la thermodynamique, cette dernière fournissant en effet le mécanisme permettant de rendre compte de la direction de la flèche du temps dans la vie quotidienne. Mais cette loi est plus « statistique » que « physique », car les processus physiques restent théoriquement symétriques. Leur théorie propose que cette seconde loi soit également conçue comme temporellement bidirectionnelle : dans certaines circonstances, des corrélations en provenance d'un événement futur pourraient initier des événements dans le passé générant de l'entropie. La condition requise est énoncée de manière précise : que la fonction d'onde quantique correspondant au futur état conscient soit suffisamment « unique » pour que l'onde avancée qui en émane ne soit pas absorbée par n'importe quelle fonction d'onde dans son environnement. En d'autres termes, il faudrait que cette information précognitive n'interfère pas avec une information inverse qui la neutralise.

Contrairement au modèle de Bierman, cette théorie est tentée d'introduire la physique quantique pour combler ses lacunes en supposant que la conscience peut abriter des processus quantiques. Elle génère des prédictions sur l'existence de précognitions dans tout le règne animal, mais également chez des systèmes inanimés placés dans des conditions thermodynamiques spécifiques.

3.3 Théorie de la double causalité

Le physicien français Philippe Guillemant (2010) décrit, avec son propre vocabulaire imagé, le même type de déterminisme final ou rétrocausal qu'il baptise « double causalité ». Selon lui, nous n'aurions pas qu'une seule ligne droite tracée mécaniquement vers notre futur, pas une trajectoire linéaire comme celle d'une boule de billard propulsée dans le cosmos. Ses travaux de physique ont commencé à montrer que des phénomènes chaotiques tendent, à la limite, à devenir quantiques et donc prévisibles seulement statistiquement, suggérant un nombre infini de possibilités de futurs en bout de chaîne (Guillemant, Abib & Medale, 2013). Il faudrait ainsi considérer une « flexibilité de l'espace-temps », c'est-à-dire l'existence simultanée de plusieurs futurs « potentialisés » comme autant de « branches de notre Arbre de vie ». Certaines branches sont plus épaisses que d'autres, comme des troncs qui soutiennent l'ensemble. Mais par une certaine gymnastique mentale, il serait possible de « déposer nos intentions », « d'arroser » d'autres branches de cet arbre afin de les faire grandir, ou d'en élaguer d'autres.

Dans des ouvrages qui s'inspirent également du développement personnel, Guillemant (2010 ; Guillemant & Morisson, 2021) décrit, parmi les conditions favorables à cette deuxième causalité du futur vers le passé, des comportements qui augmentent la labilité dans le système, en introduisant des « degrés de liberté » et une « disponibilité au changement ». Par exemple, se saisir avec avidité de toute opportunité qui se présenterait à nous ou se forcer à changer nos habitudes. Guillemant pense que l'on peut fouiller en nous pour faire émerger des intentions *nouvelles* et *authentiques* qui provoqueront instantanément une modification de la répartition des probabilités dans notre Arbre de vie, d'où une redistribution des potentialités sur les chemins qui se dressent devant nous. La combinaison de cette discipline mentale et de cet opportunisme agi engendrait une meilleure prise sur la destinée individuelle.

3.4 Théorie hyperdimensionnelle

Le cosmologiste et professeur émérite de mathématiques et d'astronomie Bernard Carr (2008, 2015a, 2015b) a proposé une théorie hyperdimensionnelle du psi. Il pense que le psi ne peut pas être expliqué par les théories actuelles en physique (relativistes ou quantiques), mais que ces phénomènes sont compatibles avec les lois bien établies et pourraient devenir encore plus intelligibles avec une extension de la physique.

Plusieurs nouvelles théories spéculent sur l'existence de dimensions supplémentaires, d'une à sept selon les modèles, pour rendre compte de la réalité. Ces modèles assez controversés sont davantage d'ordre mathématique que physique, du fait de la difficulté à les tester empiriquement. Selon Carr, l'ajout d'une seule dimension supplémentaire est déjà pertinent pour intégrer l'ensemble des phénomènes psi. Cette dimension décrirait un espace commun pour les esprits des êtres vivants, au lieu de les considérer restreints à un espace privatif. Cette « structure universelle » pourrait être considérée comme un espace d'information de dimension supérieure, incluant les dimensions physiques, mais accessible uniquement par l'esprit. Il rejoint la théorie de Jean-Pierre Jourdan, s'appuyant sur ce qui semble être des modalités perceptives spécifiques propres aux personnes vivant une expérience de mort imminente, laissant penser qu'elles accèdent à une dimension supplémentaire (Jourdan, 2011 ; voir chap. 13).

Cette structure universelle comprendrait une hiérarchie de temporalités, dont les courbes seraient associées à la fenêtre minimale de conscience, ou « présent spécieux ». Le psi serait alors interprété comme une variation du présent spécieux : une augmentation dans le cas du psi gamma, une diminution pour le psi kappa. Le psi serait ainsi l'une des preuves que le cerveau opère, pour ce qui est de l'esprit, à la manière d'un filtre (Smythies, 2012) et non comme une source de production (voir chap. 13).

3.5 Théorie des champs morphiques

Le biologiste Rupert Sheldrake défend depuis des décennies la théorie des champs morphiques, qui propose l'idée que les esprits soient des systèmes de champs, à la fois localisés dans des cerveaux, mais s'étendant bien au-delà. Par exemple, le simple fait de percevoir visuellement génèrerait un champ morphique entre l'observateur et l'objet ou l'individu observé. Des études sur la scopesthésie (ou sensation d'être observé) viendraient démontrer ce point particulier (Sheldrake, 2013 ; voir chap. 6).

Plus généralement, les champs morphiques se présentent comme des systèmes organisateurs dont les propriétés sont supérieures à celles des éléments qui les composent : molécules, cellules, organes, organismes et sociétés d'organismes. Ces systèmes gigognes forment une « holarchie » d'unités morphiques (ou « holons »). Ces champs possèdent leur propre mémoire, grâce à un procédé appelé la *résonance morphique*, qui ne repose pas sur des traces matérielles. Cette mémoire accumule et transmet des patterns d'activité d'un système auto-organisé à un autre, par-delà les contraintes du temps et de l'espace. Cette mémoire collective s'applique par exemple au sein d'une espèce animale : si un rat apprend une nouvelle astuce, utile à sa survie, à Londres, tous les rats du monde devraient être capables d'apprendre cette astuce plus rapidement (Sheldrake, 2009). Si le champ morphique est local, la résonance morphique reposerait sur une dimension non locale. Il est suggéré que cette dimension est décrite dans la théorie de l'ordre impliqué du physicien David Bohm (Sheldrake, 2009) ou dans la théorie hyperdimensionnelle (Carr, 2008).

La théorie des champs morphiques s'applique donc à de nombreux phénomènes en biologie, depuis sa formulation dans les années 1920 pour expliquer les développements des formes dans la nature. Sheldrake a montré comment cette théorie s'applique également en parapsychologie, cette discipline fournissant en retour un excellent support pour des vérifications expérimentales (Roe & Hitchman, 2011). La télépathie y est alors comprise comme une interaction au sein d'un champ morphique entre des membres d'un même groupe, le lien reliant ces membres étant une variable importante (Sheldrake, 2013). Cette super-connexion est ainsi étudiée dans l'ensemble du vivant, par exemple entre des animaux et leurs propriétaires (Sheldrake, 2011). Mais tous les phénomènes parapsychologiques n'ont pas encore été analysés au prisme de cette théorie : Sheldrake (2019) reconnaît que l'intégration de la précognition et de la psychocinèse pourrait nécessiter des hypothèses additionnelles, comme par exemple la théorie voisine des « champs sémantiques » élaborée par la psycho-sociologue française Christine Hardy (2000).

Les champs morphiques contiendraient des *attracteurs* (buts) et des *chréodes* (canaux habituellement suivis pour atteindre ces buts). Ensemble, ils guideraient un système vers son but final tout en maintenant son intégrité, en le stabilisant face à toute perturbation. L'interaction impliquée serait assez subtile, puisqu'il ne s'agirait pas de transferts d'énergie, mais de « formes » ou in*form*ation. L'autre nom de cette théorie est d'ailleurs *théorie de la causalité formative*. L'analogie est faite avec les champs quantiques : les champs morphiques sont des champs de probabilité qui imposent des patterns sur des événements et systèmes qui sont sous son influence et qui sinon seraient aléatoires.

4. Théorie du Trickster

Un important modèle théorique en parapsychologie ne rentre pas dans les deux précédentes catégories. Il tire son origine de travaux socio-anthropologiques centrés sur la parapsychologie, en invoquant la figure archétypale du « Trickster », divin fripon et malin génie, pour rendre compte à la fois des conditions de production des phénomènes psi et des conditions de leur réception.

Dans plusieurs mythologies, la figure du Trickster est l'archétype gouvernant les interstices, les périodes liminales et les transitions (Combs & Holland, 1990). Il est farceur, ambivalent, transgressif, etc. Cette figure complexe aide à rendre compte de certaines particularités du paranormal car, selon George Hansen (2001), la fréquentation des phénomènes paranormaux évoquerait des traits similaires à ceux attribués au Trickster. Le comportement bizarre des personnes impliquées, l'instabilité des organisations parapsychologiques, l'instrumentalisation du paranormal par des groupes charismatiques et des groupes rationalistes militants... Tous ces aspects récurrents semblent indiquer que le « paranormal » a des affinités avec certaines caractéristiques sociales (liminalité, anti-structure, marginalité, *communitas*[1], transgression, réflexivité, réversibilité, etc.) et des aversions avec d'autres caractéristiques sociales (centralité, structure, hiérarchie, puissance économique, etc.) (Hansen, 2019).

Le plus important promoteur de la théorie du Trickster, George Hansen, a participé aux recherches expérimentales en parapsychologie, tout en développant une approche très critique. Il repère bien, en prenant un large recul historique et international, que les caractéristiques du psi au niveau des théories physiques et psychologiques se rencontrent également au niveau sociologique. Par exemple, la distinction proposée par Braud (1980) entre *labilité* et *inertie* peut tout à fait s'appliquer pour décrire les groupes sociaux qui cultivent le psi (groupes labiles ou anti-structurels) ou qui le repoussent (groupes inertiels ou structurels). Les phénomènes psi ont tendance à subvertir les catégories, à transgresser les frontières, ce qui vaut à la fois pour leur expression naturelle et pour leur expression sociale.

J'ai moi-même (Évrard, 2016, 2019) développé une interprétation de la théorie du Trickster en tant qu'élusivité « sociale » qui restreint la diffusion des phénomènes psi au-delà du système auto-organisé qui en est la source. L'élusivité « naturelle » correspond, dans certaines théories à base systémique et quantique (voir chap. 12), à des contraintes qui pèsent directement sur la phénoménologie et qui limitent la qualité des preuves obtenues. Tandis que l'élusivité « sociale » correspond à toutes les *manifestations sociales* de la relation d'incertitude entre la magnitude des phénomènes psi et la qualité de leur documentation : personnages ambigus et ambivalents, scientifiques multipliant les conduites irrationnelles, sujets pris de mythomanie, organisations instables, fraudes décrédibilisantes jouxtant les phénomènes authentiques, climat de suspicion générale, etc. Dans les cas de poltergeist (voir chap. 7), cette élusivité sociale serait particulièrement visible dans la phase de « suppression sociale » qui vient neutraliser la dimension paranormale de l'épisode, afin de rétablir une sorte de statu quo (Évrard, 2019). Cela ne serait pas dû à une intentionnalité extra-humaine ou un « système de contrôle » (Vallée, 1992), mais à la nature même des phénomènes dont la fonction est d'opérer des transformations locales en ne s'appuyant pas sur des signaux classiques.

Selon Hansen (2019), toute théorie de la parapsychologie qui se veut complète doit parvenir à intégrer ces aspects socio-anthropologiques récurrents. Il fournit d'innombrables exemples

1. Ce nom latin a été employé par l'anthropologue Victor Turner (1969) pour faire référence à des communautés non structurées où les gens sont à égalité, dans un véritable « esprit communautaire ».

qu'il interprète comme des manifestations de ce pattern du Trickster. Néanmoins sa voracité explicative trop large dessert cette théorie (Méheust, 2012). Il lui manque une transition vers une approche empirique qui lui permettrait de risquer d'infirmer certaines de ses propositions.

5. Tentative d'intégration

Le principe n'étant pas d'ajouter une nouvelle théorie plus complète à ce panorama, nous proposons uniquement d'intégrer ces modèles, en pointant d'abord leurs convergences évidentes :

- **Unité du psi** : en premier lieu, ces modèles cherchent davantage à expliquer les perceptions psi (psi gamma) que les actions psi (psi kappa). Toutefois, par certaines extensions, presque tous ces modèles visent à rendre compte de l'ensemble des phénomènes psi, conçus comme une unité.
- **Psi et psychosomatique** : plusieurs théoriciens conviennent que l'explication de l'action et de la cognition normales (ou *endosomatiques*) sera éclairée par l'explication de l'action et de la cognition anomales (ou *exosomatiques*). C'est un deuxième niveau d'unification. La *théorie de la métamémoire* en donne un exemple précis en dressant un continuum entre souvenir d'un événement passé et souvenir d'un événement futur.
- **Psi inconscient** : d'après ces modèles, les perceptions psi ne nécessiteraient pas la conscience pour être efficaces. Dès lors, les récits subjectifs de télépathie, clairvoyance et précognition ne représenteraient que la partie émergée de l'iceberg. Ces points sont particulièrement mis en évidence par la *théorie de la réaction instrumentale médiatisée par le psi* et *la théorie de la première impression.*
- **Conscience modifiée** : toute situation qui permettrait de modifier le cours normal de la conscience est réputée faciliter la provocation du psi. La *théorie de la culture de l'imagerie* est l'un des exemples mettant l'accent sur cette condition favorable. On la retrouve, sous la notion d'état de « cohérence cérébrale », dans la *théorie de la restauration de la symétrie temporelle induite par la conscience.*
- **Priorité à l'auto-précognition** : un autre constat notable est que, sur le plan théorique, l'explication de la précognition est à la fois l'une des plus exigeantes au niveau métaphysique et la plus centrale dans les discussions. Le modèle rendant compte de l'auto-prémonition est en réalité capable de couvrir tout l'éventail du psi gamma. En effet, accéder à la connaissance que l'on obtiendra dans le futur décrit une voie directe entre l'énigme dans le présent et sa solution à venir. De la même manière que l'on convoque un souvenir d'une expérience passée, on convoquerait un « survenir » d'une expérience future. Cet aspect est particulièrement étayé par la *théorie de l'augmentation de la décision* et le *modèle de l'auto-prémonition.*
- **Proximité avec le souvenir trivial** : plusieurs modèles affichent un parallèle évident entre la mémoire commune et le psi gamma, avec une structure d'expérience en forme de « participation télépathique » dont l'isomorphisme est particulièrement détaillé dans la *théorie de la métamémoire.*

- **Déterminisme final** : le point de départ du psi est décrit comme un processus intentionnel, une attitude proactive ou orientée-vers-un-but. Tous les moyens déployés seraient rétro-déterminés par ce processus.
- **Antagonismes** : l'accès au psi serait un parcours d'obstacles. Les chercheurs ont tenté d'identifier des facteurs favorables et défavorables, présentés comme des couples d'opposés (par exemple, labilité/inertie ; anti-structure/structure). Le déterminisme causal au niveau physique comme au niveau mental (sous forme de « bruit ») est réputé antagoniste du déterminisme final du psi. Le fonctionnement du psi est généralement décrit en termes de conflits et d'interférences, en particulier dans la *théorie du Trickster* et celle de *la psychopraxie.*
- **La symétrie temporelle** : les modèles s'appuient sur la symétrie temporelle qui est fondamentale dans les équations de la physique, mais absente au niveau macroscopique, pour soit supposer que la « conscience » est le facteur-clé qui répare cette lacune (*théorie de la restauration de la symétrie temporelle induite par la conscience, théorie de la double causalité*), soit que la seconde loi « statistique » de la thermodynamique doit également admettre une solution symétrique, ce qui revient à l'abroger dans certaines conditions (*modèle de rétrocausalité thermodynamique de la précognition*).
- **Rétropsychocinèse** : en complément de la précognition, la rétropsychocinèse est un phénomène majeur pour plusieurs modèles théoriques (*modèle de l'auto-prémonition, Modèle de rétrocausalité thermodynamique de la précognition* ; voir chap. 12). L'un des rares phénomènes prévus par la théorie avant d'être confirmé expérimentalement, la rétropsychocinèse indiquerait l'existence d'un espace-temps circulaire soumis à certaines limites empêchant des paradoxes naturels.
- **Centration sur quelques phénomènes** : les différents modèles théoriques ont tendance à s'appuyer sur des expériences paranormales courantes qui ont pu se trouver opérationnalisées dans un cadre expérimental. Des phénomènes tels que l'ectoplasmie, la macro-psychocinèse, les poltergeists et les apparitions (voir chap. 7) sont très rarement analysés dans ces modèles.
- **Univers non physique** : pour rendre compte de certaines opérations qui ne s'inscrivent pas sur des supports matériels, ne mobilisent pas de forces ou d'énergies connues, ne sont pas altérées par les dimensions d'espace et de temps, plusieurs théoriciens décrivent un univers non physique englobant dans lesquels ces opérations seraient possibles. Cela peut correspondre à une dimension supplémentaire (*théorie hyperdimensionnelle, théorie des champs morphiques*) qui servirait de connecteur et d'attracteur pour des unités ou des systèmes. Dans le *modèle de l'auto-prémonition,* cela correspond simplement au domaine de l'*imaginaire* par opposition au *réel.*
- **Vide neuroscientifique relatif** : il n'y a que très peu d'hypothèses précises sur l'implication du système nerveux et du cerveau dans les phénomènes psi (voir chap. 13 et 14).
- **Élargissement au vivant** : les différentes théories affirment que les phénomènes psi concernent toutes les espèces vivantes, sans préciser si seuls les êtres humains peuvent en être agents. Dans certaines théories comme le *Modèle de rétrocausalité thermodynamique*

de la précognition, le psi est même potentiellement étendu aux machines sous certaines conditions.
- **Approche naturaliste** : aucune de ces théories ne fait intervenir d'entités surnaturelles : l'approche est résolument naturaliste en défendant l'idée que les lois qui régissent ces phénomènes sont immanentes.
- **Limites du psi** : plusieurs théories considèrent que le psi serait intrinsèquement limité, ne pouvant se comporter comme un signal classique qui transmet des informations. Il reste à préciser les paradoxes naturels qui bornent le psi et les effets de régulation, qui sont mieux prédits par la *Théorie quantique généralisée*, théorie sur laquelle nous allons revenir plus longuement lors du chapitre suivant (voir chap. 12).

Des divergences apparaissent avec le *modèle multiphasique du psi informationnel*, qui incarne l'extrémité la plus matérialiste de la théorisation parapsychologique. Ce modèle tente d'interpréter le psi comme un signal classique, procédant selon un déterminisme causal strict, et dont il resterait à identifier le support physique. Selon ce modèle, l'accès au psi serait de même inégalement distribué dans la population, certains pouvant le solliciter plus facilement que d'autres. Les autres modèles, et encore plus ceux s'appuyant sur la physique quantique (voir chap. 12), concluent plutôt qu'il s'agit d'un signal non classique, combinant déterminisme causal et déterminisme final, qui pourrait ne pas avoir de support physique. Ils défendent tous une large répartition du psi dans la population et même parmi tous les êtres vivants, avec des effets concrets le plus souvent non détectés.

Une autre divergence concerne l'intégration d'une dimension sociale, avec une ouverture plus large aux sciences humaines, qui se retrouvent surtout dans la *Théorie du Trickster* et le *modèle de l'auto-prémonition*. Les autres théories laissent à croire que les phénomènes sont contenus au niveau d'un individu, alors même qu'elles décrivent des processus de connexion transgressant les frontières habituelles. Cet aspect collectif est en fait rarement abordé par des modèles produits surtout par des psychologues et des physiciens.

6. Conclusion

Ce panorama des théories peut largement décevoir tant les tâtonnements sont importants. La multiplication des concepts sans recherche de convergences ne rend pas la tâche aisée. Dégager pour chaque modèle et pour un éventuel méta-modèle des pistes de vérification empiriques semble encore très complexe. Il y a néanmoins une connivence évidente entre ces modèles qui ne semble pas reposer uniquement sur leurs influences réciproques. Les futures théories du psi devront veiller à s'inscrire dans le prolongement de ces travaux et, dans le meilleur des cas, dans une recherche systématique orientée par la théorie. La méthode la plus souhaitable serait celle d'une collaboration contradictoire (Cleeremans, 2022) : il s'agit de tester simultanément plusieurs prédictions provenant de modèles différents, afin de les départager, en quittant une attitude visant à simplement confirmer une théorie en réinterprétant *post hoc* certaines données. Un dialogue entre les théoriciens est donc particulièrement nécessaire.

En amont du prochain chapitre sur les théories du psi faisant appel à la physique quantique, il se dégage une représentation du psi comme un processus finaliste : les moyens extraordinaires engagés par les phénomènes psi seraient ainsi rassemblés suivant un but fixé dans l'un des futurs possibles. Cet agent de l'avenir ne serait autre que nous-mêmes, étalé dans le temps, dont les intentions feraient une boucle pour devenir rétroactivement efficaces. Si l'idée est séduisante, il ne reste rien de moins qu'à comprendre dans quel univers de tels phénomènes seraient possibles.

7. Bibliographie

Alcock, J.E. (2003). Give the null hypothesis a chance : Reasons to remain doubtful about the existence of psi. In J.E. Alcock, J.E. Burns, & A. Freeman (Eds.), *Psi Wars : Getting to Grips with the Paranormal* (p. 29-50). Imprint Academic.

Alcock, J.E. (1989). *Parapsychologie : science ou magie ? Le point de vue d'un psychologue* [1981]. Flammarion.

Atmanspacher, H. (2009). Scientific research between orthodoxy and anomaly. *Journal of Scientific Exploration*, *23*, 273-298.

Bazan, A. (2007). *Des fantômes dans la voix. Une hypothèse neuropsychanalytique sur la structure de l'inconscient*. Liber.

Beloff, J. (1996). The lessons of history. In E.W. Cook (Dir.), *Research in Parapsychology 1992* (p. 97-115). Scarecrow Press.

Bergson H. (1896). *Matière et mémoire*. Alcan.

Bierman, D. (2010). Consciousness-induced restoration of time symmetry (CIRTS). A psychophysical theoretical perspective. *Journal of Parapsychology*, *24*, 273-300.

Bierman, D.J., & Houtkooper, J.M. (1975). Exploratory PK tests with a programmable highspeed random number generator. *European Journal of Parapsychology*, *1* (1), 3-14.

Bierman, D.J. (2015). Consciousness-induced restoration of time symmetry. In E.C. May & S.B. Marwaha (Eds.), *Extrasensory Perception : Support, Skepticism, and Science*. Vol. II : *Theories of Psi*. Praeger Publications.

Boirac, E. (1908). *La psychologie inconnue : introduction et contribution à l'étude expérimentale des sciences psychiques*. Alcan.

Braud, W.G. (1980). Lability and inertia in conformance behavior. *Journal of the American Society for Psychical Research*, *74*, 297-318.

Braud, W.G. (2002). Psi-favorable conditions. In V.W. Rammohan (Ed.), *New Frontiers of Human Science* (p. 95-118). McFarland.

Broad, C.D. (2011). *Lectures on Psychical Research*. Routledge & Kegan Paul (travail original publié en 1962).

Broughton, R.S. (2006). Memory, emotion, and the receptive psi process. *Journal of Parapsychology*, *70*, 255-274.

Cardeña, E. (2018). The experimental evidence for parapsychological phenomena : A review. *American Psychologist*, *73*, 663-677.

Carpenter, J. (2004). First sight : Part one, a model of psi and the mind. *Journal of Parapsychology, 68* (2), 217-254.

Carpenter, J. (2005). First sight : Part two, elaboration of a model of psi and the mind. *Journal of Parapsychology, 69* (1), 63-112.

Carpenter, J. (2012). *First Sight : ESP and Parapsychology in Everyday Life*. Rowman & Littlefield.

Carr, B. (2008). Worlds apart ? Can psychical research bridge the gulf between matter and mind ? *Proceedings of the Society for Psychical Research, 59*, 1-96.

Carr, B. (2015a). Hyperspatial models of matter and mind. In E. Kelly, A. Crabtree & P. Marshall (Eds.), *Beyond Physicalism : Toward Reconciliation of Science and Spirituality* (p. 227-273). Rowman & Littlefield.

Carr, B. (2015b). Higher dimensions of space and time and their implications for psi. In E.C. May & S.B. Marwaha (Eds.), *Extrasensory Perception : Support, Skepticism, and Science* (p. 21-61). Praeger/ABC-CLIO.

Cleeremans, A. (2022). Theory as adversarial collaboration. *Nature Human Behaviour, 6*, 485-486.

Collins, H.M., Pinch, T. (1994). *Tout ce que vous devriez savoir sur la science*. Le Seuil.

Combs, A., & Holland, M. (1990). *Synchronicity, Science, Myth, and the Trickster*. Paragon House Publishers.

Costa de Beauregard, O. de (1975). Quantum paradoxes and Aristotle's twofold information concept. In L. Oteri (Dir.), *Parapsychology Foundation : Quantum Physics and Parapsychology* (p. 91-108). Parapsychology Foundation.

Costa de Beauregard, O. de (1985). On some frequent but controversial statements concerning the Einstein-Podolsky-Rosen Correlations. *Foundations of Physics, 15* (8), 871-887.

Daston, L., Galison, P.L. (2012). *Objectivité*. Les Presses du réel.

de Beauregard, O.C. de (1976). Time symmetry and interpretation of quantum mechanics. *Foundations of Physics, 6* (5), 539-559.

Duneau, M. (1979). Aspects historiques des rapports entre parapsychologie et sciences exactes. *Parapsychologie, 7*, 11-18.

Duneau, M. (1980). Le mythe quantique en parapsychologie. *Revue de Parapsychologie, 11*, 2-7.

Ellenberger, F. (1947). *Le mystère de la mémoire. L'intemporel psychologique*. Editions du Mont-Blanc.

Évrard, R. (2010). Parapsychology in France after may 1968: A history of the GERP. *Journal of Scientific Exploration, 24* (2), 283-294.

Évrard, R. (2016). *La légende de l'esprit. Enquête sur 150 ans de parapsychologie*. Trajectoire.

Évrard, R. (2019). The « Amnéville RSPK case » : An illustration of social elusiveness ? In G. Mayer (Dir.), *N equals 1. Single case studies in Anomalistics* (p. 377-393). LIT.

Évrard, R. (2022). Application of the metamemory theory on a case of remote viewing. *Aperture, 35*, 52-67.

Faivre, A. (1986). « Vis imaginativa » (Étude sur l'imagination magique et ses fondements mythiques). In *Accès de l'ésotérisme occidental, t. II* (p. 171-219). Paris : Gallimard.

Favre, F. (1982). Le modèle de l'auto-prémonition. *Revue de Parapsychologie, 14*, 9-29.

Favre, F. (2002). *Sur la parapsychologie et l'expérience de B. Libet. Correspondance avec Philippe Garnier. http://www.sciencesphilo.fr/uploads/doc/Libet.pdf*

Favre, F. (2004). *Psi et intentionnalité - Les bases de la parapsychologie. https://www.metapsychique.org/psi-et-intentionalite-les-bases-de-la-parapsychologie-francois-favre/*

Favre, F., & Garnier, Ph. (2025). *La finalité, le paranormal et la science : entretiens avec Philippe Garnier* (édité par R. Évrard et P. Catala). Éditions de l'Institut métapsychique international.

Galison, P.L. (2001). *Ainsi s'achèvent les expériences. La place des expériences dans la physique du XXe siècle*. La Découverte.

Girard, J.-P. (2005). *Agir sur la matière : ces étranges pouvoirs qui sont les miens*. Presses du Châtelet.

Guillemant, P. (2010). *La Route du temps. Théorie de la double causalité*. Le Temps présent.

Guillemant, P., Abid, C., Medale, M. (2013). Characterizing the transition from classical to quantum as an irreversible loss of physical information. *arXiv*, 1311.5349 [quant-ph].

Guillemant, P., Morisson, J. (2021). *La physique de la conscience. Illustrée et augmentée*. Trédaniel.

Hansen, G. (2001). *The Trickster and the Paranormal*. Xlibris Books.

Hansen, G. (2019). Les forces sociales à l'œuvre en parapsychologie (Traduction par R. Évrard). In R. Évrard, E. Ouellet (Dir.), *Vers une sociologie anomalistique : le paranormal au regard des sciences sociales* (p. 63-85). Editions Universitaires de Lorraine.

Hardy, C. (2000). Psi as a multilevel process : Semantic fields theory. *Journal of Parapsychology*, *64*, 73-94.

Hövelmann, G. (2019). Anomalistique : histoire et fondement scientifique. In R. Évrard & E. Ouellet (Dir.), *Vers une sociologie anomalistique : le paranormal au regard des sciences sociales* (p. 15-37). Presses Universitaires de Nancy/Editions universitaires de Lorraine.

Honorton, C. (1974). State of awareness factors in psi activation. *Journal of the American Society for Psychical Research*, *68*, 246-256.

Honorton, C. (1993). Rhetoric over substance : The impoverished state of skepticism. *Journal of Parapsychology*, *57*, 191-214.

Irwin, H.J., Watt, C. (2007). *An introduction to parapsychology*, 5th edition. McFarland.

Janin, P. (1973). Nouvelles relations entre la psyché et le cosmos. *Revue Métapsychique-Parapsychologie*, 63-89.

Janin, P. (1975). Psychocinèse dans le passé ? Une expérience exploratoire. *Revue Métapsychique*, *21-22*, 71-96.

Jolij, J., & Bierman, D. J. (2017). Testing the potential paradoxes in « retrocausal » phenomena. In *AIP Conference Proceedings*, *1841* (1), 030003. doi : 10.1063/1.4982774

Josephson, B.D., Pallikari-Viras, F. (1991). Biological utilization of quantum nonlocality. *Foundations of Physics*, *21* (2), 197-207.

Jourdan, J.-P. (2011). Near-Death Experiences and the 5th dimensional spatio-temporal perspective. *Journal of Cosmology*, *14*, 4743-4762.

Kennedy, J.E. (2003). The capricious, actively evasive, unsustainable nature of psi : A summary and hypotheses. *Journal of Parapsychology*, *67*, 53-74.

Kuhn, T. (1962). *The Structure of Scientific Revolutions*. Chicago : University of Chicago Press.

Leterrier, R., Morisson, J. (2019). *Se souvenir du futur. Guider son avenir par les synchronicités*. Guy Trédaniel.

Lupasco, S. (1979). *L'univers psychique*. Denoël-Gonthier.

Malolo Dissakè, E. (2001). *Feyerabend. Epistémologie, anarchisme et société libre.* PUF.

Marwaha, S.B., & May, E.C. (2015a). Rethinking extrasensory perception : Toward a multiphasic model of precognition. *SAGE Open, 5* (1).

Marwaha, S.B., & May, E.C. (2015b). The multiphasic model of precognition : The rationale. *Journal of Parapsychology, 79* (1), 5-19.

Marwaha, S.B., & May, E.C. (2015c). The multiphasic model of precognition. In E.C. May & S.B. Marwaha (Eds.), *Extrasensory Perception : Support, Skepticism, and Science*. Vol. II : *Theories of Psi* (p. 145-170). Praeger Publications.

Marwaha, S.B., May, E.C. (2019). Informational psi : Collapsing the problem space of psi phenomena. *Journal of anomalistics, 19*, 12-51.

May, E.C., & Depp, J. (2015). Entropy and precognition : The physics domain of the multiphasic model of precognition. In E.C. May & S.B. Marwaha (Eds.), *Extrasensory Perception : Support, Skepticism, and Science*, Volume II : *Theories of Psi* (p. 125-144). Santa Barbara, CA : Praeger.

May, E.C., Hawley, L., & Marwaha, S.B. (2017). Do changes of thermodynamic entropy at a remote site enhance the quality of anomalous cognition ? Paper presented at the 60th Annual Convention of the Parapsychological Association, July 20th-23rd, 2017 Athens, Greece. *https://www.academia.edu/43757747/do_changes_of_thermodynamic_entropy_at_a_remote_site_enhance_the_quality_of_anomalous_cognition?auto=download*

May, E.C., Utts, J.M., & Spottiswoode, S.J.P. (1995a). Decision augmentation theory : Toward a model of anomalous mental phenomena. *Journal of Parapsychology, 59*, 195-220.

May, E.C., Utts, J.M., & Spottiswoode, S.J.P. (1995b). Decision augmentation theory : Applications to the Random Number Generator Database. *Journal of Scientific Exploration, 9* (4), 453-488.

Méheust, B. (2011). *Les Miracles de l'esprit. Qu'est-ce que les voyants peuvent nous apprendre ?* La Découverte/Les Empêcheurs de Penser en Rond.

Méheust, B. (2012). Peut-on à la fois affirmer la réalité du psi et son élusivité ? *Bulletin Métapsychique, 13*, 12-17.

Millar, B. (1978). The observational theories : A primer. *European Journal of Parapsychology, 2* (3), 304-332.

Pallikari, F. (2003). Must the « magic » of psychokinesis hinder precise scientific measurement ? *Journal of Consciousness Studies, 10* (6-7), 199-219.

Pallikari, F. (2017). Angelos Tanagras and J.B. Rhine : A case of unfortunate controversy. *https://www.linkedin.com/pulse/angelos-tanagras-jb-rhine-case-unfortunate-fotini-pallikari-viras/*

Reber, A.S., & Alcock, J.E. (2020). Searching for the impossible : Parapsychology's elusive quest. *American Psychologist, 75* (3), 391-399.

Rock, A.J., Storm, L., Harris, K., & Friedman, H. (2012). Shamanic-like journeying and psi-signal detection : I. In search of the psi-conducive components of a novel experimental protocol. *Journal of Parapsychology, 76*, 321-347.

Roe, C. (2022). *What Do We Want from a Theory ?* Symposium « Theories of psi », Parapsychological Association.

Roe, C.A., & Hitchman, G.A. (2011). Testing the theory of morphic resonance using recognition for Chinese symbols : A failure to replicate. *Journal of the Society for Psychical Research, 75* (4), 211-224.

Roe, C.A., Martin, H., & Drennan, S.L. (2014). Effects of participant and target system lability upon PK performance using an I Ching task. *Journal of the Society for Psychical Research, 74* (4), 219-238.

Schlitz, M., Wiseman, R., Watt, C., & Radin, D. (2006). Of two minds : Sceptic-proponent collaboration within parapsychology. *British Journal of Psychology, 97* (3), 313-322. *https://doi.org/10.1348/000712605X80704*

Schmidt, H. (1976). PK effect on pre-recorded targets. *Journal of the American Society for Psychical Research, 70* (3), 267-291.

Schmidt, S. (2014). *Experimentelle Parapsychologie : Eine Einfuhrung.* Berlin : Ergon Verlag.

Sheehan, D.P. (Ed.) (2006). *Frontiers of Time : Retrocausation. Experiment and Theory. AIP Conference Series,* vol. 863. AIP Press.

Sheehan, D.P. (Ed.) (2011). *Quantum Retrocausation : Theory and Experiment, AIP Conference vol. 1408.* American Institute of Physics.

Sheehan, D.P. (Ed.) (2017). *Quantum Retrocausation III, AIP Conference, vol. 1841.* American Institute of Physics.

Sheehan, D.P., Cyrus, P. (2018). The thermodynamic retrocausal model of precognition. *Mindfield, 10* (3), 98-102.

Sheldrake, R. (2009). *A New Science of Life : The Hypothesis of Formative Causation* (3rd ed.). Icon Books.

Sheldrake, R. (2011). *Dogs That Know When Their Owners Are Coming Home, And Other Unexplained Powers of Animals* (2nd ed.). Broadway Books.

Sheldrake, R. (2013). *The Sense of Being Stared At, And Other Unexplained Powers of Human Minds* (2nd ed.). Park Street Press.

Sheldrake, R. (2019). Can morphic fields help explain telepathy and the sense of being stared at ? *Mindfield, 11* (1), 26-33.

Smythies, J. (2012). Consciousness and higher dimensions of space. *Journal of Consciousness Studies, 19* (11-12), 224-232.

Soler, L. (2000). *Introduction à l'épistémologie.* Ellipses.

Soulières, J. (2012). *Les coïncidences.* Dervy.

Stanford, R.G. (1974). An experimentally testable model for spontaneous psi events : I. Extrasensory events. *Journal of the American Society for Psychical Research, 68,* 34-57.

Stanford, R.G. (1978). Toward reinterpreting psi events. *Journal of the American Society for Psychical Research, 75,* 61-70.

Stanford, R.G. (1990). An experimentally testable model for spontaneous psi events : A review of related evidence and concepts from parapsychology and other sciences. In S. Krippner (Ed.), *Advances in Parapsychological Research 6* (p. 54-167). McFarland & Co.

Storm, L. (2001). *A parapsychological investigation of the theory of psychopraxia : Experimental and theoretical researches into an alternative theory explaining normal and paranormal phenomena.* Thèse de psychologie partiellement publiée, Department of Psychology, University of Adelaide, South Australia.

Storm, L. (2003). The I Ching and the Lotto game : Trying to beat the odds using an ancient Chinese system of divination. *Australian Journal of Parapsychology, 3,* 140-146.

Storm, L. & Rock, A.J. (2009b). Shamanic-like journeying and psi : I. Imagery cultivation, personality, and the picture-identification task. *Australian Journal of Parapsychology, 9,* 165-192.

Storm, L., & Rock, A.J. (2009a). Imagery cultivation vs. noise reduction : Shamanic-like journeying as a psi-conducive alternative to the Ganzfeld protocol. *Australian Journal of Parapsychology, 9*, 5-31.

Storm, L., & Thalbourne, M.A. (2000). A paradigm shift away from the ESP-PK dichotomy : The theory of psychopraxia. *Journal of Parapsychology, 64*, 279-300.

Storm, L., & Thalbourne. M.A. (2005). The effect of a change in pro attitude on paranormal performance : A pilot study using naïve and sophisticated skeptics. *Journal of Scientific Exploration, 19*, 11-29.

Storm, L., Tressoldi, P.E., & Di Risio, L. (2010). Meta-analysis of free-response studies, 1992-2008 : Assessing the noise reduction model in parapsychology. *Psychological Bulletin, 136* (4), 471-485.

Sudre, R. (1956). *Traité de parapsychologie*. Payot.

Taylor, J. (2020). *Contact with the future : The nature of extrasensory perception*. Publication indépendante.

Thalbourne, M.A. (2004). *The Common Thread Between ESP and PK*. The Parapsychology Foundation.

Thalbourne, M.A., & Houran, J. (2000). Transliminality, the Mental Experience Inventory and tolerance of ambiguity. *Personality and Individual Differences, 28*, 853-863.

Thouless, R.H., & Wiesner, B.P. (1947). The psi processes in normal and « paranormal » psychology. *Proceedings of the Society for Psychical Research, 48*, 177-196.

Tressoldi, P. (2013). How much evidence is necessary to define the reality of a phenomenon ? Frequentist, bayesian, and quantum modeling of Ganzfeld ESP. In S. Krippner, A.J. Rock, J. Beischel, H.L. Friedman, C.L. Fracasso (Dir.), *Advances in Parapsychological Research 9* (p. 99-109). McFarland.

Turner, V. (1969). *The Ritual Process : Structure and Anti-structure*. Aldine.

Tyrrell, G.N.M. (1946). The modus operandi of paranormal cognition. *Proceedings of the Society for Psychical Research, 48* (173), 65-120.

Uzan, P. (2021). *Mind-Body Entanglement : Theory and Therapies*. Springer International Publishing.

Vallée, J. (1992). *Révélations. Contact avec un autre monde ou manipulation humaine ?* Robert Laffont.

Von Lucadou, W. (1984). What is wrong with the definition of psi. *European Journal of Parapsychology, 5* (1), 261-281.

Von Lucadou, W. (2002). Theoretical contributions to psi : Does parapsychology go mainstream ? In V.G. Rammohan (Ed.) *New frontiers of human science* (p. 79-94). McFarland.

Von Lucadou, W. (1982). Der flüchtige Spuk. *Zeitschrift für Parapsychologie und Grenzgebiete der Psychologie, 24*, 93-109.

Von Lucadou, W. (1993). Lassen sich « PK-Impulse » lokalisieren ? - Korrelationen zwischenPersönlichkeitsmerkmalen von Beobachtern und quantenphysikalischen Fluktuationen. *Zeitschrift für Parapsychologie und Grenzgebiete der Psychologie, 35*, 41-70.

Walach, H., Schmidt, S. (2005). Repairing Plato's life boat with Ockham's razor. The important function of research in anomalies for mainstream science. *Journal of Consciousness studies, 12*, 52-70.

Walker, E.H. (1973). Application of the quantum theory of consciousness to the problem of psi phenomena. In Roll, W.G, Morris, R.L., Morris, J.D. (Eds.), *Research in Parapsychology, 1972*. Scarcecrow Press.

Chapitre 12

Psi et physique quantique : un flirt heuristique ?

(Renaud Évrard et Jérémie Philippe)

Sommaire

La parapsychologie n'est qu'un des nombreux horizons fantastiques que nous révèle la physique moderne.

Olivier Costa de Beauregard,
La Physique moderne et les Pouvoirs de l'esprit (1980)

La physique quantique est un paradigme ayant émergé au début du XXe siècle dans le champ de la physique. Son point de départ est celui de quelques anomalies gênantes, refusant de s'intégrer aux modèles dominants. Celles-ci portaient notamment sur la nature ondulatoire ou corpusculaire de la lumière. Les implications de ces anomalies étaient telles qu'elles furent repoussées par une partie des scientifiques, même si plusieurs des pionniers de ce paradigme obtinrent des prix Nobel. Il faudra attendre les années 1980 pour que des preuves expérimentales viennent faire basculer la controverse. Même si la physique quantique demeure mal intégrée au reste du champ de la physique, poussant certains à proposer des théories unificatrices, elle est la théorie scientifique la plus efficace avec plus de quatre cents prédictions ayant donné lieu à des vérifications empiriques précises (Bobroff, 2020). Cette capacité à s'approcher de la vérité – et d'une vérité particulièrement étrange – en a fait un modèle de prédilection pour les parapsychologues.

Dans ce chapitre, nous examinerons quelques croisements historiques entre ces deux domaines, puis nous explorerons, à titre d'exemples, quatre modèles théoriques, qui coulissent les uns avec les autres : les théories observationnelles, le modèle de l'information pragmatique, la théorie quantique généralisée et le monisme à aspects complémentaires.

Des chercheurs évoluant dans des institutions scientifiques classiques développent actuellement une nouvelle vision du monde, basée sur une interaction et un équilibrage entre « esprit » et « matière », qui rend intelligibles et prévisibles les phénomènes psi ainsi que de nombreux autres phénomènes. Des travaux expérimentaux suggèrent d'ailleurs que les phénomènes psi pourraient s'appliquer au cœur même de la physique quantique classique, notamment dans les phénomènes d'intrication. Enfin, nous prendrons du recul pour examiner les limites du flirt entre ces deux champs complexes.

1. Aspects historiques

1.1 Rapprochement des hétérodoxies

Il est très tôt apparu aux concepteurs de la physique quantique que celle-ci réunissait des phénomènes très énigmatiques, dont les propriétés pourraient nécessiter de faire appel à l'action de « l'esprit », voire à la parapsychologie.

1.1.1. Réalisme et non-localisme

En premier lieu, les phénomènes quantiques semblent se jouer de l'espace et du temps, en présentant une forme de présence globale dont la meilleure description passe par un modèle statistique. Une particule apparaît ainsi comme à la fois ici et là – dans une forme « naturelle » de bilocation –, avec des probabilités différentes d'être à chaque endroit. Mais il y a une chance faible mais non nulle qu'elle puisse être théoriquement partout. Le repérage d'une telle particule *ubiquitaire* passe donc par une « fonction de probabilité » qui tranche avec les autres phénomènes, habituellement localisables dans un référentiel donné. Elle n'est donc plus à proprement parler une particule mais un « quanton », une unité de matière qui possède les propriétés d'une particule et d'une onde (Bunge, 1967). Le monde quantique souffre donc d'un défaut de *réalisme*, dont la résolution a un coût élevé : considérer que ces phénomènes transgressent le bloc espace-temps, soit un défaut de *localisme*.

1.1.2. Problème de la mesure et objectivité

En deuxième lieu, à partir du moment où l'on observe concrètement une telle particule, cela vient modifier sa nature « sauvage ». Elle est contrainte par le dispositif expérimental à n'opter que pour l'une de ses formes d'existence, une facette parmi les multiples à sa disposition, que ce soit par sa localisation ou ses autres propriétés. L'observateur ne peut donc plus prétendre être simplement objectif, puisque son intervention change drastiquement le phénomène qu'il prétendait accompagner : c'est le problème dit de la « mesure ». Il contraint à une « distinction entre un "réalisme local" de faits empiriques obtenus par les instruments de mesure classique [niveau épistémique] et un "réalisme holistique" de systèmes intriqués [niveau ontique] » (Atmanspacher & Primas, 2003). Autrement dit, il y aurait une réalité lointaine, voilée, à laquelle nous n'aurions pas immédiatement accès.

De la même manière que les *chiens* ont évolué à partir des *loups* en interaction avec les humains, les phénomènes quantiques tels que nous les connaissons sont le produit d'une interaction entre l'observateur et l'objet observé. Cette domestication du phénomène quantique est du même acabit que cette co-évolution qui fait que les *chiens* ne sont plus des *loups*. Dès lors, ce rôle indispensable donné à l'observateur a laissé place à toutes les spéculations : quelle part de l'humanité interfère avec le processus scientifique ?

Les principes essentiels de l'objectivité ont ainsi été mis à mal (D'Espagnat, 1976). Le réalisme concerne l'existence des choses indépendamment de la mesure ou de la perception, tandis que l'objectivité concerne la neutralité et l'absence de biais dans notre connaissance ou description de ces choses. Le réalisme a principalement des implications ontologiques, affirmant que certaines entités existent de manière indépendante. L'objectivité, en revanche, a des implications épistémologiques, se concentrant sur la manière dont la connaissance est acquise et exprimée. Ainsi, le réalisme peut être débattu dans le contexte de l'existence de phénomènes ou d'entités (par exemple, les quantons ont-ils des positions définies avant la mesure ?), tandis que l'objectivité peut être discutée en termes de méthodologie scientifique, d'interprétation des données, et de présentation des théories.

1.1.3. L'intrication

En troisième lieu, des particules qui ont interagi entre elles à un niveau quantique deviennent « jumelles ». Leurs destins sont solidaires. C'est le processus de *l'intrication* ou *enchevêtrement quantique* qui rend ces particules « non séparées ». Dès lors, la mesure de l'une d'elles se répercute instantanément sur l'autre, quels que soient les obstacles entre elles. Ni l'espace ni le temps ne peuvent empêcher cet écho. Le physicien Olivier Costa de Beauregard propose cette image : « Supposez que vous agitiez deux dés dans un cornet et que vous les lanciez sur la table. La surprise avec le phénomène [d'intrication] est qu'à chaque expérience, vous obtenez la même face sur chacun des dés. Si l'un montre le 6, l'autre montre le 6. Et si l'un montre le 5, l'autre montre le 5 » (Costa de Beauregard & Collery, 1981). Ce jumelage entre en contradiction avec tout ce que les physiciens avaient observé dans les manifestations classiques des phénomènes physiques, où les concepts de force, d'énergie, de vitesse et de masse déterminent des interactions répondant à certaines lois, dépendantes d'un cadre spatio-temporel précis. Le fossé entre physique classique et mécanique quantique était si grand qu'il n'a pas été pas nécessaire aux parapsychologues de revendiquer l'analogie avec les observations réalisées dans leur domaine. En effet, un physicien prix Nobel aussi célèbre qu'Einstein se représentait cette intrication comme un phénomène parapsychologique, parlant avec dédain d'« action fantomatique à distance » ou de « couplage télépathique » entre différentes parties de l'espace[1].

1.1.4. Le paradoxe EPR

En outre, Einstein, avec ses collègues Podolsky et Rosen, proposa en 1935 un défi, sous la forme d'une expérience de pensée, pour vérifier cette intrication paradoxale, dans un article qui deviendra ironiquement le plus cité de tous ceux écrits par Einstein. Le cœur du paradoxe EPR réside dans l'affirmation que si la mécanique quantique est complète, alors elle implique une sorte d'action à distance instantanée, ce qui semblait incompatible avec la théorie de la relativité restreinte d'Einstein, qui interdit toute transmission d'information à une vitesse supérieure à celle de la lumière. Einstein et ses collègues ont utilisé cet argument pour soutenir l'existence de « variables cachées » qui détermineraient les propriétés des particules d'une manière prévisible, préservant ainsi une forme de déterminisme classique face à l'indéterminisme quantique (les résultats des mesures quantiques ne sont pas prédéterminés mais sont influencés par l'acte de mesure lui-même).

La publication de cet article a déclenché un vif débat, principalement avec Niels Bohr, l'un des pères fondateurs de la mécanique quantique. Bohr défendait la complétude et la cohérence de la mécanique quantique, arguant que le paradoxe EPR reposait sur une compréhension erronée des principes de la physique quantique, notamment la complémentarité et l'indétermination.

1. En allemand, *spukhafte Fernwirkungen* fait référence au *Spuk*, qui désigne davantage l'action intentionnelle et concrète d'un *poltergeist* (voir chap. 7) que l'apparition évanescente d'un fantôme (Lettre d'Einstein à Max Born, 3 mars 1947). Pour une synthèse sur Einstein et la parapsychologie, voir Kugel (2008).

Ce débat philosophique et scientifique entre les partisans d'une vision déterministe de la physique, qui préconisaient l'existence de variables cachées pour expliquer les phénomènes quantiques, et les défenseurs de l'interprétation orthodoxe de la mécanique quantique, a persisté jusqu'à ce que les avancées technologiques des années 1970 rendent possible la réalisation d'expériences pour tester les prédictions de l'intrication quantique. Ces expériences, notamment celles menées à partir des équations formulées par le physicien John Bell et d'autres, ont finalement apporté un soutien expérimental solide à la mécanique quantique, confirmant l'existence de l'intrication quantique et réfutant l'hypothèse des variables cachées locales, tout en ouvrant de nouvelles voies de recherche en physique fondamentale et en technologies quantiques.

1.1.5. Évolutions dans la deuxième moitié du XXe siècle

Après la Seconde Guerre mondiale, les controverses autour de l'interprétation de la physique quantique leur donnèrent un statut marginal (Marin, 2009 ; Kaiser, 2011). Malgré ces confrontations idéologiques, la physique quantique a continué à être au cœur des avancées scientifiques et technologiques. Elle a connu des avancées majeures, comme le développement de l'électrodynamique quantique (QED) par Richard Feynman, Julian Schwinger, et Sin-Itiro Tomonaga. Elle a été importante pour comprendre les interactions entre la lumière et la matière. Ce travail a non seulement consolidé le cadre de la physique quantique mais a également valu à ses contributeurs le prix Nobel de physique en 1965. Elle a été à la base de technologies révolutionnaires telles que les transistors et les circuits intégrés, qui ont jeté les bases de l'ère de l'information et de l'électronique moderne. Ces applications pratiques témoignent de l'importance et de l'intégration de la physique quantique dans le tissu même du progrès technologique et économique après-guerre.

La période d'après-guerre a vu la création de nombreux instituts et programmes de recherche dédiés à la physique quantique, ce qui indique son importance institutionnelle et son financement continu. Les gouvernements et les industries ont reconnu la valeur de la recherche quantique, conduisant à des investissements importants. Elle est devenue une partie intégrante de l'enseignement de la physique à tous les niveaux, des cours de premier cycle aux programmes de doctorat, d'où son importance fondamentale dans la formation des physiciens.

Toutefois, plutôt que de se laisser séduire par ses perspectives théoriques révolutionnaires, beaucoup de physiciens ont adopté le principe « tais-toi et calcule ». Dans les années 1940 et 1950, David Bohm, un associé d'Einstein et d'Oppenheimer à Princeton, continuait à travailler sur le sujet en développant des interprétations non orthodoxes. Mais il fut licencié et traité en paria. Il se rapprocha ensuite de la parapsychologie expérimentale mais aussi des idées de Krishnamurti (Atmanspacher & Rickles, 2022).

Dans les années 1970, l'intérêt pour la physique quantique refit surface, notamment grâce aux activités développées au sein du *Fundamental Fysiks Group* au Laboratoire Lawrence Berkeley. Ce groupe avait également un intérêt explicite pour la synchronicité jungienne et les phénomènes paranormaux (Kaiser, 2011, p. 67). Plusieurs d'entre eux contribuèrent à la parapsychologie (Elizabeth Rauscher, Henry Stapp, Saul-Paul Sirag, Alan Wolf et Jack Sarfatti).

Le groupe est parvenu à diffuser ses idées auprès d'un large public et a stimulé un réel intérêt pour la physique théorique. Mais ils étaient confrontés à une stigmatisation de la part de leurs pairs (Kaiser, 2011, p. 46). David Kaiser (2011) retrace cette histoire avec ce titre ironique : *Comment les Hippies ont sauvé la physique*. Encore dans les années 2010, plusieurs physiciens, dont le prix Nobel Brian Josephson, ont été désinvités d'une conférence pour la simple raison qu'ils s'intéressaient explicitement à la parapsychologie.

Nous retraçons ci-dessous la trajectoire de trois physiciens quantiques ayant contribué à la parapsychologie, ainsi que certaines étapes tangibles de ce rapprochement.

1.2 Wolfgang Pauli

Parmi les premiers physiciens quantiques qui se sont occupés de parapsychologie, le nom de Wolfgang Pauli (1900-1958) sonne comme une évidence. Le prix Nobel de physique 1951 s'est rapproché de Carl Gustav Jung (1875-1961), le célèbre « psychologue des profondeurs », en lui permettant notamment d'analyser ses rêves. Leur dialogue est le point de départ de la conjecture Pauli-Jung, dont le cœur est une théorisation des vécus de coïncidences significatives.

Illustration imaginaire d'une « coïncidence significative » ou « synchronicité »

Imaginons une personne, que nous nommerons Alex, qui travaille sur un projet de recherche portant sur un sujet peu connu et spécifique dans le domaine de la physique théorique. Alex est confronté à un obstacle majeur dans ses recherches, ne parvenant pas à trouver la pièce manquante qui lierait ensemble toutes ses observations et théories. Un soir, lors d'un dîner en ville avec des amis qui n'ont aucune relation avec son domaine de recherche, l'un d'eux, sans connaissance préalable du dilemme d'Alex, raconte une anecdote personnelle. Cette histoire, apparemment sans rapport, contient une métaphore ou une idée très spécifique qui éclaire soudainement Alex sur la solution à son problème de recherche.

Cette synchronicité, selon Jung, ne se réduit pas à une coïncidence aléatoire ni à une simple illusion psychologique. Elle illustre plutôt un alignement significatif entre un état interne (le dilemme de recherche d'Alex) et un événement externe (l'anecdote racontée par l'ami), qui ne sont pas connectés par une causalité matérielle directe mais par un sens profond. Pour Jung, ce phénomène dépasse l'idée d'illusion car il suggère l'existence d'un ordre ou d'un lien sous-jacent entre les événements psychiques et physiques de l'univers, une sorte de principe organisateur qui relie le matériel et l'immatériel à travers le sens plutôt que la cause.

Dans cet exemple, la synchronicité n'est pas une simple coïncidence ou le produit de l'illusion psychologique d'Alex. Au contraire, elle représente un moment de prise de conscience où du sens est perçu, dépassant les limites de la causalité matérielle.

Même si les « synchronicités », selon le terme employé par Jung, rassemblent deux événements par le « sens » et non par une cause matérielle, il n'était pas question pour eux de tout ramener à un phénomène psychologique d'illusion. La synchronicité leur semblait plutôt reposer sur des processus psycho-physiques, c'est-à-dire faisant appel à une part de la réalité où le psychique et le physique sont connectés, quand bien même leurs expressions visibles nous montrent habituellement deux aspects distincts. Ils cherchaient à discerner comment la « signification » pouvait devenir un attracteur rassemblant des éléments d'un système autrement séparés, tels que les univers mentaux de deux individus (télépathie) ou un élément mental et un événement matériel (dans les autres formes de perception extrasensorielle et de psychocinèse).

Jung et Pauli étaient motivés par les nombreuses expériences exceptionnelles qu'ils avaient personnellement vécues, Pauli ayant notamment la réputation de détraquer tous les appareils électriques dont il s'approchait, si bien que ses collègues laborantins redoutaient sa présence. La lecture de leur correspondance servit d'incubateur à la théorie quantique généralisée qui allait en émerger (Atmanspacher, Primas & Wertenschlag-Birkhäuser, 1995 ; Primas, 1996 ; Atmanspacher & Primas, 2009 ; *cf.* infra).

1.3 Pascual Jordan

Le physicien allemand Pascual Jordan (1902-1980) était un spécialiste de physique théorique à Rostock et Hambourg, où il prit la suite de Pauli avec lequel il avait publié plusieurs articles. Il a également pris en compte l'inconscient collectif et a formulé ses hypothèses dans le livre dont le titre peut se traduire par *Refoulement et complémentarité* (1947). Il considérait la capacité de télépathie comme l'une des transgressions les plus frappantes des lois qui régissent le fonctionnement de l'espace. De la même manière, la précognition prouvait selon lui la relativité de l'image du temps.

Dans sa perspective physique, ces phénomènes montreraient que l'émetteur et le récepteur d'une télépathie vont considérer le même objet en se situant dans un même espace au même moment, « tout comme les personnalités conscientes A et B pourraient avoir une expérience commune à l'état d'éveil » (Jordan, 1947, p. 78-81). Le processus télépathique correspondrait à cette faculté de faire une *expérience commune* dans l'inconscient.

Illustration d'une « télépathie quantique »

Imaginons deux chercheurs, Alice et Bob, qui travaillent sur un projet complexe dans deux laboratoires différents, séparés par une grande distance. Un soir, alors qu'Alice est profondément concentrée sur un problème spécifique du projet, elle pense à une solution innovante, mais décide d'attendre le lendemain pour en discuter avec Bob. Au même moment, sans avoir eu de contact préalable avec Alice sur cette idée spécifique, Bob se réveille soudainement au milieu de la nuit avec une pensée claire concernant la même solution au problème. Le lendemain, lorsqu'ils communiquent, ils comprennent qu'ils ont eu la même idée en même temps.

→

→ Selon Jordan, cet exemple de télépathie illustre comment l'émetteur (Alice) qui travaille activement sur le problème et le récepteur (Bob) qui dort ont partagé une expérience commune (la solution au problème) sans interaction physique directe, se situant dans un même « espace » conceptuel au même moment. Pour Jordan, ce phénomène suggère une transgression des lois conventionnelles de l'espace, car il implique une forme de communication ou de partage d'informations qui dépasse les limites physiques habituelles. De même, la simultanéité de leur réalisation remet en question l'image traditionnelle du temps.

Dans leur correspondance, Jung et Pauli commentent cette conception : « On pourrait tout aussi bien retourner cette phrase et dire que dans l'"espace" inconscient, le récepteur et l'émetteur sont un même et un unique sujet » (Lettre de Jung à Pauli, 29 octobre 1934 ; in Meier, 2000, p. 25-26). Plutôt que d'avoir un espace inconscient absolu dans lequel une infinité d'observateurs observent un seul et même objet, les observateurs *communieraient* dans l'inconscient collectif pour n'en former qu'un seul qui observe une infinité d'objets. En symétrie de la non-localité des objets quantiques, il y aurait donc une forme de pluri-localité des sujets inconscients.

1.4 Costa de Beauregard

Élève du prix Nobel Louis de Broglie, Olivier Costa de Beauregard (1911-2007) fut l'un des plus brillants théoriciens de la physique de sa génération[1]. Cependant, il a osé prétendre que les lois de la physique, en particulier celles dégagées par la physique quantique, n'étaient plus du tout incompatibles avec les phénomènes parapsychologiques (Costa de Beauregard, 1998). Mieux encore, des phénomènes porteurs de paradoxes temporels, tels que la précognition (voir chap. 4) et la rétropsychocinèse (*cf.* infra), paraissaient même être des confirmations expérimentales de son interprétation de l'espace-temps et de la physique de l'information.

À partir de 1951 (Nicolini, 1993, p. 200), Costa de Beauregard s'interroge sur la parapsychologie. Il le fait d'abord discrètement – donnant des conférences secrètes, par exemple à l'IMI en 1970, ou publiant dans la revue du GERP sous le pseudonyme en miroir inversé de I.E. Xodarap – mais, de concert avec son grand ami le biologiste Rémy Chauvin, il commence à tomber le masque dans les années 1980 (Évrard, 2016). Plusieurs de ses ouvrages traitent de ses idées dites « exotiques » (Costa de Beauregard, 1963, 1980, 1988).

Selon Beauregard, la physique quantique infligeait une sorte de blessure narcissique au modèle classique, puisqu'elle ramenait « le monde réel » à une approximation et une illusion. « *L'axe des réels*, comme disent les algébristes, est quelque chose de bien plus fruste que le

1. Voir le site de la Société Olivier Costa de Beauregard, présidée par Évelyne Costa-Trisch : *http://www.costa-de-beauregard.com/fr/*.

plan des complexes où se joue la mécanique quantique » (Costa de Beauregard, 1988, p. 67 ; ses italiques). Puisque les nombres complexes sont également dits « imaginaires », on retrouve ici la distinction réel/imaginaire reprise dans le modèle de François Favre (voir chap. 11). L'axe des réels représente les grandeurs mesurables directement et intuitivement, comme la distance ou la masse. En revanche, le plan des complexes, incorporant à la fois les nombres réels et imaginaires, doit être utilisé de façon nécessaire en mécanique quantique montrant ainsi que les phénomènes ne se prêtent pas à une description entièrement réaliste ou directement observable.

La *fonction d'onde* ne devait pas être pensée de manière réaliste puisqu'elle n'est rien de plus qu'une « essence d'information », à partir de laquelle on peut calculer des valeurs probables des propriétés physiques. En d'autres termes, ce que nous considérons comme la réalité objective est en fait une construction ou une illusion, dérivée de notre interaction avec le monde à une échelle que nos sens et nos instruments classiques appréhendent, masquant ainsi la complexité et l'étrangeté fondamentales de l'univers quantique.

Illustration de la fonction d'onde

Considérons l'exemple de l'expérience de double fente avec une particule élémentaire, comme un électron. Dans cette expérience, un électron est tiré vers un écran avec deux fentes ouvertes, et derrière les fentes, un détecteur enregistre où l'électron arrive sur l'écran.

La fonction d'onde de l'électron décrit mathématiquement toutes les positions potentielles que l'électron pourrait occuper après avoir traversé les fentes, en utilisant des nombres complexes pour exprimer les probabilités associées à ces différentes positions. Avant la mesure, la fonction d'onde suggère que l'électron a la possibilité de passer par l'une ou l'autre fente, ou même par les deux à la fois, dans un état de superposition quantique.

Lorsque l'électron atteint le détecteur, la mesure « effondre » la fonction d'onde, réduisant toutes les potentialités à une seule réalité observable : la position précise de l'électron sur l'écran. Avant cette mesure, les propriétés de l'électron (comme sa position) ne sont pas définies de manière concrète mais sont plutôt exprimées à travers des probabilités calculées à partir de la fonction d'onde.

Cet exemple illustre comment la fonction d'onde, en tant qu'outil mathématique faisant appel à des nombres complexes, permet de naviguer dans le monde non intuitif de la mécanique quantique, où les propriétés physiques n'acquièrent une valeur définie que lors de l'observation. La fonction d'onde transcende donc la distinction réel/imaginaire en offrant une représentation probabiliste et fondamentalement abstraite de la réalité physique.

Lorsqu'en 1982, la physique quantique obtient, grâce au Français Alain Aspect, la preuve qui lui manquait pour imposer la notion d'intrication, l'exotisme de ses idées prend plus de consistance, sans toutefois constituer un modèle complet réalisant le rêve d'expliquer le psi uniquement par la physique (D'Espagnat, 1981, p. 125-126). Or il se trouve que Costa de Beauregard a affirmé être pour quelque chose dans cette découverte (Caron, 1988), puisqu'il avait orienté le jeune Aspect vers l'expérimentation permettant de tester cette idée folle de corrélations indépendantes de l'espace et du temps, d'une « télépathie de la matière ». Aspect, récompensé en 2022 du prix Nobel de physique, avait néanmoins déjà publié en 1976 une proposition – passée inaperçue – pour tester la non-séparabilité.

Costa de Beauregard défend également une théorie de l'information, en intégrant ses deux faces introduites par Aristote[1] et redécouvertes par la cybernétique : *l'information-organisation* et *l'information-connaissance*. En quelque sorte, la psyché *encode* la matière en « préparant » le système, par le biais de l'information-organisation, tandis que la matière *décode* l'information-connaissance par le processus de la mesure. Le physicien concevait dès lors l'action de la *matière* sur la *psyché* (soit une acquisition de connaissances) comme le symétrique de l'action de la *psyché* sur la *matière* (soit la psychocinèse) (Costa de Beauregard, 1998). Ainsi, n'importe quel gain de connaissances impliquerait une action « psi » d'organisation à un niveau microscopique.

Illustration des deux faces de l'information

Imaginons une expérience où un individu tente d'influencer le résultat d'un générateur de nombres aléatoires (GNA) par la pensée. Avant l'expérience, la psyché de l'individu « prépare » le système, c'est-à-dire le GNA, en se concentrant sur une issue spécifique, par exemple en visualisant une séquence de nombres particulière (des suites de 1 plutôt que de 0). Cet acte de visualisation représente *l'information-organisation*, où l'intention de l'esprit structure préalablement le champ des possibles du système matériel.

Lorsque le GNA fonctionne et génère effectivement une séquence de nombres, le processus de mesure (le résultat généré par le GNA) permet à la matière de « décoder » et de manifester *l'information-connaissance*. Si la séquence de nombres obtenue correspond significativement à celle visualisée par l'individu, cela pourrait être interprété comme un exemple où la matière a décodé l'information et répondu à l'organisation préalable par la psyché.

Dans ce cadre, l'action de la psyché sur la matière (la tentative d'influencer le GNA) peut être vue comme symétrique à l'action de la matière sur la psyché : lorsque l'individu perçoit le résultat du GNA, cela influence sa connaissance et peut-être sa croyance en la possibilité de la psychocinèse, constituant ainsi une acquisition de connaissances par l'interaction avec la matière. Ce modèle illustre un échange bidirectionnel entre l'esprit et la matière, suggérant une interconnexion fondamentale à travers le langage de l'information.

1. Aristote n'a pas directement parlé d'information dans le sens moderne. L'information-organisation peut être vue comme un écho à la notion d'*entéléchie* d'Aristote, qui désigne la réalisation complète ou l'état final d'un être, où toutes ses capacités sont pleinement réalisées. En termes modernes, cela correspond à la structuration ou l'organisation intrinsèque d'un système qui lui permet d'atteindre un certain but ou fonction. Cela peut être appliqué à des systèmes biologiques, mécaniques ou informatiques, où l'information structurelle détermine l'organisation et le fonctionnement du système.
L'information-connaissance, ferait écho à la notion de *dynamis* (potentiel), impliquant la capacité ou le potentiel d'un système à changer ou à réaliser certaines fonctions. Cela peut être interprété comme la capacité d'un système à acquérir, stocker et utiliser l'information pour guider ses actions ou ses transformations.

Sa conception de l'espace-temps était également symétrique : « Tout change si le temps est pensé comme "étendu en acte", et donc le futur comme ni plus ni moins "existant" que le passé. Du coup, une "cause efficiente" sise dans le passé, et une "cause finale" sise dans le futur ont exactement le même statut » (Costa de Beauregard, 1988, p. 129). En d'autres termes, cette position suggère que l'intention et l'action de l'esprit sur un événement futur peuvent rétroactivement influencer le déroulement et l'issue des événements passés, remettant en question la linéarité et la causalité classique du temps.

Cela l'amenait à considérer un déterminisme final, exemplifié selon lui par la psychocinèse qui serait toujours une rétropsychocinèse :

> « L'observateur capable d'amener, dans la chute d'un dé, le 6 plutôt qu'une autre face, influence certainement le cours de la chute en amont du résultat finalement affiché. De même, l'observateur regardant l'affichage final du signal émanant d'un générateur aléatoire doit influencer le signal lui-même, avant amplification, c'est-à-dire dans le passé de ce qu'il voit » (Costa de Beauregard, 1988, p. 135-136).

Du fait de ses prises de position, Costa de Beauregard a souffert d'une réputation de savant ayant dérivé vers l'irrationnel (Terré-Fornacciari, 1991).

1.5 Histoire de colloques

En 1974, la Parapsychology Foundation organise son congrès annuel sur le thème « Physique quantique et parapsychologie ». Celui-ci a été suggéré l'année précédente par l'essayiste Arthur Koestler qui partageait cette impression générale selon laquelle « les apparentes absurdités de la physique quantique [...] rendaient les apparentes absurdités de la parapsychologie un peu moins grotesques et plus digestes » (Koestler, in Oteri, 1975, p. 268). Koestler (in Oteri, 1975, p. 269) rappellera le reproche fait par Niels Bohr à Wolfgang Pauli : « Votre modèle est fou, mais le problème est qu'il ne l'est pas assez. » En d'autres termes, la critique suggère que malgré son apparence non conventionnelle, le modèle de Pauli partage des similitudes fondamentales avec les principes acceptés de la physique quantique, impliquant que sa « folie » pourrait en réalité refléter une compréhension profonde et rationnelle de la nature, similaire à celle qui sous-tend la physique quantique elle-même. Ces statuts hétérodoxes facilitaient le rapprochement entre les deux champs.

Les participants et les observateurs présents lors de cette conférence alimentèrent un véritable rapprochement des deux champs : le physicien anglais Ted Bastin, le philosophe indien C.T.K. Chari, Olivier Costa de Beauregard, le physicien Gerald Feinberg (qui proposa que les phénomènes paranormaux soient supportés par les tachyons, d'hypothétiques particules plus rapides que la lumière), l'astronome amateur russe V. Axel Firsoff, les physiciens américains Harold Puthoff, Russell Targ et Evan Harris Walker, le physicien allemand Helmut Schmidt (émigré aux États-Unis) et le philosophe sud-africain J.H.M. Whiteman. Parmi les observateurs, certains sont connus par leurs futures contributions : Scott Hill, Arthur Koestler, Walter von Lucadou, Richard D. Mattuck et Charles Panati. Les actes du colloque intègrent les discussions qui ont cours à la fin de chaque exposé. Elles montrent que, même si les approches sont très hétéroclites, il y a une intuition commune d'une convergence entre les deux champs qui peut être vérifiée sur le plan expérimental.

Malheureusement, le public et les critiques ne gardèrent à l'esprit qu'un autre colloque organisé par France Culture à Cordoue en 1979 qui, lui, était ouvert au public. Intitulé « Science et conscience. Les deux lectures de l'univers », il fut considéré comme une collusion regrettable entre le champ scientifique et certaines aspirations spirituelles. Parmi les intervenants physiciens, on retrouve Costa de Beauregard, accompagné du prix Nobel Brian D. Josephson (récompensé en 1973 pour sa découverte de certains effets quantiques), mais aussi Fritjof Capra, David Bohm et Richard D. Mattuck. À partir de ce colloque, un engouement démesuré fait de la physique quantique un allié de toutes les théories et pratiques ésotériques, dans un mélange des genres faisant l'objet de dénonciations (Vigier, 1981).

1.6 Ébullition théorique

En 1979 parut un numéro important de la revue *Psychoenergetic Systems* (vol. 3), comportant une pleine section consacrée aux théories du paranormal. La moitié d'entre elles empruntent entre autres à la physique quantique. Le physicien américain Evan Harris Walker (1979) démontra d'abord que les explications électromagnétiques ne pouvaient être appliquées pour rendre compte des phénomènes psi. En multipliant les équations, il en vint à proposer que le cerveau mobiliserait des phénomènes quantiques qui, en manipulant une certaine densité d'informations, opéreraient sur le monde extérieur. Cette spéculation n'est toujours pas étayée scientifiquement ; il y aurait des études sur la « cognition quantique », sans que celle-ci soit nécessairement sous-tendue par des propriétés quantiques véritablement instanciées (Busemeyer & Bruza, 2012).

Ce modèle est transposé par Richard Mattuck (1979) sous la forme d'une élaboration plus précise, donnant lieu à une formulation mathématique : la psychocinèse ne transférerait pas une énergie sur un système physique, mais utiliserait l'énergie déjà présente sous la forme de « bruit thermique », c'est-à-dire les fluctuations aléatoires de l'état du système, à partir des mouvements des molécules associés à la chaleur. L'esprit identifierait et sélectionnerait alors les états faiblement probables qui donneraient lieu à l'effet désiré. En passant par le registre informationnel, les déplacements inexpliqués d'objets deviendraient « proportionnés » et ne violeraient pas la loi de conservation de l'énergie.

Dans le même numéro, Klaus Kornwachs et Walter von Lucadou (1979) emploient la théorie des systèmes et le formalisme de la physique quantique pour repenser les mêmes phénomènes à partir de variations des distributions de probabilité dans des systèmes complexes. Là encore, le passage au quantique correspond à une analyse du psi comme « information » et non comme

« force ». Ce modèle se développera encore par la suite sous le nom de *modèle de l'information pragmatique*, sur lequel nous allons revenir plus loin.

Ce numéro de *Psychoenergetic Systems* n'est qu'un des exemples de l'ébullition intellectuelle de cette époque, favorisée par le rapprochement entre physique quantique et parapsychologie.

2. Théories quantiques du psi

Le philosophe et psychologue William James reconnaissait déjà l'impossibilité d'expliquer la conscience et les phénomènes associés dans le cadre de la physique classique (Stapp, 2007). Même s'il avait en tête que les concepts scientifiques étaient « provisoires et révisables », les alternatives n'étaient pas encore disponibles à son époque. L'émergence de la mécanique quantique au début du XXe siècle a fait trembler les fondations de la physique en ouvrant la voie à de nouvelles conceptions de la nature.

2.1 Les théories observationnelles

Dans les années 1970, le problème de la mesure en physique quantique va nourrir le soupçon que la conscience opère dans le processus de « collapse de la fonction d'onde ». En d'autres termes, cette perspective suggère que l'acte de mesurer ou d'observer un système quantique n'est pas simplement un acte passif qui révèle l'état du système, mais un acte qui affecte matériellement l'état du système, où la conscience de l'observateur joue un rôle dans la détermination de l'état dans lequel le système se « fige » après la mesure. Toutefois, toute une série d'arguments s'opposent à l'intervention de la conscience dans la mesure (Bitbol, 2000). Les parapsychologues vont prolonger les tergiversations théoriques de certains physiciens en passant à la phase expérimentale. En effet, la prédiction théorique d'une psychocinèse sur des cibles préenregistrées (Walker, 1973 ; Millar, 1978) a été confirmée expérimentalement (Bierman & Houtkooper, 1975), ce qui a ouvert la voie à une nouvelle théorisation. Ces recherches ont non seulement soutenu l'idée que l'esprit peut influencer la matière sans interaction physique directe, mais elles ont également ouvert la porte à des cadres conceptuels avancés et novateurs pour comprendre comment de telles interactions pourraient se produire. Les théories observationnelles (TO) formalisent donc pour la première fois l'idée selon laquelle la rétrocausalité est une part intrinsèque du psi.

2.1.1. La rétropsychocinèse

Les expérimentations sur les cibles préenregistrées ont été réalisées par le physicien allemand Helmut Schmidt, émigré à Seattle, en parallèle d'une correspondance avec l'ingénieur français Pierre Janin (1976). Avec les débuts de l'informatique, on pouvait demander à un ordinateur de récolter les données émises par un GNA électronique (sur cet appareil, voir chap. 5), de les enregistrer en double exemplaire et même de convertir ces données sous forme de sons, et tout cela sans qu'aucun « observateur humain » n'ait à intervenir dans le processus. Ainsi, Schmidt produisait des données codées sur bande magnétique, et plaçait l'un des exemplaires dans un coffre et l'autre exemplaire – rigoureusement identique – était utilisé pour l'expérience. Il installait ensuite un casque audio sur la tête d'un sujet en lui demandant d'influencer la sortie des sons. Comme le GNA ne produit que des 0 et des 1, Schmidt associa par exemple le 0 à un son qui serait émis du côté gauche dans le casque, et le 1 du côté droit. Le sujet devait par exemple choisir d'entendre le plus de sons possibles à droite – ce qui devait correspondre au final à une séquence de données montrant significativement plus de 1 que de 0. Ce que le sujet ne savait pas toujours, et qui fait toute la saveur de la chose, c'est que la séquence magnétique qu'il écoutait n'était qu'un « play-back ». La séquence qu'il tentait d'influencer avait déjà été totalement matérialisée, et son jumeau résidait d'ailleurs en sûreté dans le coffre. En analysant seulement après l'expérience le nombre de 0 et de 1 dans les données préenregistrées extraites du coffre, et en le comparant à l'intention du sujet émise du futur, Schmidt obtint des effets statistiquement significatifs de « rétropsychocinèse ». Les réplications montrent que ce phénomène obtient des résultats égaux voire meilleurs que pour la psychocinèse dans le présent (Bierman & Whitmarsh, 2006).

Schmidt interprétait ces résultats selon un élégant modèle « mathématique » : *les probabilités d'événements aléatoires ont été biaisées à travers l'observation d'un sujet lors de l'expérimentation.* Ce principe est appelé la « hiérarchie de von Neumann » (d'Espagnat, 1976), soit le fait de placer « la conscience » à un niveau de réalité supérieur à celui du monde quantique. Ainsi, plutôt qu'une « causalité à rebours », il s'agit plutôt de postuler que les événements aléatoires qui n'avaient pas encore été observés étaient dans un état indéterminé. Leur statut définitif dépendait donc de l'observation, d'où le terme de *théories observationnelles* (TO ; Houtkooper, 1977). L'axiome central est que « du fait de la mécanique quantique, l'acte d'observation par un observateur motivé d'un événement dont le résultat est incertain influence ce résultat » (Houtkooper, 2002, p. 178). Un observateur motivé est ici un observateur ayant une préférence consciente ou inconsciente pour l'un des résultats par rapport à tous ceux qui sont possibles.

Selon cette perspective, compatible avec la physique quantique, les relations causales ordinaires entre des événements peuvent être maintenues, mais le coût pour le faire est d'abandonner le « réalisme » : *les événements non observés ne sont pas encore réels.* Ils ne le sont que « potentiellement » et doivent être « actualisés » (Lupasco, 1979 ; Beigbeder, 1977).

2.1.2. L'endophysique

Une forme de TO est l'endophysique, développée par von Finkelstein, Rössler et Primas. Son but est de prendre systématiquement en compte le rôle de l'observateur par rapport au domaine observé, bien qu'il soit toujours admis qu'un monde sans observateur (humain) puisse exister. De ce point de vue, de nombreuses difficultés conceptuelles concernant l'interprétation de la physique quantique peuvent être évitées. Les effets psi sont considérés alors comme des « effets observateurs » quantiques.

Walter von Lucadou (1994) trouve crucial de distinguer *au moins deux niveaux différents de description* d'un système complexe. L'*endoperspective* concerne le point de vue d'un participant au système, qui a accès à des informations tout à fait différentes de ce qu'un observateur extérieur pourra extraire du système sous forme de résultats. L'*exoperspective* où se trouve l'observateur – par exemple l'expérimentateur – conduit à une description différente du système.

La frontière entre l'endo- et l'exoperspective est représentée dynamiquement par la « clôture organisationnelle ». Celle-ci est définie par Varela (1981) comme une frontière générée par les interactions récursives entre les composants d'un système. Elle décrit donc une propriété d'auto-stabilisation par conservation des intrications entre les éléments.

Pour proposer une métaphore de la clôture organisationnelle, prenons Alice et Bob qui forment le système « les Amoureux » s'ils ont de manière répétée des interactions positives, exclusives et intimes. Ils ne seraient plus totalement des « amoureux » au sens classique s'ils n'interagissaient jamais ensemble ; si ces interactions, au lieu de les attirer l'un vers l'autre, les repoussaient ; ou si des tiers s'infiltraient dans leur intimité de couple. La « clôture organisationnelle » n'est ainsi pas établie de manière tangible et irrémédiable, mais se façonne par rapport à la dynamique des éléments au sein et à l'extérieur du système.

Pour Primas (1992), l'endosystème est parfaitement clos sans observateur. Si un observateur intervient, il brise cette enveloppe et amène une *partition du système* en une partie observée et une partie observante. Le monde de l'observateur et de ses moyens de communication prend le nom d' « exosystème ».

Par rapport à la physique quantique, cette double perspective recoupe une distinction entre ontique et épistémique appuyée par les travaux d'Atmanspacher et Primas (2005 ; leurs italiques) :

> « L'endophysique quantique s'occupe de l'aspect *ontique* de la physique quantique, tandis que l'exophysique quantique se charge de l'aspect *épistémique*. L'endophysique inclut les lois universelles et décrit ce qui est vraiment objectif, c'est-à-dire ce qui est indépendant de l'homme. *L'exophysique est dépendante du contexte*, ayant à faire avec la perception, l'observation et la mesure. Une variable opérationnelle de l'exophysique doit supposer la présence d'un expérimentateur, d'un observateur et d'un système de mesure. Au contraire, il n'y a guère besoin dans l'endophysique quantique d'une différenciation sujet-objet, si bien que l'endophysique ne s'occupe que de l'étant et pas du mesuré. »

Au final, ces deux manières d'appréhender le monde quantique viennent redoubler ce que certains chercheurs interprètent comme une partition fondamentale de la *physis*.

2.1.3. Préparation, feedback et divergence

Les travaux en parapsychologie interpellent certaines bases du modèle expérimental : où commence et où s'arrête une expérience ? Les TO mettent en avant trois aspects du problème : la *préparation*, le *feedback* et la *divergence*. En effet, l'observation ne commence pas avec la *mesure*. La manière même de préparer le système afin d'en capter les effets conditionne déjà l'observation. La « préparation » étend donc le champ d'influence du scientifique bien en amont de ce qu'il pensait devoir lui revenir.

Les TO octroient également une forte importance au « feedback », par lequel l'expérience (parapsychologique) est « bouclée ». Le sujet et/ou l'expérimentateur reçoit par ce biais la confirmation qu'un essai est un succès ou un échec. Dans les expérimentations employant un processus aléatoire et une analyse statistique, les étapes intermédiaires de production du psi sont « invisibles ». Leur but est de trouver la cible du bon côté ou que survienne un événement préférentiel, comme un dé tombant sur la bonne face, une animation informatique ludique, etc. C'est ce résultat qui donne un sens à l'expérience pour le sujet, conformément à la consigne qui a préparé toute l'opération. Dans les TO, ce feedback ne devient pas seulement une « récompense » mais un processus de plus grande importance : une fin qui rétrodétermine les moyens inconsciemment mis en œuvre.

Dans sa thèse, le néerlandais Joop Houtkooper (1983) (voir aussi Houtkooper, 2002) réalise plusieurs expérimentations à partir des théories observationnelles. Il n'a pas choisi une interprétation plutôt qu'une autre, et montre bien tout l'intérêt d'étudier toutes les hypothèses en même temps. Il expose aussi comment, en manipulant le « feed-back » que reçoit le sujet, le nombre de fois où la cible est influencée/observée ainsi que le type d'observations, on arrive à produire toute une gamme de protocoles permettant de progresser sur un plan théorique.

Illustrations des théories observationnelles

Imaginons une série d'expériences parapsychologiques destinées à tester la capacité d'un sujet à influencer le résultat d'un événement aléatoire, tel que le lancer d'un dé. Les expériences varient selon trois paramètres principaux mentionnés par Houtkooper : le feedback, la fréquence d'observation/influence et le type d'observation.

Manipulation du feedback : dans une expérience, le sujet est immédiatement informé du résultat de chaque lancer (feedback direct), tandis que dans une autre, l'information est retardée ou non fournie (feedback nul ou différé). Cette variation permet d'étudier l'impact du feedback sur la capacité perçue du sujet à influencer l'événement.

Variation de la fréquence d'observation/influence : une série d'expériences pourrait varier le nombre de fois où le sujet tente d'influencer le résultat du dé. Dans certains cas, le sujet se concentre sur chaque lancer individuellement ; dans d'autres, il se concentre sur le résultat global de plusieurs lancers. Cette approche permet d'examiner si la fréquence de l'intention modifie l'efficacité perçue de cette influence.

Type d'observation : les expériences pourraient également varier selon le type

→

→

d'observation. Par exemple, dans une situation, le sujet observe le lancer directement et en temps réel. Dans une autre, il reçoit une représentation abstraite du résultat (par exemple, une animation informatique). Cette variation cherche à déterminer si la manière dont l'information est présentée au sujet affecte son influence perçue sur l'événement.

Imaginons une expérience où le sujet (le récepteur) est assis devant un écran d'ordinateur qui affiche aléatoirement l'une des images possibles du jeu de cartes de Rhine. L'expérimentateur (dans une autre pièce et sans aucun contact direct avec le sujet) tente de « transmettre » à quel moment l'image spécifique (par exemple, l'étoile) apparaîtra sur l'écran. Le sujet a pour consigne de se concentrer pour influencer l'apparition de l'étoile plus fréquemment que ce que le hasard permettrait.

Conformément aux idées de Houtkooper, l'expérimentation est conçue non seulement pour observer si le sujet peut influencer la fréquence de l'apparition de l'étoile mais aussi pour étudier comment le feedback reçu par le sujet influence ses capacités psi. Par exemple, après chaque série d'essais, le sujet reçoit un feedback qui n'est pas simplement une confirmation du succès ou de l'échec (comme dans le modèle de Rhine) mais qui peut aussi varier en termes de nature (positif, négatif, neutre) et de timing (immédiat, retardé, aucun).

Si, par manipulation du feedback, on observe une variation significative dans les performances du sujet, cela suggère que le processus psi n'est pas seulement une question de transmission de signal, mais implique également la manière dont le sujet interprète et réagit au feedback. Cela remet en question le modèle simpliste de transmission de signal psi et souligne les limites du déterminisme statistique, car le feedback devient un élément actif qui rétroagit sur le processus psi, introduisant une complexité et une indéterminabilité que les modèles traditionnels ne prennent pas en compte.

De sorte que pour Houtkooper (1983, p. 101), le programme de recherche des TO a plusieurs avantages heuristiques :

1. Il remet en cause le paradigme simpliste de la transmission de signal psi (Rhine) ainsi que celui du déterminisme statistique (des physiciens hors physique quantique).
2. Il a permis de prédire et de corroborer expérimentalement le phénomène de rétropsychocinèse.
3. Il rend également compte de la précognition.
4. Il unifie les divers phénomènes paranormaux (psychocinèse, clairvoyance et précognition). Il n'y aurait qu'un phénomène psi à étudier, s'exprimant avec différents visages.
5. Les TO permettent plusieurs manipulations expérimentales permettant de tester différents modèles. On apprend plus de choses qu'avec une recherche uniquement orientée vers la preuve, et notamment ce qu'il faut faire pour produire des preuves plus robustes.
6. Les TO permettent de justifier l'utilisation de dés ou de GNA plutôt que d'instruments capables d'infimes mesures physiques. Comme elles le prédisent, les effets psi se sont révélés indépendants de la complexité des processus aléatoires impliqués (Schmidt & Pantas, 1972).

Malgré ces intérêts, les TO occasionnent moult paradoxes, qui sont d'ailleurs des problèmes souvent partagés avec ceux qui travaillent en physique quantique : qu'est-ce réellement qu'une mesure/observation ? Qu'est-ce qui provoque fondamentalement le « collapse de la fonction d'onde » ? En parapsychologie, ces questions se concrétisent avec le « paradoxe des observateurs multiples » et le « dilemme du contrôle expérimental » (ou effet de l'observateur ultérieur, dit aussi *problème de la divergence*).

Divergence et problème des amis de Wigner

Dans une expérience de pensée proposée par le physicien Eugene Wigner, il imagine une situation où un ami de Wigner effectue une mesure quantique (par exemple, sur l'état d'une particule) dans un laboratoire fermé, tandis que Wigner, à l'extérieur, traite l'ensemble du laboratoire comme un système quantique superposé. Selon la mécanique quantique, tant que Wigner n'a pas vérifié le résultat, le système (y compris l'ami et l'appareil de mesure) reste dans un état de superposition. Cela soulève la question de savoir quand et comment une mesure devient définitive ou « réelle ». Si l'ami a observé un résultat spécifique, pour lui, la fonction d'onde s'est effondrée. Mais pour Wigner, jusqu'à ce qu'il vérifie par lui-même, l'état reste superposé. Cela met en lumière le rôle de l'observateur dans la mécanique quantique et soulève des questions sur la nature de la réalité et de l'objectivité.

Dans le paradoxe des observateurs multiples, l'idée est que le résultat d'une expérience de parapsychologie ne sera pas seulement l'effet de l'intention d'un sujet (par exemple, celui qui écoute les sons préenregistrés dans le casque), mais de toutes les personnes qui émettent des intentions vis-à-vis de l'issue de l'expérience. D'entre tous, le plus important est sans conteste l'expérimentateur qui veut voir son résultat se confirmer et qui, dès lors, participerait sans le vouloir au phénomène. Ce problème remet tout simplement en cause le postulat de l'objectivité scientifique. Et plusieurs expériences viennent appuyer cette hypothèse : selon l'expérimentateur, et alors même qu'il n'a aucun contact direct avec les sujets, les résultats varieront du tout au tout. Cela correspond au célèbre « effet expérimentateur psi », mis en évidence depuis West et Fisk (1953), et qu'il revient de distinguer des effets où les expérimentateurs traitent directement avec les participants à l'expérience (Roe, Davey & Stevens, 2006).

Le dilemme du contrôle expérimental n'est que la suite logique de ce premier paradoxe : on a ainsi pu mesurer un effet provenant de celui qui analyse les données. Un simple statisticien à qui on fournit les feuilles de score pourrait-il remettre en cause plusieurs semaines de test impliquant des dizaines de personnes ? Cet « effet *checker* » paraît infini (Weiner & Zingrone, 1986). Qui est un observateur potentiel ? Quelle est la magnitude de sa potentialité ? Est-ce que les sceptiques qui liront les résultats de l'étude une fois publiée agiraient à rebours pour diminuer la valeur de ceux-ci ? Le contrôle expérimental n'est plus assuré car la situation expérimentale n'a plus aucune limite. Elle ne prend jamais fin, ni temporellement ni spatialement, ce qui rend insoluble l'interprétation des résultats.

Autre paradoxe : l'idée que la rétropsychocinèse correspond vraiment à une modification du passé nous plonge directement dans la science-fiction (voir chap. 16). Pourquoi ne pas intervenir sur de grands événements tragiques de l'Histoire ? Quelles conséquences si je tue mon propre grand-père ?

Prenons l'expérience d'Elmar Gruber (1980). Ses cibles préenregistrées correspondent aux personnes qui passent en dessous d'un dispositif photo-électrique. La première fois, le dispositif est placé à l'entrée d'un magasin ; la seconde fois, à l'entrée d'un tunnel traversé par des voitures. À chaque fois qu'une personne passe, le dispositif enregistre un bit d'information. Gruber détermine aléatoirement une séquence « contrôle » et une séquence « expérimentale » avec toutes ses données. Puis il reconvertit ces bits en sons qui seront joués dans le casque d'un futur sujet (chargé d'augmenter le taux de sons). Et Gruber obtient plus de bits pour les séquences expérimentales que pour les séquences contrôles. Doit-on comprendre cette corrélation par une influence du sujet vers les personnes qui décideront d'entrer à ce moment-là, et pas à un autre, dans le supermarché ou le tunnel ? Cela suggère un pouvoir illimité, alors que d'autres interprétations de ces corrélations sont possibles.

Derrière ces idées vertigineuses dont les conséquences sont apparemment inacceptables, il y a encore quelques données qui laissent penser que le problème n'est pas si absurde. Les chercheurs ont pu montrer que la rétropsychocinèse répétée – par exemple en faisant rejouer le play-back des mêmes essais, avec l'intention de les influencer à chaque fois – pouvait permettre à un même sujet d'obtenir une déviation encore plus importante par rapport au hasard avec la même cible (Houtkooper, 1977). D'autres expériences ont mis en évidence que si plusieurs personnes observaient successivement les mêmes données, mais dans des conditions différentes, les résultats étaient effectivement parasités par ces « interférences » (Weiner & Zingrone, 1986). Face à ce problème, les parapsychologues ont tenté d'ériger des remparts comme le *modèle hiérarchique* d'Houtkooper (1983) où tous les observateurs ne sont pas placés au même niveau, certains étant apparemment plus influents que d'autres. Cela implique des moyens pour définir ces différents niveaux d'observateurs, ce qu'a tenté d'apporter le modèle suivant.

2.2 Le modèle de l'information pragmatique

Le physicien et psychologue Walter von Lucadou a proposé un modèle théorique découlant de ses recherches en parapsychologie. Baptisé « modèle de l'information pragmatique » (ou MPI), puisqu'il est fondé sur l'alternative cybernétique de von Weizsäcker[1], c'est l'une des rares théories générales énoncées en parapsychologie. Ce modèle est développé depuis 1972, traversant les critiques des pairs et se complétant par des travaux récents, et figure parmi les influences théoriques prépondérantes en parapsychologie. Il a inspiré la théorie quantique généralisée, décrite ci-après, dans laquelle il se fond désormais.

Si le MPI s'est nourri de physique quantique, il s'inscrit également pleinement dans la théorie générale des systèmes en proposant des articulations avec la clinique parapsychologique (voir

1. L'alternative cybernétique cherche à expliquer les phénomènes en termes de processus informationnels et de régulation au sein de systèmes complexes. Elle suggère que les interactions entre les individus, ou entre les individus et leur environnement, peuvent être comprises à travers des modèles cybernétiques, où l'information joue un rôle central.

chap. 9). De cette manière, ce modèle peut être appliqué aussi bien à des problèmes psychologiques que physiques, simplement parce qu'il ne dit rien du substrat physique du phénomène. Il relève seulement de la structure de notre langage de description et de la façon dont nous représentons les informations dérivant des expériences grâce à ce langage de description. La théorie des systèmes a donc un caractère méta-théorique qui lui permet de sortir du dualisme esprit-matière et de ses deux mondes apparemment incompatibles. En d'autres termes, la théorie des systèmes transcende le niveau des théories spécifiques appliquées à un domaine particulier. Elle permet de penser le fonctionnement de ces systèmes. Elle se situe au-delà des théories traditionnelles, offrant un ensemble conceptuel qui peut être appliqué à différents domaines, sans être limitée par les spécificités d'une discipline particulière. Ainsi, elle permet de considérer les systèmes dans leur globalité, en prenant en compte les relations entre leurs composants, sans se restreindre à une vision réductionniste qui sépare l'esprit de la matière.

Contrairement aux autres théories observationnelles, ce point de vue systémique n'oblige pas à faire des hypothèses sur une interprétation spéciale de la fonction d'onde en physique ou de la physique quantique.

Nous commencerons par introduire le modèle par un exemple puis nous exposerons les trois lois du MPI de façon générale. Nous distinguerons ensuite le concept de pseudo-signal par rapport à celui de signal avant de développer plus précisément ce que le modèle nomme de l'information pragmatique. Enfin, nous terminerons en donnant le programme de recherche en parapsychologie préconisé par le MPI.

Exemple d'une situation de soin à distance

Considérons une situation de soin à distance. Bob souffre du dos de façon chronique. Alice exprime une intention de guérison de Bob en mentalisant un remède, tout en n'étant pas à proximité de Bob. Le MPI définit l'ensemble Alice et Bob comme système. Alice et Bob instancient au cours du temps un certain nombre de propriétés : quand Alice pense à guérir Bob, elle se place dans un état de relaxation physique. Ou encore, les fibres C de Bob traitent des signaux électriques vers le système nerveux central, évoquant la douleur. Mais, Alice et Bob instancient également des propriétés mentales. Par exemple, Alice désire guérir Bob et Bob, lui aussi, désire aller mieux. Alice croit qu'elle va guérir Bob et Bob croit qu'il pourrait guérir avec le traitement adéquat. Alice et Bob ont aussi des expériences subjectives singulières, qu'eux seuls peuvent connaître et qui correspondent à ce qu'on appelle des quale qui pourraient être associés à de la compassion, de la souffrance, etc. Ainsi, Alice et Bob constituent un système psychophysique très complexe, qu'on peut voir comme une combinaison d'états physiques et mentaux.

Le système constitué par Alice et Bob est bien délimité et possède sa propre dynamique interne, mais il n'est pas possible non plus de le considérer comme un système entièrement isolé de l'extérieur. Alice et Bob continuent d'interagir avec le monde et des tiers peuvent s'immiscer dans ce système pour en modifier les propriétés. C'est par exemple un enfant qui sollicite Alice pendant qu'elle mentalise son aide à distance ou un médecin qui vient mesurer les constantes de Bob. Néanmoins, le système constitué par Alice et Bob peut être considéré comme un →

système relativement clos et dont l'organisation interne possède une certaine autonomie.

Il pourrait être tentant de comprendre que l'intention émise par Alice se comporte comme un signal, une sorte de rayon lumineux ou de fluide qui voyage vers Bob qui le reçoit et l'entoure d'un baume apaisant. C'est d'ailleurs comme ça qu'Alice l'imagine. Néanmoins, le MPI n'envisage pas un tel mécanisme. Il n'y a pas d'onde ou de fluide qui voyage depuis Alice jusqu'à Bob, même s'il semble bien y avoir un émetteur, Alice, et un récepteur, Bob. Le MPI nous invite à considérer Alice et Bob comme un système unitaire dont les propriétés psychophysiques sont fortement dépendantes. Même si Alice et Bob sont séparés dans l'espace, le modèle suppose que l'instanciation d'une intention de guérison chez Alice peut s'accompagner d'un soulagement effectif simultané chez Bob. Les propriétés psychophysiques d'Alice sont intriquées, comme entrelacées aux propriétés psychophysiques de Bob. Cette unité intégrant des propriétés covariantes témoigne de leur interdépendance, sur le modèle des intrications de certaines propriétés en physique quantique. Et comme en physique quantique, ce phénomène d'intrication est difficile à préparer et à maintenir, c'est une relation fragile. Comme en physique, tenter de mesurer une propriété d'une composante du système peut affecter la solidité de la relation. La guérison à distance étant basée sur cette relation, observer localement une des propriétés psychophysiques peut compromettre l'effectivité du soin. De même, tenter par exemple de mesurer la durée entre l'intention émise par Alice et l'effet ressenti par Bob, c'est traiter le phénomène comme un signal, ce qui en affaiblira la portée curative. De façon générale, vouloir connaître la structure du système, c'est-à-dire les caractéristiques des propriétés physiques et mentales qui sont instanciées, comme les temps d'action, la concentration en cortisol et dopamine, etc., rendra le mécanisme de guérison moins fonctionnel.

Supposons qu'il y a bien guérison visible et mesurable quand bien même cette guérison n'aurait pas dû avoir lieu selon les données connues de la science. Alors, un type très particulier d'effet a eu lieu, l'unité psychosomatique constituée par Alice et Bob a évolué vers un but concret de mieux-être physique et mental de Bob. Ce constat est une information globale, information liée à un effet qui a un sens profond et utile pour Bob (son dos est enfin soulagé), que le modèle nomme information pragmatique (externe). Certaines informations comme la mesure de la désactivation des fibres C de Bob sont aussi en un sens une information pragmatique (interne). Néanmoins, scruter les fibres C de Bob pendant qu'Alice mentalise l'effet de son intention aura tendance à nuire à l'effet global d'amélioration de Bob. Ceci pourrait paraître étrange, pourquoi une telle contrainte épistémique ? Pourquoi existe-t-il de telles contraintes à notre volonté de connaître ? Pour un physicien, une telle limite imposée à la mesure et à la connaissance n'est pas complètement surprenante, même si un physicien aura du mal à accepter le fait que les propriétés psychophysiques du modèle se comportent comme certaines propriétés physiques de particules placées dans des conditions très particulières. Mais les faits suivants sont bien établis : quand un physicien observe certaines figures optiques dites « figures d'interférence » dans le cadre d'une expérience de physique quantique, la condition d'observation nette de cette figure est qu'il ne tente pas de savoir comment les quantons se sont comportés pour former cette figure. Il peut évidemment faire une expérience pour savoir par où sont passés les quantons, mais à ce moment-là, la figure d'interférence globale se brouille, l'effet disparaît.

Ainsi, si Bob est soulagé par l'intention d'Alice, et qu'un médecin veut s'immiscer dans le processus pour l'objectiver, la reproduction de l'expérience conduira probablement à un effet moindre ou différent. De même si un collègue du médecin tente de faire ses propres mesures. La réplication à l'identique est peu probable, c'est pourquoi elle exige une réflexion sur les modes de réplication. Heureusement la philosophie des sciences nous explique qu'il y a différents types de réplication valides et le MPI préconisera la réplication conceptuelle qui consiste à répéter une étude en modifiant certaines méthodes ou conditions tout en visant à confirmer les mêmes concepts ou hypothèses sous-jacents. Il s'agirait ici de répliquer un test de soin à distance et non la guérison singulière du dos opérée par Alice sur Bob.

Dans la dynamique interne du système, on peut envisager divers mécanismes de guérison. En effet, on peut envisager un mécanisme de guérison sous-tendu par une modification d'un paramètre physiologique de Bob, ou bien encore un changement d'état mental de Bob provoquant une réaction psychosomatique chez lui. On peut ainsi imaginer une multitude de corrélations entre les propriétés psychophysiques d'Alice et de Bob. Or, dans le MPI, ces corrélations sont à même de se déplacer et de varier en intensité en fonction de nombreux paramètres : par exemple, le sens mis par Alice et Bob dans l'occurrence du phénomène de guérison, ou encore l'intervention d'un tiers qui provoquerait un étouffement de certaines corrélations et l'apparition de nouvelles corrélations.

On peut être sceptique quant à la guérison de Bob par Alice en affirmant que l'intention d'Alice n'est pas la cause de la guérison. Si Alice n'avait pas tenté de guérir Bob à distance, il est possible que Bob aurait guéri spontanément. Ainsi, si un effet psi apparaît, il est difficile à mettre en évidence. Cet effet est noyé dans un monde psychophysique rempli de contingences : certaines propriétés peuvent tout aussi bien être instanciées que ne pas l'être, il y a aussi le hasard fondé sur la variabilité naturelle imprévisible de certaines propriétés, ou encore des effets tels que l'effet Placebo qu'on connaît mal. Le temps peut ainsi permettre à certaines guérisons peu probables de se produire. Il y a une difficulté réelle à déterminer la nature psi d'un phénomène dans un monde comme le nôtre.

Admettons que je souhaite connaître la trajectoire d'un quanton. En physique classique, je peux connaître en droit toutes les positions et les vitesses prises par un objet au cours du temps. Mais en physique quantique, il faut faire un compromis, je pourrai avoir une idée de la trajectoire du quanton, mais avec un certain flou. Je peux concéder un peu de précision sur la position et un peu aussi sur la vitesse pour accéder à une trajectoire affectée de certaines incertitudes. Ces incertitudes ne sont pas liées à la limitation de mes instruments, elles sont inévitables du fait même de la nature du quanton. De la même façon, si je me fixe le but d'objectiver la guérison de Bob sans être trop intrusif dans la caractérisation des paramètres psychophysiques du système, je peux acquérir une certaine information sur cette fonction de guérison issue de l'organisation structurelle du système. Ainsi, le MPI parlera d'une fiabilité optimale à chercher dans la connaissance des paramètres internes au système, une fiabilité qui préserve l'autonomie du système, c'est-à-dire la dynamique interne fragile des corrélations. Mais si je prétends rendre le système plus fiable en voulant connaître plus précisément la structure interne du système, je nuis à son autonomie, j'empêche les corrélations de se produire, et j'affaiblis la fonction globale du système. La fiabilité est donc la précision d'une mesure effectuée à l'intérieur du système, vue comme une capacité des instruments à renseigner sur les valeurs des grandeurs physiques pertinentes ou sur la nature et l'intensité des états psychiques. L'autonomie et la fiabilité présentent donc une forme d'incompatibilité et en même temps se complètent dans la caractérisation de la fonction du phénomène, c'est pourquoi on les qualifiera de complémentaires. Ce concept de complémentarité est celui de Bohr, qu'il avait

→ lui-même étendu à bien d'autres domaines que la physique (Bohr, 1963).

On pourra trouver que ces concepts de fiabilité et d'autonomie complémentaires sont vagues et mal établis. C'est certainement une faiblesse du modèle que de ne pas caractériser plus formellement de telles grandeurs car on n'a l'impression d'une astuce rhétorique qui utilise la légitimité de la physique quantique pour donner du crédit. Il y a plusieurs réponses à ces critiques. Déjà, ce modèle descriptif convient aux observations répétées au cours de nombreuses années de recueil de données. Ensuite, ce flou interprétatif, cette absence de définition univoque et formelle de la fiabilité et de l'autonomie permet justement une réflexion souple et fructueuse, c'est-à-dire heuristique. Cette approche permet des stratégies exploratoires diverses, oriente et optimise la formulation de protocoles expérimentaux. Par exemple, on pourrait se poser la question du statut du feedback entre Bob et Alice. Alice doit-elle demander à Bob un retour sur son ressenti suite à une tentative de soin à distance ? Nous serions enclins à dire que selon le MPI, une reconnaissance *a priori* exprimée par Bob renforce les liens dans le système, c'est-à-dire qu'elle optimise l'autonomie du système. Mais des tentatives d'objectiver la fiabilité du soin par Bob pour renseigner Alice par feedback diminueront probablement l'effet de guérison. Ceci doit être énoncé avec prudence car dans ce raisonnement, nous négligeons d'autres paramètres psychophysiques qui font pourtant partie du système.

Imaginons de plus que chaque jour, Alice exprime son intention de guérison à heure fixe en direction de Bob. Un médecin qui suit Bob vient alors enregistrer l'état psychophysique de Bob à travers la mesure de quelques paramètres physiques et mentaux. Le modèle du MPI tend à s'accorder avec la vision suivante. Au début, l'état de Bob s'améliore, le médecin le confirme par ses mesures successives. La documentation sur cette amélioration s'accumule mais l'intensité des effets diminue et les soulagements ressentis par Bob sont de moins en moins spectaculaires. La répétition de ces séances de soin à distance n'apporte aucune nouveauté protocolaire, et l'information pragmatique, celle qui mesure l'effet psi par une meilleure fonctionnalité du dos de Bob, s'amoindrit. Le MPI considère alors qu'en ce qui concerne la structure du système, une documentation extérieure au système est incompatible avec des initiatives nouvelles. Une réplication documentée répétitive des séances diminue l'effet de guérison. Au contraire, l'introduction de nouveauté dans les séances et une diminution de la documentation systématique des mêmes paramètres est susceptible de revivifier le phénomène. Cela peut correspondre à des petites variations dans le protocole, comme le fait qu'Alice ne planifie plus son aide à heure fixe mais à un moment variable où sa maison est plus calme pour formuler son intention de guérison. Les mécanismes du psi se déplacent d'une façon qu'on ne peut connaître, de la même façon que les quantons semblent jouer avec les physiciens qui cherchent à savoir par quelle partie de l'appareil optique ils sont passés. Les quantons sont récalcitrants de la même façon qu'un phénomène psi ne se prête pas facilement à l'objectivation. Caractériser, reproduire, la guérison de Bob par Alice pour apporter une confirmation empirique du psi n'est donc pas chose aisée. Néanmoins, le MPI fournit certaines directions de réflexion qui tiennent compte de ces déplacements secrets du psi à travers d'innombrables corrélations possibles. Des prétentions épistémiques bien calibrées permettent d'objectiver l'extraction d'information pragmatique, et pour cela, il faut chercher la contribution optimale de certains aspects complémentaires qui ne peuvent être satisfaits maximalement ensemble, mais qui peuvent se compléter optimalement pour maintenir le constat d'un effet.

Nous allons maintenant exposer de façon plus générale et rigoureuse les trois lois du MPI.

2.2.1. Les trois lois du MPI

Le MPI est parvenu à une définition positive des phénomènes psi en combinant trois lois[1] :

Première loi

Les phénomènes « paranormaux » (psi) sont des corrélations d'intrication macroscopiques et non locales dans des systèmes organisationnellement clos, socio-psycho-physiques et auto-organisés, qui sont induits par l'information pragmatique (*cf. infra*) qui crée le système.

Cette première définition technique permet, *a minima*, de fournir une définition positive et opérationnelle des phénomènes psi, plutôt que les habituels modèles implicites ou définitions négatives (*cf. supra*). Ils seraient modelés sur les corrélations d'intrications observées en physique quantique, mais appliquées plus généralement.

Une corrélation d'intrication se réfère à une relation entre des objets ou des événements où les propriétés de chacun semblent être étroitement liées ou interdépendantes, même s'ils sont séparés dans l'espace. Cette corrélation est souvent interprétée comme une manifestation de l'intrication quantique, un phénomène de la physique quantique où les états de particules sont intriqués de telle manière que les mesures effectuées sur une particule peuvent instantanément influencer l'état de l'autre, indépendamment de la distance les séparant.

L'expression « organisationnellement clos » fait référence au fait qu'un système est délimité et défini par ses propres frontières internes, ce qui signifie qu'il fonctionne de manière autonome et relativement isolée par rapport à son environnement externe. En d'autres termes, un système organisationnellement clos est caractérisé par le fait que ses composants et ses processus internes interagissent les uns avec les autres de manière cohérente et organisée, sans que des influences extérieures significatives ne perturbent son fonctionnement interne.

Cette idée est souvent utilisée dans les sciences des systèmes pour décrire des entités telles que des organismes biologiques. Par exemple, dans le cas d'un organisme biologique tel qu'une cellule, celle-ci est considérée comme étant organisationnellement close dans la mesure où elle maintient son intégrité structurale et fonctionnelle à travers des processus internes de régulation et de communication, même si elle interagit avec son environnement extérieur.

Dans le contexte du MPI, l'idée d'un système organisationnellement clos suggère que les processus qui sous-tendent ces phénomènes se produisent à l'intérieur de systèmes bien définis et auto-organisés, sans nécessiter une influence extérieure directe pour les déclencher ou les maintenir. Cela implique que les phénomènes paranormaux peuvent émerger de manière endogène à partir des dynamiques internes de ces systèmes clos, ce qui soulève inévitablement

1. En novembre 2024, von Lucadou a proposé, lors de son exposé au WGFP Workshop, une quatrième loi, que nous n'analyserons pas ici : « Le temps fractal est un contexte d'intrication généré par l'information pragmatique de la situation et pour lequel l'axiome NT s'applique ».

des questions sur la nature de ces processus et sur leur relation avec l'environnement dans lequel ils sont situés.

Lorsque l'on dit que ces systèmes sont induits par l'information pragmatique qui crée le système, cela signifie que la formation et le fonctionnement de ces systèmes sont influencés et déterminés par une forme spécifique d'information, qualifiée de pragmatique dans ce contexte. L'adjectif « pragmatique » fait référence à l'utilité ou à la pertinence de cette information dans le contexte de la réalisation de tâches ou de la résolution de problèmes spécifiques. En d'autres termes, l'information pragmatique est celle qui est essentielle pour la création et le maintien des systèmes organisationnellement clos qui manifestent les phénomènes paranormaux. Cette information peut être comprise comme étant la base ou le fondement sur lequel ces systèmes reposent, guidant leurs interactions internes et leurs processus de régulation.

L'idée que ces systèmes sont induits par l'information pragmatique implique également que cette information joue un rôle actif dans leur émergence et leur fonctionnement. Cela suggère que l'information pragmatique agit comme un catalyseur ou un organisateur, facilitant la mise en place de structures et de dynamiques spécifiques au sein de ces systèmes, qui sont ensuite responsables de la manifestation des phénomènes psi.

Le MPI présume que la nature ne permet pas d'interventions paradoxales et limite donc ces phénomènes, comme le formule la deuxième loi.

Deuxième loi

Toute tentative pour utiliser une corrélation non locale comme un transfert de signaux fait que la corrélation d'intrication macroscopique non locale disparaît, ou que ses effets changent d'une manière imprévisible (par exemple, l'effet peut se montrer dans une autre variable, qui n'avait pas été considérée auparavant, ce qui est connu comme « effet de déplacement »).

Cette loi met en évidence les limites fondamentales des tentatives d'utiliser les phénomènes psi pour établir une communication instantanée à distance. En effet, toute tentative de transmission d'information à travers une corrélation non locale conduit à la disparition de cette corrélation, rendant ainsi la communication impossible. Cela évoque le « théorème de non-transmission d'information » qui énonce que dans les systèmes quantiques, il est impossible de transmettre de l'information de manière instantanée ou plus rapidement que la vitesse de la lumière.

Cette loi soulève des questions sur les mécanismes sous-jacents des phénomènes psi et leur relation avec les tentatives de mesure ou de manipulation. Elle suggère que ces phénomènes peuvent être sensibles aux intentions ou aux actions des observateurs, ce qui complique la recherche et la compréhension de leur nature. L' « effet de déplacement » mentionné dans la loi souligne la complexité des rapports entre les variables des phénomènes. Cela implique que les chercheurs doivent être attentifs aux effets inattendus ou aux changements dans la nature des variables corrélées qui peuvent survenir.

Cette loi est surnommée « loi d'élusivité ». Elle se prête à des prédictions précises, notamment lors de réplications à l'identique de paradigmes expérimentaux (von Lucadou, Römer & Walach, 2007), et conduira à la formulation d'un axiome de non-transmission (*cf. infra*).

Ces limitations n'empêchent pas à certains phénomènes spectaculaires de survenir. Dans des conditions naturelles où aucune pression « scientifique » n'est exercée, des fluctuations plus importantes peuvent être obtenues. Cela correspond à des « préparations » différentes du système : toutes les conditions d'observation ne sont pas considérées comme équivalentes. Par exemple, dans l'étude de phénomènes médiumniques, un essai « pour voir » avec très peu de précautions contre la triche fournit un grand degré de liberté, dont semble profiter le psi pour s'exprimer à plein, tout en rendant les interprétations des résultats moins certaines.

En effet, la deuxième loi ne stipule pas que les corrélations d'intrication macroscopiques soient nécessairement faibles ou instables. Pour atteindre leur plein effet, ces corrélations se combinent avec des processus causaux ordinaires (telles que la fraude), de la même manière que, dans l'action de nettoyer, l'éponge sèche et l'eau sont plus utiles ensemble que séparément. C'est ce qu'établit la troisième loi :

Troisième loi

Les corrélations d'intrication macroscopiques sont écologiquement stables et sont seulement limitées par la deuxième loi (ou axiome de non-transmission, *cf.* plus loin). Elles sont formées de processus causaux qui, en retour, aident à les stabiliser. Des liens causaux potentiels amplifient l'intrication.

Soient deux particules intriquées A et B. Dans un scénario de physique quantique, si une perturbation externe affecte l'une des particules, comme une interaction avec des particules de l'environnement, cela perturbe leur état intriqué. En effet, il n'y a pas de mécanisme interne de stabilisation, cette perturbation détruit l'intrication entre les particules A et B, les laissant dans un état d'indépendance.

Cependant, la troisième loi du MPI suggère que dans des systèmes plus complexes, il peut exister des processus causaux internes qui agissent pour stabiliser l'intrication, même en présence de perturbations externes.

Ainsi, si une perturbation affecte la particule A, au lieu de détruire l'intrication avec la particule B, les processus causaux internes du système peuvent se déclencher pour rétablir, réamplifier ou recombiner les relations d'intrication, maintenant ainsi la stabilité du système dans son ensemble. Cette capacité du système à réorganiser ses relations d'intrication pour se maintenir semble être une caractéristique distinctive de la troisième loi du MPI par rapport à la physique quantique.

Alors que dans un contexte traditionnel de physique quantique, une perturbation externe peut détruire l'intrication entre deux particules, le MPI suggère que dans des systèmes plus complexes, des mécanismes internes peuvent agir pour maintenir la stabilité et réorganiser les relations d'intrication pour préserver l'intégrité du système.

Cette stabilité écologique signifie que le système auto-organisé et organisationnellement clos est en état d'équilibre avec son environnement. Dans ce contexte, le terme « écologique » se réfère donc à la stabilité et à la durabilité des corrélations d'intrication macroscopiques dans un environnement donné. L'utilisation du terme « écologique » ici suggère que ces corrélations sont robustes et qu'elles maintiennent leur intégrité et leur cohérence au sein du système dans lequel elles se manifestent, tout comme un écosystème stable dans la nature.

Ainsi, lorsque l'on dit que les corrélations d'intrication macroscopiques sont « écologiquement stables », cela signifie qu'elles persistent et fonctionnent de manière cohérente dans leur environnement, malgré les interactions et les perturbations potentielles. Cette stabilité est souvent le résultat de processus causaux qui aident à maintenir et à renforcer ces corrélations, contribuant ainsi à leur persistance et à leur robustesse au fil du temps.

Le « paranormal » se combine avec le « normal », créant une situation ambiguë qui rend difficile la distinction entre les deux perspectives pour les observateurs extérieurs. Perçus comme riches de sens et porteurs d'information ou d'énergie par ceux qui sont directement impliqués dans le système, les phénomènes psi peuvent paraître simplement comme des coïncidences fortuites pour le reste du monde, susceptibles d'être expliquées de manière banale. Ainsi, ce qui est considéré comme de la magie pour certains est interprété comme du hasard par d'autres, et ces deux points de vue se complètent pour offrir une vision plus globale des phénomènes psi.

Comment le psi et les processus causaux se combinent-ils ? Selon Lucadou, cela passe par une propriété centrale des phénomènes psi : la « dimensionnalité temporelle[1]. On peut l'entendre comme reflétant la complexification historique : l'histoire de l'humanité, par exemple, ne cesse de s'enrichir de nouveaux événements qui sont en lien avec les précédents. La même chose vaut pour un système tel que l'univers. Au niveau d'un test parapsychologique en laboratoire, on cherche habituellement à éviter cette dimensionnalité temporelle : chaque individu est confronté à de purs événements aléatoires, et les essais auxquels il participe sont considérés comme indépendants des essais des autres participants. L'ensemble de l'étude est conçu comme n'étant pas en lien avec les études précédentes et les études futures. La science se ferait « hors de l'histoire ».

Cependant, les systèmes biologiques créent des *histoires*, c'est-à-dire des événements qui sont corrélés séquentiellement les uns avec les autres. Ces éléments de contexte, tels que les chants et danses qui forment les « rituels » permettant une guérison « magique », engendrent une dimensionnalité temporelle supérieure. Or celle-ci serait corrélée avec des tailles d'effet psi plus importantes (von Lucadou, 2019, p. 223). Plus le psi est pris dans une histoire complexe, plus il est à l'aise ! Car il devient plus difficile de vérifier toutes les variables et de faire le tri entre les explications paranormales et prosaïques. Cette connexion entre psi et histoire expliquerait pourquoi les expériences spontanées semblent avoir une puissance supérieure aux phénomènes produits en laboratoire : « Les événements de la vie de tous les jours sont des événements naturellement dépendants, qui font partie d'histoires (personnelles) longues, compliquées et entrelacées, de sorte que les effets d'intrication macroscopiques ont suffisamment de possibilités de se greffer dessus » (von Lucadou, 2019, p. 224).

Réciproquement, les meilleures preuves parapsychologiques n'échapperaient pas à leur historisation, ce qui explique la part belle laissée aux témoignages spontanés et aux controverses interminables ; ainsi que la faiblesse des preuves matérielles isolées (vidéos, photos,

1. Mathématiquement, elle se définit comme la « dimension Hausdorff de la structure fractale du temps » (von Lucadou, 2000).

objets paranormaux « permanents »…), malheureusement inaptes à emporter l'adhésion sans contextualisation historique.

2.2.2. Les pseudo-signaux

Le MPI décrit donc les effets psi selon deux modalités, selon qu'ils soient vécus de l'intérieur (endo-perspective) ou analysés de l'extérieur (exo-perspective). L'expérience subjective d'un phénomène psi est souvent très différente de la description scientifique de celle-ci. Le vivre est tout à fait autre chose que le décrire. Dans le vécu, l'homme fait partie de la nature, alors que par la description la nature devient un « objet », un exosystème. Cette partition se retrouve également dans l' « impression » du sujet expérimental lorsqu'il reçoit l'instruction d'influencer le générateur de hasard. De même, dans les cas spontanés, la personne concernée a souvent le « sentiment » de recevoir un « message télépathique ». Au sein d'un endosystème, le psi semble réellement être un signal (bidirectionnel). Mais celui-ci se « corrode » dès l'instant où il doit être « utilisé ». Le MPI appelle de tels « signaux », des « pseudo-signaux ».

Dans l'exosystème, des pseudo-signaux peuvent tout au plus être mesurés en tant que corrélations non locales. Dans l'endosystème, l' « expérience » ne se vit pas non plus en « pleine conscience », car celui qui la vit ne peut plus faire la différence entre « lui » et « le monde ». Cet état onirique fut très bien décrit par un sujet réussissant une expérience de psychocinèse (cité par von Lucadou, 2001) : « C'est comme si toutes les lois de la physique cessaient d'exister. Rien ne semblait plus impossible. Tous les doutes étaient exclus. Une union de deux mondes. Lorsque cet état atteint son apogée, le phénomène se produit. Mais le moindre petit désordre peut faire cesser l'harmonie, et plus rien n'arrive. »

En général, il n'est donc pas toujours si simple d'éviter l'illusion consistant à croire que l'observateur influence la matière avec sa psyché. Ce malentendu est peut-être la raison fondamentale de l'ostracisme des effets psi par la physique et la psychologie. D'autre part, il est clair que les premiers chercheurs ont tous souhaité l'accomplissement du désir de « la victoire de l'esprit sur la matière » avec l'aide des « facultés paranormales » (ce qui se traduit dans le paradigme rhinien par : « *Mind over Matter* ») même si, dans de tels « états de conscience oniriques », la division cartésienne entre *res cogitans* et *res extensa* pourrait réellement être défaite.

Cette compréhension des pseudo-signaux permet l'application fine du MPI à des phénomènes difficiles à cerner, telles que les réactions environnementales complexes (von Lucadou, 2011) (à l'instar du syndrome d'intolérance attribuée aux champs électromagnétiques) ou l'homéopathie (von Lucadou, 2019).

2.2.3. L'information pragmatique

Une conception différente de l'information se révèle très importante pour la parapsychologie : cette *alternative cybernétique* devient nécessaire quand on veut éclairer ce qu'est la « compréhension » d'une information et non pas seulement sa communication. Or une information, pour être observée, doit d'abord être « comprise » par le système récepteur.

Pour Lucadou, il n'est pas possible d'abstraire l'effet psi de son contenu significatif. C'est même la signification qui peut être vue comme le « porteur » de l'effet et qui montre son caractère holistique.

Toutefois, cette signification ne peut être mesurée avec les unités d'information shannonienne ou en unités d'influence, mais avec des unités d'*information pragmatique*. Ce concept, développé par le physicien allemand Carl Friedrich von Weizsäcker (1974) puis par Klaus Kornwachs et von Lucadou (1982, 1985), quantifie la signification d'une part donnée d'information. Ils partent du principe que l'action (potentielle) d'une part significative d'information exercée sur un système peut être utilisée pour une telle quantification. Plus une information risque d'être bouleversante, plus elle est chargée de sens. Ainsi, si toutes les notices nécrologiques sont rédigées d'une manière similaire, certaines n'auront pas le même impact en fonction du lecteur.

Weizsäcker proposa que l'information pragmatique (I) pût être écrite comme le produit de deux observables[1], qu'il a appelé « Nouveauté[2] » (N) et « Confirmation » (C), tel que $I = N \times C$ [1]. À titre d'illustration, il avançait le fait qu'un message (redondant) qui ne faisait rien d'autre que de confirmer une connaissance préalable du récepteur ne modifiait pas la structure ou le comportement de celui-ci. D'un autre côté, un message n'apportant que du matériel sans aucun rapport avec les connaissances préalables du récepteur ne va pas non plus changer sa structure ou son comportement, simplement parce qu'il ne sera pas compris. Dans les deux cas, l'information pragmatique du message disparaîtra. Dans l'exemple esquissé, apprendre dans le journal que Maxime Robert est décédé est sans conséquences si l'on ne connaît personne de ce nom (faible confirmation) ou si nous étions déjà au courant (faible nouveauté).

Un maximum d'information pragmatique est assigné à un message qui transfère un *mélange optimum de nouveauté et de confirmation* au récepteur. Pour le cas limite d'une confirmation complète, l'information shanonnienne (ou *syntactique*) et l'information pragmatique (ou *sémantique*) vont disparaître toutes les deux. Si de la nouveauté est ajoutée, l'information shanonienne augmentera de façon monotone.

Lucadou relie ensuite la confirmation avec la *variance structurelle* (dS) et la nouveauté avec la *variance fonctionnelle* (dC). Il reformule alors l'inégalité entre ces deux variances, pour montrer que le produit de la confirmation et de la nouveauté ne peut pas être plus petit qu'une certaine valeur *i*. Lucadou est en train de mettre en place ce qu'il appelle *l'équation fondamentale du MPI*. En fait, si on considère la réaction (potentielle) du système à une quantité d'information pragmatique donnée, cela peut mener à un changement dans la *structure* (S) ou dans la *fonction* (F). Ainsi, pour filer la métaphore, apprendre le décès de Maxime Robert peut faire de vous un orphelin (variance structurelle) et/ou vous inciter à vous rendre à l'enterrement (variance fonctionnelle).

Des changements potentiels dans le comportement peuvent être décrits comme la marque de l'*autonomie* (A) du système. D'un autre côté, de purs changements de la structure résultant

1. Le terme « observable » vient de la physique quantique et correspond à tout ce qui peut être mesuré. Il est étendu à d'autres grandeurs que celles de la physique.
2. *Erstmaligkeit* peut aussi être traduit par « Primordialité ».

de l'action potentielle du système peuvent être décrits comme de la *fiabilité* (R[1]), parce que le système a compensé sa variation d'information pragmatique sans changer sa fonction. Dans la plupart des cas, néanmoins, et S et F peuvent changer ; mais dans tous les cas, l'action de l'information pragmatique (I) doit être préservée, tel que : $I = R \times A$ [2].

Ainsi, l'équation [1] peut être considérée comme la description du système « de l'extérieur » et l'équation [2] le décrit de « l'intérieur ». Tout cela mis ensemble, on obtient l'équation fondamentale du MPI qui décrit l'action d'une part donnée d'information pragmatique sur un système : $N \times C = R \times A = N' \times C' = n \times i$ [3][2]

Du fait que R et A, ou N et C, sont des paires correspondantes d'observables complémentaires, rien ne peut être dit concernant la répartition d'une partie externe d'information pragmatique (I) du point de vue de la fiabilité (R) et de l'autonomie (A) « à l'intérieur » du système (c'est-à-dire de la manière dont le système est « préparé »), si on ne précise pas mieux la « mesure ». De cette équation [3], on peut conclure que toute part d'information pragmatique (I) qui interagit avec un système produit donc de l'information pragmatique, mais avec une *nouvelle répartition* de la nouveauté N', et de la confirmation C', qui peut être interprétée comme la « réaction » du (sous-) système ; ou, pour être plus précis, la plasticité de la *frontière du sous-système.* D'une façon générale, l'information pragmatique est une *mesure du changement causé dans un système*[3].

Du point de vue interne d'un système autonome, la notion de *corrélation d'intrication* s'y ajuste parfaitement : on ne peut pas trouver le transmetteur et le receveur, la part de l'influence et la part qui va être influencée. Les deux sont tissés ensemble ; si on essaie de les mesurer séparément, l'autonomie du système en sera brisée, car il ne pourra plus compter sur l'intrication entre ces sous-systèmes. Par conséquent, si on use d'un point de vue externe pour tenter de savoir si et comment le sujet a influencé la machine par psychocinèse, nous n'aurons qu'une réponse approximative. La seule chose qu'on peut voir c'est une corrélation.

Ce point colle également avec un principe d'incertitude formulé pour l'information pragmatique : on ne peut pas décrire un système simultanément de l'intérieur et de l'extérieur avec une précision arbitraire. Dans ce contexte, « l'intérieur » signifie la structure du système et « l'extérieur » donne son comportement ou son fonctionnement (output). Il s'agit d'une impossibilité ontologique et non liée à nos limitations techniques pour l'investigation.

Dès lors, deux types d'information pragmatique sont nécessaires pour décrire une expérience psi. Le premier type est l'*information pragmatique interne* qui donne la mesure de la clôture

1. Pour ne pas mélanger les abstractions, nous utilisons « R » pour désigner le mot allemand *Reliabilität* (fiabilité).
2. Le terme n représente un facteur quantitatif ou un coefficient qui modifie l'impact ou l'effet d'une certaine quantité d'information *i* sur le système. Le produit $n*i$ pourrait être interprété comme l'effet total ou l'impact de cette information sur le système, modifié par le facteur *n*.
3. Mathématiquement, l'information pragmatique n'est pas un simple produit scalaire comme l'information de Shannon, mais un opérateur comme les autres observables de la physique quantique. L'information pragmatique ne spécifie pas quelle part d' « influence » peut être « transmise », car même si cette part est nulle, on peut obtenir une corrélation non locale.

organisationnelle du système. Le second type est l'*information pragmatique externe* que l'expérimentateur veut extirper du système afin d'apprendre quelque chose de lui.

Les deux types d'information pragmatique

L'information pragmatique interne (IPI) se réfère à l'information qui est intrinsèque au système étudié. Elle est générée par les interactions et les processus internes au système, reflétant son état, sa structure et son fonctionnement. L'IPI est fondamentale pour le maintien de l'autonomie du système, sa capacité d'auto-organisation, et sa résilience face aux perturbations externes. Dans le cadre du MPI, l'IPI est utile pour comprendre comment un système peut exhiber des comportements qui semblent émerger de façon spontanée ou auto-organisée, sans intervention extérieure directe.

L'information pragmatique externe (IPE) désigne l'information qui provient de l'extérieur du système et qui peut influencer ou modifier son état ou son comportement. L'IPE est introduite dans le système par des interactions avec son environnement, telles que les observations, les mesures et les influences d'autres systèmes. Elle peut induire des changements dans le système, en fonction de sa capacité à intégrer et à réagir sur le système lui-même.

Dans le MPI, l'interaction entre l'IPI et l'IPE est régie par des principes de complémentarité et d'intrication qui sont analogues à ceux observés en physique quantique. Le modèle suggère que pour qu'un phénomène psi se manifeste, il doit y avoir un équilibre délicat entre la conservation de l'information interne au système et l'influence de l'information externe. Lorsque cet équilibre est atteint, les systèmes sont capables de transcender les limites matérielles, spatiales et temporelles classiques, reflétant des propriétés d'intrication quantique étendue aux propriétés psychophysiques.

L'information pragmatique interne peut aussi être décrite comme l'information pragmatique définissant la « préparation » du système et l'information pragmatique externe comme celle qui définit la « mesure » du système. Par exemple, dans une expérience de psychocinèse, l'information pragmatique interne peut être le feedback des fluctuations du GNA au sujet et l'information pragmatique externe serait le score Z du résultat statistique de l'expérience.

Cette distinction entre les informations pragmatiques de la préparation et de la mesure permet non seulement de résoudre le problème de la mesure dans la théorie quantique (von Lucadou, 1989), mais aussi le problème de la divergence dans les TO. En effet, on pourra considérer que le ratio d'information pragmatique externe et interne est une *mesure de la présence d'un effet expérimentateur psi.* Si l'on souhaite l'écarter pour « purifier l'effet », c'est donc à l'intérieur du système que les enjeux doivent rester les plus significatifs. Cela a un effet sur les protocoles expérimentaux, qui doivent chercher à augmenter l'information pragmatique *interne* aux dépens de l'information pragmatique *externe,* par exemple en faisant que l'expérimentateur n'observe pas le dispositif de feedback durant l'expérience. Le sujet et le GNA peuvent être considérés comme un sous-système dans l'expérience, en se permettant de discerner une hiérarchie de systèmes présents dans l'expérimentation.

2.2.4. La part de l'impérience

La distinction entre l'intime conviction (*impérience*) et la preuve impersonnelle (*expérience*) est cruciale en parapsychologie. À l'inverse de ce qui est valorisé par la communauté scientifique et donc par de nombreux chercheurs en parapsychologie, les preuves les plus convaincantes du paranormal sont de l'ordre de l'*expérience subjective* et ne découlent pas des résultats expérimentaux. Le MPI tente d'expliquer cette remise en cause des critères qui régissent la preuve scientifique (von Lucadou, 2001). Ce modèle établit clairement une démarcation entre une *preuve personnelle* agissant comme un « qualia » – un sentiment d'évidence complètement subjectif qui ne peut être considéré comme vrai ou faux, bien qu'il soit issu de données empiriques ou de considérations théoriques – et une *preuve impersonnelle* répondant aux critères des sciences exactes.

Dans le cas de l'intime conviction ou *impérience*, c'est une contrainte insurmontable qui amène à affirmer une conviction au-delà de tout doute possible. De plus, l'évidence est irréversible.

En principe, la preuve scientifique est considérée comme plus substantielle que la preuve personnelle. Mais il semble qu'en ce qui concerne les phénomènes paranormaux, la conviction que ces phénomènes existent est plus souvent basée sur des expériences personnelles que sur les preuves expérimentales qui semblent s'éroder au lieu de s'accumuler (Courtier, 1929). Toutefois, ce point est à nuancer, car des processus psychologiques peuvent aussi participer à éroder la conviction personnelle.

La divergence entre preuve scientifique et preuve personnelle se retrouve au niveau des paradigmes expérimentaux, où Lucadou fait coexister deux modèles : le modèle classique orienté vers la mise en évidence d'effets et un modèle non classique orienté vers le développement des effets. Ce modèle non classique inclut l'intrication inhérente aux systèmes psychophysiques et également le fait que de tels systèmes ont leur propre histoire. Dans de tels systèmes, la preuve ne peut pas être accumulée car les conditions de production des preuves changent arbitrairement durant le développement du système.

Ainsi, Lucadou (2001) applique le MPI au « système qui crée des preuves scientifiques ». Plutôt que de le voir à la façon classique comme une « boîte noire » qui fait transiter des preuves et permet de les accumuler, tout cela du fait de contraintes externes, il compare cela à une cellule ou un organe, c'est-à-dire à un système hiérarchique de surfaces en interactions. Si la surface d'une cellule interne correspond structurellement avec la cellule voisine, la preuve est créée.

La preuve devient une question de correspondance entre des données D et un paradigme P, de façon que le tout produise un maximum d'information pragmatique, fondée sur une nouveauté maximale et une confirmation également maximale. Dans la logique des postulats du MPI, le psi n'est pas un signal classique mais une corrélation (non locale) qui ne peut jamais être utilisée, ni les preuves de son existence être accumulées. Produire des preuves impersonnelles des phénomènes psi coûterait trop d'information pragmatique pour le « système créant des preuves scientifiques ». Pour ainsi dire, une vidéo démontrant sans ambiguïté un phénomène psi (comme le départ d'un objet mû par psychocinèse) constituerait une intervention paradoxale dans la nature.

D'après von Lucadou, ce qu'ont obtenu les parapsychologues en matière de preuve scientifique reste jusqu'à présent insuffisant, loin des phénomènes reproductibles espérés au départ. Toujours ont-ils troqué leurs ambitions scientifiques contre des ambitions moindres, sans se rendre compte du manque à gagner. Cela ne veut pas dire que les phénomènes psi ne peuvent pas être étudiés par les méthodes scientifiques, mais le paradigme expérimental est à renégocier. Onze conditions sont requises pour un nouveau paradigme (von Lucadou, 2001) :

- pas d'accumulation, des essais courts ;
- rester au plus proche du processus physique, des fluctuations, par plusieurs canaux ;
- établir des corrélations avec des variables physiologiques et psychologiques ;
- enregistrement complet du processus (pas de réduction des données) ;
- pas d'événements indépendants (chaînes de Markov) ;
- dispositif simple (instruction univoque, pas de bizarreries) ;
- triple-aveugle (ceux qui évaluent les résultats sont eux-mêmes aveugles) ;
- fermeture organisationnelle de l'expérimentation (spatialement et temporellement) ;
- évaluation avec « de la distance » (laissez-la mûrir) ;
- réplications conceptuelles (les réplications à l'identique sont impossibles) ;
- variables non orthogonales.

Le MPI a inspiré de nombreux chercheurs, particulièrement en Allemagne, qui ont conduit à la création de nouveaux modèles proposant d'autres formalisations. D'une certaine manière, il est désormais absorbé dans ces modèles plus récents, et notamment dans la vérification expérimentale des phénomènes psi par les « matrices de corrélation » (*cf.* infra), dans la lignée de ces recommandations pour un nouveau paradigme.

2.3 La théorie quantique généralisée

Le point de départ de cette théorie est le dialogue établi entre Carl Gustav Jung (1875-1961), médecin psychiatre, psychanalyste et souvent décrit comme un spécialiste de « psychologie des profondeurs », et le prix Nobel de physique Wolfgang Pauli (1900-1958). Le cœur de leur conjoncture était de théoriser les vécus de coïncidences significatives ou, dit autrement, de cartographier un univers dans lequel de tels phénomènes seraient intelligibles.

Psychologie des profondeurs et physique quantique ont ainsi été mises en parallèle du fait de la distinction entre les domaines *épistémiques* et *ontiques* de la réalité matérielle, dont l'équivalent est la distinction entre *conscient* et *inconscient* chez Jung. Le domaine épistémique correspond à ce qui est connaissable, par l'acte de mesure ; tandis que le domaine ontique décrit les propriétés structurelles et comportementales d'un système en dehors de son observation[1]. Dans les conceptions de la psychologie des profondeurs jungienne, ces deux

1. Plus précisément, le domaine ontique se réfère à la réalité telle qu'elle existe indépendamment de notre connaissance ou perception d'elle. On pourra l'appeler « le réel », tandis que « la réalité » correspond au domaine épistémique. Le domaine ontique est le domaine des « choses en elles-mêmes », pour utiliser une

domaines sont connectés par un processus d'émergence d'états mentaux conscients hors de l'inconscient, analogue à la mesure physique. Le domaine conscient est « local » tandis que l'inconscient est « holistique », en symétrie avec le « réalisme local » des faits empiriques obtenus par les instruments de mesure classique et le « réalisme holistique » de systèmes intriqués (Atmanspacher & Primas, 2003).

2.3.1. La théorie quantique faible

Le fondateur principal de ce modèle est le physicien Harald Atmanspacher, actuellement membre du Centre Turing à l'École polytechnique fédérale de Zürich. Il a dirigé le département de théories et analyses des données de l'IGPP et s'occupe depuis plus d'une décennie de la revue *Mind & Matter*. Son article le plus cité est celui paru en 2002 dans *Foundations of Physics* sur la « théorie quantique faible » (Atmanspacher, Römer & Walach, 2002). Il l'a coécrit avec le physicien Hartmann Römer, titulaire de la chaire de physique théorique à l'université de Fribourg-en-Breisgau, qui a fourni l'ossature mathématique du modèle, et avec Harald Walach, un professeur de psychologie très impliqué dans l'étude de la spiritualité et des médecines alternatives.

Leur idée forte consiste à reprendre la structure de la théorie quantique pour l'appliquer au-delà de la physique. Les tentatives habituelles sont souvent désastreuses (Monvoisin, 2013) : certains non-physiciens ont tendance à gloser sur les métaphores associées au monde quantique, sans véritablement maîtriser les travaux scientifiques. En outre, le saut d'un référentiel purement physique à un référentiel psychophysique incluant l'esprit est rarement justifié. Sauf qu'ici *l'exception infirme la règle*. Il ne s'agit pas de comparer gratuitement des domaines sans aucun lien, mais de supposer que les briques de construction sont identiques. Ici, l'isomorphisme prime sur l'analogie : la théorie quantique faible conserve la structure essentielle de la théorie originelle. En décrivant les relations entre des « observables » (tout ce qui peut être mesuré, psychologiquement et physiquement) appartenant à des « systèmes », ces notions étant prises de manière très générale, on parvient à retrouver certaines caractéristiques que le formalisme quantique décrit avec précision.

Par exemple, *l'incompatibilité* entre deux observables va entraîner un effet d'ordre ou « non-commutativité » : mesurer l'un puis l'autre ne donnera pas le même résultat que l'opération inverse. Ces propriétés correspondent à la *complémentarité* des deux observables, une qualité décrite initialement par le psychologue William James puis transposée en physique quantique par Niels Bohr, ce dernier ayant justement à l'esprit une application élargie de la physique quantique. Sont complémentaires des observables qui sont orthogonaux, et non simplement opposés comme le chaud et le froid. Ainsi, James donne l'exemple du complémentaire de la

expression kantienne. Le domaine épistémique concerne ce qui est connaissable à travers l'expérience, l'observation, et la mesure. C'est le domaine de notre interaction avec le monde, où nos connaissances sont façonnées par les limites de nos instruments de mesure, nos méthodes scientifiques, et notre interprétation des données.

« croyance », qui n'est pas l'*incroyance* mais le *doute*. Car le doute n'est pas comme une simple négation, mais plutôt comme un espace critique pour l'enquête, la réflexion et l'évolution des croyances ; bien qu'apparemment opposés, ils sont en réalité nécessaires pour une appréhension complète et équilibrée de la réalité. Von Lucadou employait déjà des couples de concepts complémentaires dans son modèle (Autonomie et Fiabilité ; Nouveauté et Confirmation ; Structure et Fonction, etc.).

Or la seule présence de cette propriété de *non-commutativité* pourrait constituer, selon le théorème de Landau (1987), un indice en faveur de l'établissement d'une intrication entre ces deux observables, c'est-à-dire d'une connexion qui déborde le cadre classique de l'espace-temps. Souvent cette intrication a fourni une représentation de ce que pourrait être un phénomène parapsychologique. Dans ce modèle, les notions de complémentarité et d'intrication sont redéfinies d'une manière plus générale et précise, de façon à pouvoir les appliquer à des situations du monde réel, telles qu'une relation thérapeutique. Ce qui relie un thérapeute et son patient demande ainsi à être pensé selon une vue d'ensemble, sous la forme d'un système où une forme d'intrication pourrait s'exercer (Atmanspacher *et al.*, 2002).

Cette théorie quantique est dite « faible » parce qu'elle retire l'un des verrous de la physique quantique[1], ce qui l'oblige notamment à définir de manière non standard la notion d'intrication d'un système, en disant qu'il existe au moins un observable global sur ce système qui ne commute avec aucun des observables locaux définis sur ses parties. Néanmoins, elle s'applique déjà de façon générale à tous les systèmes et à tous les observables, même non physiques, et sera ainsi rebaptisée « théorie quantique généralisée » par la suite (Atmanspacher & Rickles, 2022). En effet, ses applications dépassent largement le champ de la parapsychologie : cette théorie est reconnue pour son apport dans le champ de l'économie, en analysant des contextes d'indécision (Atmanspacher, Filk & Römer, 2010) ou, par exemple, pour décrire le biais d'ordre des questionnaires en psychologie (Atmanspacher & Römer, 2012) : si vous passez un test de personnalité (A) puis un test sur vos expériences traumatiques (B), vous n'obtiendrez pas le même résultat que si vous vous confrontez d'abord aux questions sur vos traumatismes (B) puis aux items décrivant qui vous êtes (A). Dans ce dernier domaine, le nouveau modèle parvient mieux que le modèle classique à prédire l'impact qu'aura le fait d'administrer d'abord le questionnaire A puis le B, ou l'inverse, puisque cette propriété connue de « non-commutativité » (l'importance de l'ordre) est parfaitement décrite dans la théorie quantique.

On trouve même un chercheur français, Pierre Uzan (2013, 2022), qui se sert de ce nouveau modèle pour édifier une théorie quantique de la personne humaine comme unité psychosomatique en analysant un certain nombre de phénomènes qui illustrent comment l'esprit et le corps s'intriquent.

En somme, les théories proposées en parapsychologie viennent recouper les plus grandes interrogations des sciences naturelles comme des sciences humaines. Si la physique quantique

1. Elle affaiblit la structure C^* de la théorie standard en un semi-groupe non commutatif. (Nous remercions Pierre Uzan pour cette précision.)

est employée de manière analogique par le MPI et de façon isomorphique par la TQG, rares sont les chercheurs qui soutiennent que les propriétés psychophysiques sont quantiques. Hartmann Römer (2023) affirme ainsi que le monde fonctionnerait fondamentalement d'une manière quantique, même au niveau du vivant, tandis que le modèle mécanique considéré comme « classique » serait une simple exception, impropre à être généralisée à tous les mystères qui nous entourent.

2.3.2. L'axiome de non-transmission

Selon la théorie quantique généralisée, tous les phénomènes parapsychologiques pourraient se modeler sur la notion de synchronicité, c'est-à-dire qu'ils ne correspondent pas à des transferts d'énergie, mais à des corrélations d'intrication. Par exemple, un homme trouve abandonné sur un banc le livre rare qu'il cherchait justement, comme s'il existait une connexion directe entre lui et l'univers. Il a véritablement l'impression de faire partie d'un tout. Aucune explication mécanique de proche en proche ne pourrait lui faire comprendre comment ce livre s'est trouvé sur son chemin, alors que sa présence fait totalement sens au fond de lui (Keller *et al.*, 2021). La synchronicité fait de la signification personnelle une sorte d'attracteur capable de faire se rejoindre deux bouts de l'univers.

Toutefois, il ne s'agit pas d'un superpouvoir sans bornes. Ces corrélations ne sont pas des phénomènes causaux, des signaux classiques supportés par des énergies. On le constate notamment parce qu'elles ne sont pas répétables à volonté, mais interagissent avec les évaluations statistiques et, plus largement, varient selon la façon dont elles sont mesurées. Tantôt le résultat est « statistiquement significatif », tantôt il ne l'est plus, l'effet s'inversant, déclinant ou se déplaçant sur un autre canal imprévu. Les parapsychologues sont régulièrement confrontés à cet obstacle : au lieu de confirmer les résultats d'une précédente étude, ils se retrouvent souvent à détecter des effets déplacés dans des analyses subsidiaires. Dès qu'on essaye d'utiliser ces corrélations pour communiquer une information, pour prédire un événement avec certitude, pour contrôler une cible à distance, pour créer une technologie… bref, *à chaque fois qu'on tente d'utiliser une telle corrélation comme un signal physique classique, elle nous échappe*. Les déplacements apparemment inexpliqués d'objets dans les cas de poltergeist (voir chap. 7) ont souvent servi d'exemples (von Lucadou, 1982) : ils se déroulent toujours hors du champ de la caméra, voire hors du champ de vision, dans la pièce que l'on vient tout juste de quitter. Si une caméra de surveillance est installée, lorsqu'elle ne tombe pas tout simplement en panne, les habitants se plaignent que les phénomènes se manifestent dans les angles morts !

Cette contrainte qui pèse sur la manipulation des corrélations d'intrication, baptisée « axiome de non-transmission », est l'un des piliers de la théorie quantique généralisée. Un problème identique apparaît en physique quantique : on ne parvient pas à faire porter des informations classiques à ces corrélations intriquées qui relient instantanément deux objets éloignés. On ne manipule pas une onde quantique comme on le fait pour capter la radio. Si on y parvenait, ces informations voyageraient plus rapidement que la vitesse de la lumière, ce qui provoquerait une cascade de paradoxes.

Pour démontrer cette propriété étonnante, les chercheurs ont d'abord fait un constat amer et instructif. Lors d'une réplication par plusieurs laboratoires d'une même expérience de psychocinèse impliquant un simple humain face à un générateur de nombres aléatoires, les résultats cumulés ont suivi une courbe déclinante et constante, conformément à ce qui était prédit par ce modèle. Le puissant effet initial semblait se dilapider au fur et à mesure que l'expérience était reproduite, comme si la reproduction à l'identique privait le phénomène de sa source d'approvisionnement. À chaque clonage, ce « pseudo-signal » perdait de sa vitalité. Une comparaison est possible avec l'effet de l'humour : à chaque fois qu'une blague sera répétée, elle perdra de son effet de nouveauté et, dès que le comique de répétition s'estompera, ennuiera votre interlocuteur.

Cette érosion n'était explicable ni par un artefact, ni par une manifestation chaotique du hasard qui entraînerait un « retour à la moyenne » après un écart anormal. Au contraire, le déclin était progressif, ce qui est en soi une anomalie[1]. Von Lucadou et ses collègues (2007) interprètent ce phénomène de la façon suivante : plus le protocole est reproduit à l'identique, plus la puissance statistique de l'analyse nous permet de détecter un effet fiable. Mais celui-ci contrevient à la nature du phénomène. La diminution de la taille de l'effet n'est qu'un rééquilibrage[2]. Pour reprendre la métaphore de la blague, le processus en jeu est comparable à celui qui inciterait des savants à décortiquer une plaisanterie en la repassant en boucle, repérant les mécanismes de son ressort comique. Lorsqu'ils parviendront à vous expliquer point par point en quoi votre blague est drôle, l'humour sera réduit à néant. Ainsi, comme pour d'autres informations, ce qui rend une blague efficace, ce n'est pas seulement le texte, mais également son contexte d'observation.

De la même façon, la reproductibilité donne l'impression de « tuer » le phénomène psi, d'une mort lente. Cette interaction peut se transcrire dans un apologue faisant du psi de la pâte à modeler : elle peut prendre toutes les formes, mais à chaque fois qu'elle sera extraite de sa boîte pour être manipulée, elle durcira tant et si bien qu'en définitive, elle perdra toute sa malléabilité. Si de l'eau est rajoutée – l'équivalent parapsychologique étant de la nouveauté et de l'autonomie –, alors cette pâte pourra regagner ses propriétés initiales.

Le phénomène d'élusivité peut aussi être identifié en physique quantique. Dans une variante de l'expérience de la fente de Young, permettant de mesurer la nature ondulatoire et corpusculaire de la matière, un électron doit traverser un obstacle soit par une seule fente – il se comporte alors comme un corpuscule –, soit par deux fentes. Dans ce dernier cas, le photon passe simultanément par les deux fentes, comme une onde, ce qui se lit dans les franges d'interférence collectées sur l'écran derrière l'obstacle. Si on obstrue à nouveau l'une des fentes, forçant l'électron à passer d'un seul côté, les interférences disparaissent.

1. Des résultats récents remettent en cause l'effet de déclin dans la recherche psi : les résultats seraient globalement stables au cours du temps (Tressoldi & Storm, 2024).
2. La valeur de p et la taille de l'effet sont deux mesures qui, ensemble, offrent une vue complète des résultats d'une analyse statistique, chacune complétant l'autre. La taille de l'effet quantifie l'ampleur de la différence ou de la relation entre les variables. Elle permet d'évaluer l'importance pratique des résultats, indépendamment de la taille de l'échantillon utilisé dans l'étude. Des tailles d'effet plus grandes indiquent des différences ou des relations plus substantielles entre les variables.

Des chercheurs ont placé sur l'une des deux routes un détecteur à électron (Bobroff, 2020, p. 120). Ce nanocircuit électrique, appelé *quantum point contact*, est capable de repérer le passage d'un électron sans pour autant l'arrêter ou le dévier, comme s'il le photographiait en cachette. Lorsque cet appareil photo quantique est placé sur l'une des fentes, les interférences disparaissent aussitôt. En se préparant à détecter où l'électron passe, les chercheurs ont saturé le champ d'information : l'électron n'a plus aucune autonomie et, forcé de choisir, il perd sa capacité de superposition typique d'un quanton. Mais les chercheurs opèrent une modification en altérant progressivement la fiabilité de leur détecteur, comme s'ils baissaient la lumière dans la pièce.

> « Ce n'est plus du tout ou rien : impossible dorénavant d'affirmer catégoriquement par quel côté l'électron est passé, puisque leur détecteur fonctionne moins bien. Ils savent juste dire par exemple que l'électron a eu 90 % de chances de passer à gauche. Séance tenante, les interférences réapparaissent, mais elles sont difficiles à lire, peu contrastées, comme brouillées. Les chercheurs continuent de réduire la puissance du détecteur. De façon concomitante, les interférences s'affichent de mieux en mieux, plus nettes et visibles. Mais le parcours de l'électron, lui, est de moins en moins clair. Le compromis apparaît comme inévitable : détectez par où est passée la particule, vous perdez les interférences. Détectez-la "moins bien", et les interférences redeviennent visibles » (Bobroff, 2020, p. 120).

Nous nous retrouvons typiquement dans la même configuration qu'en parapsychologie, avec une *relation d'incertitude entre la taille d'effet et la qualité de la documentation* (von Lucadou, 1995). Les physiciens observent une complémentarité entre l'autonomie de l'électron et la fiabilité du détecteur. Un compromis optimal entre les deux permet d'observer un phénomène *suggérant* une superposition, pour un photon à mi-chemin entre le corpuscule « local » et l'onde « non locale ». Mais l'information ainsi extraite est incomplète, nébuleuse, ne permettant pas de dire avec certitude quel trajet a pris l'électron. Cette élusivité se révèle graduelle et absolument déterminée par les conditions expérimentales qui préparent l'observation. Aucun besoin de l'intervention d'un dieu ou d'un démon de Maxwell.

En somme, le seul moyen d'être scientifiquement certain est d'avoir un dispositif totalement fiable dans sa capacité à détecter – et donc bloquer – l'électron. Cependant, ce dernier dispositif passerait totalement à côté de sa véritable nature !

2.3.3. Les matrices de corrélation

Revenons à notre exemple où Alice tente de guérir Bob à distance. Alice émet une intention de soulagement en direction de Bob qui souffre du dos. Nous pourrions d'abord considérer qu'un certain état mental d'Alice (fait par exemple d'une superposition de volonté et compassion) se transmet et modifie un état physique de Bob (par exemple une diminution de la conduction des fibres C transmettant la douleur). Mais, nous avons déjà évoqué le fait qu'il faut éviter de penser la relation interne à ce système sous la forme d'un signal qui se transmet (selon les trois lois du MPI). Il serait souhaitable d'objectiver la fonction de guérison sans chercher à documenter une cause se propageant vers un effet.

Nous avions vu que de nombreux paramètres psychologiques et physiologiques pouvaient caractériser les états internes d'Alice et Bob et que ceux-ci pouvaient être cherchés comme très dépendants les uns des autres. Cependant, la condition de possibilité du psi qui consiste en certaines corrélations de ces propriétés ne préconise pas des mesures selon une chaîne causale. Il ne faut pas supposer que l'état mental M_1 d'Alice induit nécessairement un état physique P_1 chez Bob. En effet, Alice et Bob sont modélisés par un système fait de nombreux états physiques et mentaux que nous pouvons noter M_i et P_i avec i qui est un entier pouvant varier très largement. M_i et P_i peuvent être quantifiés et soumis à l'analyse statistique pour savoir si leurs variations sont liées ou indépendantes. Évidemment, la quantification des états mentaux n'est pas évidente. Cela peut être le nombre de fois que Bob choisit de diminuer un antidouleur, ou encore une estimation de la douleur sur une échelle de 1 à 10. Du côté d'Alice, un état mental pourrait correspondre à une instanciation de joie spontanée, à quantifier là aussi sur une échelle. Cela pourrait aussi être la durée du sentiment d'unité avec Bob.

Si les variations de M_1 dépendent des variations de P_1 sur plusieurs essais, alors les calculs le montreront en produisant un coefficient de corrélation proche de – 1 ou 1. Sinon, ce coefficient sera proche de 0. Mais comme nous l'avons sous-entendu, M_1 pourra aussi être mis en relation avec un autre état mental, par exemple, M_2 qui mesure l'anxiété de Bob ou P_2 qui mesure la concentration de son sang en cortisol ou encore P_3 sa pression systolique. Ce qui devient intéressant, c'est l'existence même de corrélations et non des corrélations particulières. Tous les observables qu'on décide de se donner, qu'ils soient physiques ou mentaux produisent des coefficients de corrélations qu'on peut rassembler dans un tableau.

Voici de façon très simplifiée et schématique à quoi cela pourrait ressembler pour plusieurs séances pour le couple de participants donné, Alice et Bob :

	P_1	P_2	P_3	P_4	P_5
M_1	– 0.81	0.47	– 0.59	0.73	– 0.19
M_2	0.065	– 0.97	0.26	– 0.36	0.88
M_3	0.081	– 0.040	0.93	–0.49	0.55
M_4	– 0.092	0.011	– 0.72	0.28	– 0.81
M_5	0.47	– 0.53	0.65	– 0.17	0.91

On observe alors que P_1 et M_2 sont très peu corrélés, tandis que P_3 et M_3 le sont fortement. P_2 et M_2 sont aussi fortement corrélés mais varient dans des sens opposés car leur coefficient de corrélation est proche de – 1.

On peut alors multiplier les sujets à tester et obtenir une grande matrice de corrélation qui rassemble tous ces tableaux. Celle-ci est à comparer avec une matrice qui serait produite par le hasard. Il est alors possible de calculer une valeur *p* correspondant à la probabilité de telles corrélations sous une hypothèse nulle (pas d'effet). Par exemple, si $p < 0,05$, on pourra conclure que l'expérience suggère une guérison à distance et justifie de poursuivre l'enquête empirique. Cette méthode se concentre donc sur de nombreuses corrélations possibles et non sur une relation unique entre une cause et un effet. Elle tient compte du fait qu'on ne connaît jamais la dynamique du psi et teste donc plusieurs voies possibles de sa manifestation.

Selon les propriétés à mesurer choisies, on pourra avoir une corrélation entre un état mental et un état physique pour un sujet donné. Par exemple, si on mesure qu'une réduction du stress chez Bob s'accompagne d'une baisse de sa pression systolique, nous pourrons mesurer une corrélation dite structurelle (Atmanspacher & Rickles, 2022). Cette corrélation n'est pas forcément intéressante dans le contexte de la recherche psi. Il sera préférable de chercher des corrélations suggérant le psi tel qu'un état mental chez Alice et un état physique ou mental chez Bob, corrélations dites induites (voir *infra*).

Nous pouvons aussi signaler que cette expérience pourrait être configurée autrement. En effet, les observables psychologiques pourraient être mesurés au moment d'un questionnaire préalable à la séance, sous la forme d'un test de personnalité par exemple. Cela permettrait de quantifier certains traits psychologiques avant le soin proprement dit. L'avantage est qu'il y aurait vraisemblablement moins de perturbation des états mentaux d'Alice pendant qu'elle exprime son intention de soin. On s'attend alors à ce que, probablement, le phénomène soit moins élusif, c'est-à-dire qu'on observera plus de corrélations. D'une part, cela se justifie par une raison psychologique, car par exemple, Alice n'aurait pas à faire d'introspection pour estimer son état mental sur une échelle. Rien ne viendrait la détourner de son intention vers Bob. De plus, il est probable que diminuer les opérations de documentation pendant qu'Alice se concentre sur Bob évite en partie l'élusivité du psi. Le questionnaire préalable permet donc à Alice d'être entièrement dédiée à l'aide apportée à Bob tout en favorisant l'autonomie du système.

En prenant du recul sur la recherche expérimentale en parapsychologie, Lucadou a élaboré un moyen pour analyser autrement le psi : les matrices de corrélation (Walach, von Lucadou & Römer, 2014). Fondamentalement, une expérience de psychocinèse consiste à mettre d'un côté un humain et de l'autre un processus physique aléatoire. On mesure alors la présence de corrélations entre les variables chez l'humain et les variables du dispositif, notamment en fonction des consignes données au sujet pour que son attention se porte sur le monde physique[1]. Par exemple, l'expérimentateur se demande si un individu réalisant un effort mental de concentration peut faire qu'un dé tombe plus régulièrement sur une face donnée. Ou bien encore si des individus obtiennent des scores différents en fonction d'un trait de personnalité tel que la créativité. Toutes ces hypothèses peuvent se présenter sous la forme d'un simple tableur (une matrice) avec les variables psychologiques d'un côté, les variables physiques de l'autre, et des cases pour croiser ces résultats.

1. Il faut noter que dans certaines expériences, la consigne peut être implicite ou dissimulée, l'expérience reposant alors sur le lien qui unit les expérimentateurs, le sujet et la cible.

D'ordinaire, les publications de parapsychologie regorgent de telles corrélations qui laissent croire que l'on peut définir précisément le profil d'une personne produisant de bonnes performances aux tests psi. Toutefois, ces premières preuves sont rarement suivies de confirmations (voir chap. 3). Un chercheur va trouver que les personnes extraverties sont meilleures, un autre que ce sont les introverties.

Avec les matrices de corrélation, l'important n'est plus de savoir dans quelles cases seront les corrélations : on souhaite simplement mesurer leur magnitude. Ce que l'on constate, c'est qu'en présence d'un humain qui a pour consigne d'interagir avec le processus physique (par exemple, à travers l'interface d'un petit jeu programmé sur ordinateur), les corrélations sont plus fortes comparativement aux données de contrôle produites en l'absence de l'humain. Le poids des corrélations va continuer à se maintenir d'expérience en expérience. En revanche, l'effet est impossible à localiser. Les corrélations ne sont jamais aux mêmes endroits, c'est-à-dire qu'elles sont totalement imprévisibles et incontrôlables. Tantôt les extravertis brilleront, tantôt ce sera au tour des introvertis, tantôt aucun des deux. On détecte donc des corrélations, mais elles sont non localisables : on ne peut connaître avec une précision optimale à la fois leur localisation et leur dynamique. Les parapsychologues butent sur une forme d'indécidabilité similaire à celle constatée dans le monde quantique.

Les matrices de corrélation mettent ainsi en évidence des corrélations significatives malléables lorsqu'un sujet humain interagit avec la machine, en quantité supérieure aux périodes contrôles sans intervention humaine (Walach, Horan, Hinterberger & von Lucadou, 2019). Toutefois, même cette ligne de recherche semble souffrir de difficultés de réplication (Walach, Kirmse, Sedlmeier, Vogt, Hinterberger, von Lucadou, 2022) !

2.4 Le monisme à aspects complémentaires

Les connexions entre parapsychologie et physique quantique creusent une nouvelle « métaphysique » : dans quel univers de tels phénomènes sont-ils possibles ? La simple notion de psychocinèse vient donner « corps » à des facultés mentales qui seraient de nature différente des lois habituellement reconnues de la matière. Or de nombreux scientifiques repoussent toute forme de dualisme décrivant le monde comme étant constitué de deux substances : l'esprit et la matière. Le consensus actuel est davantage celui d'un monisme physicaliste : seule la matière existe et tout le reste en découle. Comment parvenir à concilier de telles positions philosophiques avec les théories issues des croisements entre physique quantique et parapsychologie ?

2.4.1. L'*unus mundus*

Le cadre contemporain de discussion du problème esprit-corps est donné par la métaphysique de Descartes. Il exprime un dualisme ontologique entre l'esprit et le corps. L'esprit est une substance pensante (*res cogitans*) tandis que le corps lui est radicalement hétérogène, c'est une substance étendue (*res extensa*). Néanmoins, aujourd'hui, ce type de dualisme n'a presque plus de représentants en philosophie de l'esprit. Outre le monisme matérialisme et le monisme idéaliste, le dualisme qui subsiste de nos jours concerne les propriétés qui peuvent être mentales ou physiques.

Jung et Pauli ont imaginé un modèle combinant monisme et dualisme dans lequel des états physiques et mentaux complémentaires émergent d'une réalité neutre sous-jacente à laquelle ils ne peuvent être réduits, et à laquelle un accès direct empirique est impossible. La notion proposée pour le domaine ontique psychophysique neutre est l'*unus mundus*, le « monde un », un concept, adopté par Jung, qui provient du médecin et alchimiste belge Gérard Dorn (fin du XVIe siècle).

> « Le monde n'est en fait pas divisé, car c'est un *unus mundus* que l'homme unifié a devant lui. Il lui faut cependant opérer une division au sein de ce monde unifié pour pouvoir le connaître, à condition de ne jamais oublier que ce qu'il est en train de diviser reste en fait toujours un monde unifié et que la division est une décision de la conscience » (Corr. Jung-Pauli, 2000, p. 231).

Les propriétés de l'*unus mundus* en font un tout sans structure interne, sans distinctions, sans parties, ni temps, ni espace. Cette option métaphysique a déjà été développée depuis longtemps, notamment par Spinoza qui parlait en 1677 dans l'*Éthique* d'une unité d'essence. Elle se présente aujourd'hui comme une alternative aux dualismes et autres monismes réductionnistes.

Selon la conjecture de Pauli-Jung, la brisure primordiale de l'*unus mundus* découpe un *inconscient collectif mental* (transcendant les sujets individuels) et un *monde physique holistique* (transcendant les objets observables), des formes brutes du psychique et du physique qui n'ont pas encore été différenciés. Cette décomposition produit des éléments qui ne sont pas réductibles à la forme précédente (le « tout neutre »).

Pour décrire le passage de l'holisme du domaine ontique au réalisme local du domaine épistémique, Harald Atmanspacher emploie la notion abstraite de « brisure de symétrie ». Au sens technique, une symétrie est une invariance sous une transformation. Par exemple, lorsqu'on dit qu'un cercle est invariant sous la transformation par rotation, cela veut dire qu'il ne change pas son apparence qu'importe l'angle de sa rotation. En ce sens, il est symétrique par rapport à la rotation. On peut aussi dire qu'un système qui possède une symétrie à un niveau fondamental perd cette symétrie lorsqu'il passe à un état d'équilibre de plus basse énergie.

La symétrie décrit le « changement sans changement ». Ce principe mathématique peut s'appliquer au-delà de la physique. Il y a brisure lorsque, sous certaines conditions, les lois qui régissent le comportement d'un système cessent d'être invariantes sous la transformation associée à cette symétrie : un déséquilibre apparaît. C'est un concept clé dans la physique des particules et la cosmologie, illustrant comment l'univers, à partir d'un état initial hautement symétrique juste après le Big Bang, a évolué vers l'état actuel où les symétries sont « brisées », donnant naissance à la structure et la complexité que nous observons, telles que la séparation entre les forces fondamentales et la formation des particules élémentaires.

Un affinement par des distinctions successives, toujours sur le modèle de la brisure de symétrie, différencie le domaine mental, avec sa multitude d'états de conscience vécus (un *modèle de soi*) et le domaine physique avec sa multitude de phénomènes observables et manipulables (un *modèle du monde*).

Ces brisures de symétrie vont générer des distinctions ou partitions entre psychique *versus* physique, sujet *versus* objet, intérieur *versus* extérieur, soi *versus* monde. Le processus inverse pourra s'exprimer comme des restaurations de la symétrie.

2.4.2. Les corrélations structurelles

Lorsque l'*unus mundus* holistique est fractionné, des corrélations apparaissent entre les domaines qui en résultent. Ces corrélations sont en quelque sorte des vestiges de la totalité perdue par suite de la distinction effectuée. Scinder l'*unus mundus*, en tant que domaine holistique, entre esprit et matière, suggère des corrélations ubiquitaires entre les états mentaux et matériels.

Les corrélations structurelles font référence au rôle des archétypes[1] en tant que facteurs ordinateurs avec une influence exclusivement *unidirectionnelle* sur les aspects psychique et physique (influence du domaine holistique sur le domaine local). Ces corrélations, en tant que conséquence directe de la rupture entre les domaines ontique et épistémique, sont présentées comme persistantes, robustes et empiriquement reproductibles. Elles forment la ligne de base pour les interactions entre esprit et matière.

Il est important, cependant, de souligner dès le début que ces corrélations ne sont pas dues à des interactions causales (dans le sens de la causalité efficiente recherchée habituellement par la science) entre le mental et le matériel. Dans un cadre de pensée à double aspect, il serait erroné d'interpréter l'esprit (ou états mentaux) comme induit par la matière (ou états de la matière) ou vice-versa.

La question de la causalité passe ici par la considération de corrélations sans causalité sous-jacente. En psychologie, nous avons l'habitude de suspecter qu'une variable ou un processus latent vienne jouer un rôle quant aux corrélations que nous mesurons. Ici, il s'agirait de corrélations sans signal sous-jacent à découvrir. Elles sont simplement dues à l'arrangement général du système, par analogie avec les corrélations d'intrication quantiques. Celles-ci se produisent dans des systèmes quantiques composites, dans lesquels deux sous-systèmes sont gouvernés par une même description holistique. Ces corrélations surviennent par le fait même de la construction du système quantique : il y a seulement une « cause formelle » (par essence), selon la terminologie d'Aristote, mais pas de « cause efficiente », c'est-à-dire pas de signal organisant la corrélation.

Un exemple de cause formelle est la loi mathématique qui dit que la somme des angles d'un triangle est toujours égale à 180°. La déviation d'un des angles du triangle entraîne, par

1. Chez Jung, les archétypes sont des principes organisateurs, psychophysiques, neutres et transcendantaux (ou métaphysiques).

covariance, le maintien de la somme des angles en dépit de ses changements de forme. Cela n'est pas basé sur des interactions entre les angles, mais sur la propriété permanente et totale du triangle. La réalité reste en ordre même lorsqu'un de ses éléments en apparaît déformé.

L'exemple le plus classique de corrélations structurelles est le domaine du psychosomatique (Uzan, 2013, 2022). Plutôt que de parler à ce niveau de « causalité mentale », il serait plus juste de supposer des corrélations par covariance. L'idée selon laquelle les phénomènes psychosomatiques peuvent être compris comme des phénomènes synchronistiques a été élaborée par Meier (1988).

2.4.3. Les corrélations induites

Dans notre réalité, nous distinguons le monde matériel de nos expériences mentales, ce que nous pouvons appeler les champs ontique (l'être) et épistémique (la connaissance). Cette séparation n'est cependant pas unidirectionnelle mais plutôt *bidirectionnelle*, signifiant que chaque domaine influence et est influencé par l'autre.

Prenons deux exemples : d'un côté, lorsque nous prenons conscience de contenus auparavant inconscients, ce processus modifie à son tour notre inconscient. De l'autre côté, en physique, lorsqu'on mesure un système, cette mesure perturbe le système lui-même. *Mesure* et *prise de conscience* seraient ainsi deux phénomènes similaires, ce qu'établissait déjà Costa de Beauregard avec son concept d'*information-connaissance.*

Au-delà des relations *structurelles* déjà présentes entre l'esprit et la matière, il existe alors aussi des « corrélations *induites* ». Ces dernières surviennent lorsque des interventions dans le monde matériel ou dans notre esprit ont des répercussions dans l'un ou l'autre domaine, à travers un processus que l'on pourrait nommer « restauration de symétrie ». Ces répercussions ont des corrélations qui sont plus aléatoires, évasives, et difficiles à reproduire par rapport aux relations structurelles, ce qui peut expliquer pourquoi des phénomènes psi sont rares et mystérieux. Ce sont des échos affaiblis, des rebonds du monde épistémique sur le monde ontique. Par exemple, lorsqu'une personne (l'émetteur) tente de transmettre une pensée ou une émotion à une autre personne (le récepteur), cette intention pourrait induire une sorte de « restauration de symétrie » dans le champ quantique qui sous-tend à la fois l'esprit et la matière. Cette restauration permettrait aux informations de « rebondir » du monde épistémique de l'émetteur vers celui du récepteur. La non-localité quantique suggère que ces échanges d'informations ne sont pas limités par la distance physique, permettant des corrélations à distance.

Par contraste avec les corrélations structurelles, les corrélations induites dépendent de tous types de contextes, ainsi on s'attend à ce qu'elles ne se produisent qu'occasionnellement et qu'elles soient évasives et difficilement reproductibles. Les synchronicités apparaissent alors comme un cas particulier d'un phénomène général : l'esprit et le monde physique pourraient *parfois* se connecter parce qu'ils sont *déjà tout le temps* en connexion.

Même s'il n'y a pas de relation causale directe, cela ne veut pas dire que ces corrélations sont sans cause. La cause des corrélations structurelles est la division épistémique de l'*unus mundus* qui se décompose en domaine psychique et domaine physique. Les causes des corrélations induites sont des interventions dans le mental conscient ou le domaine matériel local dont on s'attend à ce que des effets en retour sur l'*unus mundus* se manifestent dans le domaine complémentaire.

Récemment, Atmanspacher et Rickles (2022, p. 167) ont suggéré que la substance de ces corrélations psychophysiques était de la « signification », c'est-à-dire que le sens ne serait pas quelque chose de mental ou de physique, mais plutôt ce qui fait la passerelle entre les deux. Après Lucadou, ces chercheurs se confrontent aussi au défi d'avoir à définir scientifiquement la signification. Cette part de la signification se lit aussi dans les effets « numineux » (d'ordre mystique) déclenchés par les expériences exceptionnelles, à supposer qu'elles se forment bien sur ce même principe qui régit les corrélations psychophysiques. Plus elles représentent des déviations extrêmes des corrélations ordinaires entre le modèle du soi et le modèle du monde, plus elles se chargent de numinosité (voir chap. 9).

2.5 Le modèle Orphée

Le modèle Orphée est une théorie développée par le professeur de psychologie clinique Thomas Rabeyron (2023) qui vise à rendre compte du psi et de ses propriétés à partir d'un monisme décompositionnel à double aspect. À la rencontre entre les travaux et le formalisme de la métapsychique, la psychanalyse et la physique, le modèle Orphée s'inscrit en particulier dans la filiation de l'école allemande de parapsychologie, et plus précisément du modèle de l'information pragmatique (MPI), de la théorique quantique généralisée (GQT) et de la conjecture Pauli-Jung (CPJ).

Ce modèle repose tout d'abord sur la mise en évidence du « paradoxe psi » selon lequel le psi tend à rendre caduque le cadre même de sa démonstration lors d'une expérience scientifique (Rabeyron, 2020). En effet, le psi montre qu'une interaction directe entre un observateur et ce qu'il observe est possible de manière ponctuelle, or cela induit de possibles effets de contamination qui invalident le cadre scientifique qui repose, au contraire, sur le principe selon lequel l'observateur et l'observé peuvent être totalement distincts à partir d'une frontière épistémologiquement étanche. Ce paradoxe met donc en évidence la nécessité de produire un modèle de compréhension du psi qui tienne compte de telles particularités sur le plan épistémologique. Le modèle Orphée suppose alors que la compréhension du psi n'est par ailleurs possible qu'à condition d'élucider tout d'abord la relation entre psyché et matière, conscience et cerveau.

Dans cette perspective, ce modèle s'appuie sur un monisme décompositionnel à double aspect : « monisme » car il suppose que la psyché et la matière découlent d'une même substance ; « décompositionnel » car il est décomposé à partir d'une seule et même substance (contrairement aux modèles dits « compositionnels ») ; « double aspect » car cette substance est abordée selon deux aspects, deux perspectives complémentaires, que sont la psyché et la matière. On distingue alors trois ordres de réalité : « l'ordre ontique » qui correspond à une substance première – un réel situé hors du temps, de l'espace et de la causalité – qui se décompose dans l'ordre épistémique (la réalité) sous forme d'un « ordre épistémo-psychique » (la psyché) et « épistémo-physique » (la matière). Psyché et matière sont alors considérées comme le fruit d'une forme de « synchronicité » qui entretient une relation de complémentarité et d'incompatibilité. Elles sont le fruit d'un processus de décomposition du réel – comme si celui-ci passait à travers le filtre d'un kaléidoscope – ce qui explique leurs relations étroites qui ne sauraient être réduites à une relation de causalité : la pensée ne produit pas le cerveau et le cerveau ne produit pas la pensée.

Le psi est alors considéré comme une interaction directe entre psyché et matière qui peut s'avérer de nature perceptive (perceptions psi) ou projective (projections psi). Le psi ne correspond donc pas à une relation de causalité dans l'ordre épistémique, mais il relève davantage d'une forme d'intrication dans l'ordre ontique. Il conviendrait plutôt de voir le psi comme une forme de « communion » dans le réel entre la psyché et la matière. Cette communion relève d'une « contre-bande » dans l'ordre ontique, qui se manifeste par des émergences énigmatiques dans l'ordre épistémologique. La science mainstream assimile généralement ces manifestations à des anomalies, dont l'existence même fait débat. Le psi correspond en réalité à une interaction de nature différente de ce que les sciences ont l'habitude d'étudier, ce qui explique sa difficile intégration dans la représentation du monde occidental. Thomas Rabeyron considère donc qu'il conviendrait de développer une « science du réel » qui vise à déterminer les propriétés du réel et les grands principes qui organisent l'émergence du psi à partir de ce dernier.

Le modèle proposé dégage plus précisément plusieurs hypothèses et principes concernant les relations entre le psi, la conscience, l'intentionnalité, l'information et le temps. Il est ainsi proposé que la conscience secondarisée serait en réalité l'expression d'une conscience première qui relève de l'ordre ontique ; que le psi émerge essentiellement en fonction des intentionnalités d'un sujet et de logiques de sens ; que le psi est un transfert d'information distinct d'un signal et enfin qu'il témoigne notamment de logiques d'enactions temporelles, c'est-à-dire la tendance spontanée des organismes vivants à « scanner » leur environnement afin d'anticiper de possibles dangers.

Le modèle Orphée s'organise plus particulièrement autour du « principe d'élusivité » qui suppose que le psi, de par sa nature même, est de nature élusive, ce qui signifie qu'il tend spontanément à échapper à différentes formes d'observation et d'objectivation. Cette propriété est considérée comme un fait de structure qui découle des relations de décomposition-rétroaction entre l'ordre épistémique et l'ordre ontique. En effet, le fait d'observer ou de mesurer le psi dans l'ordre épistémique induit automatiquement une transformation de l'ordre ontique qui engendre alors une disparition du psi. Il existe donc une relation inversement proportionnelle entre l'observation d'un système dans l'ordre ontique (ainsi que mesure et sa documentation) et l'intensité du psi. Par exemple, dans un cas de poltergeist, le fait de filmer les phénomènes tendra à les faire disparaître. De même, le fait de mesurer les interactions psi par le biais d'une expérience scientifique tendra à diminuer leur intensité à mesure que le degré d'objectivation augmente, à l'image du mythe d'Orphée dans lequel Eurydice disparaît dès lors que ce dernier se retourne pour l'observer.

Le psi apparaît ainsi comme une forme de « créativité pure », une émergence du réel, qui ne peut subsister dans l'ordre épistémique que de manière éphémère et élusive à l'image de certaines formes ectoplasmiques décrites dans les premiers travaux des métapsychistes. Le psi a également pour particularité, dans ce modèle, de ne pouvoir émerger qu'en fonction de relations dans l'ordre épistémique. En effet, le psi ne peut produire de la matière *ex nihilo* car il est essentiellement un principe organisateur qui sous-tend le développement de la vie elle-même. Ainsi, le psi est une intervention dans l'ordre épistémique, selon une intentionnalité, qui tend à « dévier » ou « tordre » les relations causales selon des logiques dites « a-causales » ou « finales ». Mais à l'image d'un élastique, pour tirer sur celui-ci, encore faut-il que ce dernier existe, ce qui explique là encore les problèmes de reproductibilité observés en parapsychologie. En effet, dès lors que l'on supprime les relations causales dans un système, on diminue d'autant la possibilité d'intrications psi. Ceci explique pourquoi, toujours selon Thomas Rabeyron, si l'on ne peut observer directement le psi, on peut en revanche observer sporadiquement les traces laissées par ce dernier dans l'ordre épistémique quand certaines conditions sont réunies, comme l'illustre, par exemple, les psychophotographies produites par Ted Serios, un cas emblématique de la recherche psychique dont Thomas Rabeyron fait le cas paradigmatique de son modèle (Rabeyron, 2023). Enfin, le modèle Orphée étend ses analyses à la thématique de la mémoire, de la créativité et de la conscience, proposant également une refonte de l'épistémologie psychanalytique à partir des potentialités offertes par le monisme décompositionnel à double aspect et une relecture du mythe d'Œdipe. Le psi est également présenté comme un « antidote » à diverses formes de pensées anti-écologiques qui caractérisent les sociétés occidentales modernes, le psi apparaissant alors comme une solution possible à certaines logiques du registre de l'imposture et de la réification. Il conviendrait donc de l'aborder non pas du point de vue de ses potentielles applications techniques, mais plutôt comme un élément dont l'intégration sociale pourrait avoir des conséquences de grande ampleur dans la culture.

3. Travaux parapsychologiques sur les processus quantiques

Il est étonnant de voir comment les parapsychologues tentent de résoudre des questions fondamentales en laboratoire tandis que d'autres spéculent sur de la métaphysique. Même la question théorique de savoir si le fameux « chat de Schrödinger[1] est mort ou vivant dans

1. Erwin Schrödinger a imaginé une expérience de pensée dans laquelle un chat est enfermé dans une boîte avec un dispositif qui tue l'animal dès qu'il détecte la désintégration d'un atome d'un corps radioactif. Si l'atome a une durée de demi-vie de 10 minutes, alors il y a 50 % de chances de s'être désintégré au bout de 10 minutes. La mécanique quantique indique que, tant que l'observation n'est pas faite (ou plus précisément qu'il n'y a pas eu de réduction du paquet d'onde), l'atome est dans une superposition de deux états équiprobables : intact et désintégré. Or le mécanisme imaginé par Erwin Schrödinger lie l'état du chat (mort ou vivant) à l'état des particules radioactives, de sorte que le chat serait aussi dans une superposition d'états (l'état mort et l'état vivant), jusqu'à ce que l'ouverture de la boîte (l'observation) déclenche le choix entre les deux états. Par conséquent, il est impossible de dire si le chat est mort ou non au bout de 10 minutes.

sa dangereuse boîte inspire des expérimentations « réelles » qui explorent ce moment de « collapse » où les processus quantiques s'insèrent dans le monde mesurable (Schmidt, 1982 ; Walker *et al.*, 1988 ; May & Spottiswoode, 1988).

Les exemples récents les plus intéressants sont une série d'études portant sur l'interprétation de Copenhague, selon laquelle la conscience pourrait jouer un rôle dans les processus quantiques. Cette idée, désormais marginalisée en physique théorique, fait toutefois l'objet de plusieurs tests expérimentaux. Depuis 2012, il existe désormais neuf articles décrivant un total de trente expérimentations similaires, dont quatorze rapportent des résultats significatifs (inférieurs à $p = 0{,}05$, test bilatéral), avec un succès global très important (6,5 sigmas de déviation). Le paradigme expérimental consiste à employer un interféromètre à double fente, c'est-à-dire un appareil dans lequel on envoie des particules de lumière (ou n'importe quelle particule élémentaire) à travers deux fentes étroites tout en enregistrant, sur un écran ou avec un appareil photo, la figure de lumière qui en émerge. Différentes conditions ont été réunies pour que des humains essayent d'influencer le résultat détecté en opérant mentalement sur l'interféromètre, par exemple avec la consigne d'obstruer en pensée l'une des deux fentes à des périodes choisies. Ces influences sont considérées comme des « observations » même si elles n'opèrent pas directement sur le flux de lumière. Il s'agit donc d'une autre démonstration de micro-psychocinèse (Radin, 2014 ; voir chap. 5) : une attention humaine focalisée sur un système à double fente peut extraire l'information sur le chemin emprunté par le photon et conduit dès lors à modifier la figure d'interférence.

Actuellement, Peter Bancel et deux chercheurs de l'Institut des sciences noétiques en Californie, Dean Radin et Arnaud Delorme, collaborent sur un projet consacré au psi et à la mécanique quantique (Radin, Bancel & Delorme, 2021), dans la lignée de travaux publiés par l'équipe de Radin (pour une critique : Tremblay, 2019). L'idée est d'influencer directement un processus quantique, en l'occurrence le phénomène d'intrication qui solidarise deux particules ayant auparavant interagi entre elles. Lorsque des participants ont pour consigne de modifier le degré d'intrication, mesuré en temps réel, ils auraient une influence visible qui est statistiquement supérieure aux autres séquences où aucun humain n'opère. Cette recherche vient tout bonnement suggérer que les états mentaux interagissent avec les systèmes physiques, même à des niveaux fondamentaux. C'est un argument de plus en faveur de l'incursion de la parapsychologie dans le champ quantique.

4. Limites de ce flirt

Les théories de la parapsychologie se sont souvent appuyées sur des idées neuves pour supposer des mécanismes naturels au psi : magnétisme, électricité, ondes radio, radioactivité, etc. En plus de ces phénomènes par ailleurs éprouvés, l'hypnose, l'holographisme ou les tachyons (particules plus rapides que la lumière) ont nourri certains imaginaires (Duneau, 1979). Globalement, ces théories étaient plaquées par analogie plutôt que justifiées expérimentalement. Par exemple, la théorie superlumineuse explique de nombreux mystères à partir de tachyons capables de remonter le temps et d'agir instantanément à distance, sauf que la preuve de l'existence de ces particules fait toujours défaut ! Ces théories visaient toutefois à ne pas attribuer les phénomènes à des agents surnaturels (divinités ou entités invisibles), mais davantage aux capacités potentielles des êtres vivants. Suspecter un sens supplémentaire, capable de recevoir ou d'émettre des signaux subtils, a été la représentation dominante au cours du XXe siècle. Ainsi, les magnétiseurs parlaient déjà de la vision par l'épigastre, qui deviendra la dermo-optique, afin d'attribuer à la peau cette compétence merveilleuse d'une perception visuelle sans le secours des yeux (Duplessis, 1996).

En tout état de cause, nous faisons actuellement face à un « mythe quantique » (Duneau, 1980). On constate que certaines tentatives de vulgarisation qui assimilent les phénomènes psi à des phénomènes quantiques, avec pour conséquence une « intrication » de nos esprits (Radin, 2006 ; Dossey, 2013), vont probablement trop vite en besogne. Le « nomadisme » de certains concepts fait courir le risque de les détourner du contexte où ils ont une signification précise et d'en faire des supports à balivernes. Nous rappellerons cependant qu'une notion aussi importante que celle de « complémentarité » fut d'abord formulée dans le champ de la psychologie, avant d'être reprise par des théoriciens de la physique.

L'extrapolation des succès de la physique quantique comme étant des pas de plus vers un nouveau paradigme semble tout aussi précipitée. La progression de la physique quantique n'a pas offert à la parapsychologie son droit de cité (Bobroff, 2022). La plupart des vulgarisateurs du domaine insistent bien pour se démarquer des surinterprétations qui prendraient Einstein au mot lorsqu'il parle d' « action fantomatique à distance » et de « couplage télépathique »...

Il est néanmoins intéressant de questionner par quels contournements les chercheurs ont écarté le problème de l'influence de la conscience dans l'observation et d'autres énigmes ouvertes par ce champ. La physique pourra-t-elle avancer indéfiniment en laissant derrière elle ces points de butée, ou bien ceux-ci constituent-ils justement les « anomalies » qui appelleront un paradigme post-quantique ?

5. Conclusion

La physique quantique est certainement une « tarte à la crème » qui revient sans cesse dans les discours pseudo-scientifiques (Monvoisin, 2013). Le champ parapsychologique échappe-t-il à ce verdict ? Ce chapitre a souligné les liens historiques, générés par les physiciens eux-mêmes, entre les nouveautés issues de la physique quantique et les phénomènes les plus étranges auxquels ils furent immédiatement comparés. Lorsque la philosophie de la physique quantique est tombée en désuétude, ce sont encore des physiciens intéressés par la parapsychologie qui ont fait les efforts pour redonner de la visibilité à ce domaine (Kaiser, 2011), en état de grâce depuis désormais un demi-siècle.

Au-delà de cette perspective diachronique, la théorisation en parapsychologie n'est pas dépendante des avancées en physique quantique, puisque nombre de modèles s'en passent (voir chap. 11). Les chercheurs qui s'engagent sur cette voie prennent le parti de s'inspirer du formalisme quantique pour l'appliquer ailleurs, par isomorphisme. Ce n'est donc pas la physique quantique qui « prouve le psi » ou lui donne ses lettres de noblesse. Ce sont des extensions du formalisme quantique qui parviennent à montrer leur intérêt, en s'appliquant tout aussi bien sur des phénomènes parapsychologiques que non parapsychologiques. Ces extensions au champ parapsychologique sont également le fait de certains physiciens quantiques. Ces nouvelles théories méritent donc d'être considérées pour elles-mêmes.

L'étendue de ces extensions apparaît sans limite puisque, des théories observationnelles, a émergé le modèle de l'information pragmatique, source d'une théorie quantique généralisée, elle-même inscrite dans la construction plus générale d'un monisme à aspects complémentaires. Une future rencontre avec la physique quantique est prévisible si les concepteurs de ces différentes théories parviennent à faire reconnaître la pertinence de leurs descriptions de la réalité, à rendre intelligible ce qui ne l'est guère, voire à rendre notamment crédibles les expérimentations sur la rétropsychocinèse dont les conséquences sur notre vision de la réalité sont légion. Mais cet accueil provoquera assurément certains remous, car les parapsychologues apportent des questionnements fondamentaux sur l'objectivité, la complémentarité entre préparation et mesure, le bornage délicat d'un phénomène ubiquitaire, ainsi que les problématiques d'élusivité liées à l'utilisation potentielle des corrélations d'intrication. À l'heure d'une nouvelle course au profit nous promettant des ordinateurs quantiques (Bobroff, 2022), déclinés sous des formes d'intelligences artificielles d'ordre supérieur, ces limites inhérentes à la nature seront-elles audibles ?

6. Bibliographie

Aspect, A. (1976). Proposed experiment to test the non-separability of quantum mechanics. *Physical Review*, *14* (8).

Atmanspacher, H., & Primas, H. (Eds) (2009). *Recasting reality*. Berlin : Springer.

Atmanspacher, H., & Rickles, D. (2022). *Dual-aspect monism and the deep structure of meaning*. Routledge.

Atmanspacher, H., Filk, T., et Römer, H. (2010). Théorie quantique faible : cadre formel et applications. Dans M. Bitbol (dir.), *Physique quantique et sciences humaines* (p. 129-161). Éditions du CNRS.

Atmanspacher, H., Primas, H. (2005). Epistemic and ontic quantum realities. *AIP Conference Proceedings*, *750*, 49.

Atmanspacher, H., Primas, H., & Wertenschlag-Birkhäuser, E. (Eds.) (1995). *Der Pauli-Jung-Dialog und seine Bedeutung für die modern Wissenschaft*. Berlin : Springer.

Atmanspacher, H., Römer, H. (2012). Order effects in sequential measurements of non-commuting psychological observables. *Journal of Mathematical Psychology*, *56* (4), 274-280.

Atmanspacher, H., Römer, H., Walach, H. (2002). Weak quantum theory : Complementarity and entanglement in physics and beyond, *Foundations of Physics*, *32*, 379-406.

Beigbeder, M. (1977). *La clarté des abysses. Fondements des phénomènes paranormaux et extra-sensoriels*. Morel.

Bierman, D.J., Whitmarsh, S. (2006). Consciousness and quantum physics : Empirical research on the subjective reduction of the statevector. In J.A. Tuszynski (Ed.), *The Emerging Physics of Consciousness* (p. 27-46). Springer.

Bitbol, M. (2000). *Physique et philosophie de l'esprit.* Flammarion.

Bobroff, J. (2020). *La quantique autrement : garanti sans équation !* Paris : Flammarion.

Bobroff, J. (2022). *Bienvenue dans la nouvelle révolution quantique.* Paris : Flammarion.

Bohr, N. (1963). *Essays 1958-1962 on atomic physics and human knowledge.* Interscience publishers.

Bunge, M. (1967). A ghost-free axiomatization of quantum mechanics. In *Quantum theory and reality* (p. 105-117). Springer Berlin Heidelberg.

Busemeyer, J.R., & Bruza, P.D. (2012). *Quantum models of cognition and decision.* Cambridge University Press.

Caron, A. (1988). Interview d'Olivier Costa de Beauregard et Georges Lochak. *https://www.youtube.com/watch?v=zLHmF4hRe7Q*

Costa de Beauregard, O. (1963). *Le second principe de la science du temps. Entropie, information, irréversibilité.* Seuil.

Costa de Beauregard, O. (1980). *La physique moderne et les pouvoirs de l'esprit.* Le Hameau.

Costa de Beauregard, O. (1988). *Le temps déployé. Passé, futur, ailleurs.* Éditions du Rocher.

Costa de Beauregard, O. (1998). The paranormal is not excluded from physics, *Journal of Scientific Exploration, 12* (2), 315-320.

Costa de Beauregard, O., Collery, S. (1981). D'Einstein à la télépathie. *Tonus, 611. https://www.metapsychique.org/olivier-costa-de-beauregard/*

Courtier, J. (1929). Post-scriptum au rapport sur les séances d'Eusapia Palladino à l'Institut Général Psychologique. *Revue Métapsychique*, 184-190.

D'Espagnat, B. (1976). *Conceptual foundations of quantum mechanics*, 2e éd. W.A. Benjamin.

D'Espagnat, B. (1981). *A la recherche du réel. Le regard d'un physicien*, 2e éd. Gauthier-Villars.

Dossey, L. (2013). *One mind. How Our Individual Mind Is Part of a Greater Consciousness and Why It Matters.* Hay House Inc.

Duneau, M. (1979). Aspects historiques des rapports entre parapsychologie et sciences exactes. *Parapsychologie, 7*, 11-18.

Duneau, M. (1980). Le mythe quantique en parapsychologie. *Parapsychologie, 11*, 2-7.

Duplessis, Y. (1996). *Une science nouvelle : la dermo-optique.* Paris : Editions du Rocher.

Einstein, A., Podolsky, B., & Rosen, N. (1935). Can quatum-mechanical description of physical reality be considered complete ? *The Physical Review, 47*, 777-780.

Gruber, E.R. (1980). PK Effects on Pre-Recorded Group Behavior of Living Systems. *European Journal of Parapsychology, 3* (2), 167-175.

Houtkooper, J. (2002). Arguing for an observational theory of paranormal phenomena. *Journal of scientific exploration, 16* (2), 171-185. *https://www.scientificexploration.org/docs/16/jse_16_2_houtkooper.pdf*

Houtkooper, J.M. (1977). A study of repeated retroactive psychokinesis in relation to direct and random PK effects. *European Journal of Parapsychology, 1* (4), 1-20.

Houtkooper, J.M. (1983). *Observational theory : A research programme for paranormal phenomena*, Thèse à l'université d'Utrecht.

Janin, P. (1976). Psychocinèse dans le passé ? Une expérience exploratoire. *Revue de parapsychologie, 2.*

Jordan, P. (1947). *Verdrängung und Komplementarität. Eine philosophische Untersuchung*. Hamburg : Stromverlag.

Kaiser, D. (2011). *How the Hippies saved physics. Science, counterculture, and the Quantum Revival*. Blackstone Pub.

Keller, L., Szymkiewicz, A., Mutis, M., Évrard, R. (2021). Complaisance du hasard et expériences de coïncidences. *L'Évolution Psychiatrique, 86* (2), 285-306. *https://doi.org/10.1016/j.evopsy.2020.08.005*

Kornwachs, K., von Lucadou, W. (1979). Psychokinesis and the concept of complexity. *Psychoenergetic Systems, 3*, 327-342.

Kugel, W. (2008). *Albert Einstein und die Parapsychologie. https://docplayer.org/72011096-Albert-einstein-und-die-parapsychologie.html*

Landau, L.J. (1987). Experimental tests of general quantum theories. *Letter of Mathematical Physics, 4*, 33-40.

Lupasco, S. (1979). *L'univers psychique*. Denoël/Gonthier.

Marin, J.M. (2009). 'Mysticism'in quantum mechanics : The forgotten controversy. *European Journal of Physics, 30* (4).

Mattuck, R.D. (1979). Thermal noise theory of psychokinesis : modified Walker model with pulsed information rate. *Psychoenergetic Systems, 3*, 301-325.

May, E.C., & Spottiswoode, S.J.P. (1988). A Michelson-Interferometer Schrödinger Cat : The Death of the Observational Theories. *Proceedings of the Parapsychological Association 31st Annual Convention*, Montreal.

Meier, C.A. (2000). *W. Pauli/C.G. Jung, Correspondance 1932-1958* [1992]. Bibliothèque Albin Michel Sciences.

Millar, D. (1978). The observational theories : A primer. *European Journal of Parapsychology, 2 (3)*, 304-332.

Monvoisin, R. (2013). *Quantox - Mésusages idéologiques de la mécanique quantique*. Book-e-book.

Nicolini, R. (1993). *Maisons hantées : la vérité parapsychologique. Les scientifiques face aux phénomènes paranormaux*. Editions de Saint Arnoult.

Oteri, L. (dir.) (1975). *Quantum Physics and Parapsychology. Proceedings of an international conference*. Genève, Suisse, 26 et 27 août 1974. New York : Parapsychology Foundation.

Primas, H. (1996). Synchronizität und Zufall. *Zeitschrift für Parapsychologie und Grenzgebiete der Psychologie, 38* (1-2), 61-91.

Rabeyron, T. (2020). Why most research findings about psi are false : The replicability crisis, the psi paradox and the myth of Sisyphus. *Frontiers in Psychology, 11*, 562992. *https://doi.org/10.3389/fpsyg.2020.562992*

Rabeyron, T. (2023). *Codex anomalia. De l'énigme du psi à la relation psyché-matière*. InterÉditions.

Radin, D. (2006). *Entangled Minds. Extrasensory experiences in a quantum reality*. New York : Simon & Schuster.

Radin, D., Bancel, P., & Delorme, A. (2021). Psychophysical interactions with entangled photons : Five exploratory studies. *Journal of Anomalous Experiences and Cognition, 1* (1-2), 9-54.

Roe, C., Davey, R., & Stevens, P. (2006). Experimenter effects in laboratory tests of ESP and PK using a common protocol. *Journal of scientific exploration, 20* (2), 239-253. *https://koestlerunit.files.wordpress.com/2015/06/roe-2006.pdf*

Römer, H. (2023). *Quanten, Komplementarität und Verschränkung in der Lebenswelt. Verallgemeinerte Quantentheorie*. Perspektiven der Anomalistik 7. Berlin : Lit. *https://www.anomalistik.de/images/pdf/schriften/Band-7_Roemer_w-cover.pdf*

Schmidt, H. (1982). Collapse of the state vector and psychokinetic effect. *Foundations of Physics, 12*, 565-581.

Schmidt, H., & Pantas, L. (1972). Psi tests with internally different machines. *Journal of Parapsychology*, *36*, 222-232.

Stapp, H. P. (2007). Whitehead, James, and the ontology of quantum theory. *Mind & Matter, 5* (1), 83-109.

Terré-Fornacciari, D. (1991). *Les sirènes de l'irrationnel. Quand la science touche à la mystique*. Albin Michel.

Tremblay, N. (2019). Independent re-analysis of alleged mind-matter interaction in double-slit experimental data. *PLoS ONE*, *14* (2), e0211511.

Tressoldi, P., & Storm, L. (2024). The myth of the decline effect in psi research: The empirical evidence. *Journal of Scientific Exploration, 38*(3), 461-465. https://doi.org/10.31275/20243313

Uzan, P. (2013). *Conscience et physique quantique*. Vrin.

Uzan, P. (2022). *Mind-Body Entanglement. Theory and therapies*. Springer.

Vigier, J.-P. (1981). Le procès d'Albert Einstein. *Le Monde*, 5 avril 1981, 15-18.

Von Lucadou, W. (1982). Der flüchtige Spuk. Zeitschrift für Parapsychologie und Grenzgebiete der Psychologie, 24, 93-109.

Von Lucadou, W. (1989). Psyché und Chaos. Neue Ergebnisse der Psychokineseforschung Aurum.

Von Lucadou, W. (1994). The endo-exo-perspective - Heaven and hell of parapsychology. In Bierman, D. (Ed.), The Parapsychological Association 37th Annual Convention, Proceedings of Presented Papers. Amsterdam : Parapsychological Association, p. 242-252.

Von Lucadou, W. (1995). The model of pragmatic information (MPI). European Journal of Parapsychology, 11, 58-75.

Von Lucadou, W. (2001). Hans in Luck : The currency of evidence in parapsychology. Statistical Data Included. Journal of Parapsychology, 65, 3-16.

Von Lucadou, W. (2011). Complex environmental reactions, as a new concept to describe spontaneous « paranormal » experiences. Axiomathes, 21 (2), 263-285.

Von Lucadou, W. (2019). Homeopathy and the action of meaning. A theoretical approach. Journal of Scientific Exploration, 33 (2), 213-254.

Von Lucadou, W. & Kornwachs, K. (1982). Psi und seine Grenzen. Zeitschrift für Parapsychologie und Grenzgebiete der Psychologie, 24, 217-237.

Von Lucadou, W. & Kornwachs, K. (1985). Pragmatic information as a nonclassical concept to describe cognitive processes. Cognitive Systems, 1 (1), 79-94.

Von Lucadou, W., Römer, H. & Walach, H. (2007). Synchronistic phenomena as entanglement correlations in Generalized Quantum Theory. Journal of Consciousness Studies, 14 (4), 50-74.

Walach, H., Horan, M., Hinterberger, T., and von Lucadou, W. (2019). Evidence for anomalistic correlations between human behavior and a random event generator : Result of an independent replication of a micro-PK experiment. *Psychology of Consciousness, 7*, 173-188.

Walach, H., Kirmse, K.A., Sedlmeier, P., Vogt, P., Hinterberger, T., von Lucadou, W. (2022).

Nailing Jelly : The replication problem seems to be unsurmountable. Two failed replications of the matrix experiment. *Journal of Scientific Exploration*, *35* (4), 788-828.

Walach, H., Lucadou, W.v., Römer, H. (2014). Parapsychological phenomena as examples of generalised nonlocal correlations - A theoretical framework. *Journal of Scientific Exploration, 28* (4), 605-631.

Walker, E.H. (1973). Application of the quantum theory of consciousness to the problem of psi phenomena. In W.G. Roll, R.L. Morris, J.D. Morris (Eds.), *Research in Parapsychology, 1972*. Metuchen, NJ : Scarcecrow Press.

Walker, E.H. (1979). The quantum theory of psi phenomena. *Psychoenergetic systems, 3*, 259-299.

Walker, E.H., May, E.C., Spottiswoode, S.J.P., & Piantanida, T. (1988). Testing Schrödinger's paradox with a Michelson interferometer. *Physica B & C, 151* (1-2), 339-348.

Weiner, D.H., & Zingrone, N.L. (1986). The checker effect revisited. *Journal of Parapsychology, 50*, 85-122.

Weizsäcker, E.U. von (1974). Erstmaligkeit und Bestätigung als Komponenten der pragmatischen Information. In E.U. von Weizsäcker, *Offene Systeme I* (p. 82-113). Klett.

West D.J., & Fisk, G.W. (1953). A dual ESP Experiment with clock cards. *Journal of the Society for Psychical Research, 37*, 185-197.

CINQUIÈME PARTIE

Psi, conscience et cerveau

Chapitre 13

Psi et neurosciences : quels rôles pour la conscience ?

(Jean-Pierre Rospars)

Sommaire

Que peut-on apprendre sur la conscience et ses rapports avec le cerveau en étudiant par les méthodes des neurosciences les divers états, ordinaires ou exceptionnels, sous laquelle elle se présente ? Pour tenter de répondre à cette question, nous allons nous intéresser à cinq de ces états : le rêve ordinaire, le rêve lucide, les hallucinations, les expériences dites « hors du corps » (EHC) et les expériences de mort imminente (EMI). Ces expériences conscientes présentent une grande diversité : elles se distinguent par leur caractère banal ou exceptionnel, spontané ou provoqué, physiologique ou pathologique, fugace ou intense, ressenti comme normal ou comme paranormal. Toutefois, elles possèdent un trait commun qui est de plonger le sujet dans un monde qui ne résulte pas d'informations fournies directement par les organes des sens, un monde subjectif, virtuel en quelque sorte. Ce trait commun justifie leur étude conjointe.

Les recherches résumées dans ce chapitre[1] s'efforcent de découvrir des contreparties objectives, scientifiquement observables, rapportées à la troisième personne, aux expériences subjectives, racontées à la première personne. De grands progrès ont été faits dans cette voie difficile pour les rêves. Cependant, de nombreuses zones d'ombre subsistent pour les EHC et EMI qui suscitent des discussions passionnées dans les revues scientifiques. J'évoquerai à la fin les profondes questions qu'elles posent sur la conscience vigile ordinaire et la nature de la réalité.

1. Rêves ordinaires

1.1 Neurobiologie du rêve

Le rêve partage avec les autres états de conscience la particularité d'être une expérience subjective, c'est-à-dire accessible seulement au sujet qui l'éprouve. Qui plus est, le rêve est soumis aux aléas du souvenir. L'étude du sommeil et du rêve a longtemps posé des problèmes insurmontables car il était pratiquement impossible de ne pas réveiller le dormeur dont on voulait étudier le sommeil ! L'investigation scientifique se sert des indications introspectives fournies par le rêveur au réveil mais ne s'en satisfait pas et recherche toujours les indications objectives, mesurables, susceptibles de les corroborer. Il a fallu attendre la seconde moitié du XXe siècle pour que cette objectivation ait lieu ; ainsi est née la science des rêves, dont la période classique s'est étendue de 1950 à 1980 grâce aux recherches expérimentales menées surtout par Nathaniel Kleitman à Chicago, William Dement à Chicago et Stanford, et Michel Jouvet à Lyon.

En 1951, Eugen Aserinsky, alors étudiant en thèse avec Kleitman, est le premier à remarquer, derrière les paupières closes d'enfants endormis, des *mouvements oculaires rapides* (REM en anglais). C'est une découverte importante car inattendue, le sommeil étant tenu alors pour un état de quiétude et le cerveau endormi pour un désert neurologique sans intérêt. Deux ans plus tard, Aserinsky et Kleitman (1953) publient un article qui démontre que ces mouvements

1. L'étude bibliographique relative à ce chapitre a été arrêtée en novembre 2023.

oculaires enregistrés par des capteurs (électro-oculographie, EOG) apparaissent plusieurs fois par nuit et sont associés aux rêves. La voie de l'étude des rêves par des méthodes neurophysiologiques étant ainsi ouverte, Dement, un autre élève de Kleitman, s'y engage et découvre grâce à l'électroencéphalographie (EEG) l'existence des deux phases du sommeil : l'une à *ondes delta* (lentes, asynchrones, irrégulières) qui correspond au sommeil sans rêve, l'autre à *ondes alpha* (rapides, synchrones, en bouffées, semblables à la veille), au sommeil à rêve. Dement et Kleitman appellent ces deux sommeils non-REM et REM, et tiennent, à tort, ce dernier pour un sommeil léger (Debru, 1990 ; Arnulf, 2014).

En 1959, Jouvet et ses collègues s'intéressent à l'atonie musculaire durant le sommeil chez le chat et la mettent en correspondance avec les REM et le rythme alpha. Jouvet comprend que le sommeil REM est en réalité profond et qu'il correspond à un nouvel état de vigilance, qu'il nomme pour cette raison *sommeil paradoxal*, distinct du sommeil proprement dit (*sommeil lent*), comme de l'état de veille. Ses vues sont très critiquées par les grands noms de l'époque, comme Bremer, Kleitman, Gastaut, Eccles…, mais elles finiront par s'imposer. Vingt ans plus tard, Jouvet et Sastre, toujours à partir d'études sur le chat, identifient et détruisent la zone cérébrale responsable de l'atonie musculaire, le locus cœruleus. Ils font ainsi une découverte majeure, celle des *comportements oniriques* qui permettent d'observer ce à quoi rêvent les chats : de chasse, de combat et de guet, ouvrant une étonnante fenêtre sur la subjectivité de l'animal (Jouvet, 1992).

En 1986, Carlos Schenck à Minneapolis découvre un trouble comparable chez l'homme où le rêveur, sans cesser de rêver, sort de sa paralysie et se met à bouger, par exemple à donner des coups s'il rêve d'une bagarre, mais sans se lever contrairement aux somnambules. En 2009, Isabelle Arnulf, neurologue à l'hôpital de la Pitié-Salpêtrière à Paris où elle dirige l'unité des pathologies du sommeil, étudie ce trouble. Elle se rend compte qu'il peut permettre de résoudre une vieille question relative aux mouvements oculaires rapides : indiquent-ils la direction du regard pendant le rêve ? On avait abandonné cette idée, entre autres parce que la direction du regard dépend aussi de l'orientation de la tête du dormeur dans son rêve, direction que l'expérimentateur ne peut pas connaître… sauf si le dormeur souffre du trouble comportemental en sommeil paradoxal découvert par Schenck. Arnulf et son équipe en étudiant ces comportements parviennent à démontrer que la direction du regard n'est pas quelconque mais conforme à celle de l'action rêvée (Leclair-Visonneau *et al.*, 2010 ; Arnulf, 2014, p. 94-96). Bel exemple d'objectivation d'une expérience purement subjective au départ.

1.2 Quand des neurobiologistes s'intéressent aux rêves paranormaux

Les pionniers de l'étude du rêve se sont intéressés aux rêves prémonitoires et télépathiques confirmant à cette occasion leur ouverture d'esprit, leur absence de préjugés et leur courage.

En novembre 1961, Michel Jouvet (2013, p. 139-149) se réveille brusquement après un rêve qui lui révèle « le secret des mécanismes du sommeil paradoxal […] caché sous le sigle "Dimple" qui brillait d'une très belle couleur bleu azur dans le ciel noir ». Obsédé par ce rêve, il remarque quelques semaines plus tard une publicité pour le whisky *Dimple*, ce qui ne l'éclaire guère, jusqu'à ce qu'une amie lui rappelle que *dimple* signifie fossette sur la joue ou le menton (la bouteille de whisky *Dimple* présente de telles fossettes). Seulement voilà, il n'y a pas de fossettes dans le tronc cérébral sur lequel portent alors les recherches de Jouvet. L'année suivante, lors d'une visite au Japon, un histochimiste réputé, le professeur Maeda, auquel il raconte son rêve lui montre un article dans lequel certains neurones du tronc cérébral sont colorés en noir. Jouvet reconnaît dans deux taches noires symétriques ses « fossettes » et apprend qu'il s'agit du *locus coeruleus* (« lieu bleu » en latin), le fameux *dimple* bleu de son rêve ! De retour à Lyon, il localise cette zone minuscule et s'emploie à la détruire par coagulation. C'est le point de départ de ses découvertes sur la suppression de l'atonie musculaire et des comportements oniriques !

En un sens, ce rêve d'apparence prémonitoire est plus singulier que celui de Kékulé qui lui révéla la structure de la molécule de benzène, à moins de supposer qu'il s'agisse d'un cas de double cryptomnésie : Jouvet aurait entendu parler de ce *locus coeruleus* puis l'aurait oublié ; il aurait également vu la publicité du whisky *Dimple* puis l'aurait également oubliée. Le rêve aurait associé ces deux souvenirs à l'occasion de sa recherche en cours sur le rôle du tronc cérébral dans le sommeil. Pour le moins, ce rêve illustre-t-il une fonction du rêve que Jouvet décrit comme « un jeu combinatoire varié à l'infini – utilisant les évènements acquis – et donnant naissance aux inventions des rêves, ou préparant de nouvelles structures de pensée qui permettront d'appréhender de nouveaux problèmes. »

De son côté William Dement tenta une expérience de rêve télépathique durant l'hiver 1970-1971, sans doute inspirée par celles effectuées en 1964 par Montague Ullman et Stanley Krippner (voir chap. 3) à l'hôpital Maimonides de New York (cinq donnèrent des résultats significativement différents du hasard et trois furent jugées non significatives). Dement utilisa les six cents étudiants de son cours comme « émetteurs » et six rêveurs comme « récepteurs », mais ce fut un échec (Dement, 1981, p. 91-93). « Rétrospectivement, écrit-il, nous décelâmes beaucoup d'insuffisances dans cette expérience maladroite et difficile. [...] Ainsi qu'il est fréquent dans ce genre d'études, nous obtînmes un résultat très aguichant, bien que dénué de toute valeur statistique ». Certains de ses collègues lui reprochèrent cette tentative et le menacèrent même de l'exclure de leurs associations professionnelles ! « Mais qu'importe » conclut-il sobrement.

En 2014, Isabelle Arnulf, consciente des incertitudes des témoignages spontanés de rêves prémonitoires, entreprend d'en faire l'étude dans un contexte contrôlé. L'évènement choisi est le concours d'entrée en faculté de médecine : sur 2 324 étudiants de l'université Pierre-et-Marie-Curie, 230 seulement le réussiront. Au soir du jour des examens, elle demande aux candidats à quoi ils ont rêvé la nuit précédente et s'ils ont rêvé du concours au cours du trimestre (Arnulf *et al.*, 2014 ; Arnulf, 2014, p. 192-198). Elle ne trouve aucune prémonition des résultats, au contraire, les dix premiers ont fait des rêves de retard et de copie blanche ; mais plus on rêve du concours, meilleures sont les notes. Les rêves désagréables (arrivée en retard, sujets illisibles, etc.) sont majoritaires et un peu plus fréquents chez les anxieux, mais peu. À défaut d'annoncer l'avenir, il est possible que de tels rêves réduisent l'angoisse lors de l'épreuve, l'étudiant ayant vécu pire en rêve, en accord avec la thèse d'Antti Revonsuo qui voit dans ces universels rêves négatifs une préparation aux difficultés de la vie réelle.

2. Rêves lucides

En général, quand nous rêvons, nous ne savons pas que nous rêvons : nous adhérons au scénario de notre rêve et nous perdons toute conscience réflexive. Cependant certaines personnes affirment devenir conscientes durant leurs rêves. C'est ce qu'on appelle le rêve lucide.

2.1 Hervey de Saint-Denis

Le pionnier du rêve lucide est sans conteste Léon Le Coq, baron d'Hervey, marquis de Saint-Denys (1822-1892). Ce marquis, sinologue, professeur au Collège de France et membre de l'Institut, est surtout connu aujourd'hui comme l'auteur d'un livre célèbre, *Les Rêves et les Moyens de les diriger* (Hervey de Saint-Denis, 1867, 1964), publié sans nom d'auteur, ce qui indique qu'il le tenait pour sulfureux. À partir de l'âge de treize ans, il dessine systématiquement ses rêves et devient rêveur lucide sept mois plus tard. Dans son livre, il met en évidence les spécificités du rêve lucide, à savoir l'éveil de la conscience réflexive avec accès à ses souvenirs, la sensation d'euphorie qui l'accompagne et le fait que les images oniriques y sont beaucoup plus nettes et détaillées que dans le rêve ordinaire. En voici un exemple.

Un cas de rêve lucide

« J'ai rêvé que j'étais dans une allée de jardin. J'avais le sentiment que je rêvais ; je pensai aux divers problèmes dont je voudrais poursuivre la solution. Une branche de lilas en fleur était devant les yeux de mon esprit. Je la considère avec une attention indubitable. Je me souviens d'avoir lu que les réminiscences de l'odorat sont rarement justes dans nos rêves ; je saisis la branche, et je m'assure d'abord que l'odeur du lilas se trouve rappelée dans ma mémoire par l'association des impressions solidaires que cet acte imaginaire, mais volontaire, a provoquées. [...] Tout en faisant ces réflexions, j'avais cassé la branche, et je déchirais la grappe de lilas, non sans remarquer, après chaque parcelle que j'arrachais, combien les aspects successifs de ce bouquet, de plus en plus réduit, étaient toujours nets et vraiment conformes à ce qu'ils eussent été si j'avais agi ainsi en réalité. Quand il ne resta plus qu'un très petit bouquet de lilas, je me demandai encore si j'achèverais mon œuvre de destruction illusoire, ou si je m'en tiendrais à cette dernière modification de l'image première. J'ose affirmer que cela dépendait bien de la libre détermination que j'aurais prise. À ce moment, je m'éveillai » (Hervey de Saint-Denys, 1964, p. 243).

Dans un article paru en 1913, le psychiatre néerlandais Frederik van Eeden, écrivain célèbre à l'époque dans son pays, confirma les observations d'Hervey de Saint-Denys, en particulier le réalisme de ses images. Il y écrit par exemple : « Mon imagination n'aurait jamais été capable d'inventer ou de créer une image aussi complexe que celle de la perspective changeante des petites branches que je voyais pendant que je volais » (van Eeden, 1913). On lui doit, semble-t-il, l'expression « rêve lucide » bien qu'Hervey ait lui aussi utilisé l'adjectif « lucide ».

La qualité scientifique expérimentale du livre d'Hervey est exceptionnelle. Par exemple, il se fait réveiller à différents moments du sommeil, expérimente des odeurs et des sons diffusés par son serviteur pour influencer ses rêves, teste ses capacités de raisonnement, fait apparaître ou disparaître des images oniriques, essaye même de se tuer en rêve, sans y parvenir : il se réveille !

Il est remarquable que, par la suite, seuls les occultistes et les parapsychologues aient conservé un intérêt pour le sujet. Aujourd'hui le génie d'Hervey est enfin reconnu (Debru, 1990, p. 37 ; Arnulf, 2014, p. 201-202). Mais il faudra attendre la fin des années 1970 pour que Stephen LaBerge, en thèse avec William Dement, sorte le sujet de son aura un peu mal famée en démontrant la réalité du phénomène. Il n'est d'ailleurs pas le seul puisqu'un Britannique, Keith Hearne, publie les mêmes résultats en 1978, deux ans avant LaBerge. Comment s'y sont-ils pris pour apporter cette démonstration ?

2.2 Stephen LaBerge

Le problème à surmonter était que la plus grande partie du corps du rêveur est paralysée pendant le sommeil paradoxal si bien que le rêveur se trouve dans l'impossibilité de signaler qu'il est en train de rêver. LaBerge s'interrogeait :

> « Que pourrait bien faire le rêveur lucide, au moment où il rêve, qui soit observable ou mesurable par des scientifiques ? J'eus alors une idée. Il y a une exception évidente à cette paralysie musculaire, puisque les mouvements des yeux ne sont en aucune façon inhibés durant le sommeil REM. Après tout, c'est la survenue des mouvements oculaires rapides qui a donné son nom à ce stade du sommeil [...]. Il m'apparut qu'en bougeant les yeux (en rêve) selon un schéma reconnaissable, je serais capable d'envoyer un signal au monde extérieur quand j'aurais un rêve lucide » (LaBerge, 1985, chap. 3, ma traduction).

L'équipe de LaBerge entraîna plusieurs sujets à la pratique du rêve lucide. Les signaux, des mouvements volontaires des yeux en nombre et directions convenus, furent envoyés au cours du rêve, vérifiés par des mesures et confirmés par les dormeurs lorsqu'on les réveilla. Ces résultats furent publiés avec Dement (LaBerge *et al.*, 1981, 1986).

Par la suite, grâce au rêve lucide, LaBerge montra que, contrairement à ce que croyait Alfred Maury[1], le temps écoulé en rêve correspond au temps réel, mais il ne parvint pas à faire accepter ce travail, aujourd'hui reconnu, dans une revue scientifique. Il dut se contenter de le publier dans un livre (LaBerge, 1985, chap. 4), ce qui est de moindre valeur au regard des exigences académiques.

1. Alfred Maury, contemporain d'Hervey de Saint-Denys, lui aussi professeur au Collège de France et expérimentateur sur le rêve, avance l'idée dans son livre célèbre de 1861, *Le Sommeil et les rêves* (disponible en ligne) que les rêves peuvent se produire en une fraction de seconde au réveil. Il s'appuie sur un long rêve de son adolescence où il assiste aux massacres de la Terreur et est lui-même jugé et guillotiné. Il sent sa tête se séparer de son tronc, s'éveille et constate que la flèche de son lit vient de tomber sur son cou. Il suggère que cette chute a déterminé à elle seule l'ensemble du rêve depuis le début.

2.3 Neurobiologie du rêve lucide

Deux expériences ont permis d'étudier l'activité cérébrale du rêveur lucide.

2.3.1. Étude employant l'EEG

La première est due à une équipe dirigée par Allan Hobson (Voss *et al.*, 2009). Vingt étudiants ont été entraînés pendant quatre mois et six d'entre eux se sont révélés capables d'avoir jusqu'à trois rêves lucides par semaine. Leur activité cérébrale a été enregistrée par EEG à raison de deux à cinq nuits par sujet, ainsi que leurs mouvements oculaires (par EOG) et leur activité musculaire (par EMG). Trois rêves lucides ont été obtenus dans ces conditions avec enregistrement des signaux oculaires de lucidité. Les résultats obtenus ont confirmé que le rêve lucide est bien un rêve, mettant un terme à l'idée qu'il pourrait être une hallucination en état de veille, car on l'observe presque exclusivement en sommeil paradoxal. Les REM et l'abolition du tonus musculaire sont les mêmes en sommeil paradoxal lucide et non lucide.

La cartographie de l'activité électrique cérébrale mesurée par EEG montre de grandes différences entre l'éveil, le sommeil paradoxal et le rêve lucide. Le rêveur ordinaire croit qu'il est éveillé en raison de l'inactivation des circuits frontaux et pariétaux nécessaires à la mémoire vigile et la conscience réfléchie. Les ondes cérébrales du rêveur lucide, qui sait qu'il dort, diffèrent de celui du rêveur ordinaire par une augmentation de leur cohérence globale et de leur puissance à 40 Hz dans une petite région du lobe frontal qui vérifie la plausibilité de nos perceptions et pensées. Cette implication du lobe frontal n'est pas une surprise car on sait depuis le XIXe siècle que chaque aire du cortex cérébral a une fonction. On distingue les aires d'entrées sensorielles (dites « primaires »), les aires de sorties (notamment motrices), et entre elles, les aires dites intégratives ou associatives. Or le lobe frontal est presque exclusivement consacré à l'intégration, si bien qu'il joue un rôle central dans la raison et la conscience.

2.3.2. Étude employant l'IRMf

La seconde étude a été publiée par une équipe allemande (Dresler *et al.*, 2012). Quatre hommes de 27 à 32 ans, entraînés au rêve lucide depuis quatre à vingt ans, ont été examinés par imagerie par résonance magnétique fonctionnelle (IRMf), une méthode qui mesure l'activité des neurones par leur consommation d'oxygène sanguin. Après avoir fait le signal oculaire, ils devaient (vouloir) ouvrir puis fermer le poing gauche et ensuite le poing droit. Pour comprendre la suite il suffit de savoir que les différentes parties du corps des orteils à la langue sont représentées dans le cerveau au long d'une scissure, dite « de Rolando », qui sépare le lobe frontal, à l'avant, du lobe pariétal, à l'arrière. Les informations sensorielles provenant du corps arrivent à l'arrière de la scissure, tandis que les commandes motrices partent à l'avant de celle-ci.

À l'état d'éveil, les chercheurs ont pu observer le mouvement des poings et, par IRMf, la commande motrice de ceux-ci au niveau de la zone de la scissure de Rolando correspondant aux poings. En revanche, lors du rêve lucide, les poings restent physiquement immobiles car le dormeur est paralysé. En trois nuits, un seul individu sur dix-neuf a réussi à obéir à la consigne : l'activation des régions motrices de la main a alors été observée ; cette activation s'est révélée identique pour les mouvements en sommeil paradoxal et les mouvements imaginés en éveil, mais inférieure à l'activation des mouvements réels. Le cerveau utilise donc les mêmes zones lorsqu'il rêve d'une scène et lorsqu'il l'imagine. Cela confirme que l'inhibition des mouvements a lieu dans le tronc cérébral : le cerveau s'active mais ses ordres sont bloqués.

Ces expériences sont difficiles à poursuivre car les sujets capables de rêver lucidement dans une machine IRMf, inconfortable et bruyante, sont rarissimes. Néanmoins, il sera sans doute possible de contourner cette grave difficulté, comme on le verra plus loin.

3. Hallucinations

Les hallucinations sont des perceptions sensorielles ayant les qualités d'une perception réelle en l'absence des stimuli sensoriels correspondants. La littérature sur les hallucinations est vaste et les circonstances dans lesquelles elles apparaissent sont très variées. On peut en distinguer trois catégories : les hallucinations pathologiques, les hallucinations provoquées par les drogues psychotropes et par l'hypnose (voir ce qui n'est pas là ou ne pas voir ce qui y est), et les hallucinations spontanées.

3.1 Hallucinations pathologiques

Il existe nombre de maladies neurologiques ou psychiatriques produisant des hallucinations ressenties par des personnes éveillées et conscientes. Les unes (souvent auditives) sont associées à des psychoses, la schizophrénie par exemple, les autres, plutôt visuelles, surviennent chez des patients dont les fonctions intellectuelles ne sont pas affectées.

C'est le cas notamment de la maladie de Charles Bonnet. Elle doit son nom au naturaliste genevois qui l'a décrite pour la première fois en 1760. Elle survient chez des personnes, en général âgées et isolées, souffrant de déficits visuels et menant une vie répétitive (Draaisma, 2014, p. 19-51). Le patient voit des images flottantes de visages, de personnages, d'animaux, d'objets ou de textures ; elles sont de tailles variées, normales, plus petites ou plus grandes, plus vagues ou plus nettes que la réalité, en couleur ou en nuances de gris. Ces visions, le plus souvent émotionnellement neutres, surviennent plutôt le soir ou la nuit et durent de quelques secondes à une heure. Bien qu'indépendantes de leur volonté, les patients savent qu'elles ne sont pas réelles et ils peuvent les faire disparaître, en fermant les yeux par exemple.

Une étude de ces patients en IRMf par une équipe londonienne (ffytche *et al.*, 1998) a pu montrer que différentes aires cérébrales, connues pour traiter certaines informations visuelles, s'activaient une douzaine de secondes avant l'hallucination. Ainsi la vision de visages active la face ventrale du lobe temporal gauche (gyrus fusiforme) qui correspond au traitement des visages non familiers, tandis que la vision d'objets active le gyrus fusiforme droit. Certaines aires cérébrales sont donc impliquées à la fois dans des processus d'origine externe (perception) et interne (hallucination), découverte remarquable sur laquelle on reviendra.

D'autres maladies non psychotiques produisent des hallucinations comme la narcolepsie, la maladie de Parkinson et le syndrome de Guillain-Barré (dans cette maladie rare et grave, probablement d'origine auto-immune, les racines des nerfs moteurs à la sortie de la moelle épinière sont enflammées, d'où perte de force musculaire puis paralysie complète remontant des pieds vers la tête). Ces dernières maladies sont particulièrement intéressantes pour notre propos car ce sont des maladies pouvant présenter des troubles du sommeil paradoxal : leurs hallucinations sont des rêves à l'état de veille. Illustrons cela par la *narcolepsie*. Le patient atteint de cette maladie s'endort involontairement jusqu'à plusieurs fois par jour, qu'il soit passif (passager de voiture par exemple) ou actif (au volant). Cet endormissement soudain peut s'accompagner d'une chute et d'hallucinations ; ainsi, un patient au volant voit soudain un enfant sur la route et freine avant de s'apercevoir qu'il n'y a rien. Cette maladie qui affecte deux personnes sur dix mille, souvent jeunes, résulte d'un déficit en orexine (ou hypocrétine), un neurotransmetteur qui augmente l'éveil, à la suite de la perte des neurones de l'hypothalamus qui le produise. Le sommeil paradoxal apparaît aussitôt après l'endormissement au lieu du délai normal de 50 à 100 minutes. Les deux traits caractéristiques du sommeil paradoxal se manifestent alors : la perte du tonus musculaire (cataplexie) et les paralysies, qui entraînent la chute du patient, ainsi que le rêve, qui produit les hallucinations (sentiment de présence d'un intrus ; visions de visages, de personnes entières ou distordues, d'animaux ; sentiment de sortir de son corps). Dans près de la moitié des cas, les hallucinations affectent tous les sens. Les narcoleptiques ont des rêves marquants, presque réels, d'où leurs difficultés à distinguer le rêve de la réalité. Les rêves plaisants sont rares mais magnifiques et empreints d'une ambiance d'harmonie universelle ; les cauchemars sont fréquents et épuisants (meurtres sanglants par exemple). Certains croient leur maison hantée ou se croient investis d'un don. On les traite à l'aide de médicaments qui réduisent le sommeil paradoxal, les cataplexies et les paralysies du sommeil car ils réduisent aussi les hallucinations.

Fait remarquable, l'équipe d'Isabelle Arnulf a étudié cinquante-trois patients narcoleptiques et montré que 77 % d'entre eux rapportent des rêves lucides, en moyenne huit par mois, surtout lors de siestes diurnes, contre un par trimestre dans le groupe témoin (Dodet *et al.*, 2015). Ces patients ont souvent réussi à faire des signaux oculaires de lucidité en sommeil paradoxal diurne alors que des sujets normaux se disant rêveurs lucides n'y parviennent pas en sommeil paradoxal nocturne. Ces observations sont fort intéressantes pour l'avenir de la recherche dans ce domaine, tant fondamentale qu'appliquée, le rêve lucide permettant par exemple aux patients de faire disparaître volontairement leurs cauchemars récurrents et leurs hallucinations.

3.2 Hallucinations spontanées et apparitions

Les hallucinations ne sont pas uniquement d'origine pathologique. Certaines, reconnues respectivement par Alfred Maury et Frederic Myers, apparaissent dans des états de demi-sommeil, à l'endormissement (hypnagogiques) ou au réveil (hypnopompiques). Ce sont des bribes de rêves semblables à celles, exacerbées, des narcoleptiques, dont la survenue est rare et intermittente chez les personnes normales.

Plus surprenantes sont les apparitions, dites « véridiques », en particulier liées à la mort (ou autre crise) de la personne qui apparaît (voir chap. 7). Des milliers de cas en ont été enregistrés et leur faible nombre ces dernières décennies peut s'expliquer par le moindre intérêt récent des parapsychologues pour les cas spontanés de ce genre (Kelly *et al.*, 2010, p. 407). Leur rejet indiscriminé comme anecdotes sans substance n'est pas justifié. Par exemple, Hart *et al.* (1956 ; Kelly *et al.*, 2010, p. 406) ont analysé cent soixante-cinq cas publiés pour lesquels l'expérience a été relatée par écrit ou oralement, ou une action entreprise à cause d'elle, avant que l'évènement lui ayant donné naissance ne soit confirmé.

La plupart des apparitions impliquent des témoins isolés, mais il existe des rapports où deux personnes ou davantage ont vu l'apparition en même temps, chacune de son point de vue (Tyrrell, 1955, p. 108 *et sq.*). L'apparition peut avoir son image réfléchie dans un miroir ou projeter une ombre (Myers, 1903, p. 421). Toutefois, ce réalisme apparent se brise lorsque le sujet tente de toucher l'apparition : sa main passe au travers sans rencontrer de résistance (Tyrrell, 1955, p. 82 *et sq.*, p. 122).

Les visions de mourants sont le plus souvent rapportées par des tiers, elles sont donc imparfaitement connues (voir chap. 8). On dispose de données médicales sur ces cas mais pas d'investigations neurobiologiques. Ces visions (ou auditions) de personnes absentes portent presque invariablement sur des personnes décédées, parfois sans que le mourant qui a l'apparition le sache. Ainsi, elles sont apparentées à la vision de personnes décédées des EMI. Selon Osis et Haraldsson (1986), les patients dont la conscience est affectée par des médicaments ou la maladie sont moins susceptibles d'avoir de telles visions. Mentionnons également à ce propos la redécouverte par Nahm de la lucidité terminale (voir chap. 8).

4. Expériences « hors du corps »

Les expériences « hors du corps » (EHC) forment un ensemble relativement hétérogène que l'on peut schématiquement subdiviser en spontanées, pathologiques et volontaires. Les premières ne se produisent typiquement qu'une fois dans la vie du sujet. Les deux autres étant sujettes à répétition ont pu être étudiées expérimentalement.

4.1 EHC spontanées

Dans une EHC spontanée la personne affectée « semble percevoir le monde à partir d'un endroit situé en dehors de son corps physique » (Blackmore, 1982). En voici un exemple :

> « J'ai vécu cette expérience lorsque mon fils unique avait 2 ans. C'était le soir et j'étais assise sur le lit, penchée au-dessus de son berceau, en train de réciter des comptines, qu'il répétait après moi. Soudain, je fus suspendue dans l'air à quelque distance du fond de son berceau, regardant d'en haut la scène où je me trouvais toujours penchée sur le berceau. Je me suis sentie très perplexe et déconcertée, mais tout s'est arrêté en quelques secondes. Quand je suis revenu dans mon corps, mon fils répétait toujours une ligne de la comptine » (Green, 1968a, p. 17).

Celia Green, qui rapporte ce témoignage, a fait une des premières analyses de ces expériences qu'elle qualifie d'exosomatiques (« hors du corps » en grec, d'autres auteurs préférant les racines latines parlent d'expériences « extracorporelles », et d'autres encore de « sortie du corps » ou de « décorporation », ou bien reprennent l'expression anglaise *out of body experience* ou OBE, Tyrrell, 1955). Elle établit qu'elles apparaissent dans des circonstances variées alors que le sujet est à l'état de veille, se livrant à diverses activités (marche, jardinage, tâches ménagères, etc.), seul ou avec d'autres personnes, ou bien inconscient (sommeil, anesthésie, accident) ; cependant, dans près de 75 % des cas, les sujets sont allongés. La plupart (60 %) ne rapportent qu'une seule expérience dans leur vie, le plus souvent entre 15 et 35 ans, mais 20 % en ont six ou plus et certains l'induisent volontairement.

Dans cet état, 80 % des sujets croient voir leur corps physique de l'extérieur, avec une surprise amusée, le plus souvent d'un point près du plafond. Une minorité de sujets (30 %) se sentent reliés à leur corps physique et moins de 3 % par un lien visible tel qu'un cordon. Certains sujets pensent avoir alors un corps ressemblant à leur corps physique et normalement habillé, mais le plus souvent, ils ont l'impression de ne pas en avoir, ou éprouvent des sensations proprioceptives provenant d'un corps qu'ils ne voient pas. Il est rare que l'environnement perçu dans les expériences spontanées soit inexact et déformé mais c'est plus fréquent dans les expériences induites. Si l'expérience survient de nuit, le sujet est souvent étonné de voir des détails qu'il ne pourrait normalement pas voir, ce qui lui suggère soit qu'il « voit dans le noir », soit que la scène est éclairée par une source invisible. Certains rapportent une vision à travers les murs ou à 360 degrés. Une majorité des sujets n'ayant eu qu'une seule expérience (56 %) affirment qu'ils étaient plus éveillés et conscients qu'à l'ordinaire. Les sentiments d'excitation, voire d'exaltation, ne sont pas rares (10 %) mais peuvent être remplacés par la peur de ne pouvoir mettre fin à l'expérience. L'écoulement du temps semble ralenti ou suspendu (18 %).

Pour LaBerge (1985, chap. 9), l'EHC est une forme *inférieure* de rêve lucide. En effet, sur ses huit cents rêves lucides, il en interprète 1 % comme EHC, mais au réveil il constate que sa mémoire ou sa pensée critique étaient déficientes ; par exemple, il ne se souvient ni du lieu où il dort ni de la date du jour, alors qu'en rêve lucide, il s'en souvient fort bien. Celia Green (1968a, p. 21-22), au contraire, considère que ce sont des états différents car les EHC commencent habituellement en état d'éveil, sont plus précises et vives, sans éléments symboliques ou fantastiques, et le sujet est le plus souvent sans corps ce qui est rare dans le rêve lucide. Selon elle, les sujets ayant éprouvé les deux types d'expériences tiennent les EHC pour *supérieures* aux rêves lucides en termes de liberté d'action et d'intensité des émotions. Ces divergences de vues peuvent s'expliquer par l'existence de deux types d'EHC spontanée, l'un onirique, l'autre réaliste. Étendant les observations de Green, Jourdan (2006, p. 162) relève que dans les EHC oniriques, le sujet se voit quitter son corps avec une vision semblable à l'ordinaire, à hauteur d'homme, et dans un environnement souvent modifié, tandis que dans les EHC réalistes il se trouve sans transition hors de son corps avec une vision augmentée et dans un environnement normal. Comme nous le verrons à la section 5, ce second type se manifeste aussi dans les expériences de mort imminente. Auparavant, examinons les autres formes, pathologiques et volontaires, d'EHC.

4.2 Phénomènes autoscopiques pathologiques

Les EHC spontanées sont à rapprocher de deux pathologies, l'autoscopie et l'héautoscopie. Dans l'autoscopie, le sujet n'a pas l'impression de sortir de son corps mais il voit un « double » externe de lui-même (Dening & Berrios, 1994 ; Anzellotti *et al.*, 2011). Dans l'héautoscopie, il éprouve en alternance une succession de sorties du corps et d'autoscopies (Hécaen & Ajuriaguerra, 1952, p. 310-343). Les neurologues qualifient l'ensemble des trois expériences de « phénomènes autoscopiques » et les rapprochent des troubles de dépersonnalisation où le sujet a l'impression d'être devenu un observateur extérieur de sa propre existence.

Ces expériences pathologiques surviennent lors de crises d'épilepsie ou de migraine. Elles sont attribuées à une activation anormale de certaines aires cérébrales, notamment des lobes temporaux (voir par ex. Devinsky *et al.*, 1989). Olaf Blanke et son équipe à Lausanne et Genève (Blanke *et al.*, 2002, 2004) présentent le cas d'une femme souffrant de crises épileptiques du lobe temporal droit mais sans EHC. En vue de traiter ces crises, des électrodes ont été implantées dans son cortex temporo-pariétal droit selon une grille régulière. La stimulation électrique du cortex *via* certaines de ces électrodes provoque diverses sensations qui dépendent de l'intensité et de la durée du courant : impression de tomber, de sortir du corps (mais la patiente ne voit que ses jambes et son tronc inférieur), puis de flotter près du plafond, enfin impression que ses bras et jambes sont plus courts. L'étude de cette patiente et d'autres patients souffrant des mêmes troubles a permis à cette équipe d'obtenir les résultats suivants : le phénomène autoscopique produit dépend de la position du corps : autoscopies et héautoscopies surviennent lorsque le patient est debout ou assis, les EHC lorsqu'il est couché sur le dos, ce qui confirme une observation déjà faite par Celia Green (1968a).

Contrairement à Susan Blackmore (1982) pour qui les EHC sont réalistes alors que les autoscopies et héautoscopies sont des hallucinations non réalistes, Blanke soutient que seules les autoscopies sont éprouvées comme irréelles. Sauf exception, les patients tiennent les visions héautoscopiques et hors du corps pour réelles car claires, réalistes et situées dans leur environnement, même si l'apparence du patient est modifiée (âge, vêtements, cheveux, taille).

Les stimulations électriques et l'imagerie cérébrale montrent que les phénomènes autoscopiques sont produits par l'activation d'une zone située à la jonction entre le lobe temporal et le lobe pariétal (jonction temporo-pariétale ou JTP), même quand le foyer épileptique se trouve assez éloigné de la JTP. Cette aire est normalement impliquée dans l'intégration des informations vestibulaires (le système vestibulaire de l'oreille interne enregistre les mouvements de la tête et sert à l'équilibre ; son cortex primaire est proche de la JTP) et des informations tactiles, proprioceptives et visuelles relatives au corps et à sa localisation.

Les phénomènes autoscopiques résulteraient d'une contradiction entre ces informations relatives au corps et celles relatives à la tête (vestibulaires). Normalement, toutes ces informations sont cohérentes et aboutissent à une représentation unique. En revanche, lors d'un phénomène autoscopique, elles sont trop incohérentes pour être réconciliées de manière unique. Il en résulte deux désintégrations des représentations cérébrales : d'une part des positions relatives des parties du corps et d'autre part du corps dans l'environnement. La première désintégration est stable dans les trois formes de phénomènes autoscopiques, mais la seconde produit une autoscopie si le dysfonctionnement vestibulaire est faible, une héautoscopie s'il est moyen et une EHC s'il est fort. Par la suite, l'équipe de Blanke (Lenggenhager *et al.*, 2007) et un autre chercheur (Ehrsson, 2007) sont parvenus à produire des phénomènes autoscopiques chez des sujets normaux en créant artificiellement des incohérences entre la vue et le toucher.

Blanke *et al.* (2014) affirment que toutes les EHC rapportées dans la littérature, y compris parapsychologique (amplement citée, voir Bünning & Blanke, 2005), résultent d'un dysfonctionnement de la JTP. Cette généralisation est-elle recevable ? Kelly *et al.* (2010, p. 398-399) estiment que cette localisation n'est pas convaincante en raison de la dispersion des lésions chez les six patients étudiés (au demeurant l'un d'eux ne présente aucune lésion identifiée) et des divergences avec les localisations décrites par Devinsky *et al.* (1989). Ils tiennent pour prématurée l'idée qu'une activité anormale de la JTP soit *nécessaire* chez toute personne ayant une EHC ; en tout cas, elle reste à démontrer chez les personnes ayant des EHC non pathologiques. Une activité anormale de la JTP (ou de toute autre aire cérébrale) ne semble même pas *suffisante* pour provoquer une EHC puisque plus de 90 % des patients épileptiques de Devinsky *et al.* ne présentent pas de phénomènes autoscopiques et ceux qui en rapportent, le font peu en dépit de nombreuses crises sur de nombreuses années[1]. En outre, pendant une crise accompagnée d'une EHC, l'activité mentale demeure complexe alors que la conscience devrait être abolie, un paradoxe déjà signalé par Devinsky *et al.* Assimiler toutes les EHC à des illusions corporelles pathologiques ignore la complexité physiologique, psychologique et phénoménologique de l'expérience.

1. Ces auteurs mentionnent 43 patients (dont 10 parmi leurs propres 158 patients) ayant éprouvé des phénomènes autoscopiques lors de crises épileptiques (18 EHC, 25 autoscopies). Sur 30 foyers identifiés, 18 sont dans le lobe temporal.

La tendance à généraliser prématurément est également manifeste dans l'article d'Ehrsson (2007) au titre prometteur : « Induction expérimentale d'expériences hors du corps ». Or il n'atteint pas cet objectif comme le montrent les informations supplémentaires de l'article. En effet, à la question : « Ai-je senti que je flottais hors de mon corps ? », les sujets ont répondu le plus souvent « non ». On a ici un exemple d'usage abusif d'un mot-clé vendeur par une revue scientifique de premier plan (*Science*). Il est possible qu'une vague impression d'être hors du corps ait été induite chez quelques sujets mais ce n'est même pas sûr. Des expériences peu intenses sont ainsi assimilées à des expériences phénoménologiquement riches mettant vraisemblablement en jeu d'autres processus. Cela ne conduit pas à rejeter l'apport de Blanke et confrères mais certainement à le relativiser.

4.3 Les EHC volontaires et leurs aspects paranormaux

Quelques personnes affirment contrôler volontairement leurs EHC. Cette prétention n'est pas nouvelle : le chamane des peuples sibérien, polynésien ou africain en état de transe se dit capable de visiter par son double des régions éloignées et d'autres mondes. Ce type d'expérience est apparenté à la clairvoyance somnambulique de Puységur (1779) (voir chap. 1). On dispose d'intéressantes descriptions de cette « clairvoyance ambulatoire » par Oliver Fox, Muldoon et Carrington, Robert Monroe et d'autres, mais il n'y a que quelques études à ce sujet.

Charles Tart, professeur de psychologie à l'université de Californie, a étudié M. X (alias Robert Monroe) (Tart, 1967) et Mlle Z (Tart, 1968 ; voir aussi Hardy, 1988, p. 81-96). Cette dernière, depuis son plus jeune âge, se réveille plusieurs fois par semaine en train de flotter sous le plafond et observe son corps endormi. En de rares occasions elle dit avoir visité des lieux distants. Au début, elle pensait que cette expérience était banale mais, comme les gens trouvaient cela bizarre, elle cessa d'en parler. Elle n'essaya jamais de contrôler cet état ni de lire à son sujet. Mlle Z a passé quatre nuits au laboratoire avec enregistrements EEG et oculaires. Elle a été capable de lire l'heure d'une horloge (3 h 13 selon elle, mais 3 h 15 selon Tart) et un nombre de cinq chiffres mais cette preuve n'est pas concluante (elle pourrait en avoir pris connaissance par une réflexion). Les EHC de Robert Monroe et Mlle Z pourraient être une variante de rêve lucide car elles semblent apparaître en état hypnagogique (une forme de sommeil paradoxal). Toutefois, Tart montre qu'une des EHC de Mlle Z s'est produite hors SP en l'absence de mouvements oculaires rapides.

Karlis Osis (1974) a étudié cent sujets persuadés de leur capacité à décrire une pièce distante. Seuls quelques-uns d'entre eux purent identifier les objets cibles, ce qui montre qu'on peut difficilement se fier aux prétentions des sujets qui se croient doués.

Morris *et al.* (1978) ont fait des expériences avec le sujet psi connu Keith « Blue » Harary. Les résultats obtenus n'ont pas été significatifs, bien que le chaton de Harary sur un site distant se soit montré plus calme pendant les EHC que pendant les périodes témoins. Harary éprouvait des EHC de 2-3 minutes en moyenne, à l'état de veille en relaxation profonde, donc hors sommeil paradoxal selon l'interprétation de leurs EEG faite par Tart et confirmée par Dement. Même chose pour les EHC produites par Ingo Swan (Osis & Mitchell, 1977, résumé dans Hardy, 1988, p. 91-94).

Osis et McCormick (1980) ont utilisé une cible munie d'un dispositif optique spécial et d'une jauge de contrainte. Sur 197 essais, 114 ont été considérés comme des succès avec identification d'au moins un des trois paramètres de la cible, ce qui est statistiquement significatif. La jauge a été quelques fois activée comme s'il y avait eu une présence physique.

En 2007 et 2008 à Genève, Sylvie Dethiollaz et Claude Charles Fourrier ont tenté de vérifier les perceptions que Nicolas Fraisse assurait faire en sortie du corps (Dethiollaz & Fourrier, 2016, p. 110). Ce sujet devait identifier une image, choisie parmi vingt, projetée par un ordinateur, dans une pièce voisine. Sur les quarante tests réalisés, trent-trois n'ont pas été concluants car le sujet n'a pas réussi soit à faire une sortie du corps, soit à maîtriser son « déplacement » vers la cible, soit à focaliser son attention sur l'image. Dans les sept autres tests il a réussi à percevoir les images et sur ces sept, toutes les réponses étaient bonnes. Les mois suivants, Fraisse n'est pas parvenu à refaire des EHC pendant les tests et, par la suite, ces expériences n'ont pu être poursuivies faute de crédits.

En conclusion, il est difficile de dire si ces expériences valident ou non une interprétation des EHC fondée sur le psi ou sur une extériorisation de l'esprit puisque, sur cinq séries d'expériences, au moins trois ne sont pas significatives. *A contrario*, il est également difficile d'y trouver une confirmation que ces EHC volontaires chez des sujets sains sont assimilables à des EHC neurologiques (pathologiques ou induites par des incohérences sensorielles) ou à une forme de rêves lucides.

5. Expériences de mort imminente

Les expériences de mort imminente (EMI, Egger, 1896) sont rapportées depuis des siècles en Occident, puisqu'on en trouve un premier récit dans *La République* de Platon. Apparemment représentées par Jérôme Bosch vers 1500, ces expériences sont à nouveau signalées au XIXe siècle, mais il faudra attendre les années 1970 pour qu'on reconnaisse ces expériences en tant que telles. Le livre du philosophe et psychiatre Raymond Moody (1975) lève un tabou en forgeant l'expression *near-death experience* (NDE). Il arrive à un moment favorable, celui où le béhaviorisme, qui faisait peser un puissant interdit sur tout ce qui touche à la conscience, commence à perdre de son emprise.

Il n'y a pas de définition universellement acceptée des EMI. Disons qu'elles sont des souvenirs d'expériences exceptionnelles, souvent vives et réalistes, susceptibles de modifier la vision du monde du sujet, qui surviennent en différentes circonstances chez des personnes en danger de mort (arrêt cardiaque, perte de sang à la parturition, traumatisme à la tête, asphyxie, noyade, etc.) ou qui pensent être sur le point de mourir (accident, maladie), ou bien encore dans d'autres circonstances (isolement, dépression, méditation), voire sans raison apparente. L'approche de la mort n'étant pas nécessaire à ces expériences, leur appellation d'EMI n'est pas justifiée.

Quelques éléments souvent relatés dans les EMI sont :

1. l'expérience d'être hors du corps avec des perceptions de l'environnement par le sujet à partir d'une position extérieure et au-dessus de son corps ;
2. le passage dans un tunnel ;
3. la revue de vie panoramique, généralement dans l'ordre chronologique, avec l'impression de ressentir les pensées et les émotions induites chez autrui, ainsi que d'un temps suspendu et d'une distance abolie, dont le récit peut prendre plusieurs heures ;
4. la rencontre avec des parents ou amis décédés et des inconnus ;
5. la rencontre d'un être de lumière ;
6. l'atteinte d'une limite au-delà de laquelle le retour n'est plus possible.

Seul le premier élément donne lieu à des perceptions objectivables, les autres éléments sont de nature transcendantale.

5.1 Phénoménologie des EMI en études rétrospectives et prospectives

La plupart des études sur les EMI sont dites *rétrospectives* parce qu'on a recueilli après coup les témoignages de patients qui disent avoir eu une expérience de ce genre. Ce sont évidemment les premières qui ont été faites mais elles ont l'inconvénient d'être tardives, ce qui rend possible une distorsion des souvenirs. D'où l'intérêt de les compléter par des études *prospectives*. Elles ont été réalisées dans des unités de soins intensifs en interrogeant systématiquement, dès qu'ils sont en mesure de l'être, les patients victimes d'arrêt cardiaque.

Il y a eu six études de ce genre, deux en Europe (Van Lommel *et al.*, 2001 ; Parnia *et al.*, 2001), deux aux États-Unis (Schwaninger *et al.*, 2002 ; Greyson, 2003) et les deux dernières à la fois en Europe et aux États-Unis (Parnia *et al.*, 2014, 2023). Elles ont notamment permis de déterminer que le nombre de patients en arrêt cardiaque se souvenant d'une telle expérience était de l'ordre de 10 %. (À titre de comparaison, deux sondages, l'un aux États-Unis, l'autre en Allemagne, indiquent qu'environ 4 % de la population aurait eu une EMI, Van Lommel, 2011).

On estime la profondeur d'une EMI à l'aide d'une échelle proposée et validée par Greyson (1983 ; voir aussi Lange *et al.*, 2004 et Martial *et al.*, 2020) qui comporte quatre groupes de quatre éléments relatifs aux aspects cognitifs, affectifs, paranormaux et transcendantaux de l'expérience. Chaque élément est noté de 0 à 2 suivant qu'il est absent, faible ou fort, d'où une note maximale de 32. Pour être qualifiée d'EMI une expérience doit avoir une note d'au moins 7 sur cette échelle. L'élément *cognitif* le plus fréquemment rapporté est l'impression d'une altération du sens du temps (67 %), suivi d'une accélération des processus de pensée (40 %), du panorama de vie (30 %) et du sentiment de compréhension universelle (30 %). Les éléments *affectifs* sont les plus fréquents : sentiment de paix (85 %), d'être entouré d'une lumière brillante (70 %), d'éprouver un sentiment de joie (67 %) et d'unité cosmique (52 %). Parmi les éléments dits *paranormaux* on relève surtout l'impression d'être en dehors de son corps (70 %) tandis que l'exacerbation des sens (15 %), les perceptions extra-sensorielles (11 %) et les visions précognitives (7 %) sont moins fréquentes. Enfin, les éléments *transcendantaux* incluent la perception d'un autre monde (63 %), la vision de défunts ou de figures religieuses (52 %), le sentiment d'atteindre un point de non-retour (41 %) et la rencontre avec des entités mystiques (26 %). Un des éléments les plus popularisés, le passage par un tunnel, ne figure pas dans cette liste, Greyson ayant montré qu'il n'était pas caractéristique des EMI.

Quatre traits des EMI méritent d'être soulignés :

Le premier est leur *diversité phénoménologique* : il n'y a aucun élément commun à toutes les EMI et aucun ordre fixe de ces éléments. L'EHC survient le plus souvent (35 %) au début de l'expérience quand elle est présente (Martial *et al.*, 2017). Les perceptions alléguées en EHC sont d'apparence visuelle et auditive, mais pas olfactive, gustative ou tactile ; la « vision » est parfois globale et très augmentée car étendue dans toutes les directions (sphérique), non limitée par les obstacles ou la distance, et à points de vue multiples (Jourdan, 2006). Les expériences désagréables sont minoritaires mais à ne pas négliger (5 % à 15 %, Cassol *et al.*, 2019).

Le deuxième est l'impression subjective des sujets d'*un vécu « plus réel que la réalité »*. Emily Kelly (Kelly *et al.*, 2010, p. 386) a montré que les sujets ont eu l'impression que leur pensée pendant l'EMI était claire (80 %), rapide (74 %), logique (72 %), contrôlée (55 %), autrement dit fort différente des expériences de rêve ordinaire ou d'hallucination. Ces indications ont été vérifiées par le groupe de Laureys à Liège (Thonnard *et al.*, 2013 et Charland-Verville *et al.*, 2014 ; voir aussi Palmieri *et al.*, 2014) en comparant les souvenirs d'EMI aux souvenirs de faits imaginaires ou au contraire de faits réels chez vingt et un comateux (huit à EMI, six à souvenir sans EMI et sept sans souvenir durant leur coma) et dix-huit sujets témoins de même âge. Les quinze questions posées portaient sur six aspects des souvenirs : leur nombre de détails sensoriels (vue, ouïe), leur clarté (lieu, moment, séquence), leur autoréférence (mes pensées, mes paroles, mes actions), les émotions suscitées, la fréquence de remémoration après l'expérience et la confiance dans ces souvenirs en tant qu'évènement réel (non imaginaire). Ces auteurs vérifient que les souvenirs récents sont meilleurs que les anciens et que les souvenirs d'évènements réels sont meilleurs que les imaginaires. Surtout, ils montrent que les souvenirs d'EMI sont meilleurs que les autres souvenirs pour les quatre premiers critères, car leur note médiane est en gros le double des autres, à savoir les souvenirs de comateux sans EMI et les premiers souvenirs d'enfance des comateux sans souvenir et du groupe témoin.

En troisième lieu, les *circonstances qui induisent les EMI* sont très diverses. En prévision des tentatives d'explication, on peut les diviser en trois groupes : les patients médicalisés et traités par médicaments (par exemple sous anesthésie), les patients en crise cardiaque sans médicaments et les sujets à cerveau normal (par exemple lors d'une chute). Pour les arrêts cardiaques, van Lommel *et al.* (2001) n'ont trouvé aucune différence entre patients avec et sans EMI, ni selon la gravité de l'anoxie (mesurée par la durée de l'arrêt cardiaque, de 2 à 8 minutes, et la durée de l'inconscience, de 5 minutes à 3 semaines), ni selon les méthodes de réanimation (défibrillation électrique, intubation ; morphine, sédatifs). La seule différence significative trouvée a été que le risque de mort dans les trente jours qui suivent l'arrêt cardiaque est deux fois plus grand pour les patients à EMI que pour les autres. Dans une étude rétrospective de soixante-dix cas, Jourdan

(2006, p. 70) ne relève aucune différence significative entre les expériences sans et avec danger de mort quant aux fréquences des trois types d'expérience : EHC seule, EMI avec éléments « transcendants » sans et avec EHC (une EHC seule ne pouvant atteindre le niveau 7 de l'échelle de Greyson n'est pas une EMI). Ces expériences auraient donc une phénoménologie indépendante des circonstances qui les induisent, en particulier une imminence de la mort. De ce fait la proposition de ne tenir pour « authentiques » que les EMI *stricto sensu* (Parnia *et al.*, 2022) se heurtent à de fortes objections (Évrard *et al.*, 2022 ; Martial *et al.*, 2022).

Le dernier trait concerne *les effets ultérieurs de l'expérience.* Certains sont tenus pour positifs (moindres attitudes matérialistes et compétitives, moindres tendances suicidaires), d'autres sont négatifs car ils conduisent à des difficultés sociales et familiales, voire à des divorces. Ces changements de vie ont été étudiés par van Lommel *et al.* (2001) lors d'entretiens effectués deux ans et huit ans après la réanimation. Les chercheurs ont trouvé des différences significatives entre les patients avec et sans EMI pour treize des trente-quatre questions posées, notamment celles sur l'empathie envers les autres, l'intérêt pour la spiritualité, la croyance en une vie après la mort, la compréhension de soi (leurs notes sont plus élevées chez les patients à EMI) et la peur de la mort (qui diminue davantage chez ces derniers). Lors du suivi à huit ans, ces différences tendent à diminuer car tous les patients, avec ou sans EMI, présentent une évolution similaire : ils sont mieux assurés, plus sociaux, plus religieux et ont une moindre peur de la mort ; à deux exceptions près : la croyance en une vie après la mort, stable chez les patients sans EMI, s'accroît chez les patients à EMI, tandis que l'intérêt pour la spiritualité chute chez les patients sans EMI et augmente chez les patients à EMI. Ces effets durables d'une expérience de quelques minutes sont inattendus mais restent à confirmer car cette étude n'examine pas l'effet du vieillissement sur un groupe témoin et présente des faiblesses statistiques (Évrard, 2013).

5.2 Aspects paranormaux des EMI

Les récits de perception alléguée de l'environnement en sortie du corps dans certaines EMI présentent l'intérêt d'être en partie vérifiables. Examinons-en quelques exemples.

Le cas de Maria : EMI en arrêt cardiaque

En avril 1977, Maria, une immigrante hispanique en arrêt cardiaque à Seattle aurait vu au cours d'une EMI, entre autres, une chaussure de tennis usagée sur le bord d'une fenêtre de l'hôpital, invisible du sol et (presque) de l'intérieur. Le cas a été publié par une assistante sociale, Kimberly Clark, dans un livre édité par Greyson & Flynn (1984). En 1994, Maria étant alors probablement décédée, deux étudiants d'université (Ebbern *et al.*, 1996) ont constaté sur place qu'une chaussure placée sur un rebord du 3e étage était visible du dehors et du dedans (mais K. Clark conteste leurs arguments ; Clark, Sharp, 2007). P.Z. Myers (2012) assure que le dossier médical de Maria n'a pas été retrouvé et relève que Maria →

→

ne parle pas anglais et K. Clark ne parle pas espagnol (mais Clark assure que cela n'empêchait pas leur communication, voir Rivas *et al.*, 2016). Il interprète le cas par une confabulation (trous de mémoire comblés par imagination) avec biais de confirmation (les récits non confirmés étant oubliés, les récits confirmés sont surreprésentés dans les cas rapportés).

Le cas du chirurgien qui bat des coudes : EMI lors d'une opération du coeur

Le patient, un chauffeur de 58 ans, opéré en 1988 pour une obstruction des coronaires, vit curieusement en EHC le chirurgien « battre des coudes » comme pour voler (Cook *et al.*, 1998). Greyson (2021, p. 82-83) rencontra par la suite le chirurgien qui lui confirma cet étrange comportement et le lui expliqua : il désignait à ses assistants les instruments stériles avec ses coudes pour ne pas les toucher sans gants.

Le cas de Pam Reynolds : EMI lors de l'opération d'un anévrisme

Ce cas a été rapporté par le cardiologue Michael Sabom (1998). En 1991, on découvre chez Pam Reynolds, 35 ans, un anévrisme artériel géant dans le tronc cérébral. Elle est opérée par Robert Spetzler, un neurochirurgien pionnier de l'arrêt cardiaque hypothermique (un cerveau froid survit plus longtemps sans oxygène). Une fois la température corporelle abaissée à 15,5 °C, le tronc cérébral ne réagit plus et l'EEG devient plat. Le crâne est alors découpé, la circulation détournée, le cœur arrêté, le cerveau vidé de son sang et l'anévrisme traité, puis la circulation est rétablie et le sang réchauffé. L'opération dure plus de 5 heures.
Par la suite, la patiente décrit une EMI typique avec EHC durant laquelle elle voit la tonte, la scie pneumatique et les difficultés d'entrée dans l'artère fémorale ; puis viennent le tunnel de lumière, les parents et amis décédés, la lumière chaleureuse et aimante, enfin le retour dans son corps glacé.
De nombreuses critiques du cas ont été faites. On a notamment mis en doute l'absence d'audition par la patiente. Kelly et coll. (2010, p. 392-394 ; voir aussi Augustine, 2008) notent que les éléments vérifiables précèdent et suivent la « mort » clinique. Laureys (2015, p. 148-150) déplore que ce cas « extrêmement intéressant » n'ait jamais été publié dans une revue scientifique ou médicale, d'où l'absence de données précises sur l'EEG, l'anesthésie, les étapes de l'intervention et souligne qu'il n'y a jamais eu mort cérébrale en dépit de l'EEG plat.

Le cas du patient au dentier : EMI en réanimation

Le patient inconscient, un homme de 44 ans en réanimation, « voit » que son dentier est retiré et rangé par une infirmière. Une semaine après, il décrit cette scène à l'infirmière, ainsi que la pièce et les autres personnes présentes (van Lommel *et al.*, 2011).

Parnia et trente autres collaborateurs (Parnia *et al.*, 2014) ont lancé le projet AWARE (*Awareness during Resuscitation*, c'est-à-dire « conscience en cours de réanimation ») avec l'objectif de répondre à deux questions : (1) peut-on valider les perceptions rapportées par les patients ? ; (2) ces perceptions peuvent-elles avoir eu lieu juste au début de l'arrêt cardiaque ou à la fin ?

De juillet 2008 à décembre 2014, dans quinze hôpitaux aux États-Unis, au Royaume-Uni et en Autriche, ils ont installé de cinquante à cent étagères par hôpital (un millier au total) dans des endroits où la réanimation est susceptible d'avoir lieu (urgences, soins intensifs), chacune ayant une image sur le dessus visible du plafond et une autre dessous visible du sol. Au total, 2 060 arrêts cardiaques ont eu lieu durant cette période, mais à 78 % en dehors des zones à étagères. Sur les 330 personnes ayant survécu (16 %), 140 ont pu être interrogées (les autres n'étant pas en état de répondre ou mortes) dont 101 en détail. Sur ces 101, 55 ont des souvenirs dont 46 ne sont pas des EMI (note inférieure à 7 sur l'échelle de Greyson) et 9 des EMI, en accord avec les études antérieures (environ 10 % d'EMI). Sur ces 9, seuls 2 ont des souvenirs relatifs à l'arrêt cardiaque mais en dehors des zones à étagères. Les vérifications ont pu être faites pour l'un des patients, mais pas pour l'autre en raison de son état.

Le cas du soignant chauve : une EMI de trois minutes en réanimation

Ce cas vérifié concerne un homme de 57 ans, réanimé par un défibrillateur automatique externe (DAE), suite à un épisode de fibrillation ventriculaire. Il se souvient avoir parlé à l'infirmière puis perdu connaissance. Lors de son EHC, il entend l'infirmière dire : « Faites le 444 arrêt cardiaque » puis une voix mécanique : « Envoyez choc ». Il voit un homme trapu, chauve, à bonnet bleu et décrit les actes médicaux (mesure de tension, intubation, pression sur la poitrine, mesures sanguines). Puis ce sont le tunnel, la lumière, une cité de cristal... Il se réveille alors qu'on pratique la compression de poitrine. Le lendemain, il reconnaît l'homme chauve à son chevet ainsi qu'une infirmière. L'enquête confirme l'usage d'un DAE, la composition de l'équipe médicale et le rôle de l'homme chauve. Ces souvenirs s'étendent sur une période d'environ 3 minutes (nous reviendrons sur ce point au § 5.4).

Cependant aucun récit de ce genre ne peut être pleinement convaincant et éteindre à lui seul la controverse. Peut-être le patient connaissait-il la procédure médicale et avait-il vu l'homme chauve auparavant sans en garder le souvenir ?

Beaucoup d'autres exemples ont été rapportés. Le catalogue de Cook *et al.* (1998) rassemble quatorze cas mais les auteurs eux-mêmes considèrent que la plupart ont des faiblesses. Celui plus récent de Holden (2009) est fondé sur cent sept cas dont 91 % contiennent des éléments vérifiés exacts. Ce à quoi Mobbs (2012) rétorque que seuls dix-huit d'entre eux ont été recueillis dans les deux jours de l'EMI, d'où une erreur de mémoire possible avec réinterprétation *post-hoc*. Les recueils de Jourdan (2006) et Rivas *et al.* (2016) n'échappent pas non plus à ce genre de critique.

5.3 Explications des EMI

Les explications orthodoxes considèrent que les EMI sont des expériences illusoires dues à des facteurs psychologiques ou à des dysfonctionnements du cerveau.

Les théories psychologiques invoquent une dépersonnalisation (Noyes & Kletti, 1976), des attentes personnelles ou culturelles (Kellehear, 1993), le souvenir de sa naissance (Halifax & Grof, 1977), des faux souvenirs sur fond de tendances dissociatives (French, 2001), des facteurs de personnalité tels que l'absorption (Council & Greyson, 1985).

Les théories neurophysiologiques invoquent des anomalies dans les gaz sanguins par hypoxie, anoxie ou hypercarbie ou des neuromédiateurs (endorphines, sérotonine ; glutamate et glycine agissant sur les récepteurs NMDA). Elles rapprochent les EMI de l'épilepsie des lobes temporaux ou d'autres aires. Certains y voient une forme altérée de sommeil paradoxal et soulignent l'analogie avec le syndrome de Cotard (patients qui se croient morts).

Toutes ces explications forment une littérature assez considérable qu'il serait fastidieux d'examiner dans le détail d'autant que chaque explication prise isolément se heurte à des objections souvent fortes. La nécessité de les combiner entre elles a conduit à ce qu'on peut appeler le modèle intégré « standard » (Palmer, 1978 ; Saavedra-Aguilar & Gomez-Jeria, 1989 ; Blackmore, 1993). Vanhaudenhuyse *et al.* (2009) en donnent la version suivante : une EMI résulte d'un évènement traumatique produisant un stress cérébral qui entraîne la libération de neurotransmetteurs d'où analgésie, euphorie et détachement. En plus, la chute de tension d'oxygène produit des décharges épileptiformes qui stimulent l'amygdale et l'hippocampe d'où hallucinations et revue de vie. Le système limbique et les autres aires, également stimulés, produisent d'autres hallucinations.

À l'appui de ce modèle, Timmermann *et al.* (2018) montrent que l'administration de diméthyltryptamine (DMT), une substance psychédélique qui agit sur certains récepteurs de la sérotonine, produit des effets similaires aux EMI. Les sujets sous DMT obtiennent une note moyenne de 13,3 sur l'échelle de Greyson contre 16 pour les EMI. Tous les aspects de l'expérience, cognitifs, affectifs, paranormaux et transcendantaux, sont concernés. Les éléments les moins fréquents lors des EMI (perceptions extrasensorielles, revue de vie, précognitions, pensées plus rapides, visions de personnes décédées) sont les mêmes sous DMT. Toutefois, cette étude ne compare pas le degré de réalisme des deux expériences et n'examine pas l'éventuelle véracité des éléments paranormaux. Surtout, la DMT, bien que produite dans l'épiphyse, l'est en quantité trop faible pour produire les effets constatés (Nichols, 2017).

Le modèle intégré donne lieu à des opinions divergentes. Mobbs et Watt (2011) pensent que « prises ensemble les données scientifiques suggèrent que tous les aspects des EMI ont une base neurophysiologique ou psychologique » puisque « le cerveau peut provoquer des expériences "similaires" à celles observées dans des conditions mieux contrôlées et moins pénibles psychologiquement ». Au contraire, Greyson *et al.* (2011) suggèrent que « Mobbs et Watt ont expliqué "tous les aspects" des EMI en ignorant les aspects qu'ils ne pouvaient pas expliquer et en négligeant un ensemble substantiel de recherches sur les EMI. » Plusieurs auteurs reconnaissent le caractère plutôt spéculatif des explications proposées : ainsi pour Nelson *et al.* (2006), « la base neurophysiologique des EMI est inconnue » et pour Charland-Velville *et al.* (2014), il s'agit d'une « expérience cognitive physiologiquement réelle mais inexpliquée », ce qui s'accorde avec l'absence de facteur commun à toutes les circonstances qui les induisent.

5.4 Études expérimentales : que se passe-t-il quand on meurt ?

Une autre piste expérimentale est d'analyser ce qui se passe dans le cerveau au moment de la mort, notamment en cas d'arrêt cardiaque. Cette cause de mort est intéressante à analyser car, à la différence des EMI où le cerveau continue de fonctionner (sous anesthésie par exemple), le fonctionnement cérébral est alors très altéré, ce qui suggère que les EMI pourraient avoir leur source dans une conscience extracorporelle (van Lommel, 2011 ; Facco & Agrillo, 2012). Cette thèse, en rupture avec les conceptions admises, a donné lieu à une controverse de vingt ans sur l'état du cerveau pendant l'arrêt cardiaque et les EMI qui semble en passe d'être résolue.

Lors de l'arrêt cardiaque les ondes enregistrées en EEG ralentissent et aboutissent à un état isoélectrique (EEG plat) en 10-20 secondes. Le cerveau consomme 100 ml de sang par minute et sans cet apport continu d'énergie les neurones se mettent au repos. Certes l'EEG ne montre l'activité que d'une partie de la surface du cortex cérébral (Paolin *et al.*, 1995 ; Bardy, 2002 ; Seeber, 2019), mais on sait, par implantation d'électrodes chez l'animal, que l'absence d'activité corticale est corrélée à une réduction ou une absence d'activité dans les structures profondes. Pour rétablir l'EEG en réanimation, il faut relancer le cœur, ce qui restaure la perfusion globale mais pas la perfusion *locale.* Celle-ci présente des défauts multiples, chacune de la taille d'une tête épingle mais affectant jusqu'à 95 % du cerveau, si bien que le retour de l'EEG à la normale prend plus de 24 heures (Parnia & Fenwick, 2002).

Il en résulte plusieurs conséquences pour l'interprétation des EMI en arrêt cardiaque. Comme la *conscience* nécessite l'interaction entre plusieurs aires corticales, on ne s'attend pas à ce que leur désorganisation produise des pensées lucides puisque même une réduction mineure du flux sanguin affecte l'attention (Marshall *et al.*, 2001). Il est donc normal, assurent Parnia et Fenwick (2002), que la majorité des survivants d'arrêts cardiaques ne se souviennent de rien, mais *hautement improbable et paradoxal*, qu'une minorité significative se souvient d'expériences inhabituelles caractéristiques des EMI.

Il existe cependant deux échappatoires possibles. La première est que l'EMI survienne *lors de la perte de conscience* et non durant la période d'arrêt du cœur elle-même. Parnia et Fenwick rejettent cette hypothèse car, d'après eux, cette période initiale est trop courte (quelques secondes). French (2005) l'admet, mais rétorque que les états non ordinaires de conscience altèrent le sens du temps puisqu'une vive expérience peut survenir durant une chute de quelques secondes (Heim, 1892). La seconde échappatoire est que les EMI puissent survenir *lors de la reprise de conscience* en fin d'arrêt cardiaque. Parnia et Fenwick ne le croient pas non plus car toute atteinte cérébrale produit une amnésie antérograde ou rétrograde. La mémoire est un indicateur très sensible de lésion cérébrale et la durée de l'amnésie (avant et après l'inconscience), un indicateur de la gravité de la lésion. En conséquence, on ne s'attend pas à ce que les événements juste avant et après la perte de conscience soient mémorisés. La récupération après un traumatisme cérébral est confuse. Malgré tout, on peut soutenir que la vision d'une lumière ou d'un tunnel pourrait survenir durant la phase de récupération. French admet qu'une confusion mentale est attendue, mais objecte que l'impression de clarté mentale n'est peut-être qu'une illusion, car le rapport d'expérience n'est pas l'expérience elle-même ! En tout état de cause, la question se pose de savoir si la période de conscience a lieu en début, milieu ou fin d'arrêt cardiaque.

L'expérience de Borjigin *et al.* (2013) renouvelle ce débat qui s'enlisait. Elle consiste à sacrifier des rats par arrêt cardiaque tout en enregistrant leur EEG par des électrodes implantées. Les résultats obtenus sont compatibles avec une EMI brève survenant en début d'arrêt cardiaque. En effet, ils montrent l'existence d'un sursaut transitoire d'oscillations gamma (surtout dans la bande 25-55 Hz) pendant 30 secondes durant et après l'arrêt du cœur. Les oscillations sont globales et cohérentes surtout durant 15 secondes. Les transferts d'information sont accrus à la fois d'avant en arrière du cerveau et d'arrière en avant. Les auteurs concluent : « Le cerveau de mammifère peut paradoxalement générer des corrélats neuronaux de traitements conscients augmentés à l'approche de la mort. » Il peut donc être la source des EMI.

L'année suivante, Parnia *et al.* (2014) contestent cette conclusion en se fondant sur les perceptions vérifiées faites lors de l'EHC. Les auteurs commentent ainsi le cas de conscience paradoxale présenté précédemment (voir le projet AWARE page 509) :

> « Notre cas vérifié de conscience visuelle suggère que la conscience peut survenir au-delà des 20-30 secondes après arrêt cardiaque (durant laquelle une activité électrique résiduelle peut demeurer, Borjigin *et al.*, 2013) tout en fournissant une durée de conscience quantifiable après que le cerveau a, en général, atteint un état isoélectrique. Ce cas indique que l'expérience s'est produite durant l'arrêt cardiaque plutôt qu'avant ou après. Aucun flux sanguin cérébral n'est attendu parce que (à la différence de la tachycardie ventriculaire) la fibrillation ventriculaire est incompatible avec la contractilité cardiaque surtout après l'arrêt de la réanimation cardiopulmonaire durant une vérification du rythme [...]. »

Ils admettent qu'une activité électrique profonde en absence d'activité corticale est possible dans certains états de coma profond mais maintiennent, à l'encontre de French (2005) et Borjigin *et al.* (2013), qu'elle est peu probable en arrêt cardiaque, car l'hypoperfusion est globale et démontrée par la perte de fonction du tronc cérébral (ce qu'on vérifie par l'abolition des réflexes cornéen, pupillaire et de déglutition). Quant au sursaut électrique en début d'arrêt cardiaque, il ne suffit pas selon eux parce que le cerveau cesse de fonctionner après quelques secondes et que l'état isoélectrique dure toute la période de réanimation cardiopulmonaire.

En 2023, Borjigin et son équipe publient de nouveaux résultats, cette fois sur des humains en état de coma sans espoir (Xu *et al.*, 2023). Au moment de leur mort par arrêt de l'assistance respiratoire, l'EEG confirme la présence d'un sursaut d'oscillations gamma qui sont considérées comme indices de lucidité. Greyson *et al.* (2013) puis van Lommel et Greyson (2023) soulèvent plusieurs objections. Outre qu'on ne peut pas savoir ce qu'éprouvent les rats ou les comateux durant cette période, le sursaut d'activité a été enregistré *avant* l'arrêt cardiaque chez les comateux et il ne représente qu'une faible fraction de la puissance neuro-électrique totale présente avant cet arrêt et on ne sait pas si elle est suffisante pour une expérience consciente. Ils relèvent que des perceptions vérifiables lors d'EMI ont eu lieu bien après les 30 secondes du sursaut et que celui-ci ne s'est pas produit chez les rats anesthésiés alors qu'un quart des EMI surviennent en anesthésie générale.

En parallèle, le projet AWARE-II entreprend d'enregistrer l'EEG de patient *en cours de réanimation* (Parnia *et al.*, 2023). Cette étude prospective menée dans vingt-cinq hôpitaux de trois pays, outre des précisions sur la phénoménologie des EMI, montre contre toute attente qu'au moins 30 % des patients présentent une activité EEG presque normale durant 50 minutes Ces résultats, en accord substantiel avec ceux de Borjigin, montrent selon les auteurs que l'arrêt du cœur déclenche « une désinhibition cérébrale conduisant à l'activation de voies dormantes » et à une lucidité paradoxale avec raisonnement, mémorisation et perceptions. Tout imprécis qu'ils soient, ces résultats infirment l'hypothèse hétérodoxe, que ces auteurs défendaient jusque-là, d'une conscience sans corrélats neurophysiologiques (indépendante du cerveau). C'est un bel exemple de résolution, au moins partielle, d'une controverse par recours à l'expérience.

6. Essai de synthèse : du normal au paranormal

6.1 Diverses formes du sommeil paradoxal ?

Bien que les cinq états de conscience étudiés, qui vont du rêve ordinaire aux EMI, aient chacun des caractéristiques propres, ils semblent former un continuum. D'une part, il y a continuité entre rêve lucide et EHC puisque les deux tiers des patients narcoleptiques rapportent des perceptions anormales du corps comme flotter au-dessus du lit, s'y enfoncer ou sortir de leur corps (Arnulf, 2014, p. 178-179). D'autre part, il y a continuité entre EHC et EMI puisque l'EHC est un trait fréquent des EMI (une EHC qui se prolonge se transformerait en EMI), ce qui explique que ces expériences aient été longtemps confondues (par exemple par Green, 1968b). Dès lors, ces expériences seraient-elles des variantes d'un même processus fondamental ?

Un candidat possible à ce rôle est le sommeil paradoxal (SP). Les cinq états de conscience de la séquence rêve SP → hallucination → rêve lucide → EHC → EMI seraient des variantes du SP, c'est-à-dire les manifestations d'un cerveau fonctionnant *en roue libre* car largement coupé du monde extérieur et accaparé par des productions d'*origine interne.*

De fait, comme on l'a vu, le rêve lucide est une forme particulière de rêve, la seule différence entre les deux étant l'intervention de la conscience réflexive (savoir qu'on sait). De même, les hallucinations sont une forme de sommeil paradoxal dans les hallucinations non psychotiques comme celles de la narcolepsie, peut-être aussi dans la schizophrénie et le syndrome de Bonnet.

Cependant, si certaines EHC non pathologiques sont une forme de rêve plus ou moins lucide, d'autres ne le sont pas (voir § 4.1). De même, les EHC *volontaires* ne semblent pas non plus des formes de SP (§ 4.3). Certes, les EMI (et leur EHC) ont été assimilées à des intrusions de SP par divers auteurs (Nelson *et al.*, 2006 ; Mobbs & Watt, 2011 ; Kondziella *et al.*, 2019), mais cette hypothèse reste à vérifier. Au final, l'unification de ces diverses expériences conscientes sous la bannière d'un même processus neurobiologique ne manque pas d'élégance, mais n'emporte pas la conviction. En outre, elle se heurte à l'objection de ne pas prendre en compte de nombreux faits pertinents (comme la distinction entre EHC onirique et EHC réaliste) et, par excès de simplification, de tomber dans les mêmes travers qu'une explication fondée seulement sur une anomalie des lobes temporaux par exemple.

6.2 L'imageur interne

Les cinq états de conscience étudiés ont un point commun : ils reposent sur une imagerie mentale qu'ils partagent dans une large mesure avec la vision ordinaire. Ce point commun peut être une autre voie, plus prometteuse que celle fondée sur le seul SP, pour tenter de les unifier entre eux. Cette capacité « imagière », déjà considérable dans le rêve ordinaire, est décuplée dès lors que la conscience entre en jeu dans le rêve lucide et certaines EHC. L'imagerie produite est alors si réaliste qu'elle paraît égale ou supérieure à celle induite par les organes des sens. La distinction entre les images perçues et imaginées n'est opérée que par un raisonnement du genre : « Je sais que je suis dans mon lit et que le paysage réel est différent. »

Appelons « imageur interne » le processus sous-jacent à cette extraordinaire capacité de l'esprit humain à créer des mondes, virtuels ou non. De nombreux travaux ont permis de comprendre des propriétés importantes de l'imageur dans ses divers modes de fonctionnement.

6.2.1. Fonctionnement de l'imageur

À l'état de veille, l'imageur reçoit des informations en provenance des yeux et des autres organes des sens, mais aussi des informations mémorisées ou calculées qui peuvent remplacer ou compléter les premières. La synthèse faite par l'imageur, ce que nous voyons, n'est pas une photographie du monde extérieur car l'œil – contrairement à une idée commune – n'est pas l'équivalent d'une caméra. En fait, comme seule une petite zone centrale de la rétine donne une image détaillée et colorée du monde, l'œil balaye le paysage selon une série de points de fixation séparés par des mouvements très rapides (les saccades oculaires, dont nous ne sommes pas conscients) pour obtenir de multiples vues partielles que l'imageur assemble ensuite en une vue d'ensemble stable et apparemment complète du monde, tâche complexe puisque chaque fragment d'image doit être mis à la bonne place en fonction de la direction du regard. Cette reconstruction s'opère par une série d'images fixes successives au rythme d'environ treize par secondes que l'imageur interpole pour donner l'impression d'un mouvement continu[1].

Si certaines voies *internes* au cerveau intervenant dans les processus sensoriels ou mnésiques sont lésées, l'imageur s'en trouve affecté par excès ou par défaut. Par excès, il produit des hallucinations, reconnues ou non comme telles par le sujet qui les éprouve. Par défaut, l'imageur se trouve dissocié des analyseurs sensoriels, ce qui se traduit par le fait que le patient n'est plus

1. Pour une présentation plus générale des traitements impliqués dans la vision et des expériences qui ont permis de les découvrir, on pourra consulter Naccache (2020) et le chapitre 3 de Koch (2006).

conscient des informations correspondantes. Pourtant, on peut montrer que ces informations parviennent par d'autres voies au cerveau. Certaines voies sont donc en lien avec l'imageur et d'autres non. Ainsi, des patients dont le cortex visuel primaire est lésé sont aveugles dans une partie de leur champ visuel. Pourtant, si l'expérimentateur projette une figure simple sur cette zone aveugle et demande au sujet de la décrire, celui-ci y parvient en la « devinant » ! Cette « vision aveugle », longtemps débattue, est maintenant bien démontrée (Stoerig & Cowey, 2007). D'autres dissociations sont connues telles que toucher gourd, amnésie, prosopagnosie (lésion de l'aire de reconnaissance des visages) et anosognosie (incapacité du patient à être conscient de sa maladie).

6.2.2. Réalisme et limites de l'imageur

Dans le rêve et états connexes, le cerveau étant largement isolé du monde extérieur, l'imageur fonctionne surtout à l'aide des informations mémorisées ou calculées, ce qui ne l'empêche pas d'atteindre un réalisme étonnant. Toutefois, il semble que les rêveurs lucides soient en peine pour créer volontairement l'environnement onirique. Autrement dit, l'imageur lui-même n'est pas sous contrôle conscient ou très peu.

Par ailleurs, il est facile, en fermant les yeux, de constater à quel point notre imagination visuelle est faible : l'imageur des rêves n'est pas à notre disposition. Il se pourrait cependant qu'il le soit, chez certains sujets capables de se représenter visuellement, avec une exactitude quasi photographique, colorée, vive et concrète, une scène ou des objets perçus récemment. Cette mémoire éidétique, qui s'observe surtout chez l'enfant, demeure un sujet de controverses (voir Haber, 1979 et Nanay, 2021). À l'inverse, certaines personnes sont même incapables de former des images mentales (Zeman *et al.*, 2010 ; Collignon *et al.*, 2022).

En dépit de ces différences de vivacité, il est apparu que les mêmes aires cérébrales sont actives dans les divers modes visuels : perception, hallucination (voir § 3.1) et imagination (Le Bihan *et al.*, 1993 ; Kosslyn *et al.*, 1999, 2001).

6.3 Conscience et qualia

Si j'ai utilisé le mot « imageur » dans le paragraphe précédent, c'est pour éviter de recourir trop tôt au mot « conscience », plus abstrait et plus large. « Imageur » est trop restrictif car d'autres sens que la vue sont impliqués dans les rêves. Surtout, il a l'inconvénient de suggérer que mon esprit (mon moi) regarderait une sorte d'écran (le « théâtre cartésien »), ce qui n'explique rien mais pose tout le problème de la conversion d'informations en une expérience consciente.

Le point clé de ce qui précède, en apparente contradiction avec notre intuition, est que le même imageur est à l'œuvre dans l'état de veille, le rêve et l'hallucination. Certes, à l'état de veille, les organes sensoriels (en premier lieu la vue et l'audition) fournissent au cerveau des informations sur le monde extérieur, mais l'état conscient qui en résulte n'est pas l'équivalent tridimensionnel d'un film. Nous sommes persuadés que ce que nous voyons (percevons) du monde *est* le monde alors que c'est une création de l'imageur, une *hallucination vraie* (intersubjective), contrainte par les données sensorielles, mais aussi par les hypothèses que notre cerveau fait en permanence à notre insu pour interpréter ces données (Gregory, 1993 ; Naccache, 2020). C'est le résultat d'un *dialogue* entre les entrées sensorielles (externes) et les processus liés à l'imageur (internes). Nous avons appris à interpréter toutes ces informations sensorielles dans les premières années de notre vie, en mettant en cohérence par essais et erreurs les informations visuelles, tactiles, sonores, proprioceptives, etc. et en constatant qu'elles étaient généralement partagées par d'autres personnes (accord intersubjectif)[1].

LaBerge (2010) remarque très justement :

> « La différence essentielle entre le rêve et la veille, ce sont les entrées sensorielles, non la conscience réflexive. […] Le rêve peut être vu comme un cas particulier de perception sans les contraintes des entrées sensorielles. Inversement, la perception peut *être vue comme un cas particulier de rêve contraint par les entrées sensorielles.* » (C'est moi qui souligne.)

Autrement dit ce que nous appelons « voir » est une rétroprojection « dans l'espace extérieur » d'une « image » qui n'existe sous cette forme que dans notre conscience.

Précisons cette idée qui paraît difficile à beaucoup car elle heurte notre impression que ce que nous percevons du monde *est* le monde, alors que nous n'accédons qu'à une représentation de celui-ci. Ainsi, la physique enseigne que les couleurs que nous percevons correspondent à des ondes électromagnétiques caractérisées par leurs fréquences (ou longueurs d'onde) dont certaines sont capables de provoquer des réactions chimiques dans les photorécepteurs de la rétine. Ces réactions engendrent des trains de potentiels d'action conduits jusqu'au cerveau où ils sont traités et finalement ressentis comme couleurs. En réalité, la fréquence de l'onde n'a pas de couleur, non plus que la molécule excitée de rhodopsine ou les potentiels d'action. Les mêmes remarques s'appliquent aux sons (traduction consciente d'ondes de pression qui font vibrer les mécanorécepteurs de l'oreille), aux sensations de chaud ou de froid (les thermorécepteurs réagissent à l'agitation moléculaire), aux odeurs (molécules volatiles capables d'interagir avec les récepteurs dits « olfactifs »), etc. Toutes nos sensations n'existent en tant que telles que dans notre conscience, leurs contreparties physiques étant d'une nature profondément différente. C'est ce qui a conduit les philosophes à désigner les sensations du nom de « qualités sensibles » (en latin *qualia*, singulier *quale*). Le problème des qualia, et de la conscience en général, et de leur relation avec le cerveau interroge les scientifiques et les philosophes depuis

1. De nombreuses aires cérébrales spécialisées et reliées entre elles sont mises en jeu dans ces opérations Elles s'organisent en grandes voies (voir par ex. Koch, 2006). Les voies montantes de la perception visuelle sont accompagnées en parallèle par les voies descendantes de l'imagerie mentale, des rêves et des hallucinations. Les voies montantes comportent deux branches : la voie ventrale répond à la question « Quoi ? » : quelle est la forme, la couleur, la nature de l'objet ; et la voie dorsale, à la question « Où ? » : quelle sont la position et la taille de l'objet. La première sert à la connaissance (vision pour la perception) ; la seconde dirige la saisie (vision pour l'action). Ici encore apparaît un fait inattendu et contre-intuitif : *seule la voie ventrale est consciente, la voie dorsale est inconsciente* (la saisie d'un objet est un acte automatique).

plusieurs siècles. Mais avant de l'aborder, il faut revenir sur les aspects les plus controversés du dossier, qualifiés de « paranormaux ».

6.4 Difficultés d'étude des perceptions « paranormales »

Dans certains rêves, hallucinations, EHC et EMI, les expérienceurs font état de perceptions apparemment véridiques qui ne semblent pas provenir des organes des sens ou de raisonnements, d'où leur qualificatif de « paranormaux ». Cette apparente prise de connaissance d'évènements inaccessibles à nos sens habituels en raison de leur éloignement dans l'espace et le temps, conduit à faire l'hypothèse d'une faculté psi se manifestant, dans les expériences qui nous occupent, par des visions. Toutefois, la réalité d'une faculté psi intervenant dans ces expériences (auxquelles je me limite) reste controversée en raison de difficultés méthodologiques, expérimentales et théoriques.

Difficultés méthodologiques d'abord car ces expériences, privées par nature, ne sont connues d'autrui que par des *témoignages.* Elles peuvent convaincre ceux qui les vivent[1], mais la conviction n'est pas la preuve, d'autant qu'elles sont sujettes à nombre d'illusions (faux souvenirs, confabulation, etc.). Les critiques qualifient volontiers d'*anecdotes* ces faits uniques et irreproductibles. Certes, on peut les soustraire à ce statut en rassemblant de nombreux témoignages et en les étudiant de manière objective, mais les vérifications sont difficiles et se heurtent à d'inévitables lacunes (hors du laboratoire les conditions ne peuvent pas être entièrement contrôlées). Reste que, même si on ne peut atteindre ainsi une entière certitude, cela ne suffit pas à dénier toute valeur à cette approche qui, au minimum, incite à poursuivre les investigations et sert de guide aux recherches expérimentales.

Difficultés expérimentales ensuite qui tiennent à la rareté des expériences pertinentes, des sujets compétents et des circonstances propres à valider la véracité des perceptions. Par exemple, les sujets capables de répéter des EHC à volonté sont rares et, en plus, comme Robert Monroe et Nicolas Fraisse, ils ne maîtrisent pas assez leur EHC pour obéir chaque fois à la consigne (« voir » la pièce à côté ; en accord avec l'observation de LaBerge notée page 500). De même les EMI sont très rarement propices à la vérification ; ainsi Parnia et ses collègues étudièrent trois cent trente patients pour n'obtenir finalement qu'un seul témoignage pertinent, proportion propre à décourager la plupart des investigateurs.

Difficultés théoriques enfin, qu'illustre la clairvoyance rapportée lors de certaines EHC. De telles perceptions sont difficiles à comprendre dans le cadre de la physique. Les difficultés sont en partie les mêmes que celles soulevées par les yeux de l'homme invisible : si ses rétines

1. Ou ceux qui en sont les témoins directs. Un bel exemple en est donné par Bruce Greyson (2020). Alors qu'il était jeune psychiatre, une patiente lui avait décrit, au lendemain d'une tentative de suicide, tous les détails d'une conversation qu'il avait tenue (ainsi que la présence d'une tache de sauce tomate sur sa cravate !) alors qu'elle était inconsciente dans sa chambre à l'autre bout du couloir. Cette expérience déstabilisante orienta sa carrière ultérieure, l'encouragea à persévérer malgré l'opposition de supérieurs hiérarchiques et contribua à ses prises de position en faveur de la réalité des aspects paranormaux des EMI.

arrêtent les rayons lumineux, on les verra et l'homme invisible cessera de l'être ; et si elles sont transparentes, alors il sera aveugle ! Il est vain d'invoquer l'esprit, car l'esprit dont parlent les philosophes n'arrête pas les rayons lumineux et en parler dans ce contexte n'avance à rien. Que les perceptions extra-sensorielles lors des EHC puissent mimer jusqu'à un certain point les perceptions sensorielles (vision, audition) est surprenant : on serait presque moins surpris si elles révélaient des aspects du monde que nos sens nous cachent, comme les ondes électromagnétiques hors du spectre visible, plutôt que des couleurs et des formes perçues sans yeux et des sons perçus sans oreille ! Toutefois les témoins les plus précis font état d'une perception très différente de la vision ordinaire car non localisée (voir § 5.1) et globale (par exemple étendue aux pensées des personnes présentes). Que ces témoins puissent se remémorer une telle « vision » et la formuler en termes voisins est en soi très intrigant.

Cela dit, toutes ces difficultés ne sauraient tenir lieu de négation anticipée. « Je ne sais pas si c'est vrai » n'a jamais signifié « je sais que ce n'est pas vrai » ; et encore moins « je disqualifie ceux qui veulent savoir si c'est vrai » (Michel, 1964). Ces remarques épistémologiques semblent des truismes ; pourtant il n'en est rien, comme le montrent les controverses à ce sujet qui prennent souvent les apparences de dialogues de sourds. Ainsi Mobbs et Watt (2011) affirment : « Il n'y a rien de paranormal dans les EMI » (c'est le titre de leur article) et concluent : « Un des défis de la science est de démystifier le monde. » Caroline Watt ayant déclaré lors d'une interview avoir évité d'examiner si les perceptions en « hors du corps » étaient véridiques, Greyson *et al.* (2011) objectent que, faute d'un tel examen, son « affirmation qu'il n'y a rien de paranormal dans les EMI n'est pas fondée ». Ils ajoutent :

> « Nous ne suggérons pas que ces caractères [paranormaux] sont surnaturels ou au-delà de l'investigation scientifique. Ils peuvent être paranormaux en ce sens qu'ils sont difficiles à expliquer en termes du cadre réductionniste actuellement dominant. Mais nous croyons que ce sont des phénomènes naturels entièrement sujets à des lois qui peuvent et doivent être étudiés par des méthodes scientifiques, plutôt que rejetés sans examen. »

Mobbs (2012) réplique n'avoir « trouvé aucune indication convaincante (au-delà d'anecdotes et de questionnaires) qui contredise les explications fondées sur les preuves neuroscientifiques courantes » et reproche à Greyson *et al.* leur usage « trompeur » et « non standard » du mot paranormal « alors que l'acception ordinaire du terme est "phénomènes au-delà de l'investigation scientifique" », ce qui « ne fait rien pour aider [...] l'investigation scientifique des EMI – tout au contraire ». On peut prendre acte que Mobbs et Watt, entre autres, ne sont pas convaincus par les indices disponibles, tout en regrettant que le fond du problème se perde dans une querelle de mots, au demeurant mal fondée puisque les dictionnaires reconnaissent les deux sens du mot paranormal, dont l'un « inexpliqué » est objectif et l'autre « inexplicable », seul retenu par Mobbs, prématuré. Mais s'agit-il d'une simple querelle de mots ?

Encore cette discussion ne concerne-t-elle que les aspects paranormaux dont la réalité peut dans une certaine mesure être vérifiée, alors que dire des aspects transcendantaux des EMI où aucune vérification directe n'est possible ? Les limitations ainsi imposées n'interdisent cependant pas leur étude. En effet, la comparaison des récits recueillis auprès de témoins aux croyances et conceptions religieuses différentes (Jourdan, 2006), ou en des périodes différentes d'une même culture (Hulin, 1985 ; Zaleski, 1987 ; Walker & Serdahely, 1990 ; de Cantimpré & Piron, 2021) ou bien entre cultures (Pasricha & Stevenson, 1986 ; Augustine, 2007 ; Belanti *et al.*, 2008) sont riches d'enseignements. Les différences constatées suggèrent que la mémorisation, l'interprétation et la verbalisation des expériences sont soumises à l'influence de facteurs culturels. Elles soulignent l'insuffisance des interprétations opposées de ces récits, qu'elles soient biologiques (visions illusoires d'un cerveau dysfonctionnel) ou spiritualistes (visions d'un autre monde), qui toutes deux laissent attendre des témoignages semblables (voir la critique d'Augustine, 2007 par Greyson, 2007). Il s'agit là d'une incitation à dépasser les conceptions les plus simples de ces expériences, y compris de leurs dimensions paranormales et transcendantales. Mais, objectera-t-on, cette incitation est-elle viable sachant la dépendance des expériences conscientes au cerveau ? C'est que nous allons examiner maintenant.

6.5 Problèmes faciles et problèmes difficiles

Une conception répandue chez de nombreux scientifiques et philosophes en sciences cognitives, est que la science a la capacité d'expliquer la conscience par des mécanismes objectivables. La science serait ainsi sur la voie de parachever l'entreprise de réduction qui lui a si bien réussi jusqu'ici puisqu'elle s'est montrée capable de *réduire* la couleur à la fréquence d'une onde électromagnétique, la chaleur à l'agitation des molécules, le temps à une dimension de l'espace de Minkowski, la vie à des réactions chimiques, et la pensée à un traitement de l'information. À chaque fois un mystère ineffable a été réduit (« démystifié » diraient Mobbs et Watt) à des processus objectivables et, demain, assure-t-on, ce sera inéluctablement le tour de la conscience qui sera réduite à des processus physicochimiques cérébraux.

Or cette thèse dite « physicaliste » ou encore « moniste matérialiste » est mal fondée. Ce que la science fait avec succès est la réduction de concepts objectifs en d'autres concepts objectifs, jamais de réduire (au sens d'expliquer sans reste) une *expérience subjective en une propriété objective*, autrement dit *un vécu en un concept* (Bitbol, 2014, surtout p. 266-280).

Si l'irréductibilité de la conscience venait à s'imposer, cela aurait des conséquences très profondes sur la démarche scientifique telle qu'elle est comprise et pratiquée depuis les Lumières. Elle implique en effet l'existence d'un aspect « mental » connu uniquement par l'expérience intérieure et inobservable *directement* par quelque procédé scientifique que ce soit (la science ne connaît cet aspect que par le témoignage de chacun d'entre nous), d'où sa nature paradoxale : à la fois indubitable en première personne et indémontrable en troisième personne. Ces caractères ont conduit le philosophe David Chalmers (1996) à distinguer les problèmes scientifiques habituels qu'il appelle « faciles » parce qu'ils sont objectivables, des problèmes posés par la conscience qui ne le sont pas et qu'il qualifie pour cette raison de « difficiles ».

En ce sens, la conscience, toute banale qu'elle soit, présente un caractère « paranormal » au sens invoqué par Greyson *et al.* (2012) de « difficile à expliquer en termes du cadre réductionniste actuellement dominant ». Le caractère paranormal de la conscience est même plus fort encore que celui des phénomènes parapsychologiques dans la mesure où, en première impression, l'éventuelle capacité de l'être humain à déborder les limites spatiotemporelles de son être physique pourrait ne relever que des problèmes faciles (objectivables) de Chalmers.

6.6 Conclusion : la conscience est-elle produite par le cerveau ?

Le rejet du physicalisme ne permet cependant pas de trancher entre les thèses non physicalistes : monisme neutre de Russell, monisme spiritualiste de Schrödinger, dualisme ou pluralisme de Popper et Eccles, panpsychisme de Chalmers, pour ne citer que certaines des thèses en présence et certains de leurs promoteurs. Plus suggestives que démonstratives, elles ne peuvent pas être validées expérimentalement en l'état de nos connaissances, d'autant qu'elles se fondent sur des concepts métaphysiques mal définis. L'une des plus populaires est le monisme neutre ou monisme à double aspect pour laquelle il n'existe qu'une seule réalité (monisme ontologique) se présentant sous deux aspects d'égale importance, la matière et l'esprit (dualisme épistémologique) (Velmans, 2007 ; voir chap. 12). Certains de ses défenseurs reconnaissent que ces deux aspects sont intimement liés, mais ils rejettent l'idée physicaliste que le cerveau engendre la conscience (Bitbol, 2014).

Toutefois, pour intégrer le paranormal, les thèses non physicalistes doivent être étendues[1]. Une extension possible consiste à admettre que le cerveau agit comme un *filtre* qui empêche l'accès à toute l'étendue du Réel. Sous sa forme la plus bénigne, appliquée aux données sensorielles, la théorie du filtre est admise de tous, car le filtrage évite que la conscience ne soit encombrée d'informations inutiles, mais elle présente des versions moins consensuelles.

Prenons les effets des drogues psychédéliques par exemple (§ 5.3). On les présente souvent comme une « expansion » de la conscience conduisant à une appréhension nouvelle de l'espace et du temps. On peut interpréter cette expansion de deux manières : soit comme une simple illusion, soit comme un accès à des aspects réels du monde (en accord possible avec des conceptions de l'espace-temps en physique)[2]. Cette seconde interprétation est autorisée par l'observation que ces drogues produisent une *inhibition* de certaines aires cérébrales associées à la conscience, ce qui réduirait le filtrage cérébral (Carhart-Harris *et al.*, 2012, p. 2142).

1. Le physicalisme, tel qu'il est défini ici, se réfère à la seule physique connue et fait abstraction de toute extension future de celle-ci.
2. Aldous Huxley (1954, 2001) a popularisé cette interprétation dans un essai qui relate son expérience de la mescaline. Il y fait allusion à la théorie du filtre de Bergson, qu'il appelle valve de réduction. Carhart-Harris *et al.* (2012) signalent que l'interprétation d'Huxley est cohérente avec leurs résultats expérimentaux.

William James (1898, 2015) et Henri Bergson (1913), tous deux intéressés par les « sciences psychiques », alors tenues en meilleure estime qu'aujourd'hui (voir chap. 1), ont développé cette interprétation en appliquant la théorie du filtre à certaines expériences paranormales (apparitions, prémonitions, expériences médiumniques et religieuses) vues comme des épisodes où le cerveau cesse momentanément d'exercer son rôle de barrage et laisse filtrer des informations normalement inaccessibles. Selon eux, notre conscience individuelle est immergée dans un monde mental plus vaste, non bornée par l'espace et le temps. Selon l'expression célèbre de Bergson (1912, p. 51) « le cerveau est l'organe de *l'attention à la vie* » : il restreint la conscience pour permettre la survie de l'organisme dans le monde physique, ici et maintenant.

Deux des éléments de ce modèle théorique – la possibilité de perceptions extrasensorielles et celle d'un esprit fonctionnel dans un cerveau à fonctionnalité réduite – sont, en principe, accessibles à l'expérimentation. En conséquence, les aspects paranormaux jouent (ou devraient jouer) un rôle clé dans la discussion sur la nature de la conscience et de ses relations au cerveau. Mais l'expérimentation étant difficile en ce domaine et les préjugés envers les phénomènes paranormaux forts, on peut s'attendre à ce que les progrès soient lents. Si certaines questions paraissent accessibles à la méthode expérimentale, d'autres ne le sont guère qui resteront longtemps encore du domaine de la philosophie et de la métaphysique. Seule la poursuite de recherches patientes, prenant avantage des possibilités originales offertes par la diversité des états de conscience, pourra soulever une partie du voile épais qui recouvre encore ce vaste sujet de méditation.

7. Bibliographie

Anzellotti, F., Onofrj, V., Maruotti, V., Ricciardi, L., Franciotti, R., Bonanni, L., Thomas, A., & Onofrj, M. (2011). Autoscopic phenomena : Case report and review of literature. *Behav. Brain Func.*, *7*, 1-11.

Arnulf, I. (2014). *Une fenêtre sur les rêves. Neurologie et pathologie du sommeil.* Odile Jacob.

Arnulf, I., Grosliere, L., Le Corvec, T., Golmard, J.L., Lascols, O., & Duguet, A. (2014). Will students pass a competitive exam that they failed in their dreams ? *Consciousness and Cognition*, *29*, 36-47.

Aserinsky, E., & Kleitman, N. (1953). Regularly occurring periods of eye motility, and concomitant phenomena, during sleep. *Science*, *118*, 273-274.

Augustine, K. (2008). Hallucinatory near-death experiences. *http://infidels.org/library/modern/keith_augustine/HNDEs.html*

Augustine, K. (2007). Psychophysiological and cultural correlates undermining a survivalist interpretation of near-death experiences. *J. Near-Death Stud.*, *26*, 89-125.

Bardy, A.H. (2002). Near death experiences (Commentary). *Lancet*, *359*, 2116.

Belanti, J., Perera, M., & Jagadheesan, K. (2008). Phenomenology of near-death experiences : A cross-cultural perspective. *Transcultural Psychiatry*, *45*, 121-133.

Bergson, H. (1912). L'âme et le corps, in *L'énergie spirituelle. Essais et conférences*. PUF. PDF disponible en ligne.

Bergson, H. (1913). « Fantômes de vivants » et « recherches psychiques ». In *L'énergie spirituelle. Essais et conférences*. PUF. Disponible en ligne.

Bitbol, M. (2014). *La conscience a-t-elle une origine ?* Flammarion.

Blackmore, S. (1982). *Beyond the Body. An Investigation of Out-of-Body Experiences*. Heinemann.

Blackmore, S. (1993). *Dying to Live : Near-Death Experiences*. Buffalo, NY : Prometheus.

Blanke, O., Ortigue, S., Landis, T., & Seeck, M. (2002). Stimulating illusory own-body perceptions. *Nature, 419*, 269-270.

Blanke, O., Landis, T., Spinelli, L., & Seeck, M. (2004). Out-of-body experience and autoscopy of neurological origin. *Brain, 127*, 243-258.

Borjigin, J., Lee, U., Liu, T., Pal, D., Huff, S., Klarr, D., Sloboda, J., Henandez, J., Wang, M.M. & Mashour, G.A. (2013). Surge of neurophysiological coherence and connectivity in the dying brain, *Proc. Natl. Acad. Sci., 110*, 14432-14437.

Bünning, S. & Blanke, O. (2005). The out-of-body experience : Precipitating factors and neural correlates. In S. Laureys (Ed.), *Prog. in Brain Res., 150*, 331-350.

Cantimpré, T. de & Piron S. (2021). *Christine l'Admirable*. Vues de l'esprit.

Chalmers, D.J. (1996). *The Conscious Mind*. University Press.

Charland-Verville, V., Jourdan, J.P., Thonnard, M., Ledoux, D., Donneau, A.F., Quertemont, E., & Laureys, S. (2014). Near-death experiences in non-life-threatening events and coma of different etiologies. *Front. Human Neurosci., 8*, 203.

Carhart-Harris, R.L., Erritzoe, D., Williams, T., Stone, J.M., Reed, L.J., Colasanti, A., & Nutt, D.J. (2012). Neural correlates of the psychedelic state as determined by fMRI studies with psilocybin, *Proc. Natl. Acad. Sci., 109*, 2138-2143.

Cassol, H., Martial, C., Annen, J., Martens, G., Charland-Verville, V., Majerus, S., & Laureys, S. (2019). A systematic analysis of distressing near-death experience accounts. *Memory, 27*, 1122-1129.

Clark Sharp, K. (2007). The other shoe drops : Commentary on "Does paranormal perception occur in near-death experiences ?" *J. Near-Death Stud., 25*, 245-250.

Collignon, G., Évrard, R., Adam, V., & Bazan, A. (2022). Aphantasie et hypnose : une étude exploratoire. *L'Evolution Psychiatrique, 87*, 765-781. *https://doi.org/10.1016/j.evopsy.2022.07.007*

Cook, E.W., Greyson, B., & Stevenson, I. (1998). Do any near-death experiences provide evidence for the survival of human personality after death ? Relevant features and illustrative case reports. *J. Scientific Expl., 12*, 377-406.

Council, J.R. & Greyson, B. (1985). Near-death experiences and the "fantasy-prone" personality : Preliminary findings. *93rd Annu. Convention Am. Psychol. Assoc., https://files.eric.ed.gov/fulltext/ED262355.pdf*

Debru, C. (1990). *Neurophilosophie du rêve*. Hermann.

Dement, W. (1981). *Dormir, rêver*, trad. de O. de Lalène. Seuil.

Dening, T.R. & Berrios, G.E. (1994). Autoscopic phenomena. *Br. J. Psychol., 165*, 808-817.

Dethiollaz, S. & Fourrier, C.C. (2016). *Voyage aux confins de la conscience. Le cas Nicolas Fraisse*. Trédaniel.

Devinsky, O., Feldmann, E., Burrowes, K., & Bromfield, E. (1989). Autoscopic phenomena with seizures. *Arch. Neurol., 46*, 1080-1088.

Dodet, P., Chavez, M., Leu-Semenescu, S., Golmard, J.L., & Arnulf, I. (2015). Lucid dreaming in narcolepsy. *Sleep, 38*, 487-497.

Draaisma, D. (2014). *Quand l'esprit s'égare*, trad. B. Abraham. Le Seuil.

Dresler, M., Wehrle, R., Spoormaker, V.I., Koch, S.P., Holsboer, F., Steiger, A., Obrig, H., Sämann, P.G., & Czisch, M. (2012). Neural correlates of dream lucidity obtained from contrasting lucid versus non-lucid REM sleep : a combined EEG/fMRI case study. *Sleep, 35*, 1017-1020.

Ebbern, H., Mulligan, S., & Beyerstein, B. (1996). Maria's near-death experience : Waiting for the other shoe to drop. *Skeptical Inquirer, 20*, 27-33.

Egger, V. (1896). Le moi des mourants. *Revue Philosophique, 41*, 26-38, *https://carnets2psycho.net/theorie/classique36.html*.

Ehrsson, H.H. (2007). The experimental induction of out-of-body experiences, *Science, 317*, 1048.

Évrard, R. (2013). Répercussions psychologiques des « souvenirs » de la mort propre : une critique des travaux du Docteur Pim van Lommel. *Études sur la mort, 143*, 159-172.

Évrard, R., Pratte, E., & Rabeyron, T. (2022). Sawing the branch of near-death experience research : A critical analysis of Parnia *et al.*'s paper. *Ann. N.Y. Acad. Sci., 1515*, 5-9.

Facco, E. & Agrillo, C. (2012). Near-death experiences between science and prejudice. *Front. Hum. Neurosci.*, 10.3389/fnhum.2012.00209.

French, C.C. (2001). Dying to know the truth : Visions of a dying brain, or false memories ? *Lancet, 358*, 2010-2011.

French, C.C. (2005). Near-death experiences in cardiac arrest survivors. *Progr. Brain Res., 150*, 351-367.

Ffytche, D.H., Howard, R.J., Brammer, M.J., David, A., Woodruff, P., & Williams, S. (1998). The anatomy of conscious vision : An fMRI study of visual hallucinations. *Nature Neurosci., 1*, 738-742.

Green, C. (1968a). *Lucid dreams*, préface de H.H. Price. Hamish Hamilton.

Green, C. (1968b). *Out-of-the-Body Experiences.* Hamish Hamilton.

Gregory, R.L. (1993). Perception en tant que formation d'hypothèses, in *Le cerveau, un inconnu*, trad. J. Doubovetky. Laffont, p. 1002-1007.

Greyson, B. (1983). The near-death experience scale. Construction, reliability, and validity. *J. Nerv. Mental Disease, 171*, 369-375.

Greyson, B. (2003). Incidence and correlates of near death experiences in a cardiac care unit. *Gen. Hosp. Psychiatry, 25*, 269-276.

Greyson, B. (2007). Commentary on « Psychophysiological and cultural correlates undermining a survivalist interpretation of near-death experiences ». *J. Near-Death Stud., 26*, 127-145.

Greyson, B. (2021). *After*, trad. C. Vaudrey. Trédaniel.

Greyson, B. & Flynn, C. P. (1984). *The near-death experience : Problems, prospects, perspectives.* Thomas.

Greyson, B., Holden, J.M., & van Lommel, P. (2011). « There is nothing paranormal about near-death expériences » revisited : comment on Mobbs and Watt. *Trends Cogn. Sci., 16*, 445.

Greyson, B., Kelly, E.F., & Dunseath, W.J.R. (2013). Surge of neurophysiological activity in the dying brain. *Proc. Natl. Acad. Sci., 110*, E4405.

Haber, R.N. (1979). Twenty years of haunting eidetic imagery : Where's the ghost ? *Behav. Brain Sci., 2*, 583-594.

Halifax, J. & Grof, S. (1977). *The Human Encounter with Death.* Dutton.

Hardy, C. (1988). *La science et les états frontières*. Le Rocher, p. 81-96.

Hart, H. *et al.* (1956). Six theories about apparitions. *Proceedings S.P.R., 50*, 153-239.

Hécaen, H. & Ajuriaguerra, J. (1952). *Méconnaissances et hallucinations corporelles*. Masson.

Heim, A. v. St. G. (1892, 1972). The experience of dying from falls, trad. R. Noyes et R. Kletti, *Omega, 3*, 45-52.

Hervey de Saint-Denys, L. d'(1867, 1964). *Les Rêves et les moyens de les diriger*. Tchou. *https://fr.wikisource.org/wiki/Les_R%C3%AAves_et_les_moyens_de_les_diriger*

Holden, J.M. (2009). Veridical perception in near-death experiences. In Holden, J.M., Greyson, B. & James, D. (Eds.), *The Handbook of Near-Death Experiences* (p. 185-211). Praeger/ABC-CLIO.

Hulin, M. (1985). *La face cachée du temps. L'imaginaire de l'au-delà*. Fayard.

Huxley, A. (1954, 2001). *Les portes de la perception*, trad. J. Castier. 10-18.

James, W. (1898, 2015). *De l'immortalité humaine. Deux prétendues objections à cette doctrine*, trad. et notes J. Gabaret. Éditions Rue d'Ulm, Presses de l'E.N.S.

Jourdan, J.-P. (2006). *Deadline. Dernière limite*. Pocket.

Jouvet, M. (1992). *Le sommeil et le rêve*. Odile Jacob.

Jouvet, M. (2013). *De la science et des rêves. Mémoires d'un onirologue*. Paris : Odile Jacob.

Kellehear, A. (1993). Culture, biology, and the near-death experience : A reappraisal, *J. Nerv. Mental Disease, 181*, 148-156.

Kelly, E.W., Greyson, B. & Kelly, E.F. (2010). Unusual experiences near death and related phenomena. In Kelly, E.F., Kelly, E.W., Crabtree, A., Gauld, A., Grosso, M. & Greyson, B. (Eds.), *Irreducible Mind*. Rowman & Littlefield.

Koch, C. (2006). *À la recherche de la conscience*. Odile Jacob.

Kondziella, D., Dreier, J.P. & Olsen, M.H. (2019). Prevalence of near-death experiences in people with and without REM sleep intrusion. *PeerJ, 7*, e7585.

Kosslyn, S.M., Pascual-Leone, A., Felician, O., Camposano, S., Keenan, J.P., Ganis, G., Sukel, K.E. & Alpert, N.M. (1999). The role of area 17 in visual imagery : Convergent evidence from PET and rTMS. *Science, 284*, 167-170.

Kosslyn, S.M., Ganis, G., & Thompson, W.L. (2001). Neural foundations of imagery. *Nature Reviews Neuroscience, 2*, 635-642.

LaBerge, S. (1985). *Lucid Dreaming*, New York : Ballantine, 1985. Trad. fr. *Le rêve lucide : le pouvoir de l'éveil et de la conscience dans vos rêves*. Oniros, 1991.

LaBerge, S. (2010). Signal-verified lucid dreaming proves that REM sleep can support reflective consciousness : Commentary on « The neurobiology of consciousness : Lucid dreaming wakes up » by J. Allan Hobson. *Int. J. Dream Res., 3*, 26-27.

La Berge, S.P., Nagel, L.E., Dement, W.C., & Zarcone Jr, V.P. (1981). Lucid dreaming verified by volitional communication during REM sleep. *Perceptual and Motor Skills, 52*, 727-732.

LaBerge, S., Levitan, L., & Dement, W. (1986). Lucid dreaming : Physiological correlates of consciousness during REM sleep. *J. Mind and Behavior, 7*, 251-258.

Lange R., Greyson B., & Houran J. (2004). A Rasch scaling validation of a « core » near-death experience. *Br. J. Psychol., 95*, 161-77.

Laureys, S. (2015). *Un si brillant cerveau*. Paris : Odile Jacob.

Le Bihan, D., Turner, R., Zeffiro, T. A., Cuénod, C. A., Jezzard, P., & Bonnerot, V. (1993). Activation of human primary visual cortex during visual recall : A magnetic resonance imaging study. *Proc. Natl. Acad. Sci. USA, 90*, 11802-11805.

Leclair-Visonneau, L., Oudiette, D., Gaymard, B., Leu-Semenescu, S., & Arnulf, I. (2010). Do the eyes scan dream images during rapid eye movement sleep ? Evidence from the rapid eye movement sleep behaviour disorder model. *Brain, 133*, 1737-1746.

Lenggenhager, B., Tadi, T., Metzinger, T., & Blanke, O. (2007). Video ergo sum : manipuler la conscience corporelle. *Science, 317*, 1096-1099.

Marshall, R.S., Lazar, R.M. & Spellman, J.P. (2001). Recovery of brain function during induced cerebral hypoperfusion. *Brain, 124*, 1208-1217.

Martial, C., Cassol, H., Antonopoulos, G., Charlier, T., Heros, J., Donneau, A.F., Charland-Verville, V. & Laureys, S. (2017). Temporality of features in near-death experience narratives. *Frontiers in Human Neuroscience, 11*, 311.

Martial, C., Simon, J., Puttaert, N., Gosseries, O., Charland-Verville, V., Nyssen, A.S., Greyson, B., Lauteys, S., & Cassol, H. (2020). The Near-Death Experience Content (NDE-C) scale : Development and psychometric validation. *Consciousness Cogn., 86*, 103049.

Martial, C., Gosseries, O., Casso, H., & Kondziella, D. (2022). Studying death and near-death experiences requires neuroscientific expertise., *Ann. N.Y. Acad. Sci., 1517*, 11-14.

Michel, A. (1964). Peut-on quitter son corps ? *Planète*, 14, 34-47 ; disponible sur : *https://grepi.ch/peut-on-quitter-son-corps/*

Mobbs, D. & Watt, C. (2011). There is nothing paranormal about near-death experiences : How neuroscience can explain seeing bright lights, meeting the dead, or being convinced you are one of them. *Trends Cogn. Sci., 15*, 447-449.

Mobbs, D. (2012). Response to Greyson *et al.* : There is nothing paranormal about near-death experiences. *Trends Cogn. Sci., 16*, 446.

Moody, R. (1975, 1977). *La vie après la vie*, trad. Paul Misraki. Robert Laffont.

Morris, R.L., Harary, S.B., Janis, J., Hartwell, J. & Roll, W.G. (1978). Studies of communication during out-of-body experiences. *J. Am. S.P.R., 72*, 1-21.

Myers, F.W.H. (1903). *Human personality*, vol. 1. Londres : Longman. Disponible en ligne : https://www.esalen.org/ctr/hp-survival. Version abrégée 1907, trad. S. Jankelevitch, Félix Alcan, 1919, rééditée sans les appendices par Exergue, 2000.

Myers, P.Z. (2012). Near-death, rehashed. *https://freethoughtblogs.com/pharyngula/2012/04/30/near-death-rehashed/*

Naccache, L. (2020). *Le Cinéma intérieur*. Paris : Odile Jacob.

Nanay, B. (2021) Mental imagery. *The Stanford Encyclopedia of Philosophy*, E. N. Zalta (Ed.), https://plato.stanford.edu/archives/win2021/entries/mental-imagery/

Nelson, K.R., Mattingly, M., Lee, S.A., & Schmitt, F.A. (2006). Does the arousal system contribute to near death experience ? *Neurology, 66*, 1003-1009.

Nichols, D.E. (2017). *N, N*-dimethyltryptamine and the pineal gland : Separating fact from myth, *J. Psychopharmacol., 32*, 30-36.

Noyes, R. & Kletti, R. (1976). Depersonalization in the face of life-threatening danger. An interpretation. *Omega, 7*, 103-114.

Osis, K. (1974). Out of body research at the ASPR. *ASPR Newsletter, 22*, 1.

Osis, K. & Haraldsson, E. (1986). *Ce qu'ils ont vu au seuil de la mort*. Paris : Garancière ; consultable en ligne : *https://gallica.bnf.fr/ark:/12148/bpt6k33349934*

Osis, K. & McCormick, D. (1980). Kinetic effects at the ostensible location of an out-of-body projection during perceptual testing. *J. Am. S.P.R., 74*, 319-329.

Osis, K. & Mitchell, J.L. (1977). Physiological correlates of reported out of body experiences. *J. S.P.R., 49*, 25-536.

Palmer, J. (1978). The out-of-the-body experience : A psychological theory. *Parapsy. Rev., 9*, 19-22.

Palmieri, A., Calvo, V., Kleinbub, J.R., Meconi, F., Marangoni, M., Barilaro, P., Broggio, A., Sambin, M., & Sessa, P. (2014). "Reality" of near-death-experience memories : evidence from a psychodynamic and electrophysiological integrated study. *Front. Human Neurosci., 8*, 429.

Paolin, A., Manuali, A., Di Paola, F., Boccaletto, F., Caputo, P., Zanata, R., Bardin, G.P., & Simini, G. (1995). Reliability in diagnosis of brain death. *Intensive Care Med., 21*, 657-662.

Parnia, S., Waller, D.G., Yeates, R., & Fenwick, P. (2001). A qualitative and quantitative study of the incidence, features and aetiology of near death experiences in cardiac arrest survivors. *Resuscitation, 48*, 149-56.

Parnia, S. & Fenwick, P. (2002). Near death experiences in cardiac arrest : Visions of a dying brain or visions of a new science of consciousness. *Resuscitation, 52*, 5-11.

Parnia, S., Spearpoint, K., De Vos, G., Fenwick, P., Goldberg, D., Yang, J., Zhu, J., Greyson, B., & Schoenfeld, E.R. (2014). AWARE - AWAreness during Resuscitation - A prospective study. *Resuscitation, 85*, 1799-1805.

Parnia, S., Post, S.G., Lee, M.T., Lyubomirsky, S., Aufderheide, T.P., Deakin, C.D., & Shirazi, T.K. (2022). Guidelines and standards for the study of death and recalled experiences of death - A multidisciplinary consensus statement and proposed future directions. *Ann. N. Y. Acad. Sci., 1511*, 5-21.

Parnia, S., Shirazi, T.K., Patel, J., Tran, L., Sinha, N., O'Neill, C., & Deakin, C. D. (2023). AWAreness during REsuscitation-II : A multi-center study of consciousness and awareness in cardiac arrest. *Resuscitation, 191*, 109903.

Pasricha, S. & Stevenson, I. (1986). Near-death experiences in India : A preliminary report. *J. Nerv. Mental Disease, 174*, 165-170.

Persinger, M.A. (1989). Modern neuroscience and near-death experiences : Expectancies and implications. *J. Near-Death Stud., 7*, 233-239.

Rivas, T., Dirven, A., & Smit, R.H. (2016). *The Self does not die*. Durham, N.C. : IANDS.

Saavedra-Aguilar, J.C. & Gomez-Jeria, J.S. (1989). A neurobiological model for near death experiences. *J. Near-Death Stud., 7*, 205-222.

Sabom, M. (1998). *Light and Death : One Doctors's Fascinating Account of Near-Death Experiences*. Zondervan.

Schwaninger, J., Eisenberg, P.R., Schechtman, K.B., & Weiss, A.N. (2002). A prospective analysis of near death experiences in cardiac arrest patients. *J. Near Death Stud., 20*, 215-232.

Seeber, M., Cantonas, L.M., Hoevels, M., Sesia, T., Visser-Vandewalle, V., & Michel, C.M. (2019). Subcortical electrophysiological activity is detectable with high-density EEG source imaging. *Nature Communications, 10*, 753.

Stoerig, P. & Cowey, A. (2007). Blindsight. *Curr. Biol., 17*, R824.

Tart, C. (1967). A second psychophysiological study of out of the body experiences in a gifted subject. *Int. J. Parapsy.*, *9*, 251-258.

Tart, C. (1968). A psychophysiological study of out of the body experiences in a selected subject. *J. Am. S.P.R.*, *62*, 3-27.

Thonnard, M., Charland-Verville, V., Brédart, S., Dehon, H., Ledoux, D., Laureys, S., & Vanhaudenhuyse, A. (2013). Characteristics of near-death experiences memories as compared to real and imagined events memories. *PLoS One*, *8*, e57620.

Timmermann, C., Roseman, L., Williams, L., Erritzoe, D., Martial, C., Casso, H., Laureys, S., Nutt, D., & Carhart-Harris, R. (2018). DMT models the near-death experience. *Front. Psychol.*, *9*, 1424.

Tyrrell, G.N.M. (1955). *Apparitions et fantômes*, trad. E. Bestaux. Fasquelle.

Vanhaudenhuyse, A., Thonnard, M. & Laureys, S. (2009). Towards a neuro-scientific explanation of near-death experiences ? In J.-L. Vincent (Ed.), *2009 Yearbook of Intensive Care and Emergency Medicine*. Springer.

Van Eeden, F. (1913). A study of dreams. *Proc. S.P.R.*, *26*, 431-461. Reproduit dans C. Tart (Ed.), *Altered States of Consciousness* (p. 147-160). Doubleday Anchor, 1972.

Van Lommel, P. (2011). Near-death experiences : the experience of the self as real and not as an illusion. *Ann. N.Y. Acad. Sci.*, *1234*, 19-28.

Van Lommel, P., van Wees, R., Meyers, V., & Elfferich, I. (2001). Near-death experience in survivors of cardiac arrest : a prospective study in the Netherlands. *Lancet*, *35*, 2039-2045.

Van Lommel, P., & Greyson, B. (2023). Critique of recent report of electrical activity in the dying human brain. *J. Near-Death Stud.*, sous presse. Prépublication disponible en ligne.

Velmans, M. (2007). Dualism, reductionism and reflexive monism. In Velmans, M. & Schneider, S. (Eds.), *The Blackwell Companion to Consciousness* (p. 711-725). Blackwell.

Voss, U., Holzmann, R., Tuin, I., & Hobson, A. J. (2009). Lucid dreaming : A state of consciousness with features of both waking and non-lucid dreaming. *Sleep*, *32*, 1191-1200.

Walker, B.A. & Serdahely, W.J. (1990). Historical perspectives on near-death phenomena. *J. Near-Death Studies*, *9*, 105-121.

Xu, G., Mihaylova, T., Li, D., Tian, F., Farrehi, P.M., Parent, J.M., & Borjigin, J. (2023). Surge of neurophysiological coupling and connectivity of gamma oscillations in the dying human brain. *Proceedings of the National Academy of Sciences*, *120*, e2216268120.

Zaleski, C. (1987). *Otherworld Journeys. Accounts of near-death experiences in medieval and modern times*. University Press.

Zeman, A.Z., Della Sala, S., Torrens, L.A., Gountouna, V.E., McGonigle, D.J., & Logie, R.H. (2010). Loss of imagery phenomenology with intact visuo-spatial task performance : A case of ‘blind imagination’. *Neuropsychologia*, *48*, 145-155.

Chapitre 14

À la recherche des corrélats neuronaux du psi : études expérimentales neuro-parapsychologiques

(David Acunzo)

Sommaire

Depuis environ un siècle, la recherche parapsychologique expérimentale vise à isoler les phénomènes psi en laboratoire afin de démontrer leur existence sous conditions contrôlées, mais aussi afin d'en comprendre les caractéristiques et mécanismes. Dans le cadre de la parapsychologie expérimentale quantitative, un effet psi est typiquement défini comme une déviation statistique qui ne peut être expliquée par aucun mécanisme physique connu, et qui apparaît en lien avec l'intention du sujet. Par exemple, dans une expérience de précognition, on demande au sujet de deviner, parmi un ensemble d'images, quelle sera la future cible (voir chap. 4). Si, au bout d'un ensemble d'essais prédéterminés, le sujet détermine la cible plus souvent que le hasard et que ce score ne peut être expliqué par une quelconque fuite sensorielle ou un artefact statistique, on conclut à un effet psi. Cette définition « négative » du psi, procédant purement par élimination est problématique car, en l'absence de théorie mécanistique (voir chap. 11), elle réduit le psi à une déviation statistique inexpliquée (Alcock, 2003).

L'identification de signatures physiologiques associées au psi constituerait un pas significatif pour, d'une part, renforcer la crédibilité des résultats et, d'autre part, en comprendre certains mécanismes. En effet, si un signal physiologique pouvait être identifié lorsque le sujet réussit un essai lors d'une expérience, l'effet psi ne serait plus seulement défini de manière « négative » (c'est-à-dire par élimination), mais comme une déviation statistique associée à un état physiologique particulier. De plus, même si cela n'élucide pas le caractère anomal du phénomène, la nature de l'état physiologique associé permettrait de comprendre certains mécanismes du psi en identifiant certains maillons causaux, ou certains paramètres permettant de faciliter son émergence. Enfin, au-delà des implications théoriques, cela aurait des implications pratiques pour la recherche. Si un état ou une signature physiologique pouvait être associé aux phénomènes psi, la provocation de cet état ou sa détection permettrait de prédire ou de faciliter l'occurrence d'essais réussis.

Parmi les mesures physiologiques possibles, celles ayant trait au système nerveux ont attiré l'attention d'un certain nombre de chercheurs. Certaines méthodes issues des neurosciences, en particulier celles permettant la mesure non invasive de l'activité cérébrale chez l'homme, ont été utilisées dans le cadre de la recherche parapsychologique, que cela soit pour le psi dit « réceptif » (perception extra-sensorielle, voir chap. 3 et 4) ou « projectif » (psychocinèse, voir chap. 5). Le présent chapitre propose une revue de littérature de telles recherches expérimentales, dont le but est d'identifier des états neurophysiologiques associés à une meilleure performance psi, des processus associés aux essais réussis, ou des zones du cerveau impliquées dans l'émergence d'effets psi. Cette revue de littérature ne prétend pas être exhaustive, mais offre, nous l'espérons, un panorama reflétant la diversité des hypothèses ayant été testées ainsi que des approches et méthodes ayant été adoptées depuis les années 1960 dans ce sous-domaine de la parapsychologie anglo-saxonne (voir aussi Krippner & Friedman, 2010 ; Williams, 2015 ; 2022)[1].

1. Le lecteur notera que ce chapitre ne couvre pas les études neuroscientifiques utilisant le paradigme expérimental-type du pressentiment (par exemple Radin *et al.*, 2011), qui est l'objet du chapitre 4.

1. Ondes alpha et perception extra-sensorielle

L'une des premières hypothèses ayant été émises concernant un état de l'activité cérébrale associé à la perception extra-sensorielle est une plus haute activité des ondes alpha. Les ondes alpha se mesurent le plus souvent avec un électroencéphalographe (EEG) ou – plus rarement – un magnétoencéphalographe (MEG), mesurant à la surface du cuir chevelu le potentiel électrique (pour l'EEG) ou le champ magnétique (pour la MEG) généré par l'activité neuronale. L'EEG, actuellement plus largement utilisée que la MEG du fait de son faible coût et de son ancienneté, a été développé il y a de cela un siècle par le psychiatre Hans Berger, qui s'est d'ailleurs intéressé à ce sujet d'étude à la suite d'une expérience télépathique (Kaplan, 2011) ! Outre son faible coût, l'un des avantages de l'EEG est qu'il permet de mesurer l'activité cérébrale selon une très grande résolution temporelle, de l'ordre de la milliseconde.

Les traces générées par ces mesures présentent un caractère oscillatoire, avec des oscillations dans différentes bandes de fréquence dont l'amplitude varie en fonction de l'état du sujet (par exemple entre éveil et différentes phases du sommeil). La bande de fréquence alpha fait partie des ondes lentes, se situant aux alentours de 10 Hz (ou cycles par seconde), et est typiquement définie comme l'activité mesurée entre 8 Hz et 13 Hz. Ce rythme a été mis en évidence très tôt, par Hans Berger lui-même. Il est particulièrement proéminent et facilement observable lorsque le sujet est au repos, en particulier lorsque le sujet ferme les yeux (voir par exemple Bazanova & Vernon, 2014).

Lors des tâches sensorielles, et en particulier visuelles, l'alpha est typiquement considéré comme ayant un rôle inhibiteur (Foxe & Snyder, 2011). L'amplitude des ondes alpha semble aussi augmentée lors des exercices de méditation (en comparaison à la fermeture des yeux ; Lomas *et al.*, 2015), ainsi que lors de tâches de production créatives (Fink & Benedek, 2014). Plus globalement, il a été souvent proposé qu'un état de relaxation profond et une attention orientée intérieurement (par opposition à une attention orientée vers la perception) soient associés à une augmentation de l'amplitude d'alpha (Braud, 1974 ; Kam *et al.*, 2022). On comprend ainsi assez facilement la logique de l'hypothèse associant alpha et psi, si alpha est un indicateur d'inhibition des perceptions sensorielles et d'une attention orientée intérieurement.

La première expérience faisant le lien entre la présence « d'ondes lentes » et la performance psi semble être celle de Cadoret (1964), qui observa que, lors d'une tâche de clairvoyance visant à deviner des cartes, les essais réussis étaient associés à plus d'ondes lentes chez six des sept participants à l'étude. L'absence d'effet psi (c'est-à-dire que le nombre d'essais réussis était conforme au hasard) limite grandement l'interprétation de ces résultats. Les études ultérieures datant de cette époque ont obtenu des résultats qui, pour certaines, confirmèrent l'hypothèse d'un lien entre effet psi et ondes alpha. Ce fut le cas pour Honorton (1969), Morris et collègues (1972) et Stanford et Palmer (1975). À noter en particulier l'étude de Morris et collègues (1972) qui rapportent les résultats de deux tâches de perception extra-sensorielle avec un sujet doué, avec l'obtention d'effets psi très significatifs. Lors de ces expériences, davantage d'ondes alpha étaient présentes lors des séries d'essais réussis comparativement aux séries dont les résultats étaient conformes au hasard. Cependant, d'autres études ultérieures obtinrent des résultats mitigés (Kobayashi, 1976 ; Stanford & Stanford, 1969). De plus, la plupart de ces études souffrent de grandes limitations techniques en comparaison aux moyens actuels, en particulier concernant la quantification des données EEG. Malheureusement, peu d'expériences furent menées récemment. À noter celle d'Alexander et collègues (Alexander *et al.*, 1998) sur le même participant que Morris et collègues (1972), qui rapporte une augmentation de l'amplitude dans la bande alpha pour les électrodes occipitales ainsi qu'une diminution pour les électrodes frontales lorsque le sujet tente d'effectuer la tâche psi, bien que le rapport manque de détails techniques et que les résultats ne différencient pas les essais réussis des essais conformes au hasard. Une autre étude du même premier auteur (Alexander, 2000) sur un autre sujet doué étudia l'EEG pendant une tâche de vision à distance par rapport à une période contrôle ne rapporte pas d'effet dans la bande alpha.

Quelques études ont par ailleurs tenté de manipuler alpha en utilisant des méthodes de biofeedback (Honorton *et al.*, 1971 ; Honorton & Carbone, 1971). L'idée est de présenter au sujet un indicateur de ses propres ondes alpha en temps réel afin qu'il se mette dans un état de relaxation plus propice au psi. Une fois dans cet état, le sujet est soumis à une tâche psi. Si Honorton et ses collaborateurs (1971) ont obtenu des résultats allant dans le sens de l'hypothèse, ils ont également fait l'observation inverse (Honorton & Carbone, 1971).

Globalement, le lien entre ondes alpha et score psi est une hypothèse séduisante, mais elle reste à confirmer par des résultats expérimentaux additionnels. La plupart de ces études, qui datent des années 1960-1970, ont obtenu des résultats contradictoires et gagneraient donc à être répliquées avec des méthodes d'acquisition et d'analyse modernes.

2. La psychocinèse et l'hypothèse du lobe frontal inhibiteur

La psychocinèse (PK) – l'influence sur la matière par la pensée – est typiquement étudiée expérimentalement en utilisant des processus à l'échelle subatomique (voir chap. 5). C'est ce qu'on appelle la micro-psychocinèse (micro-PK). Cette approche, popularisée par Helmut Schmidt (1970), utilise par exemple le bruit électronique ou la désintégration de noyaux atomiques. L'idée est que puisque ces cibles micro-PK suivent les lois quantiques et notamment des superpositions d'états avant leur observation, elles seront plus facilement influençables par la pensée seule. Dans ce type d'expériences, les sujets n'agissent pas consciemment sur les systèmes subatomiques, mais se concentrent sur une interface pouvant être visuelle comme la position d'un curseur sur un écran ou auditive comme la hauteur de ton d'un « bip », déterminé par le système aléatoire.

Peu d'études expérimentales ont tenté de lier l'activité cérébrale à la performance PK, et celles-ci datent des années 1970 (Williams, 2022). Ces études utilisèrent des méthodes de neurofeedback pour décider du départ des essais (Heseltine, 1977 ; Heseltine & Mayer-Oakes, 1978 ; Schmidt & Terry, 1977). Par exemple, l'étude de Schmidt et Terry initiait les essais lorsqu'une augmentation de l'activité alpha (ou bêta – entre 13 et 30 cycles par seconde) de l'EEG était détectée. Ces études suggèrent globalement un possible lien avec ces deux bandes de fréquences. Tout comme les expériences de perception extra-sensorielle, davantage d'études seraient nécessaires pour offrir une vision plus claire de ces possibles liens.

Plus récemment, une série d'études de micro-PK furent menées par Morris Freedman (Freedman, 2010 ; Freedman *et al.*, 2003, 2018) avec une approche bien différente. Ces études visent à tester l'hypothèse que le lobe frontal inhibe les facultés psi, à la manière d'un filtre (voir chap. 13). Cette idée de filtre du réel avait déjà été proposée de manière plus abstraite par Bergson (1896), Myers (voir E.W. Kelly, 2007) et reprise par d'autres, notamment Huxley (1954) et Jahn et Dunne (2004). Le lobe frontal est typiquement associé aux fonctions cognitives supérieures comme le langage, la planification, les comportements sociaux, la régulation des récompenses ou la régulation émotionnelle. On lui attribue généralement un rôle inhibiteur : les patients souffrant du syndrome frontal, c'est-à-dire d'un dysfonctionnement de cette partie du cerveau, présentent généralement un comportement plus compulsif, des troubles de l'attention (manque de persévérance), ainsi qu'une désinhibition sociale. L'hypothèse de Freedman se situe donc dans la continuité de cette idée de rôle inhibiteur du lobe frontal, qui inhiberait de surcroît les processus ou informations psi.

Freedman opta pour une approche neuropsychologique – rare en parapsychologie expérimentale – en étudiant des patients avec lésion du lobe frontal, leur faisant passer des tâches de micro-PK. L'idée est que si ces patients n'ont plus ce filtre « anti-psi », ils obtiendront de meilleurs résultats que les sujets contrôle. Ainsi, les participants devaient déplacer mentalement la position d'une flèche sur un écran dans la direction indiquée (gauche ou droite), les mouvements de la flèche étant directement contrôlé par le générateur d'événements aléatoires (utilisant un type de système subatomique mentionné plus haut).

Lors d'une première expérience, un seul patient parmi six, et le seul avec une lésion unilatérale de l'hémisphère gauche (un autre patient avait une lésion de l'hémisphère droit, les quatre autres avaient une lésion bilatérale) obtint un déplacement significatif de la flèche par rapport aux conditions contrôles, pour la condition où le patient devait déplacer la flèche vers la droite. Une expérience additionnelle fut menée avec ce patient et la déviation vers la droite fut observée à nouveau (Freedman, 2010 ; Freedman *et al.*, 2003).

La deuxième étude utilisa deux patients avec une lésion du lobe frontal gauche, l'un des deux patients étant le même que pour la première étude. Les résultats obtenus lors de la première expérience furent répliqués une nouvelle fois (Freedman *et al.*, 2018). La constance de ces résultats est plutôt remarquable.

Plus récemment, l'équipe de Morris Freedman a publié une nouvelle étude, dans la continuité des deux premières (Freedman *et al.*, 2023). Cette étude, publiée dans *Cortex*, une revue neuropsychologique réputée, généra de nombreux commentaires à sa publication (Pilacinski *et al.*, 2024 ; Della Salla & Grafman, 2024 ; Moscovitch, 2024 ; Pisoni *et al.*, 2024 ; Kekecs, 2024 ; Schwarzkopf, 2024 ; Freedman *et al.*, 2024 ; Gomez-Marin, soumis à publication), dont une réponse des auteurs (Freedman *et al.*, 2024) et un excellent éditorial de Della Salla et Grafman (2024). L'attention portée à cette étude vient naturellement du fait qu'elle a été publiée dans une revue non parapsychologique, qui n'est pas sans rappeler l'attention portée à la publication de Bem (2011). Cette nouvelle étude de Freedman et ses collègues (2023) constitue une réplication conceptuelle des expériences avec les patients ayant un déficit du lobe frontal. Cette fois-ci, Freedman et ses collègues prirent un large échantillon de sujets sains (108 participants) à qui ils ont généré un déficit temporaire du lobe frontal en l'inhibant à l'aide d'une stimulation magnétique (*repetitive transcranial magnetic stimulation*, rTMS). Les résultats rapportés apparaissent consistants avec ceux des expériences précédentes : une stimulation du lobe frontal gauche fut associée à une déviation statistique vers la droite. Cependant, ce résultat n'est apparent qu'après application d'une fonction de pondération modélisant la disparition progressive de l'effet de la stimulation, une méthode non standard, appliquée de manière *post hoc*. C'est la principale critique méthodologique émise envers cette étude. Néanmoins, la consistance des résultats est encore une fois notable.

Les auteurs interprètent l'ensemble de ces observations comme une validation de leur théorie de l'inhibition frontale et proposent que la « conscience de soi » (*self-awareness*), réduite chez les patients présentant le syndrome frontal, inhiberait les fonctions psi. La spécificité des résultats, c'est-à-dire la direction de l'effet – un déplacement de la cible uniquement vers la droite – et l'unilatéralité gauche des lésions est intrigante et difficile à interpréter à ce stade. De plus amples recherches suivant cette approche prometteuse, en particulier une réplication par d'autres équipes, seraient souhaitables. Il serait aussi intéressant de soumettre cette population de patients à d'autres tâches psi afin de voir si les résultats de micro-PK peuvent être généralisés.

3. À la recherche d'une activité cérébrale évoquée par une cible psi

Au lieu de tenter d'identifier un état cérébral associé à de meilleures performances psi en laboratoire, certains chercheurs ont essayé de voir si un stimulus dont la pertinence ne pouvait être déterminée que par perception extra-sensorielle induisait une activité cérébrale spécifique. Dans ce type d'expérience, on présente au sujet une série d'images dont l'une constitue la cible (les autres images étant des leurres). C'est, par exemple pour une expérience de télépathie, cette même image-cible qu'un autre sujet observe au même moment dans une autre pièce. On compare l'activité cérébrale du sujet lorsqu'il observe cette image, en comparaison avec les leurres.

3.1 Étude avec la méthode des potentiels évoqués

Ce type de paradigme expérimental a été effectué en particulier par Norman Don, Charles Warren et Bruce McDonough avec l'EEG, en utilisant la méthode des potentiels évoqués (Don *et al.*, 1998 ; McDonough *et al.*, 1992, 2002 ; Warren *et al.*, 1992). Le potentiel évoqué est tout simplement la moyenne du signal EEG généré à la suite d'un événement à travers ses répétitions (les différents essais de l'expérience). On obtient ainsi, pour chaque électrode, un signal moyen évoluant dans le temps. Dans notre cas, ce qui nous intéresse est l'activité moyenne générée par les cibles en comparaison avec l'activité moyenne générée par les leurres. Dans ces expériences, les sujets devaient, pour chaque essai, deviner la cible parmi quatre images présentées successivement. Certaines de ces expériences furent faites avec le sujet psi Malcom Bessent et d'autres avec des groupes non présélectionnés. Les chercheurs firent globalement deux observations qui semblent relativement robustes :

- la première est une déviation rapide, typiquement occipitale, observée vers 100-200 ms après la présentation du stimulus ;
- la seconde, répliquée plus souvent bien qu'avec quelques différences selon les expériences (latéralité, spécificité des électrodes), est une déviation négative plus frontale, apparaissant plus tard, jusque 500 ms après la présentation du stimulus.

Le point important est que selon l'hypothèse nulle, l'activité évoquée par la cible et les leurres devrait être indissociable, puisque, si l'expérience est bien contrôlée, rien ne différencie ces deux classes de stimuli à travers l'ensemble des essais. L'existence même d'une déviation est remarquable. Cependant, il est à noter que dans aucune de ces expériences, le score psi ne déviait du hasard.

3.2 Étude avec l'imagerie par résonance magnétique fonctionnelle

Une expérience adaptée de ce paradigme a été menée par le neuroscientifique Stephen Kosslyn, expert de l'imagerie mentale avec Samuel Moulton, en utilisant cette fois l'imagerie par résonance magnétique fonctionnelle (IRMf) au lieu de l'EEG (Moulton & Kosslyn, 2008). L'IRMf utilise un scanner et mesure le niveau d'oxygène dans les différentes zones du cerveau, fournissant ainsi une mesure indirecte de l'activité cérébrale. L'avantage principal de cette méthode est sa résolution spatiale permettant une mesure précise de l'ordre de quelques millimètres des « activations » cérébrales. Ses inconvénients sont son coût financier (de l'ordre du million d'euros à l'achat, et plusieurs centaines d'euros pour une seule heure d'utilisation) ainsi que sa résolution temporelle (de l'ordre de plusieurs secondes, donc ne permettant pas de détecter des processus rapides).

L'expérience de Moulton et Kosslyn a utilisé des paires de participants liés émotionnellement (soit des amis, des couples, des jumeaux ou autres membres d'une même famille). L'un des participants jouait le rôle de « récepteur » et était situé dans le scanner ; tandis que l'autre jouait le rôle « d'émetteur » et était situé dans une autre pièce. Pour chaque essai, l'expérience présentait successivement au récepteur deux images, dont l'une était à forte charge émotionnelle positive ou négative et l'autre plutôt neutre. De plus, comme dans les expériences de Don, l'une de ces deux images était la cible, présentée simultanément sur un écran au sujet émetteur. Après avoir vu les deux images, on demandait au récepteur de deviner laquelle des deux il pensait être la cible. L'image-cible lui était enfin présentée. Si le récepteur avait répondu correctement, il recevait une petite prime financière. Chaque essai a été répété plusieurs dizaines de fois pour chaque participant.

Le but de l'expérience était de tester, comme avec l'EEG, si les cibles génèrent une activité cérébrale en moyenne différente des leurres. Les résultats de l'expérience furent négatifs – c'est-à-dire que les différences d'activité cérébrale entre les deux classes de stimuli étaient conformes au hasard.

Cette étude fit cependant grand bruit dans le monde de la recherche parapsychologique, dû notamment au prestige qui lui était associée : elle a été menée au sein de l'université d'Harvard ; l'un des coauteurs (Stephen Kosslyn) est un neuroscientifique de renom ; et le papier a été publié dans une revue relativement prestigieuse à haute visibilité dans le monde des neurosciences cognitives (le *Journal of Cognitive Neuroscience*). Associés à cela, les auteurs affirment dans leur article que leurs résultats constituent « la preuve la plus forte à ce jour contre l'existence des phénomènes mentaux paranormaux », considérant avoir mis toutes les chances de leur côté pour détecter un effet psi s'il existait.

Ceci fit réagir la communauté parapsychologique à plusieurs égards. Premièrement, il est généralement admis qu'il n'est pas possible de prouver l'absence d'un phénomène sur la base d'une expérience unique. Non seulement les tests statistiques fréquentistes[1] ne sont pas adaptés pour prouver l'hypothèse nulle, mais la mise en place d'une expérience requiert de faire un ensemble de choix arbitraires qui peuvent déterminer son issue, tel que les participants utilisés, les stimuli spécifiques utilisés, la durée de présentation des images ou les paramètres de nettoyage et d'analyses des données complexes que sont celles de l'imagerie fonctionnelle. De plus, plusieurs parapsychologues ont regretté que les auteurs aient choisi un paradigme expérimental pour lequel il n'y a jamais eu d'effet psi comportemental (c'est-à-dire que comme noté plus haut, dans les expériences de Don, les participants ne devinent pas la cible plus souvent que ce qu'on attendrait par hasard), au lieu d'utiliser des méthodes où des effets psi comportementaux ont été observés (Neppe, 2010 ; Watt & Irwin, 2010). Il est néanmoins remarquable que des neuroscientifiques *mainstream* aient pris la peine de monter et publier une étude expérimentale sur la perception extrasensorielle. Il est à espérer qu'elle sera suivie par bien d'autres.

4. Intentionnalité à distance et potentiels transférés

Une branche un peu particulière de la parapsychologie s'intéresse non pas aux corrélats de la perception extra-sensorielle ou de l'action psychocinétique, mais aux corrélations entre états physiologiques de personnes séparées physiquement. L'idée est qu'une stimulation sensorielle

1. Les statistiques fréquentistes estiment des paramètres en se basant exclusivement sur l'échantillon de données observées, tandis que les statistiques bayésiennes intègrent une modélisation *a priori* des paramètres, c'est-à-dire un degré de croyance en un événement.

sur un individu générerait une activité neuronale similaire chez un autre individu, ou bien que l'activité cérébrale entre les deux individus se ressemblerait.

La première expérience de ce type fut effectuée par Wallwork (1952) qui mesura simultanément l'EEG d'un émetteur et d'un percipient lors d'une tâche de télépathie. La description de l'étude manque cruellement de détails, mais on notera l'avant-gardisme du chercheur, puisque les expériences utilisant l'enregistrement et l'analyse simultanée d'EEG de plusieurs personnes ne prendront leur essor qu'après un demi-siècle (méthode dite « d'*hyperscanning* » ; Montague, 2002) ! L'étude considérée comme fondamentale dans le domaine est celle de Charles Tart (1963). Dans cette expérience, l'émetteur (la personne stimulée) recevait des chocs électriques d'une durée de deux secondes de manière aléatoire et devait se concentrer sur l'autre personne pendant le choc. Dans une autre condition (contrôle), le choc électrique était dévié vers une résistance. L'EEG de la personne non stimulée était enregistrée, et les essais avec et sans chocs étaient comparés à des périodes contrôle, 10 secondes après les essais. Les résultats furent ambigus : les essais *avec* ET *sans* chocs (c'est-à-dire les chocs contrôle déviés vers la résistance) différaient des périodes contrôles par une mesure de complexité du signal[1].

Deux années plus tard, une expérience qualitative utilisant de vrais jumeaux testait l'occurrence simultanée d'ondes alpha dans l'EEG lorsque l'un des jumeaux fermait les yeux (Duane & Behrendt, 1965). Si les auteurs affirment avoir obtenu une corrélation chez deux des quinze paires de jumeaux, ils restent prudents sur les conclusions à tirer de leur expérience.

Dans les années 1990, le psychologue mexicain Grinberg-Zylberbaum et ses collègues (1994) menèrent des expériences où ils présentèrent des flashs lumineux à l'une des deux personnes et corrélèrent les signaux EEG des deux individus. Les auteurs affirment avoir mesuré des corrélations entre les paires de signaux EEG, introduisant le concept de « potentiel transféré », c'est-à-dire le fait que le potentiel évoqué par la stimulation sensorielle chez la personne émettrice serait transféré chez la personne réceptrice. Les expériences de Grinberg-Zylberbaum furent critiquées pour leur faiblesse méthodologique (voir Watt & Irwin, 2010), mais furent conceptuellement répliquées par d'autres, soit en utilisant l'EEG (Giroldini *et al.*, 2015 ; Kittenis *et al.*, 2004 ; Radin, 2004, 2017 ; Wackermann *et al.*, 2003) ou l'IRM fonctionnelle (Achterberg *et al.*, 2005 ; Richards *et al.*, 2005). Ces deux études IRM citées furent également critiquées pour leurs faiblesses méthodologiques, en particulier à cause d'un nombre de participants trop faible, de possibles fuites sensorielles et d'une randomisation des essais inadéquate (Acunzo *et al.*, 2013 ; Watt & Irwin, 2010).

Les études EEG semblent plus robustes méthodologiquement, mais présentent un manque d'homogénéité dans les résultats, limitant leur portée. Ainsi, si des corrélations statistiquement significatives entre les signaux EEG sont effectivement rapportées dans les diverses études, des choix méthodologiques distincts furent faits en ce qui concerne la transformation du signal avant l'opération de corrélation. Alors que certains utilisent le signal brut (Radin, 2017), d'autres

1. La mesure de complexité spécifiquement utilisée dans cette étude n'est pas précisée, mais généralement, la complexité d'un signal quantifie son irrégularité – voir par exemple Lau *et al.* (2022).

utilisent le signal filtré (Giroldini *et al.*, 2015) ou d'autres mesures dérivées plus complexes (Wackermann *et al.*, 2003 ; Kittenis *et al.*, 2004 ; Radin, 2004).

Les signaux EEG sont extrêmement riches : plusieurs dizaines d'électrodes échantillonnées souvent à 1 kHz, c'est-à-dire mille valeurs enregistrées par seconde par électrode, pendant toute la durée de l'expérience (de l'ordre de 60 minutes) pour chaque sujet. Ainsi, en l'absence d'hypothèses bien définies, une quantité indénombrable de méthodes analytiques exploratoires peuvent leur être appliquées, multipliant ainsi les chances d'observer une déviation statistique. Les différences méthodologiques entre ces études, bien qu'indiquant des effets statistiques réels, rendent l'ensemble de ces résultats difficiles à interpréter et à lier à des processus ou états physiologiques spécifiques.

5. Conclusions et futures directions

Cette brève revue de littérature fournit un aperçu de la variété des études de neuro-parapsychologie expérimentale, qui demeurent peu nombreuses. Mais quelles conclusions en tirer ?

La première est qu'à l'heure actuelle, aucune signature neurophysiologique claire associée à un effet psi n'a pu être mise en évidence de manière non ambiguë. Si les expériences de Don et collègues ont identifié des potentiels évoqués par des cibles, ces résultats ne peuvent pas véritablement être liés aux résultats d'expériences psi classiques, puisque le choix explicite du sujet ne fournit aucune indication d'un effet psi. Les effets mesurés par les équipes de Don, mais aussi ceux rapportés dans les expériences du type « potentiel transféré » et action à distance, se retrouvent ainsi dans la catégorie du psi implicite, comme dans les expériences de pressentiment (voir chap. 4). Le psi, initialement défini dans le cadre expérimental comme une déviation statistique *comportementale* (*cf.* notre introduction), est redéfini comme déviation statistique *neurophysiologique*, ce qui, au lieu de contribuer à élucider le psi ou à rendre les effets comportementaux plus robustes en les associant à une mesure physiologique, le déplace. De plus, l'hétérogénéité de ces déviations mesurées rend difficile l'identification de signatures précises ou la mise en lumière de mécanismes spécifiques. C'est en associant les états ou signatures neurophysiologiques à une performance psi comportementale significative que ces approches peuvent constituer un vrai apport ontologique à la compréhension psi (voir aussi Acunzo, 2023).

Cependant, malgré les limites méthodologiques de certaines des études présentées dans cette partie (voir notamment Acunzo *et al.*, 2013 ; Watt & Irwin, 2010), bon nombre d'entre elles présentent des approches potentiellement fécondes. Ainsi, si l'hypothèse d'une corrélation entre ondes alpha accrues et score psi reste à confirmer, tenter de caractériser les états neurophysiologiques associés à des performances psi élevées est une bonne approche, en particulier en utilisant des participants doués comme dans l'étude de Morris et collègues (1972). Par ailleurs, l'utilisation de paradigmes expérimentaux réputés robustes comme le Ganzfeld (voir chap. 3) serait à considérer, plutôt que des paradigmes n'ayant jamais montré d'effet psi, comme dans les expériences de Don et collègues et Moulton et Kosslyn (2008) dont il est question dans la partie 4.

L'un des obstacles à l'utilisation des méthodes issues des neurosciences cognitives est notamment leur coût, naturellement plus élevé que les études comportementales. Cela nécessite également une expertise particulière car les écueils méthodologiques potentiels y sont nombreux du fait d'une complexité accrue. Cependant, la recherche parapsychologique expérimentale, dont les résultats demeurent élusifs, gagnerait à développer plus d'études de ce type pour les raisons évoquées plus haut. Les études EEG initiales des années 1960-1970 utilisèrent des méthodes d'acquisition et d'analyse de données rudimentaires comparées à ce qui se fait actuellement en neurosciences, bien qu'utilisant des approches prometteuses (par exemple, Morris *et al.*, 1972). Reprendre ces programmes de recherche avec les technologies et la puissance de calcul actuelles permettrait de clarifier les résultats obtenus. Il est à espérer qu'avec l'essor de nouvelles techniques non invasives à relativement bas coût s'ajoutant à l'EEG telles que l'imagerie spectroscopique proche infrarouge ou les magnétomètres à pompe optique, de nombreuses études futures neuro-parapsychologiques verront le jour. Les neurosciences s'intéressant de plus en plus à des sujets intimement liés à la parapsychologie comme les états modifiés de conscience, la perception subjective ou la nature de la conscience (Drew, 2022 ; Reardon, 2019 ; Timmermann *et al.*, 2023), on peut espérer que cette tendance actuelle puisse contribuer à moyen terme au développement d'approches neuroscientifiques du psi.

6. Bibliographie

Achterberg, J., Cooke, K., Richards, T., Standish, L.J., Kozak, L., & Lake, J. (2005). Evidence for correlations between distant intentionality and brain function in recipients : A functional magnetic resonance imaging analysis. *The Journal of Alternative and Complementary Medicine, 11*(6), 965-971. *https://doi.org/10.1089/acm.2005.11.965*

Acunzo, D.J., Évrard, R., & Rabeyron, T. (2013). Anomalous experiences, psi and functional neuroimaging. *Frontiers in Human Neuroscience, 7.* https://doi.org/10.3389/fnhum.2013.00893

Acunzo, D. (2023). Special subsection afterword : ESP research and cognitive neuroscience : Possibly incompatible - but methodologically complementary. *Journal of Scientific Exploration*, 37(3), 536-543. *https://doi.org/10.31275/20233195*

Alcock, J. (2003). Give the null hypothesis a chance : Reasons to remain doubtful about the existence of psi. *Journal of Consciousness Studies, 10* (6-7), 29-50.

Alexander, C.H. (2000). Neurophysiological and psychological assessment of an individual experiencing anomalous mental phenomena : A second case study. *Proceedings of Presented Papers: The Parapsychological Association 43rd Annual Convention*, 2-13.

Alexander, C.H., Persinger, M.A., Roll, W.G., & Webster, D L. (1998). EEG and SPECT data of a selected subject during psi tasks : The discovery of a neurophysiological correlate. *Proceedings of Presented Papers*, 3-13.

Bazanova, O.M., & Vernon, D. (2014). Interpreting EEG alpha activity. *Neuroscience & Biobehavioral Reviews*, *44*, 94-110. https://doi.org/10.1016/j.neubiorev.2013.05.007

Bergson, H. (1896). *Matière et mémoire: Essai sur la relation du corps à l'esprit*. Alcan.

Braud, W.G. (1974). Relaxation as a Psi-conducive state. *Bulletin of the Psychonomic Society*, *3*(2), 115-118. *https://doi.org/10.3758/BF03333412*

Cadoret, R.J. (1964). An exploratory experiment : Continuous EEG Recoding during clairvoyant card tests. *Journal of Parapsychology*, *28* (226).

Della Sala, S., & Grafman, J. (2024). Why we publish papers reporting findings we may not believe. *Cortex*. *https://doi.org/10.1016/j.cortex.2024.01.002*

Don, N.S., McDonough, B.E., & Warren, C.A. (1998). Event-Related Brain Potential (ERP) indicators of unconscious psi : A replication using subjects unselected for psi. *The Journal of Parapsychology*, *62*, 127-145.

Drew, L. (2022). Your brain on psychedelics. *Nature*, *609*(7929), S92-S94. *https://doi.org/10.1038/d41586-022-02874-7*

Duane, T.D., & Behrendt, T. (1965). Extrasensory electroencephalographic induction between identical twins. *Science*, *150* (3694), 367-367. *https://doi.org/10.1126/science.150.3694.367*

Fink, A., & Benedek, M. (2014). EEG alpha power and creative ideation. *Neuroscience & Biobehavioral Reviews*, *44*, 111-123. *https://doi.org/10.1016/j.neubiorev.2012.12.002*

Foxe, J.J., & Snyder, A.C. (2011). The role of alpha-band brain oscillations as a sensory suppression mechanism during selective attention. *Frontiers in Psychology*, *2*. *https://doi.org/10.3389/fpsyg.2011.00154*

Freedman, M. (2010). Psi and the brain. In S. Krippner & H.L. Friedman (Eds.), *Mysterious Minds : The Neurobiology of Psychics, Mediums and Other Extraordinary People* (p. 151-162). ABC-CLIO LLC.

Freedman, M., Binns, M.A., Meltzer, J.A., Hashimi, R., & Chen, R. (2023). Enhanced mind-matter interactions following rTMS induced frontal lobe inhibition. *Cortex*. *https://doi.org/10.1016/j.cortex.2023.10.016*

Freedman, M., Binns, M.A., Meltzer, J.A., Hashimi, R., & Chen, R. (2024). Reply to commentaries on enhanced mind-matter interactions following rTMS induced frontal lobe inhibition. *Cortex*. *https://doi.org/10.1016/j.cortex.2024.02.001*

Freedman, M., Binns, M., Gao, F., Holmes, M., Roseborough, A., Strother, S., Vallesi, A., Jeffers, S., Alain, C., Whitehouse, P., Ryan, J.D., Chen, R., Cusimano, M.D., & Black, S.E. (2018). Mind-matter interactions and the frontal lobes of the brain : A novel neurobiological model of psi inhibition. *EXPLORE*, *14*(1), 76-85. *https://doi.org/10.1016/j.explore.2017.08.003*

Freedman, M., Jeffers, S., Saeger, K., & Binns, M. (2003). Effects of Frontal lobe lesions on intentionality and random physical phenomena. *Journal of Scientific Exploration*, *17*(4), 651-666.

Giroldini, W., Pederzoli, L., Bilucaglia, M., Caini, P., Ferrini, A., Melloni, S., Prati, E., & Tressoldi, P. E. (2015). *EEG correlates of social interaction at distance* [Preprint]. Neuroscience. *https://doi.org/10.1101/022046*

Gomez-Marin, A. (soumis à publication) Impossible neuroPSIence ?

Grinberg-Zylberbaum, J., Delaflor, M., Attie, L., & Goswami, A. (1994). The Einstein-Podolsky-Rosen paradox in the brain : The transferred potential. *Physics Essays*, *7* (4), 422-428. *https://doi.org/10.4006/1.3029159*.

Heseltine, G.L. (1977). Electronic Random number generator operation associated with EEG activity. *The Journal of Parapsychology, 41* (2), 103-118.

Heseltine, G.L., & Mayer-Oakes, S.A. (1978). Electronic random generator operation and EEG activity : Further studies. *The Journal of Parapsychology, 42* (2), 123-136.

Honorton, C. (1969). Relationship between EEG alpha activity and ESP card-guessing performance. *Journal of the American Society for Psychical Research, 63* (4), 365-374.

Honorton, C., & Carbone, M. (1971). A preliminary study of feedback augmented EEG alpha activity and ESP card-guessing performance. *Journal of the American Society for Psychical Research, 65*, 66-74.

Honorton, C., Davidson, R.J., & Bindler, P. (1971). Feedback-augmented EEG alpha, shifts in subjective state, and ESP card-guessing performance. *Journal of the American Society for Psychical Research, 65*, 308-323.

Huxley, A. (1954). *Les portes de la perception.*

Jahn, R.G., & Dunne, B.J. (2004). Sensors, filters, and the source of reality. *Journal of Scientific Exploration, 18* (4), 547-570.

Kam, J.W.Y., Rahnuma, T., Park, Y.E., & Hart, C.M. (2022). Electrophysiological markers of mind wandering : A systematic review. *NeuroImage, 258*, 119372. *https://doi.org/10.1016/j.neuroimage.2022.119372*

Kaplan, R.M. (2011). The mind reader : The forgotten life of Hans Berger, Discoverer of the EEG. *Australasian Psychiatry, 19* (2), 168-169. *https://doi.org/10.3109/10398562.2011.561495*

Kekecs, Z. (2023). Enhanced degrees of freedom. A commentary on Freedman *et al.* Enhanced mind-matter interactions following rTMS induced frontal lobe inhibition. *Cortex. https://doi.org/10.1016/j.cortex.2023.12.004*

Kelly, E.W. (2007). F.W.H. Myers and the Empirical study of the mind-body problem. In E.F. Kelly, E.W. Kelly, A. Crabtree, A. Gauld, M. Grosso, & B. Greyson (Eds.), *Irreducible Minds : Toward a Psychology of the 21st Century* (p. 47-114). Rowman & Littlefield Publishers, Inc.

Kittenis, M., Caryl, P.G., & Stevens, P. (2004). *Distant Psychophysiological Interaction Effects Between Related and Unrelated Participants.* 67-76.

Kobayashi, K. (1976). *A Relationship between Psi Performance and EEG Alpha Activity of the Cerebral Hemispheres* [A Dissertation Submitted to the Faculty of Baylor University In Partial Fulfillment of the Requirements for the Degree of Doctor of Philosophy]. Baylor University.

Krippner, S., & Friedman, H.L. (Eds.). (2010). *Mysterious minds : The neurobiology of psychics, mediums, and other extraordinary people.* Praeger ABC-CLIO.

Lau, Z.J., Pham, T., Chen, S.A., & Makowski, D. (2022). Brain entropy, fractal dimensions and predictability : A review of complexity measures for EEG in healthy and neuropsychiatric populations. *European Journal of Neuroscience*, 56 (7), 5047-5069.

Lomas, T., Ivtzan, I., & Fu, C.H.Y. (2015). A systematic review of the neurophysiology of mindfulness on EEG oscillations. *Neuroscience & Biobehavioral Reviews, 57*, 401-410. *https://doi.org/10.1016/j.neubiorev.2015.09.018*

Montague, P.R., Berns, G.S., Cohen, J.D., McClure, S.M., Pagnoni, G., Dhamala, M., & Fisher, R.E. (2002). Hyperscanning: simultaneous fMRI during linked social interactions. *Neuroimage, 16* (4), 1159-1164.

Moscovitch, M. (2024). Neuropsychology comes to parapsychology : Comment on Freedman *et al.* "Enhanced mind-matter interactions following rTMS induced frontal lobe inhibition". *Cortex*. *https://doi.org/10.1016/j.cortex.2023.12.008*

McDonough, B.E., Don, N.S., & Warren, C.A. (2002). Differential event-related potentials to targets and decoys in a guessing task. *Journal of Scientific Exploration, 16* (2), 187-206.

McDonough, B.E., Warren, C.A., & Don, N.S. (1992). Event-related potentials in a guessing task : The gleam in the eye effect. *International Journal of Neuroscience, 65* (1-4), 209-219. *https://doi.org/10.3109/00207459209003295*

Morris, R.L., Roll, W.G., Klein, J., & Wheeler, G. (1972). EEG patterns and ESP results in forced-choice experiments with Lalsingh Harribance. *The Journal of the American Society for Psychical Research, 66* (3), 253-268.

Moulton, S.T., & Kosslyn, S.M. (2008). *Using Neuroimaging to Resolve the Psi Debate. 20* (1), 11.

Neppe, V.M. (2010). Neurobiology, brain reductionism, and subjective experience. In S. Krippner & H.L. Friedman (Eds.), *Mysterious Minds : The Neurobiology of Psychics, Mediums and Other Extraordinary People* (p. 129-149). ABC-CLIO LLC.

Pilacinski, A., Klaes, C., Friedman, J., & Wiesing, M. (2024). Questionable evidence for prefrontal cortex as an alleged psi inhibitor. *Cortex*, S0010-9452. https://doi.org/10.1016/j.cortex.2024.01.001

Pisoni, A., Arrigoni, E., Bolognini, N., Guidali, G., Romero Lauro, L.J., & Vergallito, A. (2023). Enhanced mind-matter interactions ? A commentary to Freedman *et al.*, 2023. *Cortex*. *https://doi.org/10.1016/j.cortex.2023.12.003*

Radin, D.I. (2004). Event-related electroencephalographic correlations between isolated human subjects. *The Journal of Alternative and Complementary Medicine, 10* (2), 315-323. *https://doi.org/10.1089/107555304323062301*

Radin, D.I., Vieten, C., Michel, L., & Delorme, A. (2011). Electrocortical activity prior to unpredictable stimuli in meditators and nonmeditators. *Explore, 7* (5), 286-299.

Radin, D.I. (2017). Electrocortical correlations between pairs of isolated people : A reanalysis. *F1000Research, 6*, 676. *https://doi.org/10.12688/f1000research.11537.1*

Reardon, S. (2019). 'Outlandish' competition seeks the brain's source of consciousness. *Science*. *https://doi.org/10.1126/science.aaz8800*

Richards, T.L., Kozak, L., Johnson, L.C., & Standish, L.J. (2005). Replicable functional magnetic resonance imaging evidence of correlated brain signals between physically and sensory isolated subjects. *The Journal of Alternative and Complementary Medicine, 11* (6), 955-963. *https://doi.org/10.1089/acm.2005.11.955*

Schmidt, H. (1970). A PK test with electronic equipment. *The Journal of Parapsychology, 3* (34), 176-181.

Schmidt, H., & Terry, J.C. (1977). Search for a relationship between brainwaves and PK performance. In J.D. Morris, W.G. Roll, & R.L. Morris (Eds.), *Research in Parapsychology 1976* (p. 30-32). Scarecrow Press.

Schwarzkopf, D.S. (2023). Implausible paraneuroscience. *Cortex*. *https://doi.org/10.1016/j.cortex.2023.11.007*

Stanford, R.G., & Palmer, J. (1975). Free-response ESP performance and occipital alpha rhythms. *Journal of the American Society for Psychical Research, 69* (3), 235-243.

Stanford, R.G., & Stanford, B.E. (1969). Shifts in EEG alpha rhythm as related to calling patterns and ESP run-score variance. *The Journal of Parapsychology, 33* (1).

Tart, C. (1963). Physiological correlates of PSI cognition. *International Journal of Parapsychology, 5* (4), 375-386.

Timmermann, C., Bauer, P.R., Gosseries, O., Vanhaudenhuyse, A., Vollenweider, F., Laureys, S., Singer, T., Antonova, E., & Lutz, A. (2023). A neurophenomenological approach to non-ordinary states of consciousness : Hypnosis, meditation, and psychedelics. *Trends in Cognitive Sciences, 27* (2), 139-159. *https://doi.org/10.1016/j.tics.2022.11.006*

Wallwork, S.C. (1952). ESP experiments with simultaneous electro-encephalographic recordings. *Journal of the Society for Psychical Research*, 36 (672), 697-701.

Wackermann, J., Seiter, C., Keibel, H., & Walach, H. (2003). Correlations between brain electrical activities of two spatially separated human subjects. *Neuroscience Letters, 336* (1), 60-64. *https://doi.org/10.1016/S0304-3940(02)01248-X*

Warren, C.A., McDonough, B.E., & Don, N.S. (1992). Event-related brain potential changes in a psi task. *The Journal of Parapsychology, 56* (1), 1-29.

Watt, C.A., & Irwin, H.J. (2010). Processes underlying the phenomena of mysterious minds : Laboratory evidence for ESP. In S. Krippner & H.L. Friedman (Eds.), *Mysterious Minds : The Neurobiology of Psychics, Mediums and Other Extraordinary People* (p. 129-149). ABC-CLIO LLC.

Williams, B.J. (2011). Exploring the psychic brain : On neuroscience and psi phenomena. *Australian Journal of Parapsychology, 11* (2), 154-192.

Williams, B.J. (2015). *Psychic Phenomena and the Brain : Exploring the Neuropsychology of Psi*. Australian Institute of Parapsychological Research, Inc.

Williams, B.J. (2022). Minding the matter of psychokinesis : A review of proof- and process-oriented experimental findings related to mental influence on random number generators. *Journal of Scientific Exploration, 35* (4), 829-932. *https://doi.org/10.31275/20212359*

Sixième partie

Psi, spiritualité et culture

Chapitre 15

Spiritualité, religion et phénomènes psi : quels liens ?

(Claude Berghmans)

Sommaire

Spiritualité, religion et parapsychologie représentent des notions qui semblent au premier abord éloignées sur un plan épistémologique, mais qui se rapprochent pourtant progressivement au regard des recherches actuelles (Kelly *et al.*, 2007 ; Walach, 2011). La spiritualité et la religion font partie du domaine subjectif des croyances, de l'expérience personnelle et de la foi ; foi dans le divin ou dans quelque chose d'indéterminé et d'ineffable et renverrait à une dimension transcendantale avec laquelle nombreux sont ceux qui aimeraient entre en contact. Certains disent avoir pu y goûter, au regard de différents types d'expériences (décorporation, contact avec des arrière-mondes, expériences de mort imminente) qui sont qualifiées par beaucoup de ces témoins « d'expériences spirituelles ». Elles rendent compte d'une expérience personnelle et intime qu'il semble difficile, voire impossible d'explorer d'un point de vue scientifique : il ne serait question que de croyance, de foi et de subjectivité.

Toutefois, et ceci de manière paradoxale, ce que l'on appelle bien souvent le couple spiritualité/religion (SR) est de plus en plus étudié dans le champ de la thérapeutique psychologique et médicale notamment, en raison de ses conséquences sur la santé physique et mentale (Miller, 2003 ; Koenig, 2012 ; Berghmans, 2023). En effet, l'engagement dans une dynamique spirituelle ou religieuse ne laisse pas l'individu indifférent et agit sur sa vie et sa santé de multiples manières que nous illustrerons dans la suite de ce chapitre. La science commence donc à s'ouvrir à des dimensions subjectives de l'être, en se préoccupant sérieusement de l'impact du couple SR sur l'individu et cela, depuis près d'une soixantaine d'années (Koenig, 2001, 2012 ; Rosmarin, 2020).

La parapsychologie, quant à elle, tente de s'inscrire définitivement dans une démarche scientifique ouverte faisant appel à des dynamiques théoriques novatrices, vues aux chapitres précédents, et ce que l'on qualifie de phénomènes psi se retrouve bien souvent au cœur d'expériences religieuses ou spirituelles (manifestations physiques atypiques durant des expériences mystiques, potentiel de guérison de la prière, modifications corporelles, expériences d'émergences spirituelles, etc.). La relation est flagrante entre ces phénomènes et les individus qui vivent ces expériences.

Le lien entre la parapsychologie et le couple SR nous semble avoir été renforcé récemment par les travaux du psychologue allemand Harald Walach (2007, 2011) sur la spiritualité comme forme d'héritage de la parapsychologie (*cf. infra*). Il a montré que ces dimensions sont proches et nécessitent d'être investiguées de concert, et cela pour deux raisons majeures :

- La première de ces raisons tient au fait que la parapsychologie, avec son large champ d'étude, peut être perçue comme le **vecteur d'études scientifiques des conséquences de la spiritualité sur l'individu** dans de multiples dimensions de la psyché (expériences extatiques, états non ordinaires de conscience, expériences transcendantes, etc.). Elle représente la discipline par excellence pour explorer les effets du couple SR sur la conscience, la psychiatrie et la psychologie ne prenant en considération que d'autres aspects parcellaires : le lien avec des éléments psychopathologiques éventuellement associés ; les conséquences d'engagement dans une vie spirituelle et religieuse en termes de soutien social et culturel ; ou l'utilisation de thérapies pouvant trouver leurs origines dans le couple SR, à l'instar de différentes formes de méditation ou de techniques psychocorporelles. Il existe bien d'autres manifestations d'expériences spirituelles (comme le chamanisme ou les expériences psychédéliques), mettant en évidence des états non ordinaires de conscience et leurs répercussions sur l'individu, qui ne sont pas étudiées dans le cadre d'une discipline précise, et méritent pourtant une approche globale (Mancini, 2006).

- La deuxième raison est liée au fait que **la parapsychologie et les questions spirituelles peuvent interroger les chercheurs sur les frontières de notre conscience**, dévoilant sa nature et son potentiel. Des expériences exceptionnelles comme les expériences de mort imminente ou d'autres états non ordinaires de conscience entraînent des altérations comportementales importantes chez les patients, initiant parfois chez eux d'importants processus de changements (Tassell-Matamua, 2019). On peut parler de transformations individuelles mais aussi, par extension, de changements sociaux dans les relations interindividuelles. Cela peut amener à penser l'individu non pas comme un être séparé de ses pairs, mais de plus en plus comme un maillon connecté à des dimensions transcendantes, ainsi que divers discours spirituels et religieux nous le présentent depuis leurs origines.

Cette réflexion conduit à l'hypothèse d'une convergence : le couple SR, voie ancienne d'éclairage de l'humanité, présente dans toutes les cultures, et la parapsychologie comme jeune discipline scientifique occidentale seraient-elles des vecteurs de transformations sociales ? En perçant les secrets de la conscience et de ses relations avec des dimensions transcendantes, ne conduiront-elles pas l'individu à se positionner différemment dans le monde ? Hypothèse audacieuse ! La recherche en parapsychologie pourrait jouer le rôle de stimulateur social permettant aux individus de s'ouvrir sur certaines dimensions de leur conscience. L'homme serait alors envisagé comme bien plus bien plus qu'un simple amas de matière d'une infinie complexité. Des dimensions voilées de notre esprit, se manifestant par des expériences subjectives commentées par le couple SR seraient entrées, dans une perspective parapsychologique, dans une phase d'objectivation scientifique.

Les expériences dans ce domaine ne manquent pas : connexion spontanée avec le divin, récit de contact avec des êtres désincarnés, expériences psychédéliques à consonance spirituelle, etc. Ne pouvant aborder toutes celles-ci dans le cadre de ce chapitre, nous présenterons en premier lieu les concepts de SR et leurs émergences dans le champ de la science et des thérapeutiques psychologiques de santé, pour illustrer ensuite le lien entre spiritualité et parapsychologie. Pour finir, nous nous plongerons dans les expériences dites « mystiques » et proposerons quelques études de cas de certains mystiques d'Orient et d'Occident afin d'illustrer cette jonction entre SR et phénomènes parapsychologiques.

1. Spiritualité et religion : encadrement conceptuel

Spiritualité et religion sont des notions fondamentales qui accompagnent les cultures humaines depuis leurs commencements. Avec les premiers groupements humains communautaires en Anatolie, Syrie et Palestine, vers 9 000 ans avant J.-C., l'Homme des premiers siècles a toujours ressenti un trouble étrange face à l'immensité d'un ciel étoilé en s'interrogeant sur l'origine de la création ; ou face à la mort, l'entraînant dans le mystère et l'espoir de la survie. Les manifestations des dynamiques de vie et de mort, qui ont accompagné l'humain depuis ses débuts, l'invitant à contempler un monde de beauté et de terreur, ont introduit une forme de relation à quelque chose de plus grand que lui-même, quelque chose que l'on qualifierait aujourd'hui de transcendant, de sacré ou de *numineux*[1]. C'est un peu comme si l'homme avait inlassablement ressenti une liaison avec des éléments initialement indéterminés et sur lesquels il se devait de poser un visage ou un nom, interprétant des forces situées au-delà de son entendement (Eliade, 1977). En s'adressant à elles, il visait l'amélioration de son bien-être, mais aussi le progrès dans sa quête de l'origine et du but de l'existence.

Les premières grandes civilisations sumériennes, égyptiennes et de la vallée de l'Indus, vers 3 500 avant J.-C., ont été les pionnières de la manifestation matérielle de la religion et de la spiritualité par la construction de temples immenses voués aux divinités qu'ils avaient créées. Cette hiérarchie au sein de la création (de l'homme aux êtres divins) donnait sens au monde que les hommes percevaient. Elle permettait de les connecter à d'autres dimensions de l'existence, auxquelles il devenait possible de croire, par l'intermédiaire du prêtre ou du chamane, fidèles garants de cette liaison avec le divin. Accompagnant l'homme depuis ses débuts, cette dimension spirituelle et religieuse a joué le rôle, dans ses applications quotidiennes, de ciment de la construction sociale des premiers groupements humains, en permettant à l'homme de se positionner dans une dynamique d'adoration ou de crainte, face au divin.

L'étude de la spiritualité et de la religion a fasciné des générations de chercheurs analysant tous les aspects de ces notions riches et équivoques. Le manque de consensus sur leurs définitions a instauré diverses dynamiques de recherche. Nous ne pourrons pas, dans le cadre de ce chapitre, explorer tous les développements philosophiques et épistémologiques de ces concepts, renvoyant à ce propos le lecteur à des ouvrages de référence sur la question (Fabre, 2009 ; Ruse, 2010 ; Taylor, 2021). Nous proposerons uniquement quelques perspectives de cadrage en mettant en évidence les liens et les différences entre ces notions de spiritualité et de religion, pour nous focaliser ensuite sur la spiritualité et ses connexions potentielles avec la parapsychologie.

1.1 Définitions et terminologie

La spiritualité est une notion complexe à définir, tant ses frontières avec le concept de religion sont floues. Elle est considérée par beaucoup de chercheurs comme multidimensionnelle (Moberg, 2002 ; Cook, 2004). Sa définition est si fortement liée à celle de la religion que l'on parle souvent du couple spiritualité/religion (SR).

1. Le numineux représente ce qui saisit l'individu, ce qui venant « d'ailleurs », lui donne le sentiment d'être relié à la fois à lui-même et à un tout. C'est un sentiment de présence absolue (Otto, 1929).

En ce qui concerne la religion, elle est généralement présentée comme un système de croyances et de pratiques qui se rapporte à des réalités-être(s), entité(s), force(s)-supra-empirique(s) avec lesquelles l'homme se trouve en relation par des moyens symboliques (prière, rite, méditation) et donnant lieu à des formes communautaires (Camus et Poulain, 2008). La religion est le rapport de l'homme au divin ou à une réalité supérieure, tendant à se concrétiser sous la forme de systèmes de dogmes ou de croyances, de pratiques rituelles et morales. Pour le sociologue français Émile Durkheim (1912), la religion « est un système solidaire de croyances et de pratiques relatives à des choses sacrées, c'est-à-dire, séparées, interdites ; croyances et pratiques qui unissent en une même communauté morale ».

On extrait de la religion différentes composantes comme la doctrine, les rites, la dimension émotionnelle, la communauté, les règles éthiques. La religion accentue l'aspect communautaire d'une pratique avec bien souvent un savoir auréolé d'une dimension divine, comme les livres saints tels que le Coran ou la Bible, dans lesquels des aspects dogmatiques se manifestent également. L'adepte n'est pas censé les remettre en cause, mais plutôt se laisser orienter dans une dynamique de croyance et de foi.

La spiritualité, sur laquelle nous allons nous étendre davantage, vient du latin ecclésiastique *spiritualitas* et représente, d'un point de vue philosophique, la qualité de ce qui est immatériel, de ce qui est esprit ou âme, ainsi que ses manifestations. En théologie, la spiritualité est vue comme l'ensemble des croyances, des principes ou des règles qui inspirent la vie de l'âme d'un individu. De manière générale, elle peut être définie comme la sensation d'être en relation avec une présence transcendantale (ou supérieure). La spiritualité est fortement liée au sacré qui se caractérise par tout ce qui est absolu, intouchable et hors du temps, à l'opposé du monde profane (Durkheim, 1912).

Les individus peuvent se nourrir d'expériences spirituelles de différentes manières. On peut en citer quelques-unes sans souci d'exhaustivité : pratiques religieuses, méditation, yoga, rituels spirituels spécifiques, connexion profonde avec le divin, expériences mystiques, etc. De manière plus précise, on parle actuellement de « spiritualité religieuse » et de « spiritualité areligieuse explicite » et « areligieuse implicite » (Roussiau , 2021). Cela permet d'atténuer les préjugés associés au terme « spiritualité » et d'être plus clair sur le type de spiritualité que l'on souhaite évaluer, c'est-à-dire une spiritualité inscrite ou non dans le champ religieux. La dénomination areligieuse a pour objectif de dissocier la spiritualité de la religion. Cette dénomination est plus globale et moins orientée que celle d'une spiritualité laïque, athée ou encore agnostique qui ont chacune un sens qui peut varier selon les sociétés, les auteurs et le cadre culturel. La spiritualité areligieuse serait une composante de la spiritualité en général et sa forme la plus pure (Renard, 2018). Dans la littérature anglo-saxonne, les sigles SBNR (*spiritual but not religious*) ou SBNA (*spiritual but not affiliated*) sont fréquemment utilisés pour illustrer une forme de spiritualité en dehors du cadre religieux ou d'une institution officielle (Évrard , 2024).

La distinction entre ces deux types de réalité que sont religion et spiritualité peut s'avérer pertinente dans des pays comme la France où le sentiment religieux est en déclin, ou plus largement en Europe où l'on observe un fort phénomène de sécularisation (Sheldrake, 2011).

Cependant, la perte du sentiment religieux en Europe ne signifie pas pour autant que la spiritualité est absente de la vie des gens. On parle, dans certains cas, d'une spiritualité laïque (Fric, 2006), c'est-à-dire l'observation d'une spiritualité affranchie de tout contrôle religieux institutionnel, mais combiné à une démarche relevant de l'intimité et de l'introspection. Plusieurs éléments apparaissent dans le concept de spiritualité. Lapierre (1994) la décline en six éléments :

- un parcours initiatique personnel basé sur la conviction que la vie a un sens et un but ;
- une rencontre avec la transcendance, c'est-à-dire la croyance en un niveau supérieur de réalité ;
- la certitude que la croissance personnelle doit se produire avec ou dans le cadre d'une communauté bienveillante ;
- des croyances sur des pratiques relatives à la recherche d'une vérité ultime ;
- un intérêt pour le mystère de la création ;
- une transformation personnelle.

En définitive, la spiritualité peut globalement être définie comme une recherche intérieure propre à chaque individu en quête de sens et de but dans l'existence. En lien avec une recherche de transcendance, elle est associée à une certaine forme d'appréciation de la vie et de recherche d'un sens ultime et d'un but au-delà de soi. Il s'agit d'une dimension distincte et universelle de l'expérience humaine ; c'est une force qui se veut connecter l'individu avec lui-même, les autres et l'environnement.

1.2 Différences et similitudes entre religion et spiritualité

On distingue le concept de spiritualité et de religion par le fait que la religion s'inscrit dans une perspective collective. En revanche, la spiritualité s'inscrit dans une perspective individuelle et plus intimiste. Elle vise quelque chose qui est intérieur, en opposition avec ce qui est extérieur, matériel et physique (Camus & Poulain, 2008). La spiritualité existe en dehors du domaine religieux sans pour autant s'y opposer, d'où sa complexité. Il est plus simple de définir la religion que la spiritualité et on peut développer une spiritualité sans être religieux et des personnes religieuses peuvent ne pas être spirituelles.

Trois orientations se dessinent en articulant ces notions :

- soit la spiritualité est incluse dans la religion ;
- soit la spiritualité est une dimension de l'homme qui englobe la religion ;
- soit religion et spiritualité présentent une certaine indépendance, mais le concept de spiritualité est plus large que celui de religion, cette dernière n'en étant qu'une forme d'expression. On pourrait donc être spirituel et athée, comme le souligne le philosophe André Comte-Sponville (2006).

L'éminent psychiatre Harold Koenig (2012 ; Rosmarin, 2020) qui a fortement développé le champ d'étude de la spiritualité et de la religion en psychiatrie en montrant ses effets sur la santé, propose six points de distinction qui méritent d'être soulignés : la spiritualité est plus individuelle, plus subjective, moins formelle, la dimension émotionnelle et orientée vers le soi, il n'y a pas d'autorité de pouvoir et pas de doctrine, mais divers approches, témoignages et représentations. La religion, quant à elle, est perçue comme plus collective, objective, organisée, ritualisée, possédant des instances de pouvoir, développant une doctrine séparant le bien du mal et faisant référence à une forme de pensée « divine » s'exprimant dans les religions du livre.

La réflexion sur les chevauchements entre spiritualité et religion donne lieu à de vifs débats qui dépassent l'objet de ce chapitre (Walach, 2005). Elles partagent la croyance en l'existence d'un sens et d'une finalité de la vie individuelle, qui, dans le cas de la religion, va être institutionnalisée par l'intermédiaire de textes sacrés et, dans l'autre, se nourrit d'une démarche plus intime et personnelle, pouvant s'incarner dans un espace d'ordre religieux, mais aussi dans d'autres cadres, par exemple philosophique ou artistique.

1.3 L'importance de la spiritualité dans la culture

À la différence de ses ancêtres, l'homme du XXIe siècle siégeant au sommet de la pyramide technologique et scientifique se trouve à un tournant de son histoire. Il va être confronté à de multiples défis dont l'envergure est nouvelle : crises écologique, démographique, économique, sanitaire, scientifique et spirituelle, pour n'en citer que quelques-unes.

À titre d'exemple, le lien entre spiritualité et écologie mérite d'être souligné (Hunter, 2019). Il est clair que la question de l'écologie est primordiale, car les modifications climatiques et leurs conséquences sont telles que l'état de notre planète, génère de fortes inquiétudes quant à l'avenir de l'humanité. Cela fait d'ailleurs écho aux différentes problématiques qui vont apparaître lorsque la planète aura atteint, en 2050, 9 milliards d'habitants, avec le risque de manque de ressources d'eau, de nourriture, de logement, de soins pour satisfaire l'ensemble de la population mondiale. Le modèle économique de surproduction et de surconsommation, lui aussi interpelle ! Comment ne pas s'interroger quand une partie de la population mondiale est sous-alimentée alors que l'autre développe des maladies liées à une suralimentation ! Le tout associé à une hausse grandissante des inégalités sociales dans la plupart des pays développés. Pour certains, la crise sanitaire actuelle n'a été que le reflet de ces dysfonctionnements majeurs, les intérêts économiques semblant ne pas toujours être en adéquation avec les politiques de soins pour tous.

Au niveau scientifique, les bouleversements sont aussi de taille : génie génétique, robotisation, transhumanisme, applications industrielles des découvertes de la physique quantique, le développement spectaculaire de l'intelligence artificielle... Les modalités de développement du pôle techno-scientifique alimentent à son tour la crise de la spiritualité et des religions dans notre époque actuelle (voir chap. 2). D'un « désenchantement du monde » associé à un athéisme grandissant en Occident (Gauchet, 1985), nous sommes passés à une forme de nomadisme spirituelle où les recettes faciles font florès (Lenoir, 2003).

Le modèle matérialiste et mécaniste de la vision de l'homme issu du paradigme scientifique actuelle est synonyme de toute-puissance. Suivant ce modèle, l'homme, étant apparu au hasard dans un univers immense qui dépasse notre imagination, n'est alors vu que comme le fruit de sa propre évolution. Il ne fait que passer brièvement sur cette terre, sans réel libre arbitre, son comportement n'étant pensé que comme le fruit de ses connexions neuronales. Il ne laisse derrière lui que des souvenirs dans la pensée d'autrui. La dimension transcendante, portée par les religions et les spiritualités, qui fait se rencontrer le sacré du monde et les aspects numineux de notre réalité (Baudouin, 2002) ne sont que très peu pris en compte par les sciences ou de manière très embryonnaire. Spiritualité et religions sont affaires de croyance, la science n'en a que faire et peut difficilement la soumettre aux exigences de la démarche scientifique. Dans cette optique, l'homme et sa conscience ne sont le produit que d'une complexification évolutive le positionnant dans un monde local, prédictible et déterminé, que la science prétend être la seule à pouvoir explorer. Mais qu'en est-il réellement ?

L'homme a subi une triple vexation sous l'effet de la science en évolution, quand il s'est rendu compte qu'il n'était que sur un infime point de matière de l'univers ; puis quand il a appris qu'il n'était que le fruit d'une évolution des espèces et qu'enfin il a dû admettre qu'il n'était pas maître dans sa propre maison, puisque déterminé par des dynamiques inconscientes multiples. Tout cela a contribué à privilégier l'image d'un être de matière dont le mental n'est représenté que par sa puissance cérébrale, siège unique de sa conscience. Face à cela, un sentiment d'inachèvement, de désespérance, d'angoisse, de solitude et d'absence de sens quant à son but sur cette terre n'a fait que s'accentuer au fil d'un temps dominé par une vision matérialiste. L'homme est toujours dans un état de souffrance et de crise existentielle. Les dynamiques de recherche personnelle et scientifique sur la spiritualité ont pu dès lors apparaître comme des issues possibles pour tenter d'appréhender notre existence d'une manière différente.

Une volonté de changement s'est progressivement fait sentir, avec une volonté de ré-enchantement du monde (référence). Or c'est parfois par l'intermédiaire d'approches se référant à la science elle-même et, notamment, par l'étude de faits extraordinaires, que certaines représentations, pouvant sembler nouvelles – mais reprenant parfois des visions ancestrales de l'homme et de son rapport à la nature – sont apparues, particulièrement à partir des années 1960 (Laplantine et Rabeyron, 1987 ; Kelly, Crabtree & Marshall, 2015). La question de la conscience de l'homme, de son origine et de ses manifestations multiples s'est trouvée mobilisée par de plus en plus de chercheurs qui se positionnent sur cette question. La conscience n'est-elle que le fruit de connexions neuronales (*cf.* « le problème difficile de la conscience » identifié par Chalmers, 2017) ? Est-il doté d'une « conscience étendue » qui permettrait la manifestation de certains phénomènes psi ? Ces questions se sont déployées progressivement dans la société, rejoignant les interrogations spirituelles sur notre nature profonde et notre rapport à l'univers.

Ces éléments récurrents s'associent souvent à une quête intérieure, mais aussi à une confrontation avec un élément plus grand que sa propre existence. La spiritualité pourrait être vue comme un trait naturel chez tous les êtres humains, plus ou moins activée selon les personnes et les nécessités du contexte social. Chez les hommes et les femmes de toutes les ethnies, croyances et cultures, elle subsisterait tant à l'intérieur qu'à l'extérieur des institutions religieuses. Elle supposerait des qualités de l'esprit telles que la compassion, l'empathie, la gratitude et la conscience d'une dimension transcendante. Son étude et son développement s'avèrent donc indispensables pour mieux comprendre l'homme dans son rapport au monde.

Cependant, nous ne prétendons pas examiner directement ces questions dans ce chapitre, uniquement identifier en elles une interrogation potentiellement porteuse d'un paradigme scientifique alternatif (Radin, 2006). L'homme ne serait donc plus réduit à sa matérialité et son potentiel n'aurait été qu'à peine effleuré (Murphy, 1993 ; Kripal, 2007). C'est précisément par la fenêtre de l'étude de la spiritualité et de ses manifestations psi que cette investigation peut apparaître. Les qualités nécessaires à ces nouvelles explorations scientifiques sont indubitablement l'audace, l'innovation, l'ouverture d'esprit, la rigueur et la prudence, toutes qualités que l'on peut espérer retrouver chez les parapsychologues. De manière complémentaire, les anciennes approches philosophiques et traditionnelles, souvent considérées comme des courants souterrains de la culture développant des questionnements d'ordre spirituel, mystique ou ésotérique (Faivre, 1986), destinées il y a encore quelque temps aux initiés, méritent d'être approchées de manière beaucoup plus sérieuse, au même titre que les traditions spirituelles anciennes.

Dans un monde où l'être humain souffre d'un manque de sens (Riffard, 1995 ; Staune, 2007 ; Berghmans, 2022), où ses repères disparaissent et où la science ne peut se substituer à une spiritualité qui lui fait défaut, que lui reste-t-il ? Le recours à différentes formes de spiritualité est souvent employé pour compenser ce défaut de sens et accroître le sentiment de connexion entre humains et avec un grand Tout.

2. Spiritualité, religion et approches scientifiques : le cas de la santé

Spiritualité, religion et science n'ont pas toujours fait bon ménage ! Le couple SR a bien souvent été relégué au rang de la croyance et de la foi, c'est-à-dire extérieur au champ scientifique. Au fur et à mesure des siècles, la science a pris le pas sur le couple SR et son hégémonie est venue installer la promesse d'une toute-puissance, apte à couvrir tous les besoins et désirs humains. Pourquoi avoir besoin de spiritualité ou de religion, alors que la science pouvait tout expliquer ou presque ? Comment prouver l'existence du divin, de la force de la prière ou des modifications physiques apparaissant par exemple sur le corps de certains mystiques de l'histoire ? La science a simplement rejeté l'étude de la spiritualité et de ses impacts sur l'homme et sa santé, car cet objet semblait difficilement se prêter à une étude rigoureuse et rationnelle.

Cependant, les choses ont commencé à changer vers les années 1960, notamment avec les premiers travaux de liaison entre le couple SR et la santé physique et mentale. Présente dans de nombreux domaines de la psychologie (Richard 1992 ; Kelly *et al.*, 2007), on la retrouve aujourd'hui dans la psychologie positive humaniste, existentielle, la psychologie de la santé et certaines formes de psychothérapies (Roussiau, 2021). La spiritualité est devenue un objet d'étude dans différents champs, mais elle reste encore difficile à circonscrire, notamment du fait de la porosité des frontières mentionnée plus haut.

Le psychiatre Harold Koenig a cherché une définition opérationnelle aussi précise que possible de la spiritualité dans le champ de la santé, afin de démystifier son abord et en faire un objet empirique (Koenig, 2012 ; Rosmarin, 2020). Il caractérise la spiritualité selon quatre dimensions, dont certaines ont déjà été abordées précédemment, mais qu'il convient de rappeler pour préparer le lien futur que nous allons développer ensuite avec la parapsychologie :

- La « croyance » qu'il existe un au-delà au monde matériel et que la vie ne se limite pas à lui.
- La « pratique » religieuse ou spirituelle comme la contemplation, la prière, la lecture, la réflexion ou encore les actes rituels partagés collectivement.
- La « prise de conscience » intellectuelle et émotionnelle, d'une dimension transcendantale (qui dépasse l'homme et le monde), et qui se caractérise par une dimension de sacralité.
- « L'expérience » spirituelle qui survient par surprise, de façon cachée, inattendue ou après une séance de réflexion, de contemplation, d'isolement, et qui introduit une modification de l'esprit et un changement de point de vue sur le monde, avec moins de préoccupations égocentrées. Les extases mystiques font partie de ces expériences, mais sont plus intenses et moins prolongées ; elles correspondent à une voie d'expérience radicale d'union et de fusion avec la dimension à laquelle le sujet croit.

D'une manière générale, les dimensions de la spiritualité en lien avec la santé sont multiples[1]. Par l'intermédiaire d'un travail thérapeutique sur ces dimensions, des conséquences sur la santé peuvent se manifester au niveau, par exemple, d'un meilleur fonctionnement endocrinien, de moins d'attaques cérébrales (Colantonio, 1992), de moins de maladies cardiaques, de moins de dépression (Koenig, 2012 ; Rosmarin, 2020), d'une diminution du stress (Mathon 1989), etc.

D'autres effets sur la santé ont pu être démontrés par l'étude des approches méditatives issues de la philosophie bouddhiste, comme la pleine conscience, thérapeutiquement efficace (Grossman, Schmidt, Niemann et Walach, 2004 ; Segal, Williams et Teasdale, 2002) ou la méditation de concentration (Berghmans, 2021). Par l'entremise des études sur la psychologie de la religion, de nombreuses découvertes ont été accumulées indiquant les avantages potentiels pour la santé du couple SR (Larson, 2003 ; Koenig, 2012).

De toutes les dimensions que l'on retrouve dans le couple SR, c'est clairement celle de la *transcendance* en tant que relation à quelque chose qui nous dépasse qui se distingue nettement

1. Pour en faire la liste : le fait qu'elles soient basées sur des croyances, qu'elles s'organisent autour de principes et de règles de vie (dans certains cas), une forte subjectivité (dimension personnelle, individuelle et intérieure de l'esprit), une multiplicité d'approches dans une optique syncrétique, un parcours personnel de développement et de recherche, une recherche de sens et de buts dans la vie, une tentative de transformation personnelle, une interrogation sur la compréhension du monde, le développement de valeurs de vie « positive » (altruisme, compassion, amour, etc.), une relation à la transcendance (présence divine, religieuse, niveau supérieur de réalité, etc.), une connexion avec l'autre (le divin, autrui, le monde, la nature), le rapport au sacré, l'universalité, l'existence de pratique et de ritualité (pouvant inclure certains rites religieux), l'appartenance à une communauté spirituelle partageant les mêmes valeurs ou vision de vie une existence en dehors du domaine religieux, sans pour autant s'y opposer, un sentiment d'émerveillement, une relation accrue avec la nature.

et que l'on retrouve au centre de nombreuses recherches. Cette dimension, qui commence à être analysée en psychiatrie (Koenig, 2012), a déjà fait l'objet du regard d'autres disciplines très ouvertes sur les états non ordinaires de conscience, comme l'anthropologie (Lapassade, 1987) ou la psychologie transpersonnelle (Grof, 1987), qui tentent de comprendre l'influence de la spiritualité dans la vie humaine. Dans un contexte d'émergence de la spiritualité, les individus ont tendance à entrevoir le monde d'une façon différente, dans laquelle les phénomènes paranormaux peuvent d'ailleurs prendre une certaine place.

La psychologie transpersonnelle, notamment, tente d'établir des liens entre la vie psychique et les représentations de sujets confrontés à des expériences atypiques ou à des états non ordinaires de conscience. Il s'agira alors de les aider à essayer d'intégrer une compréhension plus profonde de la complexité de la vie, en s'ouvrant à d'autres visions du monde.

En somme, la spiritualité interroge le monde scientifique, en raison de ses conséquences sur l'individu, sa santé, son épanouissement, mais aussi sur sa relation avec la transcendance. C'est ainsi que le Centre pour la spiritualité, la théologie et la santé à l'université de Duke[1], sous les auspices d'Harold Koenig, est aujourd'hui florissant.

3. Liaison conceptuelle : la spiritualité comme héritage de la parapsychologie

En 2009, dans le cadre d'une dynamique de rapprochement entre spiritualité et parapsychologie scientifique, Harald Walach et ses collaborateurs publièrent un article fondamental intitulé : « Spiritualité : l'héritage de la parapsychologie ». Cette recherche constitue le point de départ d'une réflexion sur une liaison entre ces deux notions tels que nous tentons de l'illustrer dans ce chapitre en mettant en lumière l'influence de l'esprit sur le corps, la matière et l'environnement.

3.1 Une place pour la transcendance

Walach et ses collaborateurs (2009) rappellent la thèse selon laquelle la matière qui nous environne est première et que les expériences mentales subjectives que nous avons en sont toutes dérivées. Par conséquent, nos expériences conscientes et tous nos univers mentaux, comme les expériences spirituelles et religieuses, sont secondaires aux événements matériels qui se produisent dans le cerveau. C'est la thèse du *monisme matérialiste* (Damasio, 2005 ; Dennett, 1991) qui définit la conscience comme une interaction hautement sophistiquée de

1. Par coïncidence, la même université d'où Rhine avait pu lancer ses recherches en parapsychologie expérimentale.

corrélats neuronaux, faisant de notre libre arbitre et de nos croyances en une réalité transcendante de pures illusions.

Ainsi, les expériences spirituelles et religieuses, ainsi que toutes formes de communication avec une réalité transcendante ne peuvent être incorporées dans le paradigme scientifique matérialiste actuel. Selon Walach *et al.* (2009), elles ne peuvent être conceptualisées que comme des états intérieurs d'un système neuronal, sans aucune référence à une réalité extérieure et objective. Ceci correspond bien à l'analyse neuroscientifique actuelle qui postule que notre activité cérébrale est générée par des processus internes, la référence à des stimuli extérieurs ne faisant que moduler cette activité continue (Raichle, 2006). De ce fait, les expériences spirituelles et religieuses ne seraient que des processus qui modulent nos états intérieurs. Les dynamiques de compréhension scientifique classiques n'offrent qu'une place secondaire au couple SR : il ne serait que l'expression du social (Durkheim), du politique (Balandier), du psychisme (Freud, Devereux), ou un mauvais tour du langage (Wittgenstein). « Pour ces différents auteurs, la religion est toujours seconde par rapport à ce qui n'est pas elle. Elle ne peut être comprise que comme métaphore » (Laplantine, 2007, p. 194). Cependant, on ne peut nier que le couple SR se réfère à une expérience profonde, susceptible de générer un vécu transcendantal, dont découlent d'ailleurs des conséquences psycho-comportementales multiples : sens de la vie, relation différente aux autres, sens du sacré, de la compassion, de la connexion avec autrui et expériences de changement. Que cette transcendance soit reliée au divin ou à des représentations de Dieu, à des formes énergétiques indéterminées, à un sentiment d'amour absolu ou à un mystère encore plus grand qui dépasse notre entendement, elle représente un dénominateur commun aux différents concepts que nous avons mis en avant dans l'exploration du couple SR.

3.2 Compatibilité entre psychologie de la spiritualité et parapsychologie

Le psychologue et parapsychologue indien Koneru Ramakrishna Rao (2013) nous rappelle que la science et la religion sont généralement considérées comme des tentatives contradictoires de comprendre la réalité. Cependant, elles n'ont pas besoin d'être nécessairement considérées comme telles ! La psychologie de la spiritualité, par exemple, peut être vue comme une approche qui combine, dans son intention même, spiritualité et science. Elle peut être considérée comme une science en quête de sacré. Dans le cadre de la pensée indienne, la psychologie indienne est dérivée et construite à partir des philosophies indiennes classiques de l'esprit. Pour Rao (2013), la parapsychologie telle qu'elle est envisagée en Occident fournit un soutien indirect à la psychologie de la spiritualité. En effet, les recherches parapsychologiques suggèrent l'existence possible de sources paranormales de connaissance et d'états de conscience qui dépassent la conception cérébro-centrée de la nature humaine.

Walach et ses collaborateurs (2009) appellent à l'intégration en science de certaines approches du couple SR, et plus précisément du concept de transcendance. Cet élément clé devient une nécessité pour aborder certains aspects encore inconnus de notre esprit, dépassant les bornes établies. Qui mieux que la parapsychologie serait à même d'étudier ces derniers aspects ?

Si on se plonge brièvement dans l'histoire de la parapsychologie en soulignant uniquement certains moments de son développement (voir chap. 1), on peut rappeler que lors de la fondation de la Society for Psychical Research (SPR) en 1882, celle-ci se donnait pour mission première de trouver des preuves scientifiques et empiriques afin de réfuter la prétention du matérialisme selon laquelle tous les phénomènes doivent finalement se soumettre aux lois régissant la matière (Walach *et al.*, 2009). Le document fondateur de la SPR résume un de ses objectifs de la façon suivante :

> « [...] Il a été largement estimé que le présent est un moment opportun pour faire une tentative organisée et systématique d'enquêter sur ce grand groupe de phénomènes discutables désignés par des termes tels que mesmérisme, psychique et spiritualiste. D'après les témoignages enregistrés de nombreux témoins compétents, passés et présents, y compris des observations faites récemment par des scientifiques éminents dans divers pays, il semble y avoir, au milieu de beaucoup d'illusion et de tromperie, un ensemble important de phénomènes remarquables, qui sont de prime abord inexplicables par toute hypothèse généralement reconnue, et qui, si incontestablement établis, seraient de la plus haute valeur possible (Society for Psychical Research, 1882, p. 3) » (traduit de Walach *et al.* 2009).

Toutefois, au moment où la SPR fut fondée, le climat intellectuel en Europe, dans les sciences naturelles en particulier, était devenu hautement matérialiste et une tentative d'exploration et de preuve de phénomènes spiritualistes, transcendantalistes, mettant en exergue une forme de dualisme, pouvait correspondre à un véritable chemin de croix. Plus de cent quarante ans plus tard, il semble que la parapsychologie « académique », en particulier expérimentale, n'ait pas encore réussi à fournir la preuve de principe souhaitée pour les phénomènes non matérialistes et paranormaux. Le tournant promis par les fondateurs de la SPR n'a toujours pas réellement été pris. C'est en tout cas la position défaitiste argumentée par Walach *et al.* (2009).

Pour certains, l'obstacle de l'incompatibilité théorique demeure : les phénomènes parapsychologiques ne peuvent pas être réels car ils vont à l'encontre de la physique classique (voir chap. 10). Alors comment se fait-il que des êtres rationnels croient en eux, ou même les recherchent avec une grande assiduité ? La réponse immédiate est celle de la quête de sens, que la science a du mal à satisfaire : ces personnes espèrent se raccrocher à une dimension transcendantale et spirituelle qui permettrait de donner un certain sens à leur monde (Alcock, 2003 ; Hergovich, 2005). Les psychologues eux-mêmes font preuve de réticences et tentent bien souvent d'expliquer les expériences exceptionnelles par le biais de la lunette du paradigme dominant, réduisant ces expériences à des erreurs dans les perceptions, des hallucinations (voir chap. 10), des phénomènes psychologiques sociaux de suggestion, de conformité ou de pressions de groupe, de distorsions de l'expérience, et des manques de puissance statistique et de rigueur méthodologique. Il conviendrait de s'ouvrir à d'autres éléments explicatifs, et la théorie quantique généralisée, dont Walach est l'une des chevilles ouvrières, pourrait offrir une opportunité heuristique pertinente (voir chap. 12).

3.3 De la spiritualité à la parapsychologie comme chemin d'exploration

La spiritualité peut être perçue comme la réalisation expérientielle d'une réalité qui serait d'une nature transcendante (Hill & Pargament, 2003 ; Walach, 2007 ; Walach et Reich, 2005) – parfois appelée « recherche de sens » – sous-tendant la recherche d'une relation avec une réalité allant au-delà de notre personnalité ordinaire.

Dans la plupart des traditions spirituelles ou religieuses, la réalisation expérientielle d'une sorte d'unité avec une réalité d'un autre ordre que la réalité dite « ordinaire », nommée de différentes manières (divin, univers, totalité, etc.), se retrouve systématiquement. Dans le mysticisme chrétien, on nomme cela « l'*unio mystica* » ou « union mystique », connexion entre l'âme et le divin, quelle que soit sa manifestation. Dans les traditions bouddhistes, la réalisation expérientielle concerne l'unité avec tout être et le vide des formes, qui est en même temps plénitude (Walach *et al.*, 2009). Dans des cultures animistes, l'unité ressentie se fait par l'entremise du lien avec la nature, les ancêtres ou la tribu d'appartenance avec diverses divinités locales (Eliade, 1976). Dans bien des cas, cette unité se manifeste sous forme de ritualisation qui forge une connexion avec la dimension transcendante. On peut le constater dans la prière où l'individu cherche à concrétiser ses désirs, pour soi-même ou pour autrui ou dans des formes de méditation dans lesquelles l'individu cherche à être uni ou rempli d'une réalité transcendante.

Or, dans chaque forme de tradition spirituelle ou religieuse, on observe la survenue d'expériences similaires aux phénomènes parapsychologiques qui sont susceptibles de se produire sur les chemins de la spiritualité (Eliade, 1976 ; Radin, 2014). Au fur et à mesure d'une progression vers une forme de dimension transcendante, le sujet relate une unité télépathique avec les autres, des transferts inhabituels d'information, des phénomènes de psychocinèse ou encore des modifications corporelles. Dans la tradition chrétienne, ils sont réputés signes de sainteté, à l'instar des stigmates soulignant des épreuves de souffrance et de sanctification (Thurston, 1952). À noter que les guérisons miraculeuses par imposition des mains ou simplement par le désir ou la projection d'une intention de soins (voir chap. 6) semblent avoir été une signature des saints chrétiens depuis Jésus jusqu'à nos jours (Douglas-Klotz, 1999).

En reprenant la thèse de Walach *et al.* (2009), s'appuyant sur les modalités d'intrications décrites par la théorie quantique généralisée (von Lucadou, 2018), nous pouvons avoir ainsi une nouvelle grille de lecture du lien entre expériences spirituelles et phénomènes psi. Des phénomènes comme la guérison non locale par la prière ou les connexions télépathiques, ainsi que de nombreux autres phénomènes survenant chez des mystiques (Thurston, 1952 ;

Michel, 1973 ; Bouflet & Laurentin, 1992 ; Guitton & Antier, 1993) seraient le résultat de corrélations d'intrication au sein d'un système naturel. Ce système inclurait l'activité d'une conscience humaine s'efforçant de s'aligner sur une réalité supérieure et transcendante, générant ainsi des sentiments numineux, de plénitude, de compassion et de connexion. Cette volonté d'alignement entre un individu et cette autre dimension conduirait, si l'on suit cette théorie, à des corrélations d'intrication entre le sujet et le « tout ». Et, par extension, l'alignement de la conscience d'un individu (une partie) avec une réalité transcendante (le tout) renforcerait d'autres formes de corrélations non locales avec d'autres individus (d'autres parties).

Pour Walach *et al.* (2009), « l'alignement est censé aller de pair avec l'augmentation des pouvoirs "surnaturels" ou "spéciaux" supposés être dus à une force ou à une énergie spéciale ». Dans ce cadre, il n'y aurait pas un pouvoir inconnu spécial, mais seulement une meilleure corrélation non locale entre et à l'intérieur des éléments d'un système. Dans le cadre d'expériences mystiques, que nous allons développer par quelques études de cas, l'unité ultime recherchée et expérimentée par ces mystiques produirait en quelque sorte l'alignement d'une conscience individuelle avec la totalité. On peut ainsi supposer que certaines pratiques comme la méditation, la contemplation ou la prière, faciliteraient l'amélioration de certaines corrélations généralisées entre un individu et le tout et, de ce fait entre les individus. C'est ainsi que les travaux de Walach *et al.* (2009) propose une approche de la spiritualité en ces termes :

> « Une augmentation de la connectivité non locale entre un individu et la totalité, et de la même manière également entre l'individu et ses propres sous-systèmes et d'autres individus. Les événements dits anomaux ne sont rien d'autre qu'un aspect naturel de cette corrélation non locale accrue. [...] Par conséquent, l'intrication généralisée serait un paradigme qui comblerait le fossé entre la spiritualité et la science, et la parapsychologie serait un exemple à l'intérieur d'un tableau plus large. »

Les phénomènes psi qui se retrouvent en lien avec des expériences spirituelles sont nombreux, et nous en avons cité certains. C'est surtout dans le cadre de ce que peuvent vivre des personnes qualifiées de « mystiques » que ces manifestations totalement étranges et qualifiées de paranormal sont apparues : lévitation, stigmates et manifestations corporelles étranges, expériences de sorties hors du corps, absence de nourriture (inédie) durant plusieurs semaines, projections télépathiques, etc. C'est maintenant sur ce type de phénomènes que nous allons plus particulièrement faire porter notre attention.

4. Les expériences mystiques

4.1 Les expériences mystiques : approche théorique générale

4.1.1. L'expérience mystique comme état non ordinaire de conscience

Dans la sphère d'étude de la spiritualité et de la religion, apparaissent, dans des cas assez rares, des expériences dites « mystiques », qui peuvent de manière très générale être perçues comme des procédés de connexion avec une autre réalité, transcendante et sacrée, du point de vue du moins de celui qui vit ce type d'expérience (Hulin, 2014). Celles-ci peuvent parfois concerner le tout-venant, mais les discussions portent généralement sur les vécus de certains individus désignés comme « mystiques », tels que sainte Thérèse d'Avila, sainte Gemma Galgani, saint Joseph de Cupertino, Agnès de Langeac, mère Yvonne-Aimée de Malestroit, le curé d'Ars, Padre Pio (Pujalte, 2017), pour n'en citer que quelques-uns parmi le plus connus. Expériences subjectives par excellence, elles se manifestent souvent chez des religieux dont la force de la croyance et de la foi pourrait être qualifiée de vertigineuses et qui font état d'une connexion avec le divin soutenue par leurs croyances. Leur foi est telle que des phénomènes très atypiques apparaissent dans leurs vies, que l'on retrouve dans beaucoup de récits de mystiques chrétiens, souvent attribués au folklore religieux et rattachés à ce qu'il est convenu d'appeler la « légende dorée » des saints.

Cependant, indépendamment du fait que l'on retrouve, à des degrés divers et colorés par le contexte culturel, des phénomènes de ce genre dans toutes les traditions religieuses, on peut en retrouver également la trace chez des poètes, des écrivains en quête de sens et de transcendance comme William Blake, Alfred Tennyson, Walt Whitman ou Arthur Koestler, en dehors de tout ancrage dans les mondes spirituels ou religieux. Ils se considèrent alors volontiers comme des explorateurs de l'invisible, envisagé comme une source d'inspiration. Williams (2020), dans sa biographie de William Wordsworth, caractérise le poète explicitement comme opérant dans un domaine « à mi-chemin entre l'intuition mystique et la délicate observation ».

L'influence de substances psychédéliques (psilocybine par exemple) a également provoqué chez certains expérimentateurs, des états qualifiés de mystiques sans nécessairement une connexion religieuse (Lévy, 2012). Michael Harner (2012), spécialiste du chamanisme, parlait d'extases mystiques lors de prise d'ayahuasca.

Notre propos ici n'est pas de développer l'expérience mystique proprement dite sous des éclairages philosophiques, psychologiques ou médicaux, en développant les différentes thèses émises les concernant (états dénommés spirituels, psychopathologiques, transpersonnels, etc.). Nous ne nous arrêterons pas non plus sur toute la subtilité que l'on peut rencontrer en termes par exemple de tentatives de classification, concernant états mystiques et états non ordinaires de conscience, la laissant à des auteurs spécialisés comme Lapassade (1987), Wulff (2014) ou Kelly *et al.* (2007). Nous allons en revanche tenter de porter un regard parapsychologique sur certaines caractéristiques ou traits de l'expérience mystique. Mais commençons avant tout d'essayer de saisir d'une manière plus approfondie, ce que peut être une expérience mystique et comment l'appréhender au mieux.

4.1.2. Tentatives de définition de l'expérience mystique

L'*Oxford English Dictionary* (7e éd., 2012) définit l'expérience mystique comme :

> « [Une expérience] ayant un caractère ou une signification spirituelle en vertu d'un lien ou d'une union avec Dieu (le divin), qui transcende la compréhension humaine, et plus généralement : mystérieuse, énigmatique, obscure, ésotérique, de sens ou de nature caché(e) ; ayant une origine ou une influence inconnue ou mystérieuse [...]. Elles peuvent se rapporter ou traiter de questions spirituelles ou transcendantales, en particulier de communion de l'âme avec Dieu ou une puissance spirituelle supérieure ; de phénomènes concernés par le mystère spirituel, la crainte ou l'adoration religieuse. »

Pour le psychologue David Wulff (2014), le terme « d'expérience mystique » ne renvoie pas à une définition universelle aboutie. Étymologiquement, le terme de « mystique » est dérivé du grec *mystikos*, initié et du latin *mysticus*, qui donne « mystères ». L'adjectif mystique se qualifie principalement comme un terme théologique utilisé pour exprimer des pratiques de dévotion, de formes de communication et de ressentis émotionnels dans le but d'atteindre une forme de proximité avec Dieu ou le divin. D'un point de vue historique, dans la seconde moitié du XIXe siècle, le terme « mystique » était souvent lié, voire assimilé au terme « spirituel » et soutenait que « les mystiques étaient les gardiens de la véritable spiritualité » (Wulff, 2014, p. 369). Par la suite, « le mysticisme est devenu une espèce mondiale d'expériences religieuses et spirituelles avec d'innombrables sous-espèces, historiques, géographiques et nationales » (Wulff, 2014 ; Schmidt, 2003).

Selon Wulff toujours (2014), bien qu'il n'existe pas encore de consensus sur la définition et la nature du mysticisme, il existe plus ou moins une acceptation sur le fait que toute expérience qualifiée de mystique s'écarte de manière fondamentale de la conscience ordinaire en renvoyant à l'expérience d'une réalité radicalement différente de l'expérience quotidienne, en termes de sensations, d'émotions et de représentations. Comme pour la plupart des témoins d'expériences de mort imminente, elles ne laissent pas les individus indifférents et sont fréquemment sources de transformations et de changements profonds. Toutefois, tous les mystiques ne rapportent pas de phénomènes extraordinaires.

Au même titre que la spiritualité, il existe diverses définitions des expériences mystiques qui varient souvent en fonction de l'intensité de l'expérience. L'analyse de Lukoff et Lu (1988) mérite d'être souligné : ils proposent une échelle d'analyse avec deux extrémités dans laquelle ils situent, d'une part, (1) le fait que l'expérience mystique conduit toujours à un bouleversement de la personnalité et, d'autre part, (2) qu'elle se produit, lorsque l'expérimentateur répond par l'affirmative à la question : « Avez-vous déjà ressenti comme si vous étiez très proche d'une puissante force spirituelle ? Qui a semblé vous sortir de vous-même ? » Lukoff et Lu

(1988) supposent que beaucoup d'individus auraient une expérience mystique qui correspond à la seconde dimension mesurée par cette échelle. Plus généralement, ils (1988) soulignent le lien entre expérience mystique et états non ordinaires de conscience (ENOC) (Cardeña & Winkelman, 2011).

D'un point de vue anthropologique, la plupart des expériences mystiques et religieuses sont en effet considérées comme étant très souvent associées à des ENOC. Krippner (2011) définit ces états, également dits « altérés » ou encore « transitionnels », comme « un ensemble de propriétés phénoménologiques reconnaissables par un individu (ou un groupe) [...] représentant une différence majeure de comportement et d'expérience par rapport à [...] la conscience éveillée ». Comme tous les ENOC, les expériences mystiques peuvent entraîner des transformations substantielles et des changements de vie, parfois majeures (Wulff, 2014). Ces expériences peuvent être étudiées empiriquement *via* des observations et des approches phénoménologiques (entretiens, témoignages) (Krippner, 2011). Toutefois, la conscience étant une réalité subjective, l'étude scientifique de ce type d'expériences reste difficile (Chalmers, 2014). Mais, les manifestations physiques de certains états mystiques entraînant des phénomènes psi peuvent être le champ d'étude de la parapsychologie, comme nous allons le constater.

4.1.3. Caractéristiques de l'expérience mystique

Dans le cadre d'une perspective phénoménologique de l'expérience mystique, deux sources sont considérées comme importantes dans la littérature sur le sujet (Lapassade, 1987). Il s'agit en premier lieu des travaux pionniers de William James (1902), un des pères de la psychologie américaine. Dans son ouvrage, *Les Formes multiples de l'expérience religieuse*, il désigne son chapitre sur les états de conscience mystiques comme central et propre à éclairer tous les autres. Il distinguera quatre caractéristiques de l'état mystique – devenues classiques – qu'il considère davantage comme des marqueurs pour illustrer et étudier ce phénomène :

- L'*ineffabilité* de l'expérience, soulignant la qualité privée, subjective et incommunicable de celle-ci (que l'on retrouve d'ailleurs dans les EMI) ; ceux qui témoignent de ces expériences déclarent bien souvent que les mots sont insuffisants pour décrire un vécu dont la qualité doit être éprouvée par le cœur et non par l'intellect.
- Une *qualité noétique* qui se rapporte à des états de perspicacité et de pensée dans des niveaux de vérité semble inaccessible là aussi à l'intellect classique et discursif ; les témoins pensent avoir aperçu un état différent et fondamental de la réalité, qui nous échappe complètement et qu'il est difficile d'expliquer intelligiblement.
- Le *caractère transitoire* de l'expérience, décrivant sa nature brève, inconstante et intermittente (allant de quelques minutes à quelques heures).
- Une forme de *passivité* de l'expérience, subie sans pouvoir opérer sur elle le moindre contrôle, renforçant ainsi l'accent mis sur l'hétéro-influence d'une puissance supérieure.

L'étude de cas ci-dessous nous donnera un aperçu détaillé de ce type d'expérience.

Le cas de Bucke

William James (1885) décrit le cas d'une expérience mystique spontanée chez le psychiatre canadien Bucke, vécue à trente-six ans – ce qu'il a appelé plus tard la « conscience cosmique » – et qui l'a amené à consacrer le reste de sa vie à enquêter et à signaler son apparition chez d'autres. Nous la reproduisons ici dans son intégralité, car les quatre caractéristiques mentionnées par James y sont présentes :

« J'avais passé la soirée dans une grande ville, avec deux amis, à lire et à discuter de poésie et de philosophie. Nous nous sommes quittés à minuit. J'ai fait un long trajet en fiacre jusqu'à mon logement. Mon esprit, profondément sous l'influence des idées, des images et des émotions évoquées par la lecture et la conversation, était calme et paisible. J'étais dans un état de jouissance tranquille, presque passive, ne pensant pas réellement, mais laissant les idées, les images et les émotions couler d'elles-mêmes, pour ainsi dire, à travers mon esprit. Tout à coup, sans avertissement d'aucune sorte, je me suis retrouvé enveloppé dans un nuage couleur de feu. Pendant un instant, je pensais au feu, un immense incendie quelque part tout près dans cette grande ville ; le lendemain, je savais que le feu était en moi. Immédiatement après, un sentiment d'exaltation, de joie immense accompagnée ou immédiatement suivie d'une illumination intellectuelle impossible à décrire. Parmi d'autres choses, je ne suis pas simplement venu à croire, mais j'ai vu que l'univers n'est pas composé de matière morte, mais est, au contraire, une Présence vivante ; je suis devenu conscient en moi-même de la vie éternelle. Ce n'était pas une conviction que j'aurais la vie éternelle, mais une conscience que je possédais alors la vie éternelle. J'ai vu que tous les hommes sont immortels, que toutes choses concourent au bien de chacun ; que le principe fondateur du monde, de tous les mondes, est ce que nous appelons l'amour, et que le bonheur de chacun et de tous est dans le long terme absolument certain. La vision a duré quelques secondes et est partie ; mais le souvenir de celui-ci et le sens de la réalité de ce qu'il enseignait sont restés pendant le quart de siècle qui s'est écoulé depuis. Je savais que ce que la vision montrait était vrai. J'étais parvenu à un point de vue d'où je voyais qu'il doit être vrai. Ce point de vue, cette conviction, je peux dire qu'elle n'a jamais, même pendant les périodes les plus profondes de dépression, été perdu » (Bucke, 1991, p. 306-307).

Il y a plus de cent vingt ans, James (1885) avait déjà pointé l'importance de l'étude des ENOC et de leurs manifestations (Trochu, 2018). Ils peuvent être étudiés aujourd'hui par le biais de multiples approches, y compris par la parapsychologie, dont la dynamique transdisciplinaire et l'expertise dans les faits sortant de l'ordinaire lui assurent une fécondité cruciale (Évrard, 2023).

Un peu plus d'un siècle plus tard, très peu de progrès ou d'évolution scientifique en psychologie ont été réalisés à propos de ces expériences. Seule existe l'enquête entreprise par Wulff (2014), les travaux plus philosophiques de Stace (1960), de Hood et Francis (2013) ou de Marchal (2015), qui rajoutent trois caractéristiques aux expériences mystiques pointées par James :

- la *conscience de l'unité d'un tout*, dans laquelle l'existence est perçue comme une unité ;
- le *sentiment d'intemporalité* des expériences ;
- la conscience intuitive d'un *« vrai » ego*, différent du moi phénoménal familier (Hood & Francis, 2013).

Sept caractéristiques de l'expérience mystique apparaissent donc avec un point commun significatif et fondamental, qui est sa différence avec les états de conscience éveillés ordinaires (Kelly, Kelly & Grosso, 2007).

En fait, si les recherches ont très peu évolué sur ce sujet, c'est sans doute en raison du fait qu'elles ont été confiées avant tout aux études théologiques et dans la lignée des travaux de James (1902). Du reste, en dépit de l'accessibilité aux rapports de vécus mystiques, il est à noter qu'une description des expériences est bien différente des expériences elles-mêmes (Kelly, Kelly & Grosso, 2007). Enfin, on peut noter qu'une autre difficulté tient au caractère hautement figuratif et métaphorique des descriptions effectuées par les mystiques étudiés. Cela souligne toujours l'omniprésence du caractère religieux de l'expérience et la nature unique du système de représentation propre à un mystique donné. Ce dernier entretient bien souvent un rapport d'adoration et de souffrance vis-à-vis de figures divines, à l'instar des récits des mystiques chrétiens du XIXe siècle et du début du XXe siècle.

Dans le même ordre d'idée que l'expérience vécue par Bucke, Paul Marshall (2019), dans son ouvrage non traduit *La Forme de l'âme*, s'appuie sur de multiples expériences personnelles, ainsi que sur un encadrement spirituel, philosophique et scientifique, pour explorer ce qu'il nomme le « soi profond », parfois éprouvé dans des états mystiques et proches de la mort. S'inspirant de philosophes comme Plotin et Leibniz, Marshall considère l'esprit comme plus fondamental que la matière et considère les « unités de base de la nature » comme des êtres perceptifs. Nous sommes nous-mêmes de tels êtres, s'efforçant de s'épanouir dans « un long voyage évolutif de création d'âme ». Paul Marshall a commencé à observer méticuleusement ses rêves, ce qui a occasionné chez lui une expérience transformatrice qu'il qualifie d'une « énorme expansion de conscience » qui lui a révélé ce qu'il nomme « l'insignifiance de son moi quotidien », mais qui lui a également révélé des profondeurs d'esprit insoupçonnées, faisant allusion à un moi plus profond. Ce sont des types d'expériences mystiques différentes de l'image classique que l'on a des mystiques religieux comme sainte Thérèse d'Avila ou Marthe Robin (Pujalte, 2017), plus ancrées dans le cadre d'une religion spécifique comme le christianisme.

4.2 Expérience mystique et phénomènes psi

Accompagnant certaines expériences mystiques au sein de la chrétienté et qui ont été rapportées par différents ouvrages historiques, il est question de manifestations hors normes telles que la lévitation chez sainte Mariam de Galilée ou Joseph de Cupertino (Eire, 2023), l'incorruptibilité de la chair et l'odeur de sainteté (Larcher, 1996), la perception de voix venant d'autres dimensions (de nature divine dans la théologie chrétienne – perception de la parole du Christ chez de nombreuses mystiques chrétiennes), d'apparitions de stigmates chez le Padre Pio, bilocation ou perception d'une personne à deux endroits à la fois, psychocinèse, guérison par imposition de mains, et la liste est longue (Pujalte, 2017 ; Bouflet & Laurentin, 1992). Bien, sûr, il s'agit de récits repris au fil des siècles, qui ne peuvent être validés que par des enquêtes historiques et qui, bien souvent, portent en eux un accent théologique et religieux très fort. Mais on trouve également quelques cas intéressants d'études expérimentales menées de nos jours qui ont examiné des effets similaires (Méheust, 2015). Dans d'autres cultures, on découvre également d'autres phénomènes qui, en l'attente de davantage d'études, semblent uniquement « connexes » à la parapsychologie car mobilisant des processus psychosomatiques exceptionnels plutôt que du psi. Par exemple, un tel continuum entre psychosomatique et psi se retrouve dans la relecture des *siddhis* par le parapsychologue Dean Radin (2014).

4.2.1. Contrôle exceptionnel de la température corporelle

Dans un premier temps et de manière introductive au fait que la voie mystique, dans une ligne spirituelle, peut être étudiée par ses conséquences sur la psyché et le corps, on pourra commenter l'expérience de la pratique tibétaine de *toumo*. Bien sûr, elle ne correspond pas complètement à une expérience mystique traditionnelle, si on la compare toutefois à celle de mystiques chrétiens ou indiens. Mais elle mérite d'être signalée, car elle est pratiquée par des moines bouddhistes, dans une optique de vie spirituelle et religieuse qui crée une forme de stimulus puissant, pour mettre en lumière le poids de la concentration et de son influence sur le corps physique. Cette pratique est une forme de méditation qui consiste à créer et à développer une chaleur interne à l'intérieur du corps par une pratique de haute concentration, permettant ainsi au moine de modifier la température de son corps. De manière très pratique, le moine peut réchauffer par exemple des serviettes mouillées sur son corps, alors qu'il est assis dans la neige, par un exercice complexe de gestion du souffle et de sa concentration.

Cette pratique, qui comprend cinq étapes successives, commence par une prière. Il faut adopter la posture en sept points du Bouddha, c'est-à-dire les jambes croisées dans la posture du lotus, les deux mains placées l'une sur l'autre sous le nombril, la colonne vertébrale aussi droite qu'une flèche, le menton reposant sur la poitrine, la langue pressée sur le palais, les yeux dirigés devant soi. Puis le moine doit effectuer des exercices de visualisation lui permettant par la suite d'interagir avec son système physiologique et d'augmenter sa température corporelle. Légende et folklore ? Non, car en 1982, une étude publiée dans la célèbre revue *Nature* menée par le professeur Benson, pionnier de la réponse de relaxation et ses confrères, réalisée sur des moines bouddhistes à Dharamsala en Inde, a montré que des moines étaient capables d'augmenter la température de leurs doigts de mains et de pieds de 8,3 °C. En 2002, une expérience réalisée en Normandie aurait également montré qu'un moine bouddhiste pratiquant *le toumo* produit suffisamment de chaleur pour sécher, dans une chambre froide, un linge froid et humide posé sur ses épaules, et enfin, en 2013, une étude menée par Maria Kozhevnikov (2013) analyse l'augmentation de la température du corps en fonction du type de pratique (respiration et visualisation).

Nous sommes donc ici en présence d'études scientifiques sérieuses prouvant que par des exercices de concentration et de visualisation, l'esprit (via le cerveau) peut altérer les caractéristiques de notre corps de manière tout à fait spectaculaire et vérifiable scientifiquement. L'esprit peut-il donc interagir avec notre corps et l'influencer ? La réponse est plus que positive au regard de ces expériences. Si cela est possible, beaucoup de chemins nouveaux peuvent s'ouvrir dans le champ de la santé, voire des soins à distance longuement étudiés aux États-Unis (voir chap. 6). Est-ce pour autant une expérience mystique ? Certaines caractéristiques comme ses qualités noétiques, transitoires et intuitives interpellent. Il existe plusieurs formes de spiritualité et donc différents types d'expériences mystiques qui peuvent être comparées. L'influence de la pensée et de l'intention consciente sur des modifications corporelles en font partie. Dans ce même ordre d'idée et de manière plus spectaculaire, le cas suivant d'un yogi indien qui n'aurait rien mangé, ni bu, depuis soixante-dix ans, mérite d'être souligné.

Le cas d'inédie de Mataji Prahlad Jani

Le yogi indien Mataji Prahlad Jani, 81 ans (lors de la réalisation de cette recherche), affirme qu'il se passe de nourriture et d'eau depuis de très longues années. Habitant de la ville d'Ahmedabad, il prétend qu'à l'âge de onze ans la déesse hindoue Amba lui est apparue et lui a dit qu'il n'aurait plus à manger, ni à boire. Il aurait vécu dans une caverne depuis les années 1970, sans manger, ni boire jusqu'à 81 ans. Pour ces disciples, il survivrait grâce à l'énergie du soleil. Il affirme : « Je n'ai pas renoncé à l'eau et à la nourriture, je n'en ressens plus le besoin. » Il méditerait et se nourrirait de *prana*, cette forme d'énergie éthérique décrite dans la culture indienne que les *Upanishad* présente comme une forme d'énergie vitale universelle qui imprègne tout, et que les êtres vivants absorbent par l'air qu'ils respirent.

Dans son état d'origine de Gujarat (Inde), Prahlad Jani est considéré comme un saint et un mystique et vit dans une grotte la plupart de l'année près des temples Ambaji. Les pèlerins viennent le voir régulièrement pour avoir sa bénédiction. Il existe beaucoup d'histoires atypiques aux Indes, comme celles concernant les fakirs ayant des capacités extraordinaires, faisant étalage d'un grand nombre de capacités psi (Usha, 1989). Folklore local dans certains cas ou manifestation des possibilités surprenantes du corps et de l'esprit mettant en évidence les aspects encore inconnus de notre esprit ? À la différence de nombreux récits de ce type, l'analyse scientifique s'est invitée dans cette partie.

En effet, en 2003, Prahlad Jani a passé dix jours sous les yeux incisifs d'une équipe médicale indienne de l'hôpital Sterling d'Ahmedabad. Placé sous haute surveillance, il a été maintenu en soins intensifs durant 24 heures dans une pièce fermée à porte vitrée, sous la surveillance de plusieurs caméras durant neuf jours, ainsi que d'agents médicaux assignés à son service. Le yogi n'est jamais resté seul durant toute cette période, il n'a rien mangé, ni bu, n'est jamais allé aux toilettes, ne s'est pas lavé et n'a pas épongé son corps. L'examen a été réalisé sous la supervision du ministère de la Défense indien et sous la direction médicale du neurologue Sudhir Shah. Durant cette période de jeûne, il n'a secrété aucun polluant et de la présence d'urine dans ses reins a été immédiatement absorbé par son organisme. Dix jours sans nourriture, sans eau et sans changements physiologiques, sont un fait assez étonnant !

→

→
Mais l'histoire ne s'arrête pas là. En 2010, sous la tutelle du DRDO (Organisation de recherche et de développement du ministère de la Défense indien), l'expérience a été menée à nouveau durant vingt jours avec les mêmes critères de contrôle. Dans les deux cas, le yogi indien n'a montré aucun signe de faiblesse ou de fatigue. Il a déclaré n'être jamais malade, ne jamais transpirer, n'être jamais fatigué et avoir la capacité de méditer durant des semaines et des mois. Sur le plan scientifique, cette histoire semble parfaitement étonnante, voire incroyable et pourtant, les faits sont intrigants et invitent à la curiosité. Un homme normal peut se passer d'eau durant quelques jours (environ 3 jours) et une absence de nourriture dépasse rarement les quarante jours et laisse des séquelles importantes. Or ici, rien de tout cela ! « Ce phénomène reste un mystère », a déclaré le docteur Sudhir Shah. S'il paraît improbable que l'ascète se soit privé d'eau et de nourriture pendant presque toute sa vie, il semble donc que l'homme dispose de capacités de survie étonnantes au niveau physiologique[1] et que les mystères de l'esprit et de l'existence ne sont pas près de se tarir.

1. Référence : *www.anguillesousroche.com/science/indien-pretend-ne-mange-bu-pendant-70-ans-science-lexamine/ ; https://web.archive.org/web/20120303071610 ; https://www.drdo.gov.in/drdo/whatsnew/DIPAS-UPDATE.pdf*

La médecine s'est penchée sur ce cas, sans fournir d'explications probantes, mais il est clair que la parapsychologie pourrait sans doute proposer des hypothèses alternatives intéressantes. De tels cas soulignent bien l'intérêt pour un rapprochement entre parapsychologie scientifique et étude opérationnelle de phénomènes physiques atypiques chez des mystiques.

4.2.2. Contributions scientifiques à l'étude des expériences mystiques

Mais finalement, quelle est la signification réelle de ces expériences d'un point de vue scientifique ? Sont-elles des formes de révélations de réalités cachées, comme les mystiques eux-mêmes le prétendent, par le biais d'ENOC, qui sous-tendraient des connexions avec d'autres réalités ou restent-ils des phénomènes purement subjectifs comme de simples illusions fabriquées par des cerveaux qui dysfonctionnent ?

Depuis les premiers jours de la discipline qu'est la psychologie de la religion, le mysticisme et les expériences mystiques en ce qui concerne la recherche sur la conscience ont été un domaine d'étude fondamental. William James a qualifié le mysticisme de « racine et centre » de la religion (Hood & Francis, 2013). Hood et Francis (2013) mentionnent que « le mysticisme fait partie intégrante de toutes les traditions religieuses et peut être exprimé en termes personnels et impersonnels », même si cette dimension oubliée par la science depuis près de cent ans commence à refaire parler d'elle, par l'étude des ENOC.

Dans son livre *The Mystic Heart*, Teasdale (2001) écrit :

> « Nous sommes à l'aube d'une nouvelle conscience, d'une approche radicalement nouvelle de notre vie en tant que famille humaine dans un monde fragile. Cette naissance dans une nouvelle conscience, dans un nouvel ensemble de circonstances historiques, apparaît dans un certain nombre de changements dans notre compréhension : [...] comme la réceptivité croissante aux trésors intérieurs des religions du monde. Une ouverture sur le cosmos, avec la prise de conscience que la relation entre l'homme et la terre fait partie de la communauté plus large de l'univers. Chacun de ces changements représente un changement radical. Pris ensemble, ils définiront la pensée et la culture du troisième millénaire [...] peut-être que le meilleur nom pour ce nouveau segment de l'expérience historique est l'ère inter-spirituelle. »

La recherche sur les expériences mystiques comme celle portant sur la conscience se situent à la frontière de la science et tentent de trouver des solutions à la nature même de la conscience, ses propriétés et ses effets. Ces manifestations particulières de la conscience humaine pourraient être porteuses d'un potentiel de changement social important et positif pour l'expérience humaine. C'est ce type d'interrogations qui permet de faire le lien entre l'étude de la spiritualité, certaines formes d'expériences mystiques et les phénomènes psi, étudiés par la parapsychologie. Les problématiques rencontrées autour des expériences mystiques laissent à la parapsychologie de multiples opportunités de poursuivre certaines de ses recherches, en faisant notamment le lien avec les ENOC qui éveillent, de plus en plus, la curiosité de nombreux chercheurs (EMI, états psychédéliques, expérience chamanique, projection hors du corps, etc.). Kelly *et al.* (2007) affirment :

> « Sur la base des recherches de James, le développement d'instruments, de méthodes et de définitions scientifiques uniformes en ce qui concerne les états modifiés de conscience est une tâche impérative pour les futurs efforts de recherche. Les chercheurs devraient tenter de recueillir une plus grande variabilité des récits et de préférence, ceux transcendant les cultures et les religions afin de formuler des hypothèses scientifiques plus éclairées. »

Les premiers travaux de James, repris actuellement par des psychologues et parapsychologues (Kelly *et al.*, 2007 ; Wulff, 2014), pourraient conduire à des découvertes scientifiques révolutionnaires dans le domaine de la recherche sur la conscience et ses états modifiés. De ce fait, les études en parapsychologie ont en elles un potentiel de transformer notre relation avec ce que nous appelons « la réalité » et notre environnement social, pouvant avoir des conséquences éthiques et sociales révolutionnaires, comme le remarque Teasdale (2001) et Rabeyron (2023) :

> « Tout relève du mysticisme, ou de l'expérience religieuse primaire, qu'il s'agisse de la révélation ou d'un état de conscience mystique personnel. Il est donc tout à fait naturel et approprié que la spiritualité devienne plus primaire pour les gens à mesure qu'ils grandissent dans leurs traditions et découvrent une nourriture plus substantielle et ultime dans la réalité vivante de la source. »

Cependant, le chemin risque d'être long car en accord avec Chalmers (2014, 2017), la conscience, à la racine de ces problématiques est le problème le plus difficile de la science et de la philosophie, dont on ne peut s'attendre à ce qu'il soit résolu rapidement et qui nécessitera des approches multidisciplinaires.

4.2.3. De l'intérêt de la connexion entre parapsychologie et spiritualité

Pour finir, nous souhaiterions mettre en lumière *via* une étude de cas, une célèbre mystique indienne, plutôt que les habituels saints connus de l'Occident.

Le cas d'une mystique d'Orient : Mâ Ananda Moyi (Herbert, 1988)

Nirmala Sundari Devi, connue plus tard sous le nom de Mâ Ananda Moyi, est considérée dans l'hindouisme comme l'une des plus grandes saintes et mystiques indiennes du XXe siècle. Née en 1896 à Tripura, dans le Bengale oriental (Bangladesh actuel), fille de brahmanes fervents, la jeune fille se distingue très vite par sa gentillesse, son sens du service et son amitié avec toutes les personnes qu'elle rencontre.

Ayant effectué deux ans d'école primaire, elle n'a jamais acquis aucune connaissance des écritures sacrées indiennes, de la philosophie ou de pratiques spirituelles. Mais malgré cela, toutes les voies des traditions religieuses lui semblaient connues et elle pouvait en parler avec les spécialistes et sages indiens les plus réputés (Herbert, 1988). Une sorte de don inné de toutes les écritures saintes, comme si la connaissance lui était acquise naturellement et de manière inexplicable. Elle récitait des versets du Coran comme des passages de la Bible et avait la connaissance des Védas (Herbert, 1988).

Selon la tradition, elle fut mariée à l'âge de 13 ans, mais son époux vit en elle un être d'exception et ne consomma jamais le mariage. Il devint par la suite son premier disciple. Elle n'aura avec lui que des rapports fraternels.

Elle manifesta très vite des périodes d'absence (regard fixe, attitude inerte) durant lesquelles elle plongeait dans de profondes méditations, dont il était difficile de la tirer. Elle explora toutes les formes de yoga en l'espace de six ans sans aucune aide, une forme d'auto-initiation considérée comme impossible pour la tradition indienne. Sa notoriété grandit rapidement et les premiers ashrams furent créés en 1929 à Dacca, en 1936 à Dehradun, puis à Calcutta, Bénares, etc. Elle parcourut l'Inde à l'âge de 30 ans dans une optique de pèlerinage et, durant des dizaines d'années, afin d'apporter aide, réconfort et conseils à tous ceux qui désiraient la rencontrer. Personnalités politiques, écrivains, artistes et religieux ont croisé son chemin sans jamais oublier cette femme d'exception.

Une caractéristique particulière de sa personnalité est le fait qu'elle se nourrissait de manière très atypique (quelques grains de riz par jour durant de longues périodes, ou des repas copieux dans d'autres cas ; Herbert, 1988). Elle mourut le 28 août 1982 dans son ashram de Dehradun. Elle eut de très nombreux disciples de toutes les classes sociales et religieuses (hindouistes, musulmans, chrétiens, bouddhistes, etc.) et dispensait son savoir sous formes particulières (conversations, jeux, anecdotes humoristiques). Caractérisée par une simplicité désarmante,

→

elle faisait preuve d'une attitude libre, incapable de juger ou d'enfermer une personne dans une quelconque catégorie. Elle donnait l'image d'une plénitude totale, sans chercher à faire passer un message de type maître à élève (Francou, 2016).

En quelques mots, son enseignement peut se résumer dans la phrase suivante : « La vocation de l'homme est de trouver Dieu, ajoutant que tout le reste (doctrines théologiques, ascèses, prières...) est secondaire car, dans cette vie, toutes les vérités sont vraies. » Le chemin spirituel et religieux importe peu si la sincérité de la recherche du divin est présente. Dans son enseignement, l'ego, la séparation, n'existe pas. Elle acceptait sans protester que des foules s'assemblent autour d'elle et que tant de gens viennent lui raconter leurs ennuis et leurs soucis domestiques. Elle disait :

« Si vous pensez que cela m'est désagréable, c'est uniquement parce que vous faites une distinction entre votre corps et le leur. Vous ne ressentez pas comme un lourd fardeau de porter votre tête, vos mains et vos pieds, vos doigts, vos membres, parce que vous les considérez comme parties intrinsèques de votre propre corps ; de même je sens que toutes ces personnes sont des membres organiques de ce corps ici. Elles ne me pèsent donc pas, pas plus que leurs soucis. Leurs joies et leurs peines, leurs problèmes et leurs solutions sont une partie vitale de moi-même ; je n'ai aucun sens de l'ego, ni de la séparation. En moi, chacun de vous a dans une égale mesure la hauteur et la profondeur de l'éternité. »

Pour l'orientaliste Jean Herbert, « elle tire le meilleur de chacun, suscite ce qui doit arriver. Mais son plus grand miracle, c'est qu'elle donne à chacun ce dont il a besoin à l'instant précis. Chacun reçoit d'elle réponse et bénédiction en rapport avec sa sincérité » (Herbert, 1988). Son enseignement se manifestait tant par sa présence bienveillante que par son discours. Ses réponses ne venaient pas de l'intellect, mais, pour ceux qui ont étudié sa vie en détail (Herbert, 1988), d'un état supérieur de conscience. Elle trouvait les termes adaptés aux personnes en face d'elle. Elle s'est engagée dans la voie des ascèses sans l'aide de gourous.

Elle est une figure de la voie de la dévotion, de la non-dualité et de la connaissance (*Advaita vedanta*). Son enseignement silencieux est souvent qualifié de « triple pouvoir » : le pouvoir de l'attraction, de la transmission et de la transformation.

Pour Arnaud Desjardins, « Mâ était une femme incroyable et au-delà de tout ce que j'ai pu ressentir, auprès de tous les sages hindous, tibétains, soufis, maîtres zen que j'ai rencontrés durant mes voyages. Avec Mâ, c'était différent, d'un autre ordre. Tous les témoignages vous diront la même chose : Mâ était un phénomène surnaturel et miraculeux. C'est une impression que beaucoup ont ressentie et que j'ai eue en 1959 lorsque je l'ai vue pour la première fois[1].

1. Interview d'Arnaud Desjardins (Lenoir et Francou, 1989).

→

En termes de phénomènes plus atypiques, on peut noter que son ascèse s'accompagnait de manifestations corporelles difficilement explicables (perte de conscience, arrêts de certaines fonctions vitales comme le sommeil, jeûnes prolongés, rigidité de son corps, regard figé). Elle se nourrissait de quelques grains de riz par jour durant de longues périodes, sans effets particuliers sur sa santé, ce qui suggère une forme d'inédie. Des guérisons miraculeuses lui sont également associées, ainsi que l'apaisement des angoisses de ceux qui venaient la rencontrer. Son auto-initiation est suivie de phénomènes d'extases pouvant durer jusqu'à 12 heures et pendant lesquels son corps pouvait devenir froid comme de la glace. Puis, au sortir du Samâdhi (état de concentration, d'extase), tout son être paraissait submergé de joie. Elle n'aurait alors plus éprouvé le besoin de manger ou de dormir et n'aurait plus ressenti la douleur.

L'Inde est par excellence le pays de la manifestation quotidienne de différentes formes de spiritualité qui se confondent et s'entremêlent bien souvent. La pensée spirituelle indienne est d'une grande complexité et offre de multiples voies de connaissance qui s'adressent bien souvent plus au cœur qu'au mental et que la science a bien du mal à appréhender. Mâ Ananda Moyi est une figure très particulière de la spiritualité indienne. Étudiée par un grand nombre de sages et religieux de l'Inde, elle a toujours suscité respect et admiration et n'a jamais donné lieu à des critiques. « Avatar » pour les uns, manifestation directe du divin pour les autres, gourou, guide spirituel, chacun en fonction de ses croyances peut tenter de décrire Mâ Ananda Moyi. L'objet de ce cas n'est pas de déployer la pensée de cette surprenante Indienne du XXe siècle, mais de montrer qu'une étonnante dynamique mystique a pu se manifester chez elle, permettant à sa dimension spirituelle de s'épanouir pleinement. Aucune recherche scientifique n'a été effectuée sur Mâ, elle a davantage suscité des manifestations du cœur et non du mental, mais la parapsychologie gagnerait à étudier ce type de personnage.

Chez elle, au moins six différentes caractéristiques du mysticisme (Wulff, 2014) se manifestent clairement : ineffabilité de l'expérience lors de rencontre avec elle, qualité noétique dans son discours et ses manifestations, caractère transitoire de l'expérience décrivant sa nature brève et intermittente, forme de passivité et de subissement de l'expérience (sans le moindre contrôle) mettant l'accent sur l'expérience d'être contrôlé par un pouvoir supérieur, perception d'une conscience de l'unité de tout, dans laquelle l'existence est perçue comme une unité (non-dualité du discours) et sentiment d'intemporalité des expériences.

Avec Ma Ananda Moyi, ce sont les expériences mystique, spirituelle et religieuse par excellence qui viennent se rencontrer pour transformer l'individu vers des voies de soulagement, de connaissance et de compassion, ce que l'on retrouve d'ailleurs chez de nombreux mystiques chrétiens comme Marthe Robin (Guitton, 2014 ; De Meester, 2020). Ainsi, l'étude des effets des rencontres avec ces mystiques et leurs conséquences permettraient sans doute de mieux comprendre les processus en jeu dans ce type d'interactions. Pour la parapsychologie, l'étude des mystiques ouvrirait des axes intéressants de compréhension de notre conscience et de son rapport à la spiritualité et à la transcendance, qui de tout temps, nous ont toujours accompagnés.

5. Conclusion

Au premier abord, spiritualité et parapsychologie semblent être des thématiques qui ne doivent pas se rencontrer. L'une aborde le domaine des croyances et de la foi, des expériences subjectives d'exploration et de développement personnel en lien avec des dimensions métaphysiques et transcendantes, quand l'autre tente de s'atteler à une démarche scientifique analysant des faits psychiques atypiques sur la base d'une approche phénoménologique ou expérimentale. Cependant, le champ vaste de la spiritualité, en raison aussi bien de son importance pour l'homme tout au long de son histoire qu'à cause des manifestations particulières survenant chez certains sujets, qualifiés de mystiques et enclins à une démarche spirituelle forte, ne peut être écarté de réflexions qui abordent la question du psi. C'est avec des travaux sur des mystiques du XXe siècle que nous avons souligné cette liaison, mettant en évidence les effets sur le corps, le mental et la vie relationnelle d'une inscription dans une voie spirituelle teintée de transcendance et de rapport au divin. La prise en compte de la spiritualité religieuse ou areligieuse soulève bien sûr des interrogations concernant le rapport au divin, mais ouvre aussi sur de possibles autres dimensions de vie, interroge la continuité de la conscience, le rapport à la mort, etc. Ces interrogations trouvent bien souvent des réponses dans les doctrines spirituelles ou religieuses elles-mêmes, souvent teintées de dogmatisme et reposant sur le poids de l'histoire des croyances, qui peuvent faire barrage à une démarche d'exploration plus objective. La parapsychologie, comme science objective, n'est-elle pas à même d'explorer la spiritualité et ses effets sur l'individu, que ce soit en partant de l'étude de cas spécifiques comme certains mystiques, mais également à partir d'expériences d'émergence spirituelle entraînant des processus de changements ? Nous n'avons finalement fait qu'introduire cette question qui mériterait de plus amples développements.

Une approche scientifique ouverte alliée à une spiritualité non dogmatique ne peut qu'avoir un effet positif dans des domaines tels que la santé et l'éducation et, plus important encore, peut certainement participer à une réflexion autour du sens et des valeurs, et participer à une éthique planétaire de l'interconnexion basée sur le sentiment ressenti de l'unité de la vie et de la conscience. Cette éthique se trouve être cohérente avec certaines avancées scientifiques contemporaines, comme l'intrication quantique, la théorie des systèmes, la symbiose et l'interdépendance écologique. De ce fait, le lien entre parapsychologie et spiritualité mériterait, par ses conséquences anthropologiques, d'être consolidé et vu comme l'un des moteurs de développement de l'individu et de son potentiel, mais aussi comme force de transformation sociale (Berghmans, 2022).

6. Bibliographie

Alcock, J.E. (2003). Give the null hypothesis a chance : Reasons to remain doubtful about the existence of PSI. *Journal of Consciousness Studies, 10* (6-7), 29-50.

Baudouin, C. (2002). *L'Œuvre de Carl Jung et la psychologie complexe*. Payot, coll. « Petite Bibliothèque Payot ».

Benson, A. (1982). Body temperature changes during the practice of g Tum-mo yoga. *Nature, 295*, 234-236.

Berghmans, C. (2002). Parapsychology, vector of social transformation. *Mindfield*, 14, 3.

Berghmans, C. (2021). L'approche méditative de concentration et son impact sur la santé mentale. *Annales Médico-Psychologiques, 179*, 805-811.

Berghmans, C. (2023). *Spiritualité et santé mentale : approches thérapeutiques*. L'Harmattan.

Berghmans, C., Couronne, D. (2022). *EMI, la survie de la conscience*. Devinci Editions.

Bouflet, J., & Laurentin, R. (1992). *Encyclopédie des phénomènes extraordinaires dans la vie mystique*. FX de Guibert (OEIL).

Bucke, W.M. (1991). *Cosmic Consciousness : A Study in the Evolution of the Human Mind*. Penguin Books.

Cardeña, E., & Winkelman, M.J. (Eds.) (2011). *Altering Consciousness : Multidisciplinary Perspectives* [2 volumes] *: Multidisciplinary Perspectives*. ABC-CLIO.

Camus, S., Poulain, M. (2008). La spiritualité : émergence d'une tendance dans la consommation. *Management et Avenir, 5* (19), 72-90.

Chalmers, D. (1996). *L'esprit conscient*. Ithaque.

Chalmers, D. (2017). The hard problem of consciousness. *The Blackwell companion to consciousness*, 32-42.

Collantonio, A., Kasl, S.V., Osfeld, A.M. (1992). Depressive symptoms and others psychosocial factors as predictors of stroke in the elderly. *American Journal of epidemiology, 136* (7), 884-894.

Comte-Sponville, A. (2006). *L'esprit de l'athéisme : introduction à une spiritualité sans Dieu*. Albin Michel.

Cook, C.H. (2004). Addiction and spirituality. *Addiction, 99*, 539-551.

Damasio, A. (2005). *Spinoza avait raison*. Odile Jacob.

De Meester, C. (2020). *La fraude mystique de Marthe Robin : Dieu saura écrire droit sur des lignes courbes*. Les éditions du Cerf.

Dennett, D.C. (1991). *Consciousness Explained*. Brown & Co.

Douglas-Klotz, N. (1999). *The hidden gospel. Decoding the spiritual message of the Aramaic Jesus*. Quest Books.

Durkheim, E. (1912). *Les formes élémentaires de la vie religieuse*. PUF.

Eliade, M. (1976). *Initiation, rites, sociétés secrètes, naissances mystiques. Essai sur quelques types d'initiation*. Gallimard.

Eliade, M. (1977). *Traité d'histoire des religions*. Payot.

Eire, C.M. (2023). *They Flew : A History of the Impossible*. Yale University Press.

Évrard, R. (2023). Ni dedans ni dehors : abords historiques et culturels de la transe. In A. Bioy (dir.), *Le grand livre des transes*. Paris : Dunod.

Évrard, R. (2024). Le « spirituel mais non religieux » en santé : sacré sauvage et domestication scientifique. *Théorèmes*.

Fabre, P.A. (2009). Science sociale et histoire de la spiritualité moderne : perspectives de recherche, *Recherche de Sciences Religieuses, 1*, 33-51.

Faivre, A. (1986). *Accès de l'ésotérisme occidental*, 2 volumes. Gallimard.

Francou, V. (2016). *Les visages de l'Amour*. Nouvelle cité, spiritualité.

Fric, E. (2006). Peut-on quantifier la spiritualité ? *Revue Francophone de Psycho-oncologie, 3*, 160-164.

Gauchet, M. (1985). *Le désenchantement du monde. Une histoire politique de la religion*. Gallimard.

Grof, S., Grof, C. (dir.) (1989). *Spiritual Emergency : When Personal Transformation Becomes a Crisis*. J.P Tarcher.

Grossman, P., Schmidt, S., Niemann, L., Walach, H. (2004). Mindfulness based stress reduction and health : A meta-analysis. *Journal of Psychosomatic Research, 37*, 35-43.

Guitton, J., & Antier, J.J. (1993). *Les pouvoirs mystérieux de la foi : signes et merveilles*. Perrin.

Guitton, J. (2014). *Portrait de Marthe Robin*. Grasset.

Harner, M., Hugelit L. (2012). *La voix du chamane : un manuel de pouvoir et de guérison*. Mama Editions.

Herbert, J., Herbert, J. (1988). *L'enseignement de Ma Ananda Moyi*. Albin Michel.

Hergovich, A. (2005). Der Glaube an Psi : Die Psychologie paranormaler Überzeugungen Belief in Psi. *The psychology of paranormal beliefs*. Huber.

Hill, P.C., & Pargament, K.I. (2003). Advances in the coneptualization and measurement of religion and spirituality : Implications for physical and mental health research. *American Psychologist, 58*, 64-74.

Hood, R.W.J., & Francis, L.J. (2013). Mystical experience : Conceptualizations, measurement, and correlates. In J.J. Pargament, J.J. Exline, & J.W. Jones (Eds.), *APA handbook of psychology, religion, and spirituality* (Vol. 1) : *Context, theory, and research*. American Psychological Association.

Hulin, M. (2014). *La mystique sauvage*. PUF.

Hunter, J. (dir.) (2019). *Greening the paranormal*. Augustnightpress.

James, W. (1902). *The varieties of religious experience*. Harvard University Press.

Kelly, E.F., Kelly, E.W., Grosso, M. (2007). Mystical experience : An introduction. In E.F. Kelly *et al.* (Eds.), *Irreducible mind : Toward a psychology for the 21st century*. Rowman & Littlefield Publishers, Inc.

Kelly, E.F., Kelly E.W., Crabtree, A., Gauld, A., Grosso, M., Greyson, B. (2007). *Irreducible Mind, toward a psychology for the 21st century*. Rowman and Littlefield publishers.

Kelly, E.W., Crabtree, A., Marshall, P. (Eds.) (2015). *Beyond Physicalism : Toward Reconciliation of Science and Spirituality*. Rowman & Littlefield.

Koenig, H.G., King, D., Carson, V. (2012). *Handbook of Religion and Health*. Oxford University Press.

Koenig, H.G., McCullough, M.E., & Larson, D.B. (2001). *Handbook of Religion and Health*. Oxford University Press.

Kozhevnikov, M., Ellit, J. (2013). Neurocognitive and Somatic components of temperature increases during g-tummo meditation : Legend and reality, *https://doi.org/10.1371/journal.pone.0058244*

Kripal, J.J. (2007). *Esalen : America and the Religion of No Religion*. The University of Chicago Press.

Krippner, S. (2011). Altered and transitional states. In M.A. Pritzker, *Encyclopedia of Creativity*, second edition. Academic Press.

Lapassade, G. (1987). *Les états modifiés de conscience*. PUF.

LaPierre, L. (1994). A model of describing spirituality. *Journal of Religion and Health, 33* (2), 153-161.

Laplantine, F. (2007). *Ethnopsychiatrie psychanalytique*. Éditions Beauchesne.

Laplantine, F., & Rabeyron, P.L. (1987). *Les médecines parallèles*. PUF.

Larcher, H. (1996). *La mémoire du soleil : aux frontières de la mort*. Désiris.

Larson, D.B., Larson, S.S. (2003). Spirituality's potential relevance to physical and emotional health : A brief review of quantitative research. *Journal of Psychology and Theology, 31*, 37-51.

Lenoir, F. (2003). *Les Métamorphoses de Dieu : des intégrismes aux nouvelles spiritualités*. Plon.

Lévy, J.J. (2012). Mot de présentation Drogues et création littéraire et artistique. *Drogues, santé et société, 11* (1), I-V.

Lukoff, D., & Lu, F.C. (1988). Transpersonal psychology research review topic : Mystical experience. *The Journal of Transpersonal Psychology, 20* (2), 161-184.

Mancini, S. (dir.) (2006). *La fabrication du psychisme. Pratiques rituelles au carrefour des sciences humaines et des sciences de la vie*. La Découverte.

Marshall, P. (2015). Mystical experiences as windows on reality. In E.F. Kelly, A. Crabtree, & P. Marshall (Eds.), *Beyond Physicalism : Toward Reconciliation of Science and Spirituality* (Chapter 2). Rowman & Littlefield.

Marshall, P. (2019). *The Shape of the Soul : What Mystical Experience Tells Us about Ourselves and Reality*. Rowman and Littlefield.

Mathon, K. (1989). The stress-buffering role of spiritual support : Cross-sectional and prospective investigations. *Journal for the Scientific Study of Religion, 28* (3), 310-323.

Méheust, B. (2015). *Jésus thaumaturge. Enquête sur l'homme et ses miracles*. InterÉditions.

Michel, A. (1973). *Métanoïa : phénomènes physiques du mysticisme*. Albin Michel.

Miller, W.R., & Thoresen, C.E. (2003). Spirituality, religion, and health : An emerging field. *American Psychologist, 58*, 24-35.

Moberg, D.O. (2002). Assessing and measuring spirituality : Confronting dilemmas of universal and particular evaluative criteria. *Journal of Adult Development, 9* (1), 47-60.

Mon Ananda Moyi. (1996). *Aux sources de la joie*. Albin Michel.

Murphy, M. (1993). *The Future of the Body : Explorations into the Further Evolution of Human Nature*. Tarcher/Perigree.

Otto, R. (1929). *Le Sacré*. Payot.

Pujalte, C. (2017). *À la rencontre de mystiques extraordinaires*. Guy Trédaniel.

Rabeyron, T. (2023). *Codex anomalia. De l'énigme du psi à la relation psyché-matière*. InterÉditions.

Radin, D. (2006). *La conscience invisible*. J'ai Lu.

Radin, D. (2014). *Superpouvoirs. Science et Yoga : les facultés extraordinaires de l'homme*. InterEditions

Raichle, M.E. (2006). The brain's dark energy. *Science, 314*, 1249-1250.

Rao, K.R. (2013). Indian psychology, parapsychology and spiritual psychology. *International Journal of Yoga, Philosophy, Psychology, Parapsychology, 1*, 4-14.

Renard, E. (2018). La spiritualité, une croyance areligieuse. In N. Roussiau (dir.), *Croyances sociales : spiritualité, religions, croyances ascientifiques, croyances religieuses*. In Press.

Richard, R. (1992). *Psychologie et spiritualité, à la recherche d'une interface*. PUL.

Riffard, P. (1995). *L'Ésotérisme : Qu'est-ce que l'ésotérisme* ? Robert Laffont.

Rosmarin, D., Koenig, H. (2020). *Hanbook of spirituality, religion and mental health*, Academic Press.

Roussiau, N., Renard, E. (2021). *Psychologie et spiritualité. Fondements, concepts et application*, Dunod.

Ruse, M. (2010). *Science and spirituality, making room for faith in the age of science*, Cambridge University Press.

Segal, Z.V., Williams, J.M.G., & Teasdale, J.D. (2002). *Mindfulness-based cognitive therapy for depression : à new approach to preventive relapse*. Guilford Press.

Sheldrake, R. (2011). *The presence of the past*. Icon Books.

Stace, W.T. (1960). *Mysticism and philosophy*. St Martin Press.

Staune, J. (2007). *Notre existence a-t-elle un sens* ? Pluriel.

Tassell-Matamua, N.A, Frewin, K. (2019). Psycho-spiritual transformation after an exceptional human experience. *Journal of Spirituality in Mental Health, 21*, 4.

Taylor, S. (2021). *Science et spiritualité*. Almora Editions.

Teasdale, W. (2001). *The mystic heart : Discovering a universal spirituality in the world's religions Novato*. New World Library.

Thurston, H.H.C. (1952). *The Physical Phenomena of Mysticism*. Burns Oats.

Trochu, T. (2018). *William James. Une autre histoire de la psychologie*. CNRS Éditions.

Usha, S., Pasricha, S. (1989). Claims of Paranormal Experiences – I : A Survey of Psi and Psi-Related Experiences. *NIMHANS Journal, 7* (2), 143-150.

Von Bertalanffy, L. (2012). *Théorie générale des systèmes*. Dunod.

Von Lucadou, W. (2018). The model of pragmatic information (MPI) and Generalized Quantum Theory (GQT). *Mindfield, The Bulletin of the Parapsychological Association, 10*, 3-6.

Walach, H. (2005). Generalized entanglement : A new theoretical model for understanding the eff ects of complementary and alternative medicine. *Journal of Alternative and Complementary Medicine, 11*, 549-559.

Walach, H. (2007). Mind body spirituality. *Mind & Matter, 5*, 215-240.

Walach, H., Kohls, N., von Stillfried, N., Hinterberger, T., & Schmidt, S. (2009). Spirituality : The legacy of parapsychology. *Archiv für Religionspsychologie/ Archive for the Psychology of Religion, 31* (3), 277-308. *https://doi.org/10.1163/008467209X12499946199407*

Walach, H., & Reich, K.H. (2005). Science and spirituality : Towards understanding and overcoming a taboo. *Zygon, 40*, 423-441.

Walach, H., Schmidt, S., Wayne J. (2011). *Neuroscience, Consciousness and Spirituality. Studies in Neuroscience, Consciousness and Spirituality*. Vol. 1. Springer Science and Business Media.

Williams, F., Myers H. (2020). *Wordworth*, Independant publisher.

Wulff, D.M. (2014). Mystical experiences. In E. Cardeña, S.J. Lynn, S. Krippner, E. (Eds.), *Varieties of anomalous experience : Examining the scientific evidence* (2nd ed.) (p. 369-408). American Psychological Association.

Chapitre 16

Chercher minuit à midi : la science-fiction comme médium paranormal[1]

(Jeffrey Kripal)

1. Traduction de Renaud Évrard. Une partie de ce chapitre, en particulier la section intitulée « Choc ontologique : les origines africaines du paranormal », a été utilisée à l'origine sous d'autres formes dans Jeffrey J. Kripal, *How to Think Impossibly : About Souls, UFOs, Time, Belief, and Everything Else*. Chicago : University of Chicago Press, 2024.

Sommaire

1. Présentation de Jeffrey Kripal par Renaud Évrard

Ce dernier chapitre assez atypique nécessitait un avant-propos. En dépit d'une carrière de très haut niveau en histoire des religions à la Rice University de Houston, Jeffrey Kripal n'est pas traduit et donc connu en France. Ses premières recherches consacrées aux liens entre sexualité et religion en Inde ont généré d'importantes controverses qui l'ont contraint à se tourner vers l'étude des liens entre sacré, paranormal et culture occidentale. Il a notamment consacré un ouvrage à l'institut californien d'Esalen (Kripal, 2007), espace privilégié du mouvement pour le potentiel humain et la psychologie transpersonnelle. Puis il a multiplié les travaux originaux sur des matériaux rarement abordés dans le cadre de l'histoire des religions, tels que les super-héros des comics ou les ovnis (Kripal, 2010, 2011). Il montre, en somme, que des domaines culturellement marginaux doivent être réintégrés dans une vision globale des sociétés humaines, en s'appuyant sur les méthodes et concepts des « humanités » – devenues sous sa plume des « super-humanités » (Kripal, 2022).

Kripal s'exprime à la première personne là où tous les autres contributeurs se placent en tiers. Son style d'écriture reflète l'originalité de sa pensée, provocatrice, riche de connexions et pleine d'humour. Personne n'est correctement préparé à ses passerelles entre les mouvements pour la défense des droits des minorités et le paranormal ; entre la théologie et l'ufologie ; entre la science-fiction et le psi. Le lecteur peut être désarçonné d'être promené dans tous ces domaines, dont l'alignement est si inhabituel. Ce chapitre pousse donc à s'ouvrir de nouveaux horizons pour penser plus largement le psi, hors du cadre restreint de son appréhension purement scientifique.

Pour apprécier ce texte à sa juste valeur, il faut prendre en compte le contexte de son écriture en 2022 : les États-Unis d'Amérique connaissent un regain d'intérêt pour les « ovnis », dont le terme plus sérieux de « phénomènes aérospatiaux non identifiés » (PAN) est désormais en usage. Des rapports officiels sont discutés dans les plus grandes instances de l'État et des journaux comme le *New York Times* ; des politiciens comme Hilary Clinton font campagne en ajoutant à leur programme le projet d'être encore plus transparent sur les « X-files » auxquels le public désire l'accès. L'ufologie (l'étude savante des PAN) est l'une des disciplines de l'anomalistique, aux côtés de la parapsychologie, une discipline qui est entrée dans le monde universitaire américain dès 1916, une première mondiale. La conception locale des libertés, notamment académiques, génère un écosystème unique en son genre. Ces libertés se retrouvent dans la manière même dont cet auteur exprime ce qu'il est « impossible » de dire ou de penser ailleurs.

À l'inverse du reste de cet ouvrage, Kripal vient donc moins analyser les recherches en parapsychologie que le milieu culturel dans lequel elles fleurissent. Il montre que la distance entre les deux est moindre qu'on ne le pense, tant les interactions sont nombreuses. La culture façonne l'appréhension du paranormal, tandis que la recherche anomalistique alimente des pans entiers de la culture. Toutefois, l'étanchéité de ces deux mondes persiste ; Kripal donne plusieurs exemples de déformation culturelle des recherches sur les anomalies, ainsi que des refus académiques d'intégrer comme il se doit ces productions culturelles fascinantes.

L'érudition de Kripal est également mise au service d'une approche biographique, mêlant la vie des différents acteurs avec celle de leurs œuvres. Il dégage ainsi, dans un ouvrage dont la traduction ne peut être que souhaitée (Kripal, 2010), quatre « auteurs de l'impossible » (dont deux Français : Bertrand Méheust et Jacques Vallée) qu'il prend comme exemples des passerelles qu'il tente de bâtir entre paranormal et culture. Car, au-delà de la simple réception culturelle de ces sujets, ces auteurs suggèrent que la culture joue un rôle fondamental dans les apparences des manifestations objectives du paranormal : caractéristiques et comportements des ovnis, phénomènes psi à la mode ou démodés, structuration de notre société contre la magie et la transe, etc. Kripal nous fait voyager dans de nombreuses directions comme pour nous donner envie d'explorer davantage son œuvre et celles de ses collègues.

2. Avant-propos par Bertrand Méheust

Le texte de Jeffrey Kripal peut être lu comme une méditation sur les grands thèmes de l'imaginaire paranormal qui travaillent en ce moment la société américaine, qui la mettent même parfois en ébullition. Ces thèmes travaillent aussi la nôtre, bien entendu, mais cette dernière a mis en place pour s'en protéger des défenses immunitaires qui les empêchent encore de prendre une extension plus vaste et plus rapide dans notre vie culturelle. Aux États-Unis, leur expansion, moins bridée, est considérable et, selon la règle habituelle, elle préfigure celle qu'elle va prendre chez nous. Et c'est pourquoi nous avons choisi, pour conclure ce bilan sur les travaux consacrés au paranormal, de donner la parole au professeur de la Rice University, comme on ouvre une fenêtre sur le grand large. Le lecteur sentira souffler le vent de la Californie, il verra sa manière, son comparatisme audacieux.

2.1 Un tabou un peu émoussé mais toujours à l'œuvre

Aujourd'hui, dans la culture française, le tabou qui pèse sur ces thèmes commence à perdre de sa puissance. Un frémissement est décelable, on voit même des universitaires se risquer dans ce domaine et nos sujets peuvent même devenir prestigieux quand on les associe à l'imaginaire de la physique quantique, à la question écologique ou à la revendication écoféministe. Ces thèmes seront bientôt à la mode. Mais ils ne le sont pas encore tout à fait, et les métapsychistes hexagonaux se doivent encore, ou se croient encore obligés, mus par un réflexe obsidional justifié par l'histoire de leur discipline, de se tenir dans une réserve de bon aloi. Kripal, qui vit sur une autre planète, n'a pas semble-t-il ces contraintes et il voit les choses autrement. Il s'exprime avec une certitude tranquille. Ainsi les ovnis, quelle que soit leur explication – qu'il ne prétend pas détenir, insistons sur ce point – sont déjà pour lui une réalité définitivement inscrite dans la culture américaine, à laquelle il faudra se mesurer. Pour aborder ce thème, il n'a plus besoin de se justifier, le propos, pour lui, va de soi. L'exemple américain étant hégémonique, il en sera sans doute ainsi chez nous dans quelque temps, et nous serions bien inspirés de prendre modèle sur sa tranquille assurance si nous ne voulons pas être doublés par les ouvriers de la dernière heure qui vont bientôt proclamer leur passion de longue date pour le psi et les ovnis, en reléguant dans l'oubli leurs obscurs précurseurs. Aimé Michel avait prophétisé qu'avec le temps les ovnis allaient devenir l'obsession de l'humanité, et on peut penser que cette prophétie commence à se réaliser.

L'image que nous pouvons nous faire de la liberté de ton américaine à travers le texte de Kripal est pourtant partiellement trompeuse, et l'auteur s'emploie lui-même à la tempérer dans son article, car son propos est aussi de montrer qu'aux États-Unis le rejet du paranormal, s'il prend d'autres formes qu'en France, est encore puissant dans le monde intellectuel. Un de ses buts est même de l'analyser pour tenter d'en préciser les causes et les mécanismes. On le verra examiner méthodiquement à la section 5 toutes les modalités de ce rejet. On trouve tout cela en France, mais avec des intensités et des distributions parfois différentes. Toutefois, dans notre monde intellectuel, la cause du rejet qui jusqu'à présent a surclassé toutes les autres, qui, pourrait-on dire, les a *enveloppées*, et qui très probablement les enveloppe encore, c'est « la Distinction », au sens que Bourdieu donnait à ce terme. Cette Distinction qui vous pétrifie, vous déclasse, vous délégitime, et dont l'origine est sociale et politique plus qu'épistémologique. Essayez d'imaginer un Raphaël Enthoven en train d'échanger dans son émission de France Culture sur la question des ectoplasmes avec un invité heideggérien, et le fou rire vous prendra. Le fait que cette possibilité apparaisse comme une scène burlesque montre que nous n'y sommes pas encore.

Par sa façon directe de s'exprimer, par ses sujets d'élection, Kripal piétine sans égards la Distinction, et on doit le remercier pour ce service qu'il nous rend, c'est un modèle à suivre.

2.2 L'objet central de Kripal : l'écosystème américain du psi

L'historien évoque dans son texte une profusion de thèmes et on facilitera sa lecture en commençant par cerner son propos central. Il n'aborde pas en effet de manière frontale et directe, à la manière d'un expérimentateur ou d'un historien, les manifestations paranormales qui travaillent aujourd'hui la culture américaine. Ce qu'il cherche avant tout à décrire et à comprendre, c'est l'*écosystème* dans lequel ces manifestations se développent et prospèrent aujourd'hui. C'est *l'influence transformatrice* qu'elles exercent sur la vie sociale et spirituelle et par effet de retour les transformations qu'elle reçoit de cette dernière. Ce sont les *résonances* qui relient ces différents thèmes, comme une sorte de mycélium souterrain. Ce sont enfin *les digues* que la pensée académique s'ingénie à dresser contre ce que Freud avait caractérisé comme le « flot noir de l'occultisme ».

Pour faciliter la lecture de son article, je vais examiner et commenter certains de ses thèmes.

2.2.1. Le mouvement du potentiel humain

Le premier, le plus important à mes yeux, est le *mouvement du potentiel humain,* qui s'est développé aux États-Unis à partir de l'Institut d'Esalen, sous l'influence de son cofondateur l'historien des religions Michael Murphy et dont Kripal est aujourd'hui l'une des têtes pensantes. L'idée directrice de ce mouvement, écrit Kripal « est que les expériences mystiques et les capacités psychiques sont des bourgeons évolutifs de l'espèce humaine, des manifestations précoces de l'"avenir du corps", comme le dit Michael Murphy dans son ouvrage majeur ». J'ajouterai, pour compléter la présentation de Kripal, qu'une des grandes sources de ce courant fut le mesmérisme français. C'est le marquis de Puységur qui le premier, avant la Révolution française, a compris le somnambulisme magnétique comme un de ces « bourgeons évolutifs ». Il ne l'a pas dit de cette manière, mais c'est au fond ce qu'il pensait ; et le développement du magnétisme animal s'est par la suite orienté vers cette conception évolutive. L'idée a fait son chemin, elle a ensuite été portée dans toute l'Europe et aux États-Unis par les sciences psychiques et elle est parvenue à sa magnitude supérieure dans la thèse de philosophie soutenue par Jean Jaurès en 1893. Je reviendrai plus loin sur ce thème avec la question du « dieu qui vient », qui traverse le propos de Kripal.

2.2.2. Six raisons de rejeter le psi

Les raisons de mépriser, de détester ou de craindre le paranormal ne manquant pas, Kripal en dénombre au moins six – six raisons majeures – et se propose de les analyser méthodiquement :

> « Pourquoi le mot "paranormal" rend-il les personnes privilégiées si ouvertement nerveuses ou même parfois carrément méchantes ?
>
> Je pense que ces deux questions sont très liées, et qu'il existe de multiples réponses. Je peux penser à au moins six façons d'envisager les problèmes en question : (1) les raisons et les résistances rationnelles ou académiques ; (2) les structures théologiques autour du théisme orthodoxe, qui continue à être l'ontologie de base du monde moderne, même lorsque la théologie en soi est niée ou occultée ; (3) la peur psychospirituelle du psi, et partant du super-psi, et ses racines historiques plus profondes dans le rejet théiste de la pratique magique comme déification humaine potentielle ; (4) la neuro-anatomie humaine, ou le simple fait que l'esprit ou la conscience est médiatisé et exprimé par deux cerveaux distincts mais reliés entre eux ; (5) un soupçon moral concernant la race et les profondes racines historiques africaines du paranormal ; et (6) les réalités de la souffrance et du mal dans la phénoménologie de la possession, de la maladie mentale, de la hantise et des phénomènes négatifs connexes. Permettez-moi de traiter chaque réponse à tour de rôle » (voir p. 603).

2.2.3. Les *buffer zones* et la répression du psi dans le monde intellectuel contemporain

Ce rejet du psi, depuis la fin de l'âge des Lumières et l'irruption du mesmérisme, a obligé l'idéologie dominante à créer des digues et des zones tampons, des formations culturelles défensives, des *buffer zones*, pour reprendre une expression favorite de l'auteur[1]. Kripal est

1. J'ai rencontré Kripal dans une discussion sur ce thème. En 2007 et 2008, j'ai été invité à Esalen à venir présenter mon travail sur le mesmérisme. Quand j'ai évoqué la fameuse formule de Freud sur le nécessaire

particulièrement sensible à ce thème, non pas parce qu'il pense comme Freud qu'il faut se barricader contre la menace du psi, mais au contraire parce qu'il estime que l'on ne peut comprendre l'écosystème du psi dans les sociétés modernes sans prendre en compte cette obsession des digues qui caractérise depuis le XVIIIe siècle le rationalisme contemporain.

Pour mesurer la puissance de la répression académique du psi, il suffit, souligne encore Kripal, de rappeler ce qui est arrivé aux penseurs qui, à la fin du XIXe siècle, ont entrepris de l'explorer. Ce n'étaient pas des inconnus, des intellectuels marginaux. Ils s'appelaient Henri Bergson, Frederic Myers, William James... Ils ont créé le vocabulaire qu'aujourd'hui encore nous utilisons pour évoquer le paranormal, comme le mot « télépathie ». Ils ont créé les concepts que nous utilisons pour le penser, comme le « modèle du filtre » (voir chap. 13). Ils ont été suivis et soutenus par des compagnons de route prestigieux comme Jean Jaurès ou Maurice Maeterlinck. Pendant leur vie, et jusqu'à la Seconde Guerre mondiale, ils furent reconnus et admirés comme des maîtres dans leur discipline. Et pourtant, après 1945, leur pensée a connu un long discrédit, comme si leur fréquentation du domaine interdit les avait rendus eux-mêmes infréquentables ; et pendant des décennies, l'élite des philosophes français leur a par exemple préféré Martin Heidegger l'obscur, qui fut, comme on le sait maintenant, un admirateur non repenti d'Adolphe Hitler. La leçon cruelle de ce long discrédit, *c'est qu'en France au moins on a plus facilement pardonné à Heidegger d'avoir été nazi, qu'à Bergson, qui porta l'étoile jaune, d'avoir été le président de la Society for Psychical Research*. Et maintenant que l'étoile d'Heidegger pâlit au firmament de la pensée, depuis la publication, à partir de 2014, des *Cahiers noirs*, on voit réapparaître sur la scène les auteurs et les questions que le maître sulfureux avait repoussés dans l'ombre. Vue de cette perspective, l'œuvre d'Heidegger aura été pour les philosophes une *buffer zone*, comme celle de Freud le fut pour les psychologues.

2.2.4. La fiction comme outil magique et l'importance séminale de la BD

La fiction, et plus particulièrement la science-fiction sous toutes ses formes, littérature, bande dessinée et cinéma, joue un rôle central dans la réflexion de Kripal, en ce qu'elle travaille selon lui à modifier en profondeur la société. Elle ne se contente pas de préfigurer le monde de demain, elle contribue à le *façonner*. En s'emparant de ce thème, l'historien rejoint les surréalistes français, quand il voit dans la fiction un « outil magique ». Mais il pousse le thème bien plus loin qu'eux. Le lecteur verra ainsi l'importance centrale qu'il donne à Philip K. Dick, l'écrivain qui domine la SF américaine. L'œuvre de Dick est pour lui décisive. Elle a profondément transformé l'imaginaire contemporain, et le fait que son auteur, on le sait maintenant, ait été porté par des expériences paranormales, notamment d'auto-prémonition, qu'il assumait

endiguement du paranormal, il a été immédiatement frappé par la dimension conflictuelle de l'irruption « magnétique » et a trouvé sur le champ l'image pour la décrire : « la psychanalyse freudienne, s'est-il exclamé, est une *buffer zone*, une zone tampon ».

et même revendiquait, lui donne une dimension supplémentaire. Cette importance donnée à la SF montre à quel point la situation française est différente de celle qui prévaut sur ce point aux États-Unis. Il y a bien entendu en France de grands écrivains de SF et un milieu spécialisé, mais force est de constater qu'ils vivent dans un monde parallèle, et que les grandes émissions littéraires, aujourd'hui encore, n'ont pas « à en connaître »...

Passionné par la SF, Kripal l'est tout naturellement par la BD, et l'un de ses sujets de réflexion est son importance séminale dans les mouvements néo-spiritualistes de la culture américaine. Il n'hésite pas à célébrer l'œuvre de Kirby, le grand maître du genre, et à en faire un créateur majeur. L'élitisme français s'étonnera peut-être de voir un historien des religions confirmé s'emparer d'un thème longtemps dévalorisé, au point d'en faire un de ses objets d'étude principaux, et d'accorder ce statut éminent à un dessinateur, fût-il génial. Nous devons donc méditer sur l'explication un peu ironique que l'auteur nous donne de son choix : c'est la lecture du grand livre de Michael Murphy (1993), *The Future of the Body*, qui l'a conduit à faire de la BD un sujet majeur ! Or, si le livre de Murphy est une des tentatives les plus inspirées pour donner un tableau complet des grandes orientations théologiques de l'humanité, sa lecture demande une solide culture théologique et philosophique. C'est donc en faisant le pont entre cet ouvrage d'une lecture difficile et la manifestation emblématique de la culture populaire contemporaine qu'il a compris son importance séminale. L'idée de derrière est que les grands thèmes de la tradition magico-théologique, refoulés par la culture dominante, se sont réfugiés dans la bande dessinée, qui nous les a transmis dans l'imagerie des super-pouvoirs, sous une forme hyper concentrée, évidemment schématisée et simplifiée, avant d'envahir, par le biais de la publicité, la société contemporaine. La BD aura servi de refuge et de relais au sacré refoulé. L'historien des religions Mircea Eliade avait compris ce point essentiel, mais il s'était contenté d'y faire allusion dans plusieurs essais, où il considérait les manifestations méprisées de la culture populaire comme un refuge du sacré refoulé. Comme la mode était chez les anthropologues français de dénoncer la nostalgie passéiste de l'historien roumain, l'idée n'a pas percuté dans notre pays. Jeffrey Kripal, qui ne peut être suspecté de nostalgie passéiste, la reprend à son compte, et il va plus loin : il n'hésite pas à en faire un de ses thèmes de réflexion principaux.

À juste titre, à mon avis. La BD, dans le domaine qui nous concerne, est un opérateur majeur car elle a permis la transmission épurée et simplifiée d'une dimension essentielle de l'expérience humaine, à laquelle les moyens de communication contemporains ont donné un essor considérable. Pour rester dans un des thèmes préférés de Kripal – le rôle transformateur de la science-fiction – c'est dans les *pulps* populaires américains, entre 1920 et 1945, que s'est élaboré l'imaginaire qui va ensuite nourrir les formes fantastiques du grand récit soucoupique, et particulièrement les enlèvements (Méheust, 1978, 2019).

La BD francophone fournit d'ailleurs des arguments à l'appui de cette thèse, avec l'œuvre majeure d'Hergé, que l'on ne peut comprendre à plus haut sens sans faire intervenir en sous-main le psi. Dans les aventures de Tintin, le psi est omniprésent pour qui sait le voir, il fournit même la trame et le ressort caché du récit, mais il est habilement suggéré – comme il l'est dans l'œuvre de Proust (Méheust, 2022). Hergé peut ici être comparé à Proust. Le raccourci saisissant qui a permis à Kripal de passer de Michael Murphy à Kirby peut aussi être emprunté pour passer de Proust à Hergé. Et n'oublions que c'est tout compte fait à Hergé que l'on doit le premier récit élaboré en langue française d'un enlèvement soucoupique...

Derrière cette valorisation de la BD populaire, Kripal touche un paradoxe vertigineux. Ce qui est en cause, c'est pour reprendre ses termes, « la migration du paranormal dans la culture populaire ». C'est cette migration qui entraîne le rejet des élites, avec notamment en France, la Distinction. Mais la compréhension et l'interprétation de cette migration requièrent un outillage intellectuel, particulièrement dans le domaine de l'histoire des religions, qui n'est pas très répandu parmi les élites en question, d'où le cercle vicieux dans lequel ce trope n'a cessé de tourner.

2.3 La question des résonances

Pour Kripal, des thèmes qui travaillent la psyché américaine sont reliés par une sorte de réseau souterrain qui leur permet de se développer comme un ensemble vivant. D'où ses rapprochements inattendus, ces suggestions faites parfois en passant, mais qui jouent une grande importance dans sa vision de la société. Ainsi, on le verra s'étonner de la résonance que l'on peut observer entre l'évolutionnisme magique de la côte Ouest, et celui de la côte Est, mais aussi de leur développement opposé et complémentaire : car tandis que celui de la côte Ouest est centré sur les adultes, celui de la côte Est l'est sur les enfants. Tout se passe en somme, pour rester dans des concepts américains, comme si les deux côtes s'étaient entendues pour se partager le marché.

2.3.1. La religion en gestation et le dieu qui vient

Une autre thèse de Kripal, que l'on doit relier au mouvement du potentiel humain, c'est l'idée, déjà évoquée, que les phénomènes psi et apparentés sont comme les « bourgeons évolutifs » d'une (ou de la) religion en gestation. Le professeur de la Rice University se trouve ici en bonne compagnie car ce fut la grande intuition que Jean Jaurès a méditée jusqu'à son assassinat, et dont on trouve la trace dans les nombreux articles qu'il a consacrés aux manifestations paranormales et aux phénomènes de la vie mystique. Cette intuition, Jaurès n'a pas eu le temps de la développer. Il estimait que la laïcité, dont il fut un des fondateurs, est mal comprise quand on la pense comme un éloignement radical du sacré. En prenant le terme de religion dans un sens ouvert et en grande partie indéfini, le tribun-philosophe affirmait sans trembler une thèse qui ferait scandale dans la France laïcarde de 2025, et qui embarrassera beaucoup ses admirateurs quand ils la découvriront. À ses yeux, l'être humain ne pouvait vivre au sens plein du terme, affronter la durée cosmique et même simplement *survivre à moyen terme*, sans un dispositif qui l'articulerait à la réalité cosmique et spirituelle, donnant ainsi sens à son aventure individuelle et collective. C'était à un dispositif de ce genre que pensait Jaurès quand il parlait de la « religion » du futur. Quant aux formes qu'allaient prendre ce « Dieu inconnu » et la « religion » qui le célébrerait, on ne pouvait guère, dans un premier temps, que tenter de les décrire de manière négative, en précisant d'abord ce qu'elles ne seront pas. La « religion qui vient » ne serait pas la continuation des trois grandes religions monothéistes, mais réintégrerait plus probablement dans une vision cosmique élargie des matériaux issus de ces anciennes formations, comme on réintègre des matériaux de réemploi pour construire un nouvel édifice. Jésus, par exemple, en serait une figure importante.

Je ne sais pas si Jeffrey Kripal va jusque-là, mais il me semble clairement en chemin dans cette direction. On verra en lisant son texte que pour lui le bouillonnement américain actuel autour du psi et des ovnis a déjà une dimension crypto-religieuse qui viendra s'intégrer dans la religion à venir. « On peut les considérer, écrit-il, comme des événements super naturels, c'est-à-dire comme des expériences religieuses avant la religion, comme des éléments de construction religieuse qui ne sont pas encore devenus des structures religieuses ». D'où l'importance de la magie : « Elle situe généralement le pouvoir super humain dans l'être humain, et non dans une divinité externe. » Ici, comme l'a pointé Renaud Évrard dans sa présentation, c'est un jeu de mots qui permet à Kripal de glisser du monothéisme chrétien classique à une vision cosmique élargie. En anglais, « surnaturel » se dit supernatural, mais le « super », quand on parle du super-psi, ou des super-pouvoirs, et qu'on l'applique à l'être humain, peut aussi désigner, comme en français, pour les valoriser, des dimensions de l'être humain qui ne sont encore qu'en germe dans l'humanité actuelle, mais qui appartiennent à son essence la plus intime. La magie est « super naturelle », c'est-à-dire profondément naturelle. Ce fut l'idée du « magnétisme éclairé » dans les années qui ont précédé la Révolution française et dans les premières décennies du XIXe siècle. Sa réhabilitation, qui se profile dans le texte de Kripal, transgresse pour l'esprit français le plus grand des tabous et elle ne manquera pas de faire débat, mais, en tout cas, c'est un acte décisif. La religion du futur pointée par Kripal sera dans le prolongement des tendances qui ont été refoulées par l'Église pendant la Renaissance, comme le thème de la magie naturelle. Ce sera une sorte de *panenthéisme cosmique* qui consacrera la revanche de Giordano Bruno. Kripal aurait d'ailleurs pu appeler son texte « la revanche de Bruno »...

2.3.2. La peur du psi et en arrière-plan la magie africaine

« Nous avons peur de nous-mêmes. Nous avons peur de notre propre superpsi. » Kripal avait gardé l'idée pour la fin, elle tombe comme un couperet, comme pour ajouter un bémol sombre aux considérations enthousiastes sur la magie qui ont traversé son texte. Puisque le psi peut guérir, affecter le monde matériel, pourquoi ne pourrait-il pas servir aussi à faire le mal ? L'histoire de la magie et des pratiques de la sorcellerie semblent le confirmer, mais les théoriciens des sciences psychiques sont longtemps restés muets sur ce thème. Aux États-Unis, le psychiatre et psychanalyste Jule Eisenbud (1967), l'auteur de la magistrale enquête sur Ted Serios, et son disciple le philosophe Stephen Braude (2020) ont été les premiers à regarder en face la peur du psi. Selon eux, il faut chercher dans la peur que nous inspirent les phénomènes psychiques la raison profonde du rejet que subissent depuis leur fondation la métapsychique et la parapsychologie. Lorsque l'on explique ce rejet par le côté erratique et difficilement reproductible de ces phénomènes, on reste dans des explications épistémologiques superficielles. Les raisons principales de ce rejet sont plus profondes, elles sont métaphysiques et morales. Eisenbud considérait la redécouverte de ces pouvoirs comme un fardeau trop lourd à porter pour la conscience occidentale, qui croyait avoir évacué à tout jamais ces terreurs ancestrales. Quant à Braude, qui partage ce point de vue, il considère que la peur suscitée par les phénomènes médiumniques permet d'expliquer le recul progressif de leurs formes les plus spectaculaires (comme la lévitation) dans les sociétés contemporaines.

Pour bien comprendre l'enjeu, il faut s'éloigner de la représentation d'un magicien ou d'un sorcier faisant le mal délibérément par des pratiques ciblées. Le problème déborde cette représentation puisqu'il concerne surtout le mal que nous pourrions faire *sans le vouloir ni le savoir.* Il concerne l'extension que les théories de l'inconscient peuvent donner aux effets du psi, et ce n'est pas un hasard si le père de l'idée est un psychanalyste. On peut résumer le problème par une formule lapidaire : « L'amant de ma femme s'est tué en voiture dans un stupide accident. Et si c'était moi le coupable ? »

Cette question terrible, Proust, à qui rien n'a échappé, se l'est posée il y a plus d'un siècle. Dans *Albertine disparue*, le narrateur, rongé par la jalousie et par le remords, en vient à se demander s'il ne serait pas responsable de la chute de cheval dans laquelle son amante Albertine a trouvé la mort. Ne serait-ce pas lui, finalement, qui l'a « poussée » de son cheval ? Sur ce point, la pénétration de l'auteur de la *Recherche* a devancé de plus d'un demi-siècle la pensée d'Eisenbud (Méheust, 2022, p. 220 *sq.*). Lorsque son narrateur s'accuse d'un « assassinat », il ouvre la porte à de telles réflexions. Un siècle après sa mort, les théoriciens qui osent aborder ce problème ne sont pas légion.

Aujourd'hui Jeffrey Kripal réendosse à son tour cette idée dans un texte qui fait descendre une note sombre sur son panorama du biotope américain du psi. Mais cela devait être dit, car il faut regarder la réalité en face et toutes ses dimensions. Une note « sombre » aussi dans un autre sens, parce qu'en arrière-plan c'est pour lui le refoulement de la magie africaine comme source profonde de la culture qui est en jeu…

Avant de laisser l'auteur déplier ses considérations décoiffantes, un mot encore, pour caractériser sa manière. À force de le voir se pencher sur les ovnis, les mutants et la BD, on finirait presque par oublier qu'il est un historien des religions de haut vol, l'expression « de haut vol » étant ici à prendre au pied de la lettre. Tel l'albatros de Baudelaire, il plane dans les nuées, au-dessus de la culture américaine. Puis soudain, ayant repéré une formation culturelle jouissant à ses yeux d'un poids particulier dans les mutations psychiques en cours, comme la BD, ou d'un « auteur de l'impossible » influent comme Jacques Vallée, il plonge au ras des flots pour ausculter de près ces phénomènes, puis remonte dans les nuées pour méditer son observation. C'est ce va-et-vient entre la culture stratosphérique de l'historien des religions et les créations populaires de notre temps qui lui permet de réévaluer les mouvements de la culture américaine, de les arracher au dédain universitaire et d'enrichir leur compréhension.

*La vérité n'entre pas dans la parole en clair, mais en images et en symboles,
car c'est la seule manière dont le monde peut la percevoir.*

L'Évangile de Philippe (IIIe siècle de notre ère)

Des méditations répétées m'ont d'abord amené à soupçonner... que la Fantaisie et l'Imagination étaient deux facultés distinctes et très différentes, au lieu d'être, selon la croyance générale, deux noms ayant une seule signification, voire le degré inférieur et supérieur d'un seul et même pouvoir.

Samuel Taylor COLERIDGE (1847)

Le lendemain, Nicholas est venu chez moi pour me raconter son expérience mystique et prendre mon avis. Mais il n'a pas été tout à fait franc à ce sujet ; au départ, il ne me l'a pas racontée comme une expérience personnelle, mais comme une idée pour un roman de science-fiction. Ainsi, si l'idée paraissait saugrenue, il n'aurait pas à en porter la responsabilité.

Philip K. DICK, *Radio libre Albemuth* (1985)

Comment se fait-il que certains des créateurs les plus doués et les plus brillants de la culture populaire américaine soient précisément les auteurs et les artistes qui ont affirmé qu'une expérience cosmique bouleversante avait changé leur vie[1] ? Et pourquoi le paranormal, et en particulier les ovnis et les surhommes[2], est-il devenu *le* thème central de tant de séries et de films américains[3] ?

Et pourquoi les individus rapportent-ils si souvent à peu près *exactement* ce qui est dépeint dans les films et la science-fiction ? Je ne compte plus les fois où quelqu'un m'a dit : « Non, j'ai vu *une soucoupe volante* » ou « C'était comme si j'étais dans un film, *et c'était réel* ». En effet, parfois, ils vont même nommer le film sur lequel l'expérience était basée ou spéculer sur l'œuvre de fiction à l'origine de la photographie frauduleuse d'une soucoupe. Terence McKenna en

1. De très petites parties du présent chapitre ont été publiées à l'origine sous le titre « Mystics and Mutants : The Paranormal in Pop Culture », dans *The Chronicle of Higher Education*, 11 décembre 2011, peu de temps après la parution de mon livre, où ces idées sont développées plus systématiquement (Kripal, 2011). Le présent essai tente d'extraire cette théorie implicite de la culture populaire américaine et du paranormal – en réalité une reprise de la « vérité-fiction » de Charles Fort et du pouvoir impressionnant de l'imagination en tant que producteur de la réalité physique (*ibid.*, 85-92) – afin de la rendre plus apparente ou « pensée ».
2. NdT : le terme anglais *superhuman* sera traduit dans la suite du texte par « superhumain » afin de maintenir le sens « extra » de « super », à ne pas confondre avec la hiérarchie instaurée par le préfixe « supra ».
3. Je me concentrerai ici sur la scène américaine, puisque c'est celle que je connais le mieux, en étant à la fois un consommateur et un activiste. Mais, bien sûr, beaucoup des mêmes effets spéciaux de science-fiction ou phénomènes physiques paranormaux sont présents tout au long de l'histoire humaine. Selon ma propre position publique, l'histoire des religions est une histoire de science-fiction vécue, avec effets spéciaux et tout ce qui va avec (Kripal, 2022).

donne un exemple dans son livre intitulé *De vraies hallucinations*, sur lequel nous reviendrons brièvement ci-dessous. Mais il ne proposait pas une lecture projective réductrice ou psychologique, bien qu'il ait été pleinement conscient que sa vision était probablement basée sur une photo truquée de la soucoupe qui, à son tour, utilisait, entre autres choses, une publicité pour un aspirateur tirée d'un magazine (McKenna, 1993, p. 159). McKenna considérait plutôt sa vision culturellement construite de l'ovni comme une sorte de projection psychique, une âme matérialisée dans le ciel (la sienne, je suppose) qui, étonnamment, mobilisaient les éléments culturels et psychologiques qui traînaient[1]…

Dans mon propre langage, la théorie de la science-fiction de McKenna sur la révélation religieuse était en tiers inclus et non en tiers exclu. La vision était *à la fois* historiquement et psychologiquement construite *et* révélatrice du réel. Ce dont on a le plus besoin dans une telle situation, c'est d'un moyen de déchiffrer les codes et non un moyen de les réduire aux éléments qui ont été utilisés pour coder le message. En bref, il ne s'agit pas seulement de réductionnisme ou de tout expliquer par le contexte social ou historique. Cela serait la partie (ou les parties) facile. Il s'agit plutôt de savoir *comment* ces éléments psychoculturels sont assemblés, *dans quel sens* et *à quelle fin*. Il s'agit de savoir *ce qui est communiqué*, et pas seulement les moyens ou les modes de communication. Et tout indique que la vision vise un moment cosmique époustouflant : le contact. Le contact avec quoi ? Cela n'est pas clair du tout et cela *ne pourra pas* être clair pour certaines raisons que nous allons explorer ci-dessous.

D'autres questions sont en jeu. Considérons la philosophie du temps. Comment se fait-il que des intellectuels accomplis – je pense immédiatement à un astronome et à un informaticien, à un critique littéraire et à un historien des sciences, ainsi qu'à un anthropologue de la physique – aient sérieusement exploré l'hypothèse selon laquelle les ovnis seraient en fait des machines à voyager dans le temps venant du futur[2]. Selon leur point de vue érudit, une grande partie de ce qui est déroutant dans le phénomène ovni est tout simplement l'effet de nos conceptions inadéquates de la matrice espace-temps. Une fois que nous abandonnons la flèche linéaire unidirectionnelle du temps, beaucoup de ce qui était déconcertant prend soudain tout son sens (voir chap. 11). Cela *signifie* quelque chose. Dans cette optique, la culture populaire et le paranormal n'impliquent pas seulement la nature profonde de la créativité culturelle ou l'impact des champignons magiques en Colombie. La nature de la nature, voire de l'espace-temps lui-même, pourrait bien être en jeu.

Que se passe-t-il sur terre – ou dans le ciel – ici ?

Pour prendre la classe de phénomènes la plus évidente, l'ovni n'est guère un phénomène récent, bien qu'il y ait certainement quelque chose de plus intense ou de spécial à propos du

1. Moi aussi, j'ai écrit explicitement sur l'ovni en tant qu'âme, rejoignant ainsi une longue lignée d'écrivains et de commentateurs, remontant au moins jusqu'à C.G. Jung. Dennis McKenna et moi avons été ensemble deux fois lors de conférences (à Hawaï et au Royaume-Uni), et nous avons tous deux parlé explicitement de cette connexion âme/ovni (*cf.* Luke & Spowers, 2021, p. 283-287).

2. Je pense à l'astronome et informaticien français Jacques Vallée (Kripal, 2010), au critique littéraire Damien Broderick (2019), et à l'anthropologue de la physique Michael P. Masters (2019, 2022).

présent dans les médias américains et le gouvernement américain depuis décembre 2017 et la publication de deux articles du *New York Times* qui changent la donne sur les intérêts secrets du gouvernement américain en matière de recherche sur les ovnis (Cooper, Blumenthal & Kean, 2017). Il s'avère que les précédentes affirmations sur le désintérêt et le rejet du gouvernement et de l'armée américains étaient tout simplement fausses : de pures balivernes. Il s'agissait soit de campagnes de désinformation destinées à faire diversion, soit de présomptions mal fondées, soit de campagnes idéologiques promues par des démystificateurs matérialistes à l'esprit fermé. Il est temps de dépasser tout cela, d'accepter que, quoi qu'il en soit, le phénomène ovni est bien réel, et ce depuis très, *très* longtemps.

Cette information est incontournable. Les trois personnes qui ont révélé cette affaire aux États-Unis sont des journalistes professionnels avec des antécédents légendaires. Helene Cooper est une correspondante afro-américaine au Pentagone pour le *New York Times*. Ralph Blumenthal est un journaliste primé qui a écrit sur l'attentat à la bombe d'Oklahoma City du 19 avril 1995, et est un expert auteur d'une biographie sur le psychiatre de Harvard et chercheur en enlèvements John E. Mack (Blumenthal, 2021). Leslie Kean a écrit des livres importants sur les ovnis parmi les professionnels de l'armée et sur les expériences étonnantes d'une vie après la mort, *Survivre à la mort*, un livre qui a donné lieu à une série Netflix du même titre (Kean, 2014, 2018). Ces personnes connaissent leur sujet sur le bout des doigts. Ce sont des personnes très sérieuses.

Pour aggraver (ou améliorer) les choses, le programme secret américain de recherche sur les ovnis dont les trois journalistes ont rendu compte a conclu, *de manière décisive*, que les expériences paranormales sont au cœur même du phénomène (voir en particulier, Lacatski *et al.*, 2021). Pensez aux plasmas conscients, probablement cancérigènes, et à l'« effet d'auto-stop » des poltergeists qui suivent des fonctionnaires à travers le pays pour apparaître dans leurs cours et leurs chambres sous la forme de monstres-loups gigantesques et d'ombres effrayantes. Les chercheurs principaux ont conclu que l'ovni *ne peut pas* être entièrement compris comme une machine dans le ciel « en tôle et boulons ». Ce n'est tout simplement pas le cas. Oubliez ça aussi.

Si nous devons qualifier l'ovni de technologie, nous ferions mieux d'inclure l'esprit ou la conscience – et tout ce que ces mots impliquent – dans nos équations. Dans mes propres termes, nous allons avoir besoin de cultures et pas seulement d'ordinateurs, de significations et pas seulement de mécanismes. Nous aurons également besoin de monstres, un mot qui, soit dit en passant, signifie « montrer » dans sa racine latine. Nous avons besoin d'être montrés. Nous avons besoin d'être choqués dans notre indifférence et notre stupidité.

Et cela s'aggrave (ou s'améliore) encore. Ce que j'ai appelé les nouvelles réalités des sciences – en particulier la biologie évolutive, la physique quantique et la cosmologie – ajoute énormément à l'urgence et à la plausibilité de ces mêmes directions de pensée et de spéculation. Et ces sciences, bien sûr, sont au cœur même d'une grande partie de la science-fiction, de sorte que ces développements ont de l'importance, et beaucoup d'importance. Je pense à des idées telles que l'évolution de la vie organique et le fonctionnement de la molécule d'ADN (que nous ne comprenons pas vraiment), la possibilité d'une réalité virtuelle ou simulée de la réalité telle que nous la percevons, la participation de la conscience au monde physique dans certaines interprétations de la mécanique quantique, et la notion d'un univers-bloc, une cosmologie dans laquelle le passé, le présent et le futur sont tous déjà existants. Ces idées étaient autrefois toutes rejetées ou prenaient d'autres formes métaphoriques (comme la fameuse caverne de Platon et le spectacle des ombres – un film ancien ou une technologie projective). Elles sont maintenant sérieusement envisagées comme la façon dont les choses pourraient être.

Ces nouvelles réalités, en outre, interrogent jusqu'à l'existence et la structure mêmes de la matière, qui n'est presque certainement pas non plus ce qu'elle semble être. Par exemple, l'informaticien et philosophe néerlandais Bernardo Kastrup a fait valoir qu'il est grand temps que les scientifiques acceptent les conclusions étonnantes de la mécanique quantique, à savoir « que le monde quotidien que nous percevons n'existe pas tant qu'il n'est pas observé », ce qui, à son tour, indique « un rôle primordial de l'esprit dans la nature », un esprit, qui plus est, qu'il considère clairement comme « transpersonnel » dans sa portée et sa réalité : « Il comprend mais transcende de loin toute psyché individuelle » (Kastrup, Stapp, Kafatos, 2021, p. 120-121). Kastrup s'est également opposé à la pensée habituelle selon laquelle les intellectuels qui étudient les phénomènes paranormaux, comme les expériences de mort imminente, font toujours un mauvais usage ou un usage abusif de la mécanique quantique. Parfois, ils le font. Parfois, ce n'est pas le cas. Et les résultats de la mécanique quantique rendent des domaines comme la parapsychologie beaucoup plus pertinents et plausibles (Kastrup, 2021, p. 125-142 ; voir chap. 12).

Certains auteurs peuvent embrouiller la question et utiliser un langage malheureux, mais leur intuition de la mécanique quantique et des phénomènes paranormaux va généralement dans la bonne direction. En fin de compte, pour Kastrup au moins, il semble bien que la conscience n'évolue pas, mais qu'elle est simplement là, une caractéristique transpersonnelle constante et préexistante du monde naturel ; et que toutes les soi-disant « avancées » des neurosciences et de la psychologie cognitive sont hors sujet, car elles étudient le logiciel et le matériel métacognitif du cerveau humain et non la conscience elle-même. Ils sont profondément à côté de la plaque, contournant le problème difficile de la conscience (voir chap. 13), même s'ils s'imaginent, à tort, qu'ils le résolvent (Kastrup, 2021, p. 181). Ce n'est pas le cas.

Tout ceci est très pertinent pour le sujet qui nous occupe. Comme pour les auteurs d'études sur la mort imminente qui utilisent la mécanique quantique pour donner un sens à leurs données, les mêmes nouvelles réalités scientifiques sont actuellement utilisées dans les récits autobiographiques populaires d'états mystiques et d'expériences religieuses comme de nouvelles métaphores et de nouveaux langages pour donner un sens à des événements autrement étranges, parfois *de l'intérieur* et *en tant* qu'expériences elles-mêmes. La transcendance et l'éternité, par exemple, sont remplacées par l'hyperdimensionnalité (« J'ai été déplacé dans une autre dimension ») et l'univers-bloc (« J'ai connu tous les temps à la fois »). Voilà ce qu'il n'est pas rare de retrouver. Bien sûr, ces langages métaphoriques peuvent aussi être erronés ou inadéquats, mais le fait est que de telles expériences ne sont pas inexplicables, pour autant que nous soyons prêts à abandonner nos anciens modèles et à expérimenter les nouvelles réalités et métaphores des sciences.

D'autres scientifiques et intellectuels, comme le neuroscientifique américain Donald Hoffman et le directeur australien des études de sécurité internationale James Derrian, ont défendu à peu près la même thèse : il est plus que temps d'intégrer les modèles de la mécanique quantique dans nos convictions culturelles, philosophiques et psychologiques les plus fondamentales, voire dans nos valeurs politiques et nos activités diplomatiques, même si cela oblige à repérer différemment la réalité. Fini le matérialisme du XIXe siècle. C'était le passé. C'est maintenant.

Ce qui me ramène à mon point de vue : la science-fiction est depuis longtemps en avance sur ces principes, dans toutes les directions ici envisagées. Kastrup pourrait se plaindre, à juste titre, que « [b]izarrement, la culture populaire est encore dominée par les contraintes d'un réalisme local naïf que la MQ [mécanique quantique] a définitivement relégué à la poubelle de l'histoire », mais la science-fiction n'a pas été aussi limitée (Kastrup, 2021, p. 126). Au contraire, elle a pris les devants. Et il ne s'agit pas seulement de la mécanique quantique. Il y a aussi la biologie de l'évolution et la cosmologie. La science-fiction est là où ça se passe. Et c'est l'une des raisons profondes pour lesquelles le paranormal, je dirais, est également devenu une sorte de clé.

En termes d'exemples américains récents, nous pouvons remonter à *La Quatrième Dimension* (1959-1964) ou *Au-delà du réel* (1963-1964) de Rod Serling, qui pourraient même avoir joué un rôle dans les premiers récits américains d'enlèvements par des extraterrestres. En effet, un épisode diffusé le 10 février 1964 montrait les yeux panoramiques des extraterrestres, quelques semaines avant que le postier afro-américain Barney Hill produise un dessin similaire, à la suite de séances d'hypnose conduites pour retrouver le souvenir d'un moment oublié (pour les citations, une discussion et mes doutes, voir Kripal, 2011, p. 79-81).

Mais nous pouvons aussi faire un saut dans les années 1990 et le nouveau millénaire avec des séries comme *The X-Files : aux frontières du réel* (1993-2018) ou *Heroes* (2006-2010). Ce sont des séries télévisées. La liste des films semble infinie. Citons notamment *2001 : L'Odyssée de l'espace* (1968), *Rencontres du troisième type* (1977), *Incassable* (2000), *L'Incroyable Destin d'Harold Crick* (2006), *L'Agence* (2011), *Her* (2013), *Interstellar* (2014), *Lucy* (2014), *Premier contact* (2016) et *Nope* (2022). Et ce, avant de parler des séries télévisées actuelles diffusées en continu, comme *Tales from the Loop* (2020) et *Undone* (2019-2022) d'Amazon, ou *UFO* (2021), une série de quatre épisodes de Showtime. Comme j'aime à le dire, le secret est à la vue de tous. Nous sommes littéralement en train de le regarder. En fait, nous le regardons en streaming.

3. Ma plainte auprès des réalisateurs

Je parle souvent d'une plainte que je formule depuis longtemps. Je l'ai récemment évoquée dans la postface d'un nouveau recueil important d'essais sur la bande dessinée et la mythologie comparée (Kripal, 2023). Comme cette question se cache derrière le présent essai, il est bon de l'exposer à nouveau au grand jour. Il y a quelque temps, j'ai aidé à inviter un certain nombre de professionnels du cinéma de Los Angeles à Big Sur, en Californie, à l'Institut Esalen, pour une semaine d'échanges sur la culture populaire et le paranormal. À l'époque, j'écrivais *Mutants and Mystics* et j'avais une question : « Pouvez-vous faire un film sur le paranormal qui n'implique pas de lycra, de choses qui explosent ou de gens qui se frappent ? » (J'espérais qu'Esalen et ses intellectuels pourraient essentiellement servir d'intermédiaires entre les cinéastes et les experts de l'histoire du paranormal).

Leur réponse a été assez simple : « Non ».

Quand j'ai demandé pourquoi, ils ont répondu tout aussi crûment : « Parce que nous ne savons pas si cela va faire de l'argent. Nous savons ce qui rapporte de l'argent, et donc nous le faisons. » Leurs réponses étaient en vérité plus sophistiquées et plus prudentes que cela. Ils ont souligné que la grande majorité des superproductions d'aujourd'hui reposent sur des images de synthèse et que ces effets spéciaux particuliers sont extrêmement coûteux. Ces dépenses entraînent des coûts de production très élevés, de l'ordre de plusieurs centaines de millions de dollars pour une superproduction typique et les studios n'ont donc aucune envie de prendre des risques en faisant les choses différemment. C'est une question de bon sens économique. Mais ce n'est toujours pas un bon sens historique, puisque tant d'expériences paranormales solides arrivent à des gens ordinaires dans des circonstances extraordinaires.

Nous pourrions énumérer une infinité d'exemples ici, mais l'un d'entre eux, récent, est *The Premonitions Bureau* de Sam Knight, un livre non fictionnel sur un cas historique réel de précognition dans le Pays de Galles moderne, qui impliquait un tragique accident dans une mine de charbon et des prémonitions très précises de la part de deux individus, y compris la prémonition de la mort précoce du protagoniste central (Knight, 2022). Pourquoi ne pouvons-nous pas voir un film sur *ce sujet*, sur le paranormal en tant que réalité et fait historique d'importance, et non en tant qu'irréel ? Pourquoi traduire tout cela en spandex et en coups de poing ?

Pour être plus précis, pourquoi restreindre le paranormal et le superhumain au divertissement et à la fantaisie ? Pourquoi ne pas situer le superhomme là où il trouve clairement son origine – dans l'histoire intellectuelle et la philosophie (comme l'*Übermensch* de Friedrich Nietzsche ou le superhomme de William James), ou, plus loin, dans l'histoire globale des religions et le défilé sans fin des dieux venus du ciel et de leurs déifications par des êtres humains ?

Voici un autre exemple. De nombreux cinéastes ont repris les nouvelles et les romans de science-fiction d'un auteur américain comme Philip K. Dick, mais *aucun* n'a osé faire un film sur l'irruption métaphysique dans le monde réel et les expériences mystiques et paranormales ultérieures du maître de la science-fiction, une série d'événements qui s'est poursuivie pendant des mois et qui a donné naissance aux trois derniers romans de Dick (en réalité quatre romans, dont celui de mon épigraphe, *Radio libre Albemuth*). Dick lui-même a clairement identifié ces événements comme la source et le futur secret de sa fantastique créativité littéraire et philosophique, y compris celle de ses travaux passés, qu'il a clairement compris comme menant à cette ouverture métaphysique : le futur guidait, attirait magnétiquement à lui le passé. Alors pourquoi cette déconnexion ? Pourquoi cette incapacité à traiter Philip K. Dick comme Philip K. Dick ? C'était une personne réelle, après tout, et il a vraiment vécu ces expériences de science-fiction. Ses dernières fictions sont à peine des fictions.

Pour prendre un exemple évident, un personnage nommé « Phil Dick » est un protagoniste central de *Radio libre Albemeuth*. Dans les premières pages, l'auteur qualifie alternativement de « paranormale » et de « mystique » une expérience vécue par Nicholas Brady, le personnage central et une autre doublure à peine fictive de lui-même, avant de donner à cet esprit cosmique non humain parlant depuis l'espace son premier nom publié : « Valis System A », pour « Vast Active Living Intelligence System A » (« Vaste système d'intelligence active A ») (Dick, 1985, p. 7, 8, 10, 21-22)[1]. La première expérience paranormale qui marque le début de cette révélation particulière dans le roman implique une visite du futur soi de Brady pour prendre de ses nouvelles, après quoi Brady réveillé proclame, dans son allemand du lycée (que Dick avait aussi), « *Ich bin's* ». « Je le suis » (Dick, 1985, p. 10).

La relation évidente entre sa révélation de science-fiction de l'Esprit cosmique et le néoplatonisme, la spiritualité hermétique et le Logos de la pensée mystique chrétienne est-elle le problème ici ? Dick a justement fait ces comparaisons, à son époque. Il savait que l'histoire des religions constitue un précédent de longue date et diversifié pour nos superhumanismes contemporains. Ou bien est-ce la façon tout aussi évidente dont l'expérience et les convictions de Dick résonnent avec l'histoire de la folie et de la psychopathologie ? Il y a des choses assez étranges, ou simplement folles, dans les derniers romans de Dick. Il était clairement en train de devenir fou. Et il a passé un certain temps dans un hôpital psychiatrique. Nous le savons.

Mais en quoi *cela* résout-il quelque chose ? Cela ne fait-il pas que repousser la question une fois de plus, ou la rouvrir entièrement ? Peut-être que l'individu schizophrène ou psychotique, après tout, voit vraiment quelque chose, sait quelque chose, sur le réel, même si c'est de manière déformée, incontrôlée et manifestement douloureuse. Dick le pensait certainement (Dick, 1964, 1965 ; et pour deux analyses très différentes des états mystiques et psychopathologiques, voir Eisenbarth, 2014 ; Kusters, 2020). Je pense personnellement que le traumatisme est la clé de tout cela : quelque chose doit « ouvrir » la personne ou l'ego avant qu'un tel sujet puisse savoir et voir de ces nouvelles façons. Et cette scission est rarement agréable et encore moins utile sur le plan social. Elle est souvent, franchement, psychopathologique (voir chap. 9). Elle compromet sérieusement, voire détruit, son hôte ou son médium.

Dick lui-même était profondément réfléchi et souvent assez drôle à propos de cette relation entre la folie, l'expérience paranormale et la créativité littéraire, si « drôle » est le mot juste ici (je pense qu'il l'est dans le cas de Dick). À un moment donné dans *Radio libre Albemeuth*, il parle, en tant que lui-même, en tant que « Phil Dick », à Nicholas Brady, qui vit exactement ce que Dick venait de vivre dans sa propre vie avec Valis, l'entité non humaine, le « plasmate » ou l'être d'énergie provenant des étoiles qui vit maintenant dans le ciel et qui a envahi ou pris possession de son corps, lui parlait par télépathie et programmait son esprit vers une

1. Bien que publié post-mortem, ce roman fut en réalité écrit juste après l'expérience Valis et juste avant ce qui est généralement appelé la Trilogie Valis, soit les trois romans de Dick basés sur l'irruption métaphysique : *Valis* (1981), *L'invasion divine* (1981) et *La transmigration de Timothy Archer* (1982).

fin ou une signification lointaine. En fait, c'est Phil Dick qui parle à Phil Dick dans le roman. Nicholas pose à l'écrivain de science-fiction une question évidente, à savoir s'il a déjà utilisé son expérience de Valis pour une intrigue dans un roman de science-fiction. Phil y répond sans ambages : « Non, j'ai répondu en toute franchise. Je n'ai jamais utilisé ce que tu m'as dit. Trop abusé » (Dick, 1985, p. 85).

Sauf qu'il l'a fait. Et ça ne l'était pas. C'était en fait la clé de tout.

4. *X-Men* juste à temps

J'ai commencé à réfléchir à ces questions en 2005 et 2006. Alors que je terminais une historiographie du mouvement californien pour le potentiel humain, qui avait pris racine à l'Institut Esalen, à Big Sur, en Californie, je me suis retrouvé obsédé par les bandes dessinées de mon adolescence – une régression inoffensive de la quarantaine, peut-être, mais pas vraiment bon marché (Kripal, 2007). Je me suis retrouvé à conduire jusqu'à des magasins de bandes dessinées à Houston, au Texas, et à payer des sommes embarrassantes pour des premières éditions très prisées mettant en scène tel ou tel type de gars musclé ou de fille bien roulée en collants. Je me suis demandé pourquoi je faisais ça. Une série de synchronicités étranges mais significatives ont suivi, l'une d'elles impliquant la découverte littérale d'un « X » dans un parking brûlant du Texas, alors que je venais de voir un film *X-Men* en 2006 (voir Kripal, 2011, p. 28-30).

Puis j'ai été frappé de plein fouet. L'idée maîtresse du mouvement du potentiel humain est que les expériences mystiques et les capacités psychiques sont des « bourgeons évolutifs » de l'espèce humaine, des manifestations précoces de « l'avenir du corps », comme le dit Michael Murphy (1993), l'un des cofondateurs du mouvement, dans son ouvrage majeur sur lequel je venais de terminer d'écrire. Mais c'est aussi l'idée clé des bandes dessinées de mon adolescence, et en particulier de la mythologie des *X-Men* qui est devenue le socle mythique de l'univers Marvel au cours des dernières décennies (il s'agissait d'un scénario de seconde zone, le plus souvent ignoré, lorsque je grandissais dans les années 1960 et 1970, avant qu'il n'adopte une véritable diversité raciale, sexuelle et culturelle en 1975 avec une nouvelle équipe).

Qui plus est, Esalen et les *X-Men* ont été créés exactement au même moment : le mouvement mystique fin 1962, la mythologie mutante fin 1962 puis début 1963. Quelque chose résonnait clairement entre l'ésotérisme évolutionniste de la côte Ouest pour les adultes et la mythologie évolutionniste de la côte Est pour les enfants (voir Kripal, 2009). Mais quoi ? Lorsque j'ai commencé à essayer de répondre à cette question par des études de cas d'auteurs et d'artistes particuliers, les choses sont devenues de plus en plus étranges, c'est-à-dire de plus en plus réelles.

5. Artistes et auteurs de l'impossible

Comme je l'ai montré dans *Mutants and Mystics*, les auteurs et les artistes de la culture populaire relatent souvent des expériences paranormales, et ils identifient tout aussi souvent ces événements comme la source la plus profonde de leurs pouvoirs créatifs, à l'instar de Philip K. Dick. Quelques exemples rapides, qui ne sont en fait que des évocations, s'imposent ici.

Jack Kirby est probablement l'artiste de bande dessinée le plus important et le plus influent du XXe siècle, ayant cocréé avec le scénariste Stan Lee un grand nombre de super-héros de la culture populaire américaine actuelle. Tout cela est connu de tous. Ce que l'on sait moins, c'est que Kirby était fasciné, voire obsédé, par l'hypothèse des « anciens extraterrestres » (parfois appelée thèse du paléocontact dans les milieux plus modérés et sérieusement envisagée par le jeune Carl Sagan), les ovnis, les énergies métaphysiques, la télépathie, la précognition – toutes les choses « paranormales ». Pour Kirby, « superpouvoir » et « paranormal » étaient des termes plus ou moins interchangeables, et il considérait clairement les deux comme des potentiels humains réels (voir Kripal, 2011, p. 131-155). Ceci est d'une importance particulière, véritablement immense, puisque c'est Jack Kirby, en collaboration avec l'écrivain Stan Lee, qui a créé la majeure partie de l'univers Marvel, qui domine aujourd'hui le paysage culturel en tant que franchise Disney.

Et ces trajets du paranormal vers la culture populaire n'ont pas disparu avec la disparition de Jack Kirby. Alan Moore et Grant Morrison sont deux des plus grands auteurs de bandes dessinées de ces dernières décennies. Tous deux sont des mages avoués, profondément impliqués dans diverses pratiques occultes. Moore rapporte une « expérience magique complète » le 7 janvier 1994, peu après avoir atteint une sorte de point final dans l'écriture de la série *Watchmen*. Cette expérience l'a ensuite conduit à d'autres ouvertures, dont une impliquant l'apparente transcendance du temps lui-même (qui fait intervenir la « cosmologie des blocs » évoquée plus haut). Morrison, dont les écrits ont profondément inspiré les films *X-Men* du début du XXe siècle, rapporte une expérience de contact la même année, au Népal, avec des êtres argentés de la cinquième dimension. Il explique que leur intrusion en cinquième dimension dans son monde tridimensionnel l'a aidé à se rapporter au monde bidimensionnel de la page de bande dessinée à partir de sa propre perspective tridimensionnelle (voir Kripal, 2011, p. 8-24). Il développera plus tard ces événements paranormaux dans ses mémoires, intitulées, comme il se doit, *Super-dieux*.

Barry Windsor-Smith est une autre légende dans le monde de l'art fantastique. Windsor-Smith (sous le nom de Barry Smith) a pris d'assaut le monde de la bande dessinée et a élevé son art à de nouveaux niveaux de sophistication avec ses rendus étonnamment détaillés de *Conan le Barbare* au début des années 1970. Je le sais. J'étais un enfant à l'époque et je lisais ces mêmes bandes dessinées. Au tournant du millénaire, l'artiste, aujourd'hui connu sous le nom de Barry Windsor-Smith, a publié une autobiographie illustrée en deux volumes intitulée *Opus*. Son thème central est une boucle temporelle datant de 1973, au cours de laquelle l'artiste a vécu dans son atelier deux séries d'événements qu'il avait déjà vus, avec des détails précis, lors d'un rêve éveillé et d'une vision éveillée, trois ans auparavant. Cette précognition de trois ans a ensuite catalysé, un peu comme le Valis de Dick, des mois de pouvoirs paranormaux et de révélations métaphysiques qui ont complètement bouleversé le jeune artiste. En effet, il lui a fallu près de trente ans pour accepter ces événements qui ont changé sa vie et pour en parler au public (voir Kripal, 2011, pp. 256-268).

Ou considérez l'œuvre d'Octavia E. Butler, un auteur que je n'ai pas traité dans mon livre mais que j'aurais dû aborder. Butler a remporté les prix Hugo et Nebula, deux des plus hautes récompenses de la science-fiction américaine. Elle est souvent considérée comme l'une des pionnières de l'afrofuturisme. Et ce n'est pas sans raison. Son avenir n'est pas seulement celui des Noirs, mais aussi celui où le mélange de toutes les races est la norme souhaitée et non l'exception. Son message central est que nous façonnons Dieu, tout comme il nous façonne. « Dieu est changement », comme elle le chantait dans ses derniers romans.

Et elle le pensait littéralement, physiquement, scientifiquement. L'évolution est l'un des aspects de ce Dieu ou univers changeant, mais la société et les gens le sont tout autant. Il n'est pas surprenant que ses livres aient été interdits dans de nombreux États et prisons fédérales des États-Unis en raison de leur affirmation évidente des peuples marginalisés, du mélange de toutes les essences ou natures, et d'un sens aigu de la justice sociale et de la stupidité et de la violence sociales. Elle était également présciente, presque précognitive. Des livres comme la *Parabole du semeur* et la *Parabole des talents* ressemblent étrangement à la description d'une Amérique aux tendances totalitaires sous le président Donald Trump[1]. Ce dernier roman contient même l'expression « *Make America great again* » (Butler, 2016a, p. 31-38).

Peut-être que le message central de Butler sur le tard a été capturé dans *Earthseed*, l'enseignement de l'un de ses personnages centraux, Laura Oya Olamina, une femme qui souffre d'hyperempathie, une sorte de défaut de naissance résultant de la consommation de drogues qui entraîne le partage des souffrances physiques ou de la douleur réelle de ceux qui souffrent ou meurent dans son environnement immédiat. L'hyperempathie est une sorte de malédiction, mais aussi un don qui fait de chacun ce qu'il est. *Earthseed* implique que l'espèce humaine se prépare à ensemencer les autres planètes et, éventuellement, les autres étoiles. C'était une vision cosmique de l'espèce, et une vision fondamentalement matérielle. Voici la vision :

> « Nous sommes tous des graines divines, mais ni plus ni moins que n'importe quel autre aspect de l'univers, la graine divine est tout ce qu'il y a – tout ce qui change. La graine de la Terre est tout ce qui répand la vie terrestre sur de nouvelles terres. L'univers est graine de Dieu. Seulement nous sommes des graines de la Terre. Et le destin des graines de la Terre est de prendre racine parmi les étoiles » (Butler, 2016b, p. 87).

Earthseed est lui-même une série d'appropriations ou une collection de vérités des sciences et des humanités de l'époque de l'auteur, en particulier l'histoire, la science, la philosophie, la religion et la littérature. Ces éléments sont cependant assemblés d'une manière nouvelle, comme le sont tous les collages comparatifs de ce genre.

1. *https://religionunplugged.com/news/2020/11/13/sci-fi-writer-octavia-butlers-baptist-upbringing-helped-her-predict-2020-chaos-with-the-parable-of-the-sower.*

Pour Lauren, le personnage central de Butler, *Earthseed* n'est pas une fiction. Elle est vraie (Butler, 2016a, p. 137). C'est aussi une réponse à ce qui ne fonctionne pas et ne fonctionnera pas dans le futur, c'est-à-dire le christianisme. Le père de Lauren était un ministre baptiste. Elle admire et aime clairement son père, mais elle rejette aussi sa religion comme étant tout simplement inadéquate. Elle ne peut pas fonctionner pour *Earthseed*, qui est la religion d'un futur humain physique et spatial et non une collection des désormais incroyables croyances du passé.

6. L'esprit et la matière sont la même volonté

Il existe également des courants psychédéliques forts et puissants dans ces genres de science-fiction et de paranormal. En effet, ces courants sont à peu près partout, même lorsqu'ils ne sont pas notés ou avoués comme tels. Parfois, cependant, ils sont avoués et décrits avec force détails, comme dans l'autobiographie classique de Terence McKenna, *True Hallucinations* (1993). Écoutez ses descriptions des effets de l'une de ces molécules, aujourd'hui communément consommée sous forme de thé mélangé, l'ayahuasca :

> « Ces plantes ont longtemps été associées à des capacités télépathiques et à des exploits paranormaux… Sous l'influence du DMT [diméthyltryptamine], le langage était transformé d'une chose entendue en une chose vue. … Juste une touche de superhumain… Je pourrais imaginer un grand nombre de possibilités de science-fiction, à condition qu'on ne me demande pas de croire que je suis sur le point d'assister personnellement à leur découverte ou à leur déclenchement. Mais c'est ce que disait Dennis [son jeune frère] : nous étions en quelque sorte tombés sur l'expérience déclencheuse pour l'ensemble du monde humain qui transformerait la base ontologique de la réalité de sorte que l'esprit et la matière deviendraient partout la même chose et refléteraient parfaitement la volonté humaine » (McKenna, 1993, p. 3, 7, 52, 91).

Je cite ce passage parce qu'il s'agit d'une description presque parfaite de ce que j'ai appelé ailleurs le monisme à double aspect, c'est-à-dire la position philosophique selon laquelle la réalité est ontologiquement une ou non duelle mais qu'elle se divise en deux dimensions épistémologiques (une dimension subjective et une dimension objective, ou « esprit » et « matière ») dans et comme l'être humain connaissant (voir chap. 12). Comme chez Arthur Schopenhauer, d'ailleurs, ou Nietzsche sur un mode très différent, c'est la volonté qui combine ces deux dimensions, qui se trouve derrière ou au-delà des deux.

J'ai abordé certains de ces courants psychédéliques ailleurs, surtout dans mon histoire du mouvement du potentiel humain, mais aussi dans mon récent travail sur les courants superhumains des sciences humaines, de Schopenhauer à Docteur Strange en passant par Nietzsche et William James (voir Kripal, 2007, 2022, en particulier : p. 100-110, 124-125). Je souhaite uniquement les évoquer ici.

*

Je veux consacrer la seconde moitié du présent chapitre à mes questions initiales sur la relation entre le paranormal et la créativité artistique au sein de la culture populaire américaine. Il y a en fait deux questions ici. Premièrement, pourquoi la culture populaire est-elle devenue *le* lieu où la société américaine s'enthousiasme pour le paranormal et le superhumain ? Deuxièmement, que penser du déni ou de l'effacement simultané du paranormal dans la société professionnelle d'élite, en particulier dans les sciences et le monde académique en général ? La deuxième question peut être formulée de manière plus émotionnelle : pourquoi le mot « paranormal » rend-il les personnes privilégiées si ouvertement nerveuses ou même parfois carrément méchantes ?

Je pense que ces deux questions sont très liées, et qu'il existe de multiples réponses. Je peux penser à au moins six façons d'envisager les problèmes en question :

1. les raisons et les résistances rationnelles ou académiques ;
2. les structures théologiques autour du théisme orthodoxe, qui continue à être l'ontologie de base du monde moderne, même lorsque la théologie en soi est niée ou occultée ;
3. la peur psychospirituelle du psi, et partant du super-psi, et ses racines historiques plus profondes dans le rejet théiste de la pratique magique comme déification humaine potentielle ;
4. la neuro-anatomie humaine, ou le simple fait que l'esprit ou la conscience est médiatisé et exprimé par deux cerveaux distincts mais reliés entre eux ;
5. un soupçon moral concernant la race et les profondes racines historiques africaines du paranormal ;
6. les réalités de la souffrance et du mal dans la phénoménologie de la possession, de la maladie mentale, de la hantise et des phénomènes négatifs connexes. Permettez-moi de traiter chaque réponse à tour de rôle.

7. Résistances rationnelles

Nous pouvons commencer par noter les raisons rationnelles, qui sont aussi les raisons académiques historiques. Historiquement, l'intérêt pour les phénomènes paranormaux a migré hors de l'académie, où il a en fait commencé dans la seconde moitié du XIXᵉ siècle avec des personnalités comme Alfred Russel Wallace, Friedrich Nietzsche, Frederic Myers et William James, et dans le domaine de la culture populaire aux XIXᵉ et XXᵉ siècles avec l'essor de la photographie, du cinéma et du complexe de divertissement moderne[1]. Tous les mots que nous utilisons aujourd'hui (de « psychique » à « paranormal ») ont été inventés par des scientifiques et des intellectuels pour donner un sens à des phénomènes qu'ils savaient parfaitement exister mais qui les déconcertaient. Au cours du XXᵉ siècle, la montée du behaviorisme, du

1. NdT : voir à ce sujet Berton (2015).

matérialisme marxiste, du constructivisme social, de la modélisation informatique du cerveau, des neurosciences réductrices et de l'analyse du discours (dérivée d'une lecture partielle de Nietzsche) a contribué à expulser les catégories du psychique et du paranormal, voire la nature de l'expérience elle-même, du monde universitaire, ainsi que les notions d'âme, d'esprit et, désormais, de l'esprit lui-même, en tant que sujets de recherche légitimes méritant un soutien financier et institutionnel.

Il y a également eu des développements historiques très raisonnables et très puissants qui ont rendu une telle recherche presque impensable ou qui l'ont inévitablement entachée de fascisme et de totalitarisme. L'adoption du surhomme de Nietzsche par le parti national-socialiste allemand (les nazis) et la même adhésion politique à l'« âme » païenne (*Seele*) de la nation allemande ont jeté un long et toujours mortel voile sur pratiquement toutes les discussions sur le paranormal et l'occulte en Allemagne et dans toute l'Europe, et ce malgré le fait que les termes « occulte » et « parapsychologie » ont été inventés par des intellectuels allemands à la fin du XIXe siècle.

La science elle-même, notamment sous la forme des neurosciences contemporaines, a également contribué à cette mise à l'écart. La seule interprétation possible de la science s'est figée du côté d'une forme de matérialisme. L'esprit est devenu le cerveau, c'est-à-dire de la matière chaude et molle qui s'active dans des boucles et des circuits incroyablement compliqués, qui créent à leur tour l'illusion superficielle de la conscience, et ce malgré l'échec total de tout modèle explicatif à établir une telle confusion. La corrélation a toujours été confondue avec la causalité. La situation est devenue tout aussi désastreuse dans les sciences humaines. Une ancienne recherche philosophique importante comme la phénoménologie d'Edmund Husserl, qui visait à créer une nouvelle science de la conscience pure ou absolue, de l'ego transcendantal, et à mettre entre parenthèses ce qu'il appelait « l'attitude naturelle » (en fait, toute l'expérience ordinaire et le matérialisme scientifique), n'existe tout simplement plus ou est très impopulaire. Les réductions sans fin de l'expérience humaine au langage, à la représentation, à la société et à la mauvaise politique (mais sans sujet réel) sont devenues la norme. Ce que Husserl voulait distinguer comme étant l'« attitude naturelle » est devenu la seule attitude acceptable.

Dans un tel contexte politique, scientifique et intellectuel, où donc peuvent aller les expériences paranormales qui impliquent les limites les plus fantastiques ou transcendantes de la subjectivité par rapport à l'environnement physique ? Avez-vous déjà vu une annonce de recherche universitaire, où que ce soit, pour un parapsychologue ou un historien de la littérature paranormale ? Moi non plus. Avez-vous déjà parlé à un physicien ou à un humaniste des preuves historiques très documentées de la lévitation humaine ? Moi, oui. Ça ne se passe pas très bien.

Une autre complexité qui s'additionne ici est ce que certains ont appelé le « troisième déplacement » ou, si l'on est influencé par la psychanalyse, la « quatrième vexation ». La première expression est utilisée par un auteur théologique comme John Hart pour expliquer comment les êtres humains ont d'abord été déplacés par la révolution copernicienne, qui a définitivement montré que nous ne sommes pas au centre de l'univers, puis par l'évolution darwinienne, qui a définitivement montré que nous sommes une espèce de transition et que nous avons évolué à partir d'organismes plus simples. Freud a décrit la découverte fondamentale de la psychanalyse – à savoir que la plupart des comportements humains sont contrôlés par l'« inconscient » et non par le moi social conscient – comme la « troisième vexation » portée à l'humanité. Par conséquent, la prise de conscience que nous ne sommes pas seuls dans le cosmos constitue soit le « troisième déplacement », pour utiliser le langage de Hart, soit la « quatrième vexation », pour invoquer un registre plus freudien[1]. Dans un cas comme dans l'autre, l'attention portée actuellement, en particulier au phénomène ovni en tant qu'extraterrestre ou ultra-terrestre, est une très grande affaire, probablement bien plus grande que ce que nous pouvons imaginer ou ressentir individuellement. Cela contribue également à expliquer les résistances rationnelles ou raisonnables à ce phénomène. Les gens ne veulent pas être déplacés ou changés.

8. Les structures théologiques et la peur du psi

De telles expériences ne peuvent être pleinement explorées là où elles résident clairement – dans les religions elles-mêmes. Les religions, après tout, ont généralement rejeté les expériences paranormales, à nouveau pour des raisons compréhensibles. Après tout, de tels événements ne s'intègrent souvent pas dans les structures doctrinales et institutionnelles des systèmes religieux qui, du moins en Europe et aux États-Unis, sont généralement de nature monothéiste (je veux dire par là qu'ils partent de la croyance en l'existence d'un Dieu unique en dehors ou au-delà du monde naturel).

C'est en fait l'origine théologique du XIIIe siècle de la catégorie du « supernaturel » ou « surnaturel ». Le nouveau super-mot latin (*supernaturalis*) faisait référence à un événement miraculeux dont la cause était en Dieu, et non dans le monde naturel. D'où le super-, comme dans « au-dessus » ou « en haut » (Kripal, 2022, p. 139-162). Le supernaturel, en tant que catégorie, a été façonné pour déterminer la sainteté traditionnellement acceptable, c'est-à-dire pour séparer une sainteté doctrinalement correcte des vies doctrinalement et moralement non valables de ceux autour desquels le merveilleux a souvent fait irruption. La catégorie du supernaturel a également été façonnée pour donner un sens aux phénomènes physiques « impossibles » de l'expérience mystique, comme les stigmates de François et les lévitations de centaines d'êtres (super) humains, dont celle de François (voir en particulier, Eire, 2023). Le supernaturel, en somme, a été créé pour discerner les lignes doctrinales et morales de ce que nous appelons aujourd'hui le paranormal, que les siècles précédents classaient précisément dans ces termes théologiques antérieurs : le supernaturel, le préternaturel, le démoniaque, etc.

1. Voir par exemple Hart (2020), le troisième et dernier livre de sa trilogie, « Contact cosmique : rencontres rapprochées avec l'Altérité ». Pour la part psychanalytique, voir Parsons (2022).

C'est une chose, après tout, de situer la cause d'un miracle en dehors du monde naturel en Dieu, en particulier un Dieu que l'on adore et auquel on s'identifie. C'en est une autre de suggérer que ce sont des capacités humaines qui se situent carrément dans la « nature », quelle qu'elle soit. Comme nous l'a si bien appris le philosophe analytique Stephen Braude dans une longue série de livres et d'essais étonnants, en travaillant sur les bases établies par le psychanalyste et parapsychologue Jule Eisenbud, nous craignons le psi, en particulier ses prolongements psychocinétiques en tant que « super-psi » (un autre super-mot). De plus, nous nions généralement que ces pouvoirs puissent être utilisés à des fins douteuses ou immorales, bien que l'histoire de la magie nous montre clairement qu'ils peuvent l'être et qu'ils le sont, encore et encore (voir par exemple, Braude, 1986, 2014, 2020).

Si nous ne souhaitons pas adopter le registre monothéiste de nos ancêtres catholiques européens (j'ai personnellement beaucoup de sympathie pour ces derniers, mais je ressens également de sérieuses différences), nous pouvons très bien considérer les expériences paranormales comme des événements « supernaturels », c'est-à-dire comme des expériences religieuses *avant* la religion, comme des éléments de construction religieuse qui ne sont pas encore devenus des structures religieuses. En tant que tels, ces événements pourraient être la preuve de notre propre supernature avant que nous ne projetions cette supernature dans « Dieu » et que nous la niions, la craignions ou l'adorions comme altérité. C'est pourquoi l'histoire de la magie est si importante ici : *l'histoire de la magie situe généralement le pouvoir superhumain dans l'être humain, et non dans une divinité externe*, même si, oui, bien sûr, des divinités externes et diverses entités (anges, démons, esprits de la nature, etc.) peuvent être engagées pour actualiser ces pouvoirs potentiels[1].

Pourtant, ce que nous pourrions appeler l'hypothèse de Dieu reste plus que plausible et éminemment compréhensible. Peut-être est-elle également vraie. Je ne veux pas présumer qu'elle est fausse. Je veux dire, où tracer exactement la ligne entre le sujet humain et le sujet divin dans ces moments particuliers ? Il existe différentes théologies, bien sûr. Adoptons-nous une distinction traditionnelle et doctrinalement correcte entre l'humain et le divin ? Ou bien adoptons-nous une position plus gnostique selon laquelle l'âme humaine est un morceau ou une parcelle de Dieu, et que le monde physique est une sorte d'émanation qui partage, qui *est* la nature divine ?

Je pense personnellement que ces questions ou ces possibilités sont à l'origine de la diabolisation religieuse et du rejet du paranormal. Nous avons peur de ce qui pourrait bien être nous-mêmes, notre propre super-psi, pour utiliser la catégorie des parapsychologues contemporains. Nous avons peur de nous-mêmes. Et donc nous rejetons ces questions comme étant « irrationnelles » (alors qu'elles sont en réalité non rationnelles). Ou nous les vénérons comme Dieu. Ou, pire encore – et c'est ce qui me préoccupe le plus – nous en faisons un démon, un diable, un extraterrestre envahissant, quelque chose de mauvais. Et c'est ainsi qu'ils apparaissent comme tels. Ils nous donnent ce que nous voulons, ce que nous projetons.

1. NdT : voir sur les rapports entre religions monothéïstes et magie, Méheust (2015).

Un jour, j'ai fait une conférence à la Parapsychological Association. J'ai intitulé cet exposé « Pourquoi vous êtes si effrayants ». Je voulais que ce soit drôle. Je ne suis pas sûr que quelqu'un ait ri. En effet, les parapsychologues racontent fréquemment que, lorsqu'ils parlent de leur travail en public, ils sont souvent accusés de travailler avec le diable. Il y a de profondes raisons bibliques et théologiques à cela, mais aucune n'est plus importante que le simple fait que la parapsychologie, comme la pratique magique traditionnelle, situe le « psi » carrément dans l'être humain, ou dans les forces et les énergies du monde naturel. Le psi n'est pas « surnaturel ». Le psi, comme j'aime à le dire, est « super naturel ». Ou, pour employer un cadre théologique plus ancien, le psi est « préternaturel ». Et ce n'est pas bon, en tout cas pas pour leurs critiques théistes. Et c'est là que réside le défi théologique le plus fondamental. C'est pourquoi les parapsychologues sont si effrayants. Leur travail et leurs méthodes, si ce n'est leur personne, supposent que la force est supernaturelle.

9. Neuro-anatomie : chercher minuit à midi

Il y a manifestement d'autres raisons encore à la migration du paranormal dans la culture populaire, notamment le caractère insaisissable des phénomènes paranormaux et des processus inconscients. Ces dynamiques ne veulent apparemment pas être connues directement. Peut-être ne *peuvent*-elles pas être connues directement. Je pense qu'il se passe quelque chose de vraiment profond ici, quelque chose qui n'a pas été correctement ou pleinement théorisé et donc vraiment compris, en particulier dans nos cultures scientiste et humaniste qui autorisent les formes de connaissance « objectives » et technologiques ou, dans le cas des sciences humaines, autorisent les phénomènes « représentationnels » ou « sociaux », mais effacent rigoureusement les états non ordinaires de conscience et les ordres de connaissance très différents qu'ils expriment inévitablement.

Les phénomènes paranormaux, après tout, sont eux-mêmes des tromperies à l'égard du moi et de ses rationalités basées sur les sens. Ils représentent d'autres modèles d'esprit qui transcendent *de loin* tous les modèles strictement moïques ou sociaux qui sont acceptables aujourd'hui, y compris les modèles scientifiques et sociologiques. Si vous voulez, *l'impossible est élusif par nature*. La demande rationnelle de « preuve » ou d'« explication » occulte, efface, *rend invisible* ce que nous devons voir.

Pour reprendre une métaphore astronomique couramment invoquée dans la littérature de recherche psychique au XIXe siècle déjà, les étoiles ne peuvent être vues avec la lumière de la mi-journée. Elles sont complètement invisibles. Si nous n'avions que le créneau de midi pour les voir, aucun d'entre nous ne croirait que nous flottons en fait dans une mer d'étoiles. Dans cette métaphore, le soleil de midi représente la conscience rationnelle et son engagement envers les sens. Minuit représente les états non ordinaires de conscience – rêve, transe et vision – dans lesquels l'impossible apparaît si souvent sous forme codée ou traduite. Un état d'esprit occulte l'autre. Ils existent tous les deux, *mais pas en même temps*.

Il existe d'autres façons, moins métaphoriques, de dire la même chose, dont aucune n'est peut-être plus évidente et plausible que le modèle des deux hémisphères des neurosciences contemporaines, tel qu'il est expliqué et exploré par le psychiatre et spécialiste de la littérature d'Oxford Iain McGilchrist dans une série de livres extrêmement impressionnants : *The Master and His Emissary* (2009) et l'œuvre maîtresse en deux volumes, *The Matter with Things* (2021). Les sous-titres de ces livres résument bien l'argument : *Le cerveau divisé et le façonnement de la culture occidentale* et *Nos cerveaux, nos délires et le démantèlement du monde.* Ce que McGilchrist soutient, sur des milliers de pages, c'est que la culture occidentale a progressivement mis en avant et privilégié les épistémologies indirectes linéaires, causales et descriptives médiatisées par le cerveau gauche et a relégué au second plan, écarté, voire dévalorisé, les épistémologies plus directes symboliques, holistiques, comparatives et intuitives médiatisées par le cerveau droit.

Il existe de nombreuses versions populaires et techniques de cette thèse qui remontent aux années 1970, et le modèle, comme McGilchrist prend soin de le souligner, ne peut être interprété de manière trop rigide. La plupart des fonctions cérébrales sont en fait « globales », c'est-à-dire qu'elles impliquent les deux hémisphères. Pourtant, le modèle des deux hémisphères fonctionne, et de manière fantastique.

Ce qu'il faut retenir dans le contexte actuel ? Les phénomènes paranormaux sont probablement l'expression du cerveau droit qui essaie de communiquer avec le cerveau gauche par des signes et des histoires[1]. Ce dernier n'écoute pas, ou s'attend à des modes de communication « rationnels » de la part du cerveau gauche. Il ne fait pas attention, du moins dans la culture occidentale. Mais la vérité toute simple est que le cerveau gauche ne peut pas comprendre ce que dit le cerveau droit. En raison de cette impuissance, il prétend des choses ridicules, affirmant, par exemple, l'inexistence de ces expressions et formes d'art du cerveau droit. Le cerveau droit, en revanche, peut reconnaître et reconnaît les modes de connaissance du cerveau gauche. Il est par nature holistique et inclusif. Il y a donc une asymétrie fondamentale à l'œuvre ici, et cette asymétrie a été dévastatrice.

Dans la mesure où nous insistons sur la « clarté », nous ne faisons rien d'autre qu'insister sur l'autorité et la prédominance du cerveau gauche. L'« émissaire » du titre principal de McGilchrist prétend (faussement) être le « Maître » du royaume. Il ne l'est pas. La parabole, soit dit en passant, a été racontée à l'origine par nul autre que Friedrich Nietzsche, qui a bien compris ces deux façons de connaître et comment sa propre pensée impossible ne pouvait et ne voulait pas être entendue par les rationalistes.

1. Pour une déclaration antérieure d'un point de vue psychiatrique et expérimental, voir Gooch (1984), qui soutient que les figures du mythe et du folklore émergent du cervelet « inconscient », et que la montée du paranormal dans la vie moderne est le résultat de la répression culturelle de cet aspect « néandertalien » de l'être humain. Une thèse connexe, à savoir que « Dieu » est une caractéristique de l'hémisphère gauche du cerveau, celui qui élabore les lois, et qu'un visionnaire romantique comme William Blake était prémonitoire dans sa description poétique et sa critique de cet « Urizen », a d'énormes implications pour l'étude de la religion et des mythes de la création en général (Tweedy, 2012).

Ce modèle à deux hémisphères explique à son tour pourquoi les phénomènes paranormaux sont intrinsèquement élusifs et *ne peuvent être expliqués rationnellement ou scientifiquement.* L'explication rationnelle ou scientifique, après tout, est une fonction du cerveau gauche. Elle représente une seule façon de connaître. Le cerveau droit n'a rien à voir avec cela. Il s'agit de symboles, de mythes, de récits et, j'ajouterais, de fonctionnement psychique dans un cosmos unifié. Comme il ne peut pas communiquer avec le cerveau gauche de manière claire et rationnelle, il recourt aux symboles, aux mythes et aux métaphores. Il s'exprime de la seule façon dont il peut le faire. D'où le caractère « élusif », inné et nécessaire, du paranormal. En fait, on cherche minuit à midi. On essaie de comprendre les états non ordinaires de conscience dominés par le cerveau droit avec les états de conscience moïques ou rationnels dominés par le cerveau gauche. L'affirmation souvent entendue selon laquelle nous n'avons pas d'explications matérialistes pour ceci ou cela, mais que nous en aurons un jour, est tout simplement absurde. C'est encore l'émissaire qui se fait passer pour le maître.

Il faut s'en remettre à cela.

10. Choc ontologique : les origines africaines du paranormal

Je détecte une formation raciale particulière dans la résistance au paranormal. Pour parler franchement, je soupçonne une sorte de racisme blanc sous-jacent et inconscient. Je ne dis pas cela uniquement pour des raisons contemporaines (bien que celles-ci m'aient certainement rendu particulièrement conscient). Je le dis pour des raisons millénaires. Au niveau le plus simple et le plus évident, pourquoi qualifions-nous si souvent de « magie noire » les pratiques magiques que nous n'aimons pas ou qui font du mal aux autres ? N'est-ce pas intrinsèquement raciste, un amalgame entre « noir » et « mauvais » ? Et combien de fois le Diable ou les démons apparaissent-ils comme des figures noires dans l'imaginaire chrétien ? Je ne pense pas que cela soit toujours conscient ou voulu dans le monde moderne, pas plus que je ne pense que les gens qui parlent du « lever » ou du « coucher » du soleil réalisent consciemment qu'ils parlent dans une cosmologie précopernicienne. Il n'en reste pas moins que c'est pour le moins troublant. « Magie noire » est une déclaration raciste, intentionnelle ou non. Et « lever du soleil », eh bien, c'est juste cosmologiquement faux.

Mais cela va bien plus loin qu'un langage raciste ou erroné. Il existe une structure philosophique panthéiste ou panenthéiste particulière qui rend compte de nombreux phénomènes impossibles, quelque chose qui les oppose aux théologies monothéistes avec lesquelles tant d'entre nous ont grandi et que nous assumons encore à un certain niveau. Peut-être même que cette structure *dépasse* nos modèles usuels. « Dieu » n'est pas transcendant dans les phénomènes impossibles. Dieu n'est pas en dehors du monde naturel, qu'il a créé *ex nihilo* ou « à partir de rien » (pour préserver cette transcendance). Au contraire, Dieu *est* l'univers ou l'ordre naturel (panthéisme). Ou, dans d'autres systèmes, le cosmos et l'ordre naturel sont une émanation ou une expression de Dieu, à la fois immanent et transcendant (panenthéisme). Ce que je veux dire, c'est que ces structures théologiques sont réellement et véritablement importantes, puisque dans les ontologies panthéistes ou panenthéistes, l'humain est superhumain dès le départ, au fondement même de sa nature et de ses origines anthropologiques et cosmologiques.

Le paranormal américain moderne a peut-être ses racines historiques les plus profondes en Afrique. L'anthropologue néerlandais Wim van Binsbergen (2015, p. 552) écrit :

> « Les phénomènes paranormaux peuvent être considérés comme constituant un domaine où les revendications de vérité de la sagesse africaine ne sont pas seulement valables en Afrique, comme allant de soi culturellement parlant. Leurs conceptions peuvent mériter d'être mondialement médiatisées comme l'affirmation d'une vérité transculturelle, et donc supérieure aux représentations collectives actuelles en Occident. »

C'est une déclaration très forte. Je pense qu'elle est également vraie. Les résistances théologiques orthodoxes à de telles représentations collectives seraient vastes, comme on le constate déjà.

Je reconnais à quel point les mythologies et les systèmes rituels des religions africaines sont multiples et complexes. Je ne veux pas faire de déclarations simplistes ou rassembler ces cultures en une essence simple ou une structure théologique singulière. Cependant, il y a quelque chose de fondamentalement différent, notamment en ce qui concerne les ancêtres (ou les prétendus « morts ») et leur rôle actif dans la communauté humaine. Il y a une connivence évidente entre les visions du monde africaines et le paranormal américain moderne, dont les racines plongent dans le spiritisme, une forme de mise en contact avec les morts, qui a lui-même des liens profonds avec les peuples africains des États-Unis et le mouvement abolitionniste. Les vivants et les morts ne sont pas si séparés ici. Les deux mondes ne font qu'un.

Il y a également des dimensions historiques et matérielles très puissantes, et très tragiques, à ce rejet lorsque nous passons aux afrofuturismes de la littérature et de la musique contemporaines, eux-mêmes imprégnés de motifs paranormaux et magiques. Après tout, les origines africaines du paranormal dans les Amériques portent en elles ce que Mark Bould a appelé « la proportion significative de la population qui descend des survivants du génocide ouest-africain, du Passage du milieu [traversée de l'Atlantique] et de l'esclavage » (Bould, 2017, p. 177). Le futur sans-couleur et post-racial, souvent avancé par les auteurs de science-fiction, est donc en grande partie un blanchiment, un signe de « l'ignorance blanche de la subjectivité noire » (Bould, 2007, p. 179). La « contemplation de l'espace et du temps cosmiques », qui est si centrale dans la science-fiction, contribue néanmoins à valider et à normaliser les « idéologies et perspectives matérielles très spécifiques » à l'œuvre dans la culture et étouffe ainsi toute discussion directe sur les souffrances sociales des personnes de couleur (Bould, 2007, p. 180). Une telle contemplation est trop souvent aveugle à ce que Bould appelle l'« ethnopaysage » de la science-fiction et à la vérité troublante selon laquelle la négritude est souvent opposée au progrès technologique des Blancs (Bould, 2007, p. 183). Il est également vrai que pour les visionnaires afrofuturistes, l'apocalypse, la fin du monde, n'est pas une crainte future. Cela s'est déjà produit pour trop de communautés noires. Il en est tout simplement ainsi. Nous l'avons vu plus haut dans les romans d'Octavia E. Butler.

En partie à cause de ces mêmes histoires, certains théoriciens critiques sont passés à une « noirceur ontologique », c'est-à-dire qu'ils insistent pour séparer la noirceur de la couleur de la peau ou des horribles histoires de l'esclavage. Ils considèrent cette noirceur ontologique comme la source apophatique ou inimaginable de tant d'expériences religieuses profondes. Fred Moten est une voix particulièrement éloquente à cet égard, employant les langages bouddhistes du vide ou du néant pour refigurer l'expérience historique et la signification du peuple noir. Des modèles similaires peuvent être observés dans la littérature mystique comparative en général, y compris son refrain d'une « lumière noire » qui est noire non pas pour des raisons dermiques ou génétiques superficielles, mais précisément parce qu'elle n'est pas un objet d'expérience *et ne peut jamais l'être*[1]. J'avoue être très attiré par cette distinction, à la fois parce que mes premiers travaux tournaient autour d'une déesse hindoue nommée, littéralement, « noire » (Kali)[2]. Mais aussi parce qu'il n'est tout simplement pas vrai que les expériences paranormales sont limitées à un groupe ethnique ou racial particulier. S'il existe un universel humain dans l'histoire des religions, c'est bien l'expérience anomale, impossible, magique ou paranormale. Ces événements sont toujours codés et exprimés en termes culturels et historiques, néanmoins ils se produisent partout et à tout moment.

Le philosophe des religions et activiste noir Biko Gray est l'un de mes guides et enseignants ici. L'appel de Gray ne consiste pas à compromettre notre théorie critique en ce qui concerne la race. Son appel est de s'engager avec force dans cette théorie critique et d'affirmer les racines philosophiques d'une négritude ontologique ou apophatique qui dépasse toutes les tentatives d'explication. Écoutez :

> « ... si nous pouvons et devons continuer à interroger la négritude raciale, je pense aussi qu'il y a quelque chose à dire sur le fait que la négritude est le site prééminent du non-normal, du hors-limites, de l'« au-delà », comme je l'ai déjà dit. Cette noirceur – une noirceur contenue dans la chair de ceux qui sont considérés comme noirs, mais qui les dépasse néanmoins – est, à mon avis, le lieu où émergent les discours et les expériences du super : le voyage dans l'espace (dans la noirceur de l'espace) ; la Panthère noire (avec une histoire d'origine de super-héros logée dans une racine – cette herbe sacrée ressemble beaucoup à la racine que Frederick Douglass a reçue) ; et même les X-Men (cette communauté d'êtres qui ne sont plus considérés comme humains, mais qui sont néanmoins profondément intrigants et terrifiants pour le monde normatif). Tous, à mon avis, parlent d'une sorte de négritude qui dépasse la désignation raciale réductrice, la marque de mort, la « malédiction corporelle », comme pourrait dire Hartman, qui lui est appliquée.

1. Je discute des deux modèles et les revendique dans (Kripal, 2022, p. 186-190).
2. Il existe en fait deux formes principales de Kali dans le Shakta Tantra. Alors que la déesse noire Kali est dangereuse et terrifiante, mais aussi libératrice, la Kali bleue est maternelle et douce. Ici, la noirceur signale une sorte d'intensité ésotérique, une libération ou une libération du cycle de la naissance et de la mort. En bref, la noirceur est ontologique.

> Sojourner Truth pouvait réveiller et calmer le public avec ses mots. W.E.B. Du Bois parlait de clairvoyance. Harriett Tubman (et Truth, d'ailleurs) était une précurseuse. De telles choses ne sont célébrées que maintenant, rétrospectivement. Elles n'ont pas été célébrées à l'époque, quand elles se sont produites. Et je pense (ou veux penser) à la tension entre la noirceur de l'au-delà et la noirceur raciale, entre la noirceur dont les supercapacités (si nous devons conserver cette appellation) peuvent et font bouger les mondes, et la noirceur raciale qui a été désignée comme l'extérieur constitutif du monde normatif. Ils sont liés, et minimiser l'un au profit de l'autre me semble être une erreur méthodologique » (Gray, communication personnelle, 14 janvier 2023).

Pour reprendre mon propre langage, nous sommes appelés à penser en tiers inclus, non en tiers exclu.

Il y a tellement de choses à dire à ce stade. La science-fiction, bien sûr, se livre parfois à des expériences de pensée similaires en situant l'origine et la source des phénomènes paranormaux en Afrique. Je pense à la célèbre scène de *2001 : L'Odyssée de l'espace* (1968) d'Arthur C. Clarke et Stanley Kubrick, qui débute par la présence extraterrestre, sous la forme d'un monolithe noir, influençant les origines et l'évolution de l'espèce humaine en Afrique. Avec le monolithe à proximité, l'hominidé primitif se rend compte qu'il peut utiliser un os comme arme, le primate jette l'os dans le ciel, où il se transforme en la station spatiale en orbite du film, assimilant ainsi l'ancienne Afrique noire et les limites les plus lointaines du voyage dans le temps et l'espace dans le noir de l'espace, un noir qui deviendra d'ailleurs psychédélique à la fin du film.

Mais il s'agit de bien plus que des origines cinématographiques. L'un des cas d'ovni les plus solides et les mieux attestés de ces dernières décennies s'est produit au Zimbabwe en 1994. L'engin d'un autre monde et ses occupants extraterrestres sont apparus à un groupe de plus de soixante écoliers de races différentes. Ces événements font l'objet du documentaire de Randall Nickerson, *Le Phénomène Ariel* (2022). Nickerson, soit dit en passant, a lui-même fait l'expérience du phénomène et est un proche collaborateur de feu John E. Mack, psychiatre à Harvard, qui a écrit deux livres très importants sur le phénomène des enlèvements et des ovnis, qui s'est intéressé au chamanisme américain et africain en tant que témoignage probable d'un contact avec l'autre monde, et qui a personnellement fait des recherches sur l'événement du Zimbabwe (voir Mack, 1994, 1999 ; et pour les histoires indigènes, Hart, 2020, p. 139-191).

Ce qui n'est peut-être pas anodin, c'est que l'université de Harvard a essayé de licencier Mack, un professeur titulaire, pour faute médicale – il prenait les expériences de ses patients beaucoup trop au sérieux et contribuait ainsi, selon eux, à leur souffrance mentale. Ce n'est pas ce qui s'est passé (Blumenthal, 2021). Mack considérait en fait ces événements de contact comme un « passeport pour le cosmos », c'est-à-dire comme l'occupation d'un espace réel qui n'était ni objectif au sens des sciences ni subjectif au sens des sciences humaines, mais quelque chose d'autre ou de plus. Son travail portait sur ce qu'il appelait ce « choc ontologique ».

Je devrais ajouter : le mien aussi. C'est ce que j'ai essayé de dire, encore et encore. C'est aussi la structure philosophique de base du paranormal, je dirais – un troisième espace médiateur, ni factuel au sens scientifique objectif, ni illusoire au sens humaniste subjectif. Les catégories d'« immanence » et de « transcendance » s'effondrent ici dans un espace non humain qui est aussi mental que matériel, et aussi matériel que mental, parce qu'il n'est ni l'un ni l'autre, ou les deux à la fois. C'est là, je dirais, la vérité transculturelle que van Binsbergen identifie à la sagesse africaine.

11. L'abduction est un enlèvement : souffrance, possession et mal

Finalement, lorsque je dis des choses comme « les superpouvoirs sont réels » ou « les mondes des morts et des vivants ne sont pas vraiment séparés », je ne veux pas faire preuve d'une sorte de naïveté maladive. Les pouvoirs, après tout, peuvent être utilisés pour nuire comme pour guérir, et les ancêtres peuvent aussi bien hanter qu'aider (et ils ne sont pas toujours sages). La vérité historique est que de nombreux phénomènes paranormaux font des choses assez désagréables à un trop grand nombre de personnes. Des individus *sont* possédés. Les démons *sont* des descripteurs phénoménologiques précis de nombreux cas de poltergeist, de parasites et de hantises (voir chap. 7). La médiumnité, les guides spirituels et le channeling peuvent devenir l'appel trompeur des « sirènes des fantômes affamés » ainsi que le moment de la révélation métaphysique pour les auteurs de channeling et leurs lecteurs (Fisher, 2001). Les abductions sont appelées enlèvements par les extraterrestres pour une raison : l'agencement humain n'est tout simplement pas un facteur moral. Des choses – terrifiantes, abusives et invasives – sont faites aux gens, certainement pas en raison de leur permission consciente ou de leur assentiment. Il semble y avoir une corrélation réelle entre les événements ovni et les lieux géographiques dont le nom contient le mot « diable » (voir par exemple, Lovelace, 2018). Un ancien enquêteur de la police a même établi une relation entre les parcs nationaux, les disparitions humaines et les observations d'ovnis (Paulides, 2022). La littérature ufologique est remplie de personnes qui sont chassées comme elles chassent. L'un des plus célèbres chercheurs américains en matière de paranormal du XXe siècle, John Keel, a finalement conclu que ce qu'il étudiait vraiment n'était pas l'ufologie mais la démonologie. Les phénomènes paranormaux, en outre, apparaissent souvent dans des états psychopathologiques, dans la maladie mentale, dans les hôpitaux psychiatriques (voir chap. 9).

Nous devons nous battre avec la réalité de la souffrance et même du mal dans ces cas infinis et ne pas recourir à un rejet facile ou à des images positives simplistes. Ce n'est pas un hasard si j'ai parfois défini le paranormal comme une sorte de « foutage de gueule ». Cette expression peut être interprétée littéralement [au sens d'un abus sexuel] ou métaphoriquement. Elle n'a pas pour but d'être gentille.

Il existe, en fait, une importante littérature sur ces domaines démoniaques, mais elle est le plus souvent ignorée, pour autant que je sache, par les universitaires établis (Gallagher, 2020). Ce n'est pas toujours le cas. Je pense, par exemple, à l'étude comparative et historique inégalée de David Gordon White (2021) sur les démonologies du supercontinent eurasien. La portée comparative de White est tout simplement étonnante, même s'il n'aborde pas directement les dimensions ontologiques. L'historien américano-cubain Carlos Eire constitue peut-être une exception encore plus forte dans ce domaine. Eire ne s'est pas contenté de faire lui-même l'expérience de l'anomal et de l'écrire dans des mémoires qui ont été primées (Eire, 2004). Il écrit des études historiques qui intègrent ces anomalies directement dans l'enseignement : il écrit, selon ses propres termes, « une histoire de l'impossible ». Je pense, par exemple, à l'étude biographique d'Eire sur Thérèse d'Avila, qui s'est littéralement envolée du sol devant des visiteurs et des collègues religieuses (Eire, 2019). Ou encore son étude approfondie des personnes qui volent, dont François d'Assise et Joseph de Cupertino, qui étaient célèbres pour ces mêmes capacités. Comment peut-on souhaiter que ces choses disparaissent avec une telle documentation historique, au moins aussi fiable que n'importe quel autre document historique ? Eire ne le fait pas. En trois mots qui résument son argumentation et servent de titre à son dernier livre : « Ils ont volé » (Eire, 2023).

J'ajouterais ici une réserve très importante, qui est en fait une préoccupation théologique ou ontologique qui m'est propre. Il s'agit de ce que l'historienne médiéviste Barbara Newman et l'enquêteur paranormal américain contemporain Paul Eno nous ont si bien appris : une subjectivité ne peut pas posséder une autre subjectivité *à moins qu'elles ne partagent la même nature fondamentale.* Même la possession démoniaque implique, après tout, ce que Newman appelle un « moi perméable » (Newman, 2021). Pour sa part, Eno postule une identité cosmique profonde : « Nos propres super-vies sont une Unité à travers les mondes » (Eno, 2019, p. 207). Je ne souhaite pas confondre ces deux penseurs. Chacun a son style et leurs textes fonctionnent de manière très différente. Mais tous deux suggèrent fortement que, finalement, le paranormal, même dans ses formes les plus négatives, implique l'existence positive et finalement extatique et cosmique d'un Esprit ou d'un Dieu partagé.

12. L'histoire des religions en tant que pratique (et expérience) fictive

Pour résumer, la raison académique s'est retirée de ces conversations cruciales. La foi traditionnelle a choisi de se ranger du côté des descripteurs expérientiels, sans doute parfaitement honnêtes et précis, du démoniaque. Que reste-t-il alors ? Il reste la culture populaire. Il reste l'art. Et c'est donc là que vont les expériences paranormales. C'est le seul endroit où elles peuvent aller. Les créateurs de la culture populaire, par exemple, peuvent être des penseurs extrêmement sophistiqués, à l'aise avec les symboles et les métaphores, les nuances et les paradoxes. En tant que producteurs professionnels de fantaisie et d'illusion, ils savent parfaitement faire la différence entre une fantaisie et un fait. Mais ils savent aussi que les faits peuvent s'exprimer à travers la fantaisie, et que *certains faits, étant incroyables et littéralement invraisemblables, ne peuvent probablement s'exprimer qu'à travers la fiction.*

Le domaine de la magie, déjà évoqué plus haut, est étroitement lié aux résistances théologiques et théistes évoquées ci-dessus. La magie, souvent associée à la Perse païenne, est en fait « fictive » ou « frauduleuse » depuis des millénaires. Il n'est pas difficile de comprendre pourquoi. Les praticiens des arts magiques ont longtemps refusé le pacte théiste selon lequel le sens et la valeur ultimes résident dans un Dieu extérieur au monde naturel et ont insisté au contraire sur le fait que le sens et la valeur ultimes résident dans l'être humain, et peuvent même être utilisés à des fins spécifiques voulues. En conséquence, depuis les anciens poètes romains et grecs, les magiciens ont embrassé la nature magique de l'art et du rituel, les utilisant comme un moyen de remettre en question ce qu'un ouvrage récent a appelé « les limites et les frontières de la condition humaine » (Otto & Johannsen, 2021 : cette référence imprègne l'ensemble de cette partie du texte). En effet, ils ont utilisé leurs fictions consciemment voulues ou prévues pour exprimer des faits et, ce faisant, ont modifié la réalité matérielle et les événements historiques.

Cette démarche essentielle – utiliser la fiction comme une sorte d'outil magique – a pris une importance particulière à l'époque moderne. En tant que telle, elle est probablement apparue au début du XVIIe siècle avec les textes rosicruciens, qui étaient eux-mêmes une sorte de mythologie consciente ou de fiction vraie impliquant l'existence d'adeptes secrets déifiés errant dans le monde, ou ce qu'un auteur appelle des « immortels gothiques » (Roberts, 1990)[1]. Les développements connexes ont par la suite été profondément redevables à la distinction romantique entre l'*imaginatio* (en tant que révélateur créatif et largement indépendant de la réalité) et la *phantasia* (en tant que producteur mécanique de fantaisies et de fantasmes), qui a été formulée de la manière la plus célèbre par Samuel Taylor Coleridge (voir l'épigraphe).

Cette division très moderne, il faut le noter, n'a pas toujours été ainsi. Wouter J. Hanegraaff explique les significations originales de la *phantasia* chez Aristote, qui impliquait tout ce qui « apparaissait » dans l'esprit – « aucune activité mentale ou intellectuelle d'aucune sorte n'est possible sans l'imagination ». Il en va de même pour « l'imagination historique ». Hanegraaff (2022, p. 365-366) nous donne de solides raisons de nous méfier de ces communications « à travers un espace liminal » par un « médiateur rusé », mais aussi de bonnes raisons de les prendre en compte en profondeur. Une profonde humilité intellectuelle et une certaine spiritualité apophatique s'imposent à ce stade.

Les influences de Johann Wolfgang von Goethe (1749-1832), le grand poète allemand, homme d'État et icône culturelle, sont également incroyablement importantes dans ce contexte. C'est d'ailleurs Goethe qui a probablement été le premier grand écrivain à introduire le mot *Übermensch* (rendu si célèbre, et beaucoup plus positif et extatique, par un chômeur philosophe ultérieur du nom de Friedrich Nietzsche) dans la littérature, lorsqu'il a repris une histoire plus ancienne pour mettre en scène le Diable en tant que dispensateur de pouvoirs magiques et de connaissances cosmiques à un érudit suicidaire dans sa pièce *Faust*, qui a eu une influence

1. Roberts (1990) fait le lien entre la littérature et les romans occultes de Shelley et Bulwer-Lytton.

considérable. L'*Übermensch* ou « superhomme » était ici Faust lui-même, l'universitaire diabolique et dépressif (Nietzsche, in Schrift, Large, Loeb & Tinsley, 2019, p. 769-771).

Tout cela a atteint une sorte de point culminant au XIXe siècle, avec l'apparition de fictions occultes explicites et tout à fait conscientes, par exemple Frankenstein (1818) de Mary Shelley et les œuvres d'Edward Bulwer-Lytton *Zanoni ou la Sagesse des Rose-Croix* (1842), *Une étrange histoire* (1862) et *La Race à venir... celle qui nous exterminera* (1871). Ces œuvres de fiction occulte – qui étaient souvent basées sur des rêves et des états occultes eux-mêmes – ont été reprises plus tard par des mouvements spirituels mondiaux qui ont adopté les textes comme véridiques. Prenons l'exemple de la Société théosophique, qui a fait du *vril* de Bulwer-Lytton, cette « force vitale magique en évolution » (un développement fictionnel évident du mesmérisme européen antérieur), un point central de la doctrine.

Un praticien de l'occulte et poète, William Butler Yeats, a probablement été la première personnalité littéraire majeure à proclamer ouvertement que l'écriture elle-même pouvait remplir une fonction magique ou occulte. La « fiction » prenait alors un sens plus moderne et plus positif en tant que littérature occulte, qui devenait elle-même la source et la substance de la pratique magique ou paranormale. Cette « pratique de la fiction » ou cette écriture en tant qu'occultisme est encore plus évidente et influente aujourd'hui après l'essor de la *pulp fiction* fortéenne dans les années 1930 et 1940 (la science-fiction des débuts consacrée aux écrits et aux idées de Charles Fort), la science-fiction à caractère psi des années 1950, 1960 et 1970, les bandes dessinées de super-héros de la contre-culture américaine, ainsi que la télévision et le cinéma paranormaux d'aujourd'hui. Tout cela est exceptionnellement proche, sinon identique, à ce que j'ai essayé de défendre dans un livre comme *Authors of the Impossible* (Kripal, 2010) – à savoir que l'écriture elle-même peut prendre des dimensions paranormales précisément parce que les processus paranormaux eux-mêmes reproduisent les pratiques d'écriture et de lecture. C'est un cercle, pas une ligne. Il s'agit d'une pratique et d'une expérience fictives tout au long de l'histoire des religions.

13. La parabole des talents

Je réfléchis à ces questions depuis près de deux décennies. J'en suis arrivé à la conclusion que notre crainte du paranormal est effectivement motivée par des raisons historiques, académiques, théologiques, parapsychologiques, neurologiques, raciales et démonologiques. C'est pour tout que nous nous moquons de ceux qui expriment ses nombreuses vérités déstabilisantes. J'en suis également arrivé à la conclusion qu'il existe une véritable magie dans l'écriture et la lecture et une véritable écriture et lecture dans la magie.

Je pense que ces mêmes réponses expliquent, peut-être indirectement, pourquoi la culture populaire est devenue le lieu privilégié du paranormal dans la société américaine, pourquoi mes mutants new-yorkais ressemblaient tant à mes mystiques californiens – tous deux puisaient dans les mêmes sources paranormales pour s'imaginer au-delà de la société guindée des années1950 (une décennie très raciste et censitaire, pour ne pas la nommer). Les événements paranormaux sont libres de s'exprimer et de faire des étincelles précisément dans ces deux endroits de la société américaine : la culture populaire et les communautés ésotériques. Ici, avec les mutants et les mystiques, ils sont dans leur propre royaume, et parmi des amis bien réels avec qui échanger. Ils peuvent y échapper aux censeurs rationnels et religieux. C'est là précisément qu'ils célèbrent ce que, tous autant que nous sommes, nous craignons tant ; et pourtant ce qui nous attire énormément : nos propres superpouvoirs, notre propre super-psi.

Pour l'instant, je crains parfois que nous, en particulier dans le milieu universitaire, ne ressemblions trop au troisième serviteur de la parabole des talents du Jésus de Matthieu (Matthieu 25, 14-30) et du roman d'Octavia Butler. Ce serviteur a enterré l'unique talent qui lui avait été donné. Il n'a pas doublé sa valeur comme les deux premiers serviteurs, qui ont reçu respectivement cinq et deux talents. Ou peut-être faisons-nous pire que d'enterrer notre talent unique. Peut-être nions-nous purement et simplement son existence. J'aimerais que nous ne fassions pas cela. J'aimerais que nous puissions doubler la valeur de ce qui nous a été donné.

L'académie pourrait décider de s'attaquer à ces supertalents, comme elle s'est si courageusement attaquée à de nombreux autres sujets tabous au fil des siècles, tels que la dissection des cadavres, l'étude de la géologie et de l'évolution, l'étude de la sexualité et du genre, l'étude historico-critique de la religion, la théorisation critique de la race et les intersections entre les valeurs humaines et la crise climatique dans l'Anthropocène. Personne ne sait ce que nous trouverons, mais je parie que cela n'aura pas grand-chose à voir avec les machines et les mécanismes. Je parie que cela n'aura pas grand-chose à voir avec les lignes pures de la raison, de la réplication et des chiffres. Je parie que cela aurait quelque chose à voir avec les limites les plus profondes de la nature et de l'esprit humains, ou de l'Esprit cosmique avant et au-delà de tout corps-cerveau (je pense que Bernardo Kastrup a raison), qui porte en lui-même d'énormes potentiels moraux et spirituels, dont aucun n'a vraiment été actualisé. En d'autres termes, je parie que cette longue focalisation intellectuelle, spirituelle et culturelle nous montrerait que nous sommes incommensurablement plus que ce que nous pensons être, et que nous sommes tous des parties d'un gigantesque organisme cosmique.

Cela peut sembler trop optimiste et excessivement naïf. Qu'il en soit ainsi. Je suis heureux d'être le bouffon de la cour ici. Je suis heureux de penser que les mythes de notre propre surhumanité – qui comportent autant de mal que de bien, autant de souffrance que de salut – pourraient bien se révéler parfaitement vrais. Ou, mieux, imparfaitement vrais. Dieu seul sait que nous en avons assez de ce non-sens sans histoire, de ce nihilisme. Nous avons besoin d'une nouvelle histoire pour vivre. Une grande histoire.

14. Bibliographie

Berton, M. (2015). *Le corps nerveux des spectateurs. Cinéma et sciences du psychisme autour de 1900*. L'Âge d'Homme.

Binsbergen, W.M.J. von (2015). *Vicarious reflections: African explorations in empirically grounded intercultural philosophy*. Shikanda.

Blumenthal, R. (2021). *The believer: Alien encounters, hard science, and the passion of John Mack*. University of New Mexico Press.

Bould, M. (2007). The ships landed long ago: Afrofuturism and black sf. *Science Fiction Studies, 34* (2), 177-186.

Braude, S.E. (1986). *The limits of influence: Psychokinesis and the philosophy of science*. Routledge & Kegan Paul.

Braude, S.E. (2014). *Crimes of reason: On mind, nature, and the paranormal*. Rowman & Littlefield.

Braude, S.E. (2020). *Dangerous pursuits: Mediumship, mind, and music*. Anomalist Books.

Broderick, D. (2019). *The Time Machine Hypothesis: Extreme science meets science fiction*. Springer Nature.

Butler, O.E. (2016a). *Parable of the talents*. Seven Stories Press.

Butler, O.E. (2016b). *Parable of the sower*. Seven Stories Press.

Cooper, H., Blumentahl, R., & Kean, L. (2017). Glowing auras and 'Black Money' : The Pentagon's mysterious U.F.O. Program. /2 Navy Airmen and an Object That 'Accelerated Like Nothing I've Ever Seen'. *New York Times*, 16 décembre 2017.

Dick, P.K. (1964). Drugs, hallucinations, and the quest for reality. In L. Suttin (ed.), *The shifting realities of Philip K. Dick : Selected literary and philosophical writings*. Vintage Books, 1995.

Dick, P.K. (1965). Schizophrenia & the book of changes. In : L. Suttin (éd.), The shifting realities of Philip K. Dick : *Selected literary and philosophical Writings*. Vintage Books, 1995.

Eire, C. (2004). *Waiting for snow in Havana: Confessions of a cuban boy*. Free Press.

Eire, C. (2019). *The life of Saint Teresa of Avila: A biography*. Princeton University Press.

Eire, C. (2023). *They flew: A history of the impossible*. Yale University Press.

Eisenbarth, A. (2014). *The terrifying angel: An experience of madness from the inside out*. Light Realm Books.

Eisenbud, J. (1967). *The world of Ted Serios: "Thoughtographic" studies of a extraordinary mind*. William Morrow.

Eno, P. (2019). *Dancing past the graveyard: Poltergeists, parasites, parallel worlds, and God*. REDfeather.

Fisher, J. (2001). *The siren call of hungry ghosts: A riveting investigation into channeling and spirit guides*. Paraview.

Gallagher, R. (2020). *Demonic foes: My twenty-five years as a psychiatrist investigating possessions, diabolic attacks, and the paranormal*. HarperOne.

Gooch, S. (1984). *Creatures from inner space*. Rider.

Hanegraaff, W.J. (2022). *Hermetic spirituality and the historical imagination*. Cambridge University Press.

Hart J. (2020). Abductions and indigenous peoples' encounters: John Mack, Phillip Deere,

David Sohappy, Ardy Sixkiller Clarke. In *Third displacement : Cosmobiology, cosmolcality, cosmosocioecology* (p. 139-191). Cascade Books.

Hart, J. (2020). *Third displacement: Cosmobiology, cosmolocality, cosmosocioecology*. Cascade Books.

Kastrup, B. (2021). Science ideated: The fall of matter and the contours of the next mainstream scientific worldview. IFF Books.

Kastrup, B., Stapp, H.P., Kafatos, M.C. (2021). Coming to grips with the implications of quantum mechanics. In B. Kastrup, *Science ideated : The fall of matter and the contours of the next mainstream scientific worldview*. IFF Books. *https://blogs.scientificamerican.com/observations/coming-to-grips-with-the-implications-of-quantum-mechanics/*

Kean, L. (2014). *Ovnis. Des généraux, des pilotes et des officiels parlent*. Dervy.

Kean, L. (2018). *Survivre à la mort. Une journaliste enquête sur les preuves de l'après-vie*. Dervy.

Kripal, J.J. (2007). *Esalen: America and the religion of no religion*. The University of Chicago Press.

Kripal, J.J. (2009). Esalen and the *X-Men*: The human potential movement and superhero comics. *Alter Ego, 84*.

Kripal, J.J. (2010). *Authors of the impossible: The paranormal and the sacred*. University of Chicago Press.

Kripal, J.J. (2011). *Mutants and mystics: Science fiction, superhero comics, and the paranormal*. University of Chicago Press.

Kripal, J.J. (2022). *The Superhumanities: Historical precedents, moral objections, new realities*. University of Chicago Press.

Kusters, W. (2020). *A philosophy of madness : The experience of psychotic thinking*. MIT Press.

Lacatski, J.T., Kelleher, C.A., Knapp, G. (2021). *Skinwalkers at the Pentagon: an insiders' account of the secret government UFO Program*. Publication indépendante.

Lovelace, T. (2018). *Incident at devil's den: A true story*. Chez l'auteur.

Luke, D., Spowers, R. (2021, éd.). *DMT encounters : Dialogues on the spirit molecule with Ralph Metzner, Chris Bache, Jeffrey Kripal, Whitley Strieber, Angela Voss, and Others*. Parkstreet Press.

Masters, M.P. (2019). Flying objects: *A multidisciplinary approach to the UFO Phenomenon*. Masters Creative LLC.

Masters, M.P. (2022). *The Extratempestrial Model*. Full Circle Press.

McKenna, T. (1993). *True hallucinations: Being an account of the author's extraordinary adventures in the devil's paradise*. HarperSanFrancisco.

Méheust, B. (1978). *Science-fiction et soucoupes volantes : une réalité mythico-physique*. Mercure de France.

Méheust, B. (2015). *Jésus thaumaturge. Enquête sur l'homme et ses miracles*. InterEditions.

Méheust, B. (2019). *La postérité du sabbat ? Retour sur la question des enlèvements soucoupiques*. Éditions de l'Œil du Sphinx.

Méheust, B. (2022). *Proust voyant*. Vues de l'esprit.

Murphy, M. (1993). *The future of the body: Explorations into the further evolution of human nature*. Tarcher/Perigree.

Newman, B. (2021). *The permeable self : Five medieval relationships*. University of Pennsylvania Press.

Otto, B.-C., Johannsen, D. (2021) (éd.). *Fictional practice : Magic, narration, and the power of imagination*. Brill.

Parsons, W.B. (2022). Religion in the twentieth century : Whither the spiritual but not religious. *The New Centennial Review*, 21 (2).

Paulides, D. (2022). *411 : The missing UFO Connection*. Documentaire.

Roberts, M. (1990). *Gothic immortals : The fiction of the brotherhood of the Rosy Cross*. Routledge.

Schrift, A.D., Large, D., Loeb, P.S., Tinsley, D.F. (eds.) (2019). *Friedrich Nietzsche, Unpublished fragments from the period of Thus Spoke Zarathustra (Summer 1882 - Winter 1883/84)*, vol. 14 (*The Complete Works of Friedrich Nietzsche*). Stanford University Press.

Tweedy, R. (2012). *The god of the left hemisphere : Blake, Bolte Taylor and the myth of creation*. Karnac Books.

White, D.G. (2021). *Daemons Are forever : Contacts and Exchanges in the Eurasian Pandemonium*. University of Chicago Press.

Wolff, R.L. (1971). *Strange stories and other explorations in victorian fiction*. Gambit.

Conclusion

(Renaud Évrard, Claude Berghmans, Paul-Louis Rabeyron)

Sommaire

Un ouvrage aussi volumineux et abordant autant de thèmes peut difficilement donner lieu à une conclusion ayant prétention à en faire la synthèse. Notre visée est moins de fournir les conclusions auxquelles nous penserions que le lecteur devrait arriver que d'interroger la manière même de se faire une opinion sur un champ aussi dynamique, complexe et vivant, saisi à un instant de sa trajectoire.

1. Bilans et perspectives

L'histoire de la parapsychologie révèle une tension continue, jamais apaisée, entre *deux visions scientifiques du réel*. Ce n'est pas l'opposition entre science et pseudo-science qui prédomine, mais la confrontation de deux interprétations d'un même corpus empirique. L'enracinement d'une telle controverse sur plus de deux siècles a peu d'équivalents. L'institutionnalisation et la professionnalisation des acteurs inscrits dans cette contradiction nous renvoient à une image de « guerre froide », avec un mur apparemment infranchissable entre les deux « camps ». La réconciliation de la science « orthodoxe » avec la science « hétérodoxe » semble devoir nécessiter une diplomatie hors-norme.

Les apports de la parapsychologie expérimentale, telles que plusieurs chapitres de cet ouvrage vous les ont présentés (en particulier les chapitres 2, 3, 4, 5, 6 et 14) sont indéniablement les moteurs de cette controverse. Les chercheurs ont su faire évoluer leurs méthodes pour coller à des exigences elles-mêmes constamment rehaussées. À certaines reprises, la volonté de faire taire les critiques ou de les prévenir a même permis aux parapsychologues d'améliorer les standards méthodologiques globaux pouvant concerner d'autres sciences. Les résultats des expériences parapsychologiques sont désormais couramment publiés dans des revues *mainstream*, sous des formats facilitant leur vérification et leur reproduction par des laboratoires indépendants. Si bien que les parapsychologues semblent désormais attendre que les autres scientifiques accusent bonne réception de la preuve de l'existence de telles anomalies.

Pourtant, le socle de la parapsychologie reste fragile. Tout, absolument tout, est encore contesté. L'existence des phénomènes psi, leur définition, les processus qu'ils mobilisent, leurs sources, leurs théorisations… La possibilité même de les provoquer dans un cadre expérimental conçu selon une épistémologie physicaliste, basé sur les contraintes d'objectivité absolue, de prédictibilité et de reproductibilité auxquelles se soumettent certains phénomènes physiques, génère un paradoxe (T. Rabeyron, 2020) : les résultats de la parapsychologie contredisent la manière même de faire de la science, ce qui dès lors, scie la branche même sur laquelle certains parapsychologues voulaient s'installer.

Malgré toute l'ingéniosité des chercheurs, capables de bâtir de nombreuses passerelles entre les cas spontanés *in vivo* et les versions artificielles *in vitro*, l'ensemble des données accumulées ont bien du mal à s'extraire de leur condition « d'anomalies ». Anomalies remarquables, certes, mais bien difficiles à intégrer au sein de la vision dominante du réel. Un fossé se dresse encore entre les expériences exceptionnelles telles qu'elles sont parfois vécues « dans la vraie vie » et les performances parapsychologiques recherchées en laboratoire. S'inscrivent-elles vraiment dans un continuum ? Peut-on seulement être certain que le passage par le laboratoire permettra d'en comprendre la nature intime ?

Le sauvetage de ces approches orientées vers la démonstration de l'existence des phénomènes psi et donc de la recherche de leur preuve pourrait venir des modèles théoriques. Nous avons fait observer qu'ils étaient nombreux et parcellaires, mais néanmoins convergents sur de nombreux points (voir chap. 11 et 12). Dans un avenir dont il est difficile de savoir s'il est proche ou lointain, l'un de ces modèles deviendra peut-être un paradigme de référence rendant intelligible non seulement les phénomènes psi, mais d'autres mystères de portée plus générale, tels que ceux relatifs à la conscience et à son rapport au corps vivant. Toutefois, notre incursion dans cette parapsychologie théorique laisse surtout entrevoir le chemin qui reste à parcourir. Les efforts sont encore dispersés et les expérimentations confirmant des hypothèses théoriques sont encore trop rares. Puisqu'elle souffre du manque de reconnaissance de sa base empirique, il est encore bien difficile pour la parapsychologie théorique d'accéder à la reconnaissance qu'elle mériterait pourtant.

2. Psi et sociétés

Les ouvertures mises en avant dans cet ouvrage donnent, quant à elles, une sensation de vertige encore plus grande. Il est parfaitement concevable que la perception extra-sensorielle soit démontrable en laboratoire – avec certes, une efficacité restreinte relevant d'une reproductibilité partielle – et tout aussi acceptable qu'une théorie mêlant psychologie, biologie et physique facilite son insertion dans le savoir cumulatif de la science. En revanche, il est autrement plus déstabilisant de prendre la mesure de toutes les conséquences sociétales d'une « démarginalisation » des phénomènes psi.

Partout où le regard se porte, l'opposition entre science et magie semble dorénavant constitutive de notre identité culturelle. Même la religion peut être envisagée comme une posture rationnelle intermédiaire contre la magie, position rationaliste revendiquée d'ailleurs par de nombreux théologiens. L'histoire de l'Occident s'est en partie construite sur l'asservissement de cultures dans lesquelles la magie prenait une place autrement plus importante. Apprendre à vivre avec le psi, remettant ainsi en cause un apprentissage niant massivement son existence et son éventuel intérêt, n'est-ce pas aller au-devant d'un important bouleversement social ? Bien évidemment, la télépathie ne remplacera jamais le smartphone, mais vivre avec le psi est pourtant le quotidien d'une portion importante de la population.

La moitié ou les deux tiers des Occidentaux, suivant les études, disent croire au « paranormal ». Ils privilégient néanmoins encore le silence, l'intimité ou le voile de la fiction du fait du statut marginal de la paranormalité. Plusieurs chapitres de ce livre (plus particulièrement les chapitres 2, 9, 10, 15 et 16) abordent sous différents angles certains des enjeux et des conséquences de l'intégration culturelle des expériences exceptionnelles et des croyances diverses (fascination, rejet sceptique, vision spirituelle, etc.) qu'elles engendrent fréquemment dans une culture qui, du moins dans sa pensée dominante et académique, leur est hostile.

Cette conflictualité, bien repérable aux plans social et culturel[1], vient donc s'inscrire inévitablement en miroir des controverses scientifiques. Peut-on espérer que la reconnaissance des phénomènes psi par les élites savantes et académiques – ce que les parapsychologues appellent particulièrement de leurs vœux – puisse modifier petit à petit les mentalités en apportant crédit et légitimité aux témoignages d'expériences exceptionnelles ? Certains chercheurs pensent que l'inverse a plus de chance de se produire : les blocages au niveau des élites sont si importants que les phénomènes ne pourront être reconnus qu'en passant tout d'abord par un consensus social (Tressoldi, 2013). Cela conduit les parapsychologues à une double attitude. Ils tentent à la fois de convaincre leurs pairs scientifiques et de faire en sorte qu'un très large public rallie leurs rangs. Le sociologue des sciences Paul D. Allison observait déjà en 1979 comment les parapsychologues jouent à la fois sur le tableau de la reconnaissance scientifique et sur celui de la popularisation de leur domaine, présenté comme subversif voire révolutionnaire :

> « La parapsychologie expérimentale pose un vrai dilemme à la science établie en présentant une image d'innocence méthodologique couplée à une culpabilité théorique. D'un côté, les parapsychologues ont fait de leur mieux pour que leur travail corresponde à celui d'empiristes chevronnés, concevant et révisant leurs protocoles pour éliminer toute explication alternative. D'un autre côté, ils saisissent toutes les opportunités pour mettre l'accent sur les implications radicales de leurs recherches et la faillite de la science mainstream » (Allison, 1979, p. 288).

La parapsychologie possède plusieurs visages, si bien qu'informer sur ses avancées doit toujours se combiner avec une interrogation réflexive sur ce que signifie le développement d'une telle science (Mayer & Schetsche, 2016). Par ailleurs, ces différents visages font écho aux différentes réactions que ce domaine engendre sur chacun d'entre nous.

3. Faire face à la parapsychologie

Si vous êtes parvenu au terme de cet ouvrage, un contrecoup est à prévoir. Différentes attitudes sont constatées lorsqu'une personne est confrontée à la « vraie » parapsychologie pour la première fois. La masse de recherches anciennes, évoqués lors du premier chapitre, formant

1. Sur le plan culturel, les rapports entre art et psi auraient pu mériter un chapitre à part entière, tant ils sont anciens et nombreux, non sans également partager les spécialistes. De l'art pariétal des cavernes préhistoriques jusqu'à sa présence grandissante dans l'art contemporain, en passant par ses liens étroits avec l'art brut, par le biais notamment de l'art médiumnique, on retrouverait aisément le fil du psi au sein des très nombreuses pratiques artistiques ou apparentées (voir par exemple : Cardeña, 2020 ; Clottes & Lewis-Williams, 1996 ; Méheust, 1999).

une sorte de « continent englouti » (Méheust, 1999), le constat du dynamisme de la recherche actuelle confrontée pourtant à l'indifférence majeure des milieux scientifiques, le tout associé aux mauvais traitements médiatiques dont celle-ci fait si souvent l'objet et, enfin, les enjeux pourtant majeurs soulevés par les phénomènes psi, mettent l'esprit en ébullition.

Une solution consiste à refermer cet ouvrage d'un geste ferme, puis à le verrouiller et à l'oublier. Il y a peut-être certains chapitres ou des sous-chapitres qui vous sont apparus *critiquables, discutables*, voire, dans le pire des cas, *ridicules* ou *erronés*. En ne retenant qu'eux, l'ensemble perd de son crédit. Votre scepticisme initial en ressort renforcé. La parenthèse enchantée se ferme ; la suspension d'incrédulité qui sied au fantastique retombe à plat. Retour à la réalité. La dissonance entre vos idées sur ce qui est réel et celles qui émanent de ces recherches est trop forte : elle en devient irritante, voire insupportable. N'ayez crainte, nous partageons encore régulièrement ce sentiment.

L'autre réaction possible est la déception. Et alors ? Tout cela pour parvenir à quoi ? Quelles certitudes dégage-t-on véritablement de l'ensemble ? Nous n'en avons pas nous-mêmes, en dehors de la conviction forte que cette exploration scientifique est particulièrement légitime et digne d'un grand intérêt. Aucun chapitre dans cet ouvrage ne traite directement des applications concrètes de la parapsychologie. Cela nous a effectivement paru prématuré. Les difficultés rencontrées au niveau expérimental, théorique, sociétal, etc., sont si importantes que la frustration peut devenir le sentiment dominant. Sachez que nous apprenons à vivre avec.

Si l'enthousiasme de certains chercheurs vous a tout de même contaminé, que vous avez tant appris à travers ces pages que vous espérez en découvrir davantage, vous pourriez vous retrouver dans l'expectative. Et après ? La parapsychologie est-elle vraiment en mesure d'apporter des réponses à des expériences et des événements qui échappent depuis toujours à la science ? Ne distingue-t-on pas certaines faillites récurrentes qui montrent que toute l'entreprise est vaine, car les phénomènes semblent contourner les tentatives faites pour les objectiver ? Peut-être vous apprêtez-vous à suivre de très près les prochains épisodes des controverses parapsychologiques, en espérant que la vérité sortira de sa caverne. Dans cinq ans, dans dix ans, ou plus tard encore, vous constaterez que les progrès dans ce domaine sont incroyablement lents. Les études les plus prometteuses retomberont dans l'oubli. Les mêmes pseudo-débats polarisés se répéteront à l'envi dans les pages des revues ou sur les plateaux de télé. Les préjugés ont la peau si dure que la parapsychologie ne parviendra toujours pas à percer, à transformer l'essai, à se voir récompenser d'un prix Nobel… Votre espérance régressera à la frustration, puis de la frustration au scepticisme initial. Ce sont des cycles tout à fait classiques.

Pourtant, certains s'accrochent. Ils peuvent parfois s'appuyer sur des expériences ou des croyances personnelles et parfois sur le simple goût de la vérité. Ils s'inscrivent dans une communauté dont l'émulation et l'entraide sont autant de relais face aux fluctuations de la motivation. Si vous en êtes à vous demander ce que vous pouvez personnellement faire pour contribuer à ce domaine, pour aider à votre niveau à faire progresser les connaissances, nous en serions ravis. La communauté des chercheurs est si restreinte que toute aide a de la valeur.

Nous pourrions vous indiquer des cours en ligne ou en présentiel pour vous perfectionner ; vous donner une liste de revues et de sites à consulter régulièrement ; vous inciter à vous inscrire à différentes organisations favorables à la parapsychologie, permettant à leurs membres d'accéder à des revues et bulletins, forums, séminaires, colloques, programme de mentorat scientifique, etc. Si vous souhaitez vraiment vous investir, vous parviendrez très vite à les trouver par vous-même. Le but de cet ouvrage, tel que défini dès le départ, n'est pas de faire de la propagande et du prosélytisme. Notre projet consiste encore et toujours à faciliter l'accès à des informations issues de recherches scientifiques. Que vous en preniez connaissance pour ensuite les critiquer de manière constructive, pointer des erreurs, dégager des explications alternatives plus prosaïques, échouer à reproduire certains résultats… Cela nous conviendrait tout autant. Dans tous les cas, vous aurez contribué à faire reculer l'ignorance.

Qui de mieux que Victor Hugo pour achever d'interpeller les scientifiques (en puissance) quant à leurs responsabilités, dans un passage écrit en 1860 dont est tirée la devise (placée en italiques ci-dessous) de l'Institut métapsychique international, fondation reconnue d'utilité publique depuis 1919 dont font partie plusieurs des contributeurs de cet ouvrage :

> « Toutes ces choses, spiritisme, somnambulisme, catalepsie, biologie, convulsionnaires, médiums, seconde vue, tables tournantes ou parlantes, invisibles frappeurs, enterrés de l'Inde, mangeurs de feu, charmeurs de serpents, etc., si faciles à railler, veulent être examinées au point de vue de la réalité. Il y a là peut-être une certaine quantité de phénomène entrevu. Si vous abandonnez ces faits, prenez garde, les charlatans s'y logeront, et les imbéciles aussi. Pas de milieu : la science, ou l'ignorance. *Si la science ne veut pas de ces faits, l'ignorance les prendra.* Vous avez refusé d'agrandir l'esprit humain, vous augmentez la bêtise humaine. Où Laplace se récuse, Cagliostro paraît. De quel droit, d'ailleurs, dites-vous à un fait : Va-t'en. De quel droit chassez-vous un phénomène ? De quel droit dites-vous à l'inattendu : je ne t'examinerai pas ? De quel droit raturez-vous une des données du problème ? De quel droit mettez-vous la nature à la porte ? […]
> « Thaumaturgie, pierre philosophale, transmutation, or potable, baquet de Mesmer, toute cette fausse science ne demandait pas mieux peut-être que d'être la vraie. Vous n'avez pas voulu voir le visage de l'Inconnu ; vous verrez son masque. Magie noire et blanche, sorcellerie, chiromancie, cartomancie, nécromancie, tout cela n'est pas autre chose que de la science dévoyée, tombée en chimère par défaut de responsabilité. Ce qu'on rejette injustement hors de la pensée se réfugie dans le rêve. De ce qu'un fait vous semble étrange, vous concluez qu'il n'est pas. C'est hardi. Les mandarins seuls ont de ces vaillances-là. Mais toute la science commence par être étrange. La science est successive. Elle va d'une merveille à l'autre. Elle monte à l'échelle. La science d'aujourd'hui semblerait extravagante à la science d'autrefois. Ptolémée croirait Newton fou. […]
> « On a vite fait de dire : c'est puéril. Ce n'est pas sérieux. Ce qui est puéril, c'est de se figurer qu'en se bandant les yeux devant l'Inconnu, on supprime l'Inconnu. Ce qui n'est pas sérieux, c'est la science ricanant de l'infini » (Hugo, 1961).

4. Bibliographie

Allison, P.D. (1979). Experimental parapsychology as a rejected science. In R. Wallis (dir.), *On the Margins of Science : The Social Construction of Rejected Knowledge* (p. 271-291). University of Keele.

Cardeña, E. (2020). Depicting the ethereal, Part I : Visual art and psi. *Journal of Parapsychology, 84*(2), 202-219. http://doi.org/10.30891/jopar.2020.02.04

Clottes, J. & Lewis-Williams, D. (1996). *Les chamanes de la préhistoire*. Le Seuil.

Hugo, V. (1961). *Post-scriptum de ma vie*. Ides et Calendes.

Mayer, G., & Schetsche, M. (2016). On anomalistics research : The paradigm of reflexive anomalistics. *Journal of Scientific Exploration, 30* (3), 374-397.

Méheust, B. (1999). Un schmürz dans le monde de l'art : l'art médiumnique au risque de la métapsychique. In *Catalogue d'exposition, Art Spirite, médiumnique, visionnaire, messages d'outre-monde* (p. 43-66). Ed. Hoëbeke, Halle Saint Pierre.

Méheust, B. (1999). *Somnambulisme et médiumnité* (2 vol.). Institut Synthélabo.

Rabeyron, T. (2020). Why most research findings about psi are false : The replicability crisis, the psi paradox and the myth of Sisyphus. *Frontiers in Psychology, 11*, 562992.

Tressoldi, P. (2013). How much evidence is necessary to define the reality of a phenomenon ? Frequentist, Bayesian, and Quantum modeling of Ganzfeld ESP. In S. Krippner, A.J. Rock, J. Beischel, H.L. Friedman, C.L. Fracasso (dir.), *Advances in Parapsychological Research 9* (p. 99-109). McFarland.

Glossaire

Abductions : certaines personnes affirment faire l'expérience d'un enlèvement (ou rapt) par des entités extraterrestres. L'expression anglaise *alien abduction* a été francisée, alors que Bertrand Méheust (2019) proposait le terme à double sens de « ravissement ».

Anomal, anomalies : l'anomalie s'écarte des règles communes, excède les normes, voire les normes établies. Mais il ne s'inscrit pas dans une opposition à la norme. L'adjectif « anomal », davantage employé en anglais (*anomalous*), est valorisé dans les approches « anomalistes » ou « anomalistiques » parmi lesquelles peut se ranger la parapsychologie* (Évrard & Ouellet, 2019).

Approche bayésienne : l'inférence bayésienne est une méthode d'inférence statistique par laquelle on calcule les probabilités de diverses causes hypothétiques à partir de l'observation d'événements connus. On suppose plus cohérent d'ajuster l'outil d'analyse au phénomène observé, au risque de favoriser les préconceptions à son sujet.

Approche élitiste : courant de la parapsychologie expérimentale* qui favorise la sélection de participants doués (parfois appelés « sujets psi »*), plus à même de produire certains phénomènes rares, plutôt que de tester les processus psi chez tout le monde (*cf.* approche universaliste*). La difficulté de cette approche, populaire au tournant du XXe siècle, est que la réputation des chercheurs va dépendre de celle des participants doués.

Approche universaliste : courant de la parapsychologie expérimentale qui s'est imposé avec Joseph B. Rhine à l'université de Duke dans les années 1930 : il consiste à tester des processus psi avec des sujets se pensant peu doués ou faiblement sélectionnés. Le postulat sous-jacent est que les facultés psi, si elles existent, sont distribuées dans l'ensemble de la population et peuvent être extraites par des méthodes statistiques sur des ensembles conséquents de données.

Auto-prémonition : dans ce concept, particulièrement développé par François Favre dès les années 1970, l'acquisition paranormale d'une information se ferait par une connexion entre un individu dans le présent et ce même individu dans le futur (plus précisément, une tendance virtuelle de son identité). Il n'y aurait pas de déplacement spatial de l'information, mais une forme de déplacement temporel : l'individu fait de l'auto-télépathie* avec une version futuriste de lui, informée de l'issue d'un événement. D'abord déployée pour rendre compte de certaines prémonitions permettant d'éviter un accident, le modèle de l'auto-prémonition a constitué le socle explicatif de l'ensemble des phénomènes psi pour Favre.

Autoscopie : hallucination par laquelle une personne croit voir son propre corps depuis l'extérieur. Elle doit être distinguée de l'expérience de hors corps*.

Cartes de Zener : le psychologue Karl Zener (1903-1964), travaillant avec Rhine à l'université de Duke, a élaboré cinq symboles simples pour des cartes employées dans des expériences de perception extra-sensorielle qui sont devenues très populaires à partir des années 1930.

Clairvoyance, vision à distance, *remote viewing* : ces trois expressions peuvent être données pour équivalentes. Elles désignent des perceptions extra-sensorielles entre deux événements simultanés dans le temps, mais impossibles à connaître du fait d'obstacles (par exemple, la distance entre le sujet et la cible).

Décrire-construire : le concept de Bertrand Méheust (1999) décrit comment les acteurs – individus ou institutions – qui s'attellent à donner une représentation objective de l'être humain participent en réalité à la construction du profil même qu'ils prétendaient simplement décrire.

DMILS : l'influence (ou interaction, ou intention) mentale à distance sur des systèmes vivants est une nouvelle appellation de la biopsychocinèse* : l'influence supposée de l'esprit sur de la matière vivante.

Ectoplasmes : Charles Richet a popularisé cette expression pour désigner un phénomène, notamment observé avec des médiums* spirites*, décrit comme une substance émergeant du corps d'un individu et reproduisant, avec une certaine autonomie, les caractéristiques d'une matière vivante : d'abord informe, puis imitant des membres partiels, puis prenant parfois des formes complètes. Si le phénomène est plus rare aujourd'hui, il fascine toujours autant et de nombreuses tentatives pour l'objectiver ont généré d'importantes controverses (Granger, 2021, 2023).

Effet brebis-bouc : en s'appuyant sur une parabole présente dans la Bible, la psychologue Gertrude Schmeidler (1943) a mis en évidence une asymétrie dans les profils de participants ayant ou non des performances lors d'expérimentations parapsychologiques : les *brebis* (ou « moutons ») déclarent accepter la possibilité d'un succès parapsychologique dans la situation expérimentale donnée ; tandis que les *boucs* (ou « chèvres ») déclarent croire qu'il n'y a pas de succès parapsychologique dans la situation expérimentale donnée. D'une certaine façon, selon leur propre conditionnement, les participants obtiennent en général des résultats conformes à leurs attentes.

Effet de déclin : l'analyse statistique de nombreux essais identiques, lors des expériences conduites par l'équipe de Joseph B. Rhine, a semblé montrer une diminution des résultats dans les derniers essais d'une série. Cet effet a d'abord été attribué à un épuisement psychologique des participants face à des tâches expérimentales monotones. Toutefois, d'autres formes de déclin ont été observées : des résultats enthousiasmants obtenus lors des premières utilisations d'un nouveau paradigme expérimental semblaient s'amoindrir à force de répétitions. Au lieu de simplement l'expliquer par une forme de démotivation (au niveau des participants ou des expérimentateurs), des parapsychologues et des critiques l'ont interprété comme un aspect intrinsèque au processus psi : soit il ne réagit pas comme un signal classique et résiste à une forme de contrôle externe par élusivité* ; soit il s'agit d'une simple « régression à la moyenne » qui atteste de son inexistence, puisque les réussites en sa faveur sont compensées par les échecs en sa défaveur. Depuis les années 2010, des effets similaires de déclin ont pu être observés dans de nombreux autres domaines scientifiques.

Effet expérimentateur : les attentes des chercheurs semblent se refléter dans les résultats qu'ils obtiennent. Cette influence s'applique à deux niveaux : au premier niveau, les interactions directes entre les chercheurs et les participants viennent façonner ces derniers. Cet effet a notamment été mis en évidence par Robert Rosenthal (2005) en manipulant le point de vue d'enseignants vis-à-vis de leurs élèves. Mais la parapsychologie intègre un second niveau, dit « effet expérimentateur psi » : il n'est plus nécessaire d'attribuer la conformité entre les résultats des participants et les attentes de l'expérimentateur à une influence directe. Tout se passe comme si la motivation (explicite ou implicite) du chercheur était supérieure aux performances réalisées par l'ensemble des participants, ce qui génère un paradoxe scientifique d'une grande importance.

Effet tiroir : une recherche expérimentale qui ne fournit pas les résultats attendus par l'expérimentateur devrait toutefois être rendue publique, pour contribuer à la connaissance. Ce n'est malheureusement pas toujours le cas, pour diverses raisons qui ne tiennent pas uniquement aux mauvaises pratiques des chercheurs : certaines revues ne sont pas intéressées par la publication d'échecs. Ainsi, on dispose d'outils statistiques permettant d'estimer combien d'études restent dissimulées dans des « tiroirs » (les archives des chercheurs) (Rosenthal, 1986). Cela permet notamment de savoir, lorsqu'un effet semble solidement établi à partir de l'ensemble des publications connues, combien de recherches inconnues auraient dû être réalisées avec des résultats négatifs ou nuls pour compenser la part des réussites constatées.

Expérience de hors corps/OBE : percevoir visuellement son environnement à partir d'une perspective différente de la perspective ordinaire (située au niveau des yeux) est le critère minimal pour définir une *out-of-body experience* ou « expérience de hors corps ». L'impression de « sortir » de son corps est un aspect contingent parmi d'autres recensés. D'abord identifié comme une expérience psychopathologique ou paranormale, l'EHC fait depuis un demi-siècle l'objet de davantage d'études neurophysiologiques et cognitives.

Élusivité : les phénomènes aérospatiaux non identifiés* tout comme les phénomènes psi ont la réputation d'être « élusifs » : ils réagissent aux conditions de leurs observations. Ainsi, lorsqu'ils sont contraints par un dispositif scientifique visant à les objectiver, à les contraindre à confirmer des hypothèses d'une manière fiable, les chercheurs éprouvent des difficultés à obtenir les performances attendues. Plusieurs formes d'évasion ont été décrites : le déclin (ou érosion des preuves), le déplacement (effets significatifs trouvés uniquement pour des aspects inattendus) ou la disparition (absence de phénomènes ou corruption des instruments d'objectivation). L'hypothèse de l'élusivité fait redouter une stratégie d'auto-immunisation de l'anomalistique dans les controverses empiriques. Pour certains théoriciens, tels que Bertrand Méheust (1978), Walter von Lucadou (1995) ou Thomas Rabeyron (2023), l'élusivité est pourtant une caractéristique essentielle de ces phénomènes.

Expérience de mort imminente/NDE : étudiée depuis la fin du XIXe siècle, l'expérience de mort imminente (à partir d'une expression du philosophe français Victor Egger en 1896) ou la *near-death experience* (popularisée par le philosophe et psychiatre américain Raymond Moody en 1975) désigne une expérience aux contours encore flous. Elle regroupe une phénoménologie complexe faite d'éléments paranormaux, cognitifs, affectifs et mystiques. Elle survient dans des circonstances où un individu sent que son intégrité est menacée, que cela soit apprécié d'une manière objective ou subjective.

États modifiés ou non ordinaires de conscience : la vision occidentale fait du flux de conscience à l'état de veille une ligne de base. Toutes les variations, qu'elles soient ordinaires (comme le rêve) ou non, spontanées ou induites, deviennent ainsi des états modifiés (*altered* en anglais) ou non ordinaires de conscience. En parapsychologie, tous ces états semblent être facilitateurs d'expériences exceptionnelles* ou de performances psi, ce qui expliquerait qu'ils aient été cultivés par de nombreuses sociétés humaines, notamment dans les systèmes chamaniques où ils sont mobilisés pour réaliser des guérisons ou prendre des décisions.

Expériences exceptionnelles : la sportive et parapsychologue américaine Rhea White a proposé en 1990 de parler d'« expériences humaines exceptionnelles » pour donner un tournant plus subjectiviste et qualitative aux expériences autrement qualifiées de paranormales, surnaturelles, magiques, transcendantes, etc. Dans le cadre de son épistémologie féministe, ces expériences s'opposent à des événements étudiés en tant que cas étayant l'hypothèse paranormale. Ils font l'objet d'une prise en compte plus générale, notamment narrative et clinique, en laissant la personne qui vit l'expérience décider ou non de lui attribuer son « exceptionnalité ». Cette notion a ensuite été reprise par différents groupes de recherche et est parfois donnée comme équivalent d'expériences anomales*.

Ganzfeld : dans les années 1930, des psychologues allemands ont placé des individus dans un champ sensoriel homogène : une douce lumière et un bruit neutre. Cette atmosphère est propice à un recentrement sur la vie intérieure en éliminant les pensées parasites. Depuis les années 1970, les parapsychologues emploient ce dispositif pour induire un léger état non ordinaire de conscience* censé favoriser les perceptions extra-sensorielles.

Information pragmatique : ce concept repris par Walter von Lucadou (1995) dans un modèle théorique en parapsychologie indique que nous avons affaire ici avec un type d'information qui diffère de l'information classique (shannonienne). En effet, les phénomènes psi ne se comportent pas comme des signaux classiques, dont la puissance diminue avec la distance et les obstacles (notamment électromagnétiques) et qui respectent le déterminisme temporel du passé vers le futur (ce que ne fait pas la prémonition). L'information pragmatique vient éclairer la « compréhension » d'une information, au-delà de sa simple communication, c'est-à-dire la manière dont un système est modifié par la répartition de l'information pragmatique à sa frontière entre ses domaines interne et externe. Elle tente ainsi de nous faire saisir un des aspects du « sens » (de la signification) qui joue un rôle crucial dans les phénomènes psi, par-delà le « code » ou le « signal » qui supporterait l'information psi.

Lévitation : l'inversion des effets de la gravité est un phénomène spectaculaire qui a été rattaché à des interprétations religieuses. Il a également été observé auprès de sujets doués (dont D.D. Home au XIXe siècle) et, plus spontanément, dans les phénomènes de *poltergeist** et de PAN*.

Lucidité magnétique : dans un état non ordinaire de conscience* induit par des « passes magnétiques » (dans une pratique qui est l'ancêtre de l'hypnose), certains individus présentaient un « sens commun » leur permettant de livrer des informations vérifiables sur des phénomènes autrement inaccessibles : pensées des personnes présentes, visions du futur, diagnostics et remèdes, etc. Cette excroissance inassimilable du courant du magnétisme animal a reçu le nom de « lucidité magnétique ».

Lucidité paradoxale : certaines personnes atteintes de troubles neuro-dégénératifs manifestent parfois des récupérations transitoires de leurs capacités, dont l'irruption est un paradoxe par rapport à une vision linéaire de leur trajectoire déficitaire. La lucidité paradoxale fait l'objet d'études depuis peu de temps.

Lucidité terminale : certaines personnes semblent récupérer transitoirement et de manière inattendue certaines capacités physiques et cognitives peu avant leur décès. Documentés depuis plus d'un siècle, ces cas sont étudiés plus systématiquement seulement depuis 2009. Certains cas montrent des contrastes frappants puisque les personnes manifestant la lucidité terminale sont dans des trajectoires pathologiques avérées (schizophrénie, tumeurs cérébrales, maladies neuro-dégénératives, etc.).

Magnétisme animal : au XVIIIe siècle, le médecin autrichien Franz Mesmer postule l'existence d'un fluide universel dont la manipulation permet de guérir tous les maux. Venu à Paris en 1778 pour promouvoir sa découverte, il va connaître quelques années de succès avant que des commissions d'enquête royales ne viennent condamner sa pratique, en attribuant à l'imagination les effets du supposé fluide. Toutefois, les états non ordinaires de conscience que les passes magnétiques déclenchent et les étonnants phénomènes psychosomatiques et parapsychologiques associés vont nourrir des controverses pour plusieurs décennies (Méheust, 1999).

Mancies : les techniques de divination, très diverses dans leurs modes opératoires, mais assez similaires dans leurs fonctions, sont regroupées par les historiens et les anthropologues sont le nom de « mancies ».

Médiums, médiumnité : la capacité qu'auraient certaines personnes dites « médiums » de communiquer avec des défunts a été baptisée « médiumnité » par le spiritualisme américain, dont le mouvement démarre en 1848. Toutefois, des techniques de nécromancie ont été employées auparavant par de nombreuses cultures. De plus, d'autres formes de communication avec d'autres dimensions sont rassemblées sous la notion plus générale de « channeling ».

Méta-analyses : l'addition de plusieurs expérimentations dans un cadre similaire ou pour étudier un même phénomène, comme si elles ne formaient qu'une seule et même étude de taille importante, est appelée méta-analyse. Initiée dans le champ parapsychologique, elle est maintenant employée dans tous les domaines où il est nécessaire de s'armer d'outils statistiques fins pour mettre en évidence des effets ténus.

Métagnomie : ce terme proposé par le philosophe français Émile Boirac désigne une faculté de connaissance supranormale, tout aussi globale que la perception extra-sensorielle générale décrite par Rhine quelques décennies plus tard.

Métamémoire : dans son analyse du phénomène de métagnomie* par rapport aux processus de la mémoire, Bertrand Méheust (2015) élabore à partir d'une conception antique de la mémoire comme matrice globale d'informations congruentes et corrélées entre elles, dans lequel l'intention du sujet se fraye un chemin en jouant sur certains principes psychologiques. Il montre ainsi l'identité des mécanismes impliqués dans le simple rappel de souvenir (anamnèse) et dans la voyance* (psi gamma), baptisant son modèle du nom de « métamémoire ».

Métapsychique : Charles Richet a officiellement baptisé en 1905 « métapsychique » la discipline étudiant scientifiquement les phénomènes dits « paranormaux ». C'est donc un synonyme du terme (plus ancien) de parapsychologie*, qui a été utilisé principalement dans les pays latins.

Monisme à double aspect : l'un des modèles métaphysiques qui semble développer la plus grande compatibilité avec l'existence des phénomènes psi est le monisme à double aspect (Atmanspacher & Rickles, 2022 ; Rabeyron, 2023). Selon ce modèle, les domaines des phénomènes physiques et des phénomènes psychiques seraient deux facettes « épistémiques » d'un même domaine ontique, c'est-à-dire d'une sorte de substance commune, correspondant à un domaine psychophysique neutre. L'étude des interactions spontanées et parfois extraordinaires entre physique et psychique trouverait donc son fondement dans l'intrication structurelle fondamentale entre ces domaines.

Mystique : dans le champ religieux, certains phénomènes prodigieux – mais aussi les personnages tenus pour responsables d'eux – sont qualifiés de « mystiques » ou « thaumaturges* », comme s'ils relevaient d'une dimension particulière de l'humanité, plus proche du sacré et du transcendant. Dans un autre usage, l'adjectif « mystique » peut qualifier des expériences de communion avec une puissance supérieure.

Non-psi : le psi étant difficile à définir positivement, il est souvent opposé à tous les phénomènes connus qui peuvent prendre l'apparence du paranormal* sans en relever. Ainsi, tout un champ d'étude vise à mieux établir ces frontières extérieures des phénomènes psi : illusions cognitives, effet placebo, psychopathologie, trucages, mentalisme, charlatanisme, etc.

Phénomènes aérospatiaux non identifiés (PAN) : les ovnis (objets volants non identifiés) ont été rebaptisés PAN car cette terminologie, plus neutre, couvre davantage de phénomènes étonnants n'impliquant pas nécessairement d'objets (et renvoyant moins à l'hypothèse extraterrestre qui lui est associée). Le même acronyme sert parfois pour parler de « phénomènes anomaux non identifiés », renvoyant plus largement à la catégorie des anomalies*.

Paranormal : terme proposé en 1903 par l'avocat et médecin français Joseph Maxwell et qui va connaître un grand succès populaire. Il s'inscrit en synonyme du terme anglais *supernormal* (traduit malheureusement en « supranormal ») pour identifier des phénomènes hors normes, en prenant la suite de la catégorie médiévale de « préternaturel ».

Paranormal spontané : l'une des bases constitutives de la parapsychologie n'est pas l'approche expérimentale, mais l'investigation de témoignages spontanés d'expériences et de phénomènes interprétés comme paranormaux. Les sondages réalisés régulièrement dans différents pays montrent que la prévalence de ces expériences spontanées est très importante dans la population générale. La connaissance de ces observations – malgré les difficultés scientifiques pour évaluer leur statut empirique – est essentielle afin de se constituer une représentation des processus en jeu lors des supposées manifestations *in vivo* du psi.

Parapsychologie – parapsychologie scientifique – parapsychologie expérimentale : le philosophe allemand Max Dessoir a proposé en 1889 le terme « parapsychologie » pour distinguer une discipline traitant d'expériences et de phénomènes non ordinaires sans connotation pathologique prématurée et injustifiée. Cette « parapsychologie » devait se compléter d'une « paraphysique », aujourd'hui sous-entendue dans ce nom. Cette discipline reste mal identifiée sur le plan réglementaire (même si l'Unesco lui attribue le code 6110) : certaines personnes se prétendent « parapsychologues » pour signaler qu'elles commercialisent des pratiques associées au paranormal. Il existe pourtant une discipline scientifique étudiant ce champ depuis plus d'un siècle et demi, notamment mais non exclusivement au moyen d'une approche expérimentale initiée par William Crookes en 1870.

Phénomènes psychosomatiques : les interactions entre l'esprit et le corps peuvent être étudiées en dehors de toute approche parapsychologique. Ils constituent pourtant un ensemble d'énigmes (par exemple, les stigmates, les rémissions spontanées, le placebo, etc.) qui renvoient à une « psychophysique interne » venant illustrer d'autres énigmes : ainsi, Walter von Lucadou et Zahradnik (2004) décrivent les phénomènes de *poltergeist** comme du « psychosomatique en circuit externe ».

Physique quantique : ce domaine de la physique élaboré au cours du XXe siècle utilise un formalisme différent permettant de décrire de nouvelles propriétés de la matière. Ainsi, certains objets physiques pourraient être « intriqués » au point que l'intervention locale sur l'un de ces objets (par exemple, en mesurant l'un de ses paramètres) affecte immédiatement son « jumeau », qu'importe sa localisation dans le temps et l'espace. Cette connexion qui court-circuite les propriétés habituelles des objets physiques au niveau macroscopique a d'abord été décrite comme un paradoxe. Toutefois, elle a été prouvée expérimentalement et a donné lieu à des centaines de prédictions vérifiées. Même du côté des physiciens, ces propriétés nouvelles ont alimenté un imaginaire ouvrant la porte aux phénomènes parapsychologiques.

Psychocinèse (PK) : la capacité supposée de l'esprit d'agir sur la matière est un défi pour l'entendement. Les parapsychologues interprètent ainsi certains phénomènes visibles à l'œil nu, tels que les lévitations* survenant autour de sujets doués (macro-psychocinèse). Ils ont également testé la PK sur des systèmes aléatoires inertes (des dés, puis des générateurs de hasard), en vérifiant l'effet grâce à des analyses statistiques (micro-psychocinèse). Un autre champ d'application de la PK est l'action sur la matière vivante (bio-psychocinèse, ou DMILS*).

Poltergeist : terme proposé par le pasteur réformiste Martin Luther au XVIe siècle et signifiant « esprit bruyant, esprit frappeur » (*poltern* : faire du vacarme, *Geist* : esprit), et qui réfère à un ensemble d'événements troublants, de phénomènes de psychocinèse* spontanés tels que des bris d'objets, des jets de pierre ou des coups dans les murs.

Praticiens du paranormal : du fait d'une réception scientifique ambivalente, les capacités relatives au paranormal sont diffusées dans la société notamment au travers de praticiens qui proposent leurs services, onéreux ou gratuits. Faiblement réglementés et étudiés, ces praticiens utilisent différents noms connotés culturellement : voyants, médiums*, guérisseurs, magnétiseurs, radiesthésistes, sourciers, sorciers, exorcistes, désenvoûteurs, etc.

Précognition, rétrocognition : dans les expériences dites de « clairvoyance* » avec cartes Zener, certains sujets ne voient rien en imagination ; en désignant telle carte, ils essaient seulement d'agir de façon que le résultat corresponde à ce que veut l'expérimentateur. Le sujet a symbolisé de façon significative une réalité objective qu'il ne pouvait ni percevoir ni concevoir. Cette « actualisation » est tout aussi irréductible à une prédiction « causale » : le jugement sur cette induction ne peut se faire qu'à l'arrivée. On parle donc de « cognition » lorsque la vérification est perceptuelle. La rétrocognition est une variante où la vérification se fait à partir d'un événement survenu antérieurement à la divination.

Prémonition préventive : certaines précognitions* d'accident permettent d'éviter cet accident. Une précognition de ce type vise donc paradoxalement à détruire sa source située dans l'avenir, la « potentialiser ». On parle donc de « monition » lorsque la vérification est sémantique. La prémonition est dite « préventive » si le sujet parvient à empêcher la réalisation de l'évènement dont il a l'impression d'avoir été informé à l'avance. Par une action antagoniste le guidant vers un autre moi futur, il annule en quelque sorte l'évènement dont il est rétroactivement prévenu.

Prosopopèse : terme conçu par le journaliste scientifique René Sudre pour rendre compte des changements brusques dans la personnalité et l'état de conscience. Parmi les états modifiés ou non ordinaires de conscience*, la prosopopèse met l'accent sur l'émergence de personnalités embryonnaires ou complètes qui diffèrent de la personnalité ordinaire du sujet, par exemple lorsqu'un médium emprunte les traits de l'entité qui l'incorpore.

Psilogie, psychotronique : le champ de la parapsychologie* et de la métapsychique* a reçu d'autres noms : celui de psilogie (par le philosophe français Guy Beney) en fait une simple science du psi ; celui de psychotronique émerge des pays de l'Est qui, durant la Guerre froide, montraient de l'intérêt pour une approche plus physicaliste du psi (énergies subtiles, applications concrètes).

Psychopraxie : des chercheurs australiens ont proposé le terme « psychopraxie » conçu dérivé des termes grecs *psychè* (esprit ou âme) et *praxia* (action, mouvement coordonné vers un but, accomplissement) pour formuler autrement la finalité intrinsèque aux processus psi (gamma et kappa), en l'étendant également à des processus psychosomatiques ordinaires.

Recherche psychique : à la fin du XIXe siècle, des « sociétés de recherche psychique » émergent partout dans le monde pour étudier ce qui deviendra la psychologie, la psychophysiologie, les états non ordinaires de conscience* et les phénomènes dits « paranormaux ». Cet ensemble sera plus tard fragmenté. Le terme « psychique » dérive directement de l'adjectif utilisé par le physicien et chimiste William Crookes (sur une suggestion de Cox) pour qualifier la « force inconnue » à l'œuvre dans les phénomènes spiritualistes qu'il objectivait en laboratoire dès les années 1870.

Réincarnation : la croyance en la poursuite de la vie après la mort physique par un nouvel alliage entre une permanence spirituelle et une impermanence corporelle est présente dans de nombreuses cultures depuis des millénaires. Les parapsychologues se sont particulièrement intéressés aux cas – souvent dans des cultures où la croyance en la réincarnation prévaut – où des personnes affirment avoir des souvenirs de leur vie antérieure, souvenirs qui peuvent faire l'objet d'une investigation afin de les corroborer. Le pionnier en la matière est le psychiatre américain Ian Stevenson (Kelly, 2012).

Rétropsychocinèse : les parapsychologues, informés par les progrès de la physique quantique, ont prédit qu'il était possible d'observer une micro-psychocinèse intervenant sur des événements aléatoires enregistrés avant toute tentative d'influence. L'ingénieur français Pierre Janin et le physicien Helmut Schmidt sont parvenus à cette prédiction dans les années 1960 et elles ont pu être vérifiées par la suite. En parallèle de la précognition*, la rétropsychocinèse amène un nouveau paradoxe par rapport aux conceptions conventionnelles du temps.

Rêve lucide : prendre conscience que l'on rêve pendant que l'on rêve est le critère minimum pour qualifier la lucidité onirique. Certains individus parviennent, à partir de ce point, à exercer un certain contrôle sur leurs rêves. En contradiction avec certaines théories de la conscience, le rêve lucide a longtemps été étudié dans le champ parapsychologique avant que sa réalité puisse être confirmée par des instruments psychophysiologiques dans les années 1980.

Scepticisme, pseudo-scepticisme, zététique : la critique des allégations empiriques fait partie du processus scientifique. Ainsi, tous les chercheurs procèdent d'une forme de scepticisme en tant que méthodologie basée sur le doute. Toutefois, le scepticisme a été dévoyé sous forme de position fixe ou de repère pour des communautés militantes (par exemple, dans l'expression « Je suis cartésien »). S'il refuse l'examen de ses préjugés face à des allégations empiriques, voire s'il empêche par différents moyens au processus scientifique de s'exercer, un « sceptique » auto-proclamé pourrait pratiquer ce que le sociologue américain Marcello Truzzi (1987) a appelé le « pseudo-scepticisme ». La « zététique » est initialement une école philosophique défendant le scepticisme, mais le terme a connu différentes fortunes à partir des années 1980, en qualifiant des pratiques relevant parfois du scepticisme et parfois du pseudo-scepticisme.

Scopesthésie : l'impression d'être observé alors que notre champ perceptuel ne nous informe pas directement de cette situation est une expérience commune. Depuis quelques décennies, elle a fait l'objet d'études expérimentales en tant que possible phénomène de DMILS*.

Significativité : dans le langage statistique, un phénomène est « statistiquement significatif » lorsqu'il s'écarte des effets attribuables au hasard seul, avec un écart préétabli par convention à un seuil (par exemple, 1 chance sur 20, soit $p = 0{,}05$, de pouvoir attribuer tel résultat à un phénomène aléatoire).

Somnambulisme artificiel : tandis que le courant du magnétisme animal* produisait des crises agitées aux vertus supposées curatives, un magnétiseur connu sous le nom de marquis de Puységur a obtenu en 1784 une forme inhabituelle de crise : une transe calme où, sous ses apparences endormies, le magnétisé se révélait particulièrement présent et lucide*. Cet état paradoxal a été associé au somnambulisme naturel, mais qualifié d'artificiel ou de provoqué du fait des conditions d'induction.

Spiritisme : si de nombreuses cultures pratiquent ou ont pratiqué la nécromancie, le spiritualisme américain qui renaît en 1848 va être codifié en France par le pédagogue Léon Hyppolite Rivail, qui prendra le pseudonyme d'Allan Kardec. Le spiritisme est donc l'un des courants du spiritualisme, se voulant la jonction entre la religion et la science, en mettant en avant la médiumnité* comme faculté de communiquer avec un monde invisible.

Sujet psi : héritage de l'approche élitiste*, certains chercheurs pensent que le psi peut être conçu comme une compétence inéquitablement répartie dans la population. Ainsi, certains virtuoses du psi seraient plus performants dans des tests de parapsychologie expérimentale.

Super-humanités : l'historien des religions américain Jeffrey Kripal propose de rassembler sous ce nom les différentes disciplines des sciences humaines, mais aussi des lettres et des arts, dans leurs contributions à l'élucidation des questions posées par la magie, le paranormal et le psi.

Taille d'effet : en statistique, une taille d'effet est une mesure de la force ou magnitude de l'effet observé d'une variable sur une autre. Elle est complémentaire d'autres mesures statistiques telles que la probabilité d'existence d'un phénomène.

Télépathie : l'interpénétration des pensées ou la communication sans support extérieur d'une information d'un esprit à un autre a été baptisée « télépathie » par le chercheur anglais Frederic Myers en 1882. Les protocoles employés pour mettre en évidence ce phénomène, impliquant en général au moins un « émetteur » et un « récepteur », sont souvent interprétables par d'autres processus (tels que la précognition).

Thaumaturge : dans le champ religieux, le thaumaturge est un faiseur de miracles. Par extension, c'est une appellation similaire à celle de sujet psi* dans un cadre culturel différent.

Transpersonnel : la notion de « transpersonnel » a été introduite par le psychiatre Carl Gustav Jung pour désigner certains phénomènes qui semblaient excéder la sphère personnelle, par exemple en puisant dans une forme collective d'inconscient. Par la suite, l'adjectif a été employé pour désigner un courant de la psychologie s'intéressant aux expériences exceptionnelles*, aux pratiques induisant des états non ordinaires de conscience* et aux théorisations non occidentales des rapports entre esprit, âme, corps et monde.

Trickster : personnage de « fripon divin » présent dans de nombreuses cultures, cette figure mythologique a été identifiée par le parapsychologue George Hansen (2001) comme représentative des rapports entre paranormal et groupes sociaux.

Ufologie : l'approche scientifique des PAN* ou ovnis (en anglais « UFO ») est une des disciplines de l'anomalistique. Elle se concentre sur l'étude de cas spontanés, contrairement à la parapsychologie qui a accès à une approche expérimentale.

Visions, apparitions : la manifestation dans l'environnement objectif d'une forme, complète ou incomplète, d'une chose qui ne devrait pas être là, est interprétée, selon les circonstances, comme une vision ou une hallucination. Par exemple, cela peut concerner des figures religieuses, des fantômes, des anciennes batailles qui se rejouent sur le lieu du conflit, etc. Ce phénomène intéresse la parapsychologie en se situant parmi les phénomènes externes, mais en renvoyant à la fois au psi gamma et au psi kappa.

Voyance : la capacité d'acquérir des informations par des canaux autres que sensoriels est traditionnellement assimilée à la voyance. Par extension, ces informations peuvent concerner l'intimité psychique, le passé, le présent ou le futur. Marginalisée en Occident, cette faculté est revendiquée par certains praticiens du paranormal*.

Index des noms propres

D

E

F

R

S

Liste des encadrés

Liste des cas

87468 - (I) - AG 70 - BPE - CMU
Dépôt légal : juin 2025
Imprimé en Espagne par Unigraf S. L.